U0581474

全世界无产者，联合起来！

列宁全集

第二版增订版

第十七卷

1908年3月—1909年6月

中共中央 马克思 恩格斯 著作编译局编译
列 宁 斯大林

人民出版社

《列宁全集》第二版是根据
中国共产党中央委员会的决定，
由中共中央马克思恩格斯列宁
斯大林著作编译局编译的。

凡　例

1. 正文和附录中的文献分别按写作或发表时间编排。在个别情况下,为了保持一部著作或一组文献的完整性和有机联系,编排顺序则作变通处理。

2. 每篇文献标题下括号内的写作或发表日期是编者加的。文献本身在开头已注明日期的,标题下不另列日期。

3. 1918 年 2 月 14 日以前俄国通用俄历,这以后改用公历。两种历法所标日期,在 1900 年 2 月以前相差 12 天(如俄历为 1 日,公历为 13 日),从 1900 年 3 月起相差 13 天。编者加的日期,公历和俄历并用时,俄历在前,公历在后。

4. 目录中凡标有星花＊的标题,都是编者加的。

5. 在引文中尖括号〈　〉内的文字和标点符号是列宁加的。

6. 未说明是编者加的脚注为列宁的原注。

7.《人名索引》、《文献索引》条目按汉语拼音字母顺序排列。在《人名索引》条头括号内用黑体字排的是真姓名;在《文献索引》中,带方括号［　］的作者名、篇名、日期、地点等等,是编者加的。

目　　录

1909 年

附　录

插　图

前　言

本卷收载列宁在 1908 年 3 月至 1909 年 6 月期间的著作。

这一时期是斯托雷平反动时期。1907 年六三政变建立的以大臣会议主席斯托雷平为首的专制政府残酷镇压工农革命运动，疯狂迫害布尔什维克和各革命组织。在俄国革命受到严重挫折的历史关头，布尔什维克党引导广大革命群众正确认识当前的政治形势，揭露斯托雷平政权的反动本质，制定新的斗争策略，为发展和壮大革命力量、争取革命新高涨的到来进行了艰苦卓绝的斗争。

本卷一开头的《走上直路》一文以及此后的《对目前时局的估计》、《走上大路》、《资产阶级的"向左转"和无产阶级的任务》等文，分析了俄国资产阶级民主革命失败后的国内形势、阶级关系和阶级力量对比以及沙皇政府的新政策。列宁指出，第二届杜马的被解散和 1907 年的六三政变是俄国革命史上的转折点，是俄国革命发展中的一个特定时期或曲折时期的开端。斯托雷平体制是旧的半宗法的、半农奴制的沙皇制度解体过程中的一个新阶段，它表明沙皇制度在向资产阶级君主制转变的道路上又迈了一步。俄国的专制制度虽然早已成为财阀的专制制度，但它却是在受了俄国第一次革命的打击以后才成为资产阶级的专制制度的；它早就在扶植资产阶级，资产阶级早就用金钱为自己打通了进入"上层"的门径，对立法和管理施加了影响，取得了同贵族平起平坐的地位。专制制度不得不为资产阶级的某些阶层建立代表机关,不得不在这些阶层与农奴主之间保持平衡,在杜马中组织这些阶层的联盟,不得不抛弃对农民宗法思想的一切希望,而在新生的富农中寻找支柱来压迫广大的贫苦农民。列宁根据对形势的分析得出结论说:专制政府在六三政变后所执行的政策只能使黑帮专制政府和地主阶级的统治同全国的经济发展和社会发展的需要之间的矛盾日益加剧。"俄国的革命阶级虽然在第一个战役中遭到失败,但是革命形势仍然存在。革命危机正在通过新的形式和其他道路再行到来,重新成熟,但有时比我们希望的要迟缓得多。"(见本卷第335页)俄国无产阶级及其政党应当认真地做好长期的准备工作,使更广大的群众去迎接革命危机,争取在新的斗争中赢得胜利。

列宁还论述了俄国社会民主工党内部的危机以及布尔什维克的策略,提出了无产阶级的斗争任务。列宁指出,革命的失败引起的俄国社会民主工党的危机不仅是组织上的,而且是思想上的和政治上的。六三政变后,所有的革命组织,包括俄国社会民主党的组织在内,都大大衰落和削弱了,总的情况是动摇,涣散和瓦解。列宁指出,在解放运动沉寂、反动势力猖獗、民主派阵营内出现叛变和消沉的现象、社会民主党的组织发生危机和一部分已经解体的时期,首先要总结俄国革命第一个战役的基本教训。他认为:在新的形势下,俄国社会民主党的任务并没有改变,但完成这一任务的方法要有所改变;不是立即向专制制度发动公开进攻,而是要在教育和组织群众方面、在使群众作好这种进攻的准备方面进行耐心细致的工作,首先把对觉悟的无产阶级群众进行长期的教育、组织和团结的工作提到日程上来;要特别强调,必须把秘密工作和合法工作结合起来,必须利用各种合法的机会,首先是利用杜马讲坛。孟什维克竟然提出如下怀疑:要不要保留原来的社会民主党,要不要继续它的事业,要不要再转入地下。他们认为无论如何要使党"合法化",为此不惜放弃党的纲领、策略和组织。针对孟什维克的取消主义,列宁指出:建立坚强的社会民主党秘密组织,使之拥有比过去数量更多、种类更多的合法和半合法的宣传手段和舆论阵地这一点至关重要。列宁还批判了孟什维克对俄国革命的性质和动力的错误看法。孟什维克说,既然俄国的革命是资产阶级革命,那么,在资产阶级没有成为这个革命的动力时,革命就不能完成,而资产阶级正在成为这种动力。因此,孟什维克主张无产阶级采取支持资产阶级自由派的策略,反对无产阶级在资产阶级革命中起领导作用的策略。列宁针锋相对地批驳了这种错误观点,指出:"我国资产阶级革命的第一个战役(1905—1907年)不容置辩地证明了我国资产阶级的极端动摇性和反革命性,证明我国无产阶级能够成为胜利的革命的**领袖**,证明民主派农民群众能够帮助无产阶级取得这个革命的胜利。"(见本卷第385页)

本卷中的《论俄国革命的"本性"》、《谈谈对俄国革命的估计》、《无产阶级在我国革命中的斗争目标》等文献论述了俄国革命的特点和无产阶级同农民联盟的必要性。列宁指出,俄国的资产阶级革命和以往的资产阶级革命不同,在俄国,农民占大多数,受半农奴制的大地产的残酷压迫,而无产阶级已经组成社会主义政党,这就使俄国的资产阶级革命具有特殊性。这一特殊性并不排斥革命的资产阶级性质,"只是决定了我国资产阶级的反革命性质和为了**在这样的革命中**取得胜利而实行无产阶级和农民专政的必要性"(见本卷第36页)。无产阶级必须同农民联盟,才能在革命中取得胜利。无产阶级同农民联盟,就是对农民进行领导。无产阶级只有执行革命先锋队的绝对独立自主的政策,才能使农民同自由派断绝关系,在斗争中接受无产阶级的领导。只有建立起无产阶级和农民的革命民主专政,才能实现资产阶级民主革命的任务,并使这一革命有转变为社会主义革命的可能。

在本卷中,关于土地问题的著作占很大分量。本卷中的《19世纪末俄国的土地问题》是列宁为《格拉纳特百科词典》写的一个词条,它通俗地概括地阐述了俄国的土地问题。这一著作可说是收载于上一卷的列宁关于土地问题的重要著作《社会民主党在1905—1907年俄国第一次革命中的土地纲领》的姊妹篇,它所使用的统计数字和表格也都来自后者以及列宁的另一部名著《俄国资本主义的发展》(见本版全集第3卷)。而《社会民主党在俄国革命中的土地纲领》则是列宁自己对《俄国社会民主党在1905—1907年俄国第一次革命中的土地纲领》一书所拟的简介,是为了让波兰社会民主党人了解俄国社会民主工党内在土地问题上的意见分歧而写的。此外,本卷所载《沿着老路走去!》、《编辑部的话》、《彼·马斯洛夫歇斯底里大发作》、《对彼·马斯洛夫的〈答复〉的几点意见》、《普列汉诺夫一伙人怎样维护修正主义》、《第三届杜马关于土地问题的讨论》等都是关于土地问题的著作。

上述著作进一步揭示了斯托雷平土地改革的实质。斯托雷平土地改革反映了俄国专制政府在土地政策上的巨大改变:由支持和巩固旧的村社变为用警察手段加速破坏和掠夺村社,培植富农。这一改变的经济内容就是在农民土地关系方面实行自由主义的即资产阶级性质的政策。列宁在《对目前时局的估计》中把这一政策称为"农业波拿巴主义"。对此,列宁下了这样一个定义:"波拿巴主义是君主制在丧失了旧有的宗法制或封建制的牢靠支柱以后所

采取的顺风转舵的手段,这样的君主制不得不竭力维持平衡以防
跌倒,献媚讨好以便统治,实行收买以便掌控,同社会渣滓、同公开
的小偷和骗子称兄道弟以便不单单靠刺刀维持统治。"(见本卷第
249页)列宁认为,由于俄国的村社已经在向资本主义发展,这就
使专制政府必然要向村社内部经常在产生的农村资产阶级讨好,
否则,黑帮地主和十月党资产阶级所支持的斯托雷平的农业波拿
巴主义是不能维持下去的。列宁指出,在俄国还远远没有建立起
资本主义的土地制度,就是实现了斯托雷平的农业发展道路,资产
阶级革命也还可能发生,甚至必然会发生。

　　列宁在上述这些著作中论证了俄国当时农村经济的特征。资
本主义在俄国农业中的发展是异常缓慢的,农奴制还一直保存着,
它表现为地主贵族的大地产经济和工役制度。农民的份地占有制
也是纯粹中世纪的制度。地主贵族的大地产、工役制度、份地占有
制这些形形色色的中世纪土地占有制阻碍了商业周转,同新经济
极不适应,成了俄国生产力发展的障碍。列宁认为,俄国纷繁复杂
的土地关系即农奴制的剥削方式和资产阶级的剥削方式交织在一
起,破坏旧的土地占有制在经济上是必需的。总的说来,俄国当时
的农民经济属小资产阶级类型,因为农业中的小生产者在商品经
济发展的条件下必然是小资产者。

　　列宁还全面地阐述了布尔什维克的土地国有化纲领。土地国
有化可以加速农奴制的灭亡,可以彻底扫除土地占有制方面的一
切中世纪关系,可以消灭在土地上的一切人为的界限,使建立在这
样的土地上的纯粹资产阶级农场加速发展。列宁用马克思主义观
点说明了土地国有化的经济实质:土地国有化就是消灭绝对地租,
把土地所有权转交给国家,禁止土地的一切转让,就是说,取消土

地经营者和土地所有者(国家)之间的一切中介人。列宁批判了孟什维克彼·马斯洛夫和格·普列汉诺夫否认马克思的绝对地租理论、维护所谓"土地肥力递减规律"的错误。列宁还进一步指出,只有实行彻底的政治变革,消灭专制制度,建立民主共和国,才能实行彻底的土地变革,才能没收地主土地,实现土地国有化。列宁认为土地国有化是最彻底的资产阶级措施,它为俄国资产阶级民主革命取得完全胜利并转变为社会主义革命准备条件。

　　列宁还评论了布尔什维克以外的各党派的土地纲领。立宪民主党人实际上赞同斯托雷平的土地政策,他们竭力掩饰土地变革的实质,混淆俄国革命中土地纲领的两条基本路线即地主路线和农民路线。列宁认为孟什维克提出的"土地地方公有化"是一种反动措施,阻碍消灭中世纪土地所有制,阻碍为一切业主在土地方面建立同一经济条件。孟什维克一方面主张保持份地的私有制即当时的农户和村社所有制,另一方面又宣称要对被剥夺的非份地实行公有制("地方公有化"),这是一种荒谬透顶的土地复本位制。从政治方面讲,土地地方公有化会加强联邦制和各区域的分散状态,而国家分散为一个个的区域正是俄国第一次革命失败的原因之一。列宁认为社会革命党人提出的土地重分(土地平分)理论是冒牌社会主义,是反动的,而在半农奴制的俄国却具有资产阶级的进步性,从客观上讲是要消灭土地上的一切中世纪的和等级制的界限,为资本主义清扫土地,为资本主义建立自由的活动场所。

　　布尔什维克从1908年初起就着手筹备下一次俄国社会民主工党全国代表会议。同年8月举行的俄国社会民主工党中央委员会全体会议根据列宁的建议通过了关于立即着手召开代表会议的决议。本卷收载了列宁关于8月中央全会的三个文献。中央全会后,列宁发表《对目前时局的估计》、《关于两封来信》、《第三届杜马关于土地问题的讨论》等文,对中央全会要列入代表会议议程的各个问题作了深刻的分析。俄国社会民主工党第五次全国代表会议经过与孟什维克的斗争,终于在 1908 年 12 月下旬召开。列宁曾在会议上就"目前形势和党的任务"作报告,会议根据这个报告通过了列宁提出的决议。列宁所拟《关于目前形势和党的任务的决议草案》以及列宁关于这次代表会议的其他文献共 10 件收进了本卷。这次代表会议分析了国内外形势,重申了党早已提出的最近斗争目标,说明了布尔什维克策略的正确性,弄清了党内危机的根源及其消除办法,阐明了党的秘密工作和合法工作的相互关系,论证了利用杜马讲坛的必要性并给杜马党团的活动作出了正确指示。列宁在代表会议后所写的《走上大路》一文指出,代表会议把党引上了大路,是反革命胜利以后俄国工人运动发展中的一个转折点。列宁《致德国社会民主工党执行委员会》的信件也评述了这次代表会议。列宁在信中抗议德国社会民主党中央机关报《前进报》对代表会议的决议的歪曲。

　　列宁在俄国社会民主工党第五次全国代表会议上以及在代表会议之前和之后,在反对取消派的同时,也反对召回派。产生于布尔什维克中的召回派死板地搬用已不适合新的历史情况的陈旧口号,要求取消党的合法组织,召回社会民主党杜马党团。列宁称召回主义为"改头换面的孟什维主义",即取消主义。他在《关于两封来信》、《关于〈论迫切问题〉一文》和《面目全非的布尔什维主义》等文章中揭露召回派的"革命性"和"左倾"是对党要进行的艰难复杂的工作无能为力、对党在反动统治时期所遇到的困难惊慌失措的一种表现。列宁说:"召回主义**不是**布尔什维主义,而是拙劣的政治上面目全非的布尔什维主义,这是只有布尔什维主义的最恶毒的政敌才想得出来的。"(见本卷第341—342页)列宁同时批判了最后通牒派,指出最后通牒派仅仅在形式上不同于召回派,它们都把布尔什维主义弄得面目全非。列宁还强调指出:"不仅在布尔什维主义的发展中,而且在**整个**俄国的马克思主义发展中,都有一个把马克思主义弄得面目全非的时期;俄国的马克思主义就是在克服这种成长过程中的毛病、克服自己的影响范围扩大过程中的毛病的同时巩固和成长起来的。"(见本卷第378页)列宁认为,只要有明确的思想、明确的观点和原则性的路线,布尔什维主义就一定会在对形形色色错误思想的揭露和批判中成长和巩固起来。

本卷中的《世界政治中的易燃物》、《好战的军国主义和社会民主党反军国主义的策略》、《英国和德国工人的和平示威》、《巴尔干和波斯的事变》等文评述了亚洲国家的民主革命运动,抨击了帝国主义国家的殖民政策。列宁列举了波斯、土耳其、印度等国反民族压迫、反殖民主义的运动,指出欧洲列强结成反革命联盟来对付亚洲的日益增长的民主运动。他也关注中国的革命运动,认为:在中国,反对中世纪制度的革命运动已强有力地开展起来;中国的旧式的造反在新思潮的影响下必然会转变为自觉的民主运动;中国的革命运动已经使参加殖民掠夺的人惶惶不安,他们竟帮助中国的反动政权镇压革命者,他们也在为自己的那些和中国接壤的亚洲属地的安全担心。列宁认为"无产阶级在这个关头所采取的政策的全部实质就在于,揭下资产阶级伪君子的假面具,在最广大的人民群众面前揭露欧洲各国政府的反动性,揭露这些政府由于害怕它们国内的无产阶级的斗争而充当或帮助充当对付亚洲革命的宪兵。"(见本卷第200页)列宁提出社会民主党的斗争目标是:"打倒任何形式的殖民政策,打倒一切干涉政策,打倒资本家争夺他国领土、他国居民、新的特权、新的市场、海峡等等的政策!"(见本卷第208页)在这些文章中,列宁注意到了日益增长的世界战争的危险和各国人民的反战斗争。列宁援引第二国际斯图加特代表大会决议的一个论点:战争导源于资本主义的本质。列宁说,争夺殖民地的斗争、商业利益上的冲突在资本主义社会已经成为战争的主要原因之一。列宁批驳了贬低反军国主义斗争的论调,指出"现代军国主义是资本主义的结果","军国主义是资产阶级实行阶级统治和在政治上压制工人阶级的主要工具"(见本卷第167、168页),因此无产阶级及其政党必须大力进行反对军国主义的宣传和斗争。讨论各国无产阶级和社会党人共同起来防止资产阶级政府的政策可能造成的国际冲突和殖民冲突的问题,是1908年10月11日(公历)举行的社会党国际局会议的议程之一。列宁作为俄国社会民主工党在社会党国际局的代表出席了这次会议。载入本卷的《社会党国际局会议》一文,是列宁对这次会议议程内容所作的报道。

本卷所载的《马克思主义和修正主义》一文是列宁批判第二国际机会主义者的理论和策略的重要文献,是列宁为马克思逝世二十五周年纪念文集《卡尔·马克思(1818—1883)》写的。列宁回顾了马克思主义创立以来的战斗历程,指出:马克思的学说在其生命的途程中每走一步都得经过战斗:马克思主义的发展、马克思主义思想在工人阶级中的传播和扎根,必然使资产阶级对马克思主义的攻击更加频繁、更加剧烈,而马克思主义在同资产阶级官方科学的斗争中却愈加巩固,愈加坚强,愈加生气勃勃。列宁同时指出,马克思主义在那些同工人阶级的斗争有联系而且主要是在无产阶级中间流传的学说中远不是一下子就居统治地位的,它在其存在的头50

年中一直同那些与它敌对的理论进行斗争并绝对地战胜了这些理论,它在其创立后的第二个50年(从19世纪90年代起)一开始就同它内部的一个反马克思主义派别——伯恩施坦派进行斗争。曾经是正统派马克思主义者的伯恩施坦对马克思的学说进行全面修正。列宁揭露了修正主义歪曲和背弃马克思主义哲学、政治经济学和政治方面的基本原理的行径。他精辟地概括了修正主义的特征:"临时应付,迁就眼前的事变,迁就微小的政治变动,忘记无产阶级的根本利益,忘记整个资本主义制度、整个资本主义演进的基本特点,为了实际的或假想的一时的利益而牺牲无产阶级的根本利益,——这就是修正主义的政策。"(见本卷第17页)列宁说,伯恩施坦的"运动就是一切,最终目的算不了什么"这句风行一时的话,要比许多长篇大论更能表明修正主义的实质。列宁还进一步指出:修正主义是一种国际现象,它的阶级根源是资本主义社会里广泛存在的小资产阶级阶层,小资产阶级世界观当然会不断地渗入广大工人政党的队伍;19世纪末革命马克思主义对修正主义的思想斗争,是向着本阶级事业的完全胜利迈进的无产阶级所进行的伟大革命战斗的序幕。

　　编入本卷的《列夫·托尔斯泰是俄国革命的镜子》是列宁评论托尔斯泰的一系列文章中的头一篇,是为纪念这位伟大作家80诞辰而写的。这篇文章从俄国革命的性质和动力这个角度去分析托尔斯泰的作品。列宁认为,托尔斯泰作为一个天才的艺术家,不仅创作了无与伦比的俄国生活的图画,而且创作了世界文学中第一流的作品。他无情地批判了资本主义的剥削,揭露了政府的暴虐以及法庭和国家管理机关的滑稽剧,暴露了财富的增加和文明的成就同工人群众的穷困、粗野和痛苦的加剧之间极其深刻的矛盾;但与此同时,却疯狂地宣传"不用暴力抵抗邪恶"。他以最清醒的现实主义撕下了一切假面具；而另一方面，却鼓吹宗教，力求让有道德信念的神父代替有官职的神父。他不理解工人运动及其在争取社会主义的斗争中所起的作用，不理解俄国的革命。列宁认为托尔斯泰的作品、观点、学说、学派中的矛盾是19世纪最后30多年俄国实际生活所处的矛盾条件的表现，托尔斯泰是俄国千百万农民在俄国资产阶级革命快要到来时的思想和情绪的表现者，他表现了俄国革命是农民资产阶级革命这一特点。列宁深刻地指出，托尔斯泰的思想是反映农民在俄国革命中的历史活动所处的矛盾条件的一面镜子，是俄国农民起义的弱点和缺陷的一面镜子。

　　本卷收录的最后两篇文章《论工人政党对宗教的态度》和《各阶级和各政党对宗教和教会的态度》表明，列宁在俄国"反动时期"高度关注宗教问题。在这个时期，复活宗教的活动日益猖獗，反动派妄图利用宗教宣传诱使人民群众脱离革命斗争。列宁在文中阐明了马克思主义的宗教观和工人政党对待宗教的策略。列宁指出：社会民主党的整个世界观是以马克思主义为基础的，马克思主义的哲学基础是辩证唯物主义，它完全继承了法国18世纪和德国19世纪上半叶费尔巴哈的唯物主义历史传统，即绝对无神论的、坚决反对一切宗教的历史传统；"宗教是人民的鸦片"这句马克思的名言是马克思主义在宗教问题上的全部世界观的基石；马克思主义始终认为所有的宗教和教会是资产阶级反动派用来捍卫剥削制度、麻醉工人阶级的机构，社会民主党人必须同宗教作斗争。列宁同时重申了恩格斯关于社会民主党对待宗教的原则：在工人政党的纲领里不应当规定直接承认无神论，即向宗教宣战；工人政党应当耐心地去组织和教育无产阶级，使宗教渐渐消亡，而不要冒险地在政治上对宗教作战。列宁分析了宗教在现代资本主义制度下

存在的社会根源,指出:劳动群众受到社会的压制,面对时时刻刻
给普通劳动人民带来最可怕的灾难、最残酷的折磨的资本主义捉
摸不定的力量,他们觉得似乎毫无办法,这就是目前宗教最深刻的
根源。因此,列宁认为:"同宗教作斗争不应该局限于抽象的思想
宣传,不能把它归结为这样的宣传;而应该把这一斗争同目的在于
消灭产生宗教的社会根源的阶级运动的具体实践联系起来。"(见
本卷第391页)列宁依据马克思和恩格斯的科学论断强调指出:
"只有工人群众的阶级斗争从各方面吸引了最广大的无产阶级群
众参加自觉的革命的社会**实践**,才能真正把被压迫的群众从宗教
的压迫下解放出来"(见本卷第389页)。列宁还对社会民主党"宣
布宗教为私人的事情"这一政治策略所受到的机会主义歪曲进行
了揭露,指出:社会民主党认为宗教对于国家来说是私人的事情,
但对于社会民主党本身、对于马克思主义、对于工人政党来说,决
不是私人的事情;党要用党纲的精神教育信仰上帝的工人党员,但
反对任何侮辱他们宗教信念的行为。列宁还指出,无产阶级政党
应当成为反对一切中世纪制度的斗争的思想领袖,它不仅反对陈
腐的、官方的宗教,还反对任何革新宗教、重新建立或用另一种方
式建立宗教的尝试。列宁批判了阿·卢那察尔斯基等人的"造神
说"。"造神说"鼓吹创立一种新的"社会主义的"宗教,企图把马克
思主义和宗教调和起来。列宁说,卢那察尔斯基的"社会主义是宗
教"这一论点是离开社会主义而转到宗教的一种方式。

　　本卷文献比《列宁全集》第1版相应时期的文献增加12篇,其
中,除《关于马克思主义的讲演提纲》和《〈俄国的目前形势〉报告的
要点》两篇外,都属于俄国社会民主工党1908年8月中央全会和
同年12月第五次全国代表会议的文献。

弗·伊·列宁

（1900 年）

走 上 直 路[1]

(1908 年 3 月 19 日〔4 月 1 日〕)

第二届杜马[2]的被解散和 1907 年的六三政变[3]，是我国革命史上的转折点，是我国革命发展中的一个特定时期或曲折时期的开端。我们已经不止一次地从俄国阶级力量的总的对比和这场未完成的资产阶级革命的任务的角度谈过这个曲折时期的意义。现在，我们想谈谈在革命发生这个转折以后我们党的工作状况。

反动的六三政变已经过去半年多了，毫无疑问，在政变发生后的头半年，所有的革命组织，包括社会民主党的组织在内，都大大衰落和削弱了。动摇、涣散和瓦解，是这半年总的特征。当然，情况也只能是这样，因为在直接的阶级斗争停顿状态下反动势力的极大加强和暂时胜利，不能不引起革命政党的危机。

现在已经有很多十分明显的迹象证明，这一危机已经停止，最坏的时期已经度过，正确的道路已经呈现，党正在重新走上直路：坚定不移地领导社会主义无产阶级的革命斗争。

就拿党的危机的一个很有特点的现象来说吧！这个现象当然远不是最深刻的，但是非常突出。这就是知识分子的脱党。今年 2 月出版的我们党的中央机关报[4]第 1 号，提供了很多可以说明党内生活的材料（其中大部分我们都转载了），非常突出地描述了这种脱党现象。有一篇来自库列巴基工厂（中部工业区弗拉基米尔专区党组织)的通讯报道说:"最近**由于缺少知识分子工作人员**,专区党组织已经灭亡了。"来自乌拉尔的通讯报道说:"我们的思想力量正像雪一样地在融化。""那些根本不愿参加秘密组织……而只是在高潮时期,在很多地方真正有自由的时期才加入党的人,都离开了我们的党组织。"中央机关报的《论组织问题》一文在总结这些(以及其他未刊登的)报道的时候写道:"大家知道,最近知识分子大批地开小差。"

但是,党摆脱了半无产者、半小市民的知识分子,就使那些在无产阶级群众进行英勇斗争的时期聚集起来的新的**纯粹无产阶级的力量重新活跃起来**。我们上面引用的那篇通讯所说的那个陷于绝境、甚至完全"灭亡了"的库列巴基组织,现在已经复活了。那篇通讯写道:"分散在整个专区的大量的工人党组织,虽然多半没有知识分子,没有出版物,甚至同党的中央机关没有任何联系,但是它们都不愿意灭亡…… 参加组织的人数并没有减少,而是增加了…… 没有知识分子,最有觉悟的工人不得不自己来进行宣传工作。"总的结论是,"在很多地方,由于知识分子脱党,重要的工作落到先进工人的手里了"(《社会民主党人报》第1号第28版)。

要在另外的即所谓阶级的基础上改组党组织,当然是件困难的事情,做起来一定会发生摇摆。然而,最难走的是头一步,而这一步已经走了。党已经走上了直路:由工人当中的先进"知识分子"来领导工人群众。

工会和合作社的工作起初是摸索着进行的,现在已经有了头绪,具备了固定的形式。中央委员会**一致**通过的关于工会和合作社的**两个**决议,就是受到日益发展的地方工作的启示而写出来的。在一切非党的组织内建立党支部;这些支部本着无产阶级的战斗任务的精神和革命的阶级斗争的精神进行领导；"从无党性到有党性"（《社会民主党人报》第1号第28版），——这就是这里的工人运动也已经走上的道路。偏僻的省城明斯克的一个党组织的通讯员报道说："革命情绪比较高的工人离开了它们〈被当局破坏得不成样子的合法工会〉，他们愈来愈赞同成立秘密工会。"

完全不同的方面的工作，即社会民主党杜马党团的工作，也是沿着这种"从无党性到有党性"的方向发展的。这听起来当然很奇怪，但这是事实：我们不能一下子就把我们的议会代表的工作提到党的高度，就像我们不能一下子就"按照党的方式"在合作社内进行工作一样。我们的社会民主党杜马代表是按照假造民意的选举法选举出来的，是从头两届杜马期间遭到迫害后人数锐减的那些保留了合法地位的社会民主党人中选举出来的，因此，在开始的时候他们**实际上**必然会更像非党的社会民主主义者，而不像真正的党员。

这很可悲，但这是事实，在一个同农奴制有千丝万缕联系的资本主义国家里，在公开的工人政党总共才存在了两年的情况下，事情恐怕也只能是这样。不仅非党的知识分子，还有"无头派"5社会民主主义化的知识分子，像苍蝇麇集在盛蜜的盘子上一样聚集在杜马党团周围，都想根据这种事实来制定自己的策略——建立不革命的社会民主党。但是这些可敬的伯恩施坦派6的努力好像是落空了！社会民主党在这方面的工作好像也开始有了起色。我们不作预测，不会闭上眼睛不看，在我国条件下比较像样地进行社会民主党的议会工作还要花多大力气。我们要指出的是，中央机关报第1号刊载了党对杜马党团的批评和中央委员会关于杜马党团比较正确的工作方针的**明确决议**。我们决不认为中央机关报上的这个批评把一切缺点都谈到了,譬如,我们认为,社会民主党既不应该投票赞成把收到的土地税首先交给地方自治机关,也不应该投票赞成以不高的价格**收买**贫苦农民租用的城市土地(见中央机关报第1号第36版)。但是比较起来,这些都是次要问题。基本的和最主要的问题是,从我们一切工作中已经可以十分明显地看出,杜马党团正在变为真正的党组织;也就是说,不管需要花多少气力,不管在这条道路上还有多少的考验、动摇、局部的危机以及私人的冲突等等,党是一定会达到这一目的的。

真正社会民主主义的工作,即真正党的工作大有起色的征象之一,就是秘密出版物有所增加这一明显的事实。中央机关报写道:"乌拉尔出版了八种报纸,克里木出版了两种,敖德萨出版了一种,叶卡捷琳诺斯拉夫很快也要出版报纸;彼得堡、高加索和一些民族组织的出版工作也有相当的规模。"尽管警察设置了重重障碍,除国外的两个社会民主党机关报之外,在俄国也出版了中央机关报。中部工业区的区域局机关报《工人旗帜报》**[7]**正在筹办中。

从上面谈的一切可以十分明显地看出社会民主党坚决走上的道路。坚强的秘密的党的中央机关,经常出版的秘密出版物,而更主要的是工人当中同群众有直接联系的先进分子所领导的地方党支部,尤其是工厂的党支部,——这就是我们赖以建立起革命的社会民主主义工人运动的不可动摇的坚强核心的基础。这个秘密的核心将会通过杜马和工会、合作社、文化教育团体等空前地无限广阔地伸展**自己的**触角,扩大**自己的**影响。

初看起来,党的工作的这种体制和德国人在非常法**[8]**时期(1878—1890年)建立的体制十分相似。德国工人运动在资产阶级革命以后走了30年(1848—1878年)的那条道路,俄国工人运动走了三年(1905年底—1908年)。但是,表面虽然相似,却有极大的内在区别。在德国资产阶级民主革命以后的30年中间,彻底完成了**这一**革命的客观上必然的任务。通过60年代初的立宪议会,通过统一了大部分德意志邦国的王朝战争,通过利用普选建立帝国的活动,这一革命完成了自己的使命。在俄国,在资产阶级民主革命取得第一次巨大胜利和遭到第一次巨大失败以后不满三年的期间,不但没有完成这一革命的任务,反而第一次使**广大的**无产阶级和农民群众认识了这些任务。在这两年多一点的时间内,立宪幻想和对黑帮沙皇制度的自由派奴才的民主性的信念都破灭了。

由于俄国资产阶级革命的客观任务还未实现,危机是不可避免的。纯粹经济的、专门财政的、国内政治的以及国外的一些事件、情况和变动都会使这一危机尖锐化。无产阶级的党,既已走上了一条建立坚强的社会民主党秘密组织的直路,拥有比过去数量更多、种类更多的合法和半合法地传播影响的工具,一定能比1905年10月和12月更有决战的准备,去迎接这一危机。

载于1908年3月19日(4月1日)　　　译自《列宁全集》俄文第5版
《无产者报》第26号　　　　　　　　第17卷第1—8页

论俄国革命的"本性"

(1908 年 3 月 26 日〔4 月 8 日〕)

你把本性赶出门外,它会从窗口飞进来[9],——立宪民主党的《言语报》[10]在它不久以前的一篇社论中发出了这样的感叹。我国反革命自由派的正式机关报这个宝贵的自供是必须特别着重指出的,因为这里涉及到俄国革命的**本性**问题。布尔什维主义对**农民**资产阶级革命的"本性"的基本观点,就是这个革命只有**反对**动摇的、不稳定的、反革命的资产阶级自由主义,才能取得胜利。我们可以始终坚持说,事变已经十分有力地证实了这种观点。

1906 年初第一届杜马[11]召开以前,司徒卢威先生写道:"杜马中的农民将成为立宪民主党人。"这在当时是一个自由派的**大胆断言**,他**还想**把庄稼汉从幼稚的君主派改造成为反对派的拥护者。当时,官僚的机关报,维特先生的走狗们的报纸《俄罗斯国家报》[12]担保说,"乡巴佬会来搭救的",就是说,广大的农民代表对专制制度有利。这种看法在当时(已经过去很久了! 有整整两年了!)非常流行,甚至从孟什维克在斯德哥尔摩代表大会[13]上的发言中也可以清楚地听到类似的调子。

但是,第一届杜马就使这些君主派的幻想和**自由派的幻想**完全破灭了。最愚昧的、不开展的、政治上无知的、没有参加政党的庄稼汉,竟比立宪民主党人[14]**左得不可比拟**。立宪民主党人同"劳动派[15]精神"和劳动派政策的斗争,是头两届杜马期间自由派"活动"的主要内容。第二届杜马被解散以后,司徒卢威先生(反革命自由派中的先进人物)对劳动派进行了激愤的批评,宣布对农民的"激进知识分子"领袖进行十字军讨伐,从而表明了自由派的**彻底破产**。[16]

自由派经过两届杜马的试验彻底失败了:他们**没有能**"使庄稼汉驯服"。他们没有能使庄稼汉谦逊一些,肯于让步,愿意同地主专制制度妥协。资产阶级的律师、教授以及其他知识分子废物这些自由派未能"适应""劳动派"的庄稼汉。他们在政治上和经济上都**落在劳动派后面**。因此,俄国革命的第一个时期的全部历史意义可以概括如下:自由派**已经**彻底证明自己是反革命的,不能领导农民革命;农民**还没有**完全懂得,只有在社会主义无产阶级的领导下,走革命的共和的道路,才能取得真正的胜利。

自由派的破产意味着地主反动派的胜利。自由派被地主反动派吓倒,受到他们的轻视和侮辱,成为斯托雷平立宪滑稽剧中的农奴制帮凶,因此现在,有时由于想到过去而伤心落泪。当然,同劳动派精神作斗争是艰苦的,非常艰苦的。但是……不管怎样……一旦这种精神再次加强起来,我们还不能再一次取胜吗?那时,我们还不能较成功地扮演调停人的角色吗?我们德高望重的名人彼·司徒卢威不是在革命以前就写过,在两极的政党彼此进行尖锐斗争的时候,中间的政党总能得利吗?

于是同劳动派斗得筋疲力尽的自由派就向反动派摊出一张劳动派精神复活的王牌来!《言语报》的同一篇社论写道:"刚刚提交国家杜马的右派农民的土地法案和司祭的土地法案表现了过去的劳动派精神。正是劳动派精神,而不是立宪民主党的精神。""一个法案是农民提出的，41个国家杜马代表签了名。另一个法案是司祭提出的。前者比后者激进一些，就是后者在某些方面〈请听立宪民主党的《言语报》是怎么说的!〉也把立宪民主党的土地改革法案远远抛在后面了。"自由派不得不承认，按照有名的六三选举法对选民进行了多次筛选以后，这个事实所证明的（这一点我们以前已经指出，见《无产者报》第22号）就不是什么偶然性，而是俄国革命的**本性**了①。

《言语报》写道，农民占有土地资产不是一种过渡性的办法，"而是一种固定的制度"。立宪民主党人承认这一点，但又谦逊地闭口不谈，他们自己为了迎合反动派，奉承反动派，在从第一届杜马转到第二届杜马的时候，把关于土地资产的主张（即以某种方式、在某种程度上承认土地国有化）从自己的纲领中删去了，而赞成古尔柯的土地完全私有的观点17。

《言语报》写道，农民按公道的估价（就是说，按立宪民主党的估价）购买土地，但是（这个"但是"真是意味深长!），估价要由"当地的全体居民选出的"地方土地机关来作。

有些东西，立宪民主党人先生们又不得不闭口不谈。他们不得不绝口不提，这种全体居民的选举使人很快就联想到第一届和第二届杜马的有名的"劳动派"法案，即通过普遍、直接、平等、无记名的投票选出地方土地委员会的法案。他们不得不绝口不提，头两届杜马的自由派如何卑鄙地反对这个从民主主义的观点看来唯一可行的法案，如何可鄙地支吾搪塞，转弯抹角，希望**不要把**他们在自己的报刊上，在《**言语报**》的社论（后来米留可夫的《斗争的一

---

① 见本版全集第16卷第406—410页。——编者注

年》[18]转载了这篇社论)中,在库特列尔的草案和丘普罗夫的文章(立宪民主党的《土地问题》文集第2卷)[19]中说到的东西,在杜马讲坛上全都**说出来**。那就是他们在自己的报刊上承认,按他们的意图,参加地方土地委员会的代表应当是一半农民,一半地主,外加一名**政府代表**作为第三者参加。换句话说,立宪民主党人把庄稼汉出卖给了地主,处处保证地主占多数(地主加上地主专制政府的代表,总是比农民占多数)。

我们完全了解,为什么议会中的资产阶级自由派这些骗子**不得不绝口不提这一点**。不过,他们以为工人和农民会忘记俄国革命道路上这些最大的路标,这是枉费心机。

连司祭这些极端反动分子,这些政府特地豢养的黑帮极端反动分子的土地法案也要比立宪民主党人的走在前面。连他们也谈到了降低"人为抬高的"土地"价格",谈到土地累进税,以及地块不超过消费定额免交任何赋税。为什么农村的司祭这个官方正教的巡官,要比资产阶级自由派更**偏向于**农民方面呢? 因为农村司祭不能不同庄稼汉生活在一起,许多事情要依靠他们,甚至有时在神父利用教会的土地经营小农业的情况下,还要当一当农民。农村的司祭,不管他是哪个极端祖巴托夫式杜马的代表,都是要回农村的,而要回农村,不管农村受到讨伐队和斯托雷平常驻军队怎样的清洗,站在地主一边是**回不去的**。因此,把庄稼汉出卖给地主,这对最反动的神父来说,比对有学问的律师和教授要难。

一点不错! 你把本性赶出门外,它会从窗口飞进来。在农民的俄国,资产阶级大革命的本性就是这样:只有农民起义取得胜利(没有无产阶级的领导,这种胜利是不可想象的),才能不顾资产阶级自由派内在的反革命性而把这个革命引向胜利。

　　现在,自由派或者是不相信劳动派精神的力量(这是不可能的,因为事实俱在),或者是打算再来一次政治欺诈。下面就是《**言语报**》的结语中提出的这种欺诈的纲领:“只有认真地实际地提出这类改革〈即“在最广泛的民主基础上的”土地改革〉,才能医好居民的空想企图。”这段话应读做:斯托雷平先生阁下,尽管你到处布满绞架,实行六三选举法,但并没有“医好”居民的“空想的劳动派精神”。让我们再来试验一次:我们答应人民进行一次最广泛的民主改革,实际上是用向地主赎买土地和地主在地方土地机关中占优势的办法来把人民“医好”!

　　我们衷心感激米留可夫、司徒卢威先生之流这样热心“医治”居民对和平立宪道路的“空想”信仰。他们正在医治,看来是会医好的。

载于1908年3月26日(4月8日)　　　译自《列宁全集》俄文第5版
《无产者报》第27号　　　　　　　　第17卷第9—13页

马克思主义和修正主义[20]

（1908 年 4 月 3 日〔16 日〕以前）

有一句著名的格言说：几何公理要是触犯了人们的利益，那也一定会遭到反驳的。自然史理论触犯了神学的陈腐偏见，引起了并且直到现在还在引起最激烈的斗争。马克思的学说直接为教育和组织现代社会的先进阶级服务，指出这一阶级的任务，并且证明现代制度由于经济的发展必然要被新的制度所代替，因此这一学说在其生命的途程中每走一步都得经过战斗，也就不足为奇了。

官方教授按官方意图讲授资产阶级的科学和哲学，是为了愚弄那些出身于有产阶级的青年，为了"训练"他们去反对内外敌人，关于这种科学和哲学没有什么可说的。这种科学对马克思主义连听都不愿听，就宣布马克思主义已经被驳倒，已经被消灭。无论是借驳斥社会主义来猎取名利的青年学者，或者是死抱住各种陈腐"体系"的遗教不放的龙钟老朽，都同样卖力地攻击马克思。马克思主义的发展、马克思主义思想在工人阶级中的传播和扎根，必然使资产阶级对马克思主义的这种攻击更加频繁，更加剧烈，而马克思主义每次被官方的科学"消灭"之后，却愈加巩固，愈加坚强，愈加生气勃勃了。

就是在那些同工人阶级的斗争有联系而且主要在无产阶级中间流传的学说中，马克思主义也远远不是一下子就巩固了自己的地

位的。马克思主义在它存在的头半个世纪中(从 19 世纪 40 年代
起)一直在同那些与它根本敌对的理论进行斗争。在 40 年代前 5
年,马克思和恩格斯清算了站在哲学唯心主义立场上的激进青年黑
格尔派[21]。40 年代末,在经济学说方面进行了反对蒲鲁东主义[22]
的斗争。50 年代完成了这个斗争,批判了在狂风暴雨的 1848 年显
露过头角的党派和学说。60 年代,斗争从一般的理论方面转移到更
接近于直接工人运动的方面:从国际中清除巴枯宁主义[23]。70 年代
初在德国名噪一时的是蒲鲁东主义者米尔柏格,70 年代末则是实证
论者杜林。但是他们两人对无产阶级的影响都已经微不足道了。
马克思主义已经绝对地战胜了工人运动中的其他一切意识形态。

　　到上一世纪 90 年代,这一胜利大体上完成了。甚至在蒲鲁东
主义传统保持得最久的罗曼语各国[24],工人政党实际上也把自己
的纲领和策略建立在马克思主义的基础上。重新恢复起来的国际
工人运动组织,即定期举行的国际代表大会,几乎没有经过什么斗
争就立即在一切重大问题方面都站到马克思主义立场上来了。但
是,在马克思主义把一切比较完整的、同马克思主义相敌对的学说
排挤出去以后,这些学说所表现的倾向就开始给自己另找出路。
斗争的形式和起因改变了,但是斗争还在继续。马克思主义创立
以后的第二个 50 年(从 19 世纪 90 年代起)一开始就是同马克思
主义内部的一个反马克思主义派别进行斗争。

　　这个派别因前正统的马克思主义者伯恩施坦而得名,因为伯
恩施坦叫嚣得最厉害,最完整地表达了对马克思学说的修正,对马
克思学说的修改,即修正主义。甚至在俄国这样一个由于经济落
后,由于被农奴制残余所蹂躏的农民占人口大多数而非马克思主
义的社会主义自然会支持得最久的国家里,这个非马克思主义的

社会主义也清清楚楚地在我们眼前转变成修正主义了。我们的社会人民党人无论在土地问题上（全部土地地方公有化的纲领），或者在纲领和策略的一般问题上，都不断地用对马克思学说的种种"修正"来代替他们的自成系统而同马克思主义根本敌对的旧体系的那些日益消亡、日趋没落的残余。

马克思主义以前的社会主义被击溃了。它已经不是站在自己独立的基地上而是站在马克思主义这一共同基地上，作为修正主义来继续斗争了。现在我们来看看修正主义的思想内容究竟怎样。

在哲学方面，修正主义跟在资产阶级教授的"科学"的屁股后面跑。教授们"回到康德那里去"，修正主义就跟在新康德主义者[25]后面蹒跚而行。教授们重复神父们已经说过一千遍的、反对哲学唯物主义的滥调，修正主义者就带着傲慢的微笑嘟哝着（同最新出版的手册一字不差），说唯物主义早已被"驳倒"了。教授们轻蔑地把黑格尔视做一条"死狗"①，耸肩鄙视辩证法，而自己却又宣扬一种比黑格尔唯心主义还要浅薄和庸俗一千倍的唯心主义；修正主义者就跟着他们爬到从哲学上把科学庸俗化的泥潭里面去，用"简单的"（和平静的）"演进"去代替"狡猾的"（和革命的）辩证法。教授们拿他们那些唯心主义的和"批判的"体系去适应占统治地位的中世纪"哲学"（即神学），以酬报官家给的俸禄，修正主义者就向他们靠拢，竭力把宗教变成"私人的事情"，不是对现代国家来说而是对先进阶级的政党来说的"私人的事情"。

对马克思学说的这种"修正"的真正的阶级意义是什么，这无须加以说明，因为这是不说自明的。我们仅仅指出，在国际社会民

---

① 参看《马克思恩格斯文集》第5卷第22页。——编者注

主党中,普列汉诺夫是从彻底的辩证唯物主义观点批判过修正主义者在这方面大肆散播的庸俗不堪的滥调的唯一马克思主义者。坚决地着重指出这一点现在尤其必要,因为现在有些人极其错误地企图以批判普列汉诺夫在策略上的机会主义为幌子来偷运陈腐反动的哲学垃圾①。

谈到政治经济学,首先应当指出,修正主义者在这一方面所作的"修正"更广泛详细得多,他们竭力用"经济发展的新材料"来影响公众。他们说,集中和大生产排挤小生产的过程,在农业方面根本没有发生,而在商业和工业方面也进行得极其缓慢。他们说,现在危机已经比较少见、比较微弱了,卡特尔和托拉斯大概会给资本提供根本消除危机的可能。他们说,资本主义正在走向崩溃的"崩溃论"是站不住脚的,因为阶级矛盾有减弱和缓和的趋势。最后他们说,就连马克思的价值理论也不妨按照柏姆-巴维克的观点来加以纠正。

在这些问题上同修正主义者的斗争,正像20年前恩格斯同杜林的论战一样,使国际社会主义运动的理论思想有了颇见成效的活跃。人们用事实和统计数字分析了修正主义者的论据,证明了修正主义者一贯地粉饰现代小生产。不仅在工业中,而且在农业中,**大生产**在技术方面和经营方面都比小生产占优势的事实,由无可辩驳的材料证实了。但是在农业中,商品生产的发展要弱得多,而现代的统计学家和经济学家通常都不大善于特别注意那些表明

① 见波格丹诺夫、巴扎罗夫等人合著的《关于马克思主义哲学的论丛》。分析这本书不是本文的任务,我现在只声明一点:在最近的将来,我要写几篇论文或专门写一本小册子来说明,本文中关于新康德派修正主义者所说的**一切**,实质上也适用于这些"新的"新休谟派和新贝莱派修正主义者。(见本版全集第18卷。——编者注)

农业愈来愈卷入世界经济**交换**的农业专业部门（有时甚至是专门的作业）。在自然经济的废墟上，小生产是靠营养不断恶化，经常挨饿，延长工作日，家畜质量及其饲养情况恶化，总之，是靠手工业生产用来对抗资本主义工场手工业的那些手段来维持的。科学和技术每前进一步，都必不可免地、毫不留情地破坏资本主义社会内的小生产的基础，而社会主义经济学的任务是研究这一过程所表现的往往是错综复杂的一切形式，是向小生产者证明，他们在资本主义制度下不可能支持下去，农民经济在资本主义制度下没有出路，农民必须接受无产者的观点。从学术上来说，修正主义者在这个问题上的毛病，是他们对一些片面抽出的事实作肤浅的概括，而没有把它们同整个资本主义制度联系起来看；从政治上来说，他们的毛病就是不管有意还是无意，势必号召农民或推动农民去接受业主的观点（即资产阶级的观点），而不是推动他们去接受革命无产者的观点。

在危机论和崩溃论方面，修正主义的情况更糟。只有在极短促的时间内，只有最近视的人，才会在几年的工业高涨和繁荣的影响下，想要改造马克思学说的原理。现实很快就向修正主义者表明，危机的时代并没有过去：在繁荣之后，接着就来了危机。各个危机的形式、次序和情景是改变了，但是危机仍然是资本主义制度的不可避免的组成部分。卡特尔和托拉斯把生产联合起来了，但是大家都看到，它们同时又使生产的无政府状态变本加厉，使无产阶级的生活更加没有保障，资本的压迫更加严重，从而使阶级矛盾尖锐到空前的程度。最新的巨型托拉斯恰恰特别清楚、特别广泛地表明资本主义正在走向崩溃，不管这是指一次次政治危机和经济危机，还是指整个资本主义制度的完全崩溃。不久前美国的金融危机,全欧洲失业人数惊人的增加,更不用说有许多迹象预示快要到来的工业危机,——这一切使大家都忘记了修正主义者不久以前的"理论",似乎连许多修正主义者自己也忘记了。但是这种知识分子的不坚定性给工人阶级的教训,是不应当忘记的。

关于价值理论,要说的只有一点,就是除了一些柏姆-巴维克式的异常模糊的暗示和叹息,修正主义者在这方面根本没有拿出什么东西来,所以对学术思想的发展也没有留下任何痕迹。

在政治方面,修正主义确实想修正马克思主义的基础,即阶级斗争学说。他们说,政治自由、民主和普选权正在消灭阶级斗争的根据,并且使《共产党宣言》里的工人没有祖国[①]这个旧原理变得不正确了。他们说,在民主制度下,既然是"多数人的意志"起支配作用,那就不能把国家看做阶级统治的机关,也不能拒绝同进步的社会改良派资产阶级实行联合去反对反动派。

毫无疑义,修正主义者的这些反对意见,是一个相当严整的观点体系,即大家早已知道的自由派资产阶级的观点体系。自由派总是说,资产阶级议会制度正在消灭阶级和阶级的划分,因为一切公民都毫无差别地拥有投票的权利,参与国家事务的权利。19世纪下半叶的全部欧洲史和20世纪初的全部俄国革命史,都很清楚地表明这种观点是多么荒谬。在"民主制的"资本主义的自由下,经济上的差别并没有缩小,而是日益扩大,日益加深。议会制度并没有消除最民主的资产阶级共和国作为阶级压迫机关的本质,而是不断暴露这种本质。议会制度有助于教育和组织比先前积极参加政治事变的人多得多的广大居民群众,但是这不会消除危机和

---

① 见《马克思恩格斯文集》第2卷第50页。——编者注

政治革命，只会在这种革命发生时使国内战争达到最激烈的程度。1871年春天的巴黎事变和1905年冬天的俄国事变，已经再明显不过地表明这种激烈的情况是必然要到来的。法国资产阶级连一秒钟都没有犹豫，立刻就同全民族的敌人，同蹂躏其祖国的外国军队勾结起来镇压无产阶级运动。谁不懂得议会制度和资产阶级民主制度的不可避免的内在的辩证法会导致比先前更激烈地用群众的暴力去解决争执，那他就永远不能在这种议会制度的基地上去进行坚持原则的宣传鼓动工作，真正培养工人群众去胜利地参加这种"争执"。在西欧同社会改良主义自由派、在俄国革命中同自由主义改良派（立宪民主党）实行联合、妥协和联盟的经验，令人信服地表明这种妥协只能模糊群众的意识，因为这种妥协不是提高，而是降低群众斗争的真实意义，把正在斗争的人同最不能斗争、最动摇、最容易叛变的人拴在一起。法国的米勒兰主义[26]是在真正全国的广大范围内运用修正主义政治策略的最大尝试，它给修正主义作了一个使全世界无产阶级永远不会忘记的实际评价。

　　修正主义对社会主义运动的最终目的所抱的态度，是它的经济倾向和政治倾向的自然补充。"运动就是一切，最终目的算不了什么"，伯恩施坦的这句风行一时的话，要比许多长篇大论更能表明修正主义的实质。临时应付，迁就眼前的事变，迁就微小的政治变动，忘记无产阶级的根本利益，忘记整个资本主义制度、整个资本主义演进的基本特点，为了实际的或假想的一时的利益而牺牲无产阶级的根本利益，——这就是修正主义的政策。从这一政策的实质可以清楚地知道这一政策可能采取各种各样的形式，而每一个稍微"新颖的"问题、每一次稍微出人意料和没有预见到的局势变动（即使这种变动只是在极小的程度上和最短的时期内改变了发展的基本路线),都不可避免地要引起某种形式的修正主义。

修正主义的不可避免,决定于它在现代社会中的阶级根源。修正主义是国际现象。每一个稍有见识、稍有头脑的社会主义者都丝毫不会怀疑:德国正统派和伯恩施坦派、法国盖得派和饶勒斯派(现在尤其是布鲁斯派)²⁷、英国社会民主联盟和独立工党²⁸、比利时布鲁凯尔和王德威尔得、意大利整体派²⁹和改良派、俄国布尔什维克和孟什维克的关系实质上到处都一样,虽然按所有这些国家的现状来说,民族条件和历史因素极不相同。当前国际社会主义运动内部的"分化",在世界上不同的国家里现在实质上已经是**按同一条路线**进行的,这表明比 30—40 年前有了一个巨大的进步,因为那时在不同的国家里相互斗争的是统一的国际社会主义运动内部的不同类型的倾向。现在在罗曼语各国出现的"革命工团主义"³⁰这种"来自左面的修正主义"也趋附马克思主义,同时又对它加以"纠正":意大利的拉布里奥拉、法国的拉葛德尔总是不求助于过去被人误解的马克思学说,而求助于现在被人正确理解的马克思学说。

我们在这里不可能分析**这种**修正主义的思想内容,它还远不如机会主义的修正主义那样成熟,还没有国际化,还没有经受过同任何一国社会党的实际的大搏斗。因此,我们在这里只分析上述那种"来自右面的修正主义"。

为什么修正主义在资本主义社会中是不可避免的呢? 为什么它的根源比民族特点的差别和资本主义发展程度的差别还要深呢? 因为在任何资本主义国家里,在无产阶级身旁总是有广泛的小资产者阶层,即小业主阶层。资本主义过去是从小生产中产生的,现在也还在不断地从小生产中产生出来。资本主义必然要重新产生许多"中间阶层"(工厂附属物,如家庭劳动以及适应大工业如自行车工业和汽车工业的需要而散布在全国的小作坊等等)。这些新的小生产者同样必然要被重新抛入无产阶级的队伍。十分自然,小资产阶级世界观也就会不断渗入广大工人政党的队伍。十分自然,情况只能如此,而且一直到无产阶级革命发生急剧变化的时候还会如此,因为,那种认为必须在大多数人口"完全"无产阶级化以后才能实现无产阶级革命的想法,是极其错误的。目前我们往往只是在思想领域经历的事情,即同理论上修正马克思学说的人进行的争论,目前在实践上只是在工人运动某些局部问题上暴露出来的事情,即同修正主义者的策略分歧,以及由此而发生的分裂,在将来无产阶级革命发生时工人阶级还一定会在大得无可比拟的规模上再次经历到,因为无产阶级革命将使一切争论问题尖锐化,将把一切分歧都集中到对决定群众的行动有最直接意义的几点上,将迫使人们在斗争高潮中分清敌友,抛开坏的同盟者,以便给敌人以决定性的打击。

19世纪末革命马克思主义对修正主义的思想斗争,只是不顾小市民的种种动摇和弱点而向着本阶级事业的完全胜利迈进的无产阶级所进行的伟大革命战斗的序幕。

载于1908年圣彼得堡出版的《卡尔·马克思(1818—1883)》文集

译自《列宁全集》俄文第5版第17卷第15—26页

沿着老路走去!

(1908 年 4 月 16 日〔29 日〕)

对俄国革命,即对革命头三年如何估计的问题,已经提到日程上了。不弄清我国各政党的阶级本性,不分析各阶级在我国革命中的利益和相互关系,在确定无产阶级的最近任务和策略方面是寸步难行的。在本文中,我们正是打算为读者作一次这种分析的尝试。

在《社会民主党人呼声报》[31]第 3 号上,费·唐恩和格·普列汉诺夫都发表了文章,一个对革命的结局作了系统的估计,另一个就工人政党的策略作了总结。唐恩的估计可以归结为一点,即认为对无产阶级和农民的专政抱希望不能不是一种幻想。"无产阶级实行新的、广泛的革命发动的可能性……在很大程度上取决于资产阶级的立场。""在它〈新高潮〉的最初阶段,当工人革命运动的高潮还没有把城市小市民卷进去,而城市革命的发展还没有在农村燃起烈火时,无产阶级和资产阶级将面对面地作为两种主要的政治力量出现。"

从这种"真理"中应当得出的策略方面的结论,费·唐恩显然没有说完。他显然是不好意思写出那种自然而然地会从他的话里得出的结论:向工人阶级推荐孟什维克的著名策略——支持资产阶级(请回忆一下同立宪民主党人的联盟、对成立立宪民主党内阁的口号的支持、普列汉诺夫提出的全权杜马等等）。可是普列汉诺夫替唐恩作了补充，他在《社会民主党人呼声报》第 3 号上写了一篇杂文，最后一句是："如果俄国马克思主义者在 1905—1906 年能够避免半个多世纪以前马克思和恩格斯在德国所犯的这些错误〈即对当时资本主义发展的能力估计不足，对无产阶级进行革命活动的能力估计过高〉，那对俄国是一件好事！"

这是最清楚不过的了。唐恩和普列汉诺夫不是直言不讳地，而是小心翼翼地企图证明孟什维克要无产阶级依赖立宪民主党人这一政策是正确的。那我们就来仔细考察一下他们在这件事情上的"理论根据"吧。

唐恩是这样论述的，他说"农民运动"是以"沿着资产阶级道路和无产阶级道路成长和发展的城市革命"为转移的。因此，随着"城市革命"的高潮而来的是农民运动的高潮，而随着城市革命的低落，"被革命高潮压下去的农村内部的对抗又重新尖锐起来"，"政府的土地政策、离间农民的政策等等开始取得一定程度的成功"。从这里就得出我们在前面引证过的那个结论：无产阶级和资产阶级将是新高潮最初阶段的主要政治力量。按照费·唐恩的意见，"无产阶级应当而且可以利用这种状况来发展革命，使这种发展远远超过革命新高潮的**起点**，并且造成以根本〈！！〉解决土地问题为标志〈原文如此！〉的社会彻底民主化"。

不难看出，发表这种议论完全是由于**根本**不懂得我国革命中的土地问题，而且还说些"以解决"问题"为标志"的"彻底民主化"这样廉价的空话，很拙劣地把这种无知掩盖起来。

费·唐恩认为，"对无产阶级和农民的专政抱希望"，这在现在和过去都是出于民粹派的偏见，是由于忘记了农村内部的对抗和农民运动的个人主义性质。这是大家早就知道的普通的孟什维克观点。但是到目前为止，未必有谁像费·唐恩在我们所分析的文章中这样清楚地展示出这些观点的荒谬绝伦。这位最可尊敬的政论家竟然会**没有觉察到**，他认为是互相对立的**两种"解决"**土地问题的办法都是符合"农民运动的个人主义性质"的！实际上，取得"一定程度的成功"（照唐恩的说法）的斯托雷平的解决办法就是建立在农民的个人主义基础上的。这是毫无疑问的。那么，费·唐恩称之为"根本的"、同"社会彻底民主化"相联系的另一种解决办法又怎样呢？最可尊敬的唐恩是不是认为，这个办法**不是建立**在农民的个人主义基础上的呢？

不幸的是，唐恩用"以根本解决土地问题为标志的社会彻底民主化"这种空话来掩饰他的根本不善于思考。他像瞎子一样不知不觉地**偶然碰上**两种客观上可能实现但是还没有被历史最终选定的"解决"土地问题的办法，可是又不能明确地说明这**两种**解决办法的性质和条件。

为什么斯托雷平的土地政策³²能取得"一定程度的成功"呢？因为在我国农民中间，由于资本主义的发展，早已形成了农民资产阶级和农民无产阶级这样两个敌对阶级。斯托雷平的土地政策能不能取得彻底的胜利？这样的胜利意味着什么？要是形势对斯托雷平非常有利，这种胜利是可能的，它意味着土地问题在资产阶级俄国的"解决"使地主和农民的**全部**土地的私有制得到**彻底的**（在无产阶级革命以前）巩固。这将是**普鲁士式**的"解决"办法，这种办法确实能保证俄国资本主义的发展，但是异常缓慢，要把政权长期交给容克³³，对无产阶级和农民来说，比另一种客观上**可能实现的**、也是资本主义的"解决土地问题"的办法，要痛苦一千倍。

唐恩不假思索，就把另一种解决办法称为"根本的"解决办法。这种话没有什么价值，也没有丝毫意义。斯托雷平的解决办法也是很根本的，因为它是在根本摧毁俄国的旧村社[34]和旧土地制度。**农民**解决俄国资产阶级革命中的土地问题的办法同**斯托雷平和立宪民主党人**解决土地问题的办法的真正差别在于：前者必然废除地主土地私有制，而且很可能也废除农民土地私有制（农民份地这个个别问题，我们暂且不去谈它，因为就是从我们目前的"地方公有化的"土地纲领的观点来看，唐恩所有的议论也都是错误的）。

现在试问，第二种解决办法在客观上确实有可能实现吗？无疑是可能的。这是一切有头脑的马克思主义者都会同意的，**否则**无产阶级支持小私有者没收大地产的愿望，就是反动的诈骗行为。在其他任何一个资本主义国家里，没有一个马克思主义者会写出支持**农民**没收大地产的愿望的纲领。在俄国，无论是布尔什维克还是孟什维克，都一致认为有支持这种愿望的必要。为什么？因为在俄国，**客观上**有可能走**另一条**资本主义的农业发展道路，一条不是"普鲁士式的"，而是"美国式的"，不是地主资产阶级的（或容克的），而是农民资产阶级的道路。

斯托雷平和立宪民主党人，专制政府和资产阶级，尼古拉二世和彼得·司徒卢威彼此一致的地方是：必须通过保存地主土地所有制的办法为资本主义"清洗"俄国腐朽的土地制度。他们分歧的地方只是如何更好地保存这种所有制和保存到什么程度。

工人和农民，社会民主党人和民粹主义者（包括劳动派、人民社会党人[35]、社会革命党人[36]）彼此一致的地方是：必须通过以暴力消灭地主土地所有制的办法为**资本主义**"清洗"俄国腐朽的土地制度。他们分歧的地方是：社会民主党人了解，在现代社会中，任何土地革命，即使是最根本的土地革命，不论是土地地方公有化，土地国有化，土地社会化，或是土地分配，都是资本主义性质的，而民粹主义者却不了解这一点，他们用关于平均制的庸俗而空想的词句来粉饰他们争取农民资产阶级的农业演进而反对地主资产阶级的演进的斗争。

费·唐恩之所以十分糊涂、十分愚蠢，是由于他根本不了解俄国资产阶级革命的经济基础。他只看到俄国马克思主义社会主义同小市民社会主义对目前革命中农民争取土地的斗争的经济内容和经济意义这一问题有意见分歧，而**"没有觉察到"**在这种分歧后面各种现实的社会力量为争取这种或那种客观上可能实现的资本主义农业演进的道路而进行的斗争。而且他还用斯托雷平的"一定程度的成功"和"以根本解决土地问题为标志的社会彻底民主化"这种词句来掩饰他的这种完全无知。

事实上，现在俄国的土地问题是这样的：斯托雷平的政策要取得成功，就需要长期用暴力镇压和屠杀不愿意饿死、也不愿意流落他乡的农民群众。历史上有过这类政策取得**成功**的例子。如果我们说这种政策在俄国"不可能"取得成功，那这是民主派的空洞而愚蠢的漂亮话。可能成功的！但是我们的任务是明确地向人民指出，这种成功要用什么样的代价换取，我们应当全力争取另外一条比较短、比较快的道路，即**通过农民革命实现资本主义农业发展的道路**。在资本主义国家里进行无产阶级领导的农民革命是困难的，是很困难的，但是革命是可能发生的，必须为实现这一革命而斗争。三年的革命使我们和全体人民不仅懂得必须为实现这一革命而斗争，而且懂得如何去斗争。不论孟什维克在支持立宪民主党人这个政策上要什么"花招"，都不能使工人忘记这些革命教训。

其次，尽管群众进行了斗争，但是斯托雷平的政策还是长久地维持下去而足以成功地实现"普鲁士式的"道路，那又怎么办呢？那时俄国的土地制度将完全是资产阶级的土地制度，大农将几乎把所有的份地都拿到自己手里，农业将成为资本主义的农业，而在**资本主义制度**下，任何"解决"土地问题的办法，无论是根本的还是不根本的，都是不能实现的。那时忠诚的马克思主义者就会直接和公开地把任何"土地纲领"都抛掉，并且向群众说，工人已经做了所能做的一切来保证俄国发展美国式的资本主义，而不是容克式的资本主义。工人现在号召你们进行无产阶级的社会革命，因为**在按斯托雷平的精神"解决"土地问题之后，任何其他**能够真正改变农民群众的经济生活条件的革命**都不可能有了**。

俄国资产阶级革命和社会主义革命的相互关系问题，即唐恩在他用德文转述他的俄文文章[37]时（《**新时代**》杂志第 27 期）弄得混乱不堪的问题，就是这样一种相互关系问题。

在俄国，就是实现了斯托雷平和立宪民主党人的农业发展道路，资产阶级革命也还可能发生，甚至必然会发生。但是，在 1830 年和 1848 年的法国革命**这样的**革命中，是谈不上"以根本解决土地问题为标志的社会彻底民主化"的。或者确切些说，在这样的革命中，只有小市民的**冒牌**社会主义者还会喋喋不休地嚷着要"解决"（特别是"根本解决"）业已形成的资本主义国家已经解决了的土地问题。

但是在俄国还远没有建立起资本主义的土地制度。这一点，不仅我们孟什维克和布尔什维克很清楚，不仅同情革命和希望革命出现新高潮的人们很清楚，甚至那些彻头彻尾的、自觉的、肆无忌惮的、反对革命的敌人和黑帮专制制度的朋友，如彼得·司徒卢威先生，也是很清楚的。如果他"大哭大叫"，说我们需要俾斯麦，需要把反动变成自上而下的革命，那么这正是因为司徒卢威在我国既**没有**看到俾斯麦，也**没有**看到自上而下的革命。司徒卢威看到的，是仅仅依靠斯托雷平的反动和成千的绞架决不能建立起地主资产阶级的、巩固的、雇农的俄国。需要采取另外的办法，另一种类似解决（哪怕是按照俾斯麦的方式）全国性的历史课题、类似统一德国、类似实行普选制的办法。而斯托雷平只能把杜姆巴泽和里加博物馆**38**的英雄们统一起来！甚至**不得不**废除根据1905年12月11日法令**39**制定的维特选举法！斯托雷平甚至不得不撇开那些对唐恩所说的土地政策的"一定程度的成功"感到满意的农民，而从参加第三届杜马的农民那里听取"劳动派的"要求！

当彼得·司徒卢威清楚地看到，我国**没有**、到现在还没有一个准备就绪的、差强人意的、温和谨慎的、残缺不全的、经久不变的"宪法"，他怎能不"哭叫"、不呻吟、不流泪呢？

司徒卢威很清楚他正在往哪里走。而费·唐恩在三年的革命中却什么也没有学会，什么也没有忘掉。他仍然像瞎子一样，把无产阶级拉去受司徒卢威先生们的庇护。他仍然嘟哝着那些反动的孟什维克的话，说什么在我国无产阶级和资产阶级能够成为"主要的政治力量"……那么反对谁呢，最可尊敬的先生？反对古契柯夫吗？反对君主制吗？

费·唐恩用德文写的文章表明，他在这里给自由派脸上贴金已经到了多么令人难以置信的地步。他甚至恬不知耻地对德国公众说，城市小市民选了"进步的复选人"（即立宪民主党人）参加第三届杜马**40**，而农民却选了百分之四十的反动的复选人！向斯托雷平鼓掌的"进步的"米留可夫们和司徒卢威们万岁！唐恩们和米留可夫们为了反对在第三届杜马中表现劳动派精神的"反动"农民而结成的联盟万岁！

为了迎合那些反动的孟什维克理论，普列汉诺夫还伪造了恩格斯的话。恩格斯说，马克思在1848年的策略是**正确的**，这个策略，而且只有这个策略真正给了无产阶级以正确可靠的、永远不能忘怀的教训。恩格斯说，**虽然**这个策略是唯一正确的策略，但是它没有成功，原因是无产阶级的准备不够和资本主义还不够发达[41]。可是普列汉诺夫，好像是为了嘲弄恩格斯，好像是为了让伯恩施坦们和斯特列尔佐夫们心花怒放，竟这样来解释恩格斯的话，说什么他对马克思的策略感到"遗憾"！似乎他后来承认马克思的策略是错误的，并且倾向于一种支持德国立宪民主党人的策略！

明天格·普列汉诺夫会不会又对我们说，恩格斯在谈到1849年的起义时认为"不应当拿起武器"呢？

马克思和恩格斯教给无产阶级的是革命的策略，是把斗争推进到最高形式的策略，是引导农民跟着无产阶级走，而不是引导无产阶级跟着自由派叛徒走的策略。

载于1908年4月16日(29日)
《无产者报》第29号

译自《列宁全集》俄文第5版
第17卷第27—34页

立宪民主党人同十月党人
是否结成了联盟?

(1908 年 4 月 16 日〔29 日〕)

4 月 1 日(14 日)《法兰克福报》[42]登载的一份发自彼得堡的私人电讯说:"十月党人[43]、温和的右派、立宪民主党人以及和平革新党[44]从 3 月底起进行秘密谈判,讨论他们能否结成**联盟**的问题。计划是由已经没有希望得到极右派支持的十月党人提出的。极右派由于对杜姆巴泽问题的质询而特别不满意十月党人,他们打算同反对派一起投票反对中派。这种做法会给杜马工作造成困难,因为极右派和反对派联合起来共有 217 票,而中派和温和的右派共有 223 票。第一次会议(讨论联盟问题)是在 4 月 12 日(俄历 3 月 30 日)举行的。出席这次会议的有 30 个按比例选出的代理人。这次会议没有取得任何成果,决定在下星期内再召开会议。"

这条消息的可靠程度如何,我们不知道。不管怎样,俄国报纸的沉默并不是表示否认,我们认为,有必要把外国报纸的报道告诉我国读者。

说秘密谈判正在进行,这是没有什么不可信的。从 1905 年 11 月司徒卢威拜访维特起,到 1906 年夏同特列波夫及其同伙进行幕后谈判[45]等等为止,立宪民主党人的全部政治历史都**证明了**他们的策略的实质就是从后门投奔当权者。但是,即使这个关于谈判的消息不可靠，那有一点也是不容怀疑的，就是在第三届杜马中，由于立宪民主党人向右转，在立宪民主党人和十月党人之间**事实上存在着**心照不宣的联盟。立宪民主党人在第三届杜马中的许多次投票确凿地证明了这一点，至于立宪民主党人发言的内容和他们的政治行动的性质，就更不用说了。

我们早在第三届杜马召开以前就说过，在第三届杜马中有**两个多数**（见《无产者报》[46]和1907年俄国社会民主工党十一月全国代表会议[47]的决议①）。我们当时就证明过，不愿承认这一事实（像孟什维克那样），而且主要是不愿对**立宪民主党人-十月党人**的多数进行**阶级**分析，就等于让资产阶级自由派牵着走。

立宪民主党人的阶级本性暴露得愈来愈清楚了。现在事实迫使那些在1906年不愿意看到这一点的人或者**承认**这一点，或者完全滚到机会主义那里去。

载于1908年4月16日（29日）
《无产者报》第29号

译自《列宁全集》俄文第5版
第17卷第35—36页

---

① 见本版全集第16卷第129—138页。——编者注

谈谈对俄国革命的估计[48]

（1908 年 4 月）

现在俄国谁都不会再想照马克思的学说进行革命了。不久以前，一家自由派的——甚至几乎是民主派的——甚至几乎是社会民主党的（孟什维克的）报纸《首都邮报》，就是这样或者几乎就是这样宣扬的。[49]应当为这句名言的作者说句公道话：他们确实抓住了在最广大的知识分子和有点教养的小市民中间，也许还在许多完全没有教养的小资产阶级群众中间普遍存在的对当前政治情绪和对我国革命教训的态度的**实质**。

这句名言不仅反映了对整个马克思主义及其坚持无产阶级的革命使命的坚定信念的憎恨，对马克思主义支持广大群众的一切革命运动、深入开展斗争并把斗争进行到底的无畏决心的憎恨。不，不仅如此，这句名言还反映了对**不久前**刚刚在俄国革命的**实践**中经过**实际**检验的斗争方法、活动方式和策略的憎恨。我国革命所取得的一切胜利（确切些说，是一半的胜利、四分之一的胜利），完全是而且仅仅是由于无产阶级率领非无产阶级的劳动居民群众进行直接的革命冲击而取得的。一切失败都是由于这种冲击的削弱造成的，都是由于回避这种冲击、指望不发生这种冲击、有时甚至是干脆指望取消这种冲击（立宪民主党人）的策略而引起的。

现在，在反革命迫害猖獗的时期，小市民正在怯懦地巴结生活的新统治者，讨好称霸一时的新贵，抛弃以往的一切，竭力把它忘掉，要自己和别人相信，现在俄国谁都不会再想照马克思的学说进行革命，谁都不会再去考虑"无产阶级专政"，**等等**。

在其他的资产阶级革命中，旧政权镇压起义人民而取得的实际胜利也总是使广大的"有教养的"社会阶层灰心丧气，分崩离析。而那些真正为自由而斗争、在真正的革命事件中起过一些显著作用的资产阶级政党，却总是产生一些同现在俄国知识分子小市民中普遍存在的幻想相反的幻想。这就是幻想"自由、平等和博爱"必然会取得迅速的**和**彻底的胜利，幻想建立一个天下太平和人间幸福的全人类的共和国，而不是资产阶级共和国。这就是幻想在受过君主制和中世纪制度压迫的人民中间没有阶级纠纷，幻想暴力手段不能战胜"思想"，幻想过时的封建制度同新的自由民主的共和制度（对这种制度的资产阶级性，人们还根本没有认识到，或者认识极端模糊）截然对立。

因此，在反革命时期，探索到了科学社会主义观点的无产阶级代表人物不得不起来反对（如像马克思和恩格斯在1850年所做的那样）资产阶级共和派的幻想，反对对革命传统和革命本质作唯心主义的理解，反对用浮夸的空话来代替在特定阶级中间进行坚韧不拔和严肃认真的工作①。我国的情况恰好相反。我们没有看到那种使我们在新的变化了的情况下继续进行革命工作这一迫切任务受到阻碍的原始共和主义幻想。我们没有遇到**夸大**共和国的作用，把这个同封建制和君主制进行斗争所必需的口号变成全体被剥削劳动者进行各种解放斗争的口号的现象。社会革命党人以及

---

① 参看《马克思恩格斯全集》第1版第7卷第535—540页。——编者注

同他们一脉相承的、培育**这类**思想的集团只是一小撮人,三年革命风暴时期(1905—1907 年)促使他们成立了**机会主义**小市民的新政党人民社会党,促使他们又一次加强了反对政治的暴动行为和无政府主义活动,而不是广泛地迷恋于共和主义。

小市民的德国在 1848 年革命的第一次冲击后的第二天,就明显地表现出小资产阶级民主共和制的幻想。小市民的俄国在 1905 年革命冲击后的第二天,就明显地表现出而且日益表现出小资产阶级机会主义的幻想,这种机会主义希望不经过斗争就达成妥协,它害怕斗争,一遭到失败就急忙抛弃自己过去的东西,就以灰心、沮丧和变节行为来毒化社会气氛。

显然,这种差别是社会制度不同和两个革命的历史背景不同造成的。但是问题并不在于俄国的小资产阶级居民群众同旧制度的矛盾不那么尖锐。恰恰相反,我国农民在俄国革命的第一个时期进行的土地运动比 19 世纪历次资产阶级革命中的土地运动,要强大得多,明确得多,政治上自觉得多。问题在于,在欧洲构成革命民主派核心的阶层,即城市行会手工业、城市资产阶级和小资产阶级,在俄国却**一定是**转向反革命自由派的。同欧洲社会主义革命的国际大军携手并进的社会主义无产阶级的自觉性,世世代代受农奴主压迫而陷于绝境、要求没收地主土地的庄稼汉的坚决的革命性,——就是这些因素使得俄国的自由派比欧洲的自由派更容易投入反革命的怀抱。因此俄国工人阶级要担负起这样的重任:保持知识分子和小市民急于抛弃的革命斗争传统,发扬和巩固这种传统,把它灌输到广大人民群众的意识中去,把它带到必然到来的民主运动的下一次高潮中去。

工人们自发地执行的正是这样一条路线。他们十分热情地参加了伟大的十月斗争和十二月斗争。他们十分清楚地看到，**只有通过这种直接的革命斗争**，他们的状况才会有所改变。现在他们所说的，或者至少他们所感觉到的，就像一位织布工人在给他的工会机关报的信中所写的一样：工厂主夺去了我们的胜利果实，工长仍旧像过去一样嘲弄我们，**你们等着吧，1905 年还会来的。**

你们等着吧，1905 年还会来的。这就是工人的想法。对于工人来说，这一年的斗争提供了**怎么办**的范例。对于知识分子和变节的小市民来说，这是"疯狂的一年"，这是**不该这么办**的范例。对于无产阶级来说，研究和批判地掌握革命经验，就是要学会**更有效地**运用**当时的**斗争方法，使这种十月罢工斗争和十二月武装斗争更广泛、更集中、更自觉地进行。对于支配着变节的知识分子的反革命自由派来说，掌握革命经验，就是要永远避免"野蛮的"群众斗争"幼稚地"突然爆发，而代之以建立在斯托雷平"立宪主义"基础上的"先进的、文明的"**立宪**活动。

现在所有的人都在谈论掌握和批判地检验革命经验。社会党人和自由派在谈论。机会主义者和革命的社会民主党人也在谈论。但并不是所有的人都懂得，各种各样掌握革命经验的方法都不会超出**上述**两种对立的掌握方法的范围。并不是所有的人都会明确地提出问题：我们是应当掌握并且帮助群众掌握革命斗争的经验以进行更顽强和更坚决的斗争呢，还是应当掌握立宪民主党人背叛革命的"经验"并把它传授给群众呢？

卡尔·考茨基在他的基本理论著述中谈到了这个问题。他在已经译成欧洲所有主要文字的名著《社会革命》的第 2 版里，作了许多涉及俄国革命经验的补充和修改。第 2 版序言注明的日期是1906 年 10 月，这就是说，作者掌握的材料不仅涉及 1905 年的"狂飙突进",而且涉及我国革命的"立宪民主党时期"所发生的主要事件,涉及全国(几乎全国)都迷恋于立宪民主党人的选举胜利和迷恋于第一届杜马的时期。

在俄国革命的经验中,考茨基认为哪些问题是重大的和主要的,或者至少是比较重要的,需要向**一般**研究"社会革命的形式和武器"(考茨基著作第 7 节,即根据 1905—1906 年经验增补的一节的标题)的马克思主义者提出的**新**材料呢?

作者提出了两个问题。

第一,**能够**在俄国革命中取得胜利、使俄国革命成为真正胜利的革命的那些力量的阶级成分问题。

第二,俄国革命提供的、按革命力量的活动方向和攻击性质来说都是最高级的群众斗争形式——十二月斗争,即武装起义的意义问题。

任何一个多少能以严肃认真的态度对待俄国革命事件的社会主义者(特别是马克思主义者)都应该承认,这确实是在估计俄国革命以及估计目前形势要求工人政党执行的策略方针方面的两个主要的基本问题。如果我们不彻底弄清哪些阶级由于客观经济条件**能够**使俄国资产阶级革命成为胜利的革命,那么我们所说的要竭力把这一革命变成胜利的革命就是一句空话,就只是一种民主主义的豪言壮语,我们在资产阶级革命中的策略就必然是无原则的和摇摆不定的。

另一方面,要具体确定革命政党在目前全国性危机的风暴时期的策略,只是指出哪些阶级能够按照胜利完成革命的精神来**行动**显然是不够的。革命时期同所谓和平发展时期,同经济情况没有引起严重危机、没有产生强大的群众性运动的时期的区别,是革命时期的斗争**形式必然更加多种多样**，而且群众的直接革命斗争比领导人在议会、报刊上以及其他场合进行的宣传鼓动活动要多得多。因此，我们在估计革命时期时，如果只限于肯定不同阶级的行动**方针**，而不分析它们的斗争**形式**，那么我们的论断，从科学方面说来，就是不全面的、不辩证的，从政治实践方面说来，就会蜕化**成死板的说教**（附带说一句，普列汉诺夫同志在他论述社会民主党在俄国革命中的策略的著作中，十分之九都是满足于这种说教的）。

如果要真正用马克思主义的方法，从辩证唯物主义的观点来估计革命，就应当把革命当做一场处于某种客观条件下、以某种方式活动以及多少成功地运用某些斗争形式的生气勃勃的社会力量所进行的斗争。在这种分析的基础上，当然也只有在这种基础上，估计斗争的**技术**方面和它的技术问题才是完全合适的，而对马克思主义者来说是完全必要的。承认一定的斗争形式而不承认学习斗争技术的必要性，就等于我们承认需要参加**某次**选举而不重视规定**这次**选举的技术问题的法律。

现在我们来谈谈考茨基对上面两个问题的回答。大家知道，这两个问题在**整个**革命时期，即从1905年春天起（当时在伦敦举行的布尔什维克的俄国社会民主工党第三次代表大会[50]和同时在日内瓦举行的孟什维克代表会议[51]都在明确的决议中规定了自己策略的原则基础），到1907年春天举行统一的俄国社会民主工党伦敦代表大会[52]时止，在俄国社会民主党人中间引起了长时期的热烈争论。

对于第一个问题，考茨基作了如下的回答。他说，在西欧，无产阶级包括大量的居民群众。因此民主派在目前欧洲的胜利就意味着无产阶级的政治统治。"在俄国,由于农民占大多数,就不会有这种情况。当然,社会民主党在最近的〈德文是 absehbar,即看得见的,在视线内的〉将来也可能在俄国取得胜利,但是这种胜利只有依靠无产阶级和农民的联盟〈Koalition〉才能取得。"考茨基甚至还说,这种胜利必然会有力地推动西欧的无产阶级革命。

由此可见,资产阶级革命这个概念还不足以确定哪些力量能够在这种革命中取得胜利。商业资产阶级或工商业资产阶级充当主要动力的资产阶级革命是可能发生的,而且也发生过。这种革命的胜利,作为上述资产阶级阶层对其敌人(如享有特权的贵族或无限君主制)的胜利,是可能的。俄国的情况则不同。我国资产阶级革命的胜利,**要作为资产阶级的胜利**,是不可能的。这似乎令人难以置信,但这是事实。农民占大多数,农民受半农奴制的大地产的残酷压迫,已经组成社会主义政党的无产阶级有力量有自觉性——所有这一切都使**我国的**资产阶级革命具有**特殊的**性质。这一特点并不排斥革命的资产阶级性质(而马尔托夫和普列汉诺夫在他们对考茨基的立场所作的最不成功的批评中却企图说明是排斥的)。这一特点只是决定了我国资产阶级的反革命性质和为了**在这样的**革命**中**取得胜利而实行无产阶级和农民专政的必要性。因为在资产阶级革命中取得**胜利**的"无产阶级和农民的联盟"不是别的什么东西,而是无产阶级和农民的革命民主专政。

这种情况就是革命时期社会民主党内策略分歧的来源。只有注意到这一点,才能理解各种局部的争论(关于支持立宪民主党人的问题,关于左派联盟及其性质的问题等)和个别的冲突。布尔什维克和孟什维克在革命的第一个时期(1905—1907 年)的意见分歧的**根源**就在于这种基本的策略分歧,而决不是像一些不知内情的人有时所想的那样,在于"战斗主义"或"抵制主义"。

必须十分注意研究这种分歧的根源,必须**根据上述观点**来分析两届杜马和农民直接斗争的经验,这是应当始终坚持的。如果我们**现在**不做这样的工作,那么在下一次运动高潮到来的时候,我们在策略方面每走一步都会在党内引起旧的争论或引起派别冲突和纠纷。社会民主党对自由派和农民资产阶级民主派的态度,应当根据俄国革命的经验来确定。否则,我们就不会有坚持原则的无产阶级策略。顺便说一句,决不能把"无产阶级和农民的联盟"理解为无产阶级和农民两个不同的阶级或不同的政党的合并。不要说是合并,就是达成任何长期的协议,都会危害工人阶级的社会主义政党,**削弱**革命民主主义斗争。农民必然会在自由派资产阶级和无产阶级之间摇摆不定,这是它的阶级地位所决定的,我国革命在各个不同的斗争领域都提供了许多这样的例子(如抵制维特杜马,选举,第一届和第二届杜马中的劳动派等)。无产阶级只有执行革命先锋队的绝对独立自主的政策,才能使农民同自由派断绝关系,使他们摆脱自由派的影响,并在斗争过程中领导他们,从而**真正**实现"联盟",也就是实现在农民进行革命斗争的条件下的联盟。只有无情地批评劳动派的弱点和动摇,而不是奉承他们,只有宣传主张共和制的、革命的农民政党的思想,才能实现无产阶级和农民的"联盟",以便**战胜**共同的敌人,而不是为了拿联合和协议开玩笑。

我们所说的俄国资产阶级革命的特殊性质,决定了这个革命不同于**现代**其他的资产阶级革命,但是又使这个革命接近于农民曾起过显著革命作用的过去几次资产阶级**大**革命。在这方面非常

值得注意的,是弗里德里希·恩格斯在他的一篇思想十分深刻而
丰富的文章《论历史唯物主义》(《社会主义从空想到科学的发展》
的英文版导言,恩格斯本人把这篇导言译成德文,载于《新时代》杂
志第 11 年卷(1892—1893)第 1 册)中所写的一段话。恩格斯写
道:"很奇怪的是:在资产阶级的这三次大起义〈16 世纪的德国宗
教改革和农民战争,17 世纪的英国革命和 18 世纪的法国革命〉
中,农民提供了战斗大军,而农民恰恰成为在胜利后由于胜利带来
的经济后果而必然破产的阶级。克伦威尔之后 100 年,英国的自
耕农(yeomanry)几乎绝迹了。如果没有这些自耕农和城市平民,
资产阶级决不会单独把斗争进行到底,决不会把查理一世送上断
头台。哪怕只是为了获得那些当时已经成熟而只待采摘的资产阶
级的胜利之果,也必须使革命远远超越这一目的,正像法国在
1793 年和德国在 1848 年那样。显然,这就是资产阶级社会发展
的规律之一。"恩格斯在同一篇文章的另一个地方指出,法国革命
是"把斗争进行到底,直到交战的一方即贵族被彻底消灭而另一方
即资产阶级完全胜利的首次起义"。①

　　俄国革命的进程明显地证实了恩格斯的这两点历史的观察或
概括。同时证实了,只有农民和无产阶级即"城市平民"的参与,才
能把资产阶级革命大大向前推进(在 16 世纪的德国、17 世纪的英
国和 18 世纪的法国,农民可以占据首要地位,但是在 20 世纪的俄
国,这种关系无疑必须颠倒过来,因为没有无产阶级的主动精神和
领导,农民将一事无成)。证实了必须使革命**远远超过**直接的、最
近的、已经完全成熟了的资产阶级目的,才能真正实现**这些**目的,

---

①　见《马克思恩格斯文集》第 3 卷第 511、514 页。——编者注

才能牢牢地巩固最起码的资产阶级成果。因此可以断定，像高加索的孟什维克在1905年的决议中写的"为了不使资产阶级退出"，或者像普列汉诺夫在斯德哥尔摩说的为了得到"防止复辟的保障"，事先就把革命仅仅局限在直接的资产阶级的和狭隘的资产阶级的范围内，对于这种庸俗的做法恩格斯是会十分蔑视的！

另一个问题，关于对1905年十二月起义的估计问题，考茨基在他的小册子的第2版序言中作了分析。他说："我现在已经不能像1902年那样肯定地断言，武装起义和街垒战在未来的革命中不会起决定性作用。莫斯科巷战的经验十分清楚地说明不是这样，当时为数很少的人在街垒战中同整整一支大军相持了一个星期，如果不是其他城市的革命运动遭到失败，使敌人有可能派遣增援部队，最后集中了庞大的优势兵力来对付武装起义者，他们是几乎就会取得胜利的。当然，街垒战之所以能够取得一定的胜利，只是因为城市居民大力支持革命者，而军队的士气却十分低落。但是谁能够肯定说，在西欧不可能发生这类情形呢？"

总之，当时起义过去差不多已有一年，已经用不着特意给战士们直接鼓气了，但是像考茨基这样谨慎的研究家还是坚决地肯定莫斯科起义是街垒战所取得的"一定的胜利"，并且认为必须修改自己认为巷战在未来革命中不可能起很大作用这个总的结论。

1905年十二月斗争**证明**，在现代军事技术和军事组织的条件下，武装起义是**能够**取得胜利的。十二月斗争说明，整个国际工人运动今后应当考虑到在最近的无产阶级革命中采取这一类战斗形式的可能性。这就是从我国革命经验中真正得出的结论，这就是广大群众应当吸取的教训。而普列汉诺夫对十二月起义所作的有赫罗斯特拉特[53]名声的评价是"本来就用不着拿起武器"[54]，可见上述结论和教训同他的这种论断的**方向**有多大的距离啊！普列汉诺夫的这种估计引起了数不清的背叛性的评论！无数双醒醒的自由派的手抓住了他，要把有害的思想和庸俗的妥协精神灌输给工人群众！

普列汉诺夫的估计没有丝毫的历史真实性。马克思在巴黎公社成立半年以前说过，起义是蠢举，然而后来却把这种"蠢举"估计为19世纪最伟大的无产阶级群众运动，现在，俄国社会民主党人有多一千倍的理由使群众相信，十二月斗争是巴黎公社以后最必要、最合理和最伟大的无产阶级运动。不管社会民主党内某些知识分子怎么说和怎么抱怨，俄国工人阶级应当持有的正是这样的观点。

考虑到这篇文章是给波兰同志写的，因此在这里作一点说明也许是必要的。很遗憾，我不懂波兰文，了解到的一些波兰的情况，只是道听途说。因此别人很容易驳倒我，说正是在波兰，整个党遭到失败，是因为从事软弱的游击活动、恐怖活动和一连串的突然行动，而且正是为了起义的传统和无产阶级同农民的共同斗争（所谓波兰社会党"右派"[55]）。很可能，从这一观点看来，波兰的情况和俄国其他地方的情况确实有很大不同。我不能对这一点下判断。但是我应当指出，除了波兰以外，我们没有在其他地方看见过这种荒谬的、会引起正当的反对和斗争的离开革命策略的现象。这里自然会产生这样的想法：正是波兰在1905年12月没有发生这样的群众性武装斗争！可是这难道不正是因为在波兰，而且只是在波兰，无政府主义那种"制造"革命的反常的荒谬策略曾经风行一时吗？不正是因为那里的条件不容许开展哪怕是短暂的群众性武装斗争吗？难道**这样的**斗争传统即十二月武装起义的传统有时不正是克服（克服的办法不是靠陈腐庸俗的小市民说教，而是放弃无目的的、无意义的、分散的暴力行动而采取有目的的、群众性的、为了广泛推动和加紧直接的无产阶级斗争联系而进行的暴力行动）工人政党内部无政府主义倾向的唯一有效手段吗？

对我国革命的估计问题决不只有理论意义，而且有最直接的现实意义。我们的整个宣传、鼓动和组织工作现在同最广大的工人阶级和半无产阶级居民群众掌握伟大的三年的教训的过程有密切联系。我们现在不能只是空洞地说（按波兰社会党"左派"**56**第十次代表大会决议的精神），根据现有材料目前还不能确定，我们面临的究竟是革命爆发的道路，还是长期地、缓慢地小步前进的道路。当然，现在世界上任何一种统计学都不能确定这一点。当然，将来不论遇到多么严重的考验，我们都应当使我们的工作全都贯彻总的**社会主义**的精神和内容。但这还不是一切。停留在这一点上，就意味着不善于给无产阶级政党以任何实际的指导。我们应当直接提出并且切实解决这样的问题：我们现在应当根据什么方针来总结三年的革命经验呢？为了教育动摇不定和意志消沉的人，为了揭露背叛和脱离社会主义的人，我们要大声公开地宣布：工人政党认为，群众的直接革命斗争，1905年十月斗争和十二月斗争是巴黎公社以后最伟大的无产阶级运动，只有发展这种形式的斗争，才能保证未来革命取得胜利，这些斗争的榜样应当成为我们在教育新一代战士的工作中的灯塔。

如果我们根据这一方针进行日常工作，而且记住，只是由于党进行了多年的实实在在和坚定不移的准备工作，才保证了党在1905年对无产阶级产生巨大影响，那么，我们一定能够达到目的：

不管事态怎样发展，不管专制制度以什么速度崩溃，工人阶级都会不断壮大起来，成为自觉的、社会民主党的革命力量。

载于 1908 年 4 月《社会民主党评论》 译自《列宁全集》俄文第 5 版
杂志（克拉科夫）第 2 期 第 17 卷第 37—51 页

第二代立宪民主党人

（1908 年 5 月 10 日〔23 日〕）

今天本报"科学新闻"栏发表的一篇寄自俄国的通讯，值得读者特别注意。通讯的作者所讲的事实，在我们的报纸快要出版时得到了证实，因此应当比较详细地谈一谈。

一个新的政治组织正在产生，社会运动正在出现某种新的转折。一些想"比立宪民主党人左一些"、想把孟什维克和社会革命党人拉过去的资产阶级民主派分子聚集在一起，他们似乎模模糊糊地意识到第三届杜马中的立宪民主党反对派是一具腐烂的尸体，必须撇开它"做点事情"。

事实就是这样。这些事实还很不明确，但是已经勾画出从革命头三年的教训来看是可以理解的和不可避免的现象。

第一代立宪民主党人是在 1905 年夏天登上公开的革命舞台的。他们支持了不到三年，还没有来得及开花就凋谢了。于是第二代立宪民主党人就出来代替他们。这种替换有什么意义呢？它向工人政党提出了哪些任务呢？

1904 年，第一代立宪民主党人在宴会上大叫大嚷，搞地方自治运动，他们在各阶级同专制制度之间以及彼此之间的关系还很不明确的时候，即在群众的公开斗争和各阶级的（而不是小集团的）政策还没有确定这些关系的时候，反映了社会高潮的开端。当时,立宪民主党集合了资产阶级社会即所谓有教养的社会的各种各样的分子,从宁要姜汁鲟鱼⁵⁷而不要宪法的地主一直到当职员的、受雇的知识分子。立宪民主党人曾经准备在"历史上的政权"即沙皇专制制度同正在斗争的工农群众之间进行**调停**。1905年夏天的朝见沙皇,是卑躬屈节的开始,因为俄国自由派除卑躬屈节外就不了解还有另外形式的调停了。从那时候起,确实在俄国革命的每一个比较重要的阶段中,资产阶级自由派都是以向专制政府和黑帮地主匪帮的奴仆卑躬屈节来进行"调停"的。1905年8月,他们反对抵制布里根杜马的革命策略。1905年10月,他们分裂出了公开反革命的十月党,同时派彼得·司徒卢威去拜见维特,鼓吹温和谨慎。1905年11月,他们谴责邮电职工的罢工,对士兵起义的"灾祸"表示遗憾。1905年12月,他们吓得偎依在杜巴索夫的怀里,为的是在第二天猛击(看来应当说是乱踢⁵⁸)"疯狂的自发势力"。1906年初,他们竭力洗雪自己蒙受的"耻辱的"怀疑:似乎他们竟会在国外进行宣传,反对借亿万外债来巩固专制制度。在第一届杜马中,自由派空谈人民自由,同时又偷偷地从后门进去见特列波夫,并反对劳动派和工人代表。他们发表了维堡宣言⁵⁹,企图一箭射双雕,他们看风使舵,以致可以根据需要任意解释自己的行为,既能解释成支持革命,也能解释成反对革命。关于第二届和第三届杜马,更没有什么可说了,立宪民主党人的自由主义在这里已经把自己的十月党人的本性暴露无遗了。

过了三年,立宪民主党人就"破产了",要想重新活跃起来,就得提出"比立宪民主党人左一些"的口号!第一代立宪民主党人已经**为人所不齿**。由于彻底背叛人民自由,他们自己埋葬了自己。

但是,新换上来的第二代立宪民主党人,有没有沾染同样的尸毒呢？在新组织周围吵闹得特别厉害的人民社会党人先生们，你们这些"社会立宪民主党人"，是不是想再重复我们从三年的经验中所知道的旧的演进过程呢？

对于这个问题，不应当用对未来的猜测来回答，而应当用对过去的分析来回答。这一分析雄辩地证明，"社会革命党的孟什维克"即人民社会党人先生，在他们那个"美好的日子里"（例如在第一届杜马时期）在曾经活动过的劳动派农民政治组织中，确切些说，在他们的政治运动中，的确扮演了立宪民主党人的角色。请回忆一下人民社会"党"（小集团？）在俄国革命中的主要历史事实吧。他们在"解放社"⁶⁰接受了洗礼。在1905年12月的社会革命党代表大会上，他们这些老是在立宪民主党人和社会革命党人之间摇来摆去的人，主张采取一种荒谬的、暧昧的立场，希望同社会革命党人保持若即若离的关系。在十月的自由的日子里，他们同社会革命党人合办政治报纸。在第一届杜马时期也是一样：玩弄"高超的"外交手腕，"巧妙地"掩饰分歧，蒙蔽世人的耳目！在第一届杜马被解散、第二阶段起义遭到失败、斯维亚堡起义⁶¹被镇压下去以后，这班绅士就**下定决心**向右转。他们使自己的党"合法化"，当然只是为了在报刊上合法地诋毁起义的主张，证明积极宣传共和制思想是不合时宜的。在第一届杜马中，他们在农民代表面前战胜了社会革命党人，为自己的土地法案⁶²征得了104人的签名，而在社会革命党人的法案⁶³上签名的只有33人。农民小业主要求土地国有化这种"清醒的"、资产阶级的愿望，吹散了"社会化"的迷雾。我们看到，社会立宪民主党人要求的不是建立农民的政治革命组织，不是建立起义的组织，而是玩弄合法化和议会主义的把戏，保持狭隘的知识分子的小组习气。俄国农民摇来摆去，离开了立宪民主党人和知识分子机会主义者人民社会党人,转向带有知识分子那种不坚定性的革命者社会革命党人,这就证实了小农的两重地位,证明没有无产阶级的领导,农民就不能进行坚定的阶级斗争。

现在人民社会党人先生们又开始同左派立宪民主党人"搞在一起",而且把孟什维克和社会革命党人这些小傻瓜也拉来,这就表明,这伙人在三年的革命中没有学到什么东西。他们说,经济要求会使人们分离。他们希望在更迫切的要求即政治要求方面联合起来。他们在革命进程中什么也没有弄明白,而俄国的革命同其他国家的革命一样表明,只有群众斗争才有力量,然而群众斗争只有以重大的经济改革为目标才能开展。

孟什维克和社会革命党人一再追随左派立宪民主党人,这已经不是新闻了。在彼得堡进行第二届杜马选举时,情况就是如此。在前者对待立宪民主党内阁和全权杜马问题上,在后者对待同人民社会党人秘密结盟的问题上,情况也是如此。很明显,小市民知识分子的"如醉如痴的思慕心情",即寄身于自由派资产阶级卵翼之下的思慕心情,是有其深刻根源的。

当然,这种思慕心情照例要用所谓利用新的高潮和新的力量配置等等的花言巧语来掩盖。

是啊,先生们,我们也赞成利用……尸体,不过不是为了使它"复活",而是用来肥田,不是为了姑息陈腐的理论和庸人的情绪,而是为了让它去担任"恶魔的辩护人"[64]的角色。我们将利用人民社会党人和左派立宪民主党人的这个新的绝妙的例子来教育人民,教他们不该这么办,教他们避免立宪民主党人的变节和小市民的萎靡不振。我们将密切注视这个新生的怪胎(只要不是死胎)的生长和发育，并时刻提醒大家，在现代的俄国，一切类似的胚胎**只要不是死胎**，都必然地和不可避免地标志着工人阶级和农民的群众性斗争的前奏。"解放社"又在复活了。如果真是这样，那就是说，上层人物已经开始嗅出什么来了。如果真是这样，那就是说，开了头就会有继续，在知识分子忙乱一阵之后，就会有无产阶级的斗争。

我们要趁第二代立宪民主党人登上舞台的机会，教育人民学习斗争，学习只是在斗争中并且只是同进行革命斗争的农民群众建立革命的联系。

载于1908年5月10日(23日)
《无产者报》第30号

译自《列宁全集》俄文第5版
第17卷第52—56页

19 世纪末俄国的土地问题[65]

(1908 年 6 月 18 日〔7 月 1 日〕)

本文的任务是概略地叙述一下俄国农业中的全部社会经济关系。这样的文章不可能具有专门研究的性质。它应当总结马克思主义的研究情况,指出我国农业经济的每个比较重大的特征在俄国国民经济整个结构中的地位,描绘出俄国土地关系的总的发展方向,揭示出这样或那样决定这种发展的阶级力量。因此我们将从这个观点出发考察俄国的土地占有情况,接着再考察地主经济和农民经济,最后对 19 世纪我国的演进引起了什么后果和它给20 世纪留下了哪些任务这两个问题作出一般性的结论。

一

我们可以根据 1905 年最新的土地统计资料(中央统计委员会于 1907 年在圣彼得堡出版)[66]来叙述 19 世纪末欧俄的土地占有情况。

根据这次调查的数字,欧俄的土地共有 39 520 万俄亩,可以分为三大类:

第一类　私有土地 ··	10 170 万俄亩
第二类　份地 ··	13 880 万俄亩
第三类　官地及其他土地 ·································	15 470 万俄亩

欧俄共计 ·· 39 520 万俄亩

必须指出,我国的统计机关把北部边远地区阿尔汉格尔斯克、奥洛涅茨和沃洛格达三省的一亿多俄亩土地列入官地。既然我们谈的是欧俄实际农业用土地,那就应当把很大一部分官地除外。我在自己那部关于社会民主党人在俄国革命中的土地纲领的著作(这一著作在1907年底就写好了,但是由于某些不取决于作者的原因,该书迟迟没有出版)中,推算出欧俄实际农业用土地约为28 000万俄亩[1]。这里包括的官地不是15 000万俄亩,而仅仅是3 950万俄亩。因此在欧俄,除了地主和农民的地产,剩下的土地**不到**总面积的$1/7$。$6/7$的土地掌握在两个对抗阶级的手中。

现在我们来看一下这些在等级上也彼此不同的阶级的土地占有情况,因为大部分私有主土地是贵族的土地,份地是农民的土地。在10 170万俄亩私有主土地中,1 580万俄亩属于村团和协作社,其余8 590万俄亩都属于个人所有。请看个人所有的土地在1905年和1877年按等级分配的情况。[2]

由此可见,俄国的个人所有者主要是贵族。他们占有大量的土地。但是发展的趋势是贵族占有的土地日益减少。土地占有的无等级性不断飞速增长。在1877—1905年期间,"其他等级"占有的土地增加得最快(28年增加了7倍),其次是农民(增加了1倍多)。因此从农民中日益分化出一些转变成土地私有主的社会

---

① 见本版全集第16卷第187页。——编者注

② 见第50页表格。——编者注

占有者的等级	1905 年		1877 年		1905 年的增（＋）减（－）情况	
	土地数（单位百万俄亩）	％	土地数（单位百万俄亩）	％	绝对数（单位百万俄亩）	％
贵族……………………	53.2	61.9	73.1	79.9	－19.9	－ 28.56
僧侣……………………	0.3	0.4	0.2	0.2	＋ 0.1	＋ 74.00
商人和荣誉公民**67**……	12.9	15.0	9.8	10.7	＋ 3.1	＋ 30.00
小市民…………………	3.8	4.4	1.9	2.1	＋ 1.9	＋ 85.00
农民……………………	13.2	15.4	5.8	6.3	＋ 7.4	＋121.00
其他等级………………	2.2	2.5	0.3	0.3	＋ 1.9	＋707.00
外国臣民………………	0.3	0.4	0.4	0.5	－ 0.1	－ 34.21
个人所有者共计	85.9	100.0	91.5	100.0	－ 5.6	－ 8.25

成分。这是一个普遍的事实。以后我们在分析农民经济时,应当揭示出产生这种分化的社会经济结构。现在必须确切地肯定,俄国土地私有制的发展就是由等级性转向无等级性的。到 19 世纪末,贵族的封建地产或农奴制地产仍然占私有地产的绝大部分,但是发展的趋势显然是造成资产阶级的土地私有制。从侍卫、世袭领主、官宦及其他人那里继承下来的私有地产正在减少。直接用钱买进的私有地产正在增加。土地权力在削减,货币的权力在增长。土地日益进入商业周转。我们在后面的叙述中将会看到,进入商业周转的规模比仅仅从土地占有情况的材料中所看到的要大好多倍。

在 19 世纪末的俄国,"土地权力",即农奴主-地主的中世纪土地占有制的权力还大到什么程度,这从私有地产按大小划分的材料中可以特别清楚地看出来。我们所使用的资料特别详细地列出了大私有地产的数字。按私有地产大小划分的一般情况如下:

农 户 类 别	户 数	共有土地 （单位俄亩）	平均每户有地 （单位俄亩）
10 俄亩和不满 10 俄亩 …………	409 864	1 625 226	3.9
10 —　　 50 俄亩 …………	209 119	4 891 031	23.4
50 —　　500 俄亩 …………	106 065	17 326 495	163.3
500 — 2 000 俄亩 …………	21 748	20 590 708	947
2 000 —10 000 俄亩 …………	5 386	20 602 109	3 825
超过 10 000 俄亩 …………	699	20 798 504	29 754
超过 500 俄亩者共计	27 833	61 991 321	2 227
欧俄总计	752 881	85 834 073	114

由此可见，在全部私有地产中，小地产是微不足道的。占总数⁶/₇的土地占有者，即 753 000 个土地占有者中的 619 000 个，一共只有 650 万俄亩土地。而另一方面却存在着占地极广的大地产：**700 个私有主平均每人占有 3 万俄亩**土地。这 700 个人占有的土地比 60 万个小土地占有者的土地还要多两倍。因此，大地产一般说来是俄国土地私有制的一个特点。我们把 500 俄亩以上的地产单独列出来，就可以看到 28 000 个私有主占有 6 200 万俄亩土地，平均每人 2 227 俄亩。这 28 000 个人掌握着占总数³/₄的私有土地。[①] 按占有者的等级来说，这些大地产主要是贵族的。在 27 833 项地产中，有 18 102 项，即差不多有²/₃的地产属于贵族，他们拥有土地 4 450 万俄亩，即占大地产所拥有全部土地的 70％以上。由此可见，在 19 世纪末的俄国，大量土地——而且大家知道，都是最好的土地——仍然同以前（中世纪）一样，集中在享有特权

① 为了使正文不致因引文过多而凌乱，我在这里说明一下，大多数材料都是引自上述那一著作和《俄国资本主义的发展》1908年圣彼得堡第2版（见本版全集第3卷。——编者注）。

的贵族等级手中,集中在昨天的农奴主-地主手中。至于这些大地产用什么方式经营,我们到下面再作详细叙述。这里只简单地提一下鲁巴金先生在其文章中描述得很清楚的那个众所周知的事实:一个个高官显贵都出身于贵族大地产占有者。

现在我们来看一看份地占有情况。除了没有按地产多少划分的 190 万俄亩土地,其余的 13 690 万俄亩土地掌握在 1 225 万个农户手中,平均每户 11.1 俄亩。但是,份地的分配也是不均衡的:差不多有一半份地,即在 13 700 万俄亩份地中有 6 400 万俄亩掌握在 210 万个土地多的农户手中,这些农户占农户总数的¹⁄₆。

欧俄份地分配的综合材料如下:

农户类别	户 数	共有土地 (单位俄亩)	平均每户有地 (单位俄亩)
不满 5 俄亩……………	2 857 650	9 030 333	3.1
5 — 8 俄亩……………	3 317 601	21 706 550	6.5
8 俄亩以下的共计	6 175 251	30 736 883	4.9
8—15 俄亩……………	3 932 485	42 182 923	10.7
15—30 俄亩……………	1 551 904	31 271 922	20.1
超过 30 俄亩…………	617 715	32 695 510	52.9
欧俄总计	12 277 355	136 887 238	11.1

这样看来,一半以上的份地农户,即 1 230 万户中有 620 万户,每户不到 8 俄亩土地。就全国平均水平来看,这点份地是绝对不能维持全家生活的。为了判断这些农户的经济状况,我们来看一下军马调查(这是唯一定期而正规的全国性统计)的一般数字。在 1896—1900 年期间,欧俄 48 省(即除去顿河州和阿尔汉格尔斯克省)共有 11 112 287 个农户。其中无马的有 3 242 462 户,占

总数 29.2%。有 1 匹马的有 3 361 778 户,占总数 30.3%。在俄国,无马农民是怎么回事,这是大家都知道的(当然,这里我们讲的是总的情况,而不是讲的城市近郊的牛奶业以及烟草业等带有某种特殊性的地区)。大家也知道只有 1 匹马的农民的贫困状况。600 万户就是意味着 2 400 万—3 000 万居民。而所有这些居民都是赤贫者,他们只有微不足道的一小块份地,靠这点份地维持不了生活,只能饿死。假定一个农户至少要有 15 俄亩土地才能勉强维持生活,那么就有 1 000 万个农户达不到这个水平,他们一共只有 7 290 万俄亩土地。

其次,必须指出份地占有情况的一个非常重要的特点。农民之间,份地分配方面的不均衡现象远没有私有主土地分配方面那么严重。但是在份地农民中存在着很多其他方面的差异、区别和界限。这是许多世纪以来在历史上形成的各类农民之间的差异。为了清楚地说明这些界限,我们先来看一下整个欧俄总计的材料。1905 年的统计材料把农民分为如下主要几类:前土地占有者农民,平均每户有份地 6.7 俄亩;前国家农民,平均每户有 12.5 俄亩;前皇族农民,平均每户有 9.5 俄亩;移民,平均每户有 20.2 俄亩;世袭租地户[68],平均每户有 3.1 俄亩;列泽希[69],平均每户有 5.3 俄亩;巴什基尔人和新巴什基尔人[70],平均每户有 28.3 俄亩;波罗的海沿岸的农民,平均每户有 36.9 俄亩;哥萨克,平均每户有 52.7 俄亩。由此可以看出,农民的份地占有制是纯粹的中世纪制度。农奴制至今还存在着,表现在农民之间保留下来的许多界限中。各类农民的差别不仅表现在土地的数量方面,而且还表现在赎金的多少、赎买的条件以及土地占有的性质等等方面。如果我们撇开整个俄国总计的材料而来看看一个省份的材料,我们就会看到,所有这些界限意味着什么。现在就拿萨拉托夫省地方自治局统计汇编来看一看。这里除了上面我们所说的那些全国共同的类别以外,地方调查人员又把农民分成如下几类:有赐地的农民、完全私有农民、有村社地产的国家农民、有切特维尔梯地产的国家农民、原属地主的国家农民、租种官地的农民、常住私有农民、移居农民、脱离农奴籍的农民、免交代役租的农民、自由耕作农、前工厂农民等等[71]。这种中世纪的区分甚至细到同一个村庄的农民也分为完全不同的两类,如"前某某老爷的农民"和"前某某太太的农民"。我国自由主义民粹派营垒中的著作家们不会用发展的观点来看俄国的经济关系,看不到农奴制度正在被资产阶级制度所代替,因此他们通常都忽视这一事实。实际上,如果不充分估价这个事实的全部意义,就根本不能理解19世纪俄国的历史,特别是它的直接后果,即俄国20世纪初的事件。一个交换不断扩大和资本主义不断发展的国家,如果它的国民经济的主要部门处处受到中世纪关系的阻碍和干扰,那它就不能不经受各种各样的危机。著名的村社(关于村社的意义,后面我们还要谈到)防止不了农民的无产阶级化,事实上它起了中世纪界限的作用,使农民分隔开来,把农民牢牢地束缚在小联合体中或束缚在失去任何"存在意义"的类别中。

在给欧俄的土地占有情况作结论以前,还应当指出问题的另一方面。无论是关于"3万个上层"地主和几百万个农户的土地数量的材料,或者是关于农民地产方面的中世纪界限的材料,都不足以估计出至今还保存着的农奴制残余究竟把我国农民"压迫"、压制和压抑到什么程度。第一,在所谓1861年大改革[72]的那次地主对农民的剥夺之后留给农民的份地,其质量要比地主的土地差得不可比拟。各地介绍和研究地方自治局统计材料的大量文献都证实了这一点。在这方面,有大批的确凿材料证明,农民土地的单位面积产量低于地主的土地;谁都承认,造成这种差别的原因首先是份地的质量低劣,其次才是耕种不得法和贫穷的农民经济存在许多缺陷。第二,在1861年地主把农民从土地上"解放出来"时,他们给农民土地所划的地界,往往使农民最后陷入了"自己的"地主所设的陷阱。俄国地方自治局的统计文献记载了极其奇怪的、异常独特的、世界上少见的地主经济的经营方式,从而丰富了政治经济学这门科学。这就是**靠割地**来经营的经济。1861年农民得到"解放",离开了他们的经济所必需的饮马场、牧场等等。农民的土地像楔子一样被嵌在地主的土地中间,这样地主老爷就可以得到一种非常可靠的(而且是非常光明正大的)收入,就是以践踏庄稼等等名义对农民处以罚金。"连放鸡的地方也没有",这是农民说出的令人伤心的真情,这种"受绞刑者的幽默"比任何长篇引证都更好地说出了统计数字所表达不出的农民在土地占有方面的特征。不用说,这种特征无论就其渊源来说,或者就其对于地主经济的组织方式的影响来说,都是不折不扣的农奴制。

现在我们来对欧俄的土地占有情况作一个总结。上面我们分别说明了地主土地占有和农民土地占有的情况。现在我们应当来看一看这两者之间的关系。为此,我们就根据前面引用过的欧俄土地资产(28 000万俄亩),考察一下所有这些土地在各类土地占有者之间的分配情况。至于有哪几类土地占有者,后面我们要作详细的叙述。现在我们稍微提前一点,暂且把土地占有者分为几大类。我们把占有15俄亩以下土地的农户列为第一类,这是受农奴制剥削的破产农民。第二类是中等农民,占有15—20俄亩土地。第三类是富裕农民(农民资产阶级)和资本主义地产,占有

20—500俄亩土地。第四类是农奴制大地产,占有500俄亩以上的土地。我们把农民的地产和地主的地产按这几类算在一起,并采用只计整数①的大致的算法(我在上述著作中提出了详细数字),这样19世纪末俄国的土地占有情况如下:

19世纪末欧俄的土地占有情况

	户 数 (单位百万)	共有土地 (单位百 万俄亩)	平 均 每户有地 (单位俄亩)
(一)受农奴制剥削的破产农民……………	10.5	75.0	7.0
(二)中等农民 …………………………	1.0	15.0	15.0
(三)农民资产阶级和资本主义地产 ………	1.5	70.0	46.7
(四)农奴制大地产 …………………	0.03	70.0	2 333
共 计	13.03	230.0	17.6
未按地产大小分类的土地 ………………		50.0	
总 计	13.03	280.0	21.4

我再说一遍:对上述四类土地占有情况从经济上所作的说明是正确的,这在下面的叙述中会得到证明。如果这个表格(它实质上只能是一个大致的表格)的个别地方受到了批评,那我们请读者留心注意,不要让人在批评细节的幌子下偷偷地否定事情的**实质**。事情的实质就是:俄国土地占有的两极,一个是1 050万农户(大约包括5 000万人口),他们占有7 500万俄亩土地,另一个是**3万家**(大约包括15万人口),他们竟占有7 000万俄亩土地。

为了把土地占有问题告一段落,现在我们需要越出欧俄本部

---

① 譬如,大地产一类除了6 200万俄亩地主的土地,还加上了510万俄亩皇族的土地和属于272个工商业公司(每个公司都有1 000俄亩以上土地)的360万俄亩土地。

的范围,大致地来考察一下垦殖的意义。为了使读者对俄罗斯帝国(芬兰除外)整个土地情况有一些了解,我们利用一下梅尔特瓦戈先生的材料。为了醒目起见,我们把这个材料列成一个表,并加进 1897 年人口调查的数字。

	土地总数		其 中		其中农业用地				1897 年的人口	
	单位千平方俄里	单位百万俄亩	无统计材料的土地	有统计材料的土地	耕地	草地	林地	总计	总　计(单位千)	每一平方俄里人口
			单位百万俄亩		单位百万俄亩					
波兰王国 10 省 ……	111.6	11.6	—	11.6	7.4	0.9	2.5	10.8	9 402.2	84.3
伏尔加河以西 38 省 …	1 755.6	183.0	—	183.0	93.6	18.7	34.0	146.3	—	—
伏尔加河以北以东 12 省 ……	2 474.9	258.0	—	258.0	22.3	7.1	132.0	161.4	—	—
欧俄 50 省 总计 ……	4 230.5	441.0	—	441.0	115.9	25.8	166.0	307.7	93 442.9	22.1
高加索 ……	411.7	42.9	22.1	20.8	6.5	2.2	2.5	11.2	9 289.4	22.6
西伯利亚 …	10 966.1	1 142.6	639.7	502.9	4.3	3.9	121.0	129.2	5 758.8	0.5
中亚细亚 …	3 141.6	327.3	157.4	169.9	0.9	1.6	8.0	10.5	7 746.7	2.5
亚俄总计 …	14 519.4	1 512.8	819.2	693.6	11.7	7.7	131.5	150.9		
俄罗斯帝国 总计 ……	18 861.5	1 965.4	819.2	1 146.2	135.0	34.4	300.0	469.4	125 640.0	6.7

　　从这些数字中可以清楚地看出,我们对俄国的边疆地区了解得还很少。当然,认为向边疆地区移民就可以"解决"俄国内地的土地问题的想法是极端荒谬的。毫无疑问,只有那些招摇撞骗的人才能提出这样的"解决"办法,我们在上面指出的那种欧俄旧的大地产同欧俄新的生活条件和经济条件之间的矛盾,应当通过**在欧俄内部**而不是在欧俄以外进行某种变革来"解决"。问题不在于

用移民的办法使农民摆脱农奴制,而在于除了中部地区的土地问题,还存在着垦殖地区的土地问题。问题不在于用垦殖问题来掩盖欧俄的危机,而在于指出农奴制大地产对中部地区**和边疆地区都**发生极有害的影响。俄国垦殖事业的**障碍**是俄国中部地区的农奴制残余。不在欧俄进行土地变革,不使农民摆脱农奴制大地产的压迫,就**不能**开发并管理好俄国的垦殖事业。这种管理不应当是官僚化的"关心"移民工作,也不应当是自由主义民粹派营垒中那些著作家爱讲的"组织移民工作",而应当是要铲除使俄国农民世世代代受大地产占有者盘剥而变得愚昧、闭塞和野蛮的那些条件。

梅尔特瓦戈先生在他同普罗柯波维奇先生合写的《俄国有多少土地,我们怎样使用?》(1907 年莫斯科版)这本小册子中正确地指出,经营水平的提高会使不宜耕作的土地变成可耕地。贝尔院士和格尔梅尔先院士这两位专家在 1845 年曾经写道,塔夫利达草原"由于气候的原因和水源不足,将**永远**是最贫瘠最不宜耕作的土地!!"[73]当时塔夫利达省的居民生产了 180 万俄石谷物。60 年以后,人口增加了 1 倍,而谷物的产量是 1 760 万俄石,差不多增加了 9 倍。

梅尔特瓦戈先生的这一论断非常正确,非常重要,只是他忘记了一点:新罗西亚的垦殖事业得以迅速发展的主要条件是俄国中部地区**农奴制的崩溃**。只是由于中部地区实行了变革,才得以向南部迅速地、广泛地、美国式地移民,使南部工业化(关于 1861 年以后俄国南部的**美国式的**发展,人们已经谈得非常多了)。因此现在只有在欧俄实行变革,只有彻底铲除那里的农奴制残余,把农民从中世纪大地产中解放出来,才能够**真正**开辟垦殖的新时代。

同中部地区的土地问题相比,俄国的垦殖问题是一个从属性的问题。19世纪末,我们面临着这样一种抉择:要么坚决地消灭俄国"自古已有的"省份中的农奴制,这样,我国边疆地区的垦殖事业就保证可以获得迅速的、广泛的、美国式的发展;要么把中部地区的土地问题拖下去,这样,生产力的发展就必然长期停滞不前,农奴制传统在垦殖事业方面也必然会保存下来。在前一种情况下,经营农业的将是自由的农场主;在后一种情况下,经营农业的将是受盘剥的农民和靠割地"经营的"地主。

二

我们现在来谈谈地主经济组织。大家知道,这种组织的基本特征就是资本主义制度("自由雇佣")同工役制度结合在一起。什么是工役制度呢?

要回答这个问题,必须看一看农奴制度下的地主经济组织。大家知道,从法律上、行政上和生活上来看农奴制是怎么一回事。但是很少有人提出这样的问题:在农奴制度下,地主同农民的经济关系的实质是什么。当时地主把土地分给农民,有时还贷给农民其他生产资料,如林地、牲畜等等。这种把地主土地分给农奴的做法,究竟有什么意义呢? 如果拿适用于现代关系的话来说,当时的份地就是一种**工资形式**。在资本主义生产中,是用货币付给工人工资的。资本家的利润是以货币形式实现的。在工厂里,必要劳动和剩余劳动(即维持工人生活的劳动和无偿地给资本家创造剩余价值的劳动)结合为一个劳动过程,结合为一个工作日,等等。徭役经济则是另外一种情况。它同奴隶经济一样,也有必要劳动和剩余劳动。但是这两种劳动在时间和空间上是分开的。农奴三天替地主干活,三天为自己干活。替地主干活,他是在地主的土地上干活,或者说为地主生产粮食。为自己干活,他是在份地上干活,给自己和自己的家庭取得为地主维持劳动力所必需的粮食。

因此,农奴制经济或徭役制经济同资本主义经济有一个相同的方面,这就是在两种经济制度下,劳动者都只得到必要劳动的产品,而把剩余劳动的产品无偿地交给生产资料所有者。然而农奴制经济同资本主义经济又有以下三个不同的方面。第一,农奴制经济是自然经济,资本主义经济则是货币经济。第二,农奴制经济的剥削手段是把劳动者**束缚**在土地上,分给他们土地;资本主义经济的剥削手段则是把劳动者从土地上解放出来。农奴主-地主要得到收入(即剩余产品),就必须在自己的土地上有拥有份地、农具和牲畜的农民。无地、无马、无家产的农民,是不宜于农奴制剥削的。资本家要得到收入(即利润),就必须有恰恰是无地、无家产而不得不在劳动的自由市场上出卖劳动力的劳动者。第三,拥有份地的农民必须对地主有**人身依附**关系,因为农民既然占有土地,如不**实行强制**,他是不会去为东家干活的。于是这种经济形式就产生了"超经济的强制"、农奴制、法律上的依附关系、没有充分的权利等等。相反,"理想的"资本主义就是在自由市场上最充分的契约(私有者和无产者之间的契约)自由。

只有弄清楚农奴制经济或徭役经济的这种经济实质,我们才能够懂得工役制的历史地位和意义。工役制是徭役制的直接残余,是从徭役制向资本主义的过渡。工役制的实质就是农民**用自己的农具和牲畜**耕种地主的土地,从而得到一部分货币报酬和一部分实物报酬(如土地、割地、牧场、冬季贷款等)。大家都知道的对分制经营方式就是一种变相的工役制。工役制地主经济**需要**拥有份地的农民,这些农民要有哪怕是最差的牲畜和农具;还需要使农民迫于穷困而去受盘剥。工役制的必然伴侣是盘剥制,而不是自由雇佣。在实行工役制的情况下,地主不是作为掌握货币和全部劳动工具的资本家企业主出现的,而是作为高利贷者出现的,他们利用邻近农民的穷困,以非常低廉的价钱购买农民的劳动。

为了更清楚地说明这一点,我们来看一下农业司的材料,这些材料不会有对土地占有者老爷们怀有恶意的任何嫌疑。《……农场中的自由雇佣劳动……》(《**根据业主方面**的材料所编的农业统计资料》1892年圣彼得堡版第5编)这部著名的著作,提供了中部黑土地带8年(1883—1891年)的资料:农民用自己的农具和牲畜包种一俄亩秋播作物的平均酬金为6卢布。该书又指出,如果按自由雇佣来计算一下同样活计的工价,那么单是徒手劳动就可以获得6卢布19戈比,马工还**不包括在内**;而马工酬金不可能少于4卢布50戈比(上引书第45页;《俄国资本主义的发展》第141页[1])。这样说来,自由雇佣的价格是10卢布69戈比,工役制的价格则是6卢布。既然这种现象不是偶然的、个别的,而是正常的、一般的,那应该怎样解释这种现象呢?"盘剥"、"高利贷"、"重利盘剥"等等字眼只是描述了契约的形式和性质,并没有说明它的经济实质。农民怎么能够长期地干价值10卢布69戈比的活而只领取6卢布呢?农民所以**能够**这样做,是因为他的份地弥补了他家庭的一部分开支,因而**使**工资**能够**低于"自由雇佣"的标准。农民所以不得不这样做,正是由于贫瘠的份地使他无法依靠自己的经济维持生活,

---

① 见本版全集第3卷第174—175页。——编者注

只好依附邻近的地主。显然，只有把这种现象看做是资本主义排挤徭役制过程中的一个环节，它才是"正常的"。这是因为这些情况必然会使农民遭到破产，缓慢地然而是无疑地变为无产者。

现在再看一下萨拉托夫县性质相同的、但稍稍完备一些的材料。这里耕种一俄亩土地（包括收割、运送和脱粒在内），如果是订冬季包工合同并预付工资80％—100％，那平均价格为9.6卢布。如果是以工役换取租地，为9.4卢布。如果是自由雇佣，则为17.5卢布！每俄亩地的收割和运送工作的价格，如果是工役制，为3.8卢布，如果是自由雇佣，则为8.5卢布，如此等等。这些数字，每一个都包含着农民遭受无穷无尽的困苦、盘剥和破产的长篇倾诉。每一个数字都证明，19世纪末俄国的农奴制剥削和徭役制残余是多么**严重地存在着**。

工役制度的普遍程度很难加以估计。一般情形是，在地主经济中，工役制度和资本主义制度是结合在一起的，它们被用于各种农活。极少一部分土地是由雇佣工人用地主的农具和牲畜来耕种的。大部分土地则是按对分制或工役制租给农民耕种的。我们从考夫曼先生那部搜集了许多有关私有主经济的最新资料的详尽著作①中举几个例子来说明。图拉省（1897—1898年的资料）："地主依然采用旧三圃制……远地由农民分种"；地主的土地种得最糟。库尔斯克省："……把土地按俄亩分给农民耕种，租金很高，因而有利可图……结果导致地力衰竭。"沃罗涅日省：……中小地主"大都是全靠农民用自己的农具和牲畜耕种土地，或者是把自己的土地租出去……大多数农户的耕作方法没有任何改善"。

---

① 见《土地问题》，1907年莫斯科多尔戈鲁科夫和彼特龙凯维奇出版社版第2卷第442—628页；《谈谈私有地产的种植经济意义的问题》。

　　这些评语告诉我们,安年斯基先生在《收成……的影响》一书中对欧俄各省工役制度占优势还是资本主义制度占优势的概括说明,完全适用于19世纪末。现在我们把这个说明列成下表:

	省　份　数　目			私有主的播种总面积（单位千俄亩）
	黑土地带	非黑土地带	总计	
一、资本主义制度占优势的省份……………	9	10	19	7 407
二、混合制度占优势的省份…………………	3	4	7	2 222
三、工役制度占优势的省份…………………	12	5	17	6 281
共　计	24	19	43	15 910

　　由此可见,工役制在黑土地带占绝对优势,但在本表所包括的43个省份中居次要地位。然而列入第一类的(资本主义制度)恰恰是那些对中部农业区来说并不典型的地区:波罗的海沿岸各省,西南各省(甜菜区),南部各省和两个首都所在省。在这里指出这一点是很重要的。

　　至于工役制对农业生产力的发展究竟有什么影响,考夫曼先生的著作所搜集的材料对此作了令人信服的说明。书中写道:"毫无疑问,小农租佃和对分制是农业进步的最大障碍之一……"在波尔塔瓦省农业概述中多次指出,"佃户把地种得很差,播下的种子不好,地里杂草丛生"。

　　在莫吉廖夫省(1898年),"由于对分制经营存在种种弊病,经营方面的任何改进都受到阻碍"。"第聂伯罗夫斯克县的农业之所以根本谈不上什么革新和改进",其主要原因之一就是存在着粮垛租[74]。考夫曼先生在第 517 页上写道:"我们的材料给我们提供许多明显的事实,证明甚至在同一田庄范围内,在自己耕种的土地上已经采用比较完善的新耕作制度,而在出租的土地上却仍然保持着过时的旧经营方式。"譬如,在租地上,还保持着三圃制,有时甚至根本不施粪肥,而在农庄耕地上,已经采用了多圃轮作制。对分制妨碍牧草的种植,限制肥料的施用,阻挠改良农具的推广。这一切的后果明显地表现在有关产量的数字上。例如,辛比尔斯克省有一个大地产,农庄耕地每俄亩黑麦的产量是 90 普特,小麦是 60 普特,燕麦是 74 普特,而对分制土地则是 58——28——50 普特。下面是一个县(下诺夫哥罗德省戈尔巴托夫县)的综合材料:

每俄亩黑麦产量(单位普特)

土地类别	份地	私　　有　　主　　土　　地		
		农庄耕地	对分制土地	租地
一 ………………………	62	74	—	44
二 ………………………	55	63	49	—
三 ………………………	51	60	50	42
四 ………………………	48	69	51	51
各类平均 …………	54[①]	66	50	45[①]

由此可见,凡是以农奴制方式(对分制和小块土地的租佃)耕种的**地主**土地,产量都**低于**份地! 这是一个非常重要的事实,因为它无可争辩地证明,俄国的农业所以落后,整个国民经济所以停滞不前,俄国农民所以遭受世界上闻所未闻的屈辱,其主要的和基本的原因就是存在着农奴制的直接残余——**工役制度**。只要还存在

---

① 这两个数字在考夫曼先生的书第 521 页上显然是印错了。

农奴制大地产、农奴制传统和农奴制经济形式的压迫,不管什么样的贷款,不管怎么样改良土壤,不管给农民什么样的"帮助",不管官僚和自由主义者喜欢采用什么样的"促进"措施,都不会产生任何重大结果。相反,实行土地变革,消灭地主土地占有制,摧毁古老的中世纪村社(譬如,实行土地国有化就可以摧毁村社,而且不是使用警察手段和官吏手段),就一定可以为非常迅速的、真正广泛的进步打下基础。对分制土地和出租的土地的产量如此之低,完全是由"替老爷"干活这种制度造成的。同样是现在这些农民,如果他们能不再"替老爷"干活,那不仅这些土地的产量可以提高,而且仅仅由于消除了农奴制对经营的障碍,份地的产量也必然会提高。

当然,即使在现在的情况下,私有主经济也有一些资本主义的进步,但是这种进步非常缓慢,而且必然使俄国长期遭受"野蛮地主"[75]的政治统治和社会统治之苦。现在我们来看一下这种进步表现在什么地方,并且设法确定这种进步的某些一般的结果。

"农庄"耕地即按资本主义方式耕种的地主土地的产量高于农民土地,这一情况说明了农业资本主义的技术进步。这种进步是同工役制度向自由雇佣制度的过渡分不开的。农民破产,失去耕马和农具,日益无产阶级化,这一切**迫使**地主改用自己的农具和牲畜耕种土地。农业中愈来愈多地使用机器,使劳动生产率不断提高,结果必然会使纯粹资本主义的生产关系得到发展。俄国从国外输入农业机器,1869—1872年价值为788 000卢布,1873—1880年290万卢布,1881—1888年420万卢布,1889—1896年370万卢布,1902—1903年1 520万—2 060万卢布。俄国生产的农业机器的产值(根据相当粗略的工厂统计得出的大致数字),1876年是230万卢布,1894年940万卢布,1900—1903年1 210

万卢布。毫无疑义,这些数字证明农业取得了进步,当然是取得了资本主义的进步。但是,同样毫无疑义的是,这个进步同现代资本主义国家(譬如美国)所能达到的速度比起来,是非常缓慢的。根据1900年6月1日的调查,在美国,农场占有的土地为83 860万英亩,大约等于32 400万俄亩。农场有570万个,平均每个农场有146.2英亩(将近60俄亩)土地。在1900年,为这些农场主生产的农具价值**15 770万美元**(1890年是14 530万美元;1880年是6 210万美元)[1]。相形之下,俄国的数字则小得可怜,其所以如此,是由于我国的农奴制大地产还非常强大。

关于地主和农民使用改良农具的比例,农业部在上一世纪90年代中期曾进行过专门的调查。考夫曼先生详细地记述了这次调查的资料,现将该资料总括于下表:

	使用改良农具的百分比	
区　　域	地　主	农　民
中部农业区	20—51	8—20
伏尔加河中游	18—66	14
新罗西亚	50—91	33—65
白俄罗斯	54—86	17—41
拉多加湖沿岸	24—47	1—21
莫斯科郊区	22—51	10—26
工业区	4—8	2

所有这些区域平均起来,地主是42％,农民是21％。

关于粪肥的使用情况,所有统计材料同样无可辩驳地证明,"在这方面,地主经济无论过去和现在都一直远远超过农民经济"

---

[1] 《第十二次调查概况》,1900年第3版,1904年华盛顿版,第217页和第302页——农具。

（考夫曼的书第 544 页）。不仅如此，在改革后的俄国，地主向农民购买粪肥的现象相当普遍。这是农民极端贫困的结果。目前这种现象正在减少。

最后，在关于地主经济和农民经济的农业技术水平问题的大量而精确的统计材料中，还有关于牧草种植情况的统计材料（考夫曼的书第 561 页）。其主要结论如下：

欧俄牧草播种面积

年　份	农　民	地　主
1881 年	49 800 俄亩	491 600 俄亩
1901 年	499 000 俄亩	1 046 000 俄亩

地主经济和农民经济之间所有这些差别产生的结果是什么呢？关于这一点，现在只有产量的数字。整个欧俄在 18 年（1883—1900 年）中的平均产量如下（单位俄石）：

	黑麦	冬小麦	春小麦	燕麦
地主	6.0	5.75	5.0	8.5
农民	5.0	5.0	4.25	7.0
差额	16.7%	13.0%	15.0%	17.6%

考夫曼先生完全正确地指出，这种差额"是很小的"（第 592 页）。这里不仅要注意到 1861 年留给农民的是一些**坏地**，而且要注意到全体农民的总平均数掩盖了（我们马上就会看到）巨大的差别。

我们从对地主经济的考察中应当得出如下的一般结论。资本主义正在这个领域内十分明显地为自己开辟道路。徭役经济正在被自由雇佣经济所代替。资本主义农业同工役制农业和小农农业相比，在各方面都十分明显地表现出它在技术上的进步。但是这

种进步对于一个现代资本主义国家来说,还是异常缓慢的。在 19
世纪末的俄国,整个社会发展的需要同农奴制之间产生了极为尖
锐的矛盾。这种农奴制表现为地主贵族的大地产和工役经济制
度,它是经济演进的障碍,是俄国实际生活中产生压迫、野蛮和无
穷无尽的鞑靼方式的根源。

三

　　农民经济是俄国现代土地问题的中心点。我们在前面已经说
明了农民土地占有情况。现在我们应当来考察一下农民经济的组
织情况,但不是从技术方面,而是从政治经济方面来考察。

　　这里我们首先遇到了农民村社问题。论述这个问题的书刊极
其浩繁。我国社会思想界的民粹派就把自己世界观的基本点同这
种"平均"制度的民族特点联系在一起。在这个问题上首先应当指
出的是,论述俄国土地村社的书刊经常把问题的两个不同方面即
耕作技术和生活方式方面同政治经济方面搅在一起,甚至往往混
为一谈。论述村社的大部分著作(如瓦·奥尔洛夫、特里罗果夫、
凯斯勒尔、瓦·沃·等人的著作)对问题的前一个方面非常注意,
用了很大篇幅,以致后一个方面被完全忽略了。其实这种做法是
极其错误的。俄国的土地关系同任何其他一个国家相比,无疑有
它的独特性,但即使两个公认的纯粹资本主义国家,它们在农业生
活方式、土地关系史、土地占有和使用的形式等方面,也是有很大
差别的。使俄国土地村社问题具有这样重要的意义、这样尖锐的
性质,使俄国社会思想界从 19 世纪下半叶起分为民粹主义和马克

思主义这两个主要派别的,决不是问题的耕作技术方面,也不是生活方式方面。很可能,地方上的研究人员必须着重注意问题的这一方面,以便全面地考虑农民生活方式的地方特点,反对官僚们无知地、十分粗暴地制定种种烦琐的、浸透警察精神的规章制度。但是对于经济学家来说,无论如何也不允许因研究重分土地的各种形式及其技术等问题而抹杀以下的问题:村社**内部**正在形成什么**类型的经济**,这些类型正在怎样发展,雇用工人的人同受雇干粗活的人之间、富裕农民同贫苦农民之间、改善经营并实行技术改良的人同经济破产、抛弃家业、离乡背井的人之间的关系正在怎样形成。无疑,我国地方自治局的统计人员(他们为研究俄国国民经济提供了非常宝贵的材料)认识到了这一点,所以他们在上一世纪80年代抛弃了**官方的**农民分类法,即按村社、份地、男性登记丁口[76]或实有丁口来分类,而采取了唯一科学的分类法,即按农户的**经济实力**来分类。要注意,在人们研究俄国经济的兴趣特别浓的时候,甚至像瓦·沃·先生这样一位在上述问题上"党性"很强的著作家都衷心欢迎"新型的地方统计出版物"(这是瓦·沃·先生在1885年《北方通报》杂志[77]第3期上的一篇文章的标题),并声称:"必须使数字资料不是同村或村社这种形形色色农民经济类别的聚合体联系起来,而是同这些类别本身联系起来。"

我国村社的基本特点是土地平均使用制,民粹派认为这一点使村社具有特殊的意义。我们把村社怎样达到土地使用平均制的问题完全搁在一边,直接来看一看经济事实,看一看这种平均制的结果。我们在前面已经用确切的材料证明,欧俄全部份地的分配远远不是平均的。在各类农民之间,在各村农民之间,甚至在属于同一村庄的不同地主("从前的地主")的农民之间,份地的分配也根本谈不上是平均的。只有在规模小的村社内,重分机构才在这些与世隔绝的小团体内建立起平均制。现在我们就来看一下地方自治局关于各农户之间份地分配情况的统计材料。当然,这里我们不应当按农户人口的多少和劳动力的多少来分类,而必须按农户的**经济实力**(播种面积,役畜和奶牛的头数等等)来分类,因为小农业的资本主义演进的全部实质,就是在宗法式团体内部形成并加剧财产上的不平等,进而由单纯的不平等转变为资本主义的关系。因此,我们如果不去专门研究农民内部在经济实力方面的差别,那我们就会抹杀新的经济演进的一切特点。

我们先看一个典型的县份(地方自治局统计机关的按户调查资料,有详细的综合表,分县开列),然后再谈一下,我们把自己感兴趣的结论推及于全俄农民有什么根据。材料引自《俄国资本主义的发展》一书第2章①。

在彼尔姆省克拉斯诺乌菲姆斯克县全部都是村社农民土地占有制,那里份地的分配情况如下:

	每　户男女人口	份地（单位俄亩）
不种地者	3.5	9.8
种地不满5俄亩者	4.5	12.9
种地 5—10俄亩者	5.4	17.4
种地 10—20俄亩者	6.7	21.8
种地 20—50俄亩者	7.9	28.8
种地超过50俄亩者	8.2	44.6
共　计	5.5	17.4

---

① 见本版全集第3卷第53—159页。——编者注

我们看到,随着农户经济实力的提高,家庭人口也绝对地相应增加。显然,家庭人口多是农民富裕的因素之一。这是无可争辩的。问题只是在目前整个国民经济所处的状况下,这样的富裕将产生什么样的社会经济关系。至于份地,我们看到它的分配是不平均的,虽然不太严重。农户愈富裕,**按人口**平均计算的份地就愈多。最低一类农户每人(不分男女)的份地不到3俄亩。其他各类农户分别为:约3俄亩——3俄亩——约4俄亩——4俄亩。最高一类农户,每人(不分男女)的份地在5俄亩以上。可见,家庭人口多和份地多只是**极少数**农民富裕的基础,因为两类上等户只占农户总数的$\frac{1}{10}$。农户数、人口和份地的分配三者的百分比如下:

	占总数的百分比		
农户类别	户数	男女人口	份地
不种地者 ………………	10.2	6.5	5.7
种地不满5俄亩者 ……………	30.3	24.8	22.6
种地 5—10俄亩者 …………	27.0	26.7	26.0
种地 10—20俄亩者 …………	22.4	27.3	28.3
种地 20—50俄亩者 …………	9.4	13.5	15.5
种地超过50俄亩者…………	0.7	1.2	1.9
共　计	100.0	100.0	100.0

从这些数字中可以清楚地看到份地分配的比例和我们所考虑到的村社平均制的结果。各类农户的人口所占的百分比和份地所占的百分比相当接近。但是这里已经开始表现出各农户的经济实力的影响:下等户土地占的比例**小于**人口占的比例,上等户土地占的比例则**大于**人口占的比例。这不是个别的、一个县的现象,而是

全俄国的普遍现象。我在上述那部著作中,曾把俄国不同地区的7省21县的同类材料综合在一起。这些包括50万农户的材料证明各地的比例都是相同的。20％的富裕户,人口占26.1％—30.3％,份地占29.0％—36.7％。50％的贫苦户,人口占36.6％—44.7％,份地占33.0％—37.7％。份地的分配到处都存在着这种比例,同时到处都表现出村社正在被农民资产阶级所**控制**;不合比例的现象在任何地方都表现为上等农户多占。

　　因此,认为我们根据经济实力来研究农民的分类就会忽略村社"平均制的"影响,那是极其错误的。恰恰相反,我们正是用精确的材料对这种平均制的真正经济意义作了估计。我们正是指明这种平均制扩展到了什么程度,整个重分制度**最终**会导致什么结果。即使这个制度可以使不同质量的土地和各种农业用地得到最理想的分配,但有一个事实是不容争辩的,即富裕农户对贫苦农户的优势**也**在份地分配方面表现出来。下面我们就会看到,非份地的分配还要不平衡得多。

　　租佃在农民经济中的意义是大家都知道的。对土地的需要,在租佃的基础上产生了形形色色的盘剥关系。前面我们已经讲过,农民租佃土地其实往往就是地主经济的工役制度,就是地主老爷获得劳动力的一种农奴制手段。所以,我国农民的租佃无疑具有农奴制的意义。既然我国正在发生资本主义演进,我们就应该来专门研究一下,在农民租佃中,有没有表现出和怎样表现出**资产阶级的**关系的。为此也需要关于农民的各种经济类别的材料,而不是关于整个村社和村庄的材料。例如,卡雷舍夫先生在《地方自治局统计总结》中承认,**在任何地方**,实物地租(即不是货币地租,而是对分制地租或工役地租)通常总要比货币地租高,而且高得多,有时甚至高一倍;其次他承认,实物地租**在最贫苦的农户中特别普遍**。稍微富裕一点的农民尽量用货币租种土地。"租地者尽可能用货币交纳租金,以便减少使用他人土地的费用。"(上引卡雷舍夫的书第265页)

这就是说,我国租佃具有农奴制特征,贫苦农民受害最严重。富裕农民竭力摆脱中世纪的桎梏,能否摆脱要看他们是否有足够量的货币。有货币就能够按照一般的市场价格用现钱租得土地。没有货币就只好受盘剥,只好通过对分制或工役制以非常昂贵的价格交纳地租。前面我们已经看到,工役制的劳动价格要比自由雇佣的劳动价格低多少倍。既然经济实力不同的农民租地的条件各不相同,那我们显然不能够只按份地来划分农民(像卡雷舍夫经常做的那样),因为这样分类会把经济实力不同的农户**人为地**混在一起,把农村无产阶级同农民资产阶级混淆起来。

我们拿几乎全省都是村社的萨拉托夫省(全省有2 455个村社,其中2 436个村社有公有土地)的卡梅申县的材料来作说明。各类农户在租地方面的比例如下:

户主类别	户数的百分数	每一份地农户平均有	
		份地	租地
		(单位俄亩)	
无役畜者 ……………………………	26.4	5.4	0.3
有1头役畜者 ………………………	20.3	6.5	1.6
有2头役畜者 ………………………	14.6	8.5	3.5
有3头役畜者 ………………………	9.3	10.1	5.6
有4头役畜者 ………………………	8.3	12.5	7.4
有5头以上役畜者 ………………	21.1	16.1	16.6
共　　计	100.0	9.3	5.4

　　份地的分配情况,我们已经知道了,即按人口平均计算,殷实户占有的份地比贫苦户要多。租地分配的不平均比份地分配严重**几十倍**。最高的一类农户的份地比最低的一类的多两倍(16.1 比 5.4)。而最高的一类农户的租地则比最低的一类的多 50 倍(16.6 比 0.3)。可见,租地不但没有把农民之间在经济实力方面的差别拉平,反而几十倍地加深和加剧了这些差别。我们从民粹派经济学家(瓦·沃·、尼·—逊、马雷斯、卡雷舍夫、维赫利亚耶夫及其他等人)那里多次看到的相反的结论,是由以下错误造成的。那就是他们通常采用按份地划分农民的方法,证明份地少的农民租种的土地多于份地多的农民。他们就停留在这一点上,而没有指出,租种土地的多半是那些份地少的村社中的富裕户,因此村社表面上的平均制只是掩盖着村社内部在分配方面最大的不平均。譬如,卡雷舍夫自己就承认:"使用租地很多的是(一)土地较少的那几类农户,然而是(二)其中比较富裕的农户"(上引书第 139 页),但是他并没有按农户类别对租地分配情况进行系统的研究。

　　为了进一步弄清楚民粹派经济学家的这个错误,我们举马雷斯先生的一个例子(《收成和粮价的影响》一书第 1 卷第 34 页)。他从梅利托波尔县的材料中得出结论说:"租地大致是按人口平均分配的。"这是怎么回事? 原来,如果按男劳动力的多少来划分农户,那情况就是这样:没有劳动力的农户"平均"每户租地 1.6 俄亩,有 1 个劳动力的租地 4.4 俄亩,有 2 个劳动力的租地 8.3 俄亩,有 3 个劳动力的租地 14 俄亩。问题的关键就在于,这些"平均"数字把经济实力极不相同的农户都混在一起了,譬如在有 1 个劳动力的农户中,有的农户租地 4 俄亩,种地 5—10 俄亩,有 2—3 头役畜,有的农户租地 38 俄亩,种地 50 俄亩,有 4 头以上的役畜。

所以马雷斯先生所得出的平均数**是虚假的**。事实上,梅利托波尔县 20% 的最富裕户尽管有最多的份地和购买地,却集中了全部租地的 66.3%,即占全部租地的 $\frac{2}{3}$,而占农户**一半的**贫苦户只占有全部租地的 5.6%。

其次,我们看到,一方面,无马户和有 1 匹马的农户只租地 1 俄亩,甚至还不到 1 俄亩,另一方面,有 4 匹马以上的农户则租地 7—16 俄亩。显然,这里是由量变进到了质变。前一种租佃是迫于贫困,是盘剥性的租佃。在这种情况下的"租地者"不能不成为别人用工役、冬季雇工、贷款等等方式进行剥削的对象。相反,有份地 12—16 俄亩,**另外**还租地 7—16 俄亩的农户,租种土地显然不是迫于贫困,而是由于富裕,不是为了"糊口",而是为了发财,为了"赚钱"。这里我们清楚地看到,租地变成了资本主义农场,农业中产生了经营活动。下面我们将会看到,这样的农户非雇用农业工人不可。

现在试问:这种明显的经营租佃是不是一般现象呢? 下面我们引证的材料将告诉我们,经营经济的增长在不同的商业性农业地区表现也不同。现在,我们再举几个例子,先作出有关租佃的一般结论。

在塔夫利达省第聂伯罗夫斯克县,种地 25 俄亩以上的农户占总户数 18.2%。它们每户有份地 16—17 俄亩,租地 17—44 俄亩。在萨马拉省新乌津斯克县,有 5 头以上役畜的农户占总户数 24.7%,它们每户种地 25——53——149 俄亩,租种非份地 14——54——304 俄亩(第一个数字指有 5—10 头役畜的农户,占农户总数 17.1%;第二个数字指有 10—20 头役畜的农户,占农户总数 5.8%;第三个数字指有 20 头以上役畜的农户,占农户总数 1.8％）。它们从别的村社租种的份地,每户分别为 12——29——67 俄亩,在本村社内租种的份地分别为 9——21——74 俄亩。在彼尔姆省克拉斯诺乌菲姆斯克县,占总户数 10.1％的农户,每户耕地在 20 俄亩以上。它们每户有份地 28—44 俄亩,租耕地 14—40 俄亩,租草地 118—261 俄亩。在奥廖尔省的两个县(叶列茨和特鲁布切夫斯克),有 4 匹马以上的农户占总户数 7.2％,每户有份地 15.2 俄亩,此外还用购买和租佃的方法使自己的土地使用面积达到 28.4 俄亩。在沃罗涅日省扎顿斯克县,有 4 匹马以上的农户占总户数 3.2％,每户有份地 17.1 俄亩,土地使用面积达 33.2 俄亩。在下诺夫哥罗德省的 3 个县(克尼亚吉宁、马卡里耶夫和瓦西里),9.5％的农户每户有马 3 匹以上,有份地 13—16 俄亩,而土地使用面积达 21—34 俄亩。

由此可见,农民中的经营租佃不是个别的、偶然的现象,而是一般的、普遍的现象。无论什么地方,都有一些富裕户从村社中分化出来,它们总是占极少数,总是靠经营租佃来组织资本主义农业。因此泛泛地谈论维持生计的租佃和资本主义的租佃是根本不能说明我国农民经济问题的,必须研究关于农奴制特点在租佃中的发展以及**其中**资本主义关系形成的**具体材料**。

前面我们引用的材料说明了 20％最富裕户在人口和份地中占多大部分。现在我们可以补充一点:他们集中了农民租种的全部土地的 50.8％—83.7％,而 50％下等户则只占全部租地的 5％—16％。由此得出的结论是很清楚的:如果有人问我们,哪一种租佃在俄国占优势? 是维持生计的租佃还是经营租佃? 是迫于贫穷的租佃还是富裕农民的租佃? 是农奴制的(即工役制的,盘剥性的)租佃还是资产阶级的租佃? 那么,答案只能有一个。就租地户的数量来看,无疑大多数租地者是迫于贫穷而租种土地的。对于绝大多数农民来说,租佃就是受盘剥。就租地的数量来看,无疑至少有一半以上掌握在富裕农民手中,即组织资本主义农业的农村资产阶级手中。

关于租地价格的材料通常都是只算出全部租地者和全部土地的"平均"数。这些平均数把农民极端贫困和备受压迫的情况**掩盖**到什么程度,这从地方自治局关于塔夫利达省第聂伯罗夫斯克县的统计材料中可以看出,这个材料幸好有各类农户的租地价格:

	租地户的百分比	每户租佃的耕地（单位俄亩）	每俄亩的价格（单位卢布）
种地不满 5 俄亩者 ……………	25	2.4	15.25
种地 5—10 俄亩者 ……………	42	3.9	12.00
种地 10—25 俄亩者 ……………	69	8.5	4.75
种地 25—50 俄亩者 ……………	88	20.0	3.75
种地超过 50 俄亩者…………	91	48.6	3.55
共　　计	56.2	12.4	4.23

由此可见,租地的"平均"价格(每俄亩 4 卢布 23 戈比)完全歪曲了实际情况,抹杀了那些构成问题的本质的矛盾。贫苦农民不得不冒破产的危险以高出平均价格两倍多的价格租种土地,而富裕农民则廉价"成批地"购买土地,当然,有机会时就以 275% 的利润转让给贫穷的邻居。有各种各样的租佃。既有农奴制的盘剥,也有爱尔兰式的租佃,还有土地的买卖,资本主义的农场。

农民出租份地这一现象更加清楚地表明,村社内部出现了资本主义关系,贫苦农民破产,少数人靠剥削这些破产的群众发财致富。租种土地和出租土地这种现象同村社和村社的平均制是毫无联系的。既然贫苦农民迫不得已把按平均制分得的土地**出租**给富裕农民,那这种份地分配的平均制在现实生活中又有什么意义呢?既然实际生活**摒弃**了官方根据登记丁口规定的份地平均制,那还有什么能比这一事实更清楚地驳倒"村社"观点呢?贫苦农民出租份地和富裕农民集中租地这一事实最清楚不过地证明,无论什么样的平均制在日益发展的资本主义面前都是无能为力的。

　　出租份地的现象普遍到什么程度呢?根据已经过时的上一世纪80年代地方自治局统计调查(我们现在还不得不利用这个材料),出租土地的户数和出租的份地所占的百分比看来并不大。例如,在塔夫利达省第聂伯罗夫斯克县,出租份地的农户占25.7%,出租的份地占14.9%。在萨马拉省新乌津斯克县,出租土地的农户占12%。在萨拉托夫省卡梅申县,出租的土地占16%。在彼尔姆省克拉斯诺乌菲姆斯克县,23 500个农户中有8 500户,即有⅓以上的农户出租份地耕地;41万俄亩份地中出租的有50 500俄亩,约占12%。在沃罗涅日省扎顿斯克县,135 500俄亩份地中出租的有6 500俄亩,占5%弱。在下诺夫哥罗德省的3个县,433 000俄亩份地中出租的有19 000俄亩,也占5%弱。但是,这些数字只是看起来不大,因为这些百分比包含着一种秘而不宣的假设:似乎各类农户出租的土地大致是平均的。然而这种假设同实际情况截然相反。事实上出租土地的主要是贫苦农民,租种土地数量最多的则是富裕农民。这一事实比租种土地和出租土地的绝对数字,比出租土地或出租土地的农户的平均百分数要重要得多。地方自治局的统计调查材料使人对这一点深信不疑。20%最富裕户出租的土地占全部出租土地的0.3%—12.5%。相反,50%的下等户出租的土地竟占全部出租土地的63.3%—98.0%。

租贫苦农民这些土地的自然还是那些富裕农民。这里又一次清楚地表明,在各类农户中,出租土地的意义是各不相同的:贫苦农民出租土地是迫于穷困,他们没有条件耕种土地,即无种子、牲畜和农具,又极需资金;富裕农民出租土地少,他们或者是为了经营的方便交换土地,或者就是做土地买卖。

　　下面是塔夫利达省第聂伯罗夫斯克县的具体材料:

	出租份地的农户的百分比	出租的份地的百分比
不种地者	80	97.1
种地不满 5 俄亩者	30	38.4
种地 5—10 俄亩者	23	17.2
种地 10—25 俄亩者	16	8.1
种地 25—50 俄亩者	7	2.9
种地超过 50 俄亩者	7	13.8
全　县	25.7	14.9

　　从这个材料中难道不是可以清楚地看出,大批地抛弃土地和无产阶级化的现象是同一小撮富裕农民买卖土地联系在一起的吗? 出租份地的百分比提高的,恰恰是那些每户平均有 17 俄亩份地、30 俄亩购买地和 44 俄亩租地的大耕作者,这难道不值得注意吗? 总的说来,第聂伯罗夫斯克县 40％的贫苦户共有份地 56 000 俄亩,租地 8 000 俄亩,出租 21 500 俄亩。而 18.4％的富裕户则有份地 62 000 俄亩,出租地 3 000 俄亩,租地 82 000 俄亩。在塔夫利达省的 3 个县,这类富裕户租种份地 15 万俄亩,占全部出租份地的 ³⁄₅ ! 在萨马拉省的新乌津斯克县,47％的无马农户和 13％的有 1 匹马的农户出租份地,而有 10 头以上役畜的农户,即

只占农户总数 7.6％的农户,租种**份**地各有 20——30——60——70 俄亩不等。

关于购买地的情况可以说同租地的情况是大致相同的。所不同的是,在租地中存在着农奴制的特点,租地在一定条件下往往是工役制的和盘剥性的,也就是说,它是把邻近贫困化的农民的劳动力束缚在地主经济中的一种手段。而份地农民购买土地作为私有财产,则纯粹是资产阶级现象。在西欧,有时人们把小块土地卖给雇工和日工,用这种办法把他们束缚在土地上。在我们俄国,类似的办法官方早就实行过了,这就是 1861 年的“大改革”。目前农民购买土地,只是说明从村社中正在分化出农村资产阶级分子。关于 1861 年以后农民购买土地的发展情况,我们在前面分析土地占有情况的材料时已经讲过了。这里需要指出的是,绝大部分购买地都集中在少数人手中。20％的富裕户集中了 59.7％—99％的购买地,而 50％的贫苦户购买的土地只占农民购买地总数的 0.4％—15.4％。因此我们可以大胆地断言,在农民从 1877 年到 1905 年间购为个人所有的 750 万俄亩土地(见前面)中,$\frac{2}{3}$—$\frac{3}{4}$掌握在极少数富裕户的手中。农民村团和协作社购买土地的情况,当然也是这样。1877 年,农民村团占有购买地 765 000 俄亩,而到 1905 年,已达 370 万俄亩,这时农民协作社的私有土地为 760 万俄亩。如果认为村团购买或租种的土地的分配情况不同于个人购买或租种的土地,那就错了。事实恰恰相反。例如,根据塔夫利达省 3 个内陆县份关于农民**村团**租种的官地的分配情况的材料,76％的租地都掌握在富裕户(约占农户总数 20％)手中,而 40％的贫苦户只掌握全部租地的 4％。农民只是“根据钱多少”来分配租地或购买地的。

四

　　从上面引用的关于农民的份地、租地、购买地和出租地的全部
材料中可以得出这样的结论：农民**实际使用土地**的情况同官方即
政府所规定的农民份地占有情况愈来愈不相符合。当然，如果拿
总的数字或"平均"数字来看，那出租的份地就同租地相抵消，剩下
的租地和购买地似乎是在所有农户中平均分配的，于是就给人一
种印象：实际使用土地情况同官方规定的份地的使用情况，并没有
多大的出入。但是这种印象是虚假的，因为**正好在两极农户中**，农
民实际使用土地的情况同最初的份地平均制出入最大，所以使用
"平均"数字，就必然要歪曲事实。

　　事实上，下等户出租土地多，租进土地少，因此使用的土地总
面积相对地（有时还绝对地）少于份地占有面积；而上等户由于集
中了购买地和租地，他们使用的土地总面积无论相对地或绝对地
总是多于份地占有面积。我们已经看到，占总数50％的贫苦户占
有 33％— 37％ 的份地，而使用的土地总面积只占 18.6％—
31.9％。在某些情况下几乎减少了一半，例如，在彼尔姆省克拉斯
诺乌菲姆斯克县，贫苦户的份地占 37.4％，使用的土地总面积只
占 19.2％。占总数20％的富裕户占有 29％—36％ 的份地，而使
用的土地总面积则占 34％—49％。这里再引证一些具体材料来
说明这种关系。在塔夫利达省第聂伯罗夫斯克县，占总数 40％的
贫苦户有份地 56 000 俄亩，而使用的土地总面积只有 45 000 俄
亩，也就是说**少了** 11 000 俄亩。富裕户（占农户总数18％)有份地

62 000 俄亩,而使用的土地总面积达 167 000 俄亩,也就是说多了 105 000 俄亩。下面是下诺夫哥罗德省 3 个县的材料:

	每户平均占有份地	每户平均使用土地
	（单位俄亩）	
无马者 ·····················	5.1	4.4
有 1 匹马者 ·················	8.1	9.4
有 2 匹马者 ·················	10.5	13.8
有 3 匹马者 ·················	13.2	21.0
有 4 匹马以上者 ·············	16.4	34.6
共　　计	8.3	10.3

这里最低一类农户租进和租出的土地抵消后,使用的土地也绝对地减少了。而这类下等户即无马农户占全体农户整整 30%。这就是说几乎有⅓农户租进和租出的土地抵消后,使用的土地绝对地**减少了**。有 1 匹马的农户(占农户总数 37%)增加了使用的土地,但是增加得极少,其比例还小于农民使用土地的平均增加数(从 8.3 俄亩增加到 10.3 俄亩)。因此这类农户在全部使用土地中的**比重**减少了:就所有 3 个县份来看,这类农户的份地占 36.6%,而使用的土地只占 34.1%。另一方面,极少数上等户使用的土地则大大超过了平均数。有 3 匹马的农户(占农户总数 7.3%)的地产增加了一半,即从 13 俄亩增加到 21 俄亩。马匹很多的农户(占农户总数 2.3%)的地产增加了一倍多,即从 16 俄亩增加到 35 俄亩。

由此我们看到,**份地在农民经济中的作用日益缩小**是一种普遍现象。这种现象在农村两极中的表现是不同的。贫苦农民的份地的作用日益降低,是因为日益加剧的贫困和破产**迫使**贫苦农民出租份地,抛弃土地,由于缺少牲畜、农具、种子和货币资金而**缩小**

土地经营,或者是去当某种雇工,或者是……升入天国。饥荒、坏血病和伤寒病使下等户农民大批死亡。上等农户的份地意义也日益缩小,是因为日益扩大的经营不能不远远超出份地的范围,不能不在新的土地占有制的基础上建立起来。这种土地占有制不是劳役性的,而是自由的,不是世代相传的,而是在市场上买的,就是说可以购买和租佃。农民的土地愈多,农奴制的痕迹愈少,经济的发展愈快,则脱离份地的现象就愈多,全部土地卷入商业周转的过程就愈快,在租地上建立商业性农业的过程就愈快,新罗西亚就是一个例子。我们刚才已经看到,那里富裕农民经营的主要是购买地和租地,而不是份地。这似乎很奇怪,但这是事实:在俄国土地最多的地区,份地最多的富裕农民(每户有份地 16—17 俄亩)正在把土地经营的重心从份地转**到非份地上去!**

份地在迅速发展的两极农民中的作用日益缩小这一事实,对于估计 19 世纪遗留给 20 世纪的、并在我国革命中引起了各阶级间斗争的那种土地变革的条件,具有重大的意义。这个事实清楚地表明,**破坏**旧的土地占有制(包括地主的土地占有制和农民的土地占有制)已经是**经济上绝对必需**的了。这种破坏是绝对不可避免的,是世界上任何力量都阻挡不住的。现在斗争的焦点是破坏将采取什么形式和方法:是按斯托雷平的方式,把地主土地占有制保存下来,让富农掠夺村社? 还是按农民的方式,通过土地国有化来消灭地主土地占有制和土地上的一切中世纪的界限? 关于这一点,下面我们将作更详细的论述。这里必须指出一个重要的现象,即份地作用的日益缩小使各种赋税的摊派极不平均。

谁都知道,俄国农民所担负的各种赋税带有很深的中世纪痕迹。这里我们不能谈俄国财政史的细节。我们只指出赎金就够了。

赎金是中世纪代役租的直接继续,是农奴主-地主依靠警察国家勒
索来的一种贡赋。我们只要提一下贵族土地和农民土地课税不平
均以及实物税等等情况就够了。我们现在只引用一下沃罗涅日省
农民家庭收支统计资料[78]中的各种赋税总额。一个农民家庭的平
均收入总额(根据 66 份典型户家庭收支资料)是 491 卢布 44 戈比,
支出总额是 443 卢布,纯收入是 48 卢布 44 戈比。每户"平均"担负
的各种赋税总额是 34 卢布 35 戈比。这样,各种赋税占了**纯收入**的
70%。当然这只是就赋税的形式而言,事实上,这仍然是对"**劳役等
级**"的农奴制剥削。一个中等家庭的货币纯收入只有 17 卢布 83 戈
比,这就是说,一个俄国农民交纳的"赋税"**超过**了他的货币纯收入
的**一倍**。这是 **1889** 年的数字,而不是 1849 年的数字!

　　但是在这里,平均数字也掩盖着农民的贫困,大大美化了农民
的实际状况。关于各种赋税在经济实力不同的各类农户间的分摊
情况的资料表明,无马农户和有 1 匹马的农户(占俄国农户总数的
³/₅)交纳的各种赋税不仅大大超过货币纯收入,而且也大大超过纯
收入的总额。下面就是这种资料:

每户的收支数字(单位卢布)

	总收入	支　出	各种赋税	赋税在支出中所占的百分比
(一)无马者 ……………………	118.10	109.08	15.47	14.19
(二)有 1 匹马者 …………	178.12	174.26	17.77	10.20
(三)有 2 匹马者 …………	429.72	379.17	32.02	8.44
(四)有 3 匹马者 …………	753.19	632.36	49.55	7.83
(五)有 4 匹马者 …………	978.66	937.30	67.90	7.23
(六)有 5 匹马以上者 ………	1 766.79	1 593.77	86.34	5.42
平　均	491.44	443.00	34.35	7.75

　　无马农户和有 1 匹马的农户所交纳的赋税在他们的**总支出**中各占$\frac{1}{5}$和$\frac{1}{10}$。农奴制代役租也未必有这么高,因为属于地主所有的农民不可避免地大批破产对地主是不利的。赋税分摊的不平均现象也很严重:富裕农民所交纳的赋税,按其收入的比例计算,要少$\frac{2}{3}$—$\frac{1}{2}$。为什么会有这种不平均现象呢? 因为农民是按土地分摊大部分赋税的。对农民来说,税额和份地数量已合为"人口"一个概念了。我们根据上面的例子,计算一下各类农户每俄亩份地的各种赋税额,可以得出以下数字:(一)2.6 卢布;(二)2.4 卢布;(三)2.5 卢布;(四)2.6 卢布;(五)2.9 卢布;(六)3.7 卢布。除了最高一类农户因有大的工业作坊而特别课税外,我们看到赋税的分摊大致是平均的。在这里,份地数量同税额大体上也是适应的。这种现象是我国村社的劳役性质的直接残余(和直接证明)。就工役经济的条件本身来说,也不能不是这样,因为不把邻近农民束缚在使人挨饿的份地上,逼迫他们为这种份地交纳很高的赋税,在"解放"后的半个世纪中,地主就不可能从邻近农民中获得供盘剥的劳动力。不要忘记,在 **19 世纪末的俄国**,经常可以看到这样一种现象:农民不得不**倒赎**份地,为放弃份地而交纳"额外费用",也就是说,向承种离村者的份地的人额外交一笔钱。譬如,日班科夫先生在《农妇国》(1891 年科斯特罗马版)一书中描写科斯特罗马农民生活时写道,在外出做零工的科斯特罗马人当中,"很少有人从出租土地取得一点租金,他们出租土地通常只是要租地人把土地围上栅栏,而一切赋税则由主人交纳"。1896 年出版的《雅罗斯拉夫尔省概述》一书也举出许多同样的事实说明外出做零工的工人不得不倒赎份地。

　　当然,在纯农业的省份里,**这样的**"土地权力"是没有的。但即使在这样的省份里,份地在农村两极中的作用降低的现象也以不同的形式而绝对存在。这是一个普遍的事实。既然如此,那按份地分摊赋税就必然使课税愈来愈不平均。经济的发展从各方面、通过各种途径导向一个结果,这就是中世纪的土地占有形式不断遭到破坏,等级制界限(份地、地主的土地等等)不断被摧毁,新的经济形式正在不加区别地由各种土地占有制的碎片组成。19世纪遗留给20世纪的必须完成的任务就是要彻底"清除"中世纪的土地占有形式。斗争焦点是:这种"清除"是通过农民的土地国有化的方式来进行呢,还是通过由富农加速掠夺村社并把地主经济变为容克经济的方式来进行?

我们进一步分析现代农民经济结构的材料,从土地问题转到畜牧业问题上来。在这里,我们也必须再一次确认,牲畜在各类农户之间的分配情况比份地的分配情况还要不平均**得多**,这是一种普遍现象。例如,塔夫利达省第聂伯罗夫斯克县农民畜牧业的规模就是这样:

	每户平均有份地 (单位俄亩)	每户平均有牲畜 (单位头)
不种地者	6.4	1.1
种地不满5俄亩者	5.5	2.4
种地 5—10俄亩者	8.7	4.2
种地10—25俄亩者	12.5	7.3
种地25—50俄亩者	16.6	13.9
种地超过50俄亩者	17.4	30.0
平　均	11.2	7.6

两极农户之间在牲畜数量上的差额要比份地数量上的差额大

9 倍。根据畜牧业的材料来看,实际经营规模同人们通常只是根据平均数字,根据份地决定一切这种假设所想象的也很少有相似之处。无论我们拿哪一个县来看,牲畜的分配到处都比份地的分配不平均得多。占总数20％的富裕户占有份地29％—36％,而它们的牲畜则占该县或几个县农民所有的牲畜总数的37％—57％。而占总数50％的下等户却只占有牲畜总数的14％—30％。

但是这些数字还远远没有完全反映出实际存在的深刻差别。除了牲畜的数量问题,牲畜的**质量**问题也同样很重要,甚至更重要。不言而喻,半破产的农民,经济贫困,备受盘剥,是买不起也饲养不起较好的牲畜的。主人(可怜的主人)挨饿,牲畜也不可能不挨饿。沃罗涅日省的家庭收支材料极其清楚地表明,无马农户和有1匹马的农户(即占俄国农户总数⅗的农户)的畜牧经济小得可怜。现在我们从这些材料中挑一些来说明农民的畜牧经济:

	每户平均有牲畜（折成大牲畜）	一年的平均支出额（单位卢布）	
		补充农具和牲畜	牲畜饲料
(一)无马者 ……………………	0.8	0.08	8.12
(二)有1匹马者 ……………………	2.6	5.36	36.70
(三)有2匹马者 ……………………	4.9	8.78	71.21
(四)有3匹马者 ……………………	9.1	9.70	127.03
(五)有4匹马者 ……………………	12.8	30.80	173.24
(六)有5匹马以上者 ……………	19.3	75.80	510.07
平　　均	5.8	13.14	98.91

1896—1900年间,欧俄的无马农民有325万户。他们每年每户用于牲畜和农具的支出为**8 戈比**,因此他们的农业"经济"的状

况如何,也就可想而知了。有1匹马的农户是330多万。他们每年每户用于添置农具和牲畜的支出为5卢布,因此他们只能够终生在无法摆脱的贫困中受煎熬。即使有2匹马的农户(250万户)和有3匹马的农户(100万户),每年每户用于牲畜和农具的支出也不过9—10卢布。只有两类上等户(在全国1100万农户中,这样的农户有100万)用于牲畜和农具的支出才比较接近正常的农业经济。

很自然,在这种情况下,各类农户的牲畜质量就不可能是一样的。譬如,有1匹马的农户的1匹马值27卢布,有2匹马的农户的1匹马值37卢布,有3匹马的农户的1匹马值61卢布,有4匹马的农户的1匹马值52卢布,马匹很多的农户的1匹马值69卢布。两极农户的马价上下竟超过了100%。凡是有小经济和大经济的资本主义国家里都普遍存在这种现象。我在《土地问题》(1908年圣彼得堡版第1册)一书中[①]曾经指出,德雷克斯勒尔对德国农业和畜牧业所作的调查也得出了完全相同的结论[79]。在德国,一头中等牲畜的平均重量,在大田庄是619公斤(1884年,上引著作第259页),在占有土地25公顷以上的农户中是427公斤,在占有7.5—25公顷的农户中是382公斤,在占有2.5—7.5公顷的农户中是352公斤,在占有2.5公顷以下的农户中则是301公斤。

土地的管理,特别是土地的施肥,同牲畜的数量和质量也有关系。我们在前面曾经指出,全俄国的统计材料都证明地主土地的施肥情况比农民的要好。现在我们看到,那种在农奴制时代曾经是正确的和合理的划分已经过时了。现时在各类农户之间有很大

---

① 见本版全集第5卷第213—222页。——编者注

的悬殊,因此,根据"中等"农户这种概念作出的一切研究、计算、论断和理论都会在这个问题上得出绝对错误的结论。遗憾的是,地方自治局的统计只限于按村社调查的资料,极少研究各类不同的农户。但是彼尔姆省(克拉斯诺乌菲姆斯克县)却例外地在按户调查时收集了各类农户土地施肥情况的精确材料:

	施肥户占的 百分比	每一施肥户 施肥车数
种地不满 5 俄亩者 …………	33.9	80
种地 5—10 俄亩者 …………	66.2	116
种地 10—20 俄亩者 …………	70.3	197
种地 20—50 俄亩者 …………	76.9	358
种地超过 50 俄亩者 …………	84.3	732
平 均	51.7	176

这里我们已经看到,由于经营规模的不同出现了各种不同的耕作技术类型。在另一个地方,注意这个问题的调查人员也得出了类似的结论。奥廖尔的统计人员说,富裕农民每 1 头大牲畜所积的粪肥比贫穷农民的几乎多一倍。每户平均有 7.4 头牲畜者,每头牲畜积肥 391 普特,而每户平均有 2.8 头牲畜者,每头牲畜只能积肥 208 普特。每头牲畜"正常的"积肥数量是 400 普特,可见,只有极少数富裕农民才能达到这个标准。贫苦农民不得不用谷草和粪肥当燃料,有时候甚至出卖粪肥等等。

说到这里,还必须考察一下农民中无马农户增长的问题。1888—1891 年间,在欧俄 48 省 1 010 万农户中,无马农户有 280万,占 27.3%。大约过了 9—10 年,即 1896—1900 年间,在 1 110万农户中,无马农户有 320 万,占 29.2%。可见,对农民的剥夺无疑是愈来愈厉害了。但是如果从农艺学的观点来看这个过程,那就会得出一种乍看起来非常奇怪的结论。这个结论是著名的民粹派著作家瓦·沃·先生早在1884年(1884年《欧洲通报》杂志[80]第7期)作出的,他把我国农民经济中1匹马的耕地亩数同"正常的"三圃制经营(从农艺学观点看来是正常的)中1匹马的耕地亩数作了对比。他发现农民饲养的马匹**过多**,因为农民每匹马所耕种的土地不是如农艺学所要求的7—10俄亩,而只有5—8俄亩。瓦·沃·先生得出结论说:"因此,对俄国这个区域〈中部黑土地带〉的部分居民丧失马匹这一现象,在某种程度上应当看做是役畜和耕地数量之间正常比例的恢复。"事实上,得出这种奇怪结论的原因是,部分居民丧失马匹的同时,富裕户把土地集中到了自己手中,从而使他们的马匹数目同耕地面积达到了"正常的"比例。这种"正常的"比例并不是由农民资产阶级"恢复"的(因为在我国农民经济中从未有过这种比例),而只是由他们达到的。"不正常现象"则表现为小农经济的生产资料分散:同样数量的土地,100万个有1匹马的农民要用100万匹马来耕种,而富裕农民用50万匹马或75万匹马来耕种就可以了,而且耕种得更好更精细。

关于农民经济中的农具问题,应当把普通农具同改良农具区别开来。普通农具的分配同役畜的分配大体上是相适应的;在这类材料中,我们还没有发现说明农民经济的新材料。而价格昂贵的改良农具,只有比较大的农户使用才合算,只有顺利发展的农户才用得起,因而这种农具的集中程度高得无比。关于改良农具集中的材料非常重要,因为只有根据这种材料才能准确地判断出,农民经济的**进步**正在向哪个方向发展,在什么样的社会条件下发展。从1861年以来,在这方面无疑前进了一步,但是,这种进步不仅在地主经济中而且在农民经济中都具有资本主义性质这一点,却时常引起人们的争论和怀疑。

地方自治局关于改良农具在农民中的分配情况的统计材料如下：

每百户平均有改良农具数

	奥廖尔省两县	沃罗涅日省一县
无马者 ……………………………	0.01	—
有1匹马者 ………………………	0.2	0.06
有2—3匹马者 …………………	3.5	1.6
有4匹马以上者 ………………	36.0	23.0
平　　均	2.2	1.2

在这些地区,农民使用改良农具的相当少。有改良农具的农户所占的百分比非常小。下等户几乎根本不使用这种农具,上等户则经常使用。在萨马拉省新乌津斯克县,有改良农具的农户占13%,这个百分比在有5—20头役畜的农户中提高到40%,在有20头以上役畜的农户中提高到62%。在彼尔姆省克拉斯诺乌菲姆斯克县的3个区中,每百户有10件改良农具,这是总平均数字；种地20—50俄亩者每百户有50件改良农具,种地50俄亩者每百户甚至有180件改良农具。拿我们在上面为了比较不同县份的材料而使用的百分比来看,占农户总数20%的富裕户占有全部改良农具的70%—86%,而占农户总数50%的贫苦户只有1.3%—3.6%。因此毫无疑问,在农民中推广改良农具所取得的进步(考夫曼先生在1907年出版的上引著作中也谈到这种进步)是富裕农民的进步。占农户总数3/5的无马农户和有1匹马的农户几乎根本没有力量利用这些改良农具。

五

我们在考察农民经济时，一直是把农民主要作为业主来看待的，同时指出，下等户不断被挤出业主的行列。被挤到哪里去呢？显然被挤到无产阶级的行列中去了。现在我们应当详细地考察一下，无产阶级尤其是农村无产阶级是怎样形成的，农业劳动力市场是怎样形成的。工役经济的典型的阶级人物是地主-农奴主和受盘剥的拥有份地的农民，资本主义经济的典型的阶级人物则是雇主-农场主和雇工或日工。前面我们已经说明了地主和富裕农民如何变成了雇主。现在我们来看一下农民如何变成了雇工。

富裕农民使用雇佣劳动是否很多呢？如果拿有雇工的农户在农户总数中的平均百分比来看（像人们通常所作的那样），那这个百分比是很小的：在塔夫利达省第聂伯罗夫斯克县是12.9％，在萨马拉省新乌津斯克县是9％，在萨拉托夫省卡梅申县是8％，在彼尔姆省克拉斯诺乌菲姆斯克县是10.6％，在奥廖尔省两个县是3.5％，在沃罗涅日省一个县是3.8％，在下诺夫哥罗德省三个县是2.6％。但是这种数字其实是虚假的，因为这是有雇工的农户同包括出去当雇工的农户在内的全体农户之间的比例。资产阶级在任何资本主义社会中都只占人口的极少数。有雇佣工人的农户任何时候都是"很少的"。问题在于，这里是在形成一种特殊的经济类型呢，还是雇佣现象不过是偶然的。地方自治局的统计材料对这个问题作了十分明确的答复，材料处处都表明，富裕农户中有雇工的农户的百分比要比全县的平均数高得多。我们引用一下彼尔姆省克拉斯诺乌菲姆斯克县的材料,那里例外地不仅有关于雇工的资料,而且有关于雇用日工即农业中更典型的雇佣形式的资料。

		有雇工的农户占的百分比			
	每户男劳动力	季节工	收割工	收获工	脱粒工
不种地者 ……………………	0.6	0.15	0.6	—	—
种地不满 5 俄亩者 …………	1.0	0.7	5.1	4.7	9.2
种地 5—10 俄亩者…………	1.2	4.2	14.3	20.1	22.3
种地 10—20 俄亩者 ………	1.5	17.7	27.2	43.9	25.9
种地 20—50 俄亩者 ………	1.7	50.0	47.9	69.6	33.7
种地超过 50 俄亩者…………	2.0	83.1	64.5	87.2	44.7
平　　均	1.2	10.6	16.4	24.3	18.8

我们看到,殷实户的特点是家庭成员比较多,自己家中的劳动力比贫苦户多。但是,尽管如此,他们还是使用非常多的雇佣劳动。"家庭协作"是扩大经营的基础,进而就变为资本主义协作。在上等户中,雇用工人显然成了扩大经营的办法和条件。此外,雇用日工甚至在中等农户中也极其普遍:在两类上等户(占农户总数10.3%)中,大多数农户都雇用工人,在耕种 10—20 俄亩土地的农户(占总数 22.4%)中也有²∕₅ 以上的农户雇用工人帮助收割。由此得出的结论是,富裕农民如果没有数百万雇工和日工大军为他们做工,他们是存在不下去的。我们看到,各县有雇工的农户所占的平均百分数有很大的出入,然而有雇工的农户集中在上等农户中间,即富裕户在变为企业主,这种现象则无疑是普遍的。占农户总数 20%的富裕户占了有雇工的农户总数的 48%—78%。

　　关于农村的另一级，统计材料一般都没有告诉我们，有人出去当各种雇工的农户有多少。我国地方自治局的统计同省长报告书和各司局的官方旧统计相比，在许多问题上都有很大的进步。但是在一个问题上，即在所谓农民的"外水"问题上，地方自治局的统计还保留了官方的旧观点。农民在自己的份地上经营农业被认为是正业，除此以外的一切活计都属于"外水"或"副业"，而且这里还把稍有政治经济学常识就能加以区别的经济范畴混淆起来了。譬如在"从事农业副业者"这一类别中，既包括大批雇佣工人，又包括副业业主（如瓜田主）；此外，乞丐、商人、仆役和手工业业主等等也都被列为"有外水的农户"。显然，这种政治经济学上的惊人的糊涂观念，正是农奴制的直接残余。在地主看来，**他**的代役租农民在外边干什么，是做生意，当雇工，还是以业主的身份从事手工业，确实无关紧要；所有农奴都一律要交纳代役租，一切从事副业的人都被看做是暂时地和有条件地离开自己的正业。

　　在农奴制废除以后，这种观点同现实的矛盾一天天地尖锐起来。大多数有外水的农户无疑都是有人出去当雇工的农户，但是这里我们不能知道十分确切的情况，因为少数副业**业主**也包括在这类农户的总数中，从而**粉饰了**贫苦户的状况。我们举个例子来说明这一点。萨马拉省新乌津斯克县的统计人员把"农业副业"从整个"副业"中分了出来[81]。当然，这个名词也是不确切的，不过职业统计表起码告诉了我们这样一个情况：在从事这种"副业"的14 063人中间，雇工和日工就有13 297人。这就是说，雇佣工人占绝大多数。该县从事农业副业的情况如下：

	从事农业副业的男劳动力 所占的百分比
无役畜者 ……………………………………	71.4
有 1 头役畜者 ………………………………	48.7
有 2—3 头役畜者 …………………………	20.4
有 4 头役畜者 ………………………………	8.5
有 5—10 头役畜者 …………………………	5.0
有 10—20 头役畜者 ………………………	3.9
有 20 头以上役畜者…………………………	2.0
全　　县	25.0

从上表看来,在无马农民中,$^7/_{10}$都是雇佣工人,在有 1 匹马的农民中,几乎一半是雇佣工人。在彼尔姆省克拉斯诺乌菲姆斯克县,从事农业副业的农户平均占 16.2%,在不种地的农户中,"从事副业者"占 52.3%,在种地不满 5 俄亩的农户中,占 26.4%。在其他没有专门分出农业副业的县份里,情况虽不很清楚,但是一般说来,搞"副业"和找"外水"通常是下等户的特点。占农户总数 50%的下等户在有外水的农户中占 60%—93%。

由此可见,下等农户尤其是有 1 匹马的和无马的农户,就其在整个国民经济结构中的地位来说,是**有份地的雇工和日工**(说得广泛一些就是有份地的雇佣工人)。关于 1861 年以后全国使用雇佣劳动增多的材料、关于下等户收入来源的家庭收支调查以及关于下等户生活水平的材料都证实了这个结论。现在我们稍微详细地来谈一谈这三方面的证据。

关于全俄农村雇佣工人增长的一般材料只是统计了外出做零工的工人,而且没有把农业工人和非农业工人明确地区别开来。至于在总数中究竟是前者占优势还是后者占优势的问题,民粹派的著作认为前者占优势,但是我们在下面将提出相反看法的论据。1861年以后,农民中外出做零工的迅速增加,这个事实是丝毫不容怀疑的。一切资料都证实了这一点。关于身份证的收入和发出身份证的数目的资料大致地说明了这一现象。身份证的收入在1868年是210万卢布,1884年是330万卢布,1894年是450万卢布,一共增加了一倍多。在欧俄发出的身份证和临时身份证的数目1884年是470万张,1897—1898年是780万—930万张。我们看到,13年间增加了一倍。所有这些数字大体上都是与其他一些计算如乌瓦罗夫先生的计算相符合的。乌瓦罗夫先生综合了20省126县的地方自治局的统计材料(大部分是陈旧的),推算出外出做零工的工人大概有500万[82]。谢·柯罗连科先生根据地方工人过剩数量的材料,推算出这个数字是600万人。

尼古拉·—逊先生认为,在这个数字中"绝大多数"是从事农业副业的。我在《资本主义的发展》[①]一书中曾经详细地说明过,60年代、80年代和90年代的材料和调查都充分证明这个结论是不正确的。大多数(虽然不是绝大多数)外出做零工的工人是非农业工人。请看关于1898年欧俄各省发出的居民证的最完全和最新的材料:

省　　　　　　别	1898年发出的居民证的总数
(1)外出做非农业零工占优势的17个省 ……………	3 369 597
(2)过渡性质的12个省 ………………………………	1 674 231
(3)外出做农业零工占优势的21个省 ……………	2 765 762
50个省共计	7 809 590

① 见本版全集第3卷第522—534页。——编者注

假定在过渡性质的省份中有一半外出工人是农业工人,那**大概的**分配情况很可能是这样:非农业雇佣工人大约是 420 万,**农业雇佣工人大约是 360 万**。我们应当把鲁德涅夫先生的数字[83]同这个数字比较一下。鲁德涅夫先生在 1894 年综合了 19 省 148 县的地方自治局的统计资料,推算出农业雇佣工人大致是 350 万。根据 80 年代的材料,这个数字既包括当地的农业工人,也包括外出做农业零工的工人。在 90 年代末,光是外出做农业零工的工人就有这么多。

农业雇佣工人人数的增加同我们在前面分析地主经济和农民经济时所探讨过的农业中的资本主义经营经济的发展有直接关系。就拿机器在农业中的使用来说吧!富裕农民使用机器,意味着向经营经济的过渡,这一点我们已经用确切的材料说明过了。地主经济使用机器和一般改良农具,则意味着工役制必然被资本主义所排挤。农民的农具被地主的农具所代替;旧的三圃制被农具的更换引起的新的技术方法所代替,受盘剥的农民已经不适合于使用改良农具的农活,因此正在被雇工或日工所代替。

在改革后的欧俄,使用机器最广泛的区域,使用外来工人雇佣劳动力也最广泛。这个区域就是欧俄南部和东部各边疆地区。农业工人迁入这个区域,造成了非常典型和鲜明的资本主义关系。这种关系应该谈一谈,以便把直到现在还占优势的旧工役制同冲击愈来愈猛烈的新潮流作一番比较。首先应当指出,南部区域的特征是农业中的工资最高。根据整整 10 年(1881—1891 年)排除了种种偶然波动的统计数字来看,塔夫利达、比萨拉比亚和顿河三省的工资在俄国是最高的。这里年工的工资包括膳食在内是 143 卢布 50 戈比,季节工(夏季)的工资是 55 卢布 67 戈比。工资其次高的是最发达的工业区,即彼得堡省、莫斯科省、弗拉基米尔省和雅罗斯拉夫尔省。这里农业年工的工资是135卢布80戈比,季节工是53卢布。工资最低的是中部农业省份(喀山省、奔萨省、坦波夫省、梁赞省、图拉省、奥廖尔省和库尔斯克省),即保存着工役制、盘剥制和农奴制各种残余的主要地区。这里农业年工的工资只有92卢布95戈比,比资本主义最发达的省份少⅓,季节工的工资是35卢布64戈比,比南部的季节工(夏季)少20卢布。正是在这个中部区域,我们看到有大批工人外流。每年春季有150多万人离开这里,一部分去干农活(主要到南部,也有一部分到工业省份,这一点我们在下面就可以看到),一部分到首都地区或工业省份去做非农业工作。在这个人口移出最多的区域同两个人口移入最多的区域(南部农业区和包括两个工业省份的首都地区)之间有一些中等工资的省份。这些省份一方面从工资最"低廉"和挨饿最厉害的中部地区吸收一部分工人,另一方面又放一部分工人去工资较高的区域。谢·柯罗连科先生在《自由雇佣劳动》一书中根据大量材料详细地描述了工人漂泊和人口流动的这一过程。资本主义就这样使人口的分布更加平衡(当然是根据资本的需要),使全国的工资平均化,建立起真正统一的全国性的劳动市场,用高额工资来"诱惑"受盘剥的农民,从而逐渐地破坏旧生产方式的基础。由此引起了地主老爷们无穷无尽的抱怨,抱怨当地工人腐化堕落,抱怨外出做工养成了放荡和酗酒的习气,抱怨城市"腐蚀了"工人,如此等等。

19世纪末,在外来工人最多的区域,农业中建立起了规模相当大的资本主义企业。资本主义协作是在使用像脱粒机这样的机器的情况下建立起来的。捷贾科夫先生在描写赫尔松省农业工人的生活条件和劳动条件的著作[84]中指出,一部马拉脱粒机需要14—23 个或更多的工人,而一部蒸汽脱粒机则需要 50—70 个工人。某些农场有 500—1 000 个工人,这在农业中是非常大的数字。资本主义造成了以妇女劳动和儿童劳动代替工资较高的男子劳动的条件。例如,在塔夫利达省主要的劳动市场之一卡霍夫卡镇,以前集中过 4 万工人,而在上一世纪 90 年代有 2 万—3 万工人;在 1890 年登记过的工人中妇女占 12.7%,到 1895 年已经达到了 25.6%。1893 年童工占 0.7%,到 1895 年已经达到 1.69%。

　　资本主义农庄把工人从俄国的各个角落集中起来,然后根据自己的需要加以分类,造成一种同工厂工人等级制类似的工人等级制。譬如把工人分为整劳力、半劳力——其中又分出“力气大的劳力”(16—20 岁)和“帮小忙的”半劳力(8—14 岁的儿童)。地主同“自己的”农民之间过去那种所谓“宗法”关系,在这里连一点痕迹都没有了。劳动力像任何其他东西一样,变成了商品。“真正俄罗斯”型的盘剥正在消失,代替它的是按周计算的货币工资制,是疯狂的竞争,是工人和业主之间的争执。由于大批工人集中在雇佣市场,由于极端恶劣的不卫生的劳动条件,人们试图对大农庄实行社会监督。这种尝试是农业中的“大工业”所特有的,但是,在没有政治自由和公开的工人组织的情况下,这种尝试是根本不能持久的。外来工人的劳动条件坏到什么程度,这从工作日长达 12 个半小时至 15 个小时这一点就可以看出来。操作机器的工人受伤已是司空见惯。患职业病的工人(如操作脱粒机的工人)增加了,如此等等。在 19 世纪末的俄国,不仅可以看到最发达的、美国式的纯粹资本主义剥削的一切“美妙的东西”,而且还可以看到纯粹中世纪的、在先进国家中早已消失了的工役制和徭役制的经营方式。俄国所有纷繁复杂的土地关系,归结起来就是农奴制的剥削方式和资产阶级的剥削方式交织在一起。

在结束对俄国农业雇佣劳动条件的叙述时,我们还要看一看下等户的家庭收支材料。在这些材料中,雇佣劳动被婉转地说成"外水"或"副业"。这种外水收入同农业收入之间的比例是怎样的呢? 沃罗涅日省无马农户和有 1 匹马的农户的家庭收支情况对这个问题作了准确的回答。无马农户的总收入是 118 卢布 10 戈比,其中农业收入是 57 卢布 11 戈比,"副业"收入是 59 卢布 4 戈比。在这后一个数字中,36 卢布 75 戈比是"个人副业"的收入,22 卢布 29 戈比是其他收入,其中也包括**出租土地的收入!** 有 1 匹马的农户的总收入是 178 卢布 12 戈比,其中农业收入是 127 卢布 69 戈比,副业收入是 49 卢布 22 戈比(35 卢布是个人副业的收入,6 卢布是马车运输的收入,2 卢布是"工商业作坊和企业"的收入,6 卢布是其他收入)。如果我们扣除土地经营方面的开支,那么农业收入就是 69 卢布 37 戈比,副业收入是 49 卢布 22 戈比。占俄国农户总数⅗的农户就是这样谋生的。不用说,这些农民的生活水平是不会比雇工高的,有时还要低些。在 1881—1891 年这 10 年中,沃罗涅日省一个全年雇工的平均工资是 57 卢布,再加上生活费 42 卢布。可是,一个四口之家的无马农户**全家一年**的生活费才**78 卢布**,一个五口之家的有 1 匹马的农户**全家一年**的生活费才 98 卢布。工役制、赋税和资本主义剥削使俄国农民的生活水平降低到欧洲人难以想象的贫穷和饥饿的程度。欧洲人把这一类社会分子叫做**赤贫者**。

六

　　为了把上面关于农民分化的所有论述加以总结,我们先引用一下书刊中唯一谈到整个欧俄的总结性材料,它可以使我们对各类农民在各个时期的情况作出判断。这份材料就是军马调查材料。我在《资本主义的发展》一书的第 2 版中,曾经综合了欧俄 48省在 1888—1891 年和 1896—1900 年这两个时期有关这方面的材料①。现在把其中最重要的总结数字摘引如下:

<table>
<tr><td></td><td colspan="4" align="center">农　户　数　目</td></tr>
<tr><td></td><td colspan="2" align="center">1888—1891 年</td><td colspan="2" align="center">1896—1900 年</td></tr>
<tr><td></td><td align="center">总数
(单位百万)</td><td align="center">百分数</td><td align="center">总数
(单位百万)</td><td align="center">百分数</td></tr>
<tr><td>无马者 ……………………</td><td>2.8</td><td>27.3</td><td>3.2</td><td>29.2</td></tr>
<tr><td>有 1 匹马者 ………………</td><td>2.9</td><td>28.5</td><td>3.4</td><td>30.3</td></tr>
<tr><td>有 2 匹马者 ………………</td><td>2.2</td><td>22.2</td><td>2.5</td><td>22.0</td></tr>
<tr><td>有 3 匹马者 ………………</td><td>1.1</td><td>10.6</td><td>1.0</td><td>9.4</td></tr>
<tr><td>有 4 匹马以上者 …………</td><td>1.1</td><td>11.4</td><td>1.0</td><td>9.1</td></tr>
<tr><td>共　　计</td><td>10.1</td><td>100.0</td><td>11.1</td><td>100.0</td></tr>
</table>

　　我在前面已经顺便指出,这些材料证明了农民遭到愈来愈厉害的剥夺。增加的 100 万个农户全部是两类下等户。在这期间,马匹的总数由 1 691 万匹减少到 1 687 万匹,就是说全体农民的马匹略有减少。甚至上等户的马匹也有所减少,在 1888—1891 年,

――――――
　　①　见本版全集第 3 卷第 121 页。――编者注

每户平均有 5.5 匹马,而到 1896 — 1900 年,每户平均只有 5.4
匹了。

　　从这些数字中很容易得出农民并没有发生"分化"的结论,因
为最穷的一类农户增加得最多,最富的一类农户减少得最多(就农
户数目来说)。这不是分化,而是贫困的平均化! 在出版物中经常
可以看到用类似方法所得出的这种结论。但是,如果我们问一下:
农民内部各类农户之间的相互关系是否发生了变化呢? 那情况就
迥然不同了。在 1888 — 1891 年间,占农户总数一半的下等户拥
有的马匹占马匹总数的 13.7%,在 1896 — 1900 年间,下等户还是
保持着这个百分比。占农户⅕的最富裕户拥有的马匹在 1888 —
1891 年间占马匹总数的 52.6%,在 1896 — 1900 年间则占
53.2%。很明显,两类农户的相互关系几乎没有发生什么变化。
农民变穷了,富裕户也变穷了,1891 年的危机[85]产生了极其严重
的影响,然而农村资产阶级同日益破产的农民之间的关系并没有
因此而改变,其实,也不可能有什么改变。

　　这种情况往往被那些根据片断的统计材料来判断农民分化问
题的人所忽视。譬如有人认为,关于马匹分配的单项材料可以多
少说明农民分化问题,那是可笑的。这种分配情况如果不同有关
农民经济的**全部**材料联系起来,那就不能证明任何问题。如果我
们研究了这些材料,弄清楚了各类农户在租地和出租地、改良农具
和肥料、外水和购买地、雇佣工人和牲畜头数等等的分配方面的共
同点,如果我们能够证明,事情的所有这些不同方面相互之间有不
可分割的联系,它们的确表明无产阶级和农村资产阶级这两个对
立的经济类型已经形成,如果我们弄清楚了这一切,而且只有在已
经弄清楚的限度内,我们才可以使用像关于马匹分配的单项材料

来**说明**上面所说的一切。相反，如果有人给我们举出富裕户在某一时期马匹减少的某个事例，并且**仅仅根据这一点**就对农村资产阶级同其他各类农户的对比关系作出某些普遍性的结论，那就荒谬透顶了。任何一个资本主义国家，任何一个经济部门，在市场的统治下，都没有也不可能有均衡的发展。资本主义的发展**不可能**不是跳跃式的、曲折的，就是说，它忽而迅速前进，忽而暂时降低到原有水平以下。俄国农业危机问题和当前变革问题的实质根本不在于资本主义的发展水平或发展速度怎样，而在于这是不是资本主义的危机和变革，它是不是在农民变为农村资产阶级和无产阶级的情况下发生的，村社内部各个农户之间的关系是不是资产阶级的关系。换句话说，研究俄国土地问题的首要任务就是要弄清楚那些说明土地关系的阶级实质的基本材料。只有在弄清楚了我们所遇到的是哪些阶级和哪种发展趋势之后，才能谈到局部问题，如发展速度问题以及总趋势的某些不同形式问题等。

马克思主义者对俄国改革后的农民经济的看法的依据，就是承认这种经济类型是小资产阶级的类型。马克思主义阵营的经济学家同民粹派经济学家争论的焦点首先就是这种论断是否正确、是否适当（如果打算弄清楚意见分歧的真正实质，必然这样争论）。不彻底弄清楚**这个**问题，就不能够进一步了解任何比较具体的或实际的问题。譬如说，如果不先弄清楚我国农业演进的总趋势，不先弄清楚在这一或那一事变进程中哪些阶级会取得胜利等问题，要研究19世纪留给20世纪的解决土地问题的各种途径，那是毫无希望的，是研究不清楚的。

我们在上面引证的那些关于农民分化的详细材料所说明的正是土地变革方面其他一切问题的基础，不了解这个基础就不能前进。我们从俄国的两极详细地研究了各类农户之间的相互关系，所有这些关系正好向我们表明了村社内部的社会经济关系的实质。这些相互关系清楚地表明了农民经济在当前历史情况下具有小资产阶级的性质。马克思主义者说过，农业中的小生产者（不管他是在份地上经营还是在其他什么土地上经营，都是一样）在商品经济发展的条件下，必然是小资产者。这个论点曾经使很多人困惑莫解，他们说，这种说法毫无根据，是从别人那里照样搬来硬套在我国独特的条件上的。但是关于各类农户相互关系的材料、关于富裕的村社农民抢租贫穷的村社农民的土地的材料、关于富裕的村社农民雇用工人的材料、关于贫穷的村社农民变为雇佣工人的材料以及其他诸如此类的材料，都证明马克思主义的理论结论是正确的，是驳不倒的。关于村社在俄国经济发展趋势方面的意义问题，也被这些材料**彻底解决了**，因为这些材料所表明的恰好是真正的（而不是虚构的）村社的真正趋势。不管份地的分配怎样平均，不管进行什么样的重新分配，事实**表明**，村社农民真正的经济发展趋势就是形成农村资产阶级以及大批贫苦的业主被挤到无产阶级的行列中去。下面我们将会看到，斯托雷平的土地政策也好，劳动派所要求的土地国有化也好，都是朝着这个方向发展的，虽然从社会发展的速度、生产力的增长和最大限度地照顾群众利益等角度来看，这两种"解决"土地问题的方式有很大的差别。

　　现在我们还应该考察一下俄国商业性农业的发展问题。前面的叙述包含了一个众所周知的事实作为前提，即改革后整个时代的特点就是商业和交换的发展。我们觉得，完全没有必要再引用统计材料来证实这一点了。但是必须说明：第一，目前的农民经济对市场的依附究竟达到了什么程度；第二，随着农业对市场的依附,农业将具有哪些**特殊**形式。

关于第一个问题,沃罗涅日省地方自治机关的家庭收支统计收有极其精确的材料。这里我们可以从农民家庭的收支总额(这在前面已经引用过了)中抽出货币收支额来看一看。下表说明了市场的作用:

	农民的货币收支额占收支总额的百分比	
	支出	收入
无马者 ……………………………	57.1	54.6
有 1 匹马者 ………………………	46.5	41.4
有 2 匹马者 ………………………	43.6	45.7
有 3 匹马者 ………………………	41.5	42.3
有 4 匹马者 ………………………	46.9	40.8
有 5 匹马以上者 …………………	60.2	59.2
平　　均	49.1	47.9

这样看来,连**中等**农民的经济都在极大程度上依附市场,更不用说富裕农民和贫困化的农民(半无产者)了。因此,任何有关农民经济的议论,如果忽视了市场、交换和商品生产日益增长并占优势的作用,那都是根本错误的。19 世纪末俄国农民梦寐以求的农奴制大地产和地主土地占有制的消灭,不会削弱而只会**加强**市场的权力,因为工役制和盘剥制**在阻碍**商业和商品生产的发展。

关于第二个问题必须指出,资本渗入农业是一个独特的过程,要正确地了解这个过程就不能够只看全国性的一般的材料。农业在不同的经济中和在一个国家的不同地区,并不是一下子就同样地变成商业性农业的。相反,市场通常在一个地区控制复杂的农业的一个方面,在另一个地区又控制它的另一方面,但其他方面并没有消失，而是适应于"主要的"即货币的方面。譬如，在某一个地区主要形成了商业性谷物业，为出卖而生产的主要产品是谷物。在这种经济中，畜牧业起着从属作用，再进一步，如果耕作业片面发展到极点时，畜牧业几乎会消灭。例如，美国西部地区的"小麦工厂"有时一个夏季在几乎没有牲畜的情况下就建立起来了。在其他地区主要形成商业性畜牧业。为出卖而生产的主要产品是肉制品或乳制品。纯农业则要适应于畜牧业。显然，经营的规模和组织的方式在这两种情况下是不相同的。不能根据播种面积的大小来判断城市近郊的牛奶业。不能用衡量大农户和小农户的同一尺度去衡量草原耕作者、菜园主、烟草业主、"牛奶场主"（按照英国的说法）等等。

交换和商业渗入农业，引起了农业的专门化，而且这种专门化在日益发展。同样一些经济指标（如马匹数目），在商业性农业的不同地区具有不同的意义。譬如在首都近郊的无马农民中就有一些大农户，他们有产乳牲畜，做大笔生意，使用雇佣工人。当然，在全部无马农民和有 1 匹马的农民中，这样的农场主是极少数。但是，如果我们只是使用包括全国的总的材料，那我们就无法估计农业资本主义的特殊形式。

对于这种情况，应当特别注意。忽视这一点就不能对农业资本主义的发展得出正确的认识，并且容易犯简单化的错误。只有估计到农业的实际特点，才能把握住这个过程的全部复杂性。有人说，农业由于有它的特点，因此不受资本主义发展规律的支配。这是完全错误的。农业的特点阻碍农业依附于市场，这是事实，但是在任何地方和任何国家，**商业性农业增长**的过程都在不可遏止地进行着。不过形成商业性农业的形式确实是独特的，因此就要用特殊的方法去研究。

为了说明上述情况,我们从俄国商业性农业的不同地区举出几个明显的例子。在商业性谷物业地区(新罗西亚和伏尔加左岸),我们看到,谷物收获量增长异常迅速;在 1864—1866 年,这些省份还落在中部黑土地带省份的后面,每人平均纯收获量只有 2.1 俄石,到 1883—1887 年,这些省份超过了中部地区,每人平均纯收获量达到了 3.4 俄石。播种面积扩大是这个地区在改革后时期的最大特点。在这里,土地的耕作往往是最原始的,人们只注意尽量多种土地。在 19 世纪下半叶,这里出现了美国那样的"小麦工厂"。根据播种面积(上等户每户平均达 271 俄亩),完全可以判断出经营的规模和类型。在另一个地区,即在工业地区,特别是在首都近郊,就谈不上扩大播种面积的问题。这里最明显的特点不是商业性谷物业,而是商业性畜牧业。因此根据耕地的亩数或役马的匹数,已不可能正确了解这里的经济。这里更适当的衡量尺度是奶牛的头数(牛奶业)。这里大经济进步的标志不是播种面积的扩大,而是轮作制的改变和牧草的种植。这里马匹很多的农户比较少,甚至马匹的减少有时反而意味着经营的进步。但是这里农民的奶牛却比俄国其他地区多。布拉戈维申斯基先生根据地方自治局统计的总数,算出每户平均有 1.2 头奶牛;在彼得堡、莫斯科、特维尔和斯摩棱斯克 4 省 18 个县中,每户平均有 1.6 头,拿彼得堡省一省来说,每户平均有 1.8 头[86]。无论是商业资本或投入生产的资本,在这里都主要用于畜产品。收入的多少主要取决于奶牛的多少。于是"牛奶场"不断出现。富裕农民雇用的农业工人愈来愈多。我们已经指出,人们从贫困的中部地区纷纷跑到**工业省份**去从事**农业**。总之,由于耕作技术条件跟纯粹农业地区不同,同样一些社会经济关系,在这里表现为完全不同的形式。

如果拿特种作物(如烟草业)来看,或者拿农业同产品加工业(如酿酒业、甜菜制糖业、榨油业、马铃薯淀粉业及其他生产)的结合来看,那这种经营关系的表现形式既不同于商业性谷物业中的形式,也不同于商业性畜牧业中的形式。这里可以作为衡量尺度的或者是特种作物的播种面积,或者是与这种经济有关的产品加工企业的规模。

仅仅涉及土地面积或牲畜头数的农业综合统计材料,根本不可能估计到所有这些纷繁的形式,因此那些只是根据这种统计材料所得出的结论往往是不正确的。同根据一般的综合数字和抽象的平均数所能想象到的情况相比,商业性农业的发展要迅速得多,交换的影响要广泛得多,资本对农业的改造要深刻得多。

七

现在我们把上面关于19世纪末俄国土地问题和农业危机的实质的所有论述作一总结。

这个危机的实质是什么呢? M.沙宁在《土地地方公有还是分归私有》(1907年维尔纳版)这本小册子中坚持认为,我国的农业危机是耕作技术的危机,这一危机最深刻的根源就在于必须提高俄国极低的农业技术,必须过渡到更高的耕作制度,等等。

这种意见是不正确的,因为它太抽象。必须过渡到更高的技术,这是毫无疑问的。但是,第一,这种过渡从1861年以后在俄国事实上已经开始了。不管进步多么缓慢,但是无可争辩的事实是,无论是地主经济,还是以少数富裕农民为代表的农民经济,都已经开始种植牧草,使用改良农具,更经常、更细致地给土地施肥,等等。既然农业技术的这种缓慢进步是 1861 年以来的一个普遍过程,那么指出这一点来说明公认的 19 世纪末农业危机的尖锐化显然是不够的。第二,现实生活中已经出现了两种"解决"土地问题的方式,一种是斯托雷平的**从上面**解决的方式,其办法是保存地主土地占有制,彻底消灭村社,让富农来掠夺村社,另一种是农民的(劳动派的)**从下面**解决的方式,其办法是消灭地主土地占有制,实行全部土地国有化,这两种解决办法都在按自己的方式促进向更高技术的过渡,都朝着耕作技术的进步前进。只是前一种解决办法是通过加速从农业中排挤出贫苦农民的过程来实现这种进步,后一种解决办法则是通过加速排除工役制(用消灭农奴制大地产的办法)的过程来实现这种进步。贫苦农民把自己的土地"经营"得极其糟糕,这是无可怀疑的事实。所以,如果让一小撮富裕农民大肆掠夺贫苦农民的土地,那耕作技术会得到提高,这是无可怀疑的。但同样无可怀疑的事实是,靠工役制和盘剥制来经营的地主土地,也耕种得极其糟糕,**比份地还糟**(请回想一下前面引用过的数字:每俄亩的产量,份地是 54 普特,农庄土地是 66 普特,按对分制耕种的土地是 50 普特,农民按年租种的土地是 45 普特)。地主经济的工役制保存了极其落后的耕作方法,使耕作技术方面和整个社会生活方面的未开化状态永久存在。所以,如果连根铲除整个工役制,即彻底消灭(而且不付赎金)整个地主土地占有制,那耕作技术会得到提高,这是无可怀疑的。

这样看来,土地问题和农业危机的实质不在于要铲除提高耕作技术的障碍,而在于**如何来铲除这种障碍,由哪个阶级用哪些方**

法来铲除。铲除阻碍国家生产力发展的障碍是绝对必要的,不仅从主观上讲是必要的,而且从客观上讲也是必要的,就是说,铲除障碍是不可避免的,是任何力量都无法防止的。

M.沙宁的错误,也是很多土地问题著作家所犯的错误,在于把必须提高农业技术这一正确论点说得过于抽象,没有考虑到俄国农业中农奴制特点同资本主义特点互相交织的各种特殊形式。俄国农业生产力发展的主要的和基本的障碍是农奴制残余,这首先是工役制和盘剥制,其次是农奴制的赋税、农民的权利不平等、农民在上层等级面前所处的屈辱地位,等等。铲除这些农奴制残余在经济上早已十分必要了。19世纪末农业危机之所以极其尖锐,正是因为俄国摆脱中世纪制度的过程拖得太长,工役制和盘剥制"活得"太久。这些残余在1861年以后消亡得那样缓慢,以致新的机体需要用强制手段来迅速地肃清农奴制。

俄国农业的这种新的经济机体是什么呢? 这在前面我们已经特别详细地说明过了,因为自由主义民粹派营垒的经济学家们对这一点的认识是非常错误的。在我国从农奴制中破壳而出的新的经济机体就是商业性农业和资本主义。地主经营的经济,只要不是依靠工役制、依靠盘剥份地农民,那就非常清楚地表现出资本主义的特征。只要我们能够深入村社内部去看一看,现实生活中发生了哪些同官方规定的份地平均制不符合的事情,那我们就会看到,农民经营的经济也处处表现出纯资本主义的特征。在俄国尽管存在着种种障碍,但是商业性农业还是不断地发展,而且不可避免地转化为资本主义农业,虽然这种转化的形式是多种多样的,在各个地区是各不相同的。

为了新的经济机体进一步自由发展,必须用强制手段消灭中世纪的外壳,但是应当消灭什么呢? 应当消灭中世纪的土地占有制。
到目前为止,在俄国不仅地主土地占有制是中世纪的,就连相当一
部分农民土地占有制也是中世纪的。我们看到,新的经济条件正在
冲破这些中世纪土地占有制的框框和界限,迫使贫苦农民出租自己
历来耕种的份地,促使富裕农民利用各种土地(份地、购买地以及从
地主那里租来的土地)组织起规模较大的经济。地主的土地分为用
工役制耕种的土地、农民按年租种的土地和农庄耕地,这一情况就说
明,新的经济形式正在旧的中世纪土地占有制的框框以外建立起来。

　　坚决抛开过去的东西,就能够一下子消灭这种土地占有制。
消灭的办法就是全体农民代表在1905—1907年间一贯要求的土
地国有化。消灭土地私有制丝毫也不改变商业性的和资本主义的
土地占有制的资产阶级基础。认为土地国有化同社会主义甚至同
土地平均使用制有某些共同之处,这种看法是再错误也没有了。
至于社会主义,那么大家知道,它就是消灭商品经济。而国有化是
把土地变为国家所有,这丝毫也不触动土地的私人经营。不管富
裕农民是否把土地"永远地"买下,是否租种地主的土地或官地,是
否"集中"没落的贫穷农民的份地,富裕农民的(资本主义的)经营
制度是不会因此而改变的,正如同这种情形一样,不管土地是否成
为全国、全民的"财产",土地的经营制度是不会因此而改变的。只
要仍然有交换,谈论什么社会主义就是可笑的。而农产品和生产
资料的交换同土地占有形式是毫无关系的。(顺便指出,我在这里
讲的只是国有化的经济意义,而不是替国有化纲领辩护;我在上述
著作①中已经作过这样的辩护了。)

---

① 见本版全集第16卷第258—289页。——编者注

至于平均制,我们在前面就已经说明了它在份地分配方面的实行情况。我们看到,村社内部份地的分配是相当平均的,只是富人稍微占了一点便宜。但是由于穷人出租土地,富人集中租地,结果这种平均制就所剩无几了。很明显,只要存在着业主之间的财产上的差异,存在着加剧这种差异的交换制度,那任何土地占有平均制都无法消除实际使用土地方面的不平均现象。

国有化的经济意义根本不像人们通常探讨的那样。它的意义不在于反对资产阶级关系(马克思早就指出,国有化是资产阶级最彻底的措施①),而在于反对农奴制关系。形形色色的中世纪土地占有制阻碍了经济的发展;等级的框框妨碍了商业周转;旧土地占有制同新经济之间的不适应现象产生了尖锐的矛盾;地主靠大地产来延续工役制的寿命;农民被束缚在像犹太人居住区[87]那样的份地上,然而现实生活处处都在破坏份地占有制的框架。国有化可以彻底扫除土地占有制方面的一切中世纪关系,可以消灭在土地上的一切人为的界限,使土地变成真正自由的土地。对谁来说是自由的呢?对全体公民吗?根本不是。我们已经看到,无马农民(325万户)的自由在于出租份地。土地成为自由的,**是对业主来说的**,是对那些真正希望而且**能够**按照整个现代经济条件特别是现代世界市场的条件去耕种土地的人们来说的。国有化可以加速农奴制的灭亡,可以使纯粹资产阶级农场在清除了一切中世纪废墟的土地上加速发展。这就是19世纪末提出的俄国土地国有化的真正历史意义。

为资本主义清扫土地占有制,还有一条在客观上不是不可能

———————

① 参看《马克思恩格斯全集》第1版第4卷第180—191页。——编者注

的道路，正如我们看到的，这就是让富人加速掠夺村社和巩固富裕农民的土地私有制。在这种情况下，工役制和盘剥制的老根并未触动，地主的大地产依然存在。很明显，对于保证生产力的自由发展来说，这样一种为资本主义扫清道路的办法比前一种办法差得不可比拟。既然大地产保留下来，那受盘剥的农民、对分制、小规模年租制、用农民的农具和牲畜耕种"老爷的"土地等现象就必然保留下来，也就是说，最落后的经营水平和叫做宗法式农村生活的一切亚洲式的野蛮状态必然保留下来。

我所指出的"解决"日益发展的资产阶级俄国的土地问题的两种办法，是同农业资本主义发展的两条道路相适应的。我把这两条道路叫做普鲁士式的道路和美国式的道路。前一条道路的特点是，中世纪的土地占有关系不是一下子被消灭掉，而是慢慢地适应资本主义，因此资本主义长时期保存着半封建的特征。普鲁士的地主土地占有制没有为资产阶级革命所粉碎，而是得到了保全，并成为"容克"经济的基础。这种经济基本上是资本主义经济，但是它也必然存在农村居民的某种依附关系，如奴仆规约[88]等等。因此容克的社会统治和政治统治在1848年以后又维持了数十年之久，而德国农业生产力的发展也比美国慢得无法相比。美国的情况完全相反，资本主义农业的基础不是大地主的旧的奴隶占有制经济（国内战争彻底粉碎了奴隶主农庄），而是自由的农场主在自由土地上的自由经济。所谓自由土地，就是它一方面摆脱了中世纪的一切羁绊，摆脱了农奴制度和封建制度，另一方面又摆脱了土地私有制的羁绊。在美国，巨大的土地储备是按名义价格分配的，现在，那里的土地私有制只是在新的、完全资本主义的基础上发展起来的。

1861年以后，这两条资本主义发展道路在俄国都非常清楚地呈现出来了。地主经济的进步是无可怀疑的,不过只要还保留着农奴制残余,这种进步的缓慢就不是偶然的,而是必然的。同样无可怀疑的是,农民愈自由,受农奴制残余的压迫愈少(譬如在南部就有这一切有利条件),而且从整个来说愈有保证得到土地,农民的分化就愈厉害,农村的农场主-企业主阶级的形成就愈迅速。国家今后发展的全部问题就是:这两条发展道路中究竟哪一条道路能取得最后的胜利? 与此相应的是,究竟由哪一个阶级来进行必要的和不可避免的改革? 是从前的地主老爷还是自由的农民-农场主?

在我国常常有人认为,土地国有化把土地排斥在商业周转之外。大多数先进农民和农民思想家无疑都有这种看法。但是这种看法是根本错误的。情况恰恰相反。土地私有制是对土地自由投资的障碍。因此,在可以向国家自由租种土地(在资产阶级社会中,土地国有化的实质就在于此)的情况下,土地被卷入商业周转的情形要比在土地私有制占统治地位的情况下**更加普遍**。在自由租佃的情况下,对土地投资的自由,农业竞争的自由,都比在私有制的情况下多得多。土地国有化可以说是一种没有大地主的大地主占有制。而农业资本主义发展方面的大地主占有制是什么意思呢? 关于这一点马克思在《剩余价值理论》中讲得非常透彻。我在前面提到的那部论述土地纲领的著作中曾经引用了他的这段话[1],但是鉴于问题重要,我在这里还要引用一次。

马克思在关于李嘉图地租理论的历史条件一节(《剩余价值理论》1905年斯图加特版第2卷第2册第5—7页[2])中说道,李嘉图

---

[1]　见本版全集第16卷第237—241页。——编者注

[2]　参看《马克思恩格斯全集》第1版第26卷第2册第263—264页。——编者注

和安德森"都是从一种在大陆上看来非常奇怪的观点出发的"。这就是:"根本不存在妨碍对土地进行任意投资的土地所有权"。骤然看来,这是一个矛盾,因为正是在英国被认为是特别完整地保存了封建的土地所有制。但是马克思解释道,正是在英国,资本"在世界任何地方都不曾这样无情地处置过传统的农业关系"。在这一方面,英国是"世界上最革命的国家"。"从历史上遗留下来的一切关系,不仅村落的位置,而且村落本身,不仅农业人口的住所,而且农业人口本身,不仅原来的经济中心,而且这种经济本身,凡是同农业的资本主义生产条件相矛盾或不相适应的,都被毫不怜惜地一扫而光。"马克思继续说道:"在德国人那里,经济关系是由各种土地占有(Feldmarken)的传统关系、经济中心的位置和居民的一定集中点决定的。在英国人那里,农业的历史条件则是从15世纪末以来由资本逐渐创造出来的。联合王国的常用术语'清扫土地'("clearing of estates"),在任何一个大陆国家都是听不到的。但是什么叫做'清扫土地'呢? 就是毫不考虑定居在那里的居民,把他们赶走,毫不考虑原有的村落,把它们夷平,毫不考虑经济建筑物,把它们拆毁,毫不考虑原来农业的类别,把它们一下子改变,例如把耕地变成牧场,总而言之,一切生产条件都不是按照它们传统的样子接受下来,而是按照它们在每一场合怎样最有利于投资历史地**创造出来**。因此,就这一点来说,**不存在土地私有权**,土地所有权让资本——租地农场主——自由经营,因为土地所有权关心的只是货币收入。一个波美拉尼亚的地主〈马克思指的是洛贝尔图斯,马克思在这部著作中把他的地租论驳得体无完肤〉,脑袋里只有祖传的土地占有、经济中心和农业公会等等,因而对李嘉图关于农业关系发展的'非历史'观点就会大惊小怪。"事实上,"英国关系是使现代土地所有权——被资本主义生产**改变了形式的**土地所有权——得到合适发展的唯一关系。在这里,英国的观点〈即李嘉图的地租理论〉对于现代的即资本主义的生产方式来说具有古典意义"。

在英国,这种清扫土地是通过以暴力破坏农民土地占有制的革命方式来进行的。这种对过时的旧东西的破坏,在俄国也绝对不可避免,但是19世纪(以及20世纪的前7年)还没有解决由哪一个阶级和用什么方式来进行我们所需要的破坏这一问题。前面我们已经说明了现今俄国土地分配的基础是什么。我们看到,1 050万农户只有7 500万俄亩土地,而3万个大地产占有者就有7 000万俄亩土地。在这样的基础上必然要爆发斗争,而斗争可能的一个结局就是1 000万农户的地产要增加将近一倍,3万个上层分子的地产则要被消灭。现在我们从19世纪末俄国土地问题是怎样形成的这个角度出发,纯粹从理论上考察一下这个可能的结局。这一变化的结果将会是怎样呢? 从土地占有关系的角度来看是很明显的:中世纪的份地占有制和中世纪的地主土地占有制将被更替。旧东西将一扫而光。在土地占有关系中,任何传统的东西都不会留下。究竟是什么力量决定新的土地占有关系呢? 是平均制的"原则"吧? 受了民粹派思想影响的先进农民喜欢这样想。民粹派也这样想。然而这是幻想。在村社中,法律所承认的并被习惯奉为神圣的平均制"原则",实际上使土地占有制适应于财产上的差别。无论是俄国的材料,或者是西欧的材料,都千百次地证实了这个**经济方面的事实**。根据这个事实,我们肯定地说,对平均制的希望将像幻想那样成为泡影,而**土地占有制的更替将成为唯一可靠的结果。**这种结果的意义是否重大呢? 非常重大,因为任何别的办法,任何别的改革,任何别的改造都不能提供这样充分的保证,使俄国的农业技术获得最迅速、最广泛、最自由的进步,使农奴制、等级制和亚洲式野蛮的一切痕迹从我国生活中消除净尽。

或许有人要反驳我们说:技术进步呢? 难道精确的材料在前面没有证明地主经济在种植牧草、使用机器、施肥和牲畜质量等方面都超过了农民经济吗? 是证明了,这个事实丝毫不容怀疑。但是,不应当忘记,经济组织、技术水平及其他方面**所有的**这些差别都集中表现在**单位面积产量**上。我们已经看到,**由农民按对分制或其他方式耕种的**地主土地的产量低于份地的产量。这就是人们在谈论俄国地主经济和农民经济的耕作技术水平时几乎总是忘记的情况! 地主经济**只有**按资本主义方式经营才超过农民经济。问题的全部实质也就在于,这个"只有"使工役制在 19 世纪末依然是我国中部地区占优势的经济形式。**因为**直到现在受盘剥的农民还在用自己祖传的农具和耕作方法等等来耕种地主的土地,**所以地主土地占有制是落后和停滞的主要原因**。我们现在所讨论的土地占有制的改变会提高对分制土地和租地的产量(现在这些土地的产量——见前面提到的数字——是 50 普特和 45 普特,而份地的产量是 54 普特,地主耕地是 66 普特)。即使这些土地的产量只提高到份地产量的水平,那这个进步也是很大的。但是不言而喻,只要农民摆脱了农奴制大地产的压迫,只要份地像国家的其他一切土地那样成为自由的土地,农场主都可以得到(不是一切公民,而是拥有农业资本的公民都可以得到)的土地,那份地的产量也会提高。

这个结论决不是从我们所引用的关于单位面积产量的材料中得出来的。相反,引用这种材料只是为了清楚地说明我们根据俄国地主经济和农民经济演进的**全部**材料所得出的结论。要推翻这个结论,就得先推翻这样一个事实,即19世纪下半叶俄国农业的历史是以资产阶级生产关系代替农奴制生产关系的历史。

如果死抱着目前农户数目的材料,那就会得出一种印象,似乎我们现在所考察的土地变革会造成农业异常分散的后果。我的天哪,在28 000万俄亩土地上竟有1 300万农户!难道这不是骇人听闻的分散吗?我们对此回答道:要知道,这种极其严重的分散是我们**现在**看到的现象,因为**现在**1 300万**农户所经营的**土地还**不到**28 000万俄亩!因此我们所关心的变革决不会使这方面的情况变得更糟。此外我们还要进一步提出这样一个问题:那种认为实行这种变革后农户总数还会和过去一样多的观点有没有根据呢?受了民粹派理论和农民意见影响的人通常正是这样认为的,农民梦寐以求的就是土地,他们甚至还幻想使产业工人变成小农。在19世纪末,俄国某些产业工人本身无疑也持有农民的这种观点。但是问题在于这种观点是否**正确**呢?是否符合**客观**经济条件和经济发展进程呢?只要明确地提出这个问题就可以看出,农民的观点是根据已经消逝的永不复返的过去得出的,而不是根据日益发展的未来得出的。农民的观点**是不正确的**。它是昨天的意识形态,经济的发展**实际上**不是增加而是减少农业人口。

我们所考察的土地占有关系方面的变化并不会消灭也不可能消灭农业人口比重减少的过程,凡是资本主义日益发展的国家都有这个过程。也许有人会问:这种变化既然使人人都能自由地得到土地,那怎么会使农业人口减少呢?对这个质问,我可以用波尔塔瓦省的农民代表契热夫斯基先生在杜马的一次发言来回答。他在1906年5月24日的会议上说:"我们那里的农民,即把我们派到这里来的那些复选人，曾经算过这样一笔账:'如果我们能稍微富裕一点，如果我们每家每年能够花五六个卢布去买糖吃，那每一个能够出产甜菜的县份，除了现有的制糖厂，还会再建立几个制糖厂。'很自然，如果这些制糖厂建起来了，在集约化经营的情况下该需要多少劳动力啊! 制糖厂的生产一定会提高，等等。"(《速记记录》第 622 页)

　　这是一位地方活动家的很能说明问题的老实话。如果要问一下他对土地改革的意义的见解，那他大概会讲出民粹派的观点来。既然这不是"见解"问题，而是改革的**具体**后果问题，那么**资本主义的真相**就立即战胜了**民粹派的空想**。这是因为农民们对自己的代表契热夫斯基先生所讲的那些话，正是资本主义的真相，资本主义现实的真相。小农群众的生活如果能得到一点切实的改善，制糖厂的数量和产量的确会大大增加; 当然，不只是甜菜制糖业，加工工业的其他一切部门，如纺织业、制铁业、机器制造业、一般建筑业等等，都会得到很大的推动，都会需要"大批劳动力"。这种经济上的必然性要比对平均制的一切美妙的期望和幻想更有力量。**无论怎样进行**土地改革，无论怎样改变土地占有制，也无论怎样进行"土地分配"，325 万无马农户决不会成为"雇主"。我们已经看到，这几百万农户(以及相当一部分有 1 匹马的农户)在自己的一小块土地上**疲于奔命**或**出租自己的份地**。美国式的工业发展**必然**会使大多数这种在资本主义社会中没有出路的业主离开农业，无论什么样的"土地所有权"也阻挡不住。1 300 万小业主使用极其可怜的、简陋的、陈旧的农具耕种自己的份地和地主的土地，——这就是今天的现实。这是农业中**人为的**人口过剩，所谓人为的，就是那些早已过时的农奴制关系是靠暴力来维持的，如果不使用刑罚、枪杀和讨伐等手段,那这些关系连一天也**不能**维持。只要群众的生活得到一点切实的改善,农奴制残余遭到一点严重的打击,都**必然**会破坏这种农村人口过剩的现象,都会大大加速居民离开农业转入工业的过程(这个过程现在也在缓慢地进行),都会大大减少1 300万户这个数字,都会使俄国像美国那样前进,而不是像现在这样,像中国那样前进。

19世纪末俄国的土地问题向社会各阶级提出了一个任务:结束农奴制的旧时代,清扫土地占有制,为资本主义、为生产力的发展、为自由的公开的阶级斗争扫清道路。这种阶级斗争将决定用什么方式来完成这个任务。

1908年公历7月1日

1918年由生活和知识出版社在莫斯科印成单行本

译自《列宁全集》俄文第5版第17卷第57—137页

论目前瓦解的几个特征

(1908 年 7 月 2 日〔15 日〕)

我们曾经不止一次地指出**在右面**,即在资产阶级民主派和社会党人机会主义派阵营内思想上和组织上的瓦解,这种瓦解是小资产阶级知识分子占多数的党派在反革命猖獗时期的必然现象。但是如果我们不谈谈**"在左面"**,即在小资产阶级"社会革命党人"阵营内的瓦解,那么对瓦解的了解就不全面了。

当然,"在左面"这种说法在这里只能从非常相对的意义上使用,用来说明那些爱**玩弄**左的一套的人。我们在《无产者报》上已经不止一次地指出,正是俄国革命最高涨的时期,在公开的、群众性的政治活动中特别明显地充分表现出社会革命党人的"革命主义"的不坚定、不稳固和无原则性。这一点,只要把某些重大的事件回忆一下就可以明白了。1905 年秋季革命高涨的时候,社会革命党人同倾向于成立合法的"人民社会党"的人民社会主义者结成秘密同盟。1905 年 12 月社会革命党代表大会否决了成立同社会革命党一模一样的政党的"计划",但在 1906 年春季和夏季革命高涨时,我们**又**在一些日报上,即在全民性宣传的主要讲台上,看到社会革命党人在同人民社会党人结成同盟。人民社会党人在 1906 年秋季,在斯维亚堡起义和喀琅施塔得起义[89]失败以后,公开放弃革命,公开以机会主义者的面目出现,然而在彼得堡举行的第二届杜马选举时（1907年春）又恢复了社会革命党人、人民社会党人和劳动派的"民粹主义同盟"。总而言之，革命完全彻底地揭露出社会革命党没有任何比较固定的阶级支柱，实际上把它的作用降到小资产阶级农民民主派的附属品、支系，**迫使**它经常在口头上的革命激情和人民社会党人、劳动派的外交手腕之间摇摆不定。最高纲领派[90]在革命时期一直在同社会革命党闹分离，但又不能彻底分离，这种分离只能证明民粹派的革命性没有稳固的阶级基础。还在《无产者报》第4号上的《社会革命党的孟什维克》一文中，我们就曾写过，社会革命党的中派，"纯粹的"社会革命党人，现在只得搬用马克思主义者的论据来抵抗社会革命党中的两个"新"流派①。社会民主党人经过革命，终于团结了一个特定的阶级，即无产阶级，并分清了整个国际社会民主党所特有的两个流派，即机会主义派和革命派，而社会革命党人经过革命，却没有任何直接的基础，没有任何明确的界限能把他们一方面同那些与广大的小业主有联系的劳动派和人民社会党人区别开来，另一方面同最高纲领派这个知识分子的恐怖团体区分开来。

　　而现在，在最高纲领主义消失（也许是暂时的）以后，我们又看到和最高纲领主义相似的流派在新的外衣下复活了。"社会革命党人集团"的机关报《革命思想报》[91]（1908年4月第1号，6月第2号），表示要同"社会革命党的正式机关报"，即中央机关报《劳动旗帜报》[92]划清界限，并宣布"**修改**我们的〈即社会革命党人的〉理论世界观、我们社会革命党的斗争方法和组织方法"。当然，新报纸答应要作的所有这些"修改"，所有这种"创造性的批判工作"都纯

---

　　① 见本版全集第13卷第393—394页。——编者注

粹是空话。实际上根本谈不到而且也不可能谈到什么修改理论，因为新报纸根本没有任何理论世界观，它只是用千百种调子一再重复那种采取恐怖手段的号召，只是愚蠢地、笨拙地、幼稚地去适应这种好像是新的，其实是陈旧的、非常陈旧的对革命、对群众运动、对一切政党的意义等等的看法。只要同这些答应要修改、批判和创造的浮夸诺言比较一下，就会发现这种"理论"知识是多么惊人的贫乏。尤其是《革命思想报》本身强调"社会革命党正式机关报领导人的看法已经有进步"（这种进步就是极力强调使用"系统的、中央的政治恐怖手段"[93]以"加速事变的到来"），社会革命党内"新""旧"两派的理论观点的十分混乱的现象就更加明显了。引号里的这些话是从《劳动旗帜报》第8号上引来的。而且在第10—11号合刊（1908年2—3月）上，我们看到了完全相同的论调，什么"全党竭力"采取"中央的政治恐怖手段"，什么必须为此筹措"巨款"，同时那里还对这笔款项的可能来源作了"明显的暗示"。《劳动旗帜报》第7—8版上写道："一切政党，包括立宪民主党人和和平革新党人，都将享受这个活动的直接成果。所以党完全可以指望在自己的斗争中得到最广泛的社会援助。"

　　读者可以看到，新报纸的言论中没有任何新的东西。新报纸唯一值得注意的方面，就是它为估计被"左的"、似乎是革命的词句所掩盖起来的**瓦解**提供了很有教益的材料。孟什维克在《社会民主党人呼声报》（第1号）上以政治目标的某种一致性为理由，替自己向自由派募款的行为辩护。社会革命党人在《劳动旗帜报》上对立宪民主党人和和平革新党人说：你们也将享受成果。两极相通了。小资产阶级的机会主义和小资产阶级的革命性总是同样地"不时看一看"（虽然是从不同的方面）立宪民主党人和和平革新党人。

上述两极不仅在这方面相通。孟什维克和"革命的"民粹派经过革命都悲观失望了。两者都准备把党性,党的旧传统,革命的群众斗争扔掉。《革命无思想报》[94]写道:"几乎所有革命政党都犯的、当前危机中极其有害的一个错误,就是过于相信群众性的人民起义的可能性和必要性…… 在现实生活中党的希望没有实现。"原来社会革命党人白白地"按照马克思主义的死板公式"制定了一个"社会主义纲领",制定了一个"关于革命的概念,把革命同经济要求所引起的群众运动和群众起义混为一谈,虽然他们曾经对有主动精神的少数人这一点作了修改"。不应该修改,而应该发展"有主动精神的少数人的积极行动的理论和实践"(第1号第6—7版)。"新的"社会革命的蒙昧主义者认为,必须极力称颂"革命者心中充满的直接感情和鼓舞着他们的理想"的意义(第2号第1版),而理论问题、哲学、科学社会主义都是空话。《革命无思想报》问道:"在或迟或早的最近的〈原文就是"在或迟或早的最近的"〉将来有没有武装起义的希望呢?"它接着回答道:"大家都认为没有这样的希望"(第2号第2版)。结论就是:俄国的"政治变革只能由少数革命者来进行"(第7版)。"近三年来革命政党失败的原因并不是偶然的,在我们看来,原因不仅在于客观条件,不仅在于策略错误,而且也在于这些政党组织的构想本身"(第10版)。原来革命者给自己提出了真正领导群众这种"不能实现的任务";社会民主党人**煽动**社会革命党人,怂恿他们去设法组织农民,并且训练农民进行普遍武装起义,从而损害了恐怖斗争这一真正的事业(第11版)。党的极端的中央集权——"发号施令"——"专横精神"(第12版)——这就是祸害。"革命者认为强大的政党是达到既定目的的唯一手段和保证,而没有看到在我们俄国的条件下建立这

样的政党实际上是不可能的,也没有看到这种政党的一切阴暗面。"(第12版)

看来已经够了!《革命思想报》的思想多么混乱,它宣传的是什么样的蒙昧主义,在事业一遇到困难以后,他们的所谓革命的纲领就建立在多么庸俗的绝望、灰心、悲观的情绪上,——关于这些用不着多费笔墨。上面的引文本身就说得清清楚楚了。

但愿读者不要以为这一类的论断不过是不知名的不足道的小集团偶然说出的胡言乱语。不对,这样看是错误的。这里有它自己的逻辑,就是对党对人民革命悲观失望,对**群众**进行直接革命斗争的能力悲观失望。这就是知识分子的激动、歇斯底里的逻辑,他们不能坚持不懈地工作,不善于根据已经改变的情况运用理论和策略的基本原则,不善于在同我们不久前所处的条件截然不同的条件下进行宣传、鼓动和组织工作。那些脱离了群众中的阶级支柱的变化无常的人,不是竭尽全力来同不仅渗入上层阶级而且渗入下层阶级的小市民的涣散现象作斗争,不是更紧密地团结分散的党的力量来捍卫经过考验的革命原则,而是把过去学的东西完全抛弃,并宣布要"修改",也就是说,回到旧的垃圾堆里去,回到革命的手工业方式,回到分散的小组活动。不管这些小组和个人在恐怖斗争中多么英勇,都不能改变下面这个事实:他们这些参加了**政党**的人的这种活动就是**瓦解**的表现。所以领会下面这个已为革命遭到失败的各个国家的经验所证实了的真理是非常重要的:机会主义者的灰心和恐怖主义者的绝望都表现了同样的小资产阶级的心理和阶级特点。

"大家都认为,在或迟或早的最近的将来没有武装起义的希望。"请想一想这句尖锐而刻板的话吧。显然,人们从来没有考虑过那些先引起广泛的政治危机、然后在这个危机尖锐化的时候引起内战的客观条件。人们把武装起义的**"口号"背得烂熟**,却**不懂得**这个口号的意义和应用这个口号的条件。所以革命一遭到失败,他们就这样轻率地把那些未经思考、盲目接受的口号抛在一边。要是这些人把马克思主义看做20世纪唯一革命的理论,要是他们学一学俄国革命运动史,他们就会看出说空话同提出真正的革命口号之间的区别。不论是在1901年,当游行示威使得克里切夫斯基和马尔丁诺夫叫嚷"冲击"的时候,还是在1902年和1903年,当已故的纳杰日丁骂旧《火星报》的计划是"舞文弄墨"的时候,社会民主党人都没有提出起义的"口号"。起义的口号是他们在1905年1月9日以后才提出的,当时已经没有一个人会怀疑全国性的政治危机**已经爆发**,在直接的群众运动当中,危机的尖锐化不是与日俱增,而是与时俱增。几个月内,这个危机就**发展成了**起义。

从这里可以得到什么教训呢?教训就是,我们现在应该密切注视正在酝酿中的新的政治危机,教育群众记取1905年的教训,懂得任何尖锐的危机必然要转变成起义,并要巩固组织,使它在危机到来的时候提出这种口号。"最近的将来有没有希望?"这样提问题是毫无意义的。俄国的情况是任何一个稍微能够思考的社会主义者都不敢预言的。我们**所知道的**和所能说的就是,如果不改造土地关系,不彻底破坏旧的土地制度,俄国就不能生存,而俄国是要生存下去的。斗争的焦点是,由斯托雷平按地主的方式去完成这种破坏呢,还是由农民在工人的领导下**自己**来进行对自己有利的破坏。社会民主党人的任务就是要使群众认清正在增长的危机的这个**经济**基础,并且教育郑重的党组织,使它能够帮助人民吸取丰富的革命教训,使它能够在日益成长的力量成熟到足以发动新的革命"运动"的时候**领导**他们进行斗争。

但是,这个回答在那些不把"口号"看做是从阶级分析和对一定历史时期的估计中得出的实际结论,而把"口号"看做是党派的永久不变的护身符的人看来,当然会是"不明确的"。这些人不懂得:不会根据完全明确的时机和还不明确的时机的不同来考虑自己的策略,是政治上没有修养和眼光狭窄的结果。巩固组织! 我国这些好唱革命"高调"的英雄们看不起这种不会"马上"、立即、明天就产生轰轰烈烈的结果的细小任务。说什么"在现实生活中党的希望没有实现"。而且是在经过了三年革命,强大的政党的作用和意义已经得到了世界上前所未有的**证实**之后,竟然还说出这种话来! 俄国革命的第一个时期就已表明,甚至在普列韦制度[95]下也**可能**建立真正能够领导**各阶级**的政党。1905年春天,我们党还是地下小组的联合组织,到秋天就成了**千百万无产阶级的政党**。先生们,这是"一下子"就变成这样的呢,还是经过10年缓慢的、顽强的、无声无息的工作才**准备了**和保证了这样的结果的呢? 如果在当前这样一个时期,正式的和非正式的社会革命党人先生们提到**首要**地位的是杀死沙皇,而不是在农民群众中建立**党的**组织,把劳动派这个流派的果子酱似的革命性锻炼成一种比较巩固的、有思想的、坚定的、坚韧的东西,——那么我们要说,俄国民粹派的社会主义就要灭亡,它早已死去,它的领袖们在人民革命的第一个战役期间就模糊地感到民粹派自己的"破产"了。

我们没有指望农民在革命中能起领导作用,甚至没有指望他们能起独立的作用,我们也不会因第一个战役的失败而灰心丧气,因为第一个战役表明,在农民当中,革命民主主义的思想虽然十分模糊混乱,但是非常普遍。我们会再一次像革命前那样坚韧顽强地工作,使党的传统不致遭到破坏,使党能够得到巩固,能够在**第二个战役**的时候不是领导二三百万无产者,而是领导比这多五倍、十倍的人。你们对这个任务没有信心?你们觉得这个任务枯燥?最可尊敬的先生们,请便吧:你们不是革命者,你们不过是空谈家!

你们的正式机关报也是这样神经质地提出参加第三届杜马的问题。① 在《劳动旗帜报》第10—11号合刊上,一个歇斯底里的政客嘲笑我们社会民主党的第三届杜马代表的**错误**,并且针对他们的声明大声喊叫道:"谁知道这些声明,这些投票和弃权?"(第11版)

关于这一点,我们说,是的,我们社会民主党的第三届杜马代表犯了许多错误。但正是社会革命党人喜欢利用的这个例子,表明了**工人政党**和**知识分子集团**对问题的不同态度。工人政党懂得,在政治上沉寂和瓦解的时期,这种瓦解现象也必然会在杜马党团中有所表现,我们的杜马党团在第三届杜马中还不如在第二届杜马中那样能够集中巨大的党的力量。因此,工人政党批评和纠正自己代表的错误。每一个组织讨论了每一次发言后得出结论说,某个声明或演说是错误的,这就为群众采取政治行动提供了材料。社会革命党人先生们,你们尽可放心:在政治危机尖锐化的时

---

① 对社会革命党的抵制主义的详细分析,见《无产者报》第18号(《改头换面的议会迷》一文)。早在1907年秋天,社会革命党人好像是在号召保持真正革命的抵制主义传统,而实际上是把这个传统庸俗化了,使这个传统化为乌有,用可怜的软弱无力的"拒绝参加"来偷换革命的**抵制-进攻**…… 他们当时就要轻信的公众相信,什么"不理睬"反动的杜马就会使政府遭到"道义上的重大"失败,就是"在改变整个政局方面迈出了重大的第一步"。

当时我们就已经揭穿了"那些为了进行幼稚的党的宣传而不惜引起群众思想混乱的先生们的……动听的革命空谈"的真正性质。

刻，我们的党团，至少是我们杜马党团的成员，**都会克尽自己的责任**。我们是公开地，当着群众批评他们的错误。代表、阶级、党都会从这种批评中得到教益。党经历过困难时期，它知道，要光荣地摆脱困境，只有靠**所有的**组织坚持不懈地工作，歇斯底里是无济于事的。《无产者报》是在国外出版的报纸，它认识到自己从远方提意见必须小心谨慎，但是它也公开提出改善党团工作的办法。我们党进行的公开的批评，补充了党团工作的不足，使群众既能知道杜马中发表的声明又能知道党对这些声明提出的修正意见的**性质**。在党的组织和党的刊物正在大瓦解的时候，不重视杜马讲坛，那就表现出知识分子的无比轻率。

　　社会革命党人先生们不理解，公开的社会主义言论在他们党的机关报刊上受到率直的批评和纠正会有什么意义。社会革命党人先生们宁肯闭口不谈**自己的**活动家的错误：《劳动旗帜报》第10—11号合刊骂我们发表了一个关于格尔舒尼偏爱立宪民主党人的"庸俗"声明，这又使我们想起了这一点。我们早就对这个问题表示了我们的意见①，所以在受尽沙皇刽子手折磨的这位忠于革命组织因而应该深受尊敬的人死后不久的今天，我们不必重复这个问题。但是，如果社会革命党人先生们愿意提起这个问题，那我们就给予答复。先生们，你们除了谩骂以外，拿不出任何东西来回答我们，你们不能直接公开地说出，你们当中谁赞成和谁不赞成格尔舒尼在社会革命党二月（1907年）代表大会上的立场。你们不能从实质上回答问题，不能揭露出你们领袖的错误和他们的支持者有多少人等等，因为你们没有**党**，不重视通过对个人、对声明、

---

　　①　见本版全集第16卷第148—156页。——编者注

对派别的公开批评来教育群众。

　　工人阶级通过公开批评自己的代表将会教育和锻炼自己的组织。虽然不是一下子，不是没有摩擦，不是没有斗争，不是没有困难，但**我们一定能完成**事变的艰难转折给我们提出的困难任务：把公开的杜马活动同党的秘密活动结合起来。完成了这个任务，就将表明经历了革命的第一个战役的党已经成熟，完成了这个任务，就会为无产阶级在第二个战役时在社会民主党的领导下更巧妙地、更团结一致地进行斗争，取得更为决定性的胜利提供一个保证。

载于 1908 年 7 月 2 日(15 日)　　　译自《列宁全集》俄文第 5 版
《无产者报》第 32 号　　　　　　　　第 17 卷第 138—147 页

社会民主党在俄国革命中的土地纲领[96]

（1908 年 7 月 5 日〔18 日〕）

自 拟 简 介

为了满足波兰同志的请求，我想在这里把我那本同名著作的内容简单地叙述一下，那本书在 1907 年 11 月就写成了，但是由于某些**不取决于我**的原因，至今尚未出版①。

在该书第一章中，我研究了"俄国土地变革的经济基础和实质"。我把俄国 1905 年度最新的地产统计材料加以对比，按整数计欧俄 50 个省共有土地 28 000 万俄亩，结果得出的全部土地（份地和私有主土地）的分配情况如下表：

	户 数	共有土地俄亩数 （单位百万）	平均每户 土地俄亩数
（一）受农奴制剥削的破产农民 …	10.5	75.0	7.0
（二）中等农民………………	1.0	15.0	15.0
（三）农民资产阶级和资本主义 　地产………………………	1.5	70.0	46.7
（四）农奴制大地产………………	0.03	70.0	2 333.0
共　　计	13.03	230.0	17.6
未按类别划分的土地…………	—	50.0	—
总　　计	13.03	280.0	21.4

任何一个对社会统计稍微熟悉一点的人都懂得，这只能是一

---

① 见本版全集第 16 卷第 185—397 页。——编者注

种大致真实的情况。自由主义民粹派的经济学家们往往沉溺于一些细枝末节，而使事情的实质淹没了。但是在我们看来，重要的不是这些细枝末节，而是整个过程的阶级内容。我的图表揭示了这一内容，表明俄国革命斗争是为了什么。3万个地主（主要是贵族和皇族管理机关）占有7 000万俄亩土地。这个基本事实应该同另一个事实加以对比，即1 050万农户和最小的私有者只占有7 500万俄亩土地。

后两者如果取得前者的土地可以把自己的土地**扩大一倍**：这是斗争的客观必然**趋势**，不管各个阶级对这个斗争的看法多么不同。

上面这个图表极其清楚地表明了农业危机的经济实质。千百万遭到破产、陷于赤贫的小农，在贫困、愚昧和农奴制残余的压迫下，**不能**不依附地主，过着半农奴式的生活，为了使用地主的牧场、饮马场，为了使用他们的"土地"，为了冬季的贷款等等，他们必须用自己的农具和牲畜去耕种地主的土地。另一方面，大地产占有者在这种情况下也**不能**不靠邻近破产农民的劳动来经营，因为这样经营既不需要耗费资本，也不需要采用新的耕作制度。这样必然产生俄国经济文献中多次谈到的那种工役制。这无非是**农奴制的进一步发展**。经营的基础不是使工人同土地分离，而是强迫破产农民固守土地，经营的基础不是私有者的资本，而是他的土地，不是大地产占有者的农具，而是农民的旧式犁，不是农业的进步，而是多年来的因循守旧，不是"自由雇佣"，而是高利贷的盘剥。

上述情况在农业上引起的结果可以用以下数字来表示：份地每俄亩的产量为54普特；在独立农庄内使用地主的农具和牲畜、利用雇佣劳动来耕种的地主土地，每俄亩的产量为66普特；同样是地主土地,但用所谓"对分制"方式耕种,每俄亩的产量则为50普特,最后,农民租佃的地主土地,每俄亩的产量为45普特。靠**农奴制和高利贷的方式**(即上面提到的"对分制"和农民租佃)耕种的地主土地,其产量还不如地力枯竭、土质低劣的份地,农奴制大地产所保持的这种盘剥制是俄国生产力发展的**主要**障碍。

但是上面这个图表还说明了另一个问题,即这种发展在资本主义国家中**可以**有两种方式。或者是大地产被保存下来,并逐步地成为经营土地的资本主义经济的基础,这是普鲁士式的农业资本主义。主宰一切的是容克,在长达几十年的时间内,容克一直保持着政治上的优势,而农民则处于受压制、受屈辱和贫困愚昧的状态。生产力的发展非常缓慢,同1861年到1905年这段时间俄国农业的情况相仿。

或者是革命扫除地主的地产。这样,资本主义农业的基础就是由自由的农场主经营**自由的**土地,即清除了一切中世纪废墟的土地。这是**美国式**的农业资本主义,在资本主义制度下可能有的条件中,这种条件对人民群众最有利,因而**生产力的发展也最迅速**。

实际上,在俄国革命中,斗争并不是为了实现民粹派的"社会化"及其他荒谬主张(这些不过是市侩思想和小资产阶级的空谈,如此而已),**而是**要决定俄国资本主义的发展走什么道路:走"普鲁士的"道路,还是走"美国的"道路。不弄清革命的这一**经济**基础,就**根本**不能了解土地纲领问题(马斯洛夫就是这样,他只是研究抽象的愿望中的东西而不说明经济上的必然的东西)。

限于篇幅,第一章的其他内容就不能叙述了;我只能概括地讲一下,所有的立宪民主党人都竭力掩饰土地变革的实质。而普罗柯波维奇先生之流则为他们**帮忙**。立宪民主党人混淆("调和")了俄国革命中土地纲领的两条基本**路线**，即地主路线和农民路线。
其次，也简单地说一下：在 1861—1905 年这段时间，俄国已经出
现了资本主义的农业演进的两种方式，即普鲁士式（地主经济**逐步
地**向资本主义发展）和美国式（在土地辽阔的、最自由的南部，农民
发生分化，生产力迅速发展）。最后，我在这一章中还研究了垦殖
问题，但是在这里不能详谈了。我只是提出一点，就是使俄国几亿
俄亩土地无法加以利用的**主要**障碍是中部地区土地占有中的农奴
制大地产。打倒这些地主将有力地推动技术和经营水平的发展，
使扩大耕地面积的速度比 1861 年以后快 10 倍。请看几个数字：
俄国的全部土地为 196 500 万俄亩，其中 81 900 万俄亩土地没有
任何材料可查。这样一来，可以研究的土地只剩下 114 600 万俄
亩，这中间已经在利用的有 46 900 万俄亩，其中 30 000 万俄亩是
森林。**如果**俄国能**摆脱**地主的大地产，那现在没有任何用处的大
量土地不久都会成为有用的土地。①

　　我那本书的第二章阐述的是俄国社会民主工党的各种土地纲
领在革命中所受到的检验。过去所有土地纲领的基本错误，就是
没有很具体地设想一下资本主义的农业演进在俄国可能采取的是
哪一种**方式**，在斯德哥尔摩代表大会上取得了胜利并给党提出了
一个**地方公有化**纲领的孟什维克，也犯了这个错误。问题的**经济
方面**，也是最重要的方面，在斯德哥尔摩恰恰**没有得到任何研究**，
谈的主要是"政治"考虑和政治手腕，而不是马克思主义的分析。

---

① 自由主义民粹派的经济学家认为，**由于**中部地区土地不够，**由于**西伯利亚、中
　　亚细亚等地不宜于垦殖，补分土地**是必要的**。这就是说，如果不是土地不够
　　用，那地主的大地产暂时还可以容许存在。马克思主义者的看法应当完全不
　　同：**只要地主的大地产不消灭**，无论是中部地区的或移民区（俄国边疆地区）
　　的生产力都无法迅速发展。

这种情况只能**部分地**用下面一点来解释，这就是正好在斯德哥尔摩代表大会开会期间，大家的注意力都集中到对 1905 年十二月事件和 1906 年第一届杜马的评价上去了。因此，**在斯德哥尔摩**使马斯洛夫的地方公有化纲领得到通过的普列汉诺夫，根本没有去考虑资本主义国家中"农民土地革命"（《斯德哥尔摩代表大会记录》第 42 页，普列汉诺夫的发言）的**经济内容**。或者这是讲空话，是用蛊惑人心的宣传和欺骗手段去干马克思主义者不应当干的"笼络"农民（"Bauernfang"）的行为；或者是在**农民胜利**的条件下的确存在着资本主义获得最迅速发展的**经济**可能性，在这种情况下就必须清楚地设想到这种胜利，设想到同"农民土地革命"的这种胜利相适应的农业资本主义道路和土地占有关系。

在斯德哥尔摩代表大会上最有影响的"地方公有派"所持的主要论据，就是说农民对份地国有化抱有**敌视**的态度。地方公有派的**报告人**约翰大声疾呼说："那时就不仅会出现一个'旺代暴动'[97]，而是会发生一场反对国家对农民**私有**份地的支配，反对私有土地'国有化'做法的农民的总暴动〈多可怕！〉"（《斯德哥尔摩代表大会记录》第 40 页）。科斯特罗夫叫嚣说："带着这个主张〈国有化主张〉到农民中去，就等于把农民推开。农民运动就会避开我们或者反对我们，我们就会被革命所抛弃。国有化会削弱社会民主党的力量，使它同农民隔绝，从而也就削弱了革命的力量。"（第 88 页）

看来这是很清楚了。农民对国有化抱着敌视的态度，这就是孟什维克的主要论据。**如果真是这样**，那么**违反**农民意志而进行……"农民土地革命"是可笑的，这还不明显吗？

然而真的是这样吗？彼·马斯洛夫在 1905 年写道："土地国有化作为解决土地问题的手段目前在俄国是不会被承认的，首先

〈请注意"首先"二字〉因为这是一种无谓的空想"…… "但是，农民……会……同意……吗?"(**彼·马斯洛夫**《土地纲领批评》1905年版第 20 页)

可是**到了 1907 年 3 月**又写道:"一切民粹主义集团〈劳动派、人民社会党人和社会革命党人〉都主张这种或那种形式的土地国有化。"(1907 年《**教育**》杂志**98**第 3 期第 100 页)这是谁写的呢? **是同一位彼·马斯洛夫写的!**

看,这就是新的旺代暴动! 这就是农民反对国有化的暴动! 马斯洛夫不是诚恳地承认自己的错误,不去**从经济上**研究一下,为什么农民必须主张土地国有化,却效法健忘的伊万**99**,情愿忘记自己在斯德哥尔摩代表大会上的一切言论。

不仅如此。马斯洛夫为了消灭"不愉快事件"的痕迹,竟造谣中伤劳动派,硬说他们主张国有化是出于市侩的考虑,"**把希望寄托在中央政权上**"(同上)。说这是造谣,下面的对比可以证明。劳动派提交给**第一届**和**第二届**杜马的土地法案第 16 条写道:"全民土地资产应由经普遍、平等、直接和无记名投票选出的地方自治机关主管,地方自治机关在法律规定的范围内独立进行活动。"

孟什维克所通过的俄国社会民主工党的土地纲领写道:俄国社会民主工党要求"……(4)没收除小地产以外的私有土地,并将其转交给根据民主原则选举出来的大的地方自治机关〈根据第 3 项,包括城区和乡区的机关〉支配"。

这两个纲领的本质差别并不在于"主管"和"支配"①这两个词有什么不同,而在于赎买问题(在斯德哥尔摩代表大会上,**布尔什**

---

① **孟什维克在斯德哥尔摩否决了把"支配"改为"所有"的修正案**(见记录第 152 页)。

维克同唐恩之流相反，投票否决了这一主张，然而在代表大会之后孟什维克又竭力想通过这一主张），在于**农民**土地问题。孟什维克要把农民土地除外，劳动派却不想把这些土地除外。**劳动派向地方公有派证明，我的看法是正确的。**

毫无疑问，劳动派提交第一届和第二届杜马的纲领是农民群众的纲领。无论是农民代表写的文字材料，或者是他们在法案上的签名以及各省都有代表的事实，都极其令人信服地证明了这一点。在1905年，马斯洛夫曾经写道："特别"（上引小册子第20页）是个体农民不会同意土地国有化。原来这是"**特别**"荒谬的胡说。譬如，波多利斯克省的农民差不多都是个体农民，可是签名拥护"104人"土地法案（即上面引证的劳动派的法案）的波多利斯克省的代表，在第一届杜马中有13人，在第二届杜马中有10人！

为什么农民拥护国有化呢？因为他们本能地了解到必须彻底**消灭**中世纪的土地所有制，而且比那些目光短浅的假马克思主义者了解得透彻得多。中世纪的土地所有制**必须**消灭，以便为农业资本主义扫清道路，资本在不同国家，在不同程度上已经**消灭**了旧的中世纪土地占有制，使它服从市场的需要，并根据商业性农业的条件加以改造。马克思在《资本论》第3卷中就已经指出，资本主义生产方式**遇到**的各种历史形式的土地所有权都是同资本主义不相适应的（如克兰（氏族）土地占有制，村社土地占有制，封建土地占有制，宗法土地占有制，等等），它便根据新的经济要求加以改造①。

在《剩余价值理论》②一书的《李嘉图地租理论的历史条件》这

---

① 参看《马克思恩格斯文集》第7卷第693—694页。——编者注
② 参看《马克思恩格斯全集》第1版第26卷第2册。——编者注

一节中,马克思极其清楚地发挥了这一思想。他在那里说道:"从亨利七世以来,资本主义生产在世界任何地方都不曾这样无情地处置过传统的农业关系,都没有创造出如此完善的〈适合自己的〉条件,并使这些条件如此服从自己支配。在这一方面,英国是世界上最革命的国家。""但是什么叫做 clearing of estates〈直译是清扫领地或清扫土地〉呢? 就是毫不考虑定居在那里的居民,把他们赶走,毫不考虑原有的村落,把它们夷平,毫不考虑经济建筑物,把它们拆毁,毫不考虑原来农业的类别,把它们一下子改变,例如把耕地变成牧场,总而言之,一切生产条件都不是按照它们传统的样子接受下来,而是按照它们在每一场合怎样最有利于投资历史地**创造出来**。因此,就这一点来说,**不存在土地所有权**;土地所有权让资本——租地农场主——自由经营,因为土地所有权关心的只是货币收入。"(第6—7页)①

　　最快地消灭中世纪的形式和最自由地发展资本主义的条件就是这样,也就是**消灭**整个旧的土地占有制,消灭妨害资本的障碍——土地私有制。在俄国也**不可避免地**要对中世纪土地占有制实行这种革命的"**清扫**",世界上任何力量都无法阻止,问题的中心和**斗争的焦点完全**在于这种"清扫"将由**地主**来进行呢,还是由**农民**来进行? 由地主来"清扫"中世纪的土地占有制,这就是1861年对农民的掠夺,这就是1906年斯托雷平的土地改革(根据第87条制定的法律),**由农民为资本主义"清扫"土地**,这就是**土地国有化**。

　　在工人和农民进行的**资产阶级**革命中,土地国有化的这一**经济**实质,马斯洛夫和普列汉诺夫之流根本不懂得。他们制定土地

---

① 参看《马克思恩格斯全集》第1版第26卷第2册第263—264页。——编者注

纲领不是为了同中世纪的土地占有制这一最重要的农奴制关系的残余进行斗争，不是为了给资本主义彻底扫清道路，而是为了实现**小市民可怜的企图**：把新旧事物"和谐地"结合起来，把分配份地所产生的土地私有制同革命没收来的农奴制大地产结合起来。

最后，为了充分表明小市民的地方公有化**主张**的反动性，我再引用一些关于租佃的材料（关于租佃问题的意义，我在1906年同马斯洛夫争论时已经在《修改工人政党的土地纲领》①这本小册子中指出过了）。这是关于萨拉托夫省卡梅申县的材料②：

分配份地后产生的农户的平均土地数量
（单位俄亩）

户主类别	份地耕地	租地	出租地	播种面积
无役畜者 ……………	5.4	0.3	3.0	1.1
有1头役畜者 ………	6.5	1.6	1.3	5.0
有2头役畜者 ………	8.5	3.5	0.9	8.8
有3头役畜者 ………	10.1	5.6	0.8	12.1
有4头役畜者 ………	12.5	7.4	0.7	15.8
有5头以上役畜者 ……	16.1	16.6	0.9	27.6
平　均	9.3	5.4	1.5	10.8

请看一下聪明的马斯洛夫和普列汉诺夫主张仍然归农民所有的**份地**同收归"地方公有"的非**份地**（租地）之间**实际的**经济对比关系。无马农户（在1896—1900年间，这样的农户在俄国1 110万农户中共有325万户）**出租的土地**比租进的**多9倍**。他们的播种

———————
① 见本版全集第12卷第215—241页。——编者注
② 《俄国资本主义的发展》第2版第51、54、82页（见本版全集第3卷第74、77、108页。——编者注）。

的土地比他们的"份地"少⁴/₅。有1匹马的农户(全国共有330余万户)租进的土地比出租的**稍微多一点**,而他们播种的土地则**少于**"份地",在全部上等户中即在少数农民中,租进的土地比出租的多好几倍,至于播种的土地,则是农民愈富裕,超过"份地"的数量就愈大。

在**整个**俄国占统治地位的就是这种关系。资本主义破坏了农业公社,把农民从"份地"的控制下**解脱出来**,缩小了份地在农村两极的作用,而孟什维克这些深谋远虑的思想家却叫喊:"农民会举行暴动反对份地国有化。"

在俄国,不仅地主所有制是中世纪的所有制,而且农民的份地所有制也是中世纪的所有制,孟什维克"忽略了"这一点。巩固**丝毫不能适应**新的资本主义关系的份地所有制,是一种反动的措施,而地方公有化正是要**巩固**份地所有制,仅仅规定非份地"应收归地方公有"。份地占有制以上千种的中世纪的界限和中世纪的纳税"村社"把农民分割开来,阻碍了生产力的发展。"村社"和这种份地占有制**必然**要被资本主义所消灭。斯托雷平感觉到了这一点,于是就用黑帮手段加以破坏,农民也感觉到了这一点,他们想用农民的手段或者说革命民主主义的手段加以破坏。而孟什维克却叫喊:"份地是动不得的。"

实行土地国有化来消灭作为中世纪残余的"村社"和中世纪的份地所有制,这是在资本主义社会中,在最大限度地照顾农民利益的情况下消灭这些制度的唯一可以设想的办法。在《农民问题材料》(全俄农民协会代表大会会议记录(1905年11月6—10日),1905年彼得堡版)中写道:"众所周知的'村社'问题,根本没有人提出来,并且被大家默然否决了:第一次和第二次代表大会的决议都规定,土地应该交给个人和协作社使用。"(第12页)至于实行份地国有化,农民自己是否会吃亏的问题,代表们的回答是:"在分配土地时反正可以领到土地。"(第20页)私有者农民(和他们的思想家彼舍霍诺夫先生)十分清楚地懂得,"在分配土地时反正可以领到土地",农奴制大地产很快就会消灭。他们所以需要大规模地"分配土地",即实行全部土地国有化,是为了摆脱中世纪的羁绊,是为了"清扫"土地,使土地的使用适应新的经济条件。穆申科先生在第二届杜马代表社会革命党人的发言出色地表明了这一点,他以自己那种天真态度讲道:"只有废除地界,只有取消根据土地私有制原则所树立的一切地界,才可能有合理的人口〈农民〉分布。"(第二届杜马记录第1172页)把这种说法同前面引证的马克思的那段话对比一下,你们就会知道,在"社会化"和"平均化"这类市侩空谈的后面,隐藏着十分现实的内容,这就是用资产阶级革命的手段来清扫旧的中世纪土地所有制。

土地地方公有化在资产阶级革命中是一种**反动的**措施,因为它阻碍消灭中世纪土地所有制这一经济上必要的和必然的过程,阻碍为一切**业主**(不管他们的状况、他们的过去、他们在1861年得到的份地等情况如何)在土地方面建立**同一**的经济条件的过程。把土地分归私有,在目前也是**反动的**,因为这样会把现有的、过时的、作为中世纪残余的份地所有制保存下来;但是将来,在用国有化的办法彻底清扫土地之后,分配土地可能会成**为新的**自由**农场主**的口号。[①] 马克思主义者的任务就是帮助激进资产阶级(即农

---

① 　M.沙宁在他的《土地地方公有还是分归私有》(1907年维尔纳版)这本小册子中强调了有关耕作技术方面的问题,但是他不懂得两条发展道路,也不懂得消灭现有土地占有制的意义。

民)尽量彻底地清除旧废墟,使资本主义获得迅速的发展,而决不是帮助市侩去达到安居乐业和迁就过去的要求。

第三章讲的是"国有化和地方公有化的理论基础"。

当然我不准备向波兰同志们重复每一个马克思主义者都知道的事情,譬如,在资本主义社会中土地国有化就是要消灭绝对地租,而不是消灭级差地租,等等。当时考虑到俄国的读者,我**不得不**在这方面谈得很详细,因为彼得·马斯洛夫断言,马克思的绝对地租理论是"矛盾"的,"因此只能〈!!〉作这样的解释:第3卷是在作者死后出版的,把作者的草稿也收进去了"(《土地问题》)①。

彼得·马斯洛夫修改马克思草稿的狂妄行为对我来说并不是什么新花样。早在1901年我就在《**曙光**》杂志[100]上指出,马斯洛夫在《**生活**》杂志[101]上歪曲了马克思的地租理论。② 但是在这以后不久,当马克思极其清楚地阐明绝对地租理论的《剩余价值理论》**出版之后**,彼得·马斯洛夫在1906年(第3版序言注明的日期是1906年4月26日)又重复了这种信口雌黄的彻头彻尾的谰言。这真是无可比拟的! 我在那本书中详细地分析了彼得·马斯洛夫对马克思的"修正",这里不可能再来重复,我只是指出,这些修正无非是资产阶级政治经济学的陈旧论据。彼得·马斯洛夫居然拿"烧砖业"(第111页)来否定马克思的绝对地租理论,而且宣扬"土地肥力递减规律",断言"没有这个规律,'海外'竞争就不能得到解释"(第107页),最后,他甚至说,**不推翻马克思就不能推翻民粹派的观点**,"如果连续投入同一块土地的劳动的生产率会不断降低这

---

① 《土地问题》第3版第108页注释。
② 见本版全集第5卷第106页。——编者注

一事实不存在的话,那也许还能实现民粹派……的那种美景"(马斯洛夫,1907年《**教育**》杂志第2期第123页)。总而言之,在彼得·马斯洛夫的经济理论中,在绝对地租、土地肥力递减的"事实"、"民粹主义"的基本错误、提高经营水平和提高技术水平之间的差别等问题上,他**没有一句话是新鲜的**。马斯洛夫用那些被资本的官方辩护士弄得庸俗不堪的纯粹资产阶级的论据来驳斥绝对地租理论,因而必然要滚到马克思主义的歪曲者的行列中去。彼得·马斯洛夫歪曲了马克思主义,但他做得十分巧妙:他在自己的《土地问题》一书的德译本中,把他对马克思草稿的**所有修正都删掉了**。马斯洛夫在欧洲人面前**把自己的理论都隐藏了起来**!说到这里,我不由得想起了(我在第3章中曾经写到)一个故事,说的是一个陌生人初次参加古代哲学家的座谈会,他自始至终一言不发。当时有一位哲学家对他说:"如果你很聪明,那你做得很愚蠢;如果你很愚蠢,那你做得很聪明。"

不言而喻,谁否认绝对地租理论,谁就使自己根本不可能了解资本主义社会中土地国有化的意义,因为国有化能够消灭的只是绝对地租而不是级差地租。谁否认绝对地租,谁就是否认**阻碍资本主义发展的土地私有制的任何经济意义**。正因为如此,马斯洛夫之流必然会把国有化还是地方公有化的问题归结为政治问题("把土地交给谁?"),而忽视问题的经济实质。把份地(即掌握在条件差的业主手中的劣等地)的私有制同其余一半土地(优等地)的公有制结合起来,这在稍微有些发达、有些自由的资本主义国家里是一种**荒谬的做法**。这恰恰是**土地方面的复本位制**。

由于孟什维克的这种错误,社会民主党人把对土地私有制的批判任务交给了社会革命党人。马克思在《资本论》中为这种批判作出了光辉的榜样①。而我们的社会民主党人却根本没有从发展资本主义的观点来进行这种批判,因此群众所知道的只是民粹派的批判,即对土地私有制所作的市侩式的歪曲批判。

我还要提到一个细节,在俄国的书刊中有人提出了这样一个反对国有化的论据,说什么在小农所有制的情况下国有化就意味着"货币地租"。这种说法是不对的。"货币地租"(见《资本论》第3卷)是地主的具有现代形式的利息。在**现代**农民租佃的情况下,地租在某种程度上无疑是**货币地租**。消灭农奴制大地产将加速农民的分化,加强正在建立资本主义租佃的农民资产阶级。请回想一下前面引证的关于上等农户租佃的材料。

最后还要指出一点,在马克思主义者中间有一种相当流行的看法,似乎土地国有化只有在资本主义高度发展的阶段才能实现。这种看法是不对的。到那时,提上日程的已经不是资产阶级革命,而是社会主义革命的问题了。土地国有化是最彻底的资产阶级措施。马克思从《哲学的贫困》②起,就**多次地**肯定过这一点。他在《剩余价值理论》(第2卷第1册第208页)中写道:"激进的资产者在理论上发展到否定土地私有权……　然而,他们在实践上却缺乏勇气,因为对一种所有制形式———一种劳动条件私有制形式———的攻击,对于另一种私有制形式也是十分危险的。况且,资产者自己已经弄到土地了。"③在俄国,资产阶级革命是在存在着激进资产者(农民)的条件下进行的。激进资产者"有勇气"为千百

①　例如见《资本论》第3卷下册第346—347页:论土地价格是资本主义发展的障碍。同上,第344—345、341、342页。(见《马克思恩格斯文集》第7卷第914—917、911—915、909—911页。——编者注)

②　参看《马克思恩格斯全集》第1版第4卷第180—191页。——编者注

③　参看《马克思恩格斯全集》第1版第26卷第2册第39页。——编者注

万群众提出国有化的纲领,因为他们"自己"还没有"弄到土地",就是说他们受**中世纪**土地所有制的害处比从资产阶级土地所有制那里得到的好处和"利润"更多。除非动摇于立宪民主党人和工人之间的"激进资产者"用群众性的发动来支持无产阶级的革命斗争,俄国革命就**不可能**胜利。除非建立无产阶级和农民的革命民主专政,俄国革命就不可能胜利。

第四章谈的是在土地纲领问题方面的"政治上和策略上的"考虑。那里一开头就谈到了普列汉诺夫的"著名"论据,他在斯德哥尔摩大声叫道:"我的看法的关键就是指出复辟的可能。"(《记录》第113页)但这是生了锈的关键,是立宪民主党人在"防止复辟的保障"这个幌子下同反动势力**搞交易**的关键。普列汉诺夫的论据是一种最可怜的诡辩,他自己断定防止复辟的保障是没有的,但又要**想出来**这种保障。"它〈地方公有化〉是不会把土地交给旧制度的政治代表人物的。"(第45页,普列汉诺夫的发言)什么叫做复辟呢?复辟就是国家政权落到旧制度的代表手中。能不能有防止复辟的保障呢?这样的保障是没有的,"也不可能有"(《记录》第44页,普列汉诺夫的发言)。因此……就想出了一种保障,就是"地方公有化不会把土地交给……"

在地方公有化的情况下,份地和地主土地在**经济方面**的**差别**依然存在,这就是说,实行地方公有化将便于在法律上复辟或**恢复这种差别**。地方公有化在**政治**方面是一个改变地主土地占有权的**法律**。法律是什么呢?法律是**统治**阶级的意志的表现。一旦发生复辟,**原来**那些阶级将重新成为统治阶级。普列汉诺夫同志,难道法律能把它们束缚住吗?如果你把这一点想一想,你就会懂得,任何法律都不能限制统治阶级意志的表现。而国有化却能在**经济方**

面给复辟造成困难,因为它消灭了**一切**界限和**整个**中世纪土地所有制,并使它**适应**新的、统一的资本主义生产条件。

普列汉诺夫的诡辩承袭了**立宪民主党人的**策略,即不是引导无产阶级走向完全的胜利,而是要它同旧政权**搞交易**。事实上,只有西欧的社会主义革命才是"防止复辟"唯一的绝对的"保障",至于相对的保障,那就是把革命进行到底,**最彻底地**消灭旧制度,在政治上实行**最大**限度的民主制(共和国),在经济上为资本主义扫清道路。

普列汉诺夫的另一个论据是:"在掌握土地的社会自治机关中,地方公有化能造成抵御反动势力的支柱。而且这将是很强大的支柱。"(《记录》第45页)不对。在资本主义时代,地方自治机关在任何时候、任何地方都不是,也不可能是抵御反动势力的支柱。资本主义**必然**要导致国家政权的集中,在反动的国家政权下,**任何**地方自治机关都**必然**会被制服。普列汉诺夫是在宣扬**机会主义**,他不去注意在资本主义社会中可以建立的唯一能够抵御反动势力的支柱——"中央政权民主化"或者说**共和国**,而去注意那种永远无力完成重大历史任务的、细小的、不独立的、分散的地方自治机关。"农民土地革命"不击败中央政权,就**不能**在俄国取得胜利,而普列汉诺夫却要所有的孟什维克相信孟什维克诺沃谢茨基在斯德哥尔摩所发表的观点:"有了真正民主的地方自治机关,目前通过的纲领在中央政府的民主化没有达到最高限度的情况下也可能实现〈请听!〉。即使在所谓相对民主化的条件下,地方公有化也是无害而有益的。"(《记录》第138页)

这是再清楚不过的了,我们要教育人民迁就君主制,也许"他们注意"不到我们的区域活动,而"让我们生活",正如让谢德林笔下的鲍鱼[102]生活一样。第三届杜马清楚地说明了在孟什维克所说的中央政权"相对的"民主化的情况下实行地方公有化和**地方**民主化有几分可能。

其次，地方公有化会加强联邦制和各区域的分散状态。无怪乎**右派哥萨克**卡拉乌洛夫在第二届杜马中同普列汉诺夫一样卖力地申斥国有化(《记录》第 1366 页)，**主张按区域实行地方公有化**。俄国哥萨克的土地已经**是**地方公有化的土地。国家分散为一个个的区域，这正是我国历时三年的第一次革命运动失败的原因之一!

另一个论据是:土地国有化会加强资产阶级国家的中央政权!第一，提出这个论据的目的是要煽起**各民族的**社会民主党之间的不信任。彼·马斯洛夫在《**教育**》杂志(1907 年第 3 期第 104 页)上写道:"某些地方的农民也许会同意交出自己的土地，但只要有某一个大地区(例如波兰)的农民拒绝交出自己的土地，全部土地国有化的方案就会成为无稽之谈了。"好一个论据! 真是没什么可说的了! 既然"只要有某一个大地区的农民拒绝"，就会如何如何，那我们不是也应当放弃建立共和国的主张吗? 这不是论据，而是**蛊惑人心**。我们的政治纲领排斥任何暴力和非正义手段，要求各省有广泛的自治权(见党纲第 3 条)。这就是说，问题不在于重新想出一些在资产阶级社会中做不到的新"保障"，而在于无产阶级的党要通过自己的宣传鼓动**号召**大家联合起来，而不要四分五裂，要解决中央集权国家的崇高的任务，而不要去保持穷乡僻壤的粗野和民族狭隘性。俄国中部地区一定会解决土地问题，而在边疆地区，那**只能用示范**来影响。[①] 这一点，每个民主主义者都看得很

---

①　在资本主义国家中，土地私有制和国有化是**不可能**同时并存的。其中有一个一定要占上风。工人政党的任务就是维护较高的制度。

清楚,更不用说社会民主党人了。问题只是在于,无产阶级是应当**提高**农民,使他们认识到更高的目标呢,还是让自己**降低**到农民的小市民的水平。

第二,他们断言,国有化会使中央政权更可以恣意妄为,会加强官僚制度,等等。谈到官僚制度,那应当指出,即使实行了国有化,土地仍然由地方自治机关来**管理**。这说明上面的论据是虚假的。中央政权只规定一些总的条件,譬如禁止以任何形式出让土地等等。难道我们现行的即孟什维克的纲领没有规定把"移民所需土地"和"有全国意义的森林和水域"交给"民主国家支配"吗?要知道把脑袋藏在翅膀底下是很不明智的;即使这样也可能产生**极端严重的**恣意妄为,因为中央国家政权将自己决定**哪些**算是有全国意义的森林和水域。孟什维克寻找"保障"找得不是地方:**只有**中央政权彻底民主化,只有**共和国**才能使中央政权同各区域发生冲突的可能性减少到最低限度。

孟什维克喊道:"资产阶级的国家将会加强。"他们暗地里支持资产阶级君主派(立宪民主党人),在大庭广众之下却拍着胸脯说,在考虑支持谁的时候是把资产阶级共和派也算在内的。客观历史和社会的发展向我们提出的真正的具有历史意义的问题:是普鲁士式的农业演进,还是美国式的农业演进? 是假立宪主义的遮羞布掩盖起来的地主君主制,还是农民的(农场主的)共和国? 闭上眼睛不看历史对问题的**这种**客观的提法,就是自欺欺人,就是像市侩那样躲避尖锐的阶级斗争,躲避对民主革命问题的这种尖锐、简单和彻底的提法。

"资产阶级的国家"我们是避免不了的。只有市侩才会在这个问题上想入非非。我国革命所以是资产阶级革命,正是因为这个革命并不是社会主义同资本主义之间的斗争,而是**资本主义的两种形式之间**、资本主义发展的两条道路之间、资产阶级民主制度的两种形式之间的斗争。十月党人或立宪民主党人的君主制就是孟什维克诺沃谢茨基所认为的**"相对的"**资产阶级**"民主制"**,而无产阶级-农民共和国也是资产阶级的民主制。在我国革命中,如果不以这种或那种方式**支持**资产阶级的这一或那一阶层去反对旧制度,我们就**不能前进一步**,而且我们的确**没有前进一步**。

有人对我们说:国有化就是把钱用在军队方面,地方公有化则是把钱用在医疗和国民教育方面,这完全是庸人的诡辩。马斯洛夫就是这样谈论的,而且字句也差不多,他说:"……国有化,也就是〈原文如此!〉把地租用于陆海军;土地地方公有化,也就是把地租用于居民的需要。"(1907年《**教育**》杂志第3期第103页)这是小市民社会主义,或者说这是把苍蝇捉住以后将药粉撒在苍蝇屁股上来消灭苍蝇!善良的马斯洛夫没有考虑到,俄国的地方自治机关和西欧的市政机关用于医疗和其他方面的费用所以比国家多,完全是因为资产阶级国家从收入最多的财源中已经抵偿了**自己最重要的开支**(巩固资产阶级的阶级统治),而把**次要的**财源**留给**地方机关去满足所谓"居民的需要"。把几十万巨款用于军队,而把小小的零头用于**无产阶级**的需要,这就是资产阶级国家在支出方面的实际对比关系。只有马斯洛夫才会认为,只要把地租**交给**地方自治机关"支配",资产阶级国家就会被孟什维克这些精明的"政治家"蒙骗过去!有了这种"精明的政策",资产阶级国家难道就会把几十万巨款交给无产者,而把小小的零头用于陆海军吗?

实际上,孟什维克执行的是市侩的政策,他们躲在偏僻省份的地方自治机关中逃避历史提出的迫切问题:在我国应当建立农场主的中央集权的资产阶级共和国呢，还是应当建立容克的中央集权的资产阶级君主国？先生们，不要躲躲闪闪！你们**必然**要参与解决这个**迫切**问题，任何省区自治，任何玩弄地方公有社会主义的花招都不能使你们回避这一点。你们拐弯抹角的手法实际上只是说明了一个问题，就是你们不了解共和制趋势的意义，而在暗中支持立宪民主党的趋势。

斯德哥尔摩代表大会的记录清楚地证明：孟什维克维护地方公有化，是向欧洲费边社[103]的"地方公有社会主义"献媚。科斯特罗夫在那次代表大会上说："有些同志好像是第一次听到地方公有制的说法。我可以告诉他们，在西欧有整整一个流派〈正是!! 科斯特罗夫无意之中道出了真情!〉叫做'地方公有社会主义'〈英国〉"（《记录》第 88 页）。然而这个"**流派**"是**极端机会主义的**流派，这一点无论是科斯特罗夫或者是拉林①都没有想过。社会革命党人可以把市侩的改良运动同资产阶级革命的任务扯在一起，但是先生们，社会民主党人这样做就不适当了！西欧的资产阶级知识分子（英国的费边派，德国的伯恩施坦派，法国的布鲁斯派）显然把问题的重点从国家**制度**问题移到了地方**自治**问题。但是我们面临的正是关于国家**制度**及其农业基础问题，因此在我国主张"地方公有社会主义"就是**玩弄**农业社会主义的把戏。让那些市侩们在未来民主俄国的宁静的地方自治机关里赶快"为自己营造安乐窝"吧。而无产阶级的任务是组织群众，但这不是为了上述目的，而是为了进行革命斗争，争取在今天实现**彻底的**民主化，到明天实行社

---

① 《农民问题和社会民主党》。这是对孟什维克纲领的非常含糊的解释，见第 66 页。但是这位地方公有化的倒霉的捍卫者在第 103 页上却指出，**国有化**是**最好的**办法！

会主义的变革。

有人时常责备我们布尔什维克，说我们的革命观点是空想主义，是幻想。而正是在国有化问题上，这种责难听得特别多。然而也正是在这个问题上，他们最没有根据。谁把国有化看做"空想主义"，谁就是没有想到，政治变革规模同土地变革规模必须相适应。在庸碌的市侩看来，国有化的"空想主义"成分并不少于建立共和国，而这两者的空想主义成分又不少于"**农民**"土地革命，即资本主义国家中农民起义的胜利。就日常的、平静的发展来说，所有这些变革都是同样"困难的"。叫嚣只有国有化是空想主义，这首先证明这种人**不了解**经济变革同政治变革有必然的和不可分割的联系。不消灭地主的（以及十月党人的，即不完全是地主的）专制制度，就不可能没收地主的土地（这是布尔什维克和孟什维克都承认的纲领性的要求）。而没有千百万觉悟群众的革命行动，没有群众汹涌澎湃的英勇气概，没有马克思在谈到巴黎工人在公社时期的表现时所说的那种"冲天"的决心和本领，是不可能消灭专制制度的。反过来说，不彻底消灭农奴制的**一切**残余，这种汹涌澎湃的革命浪潮也是不可思议的，因为几世纪来农民一直受农奴制的压迫，其中包括**整个**中世纪的土地所有制，纳税"村社"的种种束缚，以及使人想起就可恨的政府"赏赐"的小恩小惠，等等，等等。

由于篇幅不够（就是现在这样，我也已经超过了《社会民主党评论》杂志[104]编辑部规定的篇幅），我的书**第五章**《各阶级、各政党在第二届杜马讨论土地问题时的表现》的内容就从略了。

农民在杜马中的发言具有重大的政治意义，因为这些发言反映出**普通**农民对摆脱地主压迫的渴望，对中世纪制度和官僚制度的强烈憎恨，反映出他们自发的、直觉的、往往是幼稚的、不十分明确的、然而是十分旺盛的革命精神。这比长篇大论更能证明,在农民群众中蕴藏着一种反对贵族、地主和罗曼诺夫王朝的潜在的毁灭性力量,觉悟的无产阶级的任务就是要无情地暴露、揭发和消除不胜枚举的市侩欺骗手段、貌似社会主义的言论以及农民对土地变革天真幼稚的期望。但是消除这一切不是为了安抚农民(人民自由的叛徒立宪民主党人先生们在两届杜马中就是这样做的),而是要唤起农民群众钢铁般的、不屈不挠的、坚定不移的革命精神。**没有农民群众这种革命精神**,没有他们顽强无情的斗争,那没收地主土地也好,建立共和国也好,实行普遍、直接、平等和无记名的选举权也好,都是没有希望实现的"空想主义"。所以马克思主义者必须明确地提出问题:俄国已经极其明显地呈现出经济发展的两种趋势即资本主义的两条道路。愿所有的人对这一点都能好好地考虑一下。在第一次革命运动期间,即在 1905 — 1907 年这三年中,这两种趋势在我们看来不是理论上的概括,也不是根据 1861 年以后出现的演进的某些**特点**所作出的结论。不是的,现在这两种趋势在我们看来是由敌对阶级**决定的**。地主和资本家(十月党人)心中十分清楚,除了资本主义的趋势,别无其他的趋势;不用强制手段加速破坏"村社",**他们**就无法走这条道路,然而这种破坏等于是……让高利贷者公开掠夺,让警察或"讨伐"队"任意洗劫"。这是一种非常容易使自己掉脑袋的"战斗行动"! 而农民群众在这三年期间同样明确地了解到,对"慈父沙皇"的任何期望以及走和平道路的任何打算都是无法实现的,必须进行革命斗争,消灭整个中世纪制度,尤其是消灭整个中世纪的土地所有制。

社会民主党整个宣传鼓动工作的基础,应当是让群众认识到这些结果,训练群众利用这些经验,以便在**第二次**革命运动中能够尽量有组织地、坚决地、顽强地进行攻击。

正因为如此，普列汉诺夫在斯德哥尔摩说无产阶级和农民夺取政权就是复活"民意主义"，是非常反动的。普列汉诺夫自己使自己陷入了谬误：照他这样说来就是"农民土地革命"可以不要无产阶级夺取政权，不要农民夺取政权！相反，考茨基虽然在布尔什维克同孟什维克刚分裂的时候明显地同情孟什维克，然而现在他在思想上却转到布尔什维克这边来了，他认为，只有"无产阶级同农民结成联盟"，革命才能胜利。

不彻底消灭整个中世纪的土地所有制，不彻底"清扫"土地，即不实行土地国有化，这样的革命是不可思议的。无产阶级政党的任务就是要宣传这一最彻底最激进的资产阶级土地变革的口号。等我们做到了**这一点**，我们再来看一看，以后的前途如何；我们再来看一看，这样的变革**仅仅**是生产力在资本主义制度下获得美国式的迅速发展的基础呢，**还是**会成为西欧社会主义革命的序幕。

1908 年 7 月 18 日

————

附言：我起草的土地纲领草案已经向俄国社会民主工党斯德哥尔摩代表大会提出过，并且在社会民主党的出版物中也多次地刊载过，这里就不再重复了。我只是谈几点想法。既然资本主义的农业演进有两种趋势，那么纲领中就必须使用"如果"（这是在斯德哥尔摩代表大会上的专用语）这种说法，就是说纲领必须估计到两种可能性。换句话说，在目前这种情况没有改变以前，我们还是要求使用土地的自由，要求建立法庭以降低地租，要求消灭等级制度等等。但是**同时我们也要同当前的趋势作斗争**，支持农民的革命要求，以便迅速地发展生产力，广泛地、自由地开展阶级斗争。

社会民主工党支持农民反对中世纪制度的革命斗争,同时指出,在资本主义社会中土地关系的最好形式(同时也是消灭农奴制度的最好形式)就是土地国有化;只有实行彻底的政治变革,消灭专制制度,建立民主共和国,才能实行彻底的土地变革,才能没收地主土地,实现土地国有化。

　　这就是我起草的土地纲领草案的**内容**。这个草案中说明当前**整个**土地改革的资产阶级特点以及社会民主党的纯粹无产阶级观点的那一部分,已经在斯德哥尔摩**通过**并**载入了**现在的纲领。

载于 1908 年 8 月《社会民主党评论》杂志(克拉科夫)第 6 期　　　译自《列宁全集》俄文第 5 版第 17 卷第 148—173 页

世界政治中的易燃物

(1908 年 7 月 23 日〔8 月 5 日〕)

最近,欧洲和亚洲各国革命运动的蓬勃发展,使我们十分清楚地看到无产阶级的国际斗争已经走上了一个新的、比从前高得无可比拟的阶段。

在波斯,爆发了一场以独特的方式把类似俄国的解散第一届杜马同类似俄国 1905 年底的起义结合起来的反革命运动。可耻地被日本人打败的俄国沙皇军队,正在为雪耻而卖力地替反革命效劳。哥萨克在俄国建立了讨伐、掠夺、杀戮无辜等功勋以后,接着又在波斯建立了镇压革命的功勋。尼古拉·罗曼诺夫站在黑帮地主和被罢工与内战吓破了胆的资本家的前列,疯狂地镇压波斯的革命者,这是理所当然的。虔诚地信仰基督教的俄国军人也不是第一次充当国际刽子手的角色了。英国一面假装置身事外,一面对波斯的反动派和专制制度拥护者采取明显的友好的中立态度,这是稍有不同的现象。英国自由派资产者被自己家里工人运动的发展激怒了,被印度革命斗争的高涨吓坏了,他们愈来愈经常、愈来愈露骨、愈来愈强烈地表明,在立宪方面阅历最深的最"文明的"欧洲政治"活动家",在群众奋起同资本、同资本主义殖民制度,即奴役、掠夺和暴力的制度作斗争的时候,竟会变成什么样的**野兽**。波斯的革命者在国内的处境是困难的,印度的主人和俄国的反革命政府差不多已经准备好要瓜分波斯了。但是,大不里士的顽强的斗争、似乎已经被击溃的革命者屡次在军事上转败为胜,都表明波斯王的军队即使有俄国的利亚霍夫们和英国的外交官的援助,也会遭到来自下面的极其有力的反抗。一个革命运动能在军事上反击复辟行动,迫使有这种行动的英雄们去向异族人求援,这种革命运动是不会被消灭的,在这种情况下,即使波斯反动派取得最完全的胜利,那也只能是人民的新的愤怒的开端。

在土耳其,青年土耳其党人[105]领导的军队中的革命运动获得了胜利。当然,这种胜利只是胜利了一半,甚至只是胜利了一小半,因为土耳其的尼古拉二世用恢复著名的土耳其宪法的诺言暂时敷衍过去了。但是,革命的这种一半的胜利、旧政权被迫作出的这种仓促的让步,必然会使内战发生更重要得多、更剧烈得多、能吸引更广泛的人民群众参加的新的转折。而内战这所学校,人民并没有白进。这是一所要经受严重考验的学校,它的全部课程**必然**包括反革命的胜利、凶恶的反动派的猖獗、旧政权对反叛者的野蛮镇压等等。但是,只有愚蠢透顶的书呆子和没有头脑的木乃伊才会因人民进入这个受苦的学校而痛哭流涕;这个学校教被压迫的阶级进行内战,教他们取得革命的胜利,并且把现代奴隶群众中的仇恨集中起来。这种仇恨长期隐藏在闭塞的、迟钝的、无知无识的奴隶的心中,他们一旦意识到自己奴隶生活的屈辱,这种仇恨就会引导他们去建立最伟大的历史功勋。

在印度,替"文明的"英国资本家当奴隶的当地人正巧也在最近使得他们的"老爷们"感到惶惶不安。被称为英国对印度的管理制度的暴力和掠夺是没有止境的。在世界上任何一个地方——俄国当然除外——群众都没有这样贫困,居民也没有这样经常地

LE PROLÉTAIRE, organe russe social-democraté. № 33

ПРОЛЕТАРІЙ

Россійская Соціаль-демократическая Рабочая Партія

Пролетарія всѣхъ странъ, соединяйтесь!

ЖЕНЕВА, Среда, (5 авг.) 23 Іюля 1908

Органъ С.-Петербургскаго и Московскаго комитетовъ Р. С.-Д. Р. П.

Горючій матеріалъ въ міровой политикѣ.

1908 年 7 月 23 日（8 月 5 日）载有列宁《世界政治中的易燃物》
一文（社论）的《无产者报》第 33 号第 1 版
（按原版缩小）

挨饿。自由不列颠的最具有自由主义思想和最激进的活动家,像约翰·莫利(Morley)这种俄罗斯和非俄罗斯的立宪民主党人眼中的权威、"进步的"(实际上是在资本面前卑躬屈节的)政论界的明星,都当了印度的统治者,变成了真正的成吉思汗,他们竟能批准"安抚"他们治下的居民的一切措施,直到**杀戮**政治抗议者! 英国社会民主党人的小型周报《正义报》**106**(«Justice»)在印度竟被莫利这样一些自由派和"激进派"恶棍所**查禁**。当英国的国会议员、"独立工党"(Independent Labour Party)的领袖基尔-哈第胆敢来到印度,向当地人谈论民主的最起码的要求的时候,所有的英国资产阶级报刊都向这个"反叛者"狂吠起来。现在,最有影响的英国报纸都在咬牙切齿地谈论扰乱印度的"煽动者",欢迎对印度的民主派政论家采取纯粹俄国式的、普列韦式的法庭判决和行政镇压手段。但是,印度的市井小民开始起来卫护**自己的**作家和政治领袖了。英国豺狼对印度民主主义者提拉克(Tilak)的卑鄙的判决(他被判处长期流放,最近几天向英国下院提出的质询表明,印籍陪审员认为提拉克无罪,是**英籍陪审员判定**他有罪的!),财主的奴才向民主主义者进行的这种报复,在孟买引起了游行示威和罢工。印度的无产阶级也已经成长起来,能进行自觉的群众性的政治斗争了,——既然情况是这样,那么,英国和俄国在印度的秩序已经好景不长了! 欧洲人对亚洲国家的殖民掠夺在这些国家中锻炼出一个日本,使它获得了保证自己的独立的民族发展的伟大军事胜利。毫无疑问,英国人对印度的长期的掠夺,目前这些"先进的"欧洲人对波斯和印度的民主派的迫害,将在亚洲**锻炼出**几百万、几千万无产者,把他们锻炼得也能像日本人那样取得反对压迫者的斗争的胜利。欧洲的觉悟的工人已经有了亚洲的同志,而且其人数将不是与日俱增,而是与时俱增。

在中国,反对中世纪制度的革命运动近几个月来也强有力地开展起来了。的确,对这个运动还不能作出明确的估计,因为关于这个运动的消息很少,而关于中国各地造反的消息却很多,但是,"新风"和"欧洲思潮"在中国的强有力的发展,特别是在日俄战争以后,是用不着怀疑的,所以中国的旧式的造反必然会转变为自觉的民主运动。某些参加殖民掠夺的人这一回已经感到惶惶不安,这可以从在印度支那的法国人的举动中看出来:他们竟帮助中国的"历史政权"镇压革命者! 他们也在为"自己的"那些和中国接壤的亚洲属地的安全而担心。

但是,使法国资产阶级感到不安的不单单是亚洲的属地。在巴黎附近的维尔纳夫-圣乔治修筑街垒,枪杀修筑街垒的罢工者(7月30日(17日)星期四),这些事件一次又一次地表明了欧洲阶级斗争的尖锐化。代表资本家统治法国的激进派克列孟梭在拼命地摧毁无产阶级头脑中剩下的最后一点资产阶级共和主义的幻想。军队奉"激进派"政府的命令枪杀工人,这类事件在克列孟梭执政时恐怕比过去更多了。克列孟梭已经因此从法国社会党人那里得到了"血人"的外号,现在,当他的暗探、宪兵和将军们又在使工人流血的时候,社会党人想起了这个最进步的资产阶级共和派分子有一次向工人代表说过的一句名言:"我们和你们站在街垒的不同方面"。是的,法国无产阶级和最极端的资产阶级共和派现在已经完全站在街垒的不同方面了。法国工人阶级为了建立共和国和保卫共和国流过很多鲜血,而现在,在共和制度已经完全巩固的基础上,私有者和劳动者之间的决战已经日益临近了。《人道报》[107]就7月30日的事件写道:"这不是简单的屠杀,这是战役的一部分。"

将军们和警察们总想向工人挑衅，想把和平的、非武装的游行示威变成大血战。但是，当军队从四面八方包围罢工者和示威者，向手无寸铁的人们进攻的时候，他们遭到了反击，街垒迅速地修筑起来了，以至发生了轰动整个法国的事件。该报写道，这些用木板筑成的街垒糟糕得令人发笑。但是重要的并不是这个。重要的是第三共和国曾使修筑街垒不再风行。现在"克列孟梭又使之风行起来"，——而且他明目张胆地谈论这一点，就像"1848 年 6 月的刽子手、1871 年的加利费"明目张胆地谈论内战一样。

　　不只是社会党人报刊在评论 7 月 30 日的事件时追溯了这些具有历史意义的伟大日子。资产阶级的报纸穷凶极恶地攻击工人，指责他们说，他们的所作所为是在准备进行社会主义革命。有一家报纸叙述了一个能够说明双方在出事地点的情绪的小小的但是很值得注意的插曲。当工人们抬着一个受伤的同志从指挥攻击罢工者的维尔威尔将军身边走过的时候，示威的人群中发出了喊声："Saluez!"（"敬礼!"），于是资产阶级共和国的将军就向受伤的敌人敬了礼。

　　无产阶级和资产阶级斗争尖锐化的现象在一切先进的资本主义国家中都可以看到，但是由于历史条件、政治制度和工人运动的形式不同，同样的趋势有不同的表现。在美国和英国，有充分的政治自由，无产阶级缺乏任何革命传统和社会主义传统，或者至少是缺乏比较生动的革命传统和社会主义传统，阶级斗争的尖锐化表现为反对托拉斯的运动的加强、社会主义运动的空前增长和有产阶级对这一运动的注意力的相应增长，表现为工人组织（有时纯粹是经济组织）转而进行有计划的和独立的无产阶级的政治斗争。在奥地利和德国（斯堪的纳维亚国家的情况也部分相同），阶级斗争的尖锐化表现在选举斗争上面，表现在政党的关系上面，表现为各种色彩的资产者都彼此接近起来反对共同的敌人——无产阶级，表现为法庭和警察加紧进行迫害。两个敌对阵营都在缓慢地但是不断地扩大自己的力量，巩固自己的组织，彼此在整个社会生活中的分歧愈来愈尖锐，好像都在一声不响地聚精会神地准备进行即将到来的革命战斗。在罗曼语国家，如意大利，特别是法国，阶级斗争的尖锐化表现为特别猛烈的、急剧的、往往简直是革命的爆发，那时无产阶级埋藏在心底的对压迫者的仇恨突然爆发出来，"和平的"议会斗争局面被真正的内战场面所代替。

　　无产阶级的国际革命运动在各个国家的发展并不是而且也不可能是以同一的形式均衡地进行的。只有各个国家的工人进行阶级斗争，才能在一切活动场所充分地和全面地利用一切机会。每一个国家都把自己的有价值的独创的特点汇入总的潮流里来，但是，在每个国家里，运动都有某种片面性的毛病，都有各个社会主义政党所具有的某些理论上或实践上的缺点。总的说来，我们可以很清楚地看到，国际社会主义运动已经向前迈进了一大步，无产阶级百万大军已经在同敌人的一系列的具体冲突中团结起来，同资产阶级的决定性的斗争已经愈来愈近。这次斗争，从工人阶级方面来说，**准备得**将比无产者最近一次伟大起义即巴黎公社的时期要好许多倍。

　　整个国际社会主义运动的这一进步，以及亚洲革命民主主义斗争的尖锐化，使俄国革命处于特殊的和特别困难的条件之下。俄国革命在欧洲和在亚洲都有伟大的国际同盟军，但是，**也正是由于这一点**，它不仅有国内的敌人，不仅有俄国的敌人，而且有**国际的敌人**。针对日益强大的无产阶级斗争的反动活动，在一切资本主义国家里都是不可避免的,这种反动活动把世界各国的资产阶级政府团结起来去反对一切人民运动,反对亚洲的、特别是欧洲的一切革命。我们党内的机会主义者正像大多数俄国自由派知识分子一样,至今还在幻想俄国的资产阶级革命"不要推开"资产阶级,不要吓倒他们,不要产生"过分的"反动,不要造成革命阶级夺取政权的局面。这真是白日做梦,真是庸人的空想! 在世界各先进国家里,易燃物极其迅速地增多,烈火极其明显地延烧到昨天还在沉睡的大多数亚洲国家去,国际资产阶级反动活动的加强和各个国家的民族革命的尖锐化是绝对不可避免的。

俄国的反革命没有完成而且也不能完成我国革命的历史任务。俄国资产阶级不可避免地愈来愈倾向于国际反无产阶级和反民主的潮流。俄国无产阶级不应当指靠自由派同盟者。它应当独立地沿着自己的道路向革命的完全胜利迈进:相信农民群众自己必然要用暴力来解决俄国的土地问题,帮助他们推翻黑帮地主和黑帮专制制度的统治,给自己提出在俄国建立无产阶级和农民的民主专政的任务,并要记住俄国无产阶级的斗争和它的胜利同国际革命运动有不可分割的联系。对反革命的(俄国的和全世界的)资产阶级的自由主义少抱幻想,对国际革命无产阶级的成长多加关心!

载于1908年7月23日(8月5日)　　　　译自《列宁全集》俄文第5版
《无产者报》第33号　　　　　　　　第17卷第174—183页

编辑部的话[108]

(1908 年 7 月 23 日〔8 月 5 日〕)

这篇对马斯洛夫同志在理论方面的失误所作的概述,是从尼·列宁系统分析我国农业发展趋势的一部著作中摘来的。当然,揭露马斯洛夫那些充满毫不新奇的修正主义精神的"独创的"土地问题理论,必然会引起对党纲某些条文的批评。我们认为就这个问题在党的报刊上进行讨论是完全适时的。

至于马斯洛夫同志在理论上的"发现",我们要就此特地向普列汉诺夫同志,向这位保护我们土地问题上的修正主义者的天使说几句话。

在《社会民主党人呼声报》第 6—7 号合刊上,你们在讨论极其重要的理论问题时,却发表了一些应当说是**很不体面的**拐弯抹角、模棱两可的议论。您曾经打定主意要在报刊上声明,我们党的某些党员**不是您的同志**,可是您却没有勇气坦率而明确地说明,是您打算退出我们的组织,还是想设法把这些党员开除出去? 这既是怯懦,又是无礼。[109]

意志坚定的斗士,请考虑一下您那位马斯洛夫的修正主义功绩吧。这恰恰发生在——根据书刊判断——您起着可怕的杜姆巴泽作用的那个小小的城池里。您对马斯洛夫同志的修正主义捏造批判了什么呢? 您对卡尔·马克思的经济理论捍卫了什么呢? 尽力支持马斯洛夫，附和马斯洛夫的不是您又是谁呢？

我们党内的法穆索夫们[110]并不反对扮演维护马克思主义的铁面无情的战士的角色，但是为了迎合派别的私情，他们也不反对把最严重背离马克思主义的行为遮掩起来！

载于 1908 年 7 月 23 日（8 月 5 日）　　　译自《列宁全集》俄文第 5 版
《无产者报》第 33 号　　　　　　　　　第 17 卷第 184—185 页

好战的军国主义和
社会民主党反军国主义的策略

(1908 年 7 月 23 日〔8 月 5 日〕)

一

外交家们心情激动。"照会"、"报告"、"声明"如雪片飞来;在举着香槟酒杯"巩固和平"的戴王冠的傀儡身后,大臣们正窃窃私语。可是"臣民们"十分清楚,乌鸦群集,必有腐尸。保守党的克罗美尔勋爵向英国议院声称:"我们正处在民族〈?〉利益受到威胁的紧急关头,不管执政者有怎样和平的〈!〉愿望,但是群情激昂,有发生冲突的危险和可能。"

近来易燃物已经积得相当多了,而且还在不断增加。波斯的革命使欧洲列强划分的一切界限——"势力范围"有打乱的危险。土耳其的立宪运动使得欧洲资本主义强盗手中的这块世袭领地眼看就要失去;其次,那些早已存在、而现在日趋尖锐化的"问题"——马其顿问题、中亚问题、远东问题等等又咄咄逼人地突出起来了。

而在目前公开的和秘密的条约、协议等等织成一张密网的时候,只要某个"强国"稍一动弹,"星星之火就会燃成熊熊之焰"。

　　各国政府愈是剑拔弩张，它们就愈加无情地镇压本国的反军国主义运动。对反军国主义者的迫害正在日益扩大和加剧。克列孟梭—白里安的"激进社会党"内阁的暴虐，并不亚于毕洛的容克保守党内阁。禁止20岁以下青年参加政治集会的新的结社集会法颁布以后，整个德国的"青年组织"都被解散了，这样一来，就给德国的反军国主义的鼓动工作造成了极大的困难。

　　于是，在斯图加特代表大会[111]以后趋于沉寂的关于社会党人反对军国主义的策略问题的争论，在党的刊物上又活跃起来了。

　　乍看起来，会觉得很奇怪，这个问题的重要性是这样明显，军国主义对无产阶级的害处是这样清楚，这样一目了然，然而关于反军国主义的策略的争论，在西欧社会党人中间引起的动摇和分歧，却比任何其他问题都更为严重。

　　正确解决这个问题的原则性的前提，早就十分牢固地确定下来，并没有引起意见分歧。现代军国主义是资本主义的结果。它的两种形式是资本主义的"活生生的表现"：一种是资本主义国家在发生外部冲突时所使用的军事力量（如德国人所说的"对外的军国主义"），一种是统治阶级用来镇压无产阶级各种运动（经济的和政治的）的武器（"对内的军国主义"）。许多次国际代表大会（1889年的巴黎代表大会、1891年的布鲁塞尔代表大会、1893年的苏黎世代表大会以及1907年的斯图加特代表大会）在决议中对这种观点都作了完整的阐述。[112]对军国主义同资本主义之间的这种联系说得最详细的是斯图加特代表大会的决议，虽然根据议程（"关于国际冲突问题"），斯图加特代表大会着重讨论的是德国人称为"对外的军国主义"那种军国主义形式。下面就是决议中谈到这个问题的地方："资本主义国家之间的战争通常都是由它们在世界市场上的竞争所引起的,因为每个国家都不仅力图保证自己有销售地区,而且力图夺取新的销售地区,在这方面起主要作用的就是对其他民族和国家的奴役。其次,这些战争是由军国主义不断加紧军备引起的,军国主义是资产阶级实行阶级统治和在政治上压制工人阶级的主要工具。

民族主义的偏见也助长了战争。在文明国家里,为了统治阶级的利益,经常在培养这种偏见,其目的是诱使无产阶级群众放弃他们本身的阶级任务,使他们忘记国际的阶级团结的责任。

由此可见,战争导源于资本主义的本质,只有在资本主义制度不再存在的时候,或者在军事技术的发展所造成的人力和财力的巨大损失以及军备所引起的民愤使这种制度趋于消灭的时候,战争才会停止。

士兵主要来自工人阶级,物质损失主要也落在工人阶级身上,工人阶级尤其是战争的天然的敌人,因为战争同他们所追求的目的——建立一个以社会主义原则为基础的、真正实现各民族团结的经济制度,是相矛盾的⋯⋯"

二

可见,社会党人肯定地认为军国主义同资本主义根本上是联系在一起的,他们对这一点没有分歧。但是,承认这种联系并不等于具体规定了社会党人的反军国主义**策略**,并不等于解决了怎样反对军国主义的重负、怎样阻止战争这些实际问题。因此,在怎样回答这些问题上,社会党人的观点有很大的分歧。这些分歧在斯图加特代表大会上可以异常明显地看出来。

福尔马尔一类的德国社会民主党人是一个极端。他们说,既然军国主义是资本主义的产儿,既然战争是资本主义发展的必然的旅伴,那就用不着进行什么专门的反军国主义的活动。福尔马尔在埃森党代表大会上正是这样说的。关于一旦宣战社会民主党人应该如何行动的问题,以倍倍尔和福尔马尔为首的大多数德国社会民主党人,坚决主张社会民主党人应当保卫自己的祖国免遭侵犯,必须参加"防御"战。福尔马尔由于抱有这种见解,竟在斯图加特代表大会上声称:"对人类的高度的爱并不妨碍我们做一个好的德国人";而社会民主党议员诺斯克则在帝国国会扬言:一旦发生反对德国的战争,"社会民主党人决不会落在资产阶级政党的后面,他们也会扛起枪来的"。诺斯克只要再向前走一步,就可以声明:"我们希望德国尽量加紧军备"。

人数不多的爱尔威派则是另一个极端。他们说,无产阶级没有祖国。因此所有战争都是对资本家有利的,因此无产阶级应该反对每一次战争。无产阶级应该用罢战和起义来回答任何宣战。反军国主义的宣传主要应当集中在这个方面。因此,爱尔威在斯图加特代表大会上提出了以下的决议草案:"……代表大会建议用罢战和起义来回答**任何宣战,不管它来自哪方面。**"

这就是西欧社会党人在这个问题上的两种"极端的"立场。"就像一滴水珠反映出整个太阳一样",这两种立场反映出至今还危害西欧社会主义无产阶级活动的两种弊病,即机会主义的倾向和无政府主义的空谈。

现在先就爱国主义谈几点意见。"无产者没有祖国",——《共产党宣言》中的确是这样说的。福尔马尔和诺斯克这伙人的主张

"顶撞了"国际社会主义的这个基本论点，——这也是确实的。但是，这并不能证明爱尔威和爱尔威派的下述论断是正确的：无产阶级生活在什么样的祖国都无所谓，生活在君主制的德国、共和制的法国或专制的土耳其都一样。祖国这个政治的、文化的和社会的环境，是无产阶级阶级斗争中最强有力的因素；福尔马尔给无产阶级规定的什么"真正德国人"对"祖国"的态度固然不对，但是爱尔威对无产阶级解放斗争的这种重要的因素不可原谅地采取不加分析的态度，也是不对的。无产阶级不能对自己进行斗争的政治、社会和文化的环境采取无所谓的、漠不关心的态度，因而，对本国的命运也不能抱无所谓的态度。但是，无产阶级**之所以**关心国家的命运，仅仅是因为这关系到他们的阶级斗争，而并不是由于什么资产阶级的、社会民主党人不屑为之一谈的"爱国主义"。

另外一个问题，即对军国主义和对战争的态度问题，就比较复杂了。一眼就可以看出，爱尔威不可原谅地混淆了这两个问题，忘记了战争同资本主义的因果关系。无产阶级如果采用爱尔威派的策略，就注定会使自己的工作徒劳无益，因为把一切战斗准备（这里说的是起义）都用来同结果（战争）作斗争，却让原因（资本主义）继续存在。

无政府主义的思想方法在这里已经暴露无遗。迷信一切"直接行动"的神奇力量，把这种"直接行动"从整个社会政治局势中抽出来，对这种局势又不加任何分析；总而言之，显然是"任意机械地理解社会现象"（卡·李卜克内西语）。

爱尔威的计划"很简单"：在宣战那一天，社会党人士兵都开小差，后备兵则宣布罢战，坐在家里不出来。然而"后备兵罢战并不是消极反抗；工人阶级很快就会转入公开的反抗，举行起义；由于

作战的军队驻在国境上,起义胜利的把握就更大了"(古·爱尔威
《他们的祖国》)。

　　这就是他们的"真正的、直接的、实际的计划"。爱尔威深信这
个计划能够成功,建议用罢战和起义来回答每次宣战。

　　因此很明显,这里的问题并不在于无产阶级是否能够用罢战
和起义(如果它认为这是适当的)来回答宣战。争论点在于,是不
是要作出用起义回答**每一次**战争的规定来束缚无产阶级。如果要
这样做,那就是剥夺无产阶级选择决战时机的权利,而把这种权利
交给敌人;那就是说,不是由无产阶级根据自己的利益,在无产阶
级的社会主义觉悟普遍很高、组织性强、时机有利等等的时候来选
择斗争的时机;不是的,资产阶级政府甚至能在条件不利于无产阶
级的情况下挑动无产阶级举行起义,例如,政府可以宣布进行一场
特别能煽起各阶层居民的爱国主义和沙文主义情绪的战争,从而
使起义的无产阶级陷于孤立。还有一点也不能忽略,既然各国资
产阶级,从君主制德国到共和制法国和民主制瑞士,在和平时期尚
且这样残酷地镇压反军国主义的活动,到战争时期,到实行战时法
规、军事管制和战地法庭等等的时候,对任何罢战的尝试也一定会
进行疯狂的镇压。

　　考茨基谈到爱尔威的思想的时候,说得很对:"罢战思想是由
'良好的'动机产生的,很高尚,而且充满英勇精神,然而这是英勇
的愚蠢。"

　　无产阶级如果认为有利和恰当,可以用罢战来回答宣战;他们
为了实现社会革命,除了采用其他手段以外,也可以采用罢战方
法。但是,如果用这种"策略药方"束缚自己,那就不符合无产阶级
的利益了。

斯图加特国际代表大会就是这样来回答这个争论问题的。

三

如果说爱尔威派的观点是"英勇的愚蠢",那么福尔马尔、诺斯克和他们的"右翼"同道者的主张则是机会主义的怯懦。他们在斯图加特代表大会上,特别是在埃森党代表大会上议论说,既然军国主义是资本的产儿,而且将和它同归于尽,那也就用不着专门进行反军国主义的宣传了,因为没有必要。有人在斯图加特代表大会上反驳他们说:要知道,彻底解决工人问题和妇女问题,在资本主义制度存在的条件下也是不可能的;然而我们还是在为工人立法、为扩大妇女的公民权等等而斗争。现在,由于军队干涉劳资斗争的事件日益增多,军国主义不仅在无产阶级目前的斗争中,而且在将来社会革命的时候的重要性也日益明显,所以专门的反军国主义的宣传更应该大力进行。

专门的反军国主义的宣传不仅在原则上得到了证明,而且也有了重要的历史经验。比利时在这方面走在其他国家的前头。比利时工人党除进行反军国主义思想的一般宣传外,还组织了称做"青年近卫军"("Jeunes Gardes")的社会主义青年小组。同一个区的各小组组成区联合会,各区的联合会又联合组成由"总委员会"领导的全国联合会。"青年近卫军"的机关报(《青年就是未来》、《军营报》、《新兵》等等)竟发行好几万份! 在这些联合会当中,最强大的是瓦隆联合会,有 62 个地方小组,1 万名会员;"青年近卫军"现在总共有 121 个地方小组。

他们除进行文字宣传外，还加紧进行口头宣传。1月和9月（征兵月）在比利时各主要城市都举行民众大会和游行，社会党的讲演者在市府门前的广场上向应征者讲解军国主义的意义。在"青年近卫军"的"总委员会"下面设有"控诉委员会"，负责搜集军营中各种不公正现象的材料。党的中央机关报《人民报》[113]每天都在"军中消息"栏内公布这些材料。反军国主义的宣传不仅在军营外面进行，社会党人士兵们还组织了一些小组在军队中进行宣传。现在这样的小组（"士兵联合会"）约有15个。

法国①、瑞士、奥地利和其他国家也仿效比利时，以不同的深度和不同的组织形式进行反军国主义的宣传。

总之，专门的反军国主义活动不但特别必要，而且在实践上是适当的、有效的。因此，如果福尔马尔反对进行这种活动，认为德国的警察条件不允许进行这种活动，认为这样做会使党组织有被破坏的危险，那就是对某个国家的条件进行具体分析的问题了。这是事实问题，而不是原则问题。在这一点上饶勒斯说得很对：既然德国社会民主党在青年时代，在施行反社会党人非常法的艰苦岁月，经受住了俾斯麦伯爵的铁腕，那么现在，在它已经空前地成长和壮大起来的时候，就更可以不怕现时执政者的迫害了。而福尔马尔的严重错误是他抓住专门进行反军国主义的宣传在原则上是不适当的那些论据不放。

福尔马尔和他的同道者坚持社会民主党人必须参加防御战，

---

① 法国人组织的所谓"士兵小捐"特别有趣：工人每星期交一个苏（法国的一种辅币，值5生丁。——编者注）给自己的工会书记，这样凑成一笔钱拿去送给士兵，"提醒他们：他们虽然穿着军装，也还是被剥削阶级的一员，他们在任何情况下都不应当忘记这一点"。

这种看法也是机会主义的。考茨基的出色的批评把这种观点驳得体无完肤。考茨基指出,要弄清某次战争是由防御的目的还是由进攻的目的引起的,有时,特别是在爱国主义极其狂热的时候,是完全不可能的(考茨基举了一个例子:在日俄战争开始时,日本究竟是进攻还是防御?)。社会民主党人如果打算根据这个标志来确定自己对战争的态度,他们就要被错综复杂的外交谈判弄得晕头转向。社会民主党人甚至可能处于要求发动进攻战的地位。1848年(爱尔威派也不妨记住这一点)马克思和恩格斯认为德国必须进行反对俄国的战争。后来,他们又想影响英国舆论,促使英国同俄国作战。考茨基也作了一个假设,他说:"假定革命运动在俄国取得了胜利,而这一胜利的影响又使法国的政权转入无产阶级手中;另一方面,假定欧洲各国的君主组织联盟来反对新生的俄国。这时如果法兰西共和国去援助俄国,国际社会民主党是否会表示反对呢?"(卡·考茨基《我们对爱国主义和战争的看法》)

很明显,在这个问题上(对"爱国主义"的看法也是一样),唯一可能的出发点,不是战争的防御性和进攻性,而是无产阶级阶级斗争的利益,或者说得更清楚些,是国际无产阶级运动的利益。只有从这一点出发,才能探讨和决定社会民主党对国际关系中的这种或那种现象抱什么态度的问题。

饶勒斯不久以前讲的话,表明机会主义也会在这些问题上达到何等荒谬的地步。他在一份自由派资产阶级的德文小报上发表自己对国际形势的看法,为法英两国同俄国结成联盟进行辩护,反对指责该联盟的反和平的意图,认为该联盟是"和平的保障",对于"我们终于盼到了英俄这两个宿敌结成联盟"这件事表示欢迎。

罗·卢森堡在最近一期《新时代》杂志上发表了一封给饶勒斯

的《公开信》，信中对他这种观点作了出色的评论和激烈的驳斥。

首先，罗·卢森堡指出：谈论"俄国"和"英国"的联盟，这是"用资产阶级政治家的语言说话"，因为在对外政策上，资本主义国家的利益同无产阶级的利益是对立的，在对外关系上决不能讲什么利益的协调。既然军国主义是资本主义的产儿，那么战争就不会因执政者和外交家的阴谋而消灭；所以社会党人的任务不是在这方面制造幻想，恰恰相反，而是不懈地揭穿外交上的"和平步骤"的虚伪和无力。

但是这封《信》的中心内容是评价饶勒斯大肆赞扬的英法两国同俄国的联盟。欧洲资产阶级使沙皇政府得以击退革命的进攻。"现在，专制制度企图把对革命的暂时的胜利变成最终的胜利，它首先就采用一切风雨飘摇中的专制政府惯用的灵验方法，即谋取对外政策上的胜利。"现在俄国同其他国家的一切联盟都是"西欧资产阶级同俄国反革命、同俄国和波兰自由战士的绞杀者和刽子手结成的神圣同盟；这些联盟说明，最血腥的反动势力不仅在俄国国内，而且在国际关系上已经得到了巩固"。"因此世界各国社会党人和无产者的最根本的任务，就是竭力阻止同反革命的俄国结成联盟。"

罗·卢森堡问饶勒斯："您在法国议院发表过反对给俄国贷款的出色演说，数星期以前您在您的《人道报》上曾热烈号召舆论起来反对俄属波兰军事法庭的血腥行为，而现在您又'最热心地'要把摧残俄国革命和波斯起义的血腥刽子手的政府当做欧洲政治中强有力的因素，把俄国的绞架当做国际和平的支柱，这怎么解释呢？不久以前，法国社会党议会党团和社会党全国委员会常务委员会反对法利埃[114]的俄国之行，您在那个用热烈的言词维护俄国革命的利益的抗议书上签了名，而现在您又提出一个以法俄联盟和英俄联盟为基础的和平计划，这两者之间怎么能协调呢？如果法兰西共和国的总统想援引您关于国际形势的意见，他对您的抗议书就会这样说：谁要是赞成目的，他就应当赞成手段；谁要是把同沙俄的联盟看做是国际和平的和谐一致①，他就应当接受巩固这个联盟和促成友好的一切措施。

如果在德国、俄国和英国曾经有一些社会党人和革命家，'为了和平'而建议同复辟政府即梯也尔和茹尔·法夫尔的政府结成联盟，并用自己的道义上的威望来粉饰这种联盟，那您将怎样说呢?!!……"

这封信本身已经说得很清楚了，俄国社会民主党人对罗·卢森堡同志的这个抗议，对她在国际无产阶级面前维护俄国革命这一点，只能表示欢迎。

载于1908年7月23日（8月5日）　　译自《列宁全集》俄文第5版
《无产者报》第33号　　　　　　　第17卷第186—196页

---

① "和谐一致"德文原文为 Garantie，意思是"保证"。——编者注

俄国社会民主工党
中央委员会全体会议文献[115]

(1908 年 8 月)

1

关于召开中央委员会
全体会议的声明

(8 月 12 日〔25 日〕)

声明：

鉴于有人企图掩饰正在讨论的事件的起因，我断然声明，在一开始我就十分明确地表示过如下意见：

据格里戈里说，埃兹拉曾写信告诉他，**小兄弟**[116]**否认整个中央委员会存在的权利**。就是这个已被格里戈里完全证实、埃兹拉也未明确加以否认的消息，构成了孟什维克行为的**非法性**和崩得中央委员会讨论**这种**问题的非法性。因此，我坚决主张找到这封信的原件。

列　宁

2

关于召开中央委员会全体
会议的事件的决定草案

（8 月 13 日〔26 日〕）

　　中央委员会委托中央委员会国外局[117]，就召开全会的所谓事件、埃兹拉的信、彼得的声明和全部讨论发言，写一份特别详细的报告，存入中央委员会的档案，并授权中央委员会核心组在需要时公布这个报告。

3

关于国外中央局机构的决定草案

(8月13日〔26日〕)

(1)承认社会民主党国外小组为俄国社会民主工党协助小组。

(2)中央委员会决定成立由10人组成的新的国外中央局。在中央委员会全体会议闭会期间,增补或更换只有经过中央委员会国外局的批准才可进行。

(3)国外中央局解决国外各协助小组的需要,并执行中央委员会国外局所提出的全党性的委托。

(4)由一名中央委员(由全会或国外局指定)参加国外中央局并拥有否决权。

(5)在尽可能短的时期内,在中央委员会国外局监督下,召开一次尽可能有所有国外协助小组参加的代表大会。

(6)代表大会的章程由中央委员会国外局批准。

(7)责成中央委员会国外局采取一切措施,以便在这次代表大会上把一切民族的社会民主党国外小组联合成统一的俄国社会民主工党地方协助小组。中央委员会国外局在这个问题上应当和各民族的社会民主党组织的所有中央委员会取得联系。

(8)这些小组应把自己收入的85%—90%上交中央委员会会计处。在非常必要的情况下(如用于侨民的费用),也可由中央委员会国外局批准不交。

载于 1933 年《列宁文集》俄文版
第 25 卷

译自《列宁全集》俄文第 5 版
第 17 卷第 197—201 页

列夫·托尔斯泰是俄国革命的镜子

(1908 年 9 月 11 日〔24 日〕)

把这位伟大艺术家的名字同他显然不理解、显然避开的革命联系在一起,初看起来,会觉得奇怪和勉强。分明不能正确反映现象的东西,怎么能叫做镜子呢? 然而我国的革命是一个非常复杂的现象;在直接进行革命、参加革命的群众当中,各社会阶层的许多人也显然不理解正在发生的事情,也避开了事变进程向他们提出的真正具有历史意义的任务。如果我们看到的是一位真正伟大的艺术家,那么他在自己的作品中至少会反映出革命的某些本质的方面。

俄国的合法报刊登满了祝贺托尔斯泰 80 寿辰的文章、书信和简讯,可是很少注意从俄国革命的性质、革命的动力这个角度去分析他的作品。所有这些报刊都充满了伪善,简直令人作呕。有官方的和自由派的两种伪善。前一种是卖身投靠的无耻文人露骨的伪善,他们昨天还奉命攻击列·托尔斯泰,今天却奉命在托尔斯泰身上寻找爱国主义,力求在欧洲面前遵守礼节。这班无耻文人写了文章有赏钱,这是人人都知道的;他们欺骗不了任何人。自由派的伪善则巧妙得多,因而也有害得多、危险得多。请听《言语报》的那些立宪民主党的巴拉莱金之流吧。他们对托尔斯泰的同情是最充分和最热烈的了。其实,有关这位"伟大的寻神派"的那种装腔作势的言论和冠冕堂皇的空谈不过是十足的虚伪,因为俄国的自由派既不相信托尔斯泰的上帝,也不赞成托尔斯泰对现行制度的批判。他们攀附这个极有声望的名字,是为了增加自己的政治资本,是为了扮演全国反对派领袖的角色。他们极力用吵吵嚷嚷的空谈来淹没人们要求对下列问题作直截了当答复的呼声:"托尔斯泰主义"的显著矛盾是由什么造成的,这些矛盾表现了我国革命中的哪些缺陷和弱点?

托尔斯泰的作品、观点、学说、学派中的矛盾的确是显著的。一方面,是一个天才的艺术家,不仅创作了无与伦比的俄国生活的图画,而且创作了世界文学中第一流的作品;另一方面,是一个发狂地信仰基督的地主。一方面,他对社会上的撒谎和虚伪提出了非常有力的、直率的、真诚的抗议;另一方面,是一个"托尔斯泰主义者",即一个颓唐的、歇斯底里的可怜虫,所谓俄国的知识分子,这种人当众拍着胸脯说:"我卑鄙,我下流,可是我在进行道德上的自我修身;我再也不吃肉了,我现在只吃米粉饼子。"一方面,无情地批判了资本主义的剥削,揭露了政府的暴虐以及法庭和国家管理机关的滑稽剧,暴露了财富的增加和文明的成就同工人群众的穷困、粗野和痛苦的加剧之间极其深刻的矛盾;另一方面,疯狂地鼓吹"不"用暴力"抵抗邪恶"。一方面,是最清醒的现实主义,撕下了一切假面具;另一方面,鼓吹世界上最卑鄙龌龊的东西之一,即宗教,力求让有道德信念的神父代替有官职的神父,这就是说,培养一种最精巧的因而是特别恶劣的僧侣主义。真可以说:

> 你又贫穷,你又富饶,
> 你又强大,你又衰弱,
> ——俄罗斯母亲!

1908 年列宁《列夫·托尔斯泰是
俄国革命的镜子》一文的手稿第 1 页
（按原稿缩小）

托尔斯泰处在这样的矛盾中，绝对不能理解工人运动和工人运动在争取社会主义的斗争中所起的作用，而且也绝对不能理解俄国的革命，这是不言而喻的。但是托尔斯泰的观点和学说中的矛盾并不是偶然的，而是19世纪最后30多年俄国实际生活所处的矛盾条件的表现。昨天刚从农奴制度下解放出来的宗法式的农村，简直在遭受资本和国库的洗劫。农民经济和农民生活的旧基础，那些确实保持了许多世纪的旧基础，正在异常迅速地遭到破坏。对托尔斯泰观点中的矛盾，不应该从现代工人运动和现代社会主义的角度去评价（这样评价当然是必要的，然而是不够的），而应该从那种对正在兴起的资本主义的抗议，对群众破产和丧失土地的抗议（俄国有宗法式的农村，就一定会有这种抗议）的角度去评价。作为一个发明救世新术的先知，托尔斯泰是可笑的，所以国内外的那些偏偏想把他学说中最弱的一面变成一种教义的"托尔斯泰主义者"是十分可怜的。作为俄国千百万农民在俄国资产阶级革命快要到来的时候的思想和情绪的表现者，托尔斯泰是伟大的。托尔斯泰富于独创性，因为他的全部观点，总的说来，恰恰表现了我国革命是**农民**资产阶级革命的特点。从这个角度来看，托尔斯泰观点中的矛盾，的确是一面反映农民在我国革命中的历史活动所处的矛盾条件的镜子。一方面，几百年来农奴制的压迫和改革以后几十年来的加速破产，积下了无数的仇恨、愤怒和生死搏斗的决心。要求彻底铲除官办的教会，打倒地主和地主政府，消灭一切旧的土地占有形式和占有制度，清扫土地，建立一种自由平等的小农的社会生活来代替警察式的阶级国家，——这种愿望像一根红线贯穿着农民在我国革命中的每一个历史步骤，而且毫无疑问，托尔斯泰作品的思想内容，与其说符合于抽象的"基督教无政府主义"(这有时被人们看做是他的观点"体系"),不如说更符合于农民的这种愿望。

另一方面,追求新的社会生活方式的农民,是用很不自觉的、宗法式的、宗教狂的态度来看待下列问题的:这种社会生活应当是什么样子,要进行什么样的斗争才能给自己争得自由,在这个斗争中他们能有什么样的领导者,资产阶级和资产阶级知识分子对于农民革命的利益采取什么样的态度,为什么要消灭地主土地占有制就必须用暴力推翻沙皇政权?农民过去的全部生活教会他们憎恨老爷和官吏,但是没有教会而且也不可能教会他们到什么地方去寻找所有这些问题的答案。在我国革命中,有一小部分农民是真正进行过斗争的,并且也为了这个目的多少组织起来了;有极小一部分人曾经拿起武器来打击自己的敌人,消灭沙皇的奴仆和地主的庇护者。大部分农民则是哭泣、祈祷、空谈和梦想,写请愿书和派"请愿代表"。这真是完全符合列夫·尼古拉耶维奇·托尔斯泰的精神!在这种情况下总是有这种事情的,像托尔斯泰那样不问政治,像托尔斯泰那样逃避政治,对政治不感兴趣,对政治不理解,结果只有少数农民跟着觉悟的革命的无产阶级走,大多数农民则成了无原则的、卑躬屈节的资产阶级知识分子的俘虏,而这些被称为立宪民主党人的知识分子,从劳动派的集会中出来跑到斯托雷平的前厅哀告央求,讨价还价,促使讲和,答应调解,最后还是被士兵的皮靴踢了出来。托尔斯泰的思想是我国农民起义的弱点和缺陷的一面镜子,是宗法式农村的软弱和"善于经营的农夫"迟钝胆小的反映。

就拿1905—1906年的士兵起义来说吧。我国革命中的这些战士的社会成分是农民和无产阶级兼而有之。无产阶级占少数;

1936年瞿秋白译鲁迅编的
《海上述林》上卷的封面和里封及该卷所载
列宁《列夫·托尔斯泰是俄国革命的镜子》一文的首页

因此军队中的运动,丝毫没有表现出像那些只要一挥手就马上会成为社会民主党人的无产阶级所表现出来的那种全国团结一致的精神和党性觉悟。另一方面,认为士兵起义失败的原因是缺乏军官的领导,这种见解是再错误没有了。相反,从民意党[118]时期以来,革命的巨大进步正好表现在:拿起武器来反对上司的,是那些以自己的独立精神使自由派地主和自由派军官丧魂落魄的"灰色畜生"[119]。士兵对农民的事情非常同情;只要一提起土地,他们的眼睛就会发亮。军队中的权力不止一次落到了士兵群众的手里,但是他们几乎没有坚决地利用这种权力;士兵们动摇不定;过了几天甚至几个小时,在他们杀了某个可恨的军官之后,就把其余拘禁起来的军官释放了,同当局进行谈判,然后站着让人枪毙,躺下让人鞭笞,重新套上枷锁,——这一切都完全符合列夫·尼古拉耶维奇·托尔斯泰的精神!

托尔斯泰反映了强烈的仇恨、已经成熟的对美好生活的向往和摆脱过去的愿望,同时也反映了耽于幻想、缺乏政治素养、革命意志不坚定这种不成熟性。历史条件和经济条件既说明发生群众革命斗争的必然性,也说明他们缺乏斗争的准备,像托尔斯泰那样对邪恶不抵抗;而这种不抵抗是第一次革命运动失败的极重要的原因。

常言道:战败的军队会很好地学习。当然,把革命阶级比做军队,只有在极有限的意义上是正确的。资本主义的发展每时每刻都在改变和加强那些推动千百万农民进行革命民主主义斗争的条件,这些农民由于仇恨地主-农奴主和他们的政府而团结起来了。就是在农民中间,交换的增长、市场统治和货币权力的加强,也正在一步一步排除宗法式的旧东西和宗法式的托尔斯泰思想。但是,最初几年的革命和最初几次群众革命斗争的失败,毫无疑问得到了一种收获,即群众以前那种软弱性和散漫性遭受了致命的打击。分界线更加清楚了。各阶级、各政党彼此划清了界限。在斯托雷平教训的敲打下,在革命社会民主党人坚持不渝的鼓动下,不仅从社会主义无产阶级中,甚至从民主主义的农民群众中,也必然会涌现出锻炼得愈来愈好、能够愈来愈少重犯我国托尔斯泰主义历史罪过的战士!

载于 1908 年 9 月 11 日(24 日)　　译自《列宁全集》俄文第 5 版
《无产者报》第 35 号　　　　　　　第 17 卷第 206—213 页

英国和德国工人的和平示威[120]

(1908 年 10 月 3 日〔16 日〕以前)

大家知道,英国和德国的资产阶级报刊,特别是那些下流的小报,早就在进行沙文主义的宣传活动,唆使一个国家反对另一个国家了。英国和德国的资本家在世界市场上的竞争愈来愈激烈。英国原来的领先地位和在世界市场上独霸一切的时代已经成为过去。德国已经成为一个发展特别快的资本主义国家,它的工业品愈来愈多地销往国外。争夺殖民地的斗争、商业利益上的冲突在资本主义社会已经成为战争的主要原因之一。无怪乎两国的资本家都认为英德两国的战争是不可避免的,而两国的军阀则干脆希望战争爆发。英国的沙文主义者想破坏危险的竞争者的力量,趁德国的海军实力还比英国弱得多的时候就把它消灭。德国以粗暴的威廉二世为首的容克和将军们迫不及待地想同英国打仗,希望能利用一下陆军的优势,幻想用军事胜利的喧嚣声来掩盖德国工人群众日益增长的不满和阶级斗争的尖锐化。

英国和德国的工人决定公开出来制止日益增长的战争危险。两国的工人报纸早就在同沙文主义和军国主义进行坚持不懈的斗争。但是现在需要一种能比报刊更有力地表达工人阶级意志的方式。英国工人决定派遣代表团去柏林,以便通过庄严的示威显示这两个国家的无产阶级团结一致、以战反战的决心。

　　示威于9月20日(7日)星期日在柏林举行。这次英国工人代表向柏林无产阶级讲话没有受到阻碍。两年前,让·饶勒斯曾经决定代表法国工人阶级在柏林社会民主党的群众大会上发表演说,抗议资产阶级沙文主义者,当时德国政府禁止他向德国工人讲话。这次德国政府却不敢赶走英国无产阶级的代表。

　　声势浩大的工人集会是在柏林最大的一个会议厅举行的。很快就有5 000人挤满了大厅,还有好几千人只好待在院子里和街上。维持秩序的是挑选出来的、带红臂章的工人。德国工会(叫做"自由工会",实际上是社会民主党的工会)的著名领袖列金同志代表德国有政治组织和工会组织的全体工人阶级欢迎英国代表团。他说,在50年以前,法国和英国工人就已经为和平而举行过示威。当时进步的社会主义者还没有那些组织起来的群众作后盾。而现在英国和德国的工会一共有430多万会员。现在英国的代表和柏林的集会,代表这支大军声明,战争与和平问题的决定权掌握在工人阶级手里。

　　英国工人代表麦迪逊在答词中痛斥了资产阶级沙文主义的谰言,并且转交了有3 000名工人签名的《不列颠工人致德国工人的信》[121]。他指出,在签名者中间,有英国工人运动两个派别的代表(即社会民主党人和还没有彻底的社会主义立场的"独立工党"的拥护者)。信中指出,战争是为有产阶级的利益服务的。工人群众肩负着战争的全副重担,而有产阶级则利用人民的灾难从中取利。让工人团结起来反对军阀、保卫和平吧!

　　在英国的其他代表和德国社会民主党代表理查·费舍讲话后,会议最后一致通过了一个决议,痛斥"统治阶级和剥削阶级自私的和没有远见的政策",并且表示决心要依照斯图加特国际代表大会的决议行动,即用一切力量和手段反对战争。散会时人们在工人马赛曲的歌声中有秩序地退场。会后没有举行街头游行示威。柏林的警察和地方军事当局白等了。德国的惯例是,连工人最和平的示威也少不了要有警察和军队的示威。柏林卫戍部队动员起来了。军队按照严格的计划分布在市内各个地区——主要是为了使人不容易发觉士兵隐藏在哪里,人数有多少。警察巡逻队在离会场不远的街道和广场上,特别是在通往皇宫的马路上来回走动。皇宫周围布满了便衣警察和隐蔽在院内的军队。警察的布哨很复杂:各街道口都有一群警察把守,各个"要害的"地方都派有警官,警察自行车队担负侦察任务,把"敌人"的一举一动随时报告军事当局,桥梁和渡口的守卫加倍森严。对于威廉二世政府所采取的这一切措施,《**前进报**》讽刺道:"他们是在保卫受威胁的君主国。"**122**

我们再补充一句:这是举行了一次演习。威廉二世和德国资产阶级举行了一次同起义的无产阶级作战的军事演习。这样的演习无论如何对工人群众和士兵都是绝对有益的。正如一首法国工人歌曲中所说的:ça ira(就这么办!)。一次再次的演习也许在目前还是十分缓慢地、然而却是十分稳妥地导致伟大的历史结局。

载于 1933 年《列宁文集》俄文版
第 25 卷

译自《列宁全集》俄文第 5 版
第 17 卷第 202—205 页

学生运动和目前政治形势

(1908 年 10 月 3 日〔16 日〕)

彼得堡大学的学生已经宣布罢课。其他许多高等学校都纷纷响应。运动已经蔓延到莫斯科和哈尔科夫。根据外国和俄国的报纸以及从俄国来的私人信件中的所有材料来判断,我们正面临着相当广泛的**学院**运动[123]这个事实。

倒退到旧时代!倒退到革命前的俄国!上述事件首先证明的就是这一点。执政的反动派依旧紧紧地控制着大学。在专制的俄国对学生团体进行的无休止压制,现在采取了黑帮大臣施瓦尔茨(他的行动得到"首相"斯托雷平的完全同意)向 1905 年秋天答应给予大学生的自治权(那时,专制政府在革命工人阶级的猛烈攻击下什么都"答应"给俄国公民!)进攻的形式。在专制政府"顾不上大学生"的时候大学生曾经享有过这种自治权,可是只要专制政府依然是专制政府,它就不能不开始剥夺这种自治权。

自由派报刊依旧在哀号和埋怨——这一次是和某些十月党人在一起哀号和埋怨。教授先生们在哀号和啜泣,他们一方面恳求政府不要走上反动的道路,而要利用极好的机会在"苦于动荡的国家"内"用改良来保证和平与秩序",同时又恳求大学生不要采取不合法的、只能为反动派利用的活动方式,如此等等。所有这些都是老而又老的唱俗了的调子,它们把大约 20 年前,即上一世纪 80 年代末期的情景又十分生动地重现在我们眼前！如果孤立地考察目前的形势而不把它同三年革命的经历联系起来，那么那个时期和现在相似的地方就会显得特别惊人。这是因为杜马(初看起来)仅仅是以稍微不同的方式表现了和革命前完全相同的力量对比：野蛮的地主居于统治地位，他们宁愿通过自己的官僚来联系宫廷和影响宫廷而不要任何代表机关；商人(十月党人)拥护这些官僚，他们不敢和大人们断绝关系；资产阶级知识分子"反对派立场"最关心的则是证明自己的忠诚，并且把对当权者的规劝叫做自由主义的政治活动。杜马中的工人代表实在难以使人想起不久以前无产阶级的公开的群众斗争曾经起过怎样的作用。

　　试问，在这种情况下我们能不能认为大学生原始的学院斗争的旧形式是有意义的？如果自由派已经堕落到80年代的"政策"(当然这里说的只能是在嘲弄的意义上的政策)，那么，要是社会民主党认为必须采取某种方式支持学院的斗争，它是否降低了自己的任务呢？

　　这样的问题大概是由某些地方的社会民主党大学生提出来的。至少本报编辑部已经收到了社会民主党大学生小组的一封信，信中顺便谈道：

　　"彼得堡大学9月13日的学生大会以施瓦尔茨采取了进攻策略为理由，决定号召学生举行全国的大学生罢课；罢课的行动纲领是学院式的，大会甚至欢迎莫斯科和彼得堡的教授委员会在争取自治权的斗争方面所采取的'最初步骤'。我们对彼得堡大会所提出的学院式的行动纲领感到不可理解，并且认为它在目前条件下是行不通的，而且也不能团结大学生去进行积极的、广泛的斗争。我们认为大学生的发动只能配合总的政治发动，决不可以孤立地进行。能够团结大学生的因素目前还没有具备。所以我们反对学院式的发动。"

写这封信的人所犯的错误的政治意义,比人们初看起来所能想到的要大得多,因为他们的议论在实质上所触及的题目要比参加当前的罢课问题广泛得多,重要得多。

"我们认为大学生的发动只能配合总的政治发动。所以我们反对学院式的发动。"

这种议论是根本错误的。在这里,大学生的政治发动必须竭力同无产阶级相配合等等这种革命的口号,正在从指导日益广泛、日益全面的战斗性鼓动的活指南,变为机械地向各种不同的运动方式的各个不同阶段套的死教条。仅仅宣布进行配合性的政治发动,翻来覆去地讲革命教训中"最大的教训",那是不够的。为了进行政治发动,必须**善于**进行鼓动,**利用**一切机会、一切条件,首先是、主要是**利用**某些先进分子同专制制度的任何大规模的冲突来进行鼓动。当然,问题并不在于必须预先把任何学生运动都分为一些必经的"阶段",必须严密注视每一阶段的精确的进程,害怕"不适时地"转向政治等等。这种观点是最有害的学究气,而且只能导致机会主义的政策。但是,相反的错误,即由于错误地把口号理解为固定不变的东西而不愿理会当前群众运动中事实上已经形成的情况和条件,同样是有害的,因为这样运用口号不可避免地会堕落为革命的空谈。

学院运动可能会降低政治运动,分散政治运动或者使人们离开政治运动,在这种情况下,社会民主党的大学生小组当然必须集中自己的鼓动工作来反对这种运动。但是任何人都看得出来,当前的客观政治条件是另外一种:学院运动标志着多少已经习惯于狭隘自治权的新的"一代"青年学生的运动的**开始**,而且这个运动是在目前没有其他群众斗争形式的情况下，即在广大群众继续默不作声地、聚精会神地、慢慢地**消化**三年革命经验的沉寂时期开始的。

在这样的情况下，社会民主党如果表示"反对学院式的发动"，那就大错特错了。不，属于我们党的大学生小组应当尽一切努力去支持、利用和扩大这个运动。正如社会民主党对原始的运动形式的每一次支持一样，现在的支持也应当首先并且主要是从思想上和组织上去影响那些被冲突所激动并且往往是在这种形式下经历**第一次**政治冲突的更广大的阶层。这是因为最近两年进入大学的青年学生几乎是完全过着脱离政治的生活，受着狭隘的学院自治主义精神的熏陶，不仅受着官方教授和政府报刊的教育，而且受着自由派教授和整个立宪民主党的教育。对这些青年来说，广泛的罢课运动（如果这些青年能够造成广泛的罢课运动的话！我们应当尽一切力量在这方面帮助他们，但是担保这种或那种资产阶级运动会成功当然不是我们社会党人的事情）就是政治冲突的开始，而不管参加斗争的人是否意识到这一点。我们的任务是对"学院的"抗议者群众说明这一冲突的客观意义，竭力使这一冲突成为**自觉的**政治运动，十倍地加强社会民主党大学生小组的鼓动，并且**利用整个**鼓动，使人们领会从三年历史中得出的革命结论，使人们懂得新的革命斗争是不可避免的，使我们那些仍然完全合乎潮流的老口号，即推翻专制制度和召开立宪会议的口号，重新成为讨论的对象，成为在政治上集中新一代民主派的试金石。

社会民主党大学生在任何条件下都没有权利拒绝这一工作，不管这一工作在目前是多么困难，不管某些鼓动员在某个大学里、在某个同乡会里、在某个集会上……遭到多么大的挫折，我们还是要说：你们叩门，门就会开！政治鼓动工作是决不会白做的。衡量政治鼓动工作的成功与否并不仅仅是我们能不能马上获得多数或者使人们同意进行配合性的政治发动。也许我们还不能一下子就做到这一点，然而我们是有组织的无产阶级政党，决不会对暂时的挫折惶惑不安，即使在最困难的条件下，也会顽强地、勇往直前地、坚韧不拔地进行**自己的工作**。

我们在下面发表了圣彼得堡大学生联合委员会的宣言，这个宣言表明，就连最积极的大学生也固执地抱着纯粹的学院主义不放，还在同立宪民主党和十月党唱一个调子。而且这样的事情正是发生在立宪民主党和十月党的报刊以最卑鄙的态度对待罢课，在斗争最激烈时出来论证罢课有害、罢课是犯罪等等的时候。我们党的彼得堡委员会认为必须给联合委员会以反击，这是我们不能不欢迎的（见"党的生活"栏）。**124**

显然，为了把现今的大学生从"学士"变为"政治家"，靠施瓦尔茨的皮鞭是不够的，还必须有日益增多的黑帮军曹的蝎子鞭**125**，才能使新的干部受到充分的革命教育。对于这些受过斯托雷平的全部政策的训练、受过反革命的每一个步骤的训练的干部，我们社会民主党人也应当孜孜不倦地进行工作，因为我们已经清楚地看到资产阶级民主主义和专制制度在全国范围内发生新的冲突的客观必然性，而专制制度又是和黑帮-十月党人的杜马勾结在一起的。

是的，是在全国范围内，因为拉着俄国向后转的黑帮反革命不仅锻炼着革命无产阶级队伍中的新战士，而且不可避免地会激起非无产阶级民主派即资产阶级民主派的新的运动（这当然不应当了解为**一切反对派**都参加斗争，而应当了解为真正的民主派即资产阶级和小资产阶级中能够进行斗争的分子广泛地参加斗争）。

1908年俄国大学生的群众斗争的开始是一个政治上的征兆，是反革命所造成的整个目前形势的征兆。青年学生同中下层资产阶级、小官吏、某些农民和僧侣等等有千丝万缕的联系。既然在1908年的春天有人企图恢复"解放社"，即比立宪民主党人的、半地主的、彼得·司徒卢威所代表的旧的"解放社"要左一些的"解放社"①；既然俄国最接近于民主派资产阶级的青年群众在秋天开始闹起风潮；既然卖身投靠的无耻文人比过去凶狠十倍地重新向学校里的革命狂吠；既然卑鄙龌龊的自由派教授和立宪民主党领袖因不合时宜的、危险的、毁灭性的罢课不合可爱的十月党人的心意，能够"推开"十月党人，"推开"握有统治权的十月党人而呻吟和哭泣；这就是说，火药桶里正在增加新的火药！这就是说，对反动的反响已经**不只是**在大学生中开始了。

尽管这个开端还很微弱还在萌芽之中，但工人阶级的政党必须利用它而且也正在利用它。我们能够在革命前工作几年、几十年，把革命口号首先在小组内提出，然后在工人群众中，然后在街头，然后在街垒上提出。我们**现在也**应当能把那些是当前任务的事情首先安排妥当，否则关于配合性的政治发动的议论就会变成空话。这些事情就是：建立巩固的无产阶级组织，为自己的革命口号普遍地在群众中进行**政治鼓动**。我们的各个大学小组也应当在自己的大学生中间着手建立这种组织，应当在当前运动的基础上着手进行这种鼓动。

无产阶级是不会坐着等待的。他们往往在聚餐会上、在合法的团体中、在大学里面、在代表机关的讲坛上把发言的优先权让给

① 见本卷第43—47页。——编者注

资产阶级民主派。但是它从来没有而且永远不会在严肃的、伟大的群众革命斗争中让出优先权。促使这个斗争爆发的全部条件是不会像我们当中的某些人所希望的那样迅速和那样容易地成熟起来的，但是这些条件正在成熟，而且一定会成熟起来。小规模的学院式冲突的小开端也就是大开端，因为紧随着它而来的——不是今天，就是明天，不是明天，就是后天——将是大规模的继续。

载于 1908 年 10 月 3 日（16 日）　　　译自《列宁全集》俄文第 5 版
《无产者报》第 36 号　　　　　　　　第 17 卷第 214—220 页

巴尔干和波斯的事变

（1908 年 10 月 16 日〔29 日〕）

最近一个时期,巴尔干事变不仅占满了俄国的政治报刊,而且占满了整个欧洲的政治报刊。欧洲爆发战争的危险曾一度迫在眉睫,现在也还远没有消除,虽然更大的可能是,仅仅叫嚣和空喊一番,而不至于真的爆发战争。

我们来粗略地看一下危机的性质和危机给俄国工人政党提出的任务。

日俄战争和俄国革命特别有力地推动了亚洲人民在政治生活方面的觉醒。但是这种觉醒从一个国家到另一个国家的传播十分缓慢,以至俄国反革命在波斯起了并且还继续起着几乎是决定性的作用,而土耳其革命一下子就碰上了以俄国为首的列强的反革命联盟。的确,后一论断初看起来是同欧洲报刊和各种外交声明的总的腔调相矛盾的:要是听听这些声明,相信半官方刊物上的文章的话,那所有的声明和文章都充满了对已经复兴的土耳其的"同情",都一心希望土耳其的立宪制度得到巩固和发展,都对资产阶级青年土耳其党人的"温和"赞不绝口。

但是,所有这些言论都不过是现代欧洲各国反动政府和现代欧洲反动资产阶级卑鄙无耻的资产阶级伪善行为的典型。事实上,无论哪一个自称民主国家的欧洲国家,无论哪一个以民主、进步、自由、激进等等命名的欧洲资产阶级政党,都丝毫不能证明自己真正愿意帮助土耳其革命,真正希望这场革命得到胜利和巩固。相反,它们全都**害怕**土耳其革命的成功,因为这场革命的成功一方面必然意味着巴尔干各国人民争取独立自主、争取真正民主的意愿日益强烈,另一方面必然意味着波斯革命取得胜利,亚洲民主运动得到新的推进,印度争取独立的斗争得到加强,在与俄国接壤的广阔地区建立起自由制度,从而为阻碍黑帮沙皇政府的政策的推行和促进俄国革命的高涨创造新的条件,如此等等。

目前在巴尔干、土耳其、波斯所发生的事情,其实质就是欧洲列强结成反革命联盟来**对付**亚洲的日益增长的民主运动。欧洲各国政府的一切努力、欧洲各"大"报的一切宣传,都不过是为了掩饰这个事实,迷惑舆论,用伪善的言词和外交手法来掩盖欧洲的所谓文明国家为对付文明程度最低却最渴望民主的亚洲国家而组成的**反革命联盟**。无产阶级在这个关头所采取的政策的全部实质就在于,揭下资产阶级伪君子的假面具,在最广大的人民群众面前揭露欧洲各国政府的反动性,揭露这些政府由于害怕它们国内的无产阶级的斗争而充当或帮助充当对付亚洲革命的宪兵。

围绕土耳其和巴尔干的种种事变,欧洲施展的阴谋诡计极为错综复杂,普通公众都上了外交家的当,因为他们力图把人们的注意力转移到枝节问题、局部问题上面,转移到正在发生的事变的个别方面,力图模糊整个过程的意义。相反,我们的任务,国际社会民主党的任务,恰恰是向人民说明事变的总的联系,说明正在发生的一切事变的基本趋势和背景。

企图"捞一把"和扩大自己的领地和殖民地的资本主义列强之间的竞争,对附属国或受欧洲"保护"的各国人民独立民主运动的畏惧,这就是整个欧洲政策的两个动力。人们称赞青年土耳其党人的温和与克制,也就是称赞土耳其革命的软弱无力,称赞这个革命不去唤醒下层人民、不去激发群众的真正的独立精神,称赞这个革命敌视正在奥斯曼帝国展开的无产阶级斗争,与此同时,人们还是照旧掠夺土耳其。人们加以称赞,是因为他们可以继续照旧掠夺土耳其的领地。他们一面称赞青年土耳其党人,一面继续推行显然是**瓜分土耳其**的政策,关于这一点,《莱比锡人民报》**126**(社会民主党地方机关报)极其正确而中肯地写道:

"1791年5月,真正关心祖国昌盛的有远见的国家要人在波兰实行了政治改革。普鲁士国王和奥地利皇帝称赞5月3日的宪法,欢迎这个宪法,把它看做'造福于邻邦'的事情。全世界都大大赞扬波兰的改革者,说他们和巴黎的可怕的雅各宾派不同,做起事情来是那样地'温和'……　1793年1月23日,普鲁士、奥地利和俄国签订了瓜分波兰的条约!

1908年8月,青年土耳其党人进行了政治改革,而且进行得异常平稳。全世界都称赞他们,说他们和俄国的可怕的社会党人不同,做起事情来是那样'温和'得体……　1908年10月,爆发了一系列导致瓜分土耳其的事变。"

事实上,如果有谁想相信外交家的**言论**,而不考虑他们的**行动**,不考虑列强合伙反对革命的土耳其的举动,那简直是幼稚。只要把某些国家的外长、首脑的会晤和谈判的**事实**同以后发生的事变对照一下,对外交家的声明的天真信任就会烟消云散了。在8月和9月间,正是在青年土耳其党人的革命发生以后、奥地利和保加利亚发表宣言之前,伊兹沃尔斯基先生在卡尔斯巴德和玛丽亚巴德同英王爱德华、法兰西共和国总理克列孟梭会晤,奥地利外交大臣冯·埃伦塔尔同意大利外交大臣蒂托尼在萨尔茨堡会晤,然后是伊兹沃尔斯基同埃伦塔尔于9月15日在布赫洛埃会晤,保加利亚大公斐迪南同弗兰茨-约瑟夫在布达佩斯会晤,伊兹沃尔斯基同德国外交大臣冯·雪恩、然后同蒂托尼和意大利国王会晤。

这些事实是不说自明的。**在奥地利和保加利亚采取行动以前,一切重大问题都已经在俄、奥、德、意、法、英六国之间**,在国王和大臣们的私人会晤中以最秘密的和直接的方式谈妥了。**后来报**纸上展开的关于埃伦塔尔说意、德、俄已同意奥地利兼并(合并)波斯尼亚-黑塞哥维那一事是否属实的对骂,**完全是一场滑稽剧,完全是为了转移视线**,只有自由派庸人才会上这个当。掌握欧洲各国对外政策的巨头,伊兹沃尔斯基之流、埃伦塔尔之流和一伙戴王冠的强盗及其大臣们,故意把骨头扔给新闻界:先生们,你们去吵吧! 究竟是谁欺骗了谁,谁得罪了谁,是奥地利欺骗了俄国呢,还是保加利亚欺骗了奥地利,如此等等,是谁"第一个"动手撕毁柏林条约[127],每一个国家是怎样对待列强会议计划的,如此等等。请吧,请让舆论去注意这些有意思的、重要的(啊! 太重要了!)问题吧! 我们需要的正是如此,为的是要掩盖**主要的和基本的东西**:在一些根本问题上已经事先达成了协议,这就是反对青年土耳其党人的革命,进一步采取措施瓜分土耳其,利用某种借口来重新审查达达尼尔海峡问题,允许俄国黑帮沙皇扼杀波斯革命。这就是问题的全部实质,这就是我们这些全欧洲的反动资产阶级的领袖真正需要的和正在干的事情。让自由派的傻瓜们在报刊上,在议会里去空谈事情是如何开头的,谁讲了什么话,殖民掠夺和镇压民主运动的政策是在什么伪装之下最后形成、签署并公之于世的。

所有欧洲大国(目前吃得最"饱"的奥地利除外)的自由派报刊,现在都在责备**本**国政府维护**本**民族利益不够。每个国家的自由派都把自己的国家和政府描写成最无能的,最不会"利用"时机的,受别人欺骗的,等等。我国的立宪民主党人所推行的也正是这样的政策,他们早就说过奥地利的胜利使他们感到"羡慕"(米留可夫先生的原话)。自由派资产者的这种政策,特别是我国立宪民主党人的政策,完全是最丑恶的伪善行为,是对进步和自由的真正利益的最卑鄙的叛卖。这是因为,第一,这种政策故意不谈反动政府的阴谋,从而模糊人民群众的民主意识;第二,它推动每个国家走上所谓积极外交政策的道路,即赞同列强进行殖民掠夺和干涉巴尔干半岛事务(这种干涉从来就是反动的);第三,这个政策直接为反动派效劳,因为它使人民只去关心:"我们"能得到多少,"我们"在分赃的时候能分得多少,"我们"能占多少便宜。目前,各国反动政府最需要的,正是引用"舆论"来支持自己的掠夺行为或取得"赔偿"等等的要求。它们会说,你们看,我国的报刊都在责备我过于大公无私,对本民族利益捍卫得不够,责备我太容易让步,并且用战争来威胁我,可见,我的要求是最"低的"和最"公平的",是完全应当得到满足的!

　　俄国立宪民主党人的政策和欧洲自由派资产者的政策一样,就是讨好反动政府,维护殖民侵略、掠夺和对他国事务的干涉。立宪民主党人的政策之所以特别有害,是因为这种政策是打着"反对派"的幌子推行的,因而能迷惑许许多多的人,使那些不信赖俄国政府的人信赖政府,使群众的意识受到毒害。所以,我们的杜马代表和我们的一切党组织必须注意,不**通过杜马讲坛**、传单和会议来说明专制政府的反动政策和立宪民主党人的虚伪的反对派立场之间的种种**联系**,社会民主党人就巴尔干事变进行的宣传鼓动工作就不可能取得任何重大的进展。不说明立宪民主党人的对外政策和沙皇政策的**实质是一样的**,就不可能向人民说明沙皇政策的全部危害性和反动性。不揭露立宪民主党人的高谈阔论、矫揉造作、吞吞吐吐、拐弯抹角的伎俩，就不可能揭露对外政策中的沙文主义和黑帮路线。

下面这个例子可以说明对自由派资产阶级观点的迁就会使社会党人堕落到什么地步。麦克斯·席佩耳在机会主义者的著名机关刊物《Sozialistische Monatshefte》(《社会主义——???——月刊》)[128]上就巴尔干危机写道："几乎一切有头脑的党员都认为，如果不久以前在我们的柏林中央机关报上〈即在《前进报》上〉重复过的意见，即认为德国无论从现在的或是将来的巴尔干变革中都一无所求的那种意见占了优势，那将是一个错误。当然，我们不应该去争夺领土……　但是，各大国在这个介于欧洲、整个亚洲和部分非洲之间的重要的关键地区大规模地重新配置力量，无疑是会最直接地损害我们的国际地位的……　俄国这个反动的庞然大物现在根本不能起任何有决定意义的作用……　我们没有理由在任何情况下都把俄国看做敌人，像50年代的民主派把它看做敌人那样。"(第1319页)

这个给自己戴上社会党人假面具的愚蠢的自由派，竟没有看出俄国"关心""斯拉夫兄弟"的反动阴谋！他说"我们"(代表德国资产阶级)，"我们的"地位等等，却既没有看出对青年土耳其党人的革命的打击，也没有看出俄国反对波斯革命的步骤！

上面所引的这段话刊载于10月22日出版的那一期杂志。10月18日(5日)《新时报》[129]刊登了一篇轰动一时的文章，说什么"大不里士的混乱已经达到难以置信的程度"，什么这个城市"有一半遭到了半野蛮的革命者的破坏和洗劫"。你们可以看出，革命一战胜波斯王在大不里士的军队，俄国半官方报刊立刻就暴跳如雷。

波斯革命军队的领袖萨塔尔汗在这篇文章中被说成"阿杰拜疆的普加乔夫"（阿杰拜疆或阿塞拜疆是波斯北部的一个省；该省的首府是大不里士，根据勒克律的统计，该省人口几乎占全波斯人口的$\frac{1}{5}$）。《新时报》写道："所有这些胡作非为使得我国在与波斯接壤地区数以百万计的贸易遭到破坏，试问，俄国能够无止境地容忍下去吗？……不应当忘记，整个外高加索东部和阿杰拜疆从人种学上看是一个整体……　住在外高加索的鞑靼半知识分子忘记了自己是俄国臣民，竟热心参加大不里士的骚乱，派遣志愿军到那里去……对我们来说，重要得多的是使邻近我国的阿杰拜疆平静下来。虽然俄国极不愿意进行任何干涉，但是情势可能迫使俄国担负起这个责任，不管这是多么令人惋惜的事情。"

10月20日德国《法兰克福报》收到彼得堡的电讯，说正在考虑占领阿杰拜疆作为对俄国的"赔偿"。10月24日（11日）该报刊登了来自大不里士的电讯："**配有相当数量的骑兵和炮兵的6个俄国步兵营已于前日越过波斯国境，今日可抵大不里士。**"

麦·席佩耳像奴才一样重复着自由派报刊和警察报刊的保证和**叫嚣**，对德国工人说，俄国作为反动的庞然大物的意义已经成为过去，在任何情况下都把俄国看成敌人是错误的！就在这一天，俄国军队越过了波斯国境。

血腥的尼古拉的军队对波斯革命者的一场新的屠杀就要来临了。随着非正式的利亚霍夫的干涉而来的是正式占领阿杰拜疆，并在亚洲重演1849年俄国在欧洲所干的勾当——尼古拉一世派遣军队镇压匈牙利的革命[130]。当时，在欧洲资产阶级政党中还有真正的民主派，他们能够为自由斗争，而不像现在的一切资产阶级民主派那样，只会伪善地空谈自由。当时俄国扮演欧洲宪兵的角色,至少受到几个欧洲国家的反对。而现在,欧洲**所有的**大国,"血红的"克列孟梭的"民主"共和国也不例外,对任何一点有利于无产阶级的国内民主的扩大都害怕得要命,他们都在**帮助**俄国扮演亚洲宪兵的角色。

毫无疑问,俄、奥、德、意、法、英六国的**九月反动密谋,包括了**俄国有反对波斯革命的"行动自由"。至于这一点是不是写在什么秘密文件上,经过许多年以后将收入历史资料汇编出版;或者只是伊兹沃尔斯基向他的最亲密的会谈者谈过这一点;或者是这些会谈者自己"暗示过":我们从"占领"转为"兼并",而你们也许可以从利亚霍夫的干涉转为"占领";或者是采用了其他某种方式;所有这些都是无关紧要的。重要的是,不管大国之间的九月反革命密谋的形式多么不完备,这个**密谋却是事实**,它的作用一天比一天明显。这是反对无产阶级和反对民主派的密谋。这是为了直接镇压亚洲革命或间接打击这场革命的密谋。这是为了今天在巴尔干、明天在波斯、后天或许在小亚细亚、在埃及等地继续进行殖民掠夺和侵占领土的密谋。

只有全世界无产阶级革命才能推翻这种戴王冠的强盗和国际资本的联合势力。一切社会党当前的任务,就是要加强群众中的鼓动工作,揭穿各国外交家的把戏,清楚明白地摆出所有的事实来表明**一切结盟的强国**所起的卑鄙的作用,不管这个强国是直接起宪兵的作用,还是充当宪兵的帮凶、伙伴或资助者。

杜马即将听取伊兹沃尔斯基的报告及立宪民主党人-十月党人的质询,因此,俄国社会民主党的杜马代表,现在肩负着一项非常艰巨但又非常崇高、伟大的责任。他们所在的机构在掩饰主要的反动国家、主要的反革命阴谋者的政策,因而他们应当有本领,有勇气**说出全部真相**。在现在这种时候,黑帮杜马中的社会民主党代表得到的多,要求于他们的也很多,因为除了他们,杜马中**再没有别人**能够不从十月党人-**立宪民主党人的**观点发出反对沙皇制度的呼声了。而立宪民主党在现在这种时候和现在这种情况下所提的"抗议",比不提更坏,因为这只能是**同一群**资本主义豺狼为了替同一种豺狼政策辩护而发出的抗议。

愿我们的杜马党团以及党的其他一切组织都开始行动起来吧。现在向群众进行鼓动,其意义要比平常大一百倍。在我们党的整个鼓动工作中,有三件事情应该提到首要地位。第一,同一切反动派和自由派报刊(从黑帮到立宪民主党人的报刊都包括在内)相反,社会民主党要揭露各种会议、列强协定、与英国结成的反奥同盟或与奥地利结成的反德同盟或其他任何的外交把戏。我们的任务就是要指出列强的反动密谋这**一事实**,这个密谋已经进行,各国政府都极力想用比较公开的谈判这种滑稽剧来掩饰这个密谋。反对外交滑稽剧,向人民说明事情的真相,揭露反无产阶级的国际反动派! 第二,我们必须阐明这个密谋所造成的实际的而不是嘴上的结果,即打击土耳其革命,俄国协同扼杀波斯革命,干涉他国事务,破坏民族自决权这个基本的民主原则。我们的纲领同世界各国社会民主党的纲领一样,是要捍卫这种权利的。奥地利人和俄国黑帮对"斯拉夫兄弟"的关怀是再反动不过的了。这种"关怀"掩盖着早已使俄国在巴尔干声名狼藉的那些最卑鄙无耻的阴谋。这种"关怀"一向就是要摧残某些巴尔干国家的**真正的**民主。列强对巴尔干国家的唯一真诚的"关怀"可能是并且只能是:让它们自己去处理自己的事情,不以外国干涉去破坏它们的生活,不去阻挠土耳其革命。但是,工人阶级当然不能指望资产阶级会采取这种政策！

　　一切资产阶级政党——包括名称是最自由和最"民主"的政党，我们的立宪民主党也在内——都拥护资本家的对外政策。这是社会民主党应当特别着重指出的第三件事情。自由派和立宪民主党实质上都赞成资本主义国家的这种竞赛，只是强调这种竞赛要采取不同于黑帮所采取的形式，只是要求订立不同于政府现在所依据的那种国际协定。自由派反对资产阶级对外政策的一种形式而主张同一政策的另外一种形式，责备政府落后于其他国家的政府(在掠夺和干涉方面！)，这对群众起着极坏的腐蚀作用。打倒任何形式的殖民政策，打倒一切干涉政策，打倒资本家争夺他国领土、他国居民、新的特权、新的市场、海峡等等的政策！社会民主党不赞成那种认为资本主义可以"和平地和正义地"发展的荒谬的小市民空想。社会民主党反对整个资本主义社会，它懂得，除了国际的革命无产阶级，世界上再没有别的和平和自由的保护者了。

　　附言：这篇文章付印以后，报上发表了**彼得堡通讯社**的一则电讯，否认俄国军队越过波斯国境的消息。这则电讯刊登在10月24日的《**法兰克福报**》第二次上午版上。在**第三次**版上刊登了君士坦丁堡10月24日**晚**10时50分发出的电讯，说10月24日晚在君士坦丁堡获悉，俄国军队已越过波斯国境。国外的报刊，**除社会党的报刊以外**，目前都对俄国军队侵入波斯一事保持缄默。

　　总之，暂时我们还不可能完全了解全部真相。但是，无论如何沙皇政府和**圣彼得堡通讯社**的"辟谣"是不足信的。俄国得到列强的同意，正在用一切办法——从阴谋活动到派遣军队——来反对波斯的革命，这是事实。俄国执行着目的在于占领阿塞拜疆的政策,这也是毫无疑问的。即使军队还没有越过国境,那大概也在这方面采取了各种措施:无火不生烟。

载于 1908 年 10 月 16 日(29 日)　　　译自《列宁全集》俄文第 5 版
《无产者报》第 37 号　　　　　　　　　第 17 卷第 221—232 页

社会党国际局会议

（1908 年 10 月 16 日〔29 日〕）

社会党国际局[131]于公历 10 月 11 日（星期日）在布鲁塞尔举行了斯图加特代表大会以后的第一次会议。各国社会党的代表聚集在一起，也是举行社会党新闻工作者代表会议和社会党议员代表会议的好时机。前一个代表会议是在国际局会议前一天举行的，后一个代表会议是在国际局会议后一天举行的，同时还必须指出，参加这两个代表会议的人几乎都是国际局的成员：国际局的委员大多数既是新闻工作者又是议员。只是另有几名比利时社会党的代表参加了 10 月 12 日（星期一）的代表会议。

新闻工作者代表会议是星期六下午 3 时举行的。会上讨论了调整和加强各国社会党的定期报刊的联系问题。比利时的代表提出了该党的党员通讯员的名单，名单上的人都愿意就某些（主要）问题向其他党的报刊提供材料。会议希望其他党也能够提出这样的名单，并且指出，必须注明通讯员掌握哪一种语言。社会革命党的国外公报（法文版的《俄国论坛报》）和社会民主党的国外公报（德文版）[132]被认为是对我们的外国同志特别有益的出版物。同时还指出，凡是一个国家内有不同的社会主义政党或者一个党内有不同派别存在的国家，都必须在名单上注明通讯员属于哪一个党派等等。侨居国外的俄国社会民主党人应该利用这次国际代表会议来更好地安排向外国的社会党报刊提供通讯报道的工作。

代表会议决定,由社会党国际局同那些还没有社会党日报的国家协商出版定期公报的问题(用"国际"的三种正式语言——法语、德语、英语中的一种出版,或者用所有这三种语言出版)。然后,国际局要询问各国社会党日报编辑部,如按期收到这些公报同意给多少钱。

我们党的中央委员会国外局应当特别重视这个决定。向我们的外国同志报道俄国社会民主党的情况这一工作做得远远不能令人满意,应该立即认真地讨论关于调整这一工作的问题、关于在国外用三种语言出版**党的**公报的问题,并且尽一切可能来切实地实现这个计划。

其次,讨论了国际局书记卡·胡斯曼的一个建议,即由拥有70种党的日报的德国社会民主党人发起在柏林、维也纳、巴黎、布鲁塞尔等地的社会党报纸编辑部之间建立国际电讯联络局。德国代表认为,立即实现这个计划是不可能的,但是他们指出,德国最近刚成立了德国社会民主工党中央情报局,等将来这件事情完全就绪以后,就可以考虑把它改为国际情报局。代表会议对这个诺言表示满意;会议决定今后仍将在召开社会党国际局会议的同时召开各国社会党新闻工作者代表会议,接着就宣布闭幕。

当天晚上在"民众文化馆"举行了国际群众大会,奥地利、德国、英国、土耳其和保加利亚的代表在大会上讲了话,主要是讲国际冲突和各国社会主义无产阶级为保卫和平而斗争的问题。大会最后一致通过了内容如下的决议:"10月10日(公历)在'民众文化馆'举行的国际群众大会再一次证明,全世界无产阶级有极大的决心来捍卫各国之间的和平,全力反对毁灭和压迫各国人民的资本主义军国主义。大会相信,工人国际的各国支部将全面贯彻斯图加特国际社会党代表大会就这个问题通过的决议。"大会在《国际歌》声中结束。

第二天,社会党国际局的会议开了一整天。议程上的第一个问题即接受英国"工党"(Labour Party)[133]加入的问题占去了整整一个上午。问题在于:根据"国际"的章程,只有第一,承认阶级斗争的社会主义政党,第二,主张进行阶级斗争的工人组织(即工会),才能够成为"国际"的成员。而最近在英国下院成立的"工党"没有公开地自称为社会主义政党,也没有坚定而明确地承认阶级斗争的原则(附带提一下,英国社会民主党人是要求它承认这一点的)。但是,显然过去整个"国际",特别是斯图加特社会党代表大会是允许这个"工党"参加的,因为这个党实质上是介乎"国际"章程第1条和第2条[134]规定的两种类型之间的混合组织,是英国工联的政治代表。尽管如此,接受这个党加入的问题还是提出来了,而且是这个党自己通过所谓"独立工党"(Independent Labour Party,英国人称之为 I.L.P.)提出来的。"独立工党"是"国际"英国支部的两个分支部之一,另一个分支部是"社会民主联盟"。

"独立工党"要求**直接**承认"工党"是"国际"的一个成员。这个党的代表布鲁斯·格莱西尔(Bruce Glazier)坚持说,几十万有组织的、愈来愈明确地走向社会主义的工人在议会里的这个代表是有重大作用的。他非常轻视原则、公式和基本信念。考茨基回答了他,表示不同意这种轻视社会主义的原则和最终目的的看法,但是完全赞成接受实际上在进行阶级斗争的"工党"加入。考茨基提出了一个决议案,内容如下:

"鉴于从前的国际代表大会的决议准许一切主张进行无产阶

级阶级斗争并承认政治斗争的组织加入国际，国际局宣布准许英国'工党'参加国际社会党代表大会，因为该党虽然没有直接（ausdrücklich）承认无产阶级的阶级斗争，但是实际上在进行这种斗争并且正在作为不依赖于资产阶级政党的独立的组织站到这种斗争的基础上。"赞成考茨基的有奥地利的代表，有法国的瓦扬，另外，表决的结果表明，大多数小国的代表也赞成。首先反对考茨基的是英国"社会民主联盟"的代表海德门，他要求在"工党"直接承认阶级斗争和社会主义的原则以前，一切暂时保持原状，接着反对的有鲁塞尔（盖得派，过去是法国的第二代表）、社会革命党的代表鲁巴诺维奇和保加利亚社会主义者革命派的代表阿夫拉莫夫。

我发言赞成考茨基决议案的第一部分。既然以前的代表大会已经让所有的工联、甚至那些把自己的代表权交给资产阶级议员的工联参加，现在就不能拒绝"工党"即工联的议会代表参加。我说，但是考茨基决议案的第二部分是不正确的，因为**实际上**"工党"并不是真正不依赖于自由派，也不是执行完全独立的阶级政策的。因此我建议在决议案的末尾，从"因为"二字以后作如下的修改：

"因为它〈"工党"〉是英国真正的无产阶级组织走向自觉的阶级政策和**社会主义**工人政党的第一步。"我向国际局提出了这个修正案。考茨基没有采用我的修正案，他在第二次发言中声称，国际局不能根据"期望"来作决议。但是，主要的斗争是在考茨基的整个决议案的拥护者和反对者之间进行的。在表决时，阿德勒提议把决议案分成两部分表决，结果两部分都被国际局通过了，第一部分有3票反对，1票弃权，第二部分有4票反对，1票弃权。于是考茨基的决议案就成了国际局的决议。鲁巴诺维奇在两次投票中都弃权。我还要指出一点，即在我发言以后和考茨基第二次发言以前,维克多·阿德勒曾这样反驳过我(我引用最详细、最确切地报道了会议情况的比利时社会党机关报《人民报》的报道):"列宁的建议是迷人的〈séduisante,阿德勒说的是:verlockend,诱人的〉,但是它不能使我们忘记一个事实:'工党'是在资产阶级政党之外建立起来的。至于它是怎样做到这一点的,这不是我们要判断的事情。我们要承认进步的事实。"

　　国际局在这个问题上的辩论情况就是这样。现在我要更详细地谈谈这些辩论,以便向《无产者报》的读者说明我所采取的立场。维·阿德勒和卡·考茨基的理由并没有使我信服,我仍然认为他们是错误的。既然考茨基在自己的决议案中说"工党""没有直接承认无产阶级的阶级斗争",这无疑就是在"工党"目前采取的是什么政策和它应当采取什么政策这个问题上表示了某种"期望"、某种"判断"。不过考茨基是**间接地**表达这一点的,而且得出的论断,第一,实质上是错误的,第二,给别人以曲解考茨基的**意思**的口实。至于说英国"工党"**在议会中**(不是在选举中! 不是在自己的整个政策上! 不是在自己的宣传和鼓动上!)脱离了资产阶级政党,向社会主义和无产阶级群众组织的阶级政策方面迈出了第一步,这是无可争辩的。这不是"期望",而是事实。正是这一事实促使我们接受"工党"加入"国际",何况我们已经接受了工联。最后,这种措辞会使几十万十分尊重"国际"的决议、但是还没有完全成为社会党人的英国工人再一次地考虑一下,为什么认为他们只是走了**第一步**,在这条路上**进一步**的步骤应该是怎样的。在我的措辞中,丝毫没有想要由"国际"来解决一个国家的工人运动的具体的细节问题,来确定必须在什么时候采取和怎样采取进一步的步骤。进一步的步骤无论如何是需要的,这对于还没有直接地明确地接受阶级斗争原则的政党来说是不能不承认的。这一点考茨基在自己的决议案中是间接承认的，而不是直接承认的。这样一来，似乎"国际"担保"工党"**实际上**在进行彻底的阶级斗争，似乎只要工人的组织在议会中形成单独的工人团体，就可以**在一切行动上**不依赖资产阶级了！

　　当然，海德门、鲁塞尔、鲁巴诺维奇和阿夫拉莫夫在这个问题上采取的立场就更错误了（鲁巴诺维奇在表决决议案的两个部分时都弃权，这不但没有纠正自己的立场，反而造成立场的混乱）。阿夫拉莫夫说接受"工党"就等于鼓励机会主义，这是极其错误的意见。只要重温一下恩格斯给左尔格的信就明白了。恩格斯在许多年当中始终认为，以海德门为首的英国社会民主党人犯了错误，他们采取了宗派主义的行动，不善于发挥工联的不自觉的、但是强有力的阶级本能，他们把马克思主义变成了"教条"，可是马克思主义应当是"行动的指南"①。当客观条件妨碍无产阶级群众提高政治自觉性和阶级独立性时，就应当善于耐心地、坚定地同他们一起工作，在自己的原则上毫不让步，但是不放弃**在无产阶级群众当中**的活动。后来事件的发展证实了恩格斯的这些教导，当时在闭关自守的、贵族味十足的、市侩利己主义的、对社会主义格格不入的英国工联中，出现了许多公开出卖工人阶级的叛徒，他们为了谋得大臣职位而卖身投靠资产阶级（如坏蛋约翰·白恩士之流），但是英国工联却开始**走向**社会主义，尽管走得不敏捷、不彻底、迂回曲折，但毕竟是在走向社会主义。现在，社会主义在英国工人阶级当中迅速传播，社会主义在英国**又**在成为群众运动，大不列颠的社会

---

　　① 参看《马克思恩格斯全集》第1版第38卷第104—106页。——编者注

革命日益迫近,这一点只有瞎子才看不到。

如果"国际"不直接地坚决地充分支持英国群众性工人运动的这一巨大的进步,不鼓励在资本主义摇篮中开始发生的伟大转变,那是根本错误的。但是,绝不应当由此得出结论说,现在就可以承认"工党"是实际上不依赖于资产阶级的、在进行阶级斗争的社会主义的政党等等。应当纠正英国"社会民主联盟"的一个明显的错误,但是丝毫也不应当鼓励那些领导所谓"独立工党"的英国机会主义者的**另一些明显的、同样重大的错误**。这些领导人是机会主义者,这是毋庸争辩的。"独立工党"(I.L.P.)的领袖拉·麦克唐纳甚至在斯图加特代表大会上提议对"国际"章程第2条作如下的修改:只要工会有诚意(bona fides)就可以加入"国际",不必承认阶级斗争。考茨基自己立刻就听出了布鲁斯·格莱西尔话中的机会主义调子,并且**在国际局的发言中**进行了驳斥,可惜的是没有在自己的决议案里进行驳斥。在国际局的发言是讲给十几个人听的,而决议案则是写给千百万人看的。

我面前放着英国社会主义运动中两个派别的报纸,上面都有关于国际局会议的评论。"独立(哼!哼!)工党"的机关报《工人领袖》[135]得意扬扬地**公然**向英国的几万工人**说**,社会党国际局不但承认了"工党"(这是事实,必须要这样做),而且"**还承认了独立工党的政策**"(1908年10月16日《工人领袖》第665版)。这不是事实。国际局**没有**承认这一点。这是对考茨基决议案中有小毛病的地方所作的不正当的机会主义的解释。小毛病开始带来了相当大的后果。而译文糟糕更加重了这种后果,难怪意大利人说,译者是背叛者(traduttori—tradittori)。国际局决议的三种正式语言的正式译本还没有出版,也不知道什么时候能出版。考茨基说的是,

"工党""正在阶级斗争的基础上"(决议末尾;原文是：sich …auf seinen, d. h. des Klassenkampfs, Boden stellt)，而在英国**社会民主党人**的译文中变成了："正在站到国际社会主义运动的基础上"；在英国**机会主义者**("独立工党")的译文中变成了："**正在采取国际社会主义的立场**"(同上)。现在就试试在向英国工人作宣传时去改正这种错误吧!

我决没有指责布鲁斯·格莱西尔歪曲决议的意思。我相信他不会有这种想法。而且这一点也并不怎么重要。重要的是把考茨基决议案**第二部分**的**精神**运用到实际群众工作中去。在《工人领袖》的同一版上，另一位"独立工党"的党员在谈到自己对国际局会议和布鲁塞尔大会的印象时，埋怨大会上"几乎看不到任何人强调社会主义的理想和道德方面"(他说这一方面在他们"独立工党"的大会上一直是强调的)，而"**代替这一方面**"(in its stead)的主要是一些"**没有生气和没有灵感的**(barren and uninspiring)**关于阶级战争的教条**"。

考茨基在草拟关于英国人的决议案的时候，他脑子里想的不是英国的"独立党人"，而是德国的社会民主党人……

英国社会民主党人的机关报《正义报》登载了海德门的诉苦，他埋怨国际局的大多数"为了方便反复无常的人而抛弃了原则"。海德门写道："我一点也不怀疑，如果国际局向'工党'提出直接的最后通牒，'工党'就会立即服从，立即决定适应国际社会主义的方向。"该报同一号上的另一篇文章列举了一些**事实**，证明"独立工党"**实际上**打着又是"自由主义、又是'独立工党'"(liberal-labour alliance)的**混乱的**旗帜，使自己的一部分党员进了议院，证明某些"独立党人"**已经得到自由派大臣约翰·白恩士的支持**(1908年10

月17日《正义报》第4版和第7版）。

不过，如果海德门实现了他所讲的那个计划，即在哥本哈根召开的国际社会党代表大会（1910年）上重新提出这个问题，那么，俄国社会民主工党一定要力求修正考茨基的决议案。

————

第2项议程是关于各国无产阶级和社会党人共同起来防止资产阶级政府的政策可能造成的国际冲突和殖民冲突的问题。瓦扬提出一个决议案，这个决议案只作了很小的修改就通过了。在辩论中，奥地利的代表指出，他们党的各个代表团都正式反对弗兰茨-约瑟夫的政策并且认为社会党人必须承认各民族有自决权。但是，奥地利的代表说，在反对弗兰茨-约瑟夫的政策的同时，他们也反对阿卜杜尔-哈米德或爱德华七世的政策。他们的任务就是要使政府对它的行为的后果负责。英国代表希望奥地利社会民主党人更明确地声明自己反对本国政府，但是奥地利代表并没有超出上面所讲的范围。保加利亚社会党人（"狭小派"[136]即革命的社会民主党人；保加利亚另外还有"宽广派"[137]即机会主义的社会民主党人）的代表阿夫拉莫夫，坚持要提到巴尔干各国本身的帝国主义资产阶级，但相应的修正案没有被通过。阿夫拉莫夫声明，在宣布保加利亚独立的问题上，保加利亚社会党人坚决反对资产阶级政党，认为从工人阶级的观点看来，宣布独立是一种有害的冒险行为。布鲁斯·格莱西尔提议在决议中还应当指出组织国际性示威的必要性，但是会议决定由国际局把这个愿望转告各国的党。范科尔（荷兰社会民主党人的代表）提议把抗议列强破坏柏林条约这一点加进去，但是在表决前他收回了这个提案，因为会上指出，专门去维护资产阶级国家的条约，这不是社会党人的事情。国际局通过的决议全文如下：

"首先确认，英国和德国的社会党人举行争取和平的游行示威，法国社会党人宣传反对远征摩洛哥，丹麦社会党人建议裁军，都是符合'国际'决议的行动，

其次，鉴于：

战争的危险仍然存在；资本帝国主义还继续在英国和德国进行阴谋活动；对摩洛哥的远征和冒险还在进行；沙皇政府首先想要获取新的借款，竭力制造混乱局面，以便巩固自己在反对俄国革命的斗争中的地位；在巴尔干半岛上，外国列强的干涉和私欲点燃起空前猛烈的民族和宗教的怒火；最近，保加利亚宣布独立，特别是波斯尼亚-黑塞哥维那并入奥地利，增加了战争的危险，并使这种危险更加逼近；最后，各国政府在到处制造阴谋，加紧武装，穷兵黩武，进行资本主义竞争，掠夺殖民地，这些都使和平受到威胁，——

社会党国际局再一次明确指出，社会党和有组织的无产阶级是唯一能够保卫国际和平的力量，它们认为自己有责任保卫国际和平。

国际局号召各国的社会党根据斯图加特国际代表大会的决议，提高警惕，加强活动，尽一切力量来执行上述方针，同时建议各国党的中央委员会和执行委员会、各国党的议会党团和参加国际局的代表，同社会党国际局书记处一起寻找某国的或国际的、同这种或那种具体情况相适应的、最有助于防止战争和保卫和平的手段和实际措施。"

————

第3项议程是英国支部关于每年定期召开两次社会党国际局会议的提案。会议没有就这个问题通过硬性的决议。只是表示希望这样做。显然，绝大多数的代表并不认为有必要每年开会一次以上（过去是一次），——当然，在特殊情况下可以例外。

第4项议程是国际局关于改变各国党向国际局提供经费的数额的提案。国际局过去每年在名义上的收入是14 950法郎（约合6 000卢布）；建议把这个数目增加到26 800法郎，即除去通常欠交的数目，增加到2万法郎（8 000卢布）这样一个整数。这样，各国党就应当为该党出席国际社会党代表大会的每个代表每年交

100 法郎。俄国有 20 个代表,因此应交 2 000 法郎,其中 700 法郎由社会革命党负担,1 000 法郎由社会民主党负担,300 法郎由工会负担。过去俄国每年交 1 500 法郎,其中我们交 900 法郎(根据同社会革命党的协议)。会议对这个问题也没有通过硬性规定。会议委托国际局同各国的党洽商,并且表示希望能为每个代表每年交 100 法郎。

第 5 项是关于改变代表名额的问题,瑞典代表增加到 12 名,匈牙利代表一般地暂时不增加,但克罗地亚代表增加 2 名。另外在土耳其支部成立以前准许土耳其支部的亚美尼亚分支部参加(据说在土耳其的亚美尼亚社会党人不愿"等待"土耳其人),同时给了这个分支部 4 个代表名额。最好是请我们熟悉土耳其亚美尼亚社会主义运动情况的亚美尼亚社会民主党的同志们对这个问题发表意见。

第 6 项议程是关于接受智利社会民主党参加的问题。这个党是在智利民主党分裂以后成立的。智利社会民主党人也没有经过什么争论就被接受了。

第 7 项议程是关于俄国的锡安社会党人[138]的问题。大家知道,在斯图加特代表大会以前,他们曾建议我们党的中央委员会接受他们参加"国际"俄国支部的社会民主党分支部。我们的中央委员会拒绝了,同时通过决议来说明我们根据什么理由反对把**锡安主义者**算做社会民主党人,尽管他们自称为"锡安社会党人"。锡安社会党人的一位代表曾到过斯图加特,在那里我们分支部也拒绝接受他,而社会革命党人却不表态。因为根据章程,"国际"接受新成员时必须得到该国支部的同意(在本国的两个分支部意见不一致时,由国际局最后决定),所以锡安社会党人按规定是不能参加代表大会的。于是他们向国际局申诉，国际局当时竟作出了妥协性的决定：准许锡安社会党人派一名有发言权的代表参加代表大会。现在必须澄清已经造成的混乱：锡安社会党人究竟是不是"国际"的成员？维·阿德勒同在斯图加特一样，坚决反对锡安社会党人，拒绝锡安社会党人在电报中以不能出席为理由而希望延期讨论的请求。维·阿德勒说道：有时候不出席是最好的防御手段。我在发言中再一次提到我们的中央委员会的决定，并且指出，违反俄国两个分支部的意志而接受锡安社会党人，这是严重地破坏"国际"章程的行为。鲁巴诺维奇和"犹太社会主义工人党"**139**（它在斯图加特被社会革命党人接受加入自己的分支部）的代表日特洛夫斯基作了激烈的发言，反对不接受锡安社会党人，**但是**，鲁巴诺维奇除了说社会革命**党**在这个问题上**弃权**以外，**不能**提出该党另外的决定，而日特洛夫斯基看到锡安社会党人免不了要被取消资格，便公然**替自己辩护**，他用可笑的激烈口吻证明说，如果锡安社会党人是地域主义者，那他们"犹太社会主义工人党"也是地域主义者了。显然，从这里得出的结论并不是应当接受锡安社会党人，而只是：在"国际"中，除了社会革命党人以外，恐怕再也没有什么人会同意接受"犹太社会主义工人党"了。我在第二次发言中坚决抗议鲁巴诺维奇的手法：强迫**别人**的分支部接受锡安主义者，可是又不提出自己的分支部维护锡安主义者的决定。结果国际局一致通过（鲁巴诺维奇和瓦扬两人弃权）阿德勒的决议案。该决议说：

"国际局确认，过去准许锡安主义者（只有发言权）参加的仅仅是斯图加特代表大会的会议，现在锡安主义者不属于国际局，随后转入下一项议程的讨论。"

第 8 项,也是最后的一项议程,是批准国际局法国社会党人代表团的特殊构成,这一项几乎没有争论。盖得被指派为法国的代表之一,法国在国际局中应有的另一代表由瓦扬和饶勒斯两位代表共同担任。

国际局会议结束时,一致通过比利时代表德·布鲁凯尔提出的关于支持土耳其革命的决议案:

"社会党国际局高兴地庆贺阿卜杜尔-哈米德依仗列强在土耳其长期维持的腐败制度的垮台,高兴地庆贺在土耳其帝国各族人民面前出现了自己掌握自己命运的可能性,祝贺他们建立起政治自由的制度,从而使新生的无产阶级能够同全世界无产阶级紧密团结起来进行自己的阶级斗争。"

————

10 月 12 日(星期一)举行了各国议员代表会议。议程共有三项:(1)最近一次的议会会议;(2)殖民地的改革(由范科尔作报告);(3)关于社会党人在各国议会联盟内部开展争取和平的活动(由比利时代表拉封丹作报告),——其次还有四个问题;(一)建筑工人的补偿条件(在企业主破产的情况下);(二)用书信进行表决;(三)议会党团的成员和书记的新名单;(四)文件的寄送。

关于第 1 项议程,只是根据佩尔纳斯托弗的建议肯定了斯图加特代表大会的如下决议:请各国议会党团的书记向社会党国际局提供该党团的**书面报告**。会议就上列"问题"中的最后两个问题简单交换意见之后,也作了同样的提示。关于前两个"问题",会议简单地提到了某些社会党代表的有关这方面的材料和建议。根据拉封丹本人的建议,他的报告暂时不作。奥地利和德国的代表在这个问题上表示,他们反对社会党人参加维护和平的各国资产阶级议员代表会议。瑞典代表布兰亭举出了说明瑞典社会民主党人参加这些代表会议的原因的一些特殊条件。根据他的提议，在下一次和国际局会议同时举行的各国议员代表会议的议程中，列入了工人的国家保险问题。

只有一项议程有一个简短的报告，而且值得讨论，那就是关于殖民地改革的问题。由于在斯图加特就殖民地问题提出一个机会主义决议案而出名的荷兰代表范科尔，在这次的报告里，企图从另一个稍微不同的方面把他十分欣赏的那个关于"积极的"社会民主党殖民地纲领的思想搬出来。范科尔根本不谈社会民主党反对殖民政策的斗争，不谈在群众中进行反对殖民地掠夺的宣传和唤起殖民地被压迫群众的反击和抵抗的精神，而只是注意列举在现行制度下殖民地生活的可能的"改革"。他像一个好心的官员一样列举了各种各样的问题，从土地所有制起，到学校、监狱和鼓励办工业等等，同时还强调必须实际一些，比如说，要考虑到普选制在野蛮人当中并不一定适用，有时候不能不承认在殖民地用强制劳动来代替监狱是必要的，如此等等。充满整个报告的不是无产阶级的阶级斗争精神，而是十足的小资产阶级改良主义的精神，甚至更坏，简直是官僚的改良主义的精神。最后，他提议由占有殖民地的五个最主要的国家选出一个委员会来制定社会民主党关于殖民地的纲领。

德国代表莫尔肯布尔和一些比利时代表本来也想走范科尔的道路，他们只同范科尔争论了一些细节问题，如需不需要统一的共同纲领，这是不是一种公式化做法等等。这样提问题只会对范科尔有利，因为他正想把一切事情都归结为"实践"，证明"在实践中"意见分歧并不像大家在斯图加特所感觉的那样大。但是考茨基和累德堡从原则上提出了问题，抨击了范科尔整个立场的根本错误。

考茨基说,虽然范科尔认为普选制只是在个别场合不适用,但不管怎样他也是容忍了殖民地的专制制度,因为他没有提出而且也提不出任何别的选举制。累德堡说,范科尔认为可以采用强制劳动,这无异是给利用无数借口来维持殖民地的奴隶制度的资产阶级政策大开方便之门。范科尔非常固执地、非常拙劣地替自己进行辩护,例如他证明说,有时候非实行劳役制不可,"他在爪哇亲眼见过这种情形",巴布亚人不知道投票是怎么回事,他们的选举有时简直是由迷信或者干脆用喝糖酒来决定的,等等。考茨基和累德堡嘲笑了这种论据,认为我们的共同的民主纲领对殖民地也是绝对适用的,在殖民地也必须把同资本主义的斗争提到首要地位。累德堡问道:我们那些"有教养的"天主教徒的迷信是不是比野蛮人的迷信好一些? 考茨基说,议会制度和代表制度不是在任何时候都适用的,可是,民主制度始终是适用的,同任何背离民主制度的行为作斗争始终是必要的。经过这些辩论,革命的社会民主党的路线和机会主义的社会民主党的路线就十分清楚了,范科尔看到他的提案显然要被"极其隆重地埋葬",就自动把它撤回了。

载于1908年10月16日(29日)　　　　译自《列宁全集》俄文第5版
《无产者报》第37号　　　　　　　　第17卷第233—249页

彼·马斯洛夫歇斯底里大发作

（1908 年 10 月 16 日〔29 日〕）

彼·马斯洛夫在《社会民主党人呼声报》第 8—9 号合刊上发表了一封《致编辑部的信》，这封信除了叫做歇斯底里，不能叫做别的。作者不仅侮辱我，把我的笔调同修士司祭伊利奥多尔的笔调相提并论，而且还把**14 年前的谈话**搬了出来，老实说，这不是歇斯底里又是什么呢？读者会以为这是说笑话吧，不，这是事实。彼·马斯洛夫写道："在《资本论》第 3 卷出版以前，列宁就看过我的一份手稿，在这份手稿里，我在解决利润分配问题上同第 3 卷是一致的。但是列宁说，他认为斯克沃尔佐夫教授对这个问题的极荒谬的解决办法是正确的。"请想一想，这是**在第 3 卷出版以前**，也就是**在 1894 年以前**的事！ 自称对**14 年前的谈话**和自己没有发表的手稿记得分毫不差，那不是由于幼稚无知（我的这位最可尊敬的论敌不是这种人），就是歇斯底里大发作。最好把这份手稿发表出来，马斯洛夫同志，你看如何？ 如能证明马斯洛夫而且只有马斯洛夫**在**第 3 卷出版**以前**就解决了恩格斯向全世界提出的问题，那多有利呀！ 不错，现在证明似乎是晚了一点…… 但是，迟做总比不做好。事实上，决不能认为马斯洛夫只是想援引一段个人回忆来自我吹嘘一番。

原来，马斯洛夫不等他投稿的那家报纸的编辑部出来赞扬他对马克思理论的修正,就决定自我吹嘘起来,吹嘘他在 14 年前所做的(私下里)事情…… 原来,我(如果相信马斯洛夫同志有惊人的记忆力)在 14 年前,在《资本论》第 3 卷出版以前犯了错误,并且没有把这些错误发表出来;而马斯洛夫在《资本论》第 3 卷出版了 7 年和 14 年以后才犯错误,并且把这些错误发表出来了。不过,马斯洛夫歇斯底里大发作可能不完全是无意的。正好在 5 年以前,马尔托夫曾经对普列汉诺夫发过一通歇斯底里,结果促使普列汉诺夫从布尔什维克转到孟什维克方面去了。彼·马斯洛夫是不是指望普列汉诺夫在他及其同伙编的报纸上看到马斯洛夫的号叫以后,会放弃马克思的地租理论,而赞成马斯洛夫的地租理论呢?这太有趣了。现在趁这种事情还没有发生,我们来看一下,马斯洛夫责备我的文章"满篇都是断章取义和公然撒谎",这究竟是怎么一回事。

马斯洛夫同志,真的"满篇"都是如此吗?

好吧,我们就把你所有的论据都来分析一下吧。

"列宁写道:'说马克思认为绝对地租是由于农业资本构成低下而产生的,这是不对的。绝对地租是由土地私有制产生的。这种私有制造成一种特殊的垄断'①。"

在这里,马斯洛夫**割断了我的话**,这句话不是到"垄断"这两个字就完了,而且在句末还注明了**第 4 卷**(《**剩余价值理论**》)**的具体页码**。这不是马斯洛夫断章取义,不是的! 这不过是"修改"别人的话……

彼·马斯洛夫继续写道:"列宁就是这样写的。可是马克思却

---

① 见本版全集第 16 卷第 265 页。——编者注

写道:'如果农业资本的平均构成等于或高于社会平均资本的构成,那么,上述意义上的绝对地租,也就是既和级差地租不同,又和以真正垄断价格为基础的地租不同的地租,就会消失。'(《资本论》第3卷,俄译本第631页①)请读者判断一下吧,究竟谁对马克思理论的叙述更正确。"(接着,彼·马斯洛夫讲了,他清楚地记得我在14年前同他个别谈话时在利润规律问题上犯的错误)

我也请读者判断一下,"断章取义和公然撒谎"的到底是谁。最可尊敬的马斯洛夫**在我引证马克思的话之前割断了我的话**,而另外给我加了一段引文!这算什么论据呢?是不是马斯洛夫又一次揭露了马克思的"草稿"当中的矛盾呢(我提醒读者一下,甚至在《剩余价值理论》出版以后的1906年,马斯洛夫还竟敢说,他所发现的马克思的错误之所以存在,是因为《资本论》第3卷是一部"草稿")?这岂不是证明,马克思**一会儿说**绝对地租产生于土地私有制,**一会儿又说**产生于农业资本构成的低下,是不能自圆其说吗?

不是的,这只是证明马斯洛夫又在乱搅和。从马克思那里可以找到几十句说绝对地租产生于土地私有制的话,也可以找到几十句说绝对地租产生于农业资本构成低下的话。道理很简单,因为马克思是在自己有关的论述中提出**这两种条件**的,**我**在叙述马克思理论时**也**完全是这样**提出这两种条件**的。在我那篇文章中,就在马斯洛夫引用的那一段里,我**也**谈到了农业资本**构成低下**的问题!(见《无产者报》第33号第3版第2—3栏②)马斯洛夫为了反驳我,引用了第3卷第45章,也就是关于绝对地租的一章。马斯洛夫引用了原著第298页,但是马克思在第287页,**也就是在前**

---

① 见《马克思恩格斯文集》第7卷第865页。——编者注
② 见本版全集第16卷第264—267页。——编者注

面，指出土地私有制不"产生"级差地租（在资本主义制度下，**即使没有**土地私有制，也必然会存在级差地租），土地私有制产生的是绝对地租。马克思写道："土地所有权本身已经产生地租"（第3卷第2册第287页），并且用了黑体。

请问，第287页的引文和第298页的引文是矛盾的吗？一点也不矛盾。马克思在阐明了土地私有制**产生**地租（即绝对地租）以后，又进而说明这种地租或者不过是垄断，仅仅是垄断，纯粹是垄断，或者是垄断妨碍构成低下的资本（农业）和构成较高的资本（工业）的**利润平均化**的**结果**。

可见，马斯洛夫在普列汉诺夫及其同伙编的报纸上，无非是再一次对马克思主义作了不可容忍的歪曲。可见，马斯洛夫在这里还是认定（只是没有直说出来）绝对地租不可能存在，马克思的理论是谬误，而否定绝对地租的资产阶级政治经济学的理论才是真理。

为什么不把在《土地问题》中讲过的和我引述过的论点直说出来呢？难道这不是"断章取义和公然撒谎"吗？这究竟是怎么回事呢？在《土地问题》中说马克思是错误的，说绝对地租不可能存在，在普列汉诺夫及其同伙编的报纸上却**对此只字不提**，而只谈谁对马克思理论的叙述**更正确**！！！这样一来，我同马斯洛夫争论的不过是"谁对马克思理论的叙述更正确"的问题了，这样一来，似乎我指出马斯洛夫抛弃绝对地租就是"修改"马克思的"草稿"也是在撒谎了！？马斯洛夫同志，真可耻啊！

"接着，列宁写道：'彼得·马斯洛夫也不懂得马克思的级差地租……　当租地者在他经营的地块上新投入的资本既提供新的利润又提供**新的地租**（黑体是列宁用的）时，得到这种地租的不是土地占有者,而是租地者。'①列宁趁这个机会自然把'愚蠢的'马斯洛夫适当地教训了一顿。我们翻一下《土地问题》第 1 卷,在第 112 页上可以看到:'如果集约化经营由于新投入 500 卢布而提供同样数量的产品,那租地者得到的利润将不是 25%,而是 100%,因为第一次投资时他就交了 333 卢布的地租…… 如果他在投入第一批资本时满足于平均利润…… 那么缩减租地面积,在同一块土地上进行新的投资,这样对他更有利,因为这种投资可以提供超额利润,使租地者也能获得地租。'但是,列宁为了骂我就要撒谎。"

我们来看一下,到底谁在撒谎。为了弄清这一点,应当注意我所抄录的马斯洛夫引文中的**删节号**,因为我把马斯洛夫关于这一问题所说的话全部引在这里了。删节号表示**省略**。马斯洛夫在引述他的第 1 卷第 112 页时,**恰恰省略了他反驳马克思的一段话,省略了在第 112 页上用黑体的一段话!**这是不可思议的,但这是事实。我发表在《无产者报》上的文章,曾经引证过《土地问题》第 1 卷第 112 页的一段话,即马斯洛夫用来反驳马克思的第 2 个论据:"从'最后一次'投入的资本所取得的地租,即洛贝尔图斯所说的地租和马克思所说的绝对地租,一定会消失,**因为只要资本除通常的利润外还能提供别的东西,租地者总是能够把'最后一次'投资变为倒数第二次投资。**"(黑体是马斯洛夫用的)②

这是马斯洛夫用来反驳马克思的一个论据。我曾经驳斥过这个论据,现在我仍然认为,这个论据完全是虚假和混乱的。马斯洛夫在答复我的时候,引证了第 112 页**这一页**,却略去了攻击马克思的话!攻击改成了**删节号**,删节号之前引证了这一页的**开头**,删节

---

① 见本版全集第 16 卷第 267 页。——编者注

② 同上书,第 266 页。——编者注

号之后引证了这一页的**结尾**,于是对马克思的攻击不见了。难道这不是断章取义,不是公然撒谎吗?

无论过去和现在,我从未断言长达 400 页的《土地问题》一书中没有正确的地方。我只是肯定,**马斯洛夫用来反驳马克思的论据**是一些难以形容的胡说,是闻所未闻的糊涂思想。如果马斯洛夫在他打算出版的第 4 版中把这些论据删掉,譬如说,在 112 页上只保留他在《社会民主党人呼声报》上引述过的话,那么,我和大家都会说:马斯洛夫从第 4 版起就不再修改马克思的理论了。但是目前他还没有这样做,凡是读第 1 卷的人都会在第 112 页上看到马斯洛夫用来反驳马克思的论据,看到他在《社会民主党人呼声报》上**删去**的那个论据。而且人人都会看到,我对**这个论据**的批评是正确的,就是说,拿这个论据来否定**绝对**地租是荒谬的,因为租地者在租约期内可以从新的投资中得到**全部**新地租,就是说,既有绝对地租也有级差地租。

马斯洛夫的另一个"例子"我就不谈了,因为它同马斯洛夫在《社会民主党人呼声报》上所删掉的**那个论据**有关。当然,如果马斯洛夫**收回**这个论据,那我的批评也就失去了意义。如果他没有这样做,而只是删节自己的引文,那么请问读者:"满篇都是断章取义和公然撒谎"的到底是谁?

最后,马斯洛夫从我的文章中引述的最后一段引文是:

"'什么是集约化?'列宁这样发问并随即答道:'就是更多地投入劳动和资本。根据伟大的马斯洛夫的发现,采用收割机不是(黑体是列宁用的)投入资本。采用条播机也不是投入资本。'①列宁

---

① 　见本版全集第 16 卷第 273 页。——编者注

对土地问题的一些最基本的概念都不了解,因而给集约化下了错误的定义,他不仅在胡说八道,而且是睁眼说瞎话。在《土地问题》第62页上写道:'无论粗放经营也好,集约经营也好,脱粒机都会减少单位土地面积的劳动消耗。'(经营的集约化不论土地面积如何,都取决于这种消耗,而不是一般的消耗。——彼·马·)收割机的作用也相同。"

最可尊敬的马斯洛夫,请你听着,对此我要告诉你:胡扯也要有个限度! ……难道争论的是关于集约化是否取决于单位面积的投资抑或同面积无关的问题吗? 要知道,这才真正是断章取义和公然撒谎! 争论的根本不是这一点。在马斯洛夫目前所引的我的文章的第2部分,我反对的根本不是《土地问题》,而是马斯洛夫发表在1907年《教育》杂志第2期上的文章。

一个人忽而把那些用来反驳马克思而遭到批评的论据从自己的著作中删掉,忽而把自己整篇整篇的文章都撇开,而把一些文不对题的东西塞给读者,这样的人请你去同他争论吧!

我的文章的第2部分的标题是:《要推翻民粹主义就必须推翻马克思的理论吗?》这一部分批评的只是马斯洛夫发表在1907年《教育》杂志第2期上的文章。

马斯洛夫在《社会民主党人呼声报》上只字不提他的这篇文章,却捧出了他的《土地问题》! 这简直是可笑的捉迷藏! 我从来没有讲过,马斯洛夫在《土地问题》一书中写道,要推翻民粹主义就必须推翻马克思的理论。

但是,马斯洛夫在《教育》杂志上是这样说的。我所反对的正是这一点,而决不是反对谈论集约化取决于怎样的投资。马斯洛夫说道:"如果连续投入同一块土地的劳动的生产率会不断降低这一事实不存在的话,那也许还能实现社会革命党人所描绘的那种美景。"马斯洛夫,现在你是否还坚持你的这个论断呢?

最可尊敬的,你在捉迷藏吗? 但是这就等于承认自己打败了。

你现在是否仍然断定是你"第一个特别强调农艺措施和技术进步对于经济发展有不同的作用,尤其对于大生产和小生产的斗争有不同的作用"的呢? 你在《教育》杂志上是这样说的。我在《无产者报》上也是这样引述的。你在《教育》杂志上而不是在《土地问题》中提出的关于收割机的论断,同这个问题而且仅仅同这个问题有关。马斯洛夫不维护他在《教育》杂志上的论断,就是放弃阵地!

总之,马斯洛夫所做的其实就是在《社会民主党人呼声报》上躲躲闪闪。他又糊涂了,似乎马克思不是从土地私有制中引申出绝对地租来的,但是他又不敢公开替自己对马克思的修正辩护;他把自己的引文中反对马克思的论据删掉了;他闭口不谈自己在《教育》杂志上提出的论断。我们再说一遍:马斯洛夫在《土地问题》中对马克思绝对地租的消灭和他在《教育》杂志上的论断糊涂透顶,把资产阶级观点搬进理论,达到了登峰造极的地步。

关于马斯洛夫的著作的德文版,我曾经嘲笑该译本竟把对马克思的修正统统隐藏起来了。马斯洛夫辩解说:出版人没有把我的著作的第1部分全部印出来! 马斯洛夫的这一更正应当怎样解释呢? 我说是马斯洛夫删掉的。马斯洛夫说是出版人删掉的,而出版人是德国的社会民主党人狄茨。

如果狄茨删掉马斯洛夫的"理论",删掉他对马克思理论的"修改"是**得到**马斯洛夫同意的,那我的结论丝毫不变。如果狄茨这样做**没有得到**马斯洛夫的同意,那我的结论只需要改变一下形式:狄茨把马斯洛夫书中的蠢话一概删掉是明智的。

最可尊敬的马斯洛夫是要想得到这种更正吗?

马斯洛夫说我"开始寻找论敌的谬误",是"想掩饰"自己朋友的谬误。这是造谣。我认为我的朋友有谬误,我就同样坚决地加以反对,就像反对你一样。我在刚刚出版的《纪念马克思》的文集中作的一个注释①就证明了这一点。早**在 1901 年**的《曙光》杂志上,也就是在布尔什维克和孟什维克分裂之前的**两年**,在马斯洛夫提出第一个地方公有化纲领之前的**两年**,我就"开始寻找"马斯洛夫的谬误了②。在 1901 年,马斯洛夫**仅仅**在修改马克思理论这个问题上,是我在党内的"论敌"。

附言:这篇短评写好后,接到《社会民主党人呼声报》发行部的一张特别通知单,上面写道:

"由于印刷上的错误,《社会民主党人呼声报》第 8—9 号合刊**漏印了**编辑部对马斯洛夫同志来信的**按语**。这个错误将立即纠正,编辑部的按语将送给订阅者和零购者。"

我们还没有接到这个更正。我认为我有责任把这种印刷上的错误告诉读者。但是就在我所转载的这张特别通知单里是不是**还有印刷上的错误**呢? 是不是应当改称马斯洛夫**同志**为马斯洛夫**先生**呢? 要知道,普列汉诺夫曾经在刊物上声明过,凡是背离马克思的人,在他看来都不是同志而是先生! 莫非这种说法不适用于鼓

---

① 见本卷第 14 页。——编者注
② 见本版全集第 5 卷第 106 页。——编者注

吹背离马克思主义的孟什维克吗?

载于 1908 年 10 月 16 日(29 日)　　　译自《列宁全集》俄文第 5 版
《无产者报》第 37 号　　　　　　　　第 17 卷第 250—258 页

对彼·马斯洛夫的
《答复》的几点意见[140]

（1908年10—11月）

我的论敌责备我采用了歪曲争论实质的论战手法。为了澄清事实真相，我把彼·马斯洛夫的《答复》逐条地分析一下。

马斯洛夫的第一个例子。列宁说，不彻底消灭农奴制的一切残余，革命高潮是不可想象的，"似乎社会民主党通过了土地地方公有化纲领，就是想保存农奴制残余，使土地仍然留在地主手中"。

每个读者都会看到，马斯洛夫回避了问题的实质，因为我一向指出，不仅地主所有制，而且现在的份地所有制，都是农奴制残余。争论的焦点就在这里。马斯洛夫在他的**整篇**答复中回避了这个问题，只字不提份地土地所有制中是否有某种中世纪的东西，肃清这种中世纪的残余对资本主义是否有利，因而转移了读者的注意力。不回答论敌的原则性的论据，硬给论敌扣上"激动"的帽子，这不是争论，而是谩骂。

第二个例子。马斯洛夫认为我指出土地变革同政治变革有不可分割的联系，是不尊重读者。地方公有化也并没有割断这种联系。怎么，这也算是答复吗？在这里，马斯洛夫故意不提：（1）我曾经**确切地**引述过孟什维克诺沃谢茨基的一段话，这个诺沃谢茨基

明确地把地方公有化同不彻底的政治变革联系在一起。（2）我的一个论据，认为地方公有化既不会触动中世纪村社，也不会触动中世纪土地占有制，就是说，它肯定无疑地必然使之变得不彻底的正是土地变革，而且也只是土地变革。

马斯洛夫的第三个论据："列宁把农民仇恨地主和官吏这一点作为论据，来论证自己的纲领，反对已经通过的纲领。"这是撒谎。每个读者都会看到，马斯洛夫把"**仇恨中世纪制度**"（在稍前几行，马斯洛夫自己也承认我指的正是这种仇恨），偷换成了"仇恨**地主**"。他所以要这样偷换，是为了避开我的关于**份地**所有制具有中世纪性质的论据。

说我把自己的纲领叫做布尔什维克的纲领，这是撒谎。说在斯德哥尔摩似乎表决过国有化问题，这也是撒谎。马斯洛夫同志，你不应该歪曲事实！

"任何地租理论，都丝毫不能说明国有化纲领好还是地方公有化纲领好，因为不管怎样，从被没收的土地上所得的收入总是归国家或自治机关的。"

这倒是个涉及实质的论据。这个论据很妙，因为它最清楚不过地表明，乌斯洛夫多么惊人地歪曲了马克思主义。只有否认已经被马斯洛夫"推翻的"马克思的**绝对地租**理论，才会忘记粮价下降和保证资本渗入农业的事实，而把问题完全归结为"收入"！马斯洛夫提出这样的论据，就证明他对问题的**经济**实质一窍不通。万分敬爱的马斯洛夫，问题不在于收入，而在于消灭**绝对**地租会使农业生产中的各种关系得到改善。马斯洛夫既然否定了马克思理论中的绝对地租，也就根本不可能理解国有化的经济意义。在俄国资产阶级革命中，千百万小私有者为什么可能而且必须要求国有化呢？在马斯洛夫看来，这个**经济**问题是不存在的。马斯洛夫的不幸就在这里！

　　说我在 1905—1908 年间写的一些文章反对过割地纲领，这是事实。但是像马斯洛夫那样在这一点上"大做文章"，那就是蒙骗读者，而不是阐明争论的问题。要知道，马斯洛夫也并没有把自己 1903 年的整个纲领都保留下来！他为什么向读者隐瞒这一点，而只是提出往事的一个方面呢？他引证了我过去说过而且直到现在也不想否认的话，即"在警察国家里"实行土地国有化是有害的，——这又是为什么呢？这是争论还是谩骂？

　　波兰读者不了解俄国社会民主党人中间争论土地问题的详细情况，因此我要说明一下：1903 年，在俄国社会民主工党第二次代表大会以前，马斯洛夫在刊物上提出的并不是他在 1906 年提出的那个纲领。把过去的争论翻出来，我认为是不应该的，我在上一篇文章里也没有涉及这些争论。但是现在马斯洛夫自己又把旧事重提了。他想卖弄机智，推翻我已经放弃的 1903 年的纲领。也许他提起过去的争论是打算转移人们对他新观点中的弱点的注意吧？事实终归是事实。马斯洛夫提起了过去的争论，却没有向波兰社会民主党人谈到，他自己就更改了自己 1903 年的纲领。他抓住论敌对自己过去的纲领所作的公开的、早已完成的修改而横加指责，却隐瞒了他对自己的纲领的更改。在 1903 年，彼得·马斯洛夫不仅不主张无论如何必须把份地留在份地所有者手里，相反，他在自己的纲领中甚至提出，只要有可能**份地也要实行社会化**，但是他隐瞒了这一点。

　　这岂不是妙得很吗？旧事重提究竟使谁难堪？是公开承认旧观点的错误根源的人呢，还是把自己观点的更改掩盖起来的人？

为什么在 1903 年,彼·马斯洛夫认为连份地也可能实行社会化,而到了 1906—1908 年间,却大发雷霆,反对接受这种观点呢?

关于这种"论战"手法,或者确切些说,这种抹掉痕迹的方法,还是请读者自己去判断吧。马斯洛夫学会了屠格涅夫笔下的老滑头的处世之道,对于自己行为中见不得人的丑事,骂得愈响愈好。别人更改了自己的观点,而且自己指出了这一点。你就来大喊大叫反对这种更改,以便于掩盖自己观点的更改! 即便拿不出论据,也要蒙骗一番。

马斯洛夫不喜欢我那个关于欧俄地产分配的图表。我拿"卡尔梅克式的"所有制同俄国西南部的"集约经营"相比较,马斯洛夫对此大为愤慨。凡是熟悉土地问题著作的读者,当然都会知道,无论**马斯洛夫本人**,或者其他的著作家,都曾拿某个穷乡僻壤拥有 4 俄亩土地的无马破产农民,同大城市周围集约经营蔬菜业的拥有同量土地的富裕农场主作过比较(虽然只是拿个别地区作比较)。马斯洛夫同志本想吹嘘一下他的"详细分析",但是吹得不是地方,完全不是地方! 这纯粹是**吹牛**,而不是科学的论证,因为要想弄清斗争的**结果**,除了我所采取的方法,别无他法可循,何况马斯洛夫自己也明白,要在《社会民主党评论》杂志上作"详细分析"也是不可能的。

我说过,劳动派赞成国有化就是向孟什维克证明我是对的。马斯洛夫不来直接分析我的这一论据,而力图间接地削弱它,他提出了两点:(1)国有化已经被"打了折扣";(2)在第一届杜马中许多人之所以附和自治派,"正是因为他们的选民不希望土地国有化"。

难道这不是回避问题吗? 国有化同这种"打折扣"有什么相干呢? 马斯洛夫在 1905 年以及所有孟什维克在斯德哥尔摩都一口

咬定俄国农民绝对不会赞成国有化,农民会用旺代暴动来回答国有化,但自治派同这一切又有什么相干呢？马斯洛夫回避了一个使他不愉快的事实,即劳动派**在**斯德哥尔摩代表大会**以后**接受了国有化纲领,从而**推翻了**孟什维克的论据。写一篇始终回避问题本质的《答复》是不难的,但也没有多大价值。第一届和第二届杜马常常使工人代表陷入窘迫的境地,这是事实,因为社会民主党人比农民自己对国有化"打折扣"打得**更大**。社会民主党人成了胆小庸俗的知识分子,**一味劝导**农民对旧的中世纪的份地所有制要**更加谨慎从事**,要更加努力地去巩固这种所有制,要更缓慢地使新的自由的土地所有制去适应资本主义！马斯洛夫同志,问题并不在于劳动派对国有化打了折扣,而在于社会民主党人,马克思主义者,对国有化打了更大的折扣,因为地方公有化正是被打折扣打得面目全非的国有化。不幸的不是自治派有时反对①国有化,而是俄国社会民主党人没有能了解俄国农民斗争的性质。马斯洛夫的蛊惑行为,并不在于他证实某些自治派不赞成国有化,而在于他闭口不谈许多自治派不赞成地方公有化的事实,在于他提出一些市侩分离主义的论据来唆使自治派反对国有化！

　　自治派反对国有化。请读者想一想,这个论据对谁有利呢？我只是想提醒一下,早在 1903 年,在我反驳马斯洛夫**当时的**纲领时,就把地方公有化叫做打了折扣的国有化。我想提醒一下,在1906 年,在斯德哥尔摩代表大会召开前,我同马斯洛夫在辩论时就指出过,把民族自治问题同土地国有化问题混淆起来是不正确

---

①　完全不对,一点也不对,决不是所有的！马斯洛夫应当想一想这一事实,即乌克兰自治派契热夫斯基就为国有化作过辩护。

的①。我们纲领的基本原则保证了自治，因而也就保证了自治地区可以支配国有化的土地！这点起码的常识马斯洛夫却想不通！国有化就是消灭绝对地租，把土地所有权转交给国家，禁止土地的一切转让，就是说，取消土地经营者和土地所有者（国家）之间的一切中介人。在这个范围以内，各个地区和民族完全可以在支配土地、规定移民条件和分配条例等方面实行自治，这种自治同国有化丝毫不矛盾，而且是我们政治纲领所包括的要求。因此很明显，只有像整个"自治派"那样的小市民，才会拿担心丧失自治权作借口来掩盖自己的怯懦心理，掩盖自己不愿意为统一的、集中的土地革命而积极斗争到底的心理。在社会民主党看来，问题的提法正好相反：对无产阶级来说，这是一个既在政治方面又在土地方面把革命进行到底的问题。**为了把革命进行到底，就必须实行劳动派即政治上已经觉悟的俄国农民所要求的土地国有化**。马克思主义者认为，这一步骤的经济标准应提到首要地位；这个经济标准就是：根据马克思的学说，实现资产阶级的土地国有化，可以保证最大限度地发展农业生产力。因此，土地领域中坚决的资产阶级革命的步骤，同政治领域中坚决的资产阶级民主变革，即建立唯一能够保证**真正自治**的共和国，是密切相关的。自治同土地变革之间的真正的关系就是这样，而马斯洛夫却对此一无所知！

　　马斯洛夫说我引用马克思的《剩余价值理论》是使用"脱身之计"，因为马克思并没有说过"农民想要自己剥夺自己"。得了吧，马斯洛夫同志！难道你真的不懂马克思说得很明确的话吗？马克思有没有说过彻底消灭中世纪土地所有制对资本主义是有利的？

---

①　见本版全集第12卷第227—230页。——编者注

1905—1907 年间俄国农民所要求的和劳动派所主张的土地国有化,是不是要消灭中世纪所有制? 我的可爱的论敌,问题正好就在这里,把资产阶级农民的土地国有化可笑地叫做"剥夺"农民,丝毫不能动摇我的问题提法的正确性…… 马斯洛夫继续说道:"同样,在工业中,资本主义也破坏了小私有制,但是难道由此能得出结论说,社会民主党人应当担负剥夺手工业者的任务吗? ……"

这简直是妙语如珠! 农民反对土地所有制方面的中世纪界限的斗争,争取土地国有化(马克思证明,国有化最有利于资本主义的发展)的斗争,竟被叫做"剥夺"农民,而且同资本剥夺手工业者相提并论。马斯洛夫同志,别昧着良心说话! 看在上帝的份上,你应该好好想一想,为什么我们要**支持**农民去反对地主,而却认为支持手工业者反对工厂是反犹太主义者的勾当。

马斯洛夫不懂得,社会民主党人永远不应该支持手工业者,即工业中的小私有制,因为这种行动不管在什么条件下都是绝对反动的。但是支持农业中的小私有制,**可以**是马克思主义者的义务,而且只要小的资产阶级经济在经济上比大的封建经济**先进**,那永远都**应当**给以支持。马克思从来没有支持过小工业去反对大工业,但是马克思支持过 40 年代美国和 1848 年德国的小农业、农民去反对封建大地产。在 1848 年,马克思建议分割德国封建田庄。马克思支持过美国的小业主争取土地自由和消灭土地私有制、反对大奴隶主田庄的运动。①

马克思的土地政策的方针是不是正确呢? 是正确的。尊敬的马斯洛夫同志,你按照资产阶级经济学的精神"修改"了绝对地租

---

① 参看《马克思恩格斯全集》第 1 版第 5 卷第 325—331 页,第 4 卷第 1—16 页。——编者注

理论,但是没有来得及"修改"马克思的其他理论。土地领域中的资产阶级革命,只有在它用暴力彻底消灭了整个封建所有制,扫除了旧日的全部土地所有制,为新的、自由的、适应资本而不是适应地主的资产阶级土地所有制打下基础时,才能成为彻底的革命,才能取得真正的胜利。土地国有化同这种变革的方针是完全一致的。而且只有土地国有化这项措施才能使上述变革达到资本主义社会所能达到的最彻底的程度。再没有别的办法能够这样彻底、这样无痛苦地把他们从份地所有制这种"犹太人居住区"中解放出来了。再也没有别的办法能够这样不通过警察、官僚和高利贷的方法来消灭旧的、腐朽透顶的村社了。

如果客观地来看一下,在俄国资产阶级革命中,问题的提法就是而且只能是:由斯托雷平(也就是地主和专制制度)使旧的土地所有制去适应资本主义,还是由农民群众自己起来推翻地主和沙皇的政权而做到这一点。在前一种情况下,只能通过改良的办法求得适应,就是说,这种适应是不彻底的,过程极其漫长,生产力的增长非常缓慢,民主主义的发展非常有限,俄国注定要长期受容克的统治。在后一种情况下,只能通过革命的办法求得适应,就是说,用暴力扫除地主田庄,保证生产力得到最迅速的发展。能不能想象,在保持旧的农民份地所有制的条件下以革命方式消灭地主所有制呢? 不,这是不可想象的,两届杜马中的农民代表也都证明这是办不到的。他们的证明就是他们创造了全俄农民在资产阶级革命时期的政治典型,即要求土地**国有化**的**劳动派**典型。

马斯洛夫大喊大叫国有化带有社会革命党的性质,用的还是孟什维克的老办法:他们一面讨好立宪民主党人,一面给革命的社会民主党人加上接近社会革命党人的罪名。这些人自己向自由主义君主派地主和商人卖弄风情,可是当他们看到革命的社会民主党人希望在资产阶级革命中同革命的资产者农民一起行动时,就表示愤慨。不仅如此,马斯洛夫大喊大叫地指责国有化带有社会革命党的性质,还暴露了自己完全不懂得马克思主义对俄国农民的民粹主义观点和幻想的分析。马斯洛夫不懂得,俄国社会民主党人早就指出关于土地重分(土地平分)等等的社会主义(或者说冒牌社会主义)的理论和幻想具有反动性,但是也指出这一理想在现代半农奴制俄国具有**资产阶级的进步性**。马斯洛夫不善于透过社会革命党人关于社会主义的市侩**空话**发现资产阶级实际做的事情,即清除一切陈旧的中世纪废物的革命斗争。社会革命党人谈论土地平均使用制,谈论土地社会化等等,这些从经济学观点看来,都是胡说八道,暴露了他们在经济学和关于资本主义发展的理论方面的无知。但是在这些空话和幻想的后面,包藏着极其生动、极其现实的内容,不过这根本不是社会主义的东西,而是纯粹资产阶级的东西,也就是为资本主义清扫土地,消灭土地上的一切中世纪的和等级制的界限,为资本主义建立自由的活动场所。这一点我们这位可怜的马斯洛夫怎么也弄不懂,这同马斯洛夫无法理解马克思关于绝对地租的学说一事有直接关系,而绝对地租和级差地租不同,它可以在资本主义社会中被消灭,并且消灭了它就会推动资本主义社会向前发展。

马斯洛夫不善于同社会革命党人作斗争,竟把马克思主义庸俗化了,使自己注定要看着固守自己一小块土地的农民的"后背",完全无法理解那些希望把地主土地所有制和份地土地所有制一起扫除的农民的民主主义和革命的资产阶级性。

马斯洛夫不善于同社会革命党人作斗争,就只好让他们这些

小市民社会主义者去批判土地私有制了。马克思曾经从资本主义
发展的观点出发批判过土地私有制,马克思主义者也都应当这样
来批判。马斯洛夫否认绝对地租,也就给自己切断了这条道路,而
向社会革命党人屈膝投降,承认他们的理论正确,而实际上正确的
是马克思! 马斯洛夫向社会革命党人屈膝投降,但是社会革命党
人对土地私有制的批判是市侩式的,不是从资本主义发展的观点
出发,而完全是从阻碍资本主义发展的观点出发。马斯洛夫不懂
得,社会革命党人在土地纲领上的错误,是从**放弃国有化以后**开始
的,就是说,是从他们改提"社会化"和"平均制"以至否认小农内部
阶级斗争的时候开始的。社会革命党人不懂得国有化的**资产阶级**
性质,——这就是他们的主要过错。请每一个研究过《资本论》的
马克思主义者都来评一评,否认了绝对地租还能不能理解国有化
的资产阶级性?

其次,马斯洛夫说我把整个欧洲的所有小农所有制都看成是
中世纪所有制了。根本不对。欧洲并没有"份地"土地所有制,也
没有等级制的界限,那里存在的已经是自由的、资本主义的土地所
有制,而不是封建的土地所有制。欧洲不存在社会民主党人所支
持的、农民反对地主的运动。彼·马斯洛夫把这些都忘记了!

再来谈谈政治上的论据。我认为,孟什维克的地方公有化是
同一种向君主制妥协的思想有关的,马斯洛夫说我的这一论据是
"诽谤"和"有意撒谎"。但是,马斯洛夫同志,我从孟什维克诺沃谢
茨基的讲话中逐字逐句引来的那段话,又是怎样说的呢? 究竟是
谁在撒谎呢? 问题不正是在于,你想用一些耸人听闻的字眼来冲
淡你所不喜欢的诺沃谢茨基的供词吗?

马斯洛夫硬说,把土地交给地方自治机关,就使它们有更大的

把握去对付复辟。而我则认为,只有加强共和制的中央政权,才可以真正阻碍反动势力的活动,而把人力和物力分散到各个区域,只会便于反动势力的活动。我们应当尽力把革命阶级,首先是国内各个地区的无产阶级,联合成为一支统一的大军,决不能作无希望的、在经济上做不到的和毫无意义的联邦制空想,想把从被没收的土地上所得的收入划归各个区域。马斯洛夫说:"波兰同志们,请你们说一句,从被没收的土地上所得的收入应该归波兰议会呢,还是应当交给彼得堡的莫斯卡里[141]?"

多妙的论据啊!连一点煽动的意思也没有!根本没有把土地问题同波兰自治问题混为一谈!

但是我要说,俄国不自由,波兰就无法得到自由。而波兰和俄国的工人如果不支持俄国农民争取土地国有化的斗争,不帮助俄国农民把这一斗争进行到在政治领域和土地关系领域中取得完全胜利,俄国就不会自由。在估计地方公有化和国有化时,应当从俄国中部地区的经济发展和整个国家的政治命运着眼,而不应当从某一民族自治区域的个别特点着眼。没有俄国无产阶级和革命农民的胜利,谈论什么波兰的真正自治和地方自治机关的权利等等,那是可笑的。这是在讲空话。俄国农民正因为是革命的,正因为他们不允许同资产阶级和十月党人妥协,而是同工人和民主派一起进行斗争,所以他们已经无可辩驳地证明自己是同情土地国有化的。只有当农民不再革命,就是说,不再同情国有化而离开资产阶级民主革命的时候,马斯洛夫关于保存旧的土地所有制的主张才会受到农民的欢迎,不过,到了那个时候,马斯洛夫的地方公有化也就十分可笑了。只要农民的革命民主斗争还在继续,马克思主义者在资产阶级革命中的"土地纲领"还有意义,我们就有责任支持农民的革命要求,包括土地国有化的要求。马斯洛夫决不能从俄国革命史中把俄国农民的这项要求一笔勾销,可以有把握地说,当社会运动的高潮、农民争取土地的斗争的高潮重新到来的时候,"地方公有化"的全部反动性就会暴露无遗。

载于 1908 年 10—11 月《社会
民主党评论》杂志(克拉科夫)
第 8—9 期合刊

译自《列宁全集》俄文第 5 版
第 17 卷第 259—270 页

对目前时局的估计

（1908 年 11 月 1 日〔14 日〕）

即将举行的俄国社会民主工党全国代表会议的议程上有一个问题是："目前形势和党的任务"。我们党的各个组织已经开始系统地讨论这个无疑是非常重大的问题（在这方面莫斯科和彼得堡走在其他各个中心城市的前面）。

在目前解放运动沉寂、反动势力猖獗、民主派阵营内出现叛变和消沉的现象、社会民主党的组织发生危机和一部分已经解体的时期，特别有必要首先估计一下我国革命第一个战役的基本教训。这里不谈狭义的策略方面的教训，而先来谈谈革命的一般教训，因此，我们的第一个问题就是：从 1904 年到 1908 年俄国国内的阶级关系和政治力量对比关系发生了哪些客观变化？我们认为，主要的变化可以归结为以下五点：（1）在农民问题上，专制政府的土地政策发生了根本的变化，先前是支持和巩固旧的村社，现在则实行用警察手段加速破坏和掠夺村社的政策。（2）黑帮贵族和大资产阶级的代表机关取得了很大的进展，先前只有贵族和商人的地方选举委员会，只是分散地和偶然地试图成立他们的全俄代表机关，现在则有了统一的代表机关，即这两个阶级占绝对优势的国家杜马。自由职业者（农民和无产阶级更不用说了）的代表在这个以巩固专制制度为使命的所谓"立宪"机关中只起附属品或小砝码的作用。(3)在这个时期的公开的政治斗争中,俄国各阶级之间第一次划清了界限,明确了各自的立场。现在,公开的和秘密的政党(说得确切些是半秘密的,因为完全"秘密的"政党在革命后的俄国是没有的),都空前明确地表达了阶级的利益和观点,而各阶级三年来也比过去半个世纪要成熟百倍。黑帮贵族、民族主义"自由派"资产阶级、小资产阶级民主派(劳动派及其人数不多的左翼——社会革命党人)和无产阶级社会民主派在这个时期都结束了自己"胎内"发育的时期,提前许多年确定了自己的性质,不是通过言论,而是通过事实和群众的行动确定了自己的性质。(4)革命前叫做自由派和自由主义民粹派的"社会人士",或者笼统地叫做"民族"的"开明"部分和代表的那些人,即大批富裕的、贵族出身的、似乎是清一色的、成分很单纯的、把持着地方自治机关、大学和一切"正派"报刊等等的知识分子"反对派",在革命中全都表现为资产阶级的思想代表和支持者,在对待社会主义无产阶级和民主派农民的**群众**斗争的态度上全都采取了现在已经是人所共知的**反革命**立场。反革命的自由派资产阶级已经诞生,而且正在成长。这个事实并不因为"进步的"合法报刊加以否认或者因为我们的机会主义者孟什维克闭口不谈和不能理解而不成其为事实。(5)千百万群众在形式极为多样化的真正群众性的直接革命斗争(包括举行"总罢工",驱逐地主,焚烧地主的庄园,举行公开的武装起义)中获得了实际的**经验**。革命前就已经是革命者或觉悟工人的人不是马上就能够充分理解这个事实的巨大意义的,因为这个事实根本改变了以前对政治危机发展的进程、对危机发展的速度、对群众实际创造历史的辩证法的种种看法。**群众**吸取这个经验的过程是一个不显著的、艰苦的、缓慢的过程,它的意义比国家政治生活表面上的许多现象重要得多,后者只能诱惑那些不仅政治上幼稚而且有时年龄也"相当大"的娃娃们而已。无产阶级群众在整个革命过程中和一切斗争场合(按时间顺序,开始是游行示威,接着是起义,最后是"议会"活动)的领导作用,在整个这一时期中是有目共睹的。

这就是使十月以前的俄国和当前的俄国截然不同的一些客观变化。这就是我国历史上内容极其丰富的三年的**总结**,——这个总结当然是概括性的,因为它只是用不多的几句话把最主要和最本质的东西表达了出来。现在就来看看从这个总结必然得出的策略方面的结论。

专制政府的土地政策的改变对俄国这样的"农民"国家来说具有特别重大的意义。这种改变不是偶然的,不是内阁方针的动摇,也不是官僚的臆造。不,这是一个极其深刻的"变动",其内容是实行**农业波拿巴主义**,在农民土地关系方面实行自由主义的(就这个词在经济方面的意思而言,即=资产阶级的)政策。波拿巴主义是君主制在丧失了旧有的宗法制或封建制的牢靠支柱以后所采取的顺风转舵的手段,这样的君主制不得不竭力维持平衡以防跌倒,献媚讨好以便统治,实行收买以便掌控,同社会渣滓、同公开的小偷和骗子称兄道弟以便不单单靠刺刀维持统治。波拿巴主义是一切资产阶级国家中君主制客观上必然的演进,马克思和恩格斯根据现代欧洲历史中的种种事实对这种演进作过彻底的探讨。同时,如果不是俄国的村社本身已经在向资本主义发展,如果不是村社内部经常在产生这样一些成分,使得专制政府可以向他们讨好,可以对他们说:"发财吧!","只要支持我,就掠夺村社去吧!"——如果不是这样,那么黑帮地主和十月党资产阶级完全自觉地和坚定不移地加以支持的斯托雷平的农业波拿巴主义不要说不能维持两年之久,甚至连出现也是不可能的。因此,在评价斯托雷平的土地政策时如果不考虑到它的波拿巴主义的手段和它的资产阶级的(=自由主义的)实质这两个方面,那么无论下什么断语都是绝对错误的。

例如,我们的自由派也模糊地意识到斯托雷平的土地政策是波拿巴主义,他们攻击这个政策的警察性质,攻击它采取愚蠢的官僚手段干涉农民生活等等。但是,立宪民主党人抱怨我国农村生活的"自古以来的"基础遭到暴力破坏,成了**反动的**抱怨派。不用暴力,不用革命手段摧毁俄国旧农村的基础,俄国就不可能有什么发展。斗争的焦点(虽然许许多多参加斗争的人没有意识到)**仅仅是**使这个暴力成为地主君主制施加于农民的暴力还是成为农民共和制施加于地主的暴力。在俄国,在这两种情况下都**必然是**资产阶级的土地革命,而不是其他任何性质的土地革命,但是在第一种情况下,革命是缓慢的、痛苦的,在第二种情况下则是迅速的、广泛的、自由的。工人政党争取走第二条道路,这一点在我们的土地纲领中已经得到说明和肯定(不是在提出莫名其妙的"地方公有化"的那部分纲领中,而是在讲到**没收一切地主**土地的那一部分纲领中)。在有了这三年的经验以后,只有在孟什维克中间才会有人仍然看不见争取没收地主土地和争取共和制之间的联系。斯托雷平的土地政策如果真能维持很久很久,如果真能按照纯粹资产阶级的原则彻底调整一切农村土地关系,那就会使我们放弃任何资产阶级社会的土地纲领(到现在为止,**甚至**孟什维克,甚至孟什维克中的切列万宁们都还不敢不要我们的土地纲领)。但是斯托雷平的政策**丝毫**也不能使我们考虑现在就改变我们的策略。既然纲领载明"没收一切地主土地",那么只有娃娃们才会看不到由此产生的革命的(就这个词直接的狭义而言)策略。而且,说斯托雷平的政策"破产"就是高潮临近,而斯托雷平的政策不"破产"就不是高潮临近,这样提问题也是不正确的。波拿巴主义手段的破产还不能说就是帮助富农掠夺村社的政策的破产。恰恰相反,现在和今后几年斯托雷平在农村中的"成功",**实际上**与其说将熄灭农民内部的斗争,不如说将燃起这种斗争,因为不经过漫长的、非常漫长的道路是无法达到"目的"的,就是说,无法使**纯粹**资产阶级的农民经济最终地和充分地巩固起来。今后几年斯托雷平如果"成功",最多只能产生一个自觉反革命的、十月党的农民阶层,但是,正是少数富裕者变成一支有政治自觉性的、团结起来的力量这种现象,必然会大大推动民主派群众的政治自觉性的发展,推动他们团结起来反对这少数人。在我们社会民主党人看来,"土豪"和"社会人士"之间的自发的、分散的和盲目的斗争变成十月党人和劳动派之间的自觉的和公开的斗争,这是再好没有的事情。

现在来谈谈杜马问题。毫无疑问,这个黑帮"立宪"机构同样是专制君主制在波拿巴主义道路上的一个发展。目前的选举法、黑帮加十月党人的假多数、模仿欧洲的把戏、对借款的追求(借款的开支仿佛还由"人民代表"监督)、专制政府的实际政策根本不理睬杜马中的一切讨论和决定,这一切都非常明显地表现出我们上面已指出的波拿巴主义的各种特点。实际上统治一切的黑帮专制政府和装饰门面的资产阶级"宪制"之间的矛盾愈来愈明显,使新的革命危机的因素不断增加。专制政府原想用杜马来遮掩、打扮、粉饰自己;实际上黑帮-十月党人杜马的存在却每天都在揭示、揭露、暴露我国政权的真正的性质、它的真正的阶级支柱和它的波拿巴主义。说到这里,不能不想起恩格斯就专制君主制**转变**为立宪君主制的意义所说的一段极为深刻的话(在 1883 年 8 月 27 日给伯恩施坦的信①中）。自由派，特别是俄国立宪民主党人，都把这种转变看做声名狼藉的"和平"进步的表现和这种进步的保证，恩格斯却指出立宪君主制的历史作用是：它是便于封建主和资产阶级进行**决**战的国家形式。恩格斯写道："正像封建制度和资产阶级的斗争不能在旧的专制君主政体下而只能在立宪君主政体下（英国、1789—1792 年和 1815—1830 年的法国）才能进行到底一样，资产阶级和无产阶级之间的斗争也只有在共和政体下才能进行到底。"顺便说说，恩格斯在这里把 1816 年的法国也叫做立宪君主的国家，而当时著名的无双议院**142**，即黑帮式的、反革命的议会在支持反革命白色恐怖方面的疯狂和猖獗，恐怕并不亚于我国的第三届杜马。这是什么意思呢？是恩格斯认为那种支持专制制度反对革命的、地主和资本家的代表们的反动议会也是真正的立宪机关吗？不是的。这是说，历史上有这样一些情况：伪造宪制的机构可以燃起争取真正宪制的斗争，并且成为新的**革命**危机的一个发展阶段。在我国革命的第一个战役中，大多数的居民都还相信真正的宪制可以同专制制度调和；立宪民主党人的全部政策就是从一贯支持人民的这种信念出发的，劳动派在这一点上至少也有一半跟着立宪民主党人走。现在，专制制度正在用它的第三届杜马向人民实地表明它可以同什么样的"宪制""调和"，从而促使**反对专制制度**的更广泛更坚决的斗争日益临近。

由此也可以得出结论：把我们的"打倒专制制度"的旧口号换成"打倒第三届杜马"的口号，是完全错误的。"打倒杜马"这种口号在什么情况下才有意义呢？假定我们是处在革命危机最尖锐而

---

① 见《马克思恩格斯文集》第 10 卷第 510 页。——编者注

且已经成熟到要爆发公开内战的时期，而杜马却是自由派的、改良派的妥协的杜马，在这种情况下，完全可以提出"打倒杜马"的口号，即不同沙皇和平谈判，不要骗人的"和平"机构，号召进行直接的冲击。相反，假定我国的杜马是根据过时的选举法选出的反动透顶的杜马，而国内又没有尖锐的革命危机，这时"打倒杜马"的口号就可以成为争取选举改革的口号。而我国现在无论第一种情况或第二种情况都根本不存在。第三届杜马不是妥协的杜马，而干脆是反革命的杜马；它不是在掩盖专制制度，而是在揭露专制制度；它在任何一个方面都不起独立的作用，因此无论在什么地方都没有人期待它作出进步的改革，没有人认为这个死硬派议会是沙皇制度的真正权力和力量的所在。人们一致认为沙皇制度并不依靠它，而是在利用它，所以沙皇政府无论是延期召开它（像 1878 年土耳其"延期"召开议会[143]那样），还是用"国民代表会议"之类的东西来代替它，都可以照样实行它现在实行的一切政策。"打倒杜马"的口号就是把主要的斗争恰恰集中在非独立的、非决定性的、不起最主要的作用的机构上面。这样的口号是不正确的。我们应当保留"打倒专制制度"和"立宪会议万岁"的旧口号，因为只有专制制度才仍旧是实际的政权，是反动势力的实际的支柱和堡垒。专制制度的崩溃必然就是作为沙皇制度的机构之一的第三届杜马的垮台（而且是被革命冲垮的），而第三届杜马崩溃这件事本身只能促使专制制度采取新的冒险行动，或者作一些欺骗性的仅仅是表面上的改革的尝试。①

---

①　在下一号中我们将考察"杜马"策略问题的另一个方面并分析刊登在《工人旗帜报》第 5 号上的一个召回派[144]同志的信。（见本卷第 266—282 页。——编者注）

　　现在再往下谈。我们已经说过,在革命的第一个战役的三年中,各政党的阶级性都已经非常强烈非常突出地确定下来了。由此可见,凡是谈论目前的政治力量对比关系,谈论这种对比关系的变化趋向等等,都必须从这些历史经验的具体材料出发,而不应当从抽象的"泛泛之谈"出发。欧洲各国的全部历史都证明:正是在直接革命斗争的时期中,才会形成各阶级组合和各大政党分野的深厚基础,而这种基础以后甚至在漫长的停顿时期中也没有什么变动。个别的政党可能转入地下,潜伏下来,从政治舞台的前台消失,但是只要情况稍有好转,基本的政治力量必然重新出现,它们在形式上可能有所改变,但是只要遭到某种失败的革命所担负的客观任务还没有完成,它们的活动的性质和方向必然和以前一样。因此,举例来说,如果以为,既然劳动派在各地都没有组织,而第三届杜马中的劳动团又特别惊慌失措和软弱无力,所以民主派农民群众已经完全瓦解,它们在新的革命危机的酝酿过程中不起重大作用,那么这就是极端近视的看法。只有正在一天天地堕落为最卑鄙的"议会迷"的孟什维克才有这种看法(只要看看他们对秘密的党组织所进行的真正可耻的叛卖性攻击就够了)。马克思主义者应当知道,不仅在我国的黑帮杜马中,而且即使在最理想的资产阶级议会中,代表资格的规定也总是会人为地使得各阶级的实际力量同这种力量在代表机关中的反映不相称。例如,在任何时候,任何地方,自由派资产阶级知识分子在议会里的力量都显得比实有力量强过百倍(在我国革命中,社会民主党内的机会主义者就是把立宪民主党人的表面当成了实际);而另一方面,极其广大的小资产阶级民主派阶层(在1848年资产阶级革命时期是城市小资产阶级,在我国是农村小资产阶级)在公开的群众斗争中常常是一个特别重要的因素,而从它们在议会里的代表权看来却是根本无足轻重的。

我国农民参加革命的自觉性比自由派资产者、比社会主义无产阶级都差得多。所以他们从革命中感到的失望最大,但是也最有益,得到的教训最惨痛,但是也最有用。他们消化这些教训特别困难,特别缓慢,那是十分自然的。在这种情况下,知识分子中的许多蔑视一切的"激进派"和社会民主党中某些一提到农民民主派就嗤之以鼻、一看见"开明的"自由派就垂涎三尺的庸人们,都将失去耐性,那也是十分自然的。但是觉悟的无产阶级是不会那么轻易地忘记他们在1905年秋季和冬季亲眼看到和亲身参加过的一切的。而且,我们在估计我国革命中的力量对比时,应当认识到:在现今的俄国,农民运动是社会高潮真正广泛展开、革命危机真正日益临近的必然标志。

我国的自由派资产阶级已经走上了反革命的道路。只有勇敢的切列万宁们和怯懦地宣布同自己的同道者和战友断绝关系的《社会民主党人呼声报》的编辑们才能否认这一点。但是,如果有谁根据资产阶级自由派的这种反革命性作出结论,说他们的反对派立场和不满情绪、他们同黑帮地主的冲突或资产阶级各派之间的竞争和斗争在新高潮的酝酿过程中都不可能有什么意义,那就是极大的错误,真正是改头换面的孟什维主义。俄国革命的经验也像其他国家的经验一样,无可辩驳地证明:当深刻的政治危机的客观条件存在的时候,最微小的、离开真正的革命策源地似乎最遥远的冲突都可能具有最严重的意义,都可能成为导火线,成为加在杯中就会使水外溢的一滴水,成为情绪转变的开端等等。可以回想一下,1904年自由派的地方自治运动和请愿曾是1月9日这个独特的纯粹无产阶级的"请愿"的前奏。关于地方自治运动，当时布尔什维克并不是反对利用这个运动来进行无产阶级的游行示威，而是反对有人（我们的孟什维克）想把这种示威限制在地方自治会议的大厅里，反对把面向地方自治人士的游行示威捧为最高形式的示威，反对制订示威计划要从尽量不吓倒自由派出发。另一个例子是学生运动。在处于资产阶级民主革命时代的国家中，在易燃物不断积累的条件下，这种运动很容易成为一系列事变的开端，而这些事变却远远超过因国家的一个管理部门办事不当而引起的小的局部冲突的范围。当然，社会民主党实行无产阶级独立的阶级政策，永远不会去迁就学生的斗争，不会去迁就重新召开地方自治人士代表大会的要求，更不会去迁就互相争吵的资产阶级各个派别对问题的提法，永远不会认为这种家庭内部的争吵有什么独立意义等等。但是，社会民主党是整个解放斗争中的领导阶级的党，它必须无条件地利用所有各种冲突，使冲突愈演愈烈，使冲突具有更大的意义，把宣传自己的革命口号同这些冲突联系起来，向广大群众传播有关这些冲突的消息，鼓励他们独立而公开地提出自己的要求等等。在法国，反革命的自由派资产阶级在1793年以后就已经诞生并且不断地成长起来，但是它的各个派别之间的冲突和斗争在此后一百年间仍然以不同的形式成为新的革命的导火线，而无产阶级在这些革命中始终是主要的动力，并且把这些革命**一直进行**到争得了共和国。

　　现在来看看我国资产阶级民主革命中无产阶级这个先进的领导阶级举行进攻的条件问题。莫斯科的同志们在讨论这个问题的时候强调了工业危机具有根本性的意义，这是完全正确的。他们搜集了有关工业危机的极其令人感兴趣的材料，估计了莫斯科同罗兹的斗争的意义,对某些在此以前占统治地位的看法作了许多修改。只是希望这些材料不要压在莫斯科委员会或莫斯科区域委员会的专门委员会里,而要把它们整理出来发表,以供全党讨论。从我们这方面来说,只能就问题的**提法**表示一些意见。发生争论的是危机向什么方向发展的问题(我国工业在短时期的稍微复苏之后,又被近似危机的严重的萧条所笼罩,这是大家公认的)。有的说,工人在经济方面的进攻仍然是不可能的,所以最近不可能出现革命高潮。有的说,不可能进行经济斗争的情况会推动人们去进行政治斗争,因此最近必然会出现革命高潮。

我们认为,这两种推论从根本上说都犯了同样的错误,就是把复杂的问题简单化了。毫无疑问,仔细研究工业危机具有极为重要的意义。但是同样毫无疑问,任何有关危机的材料,即使是非常确切的材料,实质上都不能解决革命高潮最近是否到来的问题,因为这个高潮的到来还取决于上千种事前估计不到的因素。没有国内的农业危机和工业萧条这种一般性的条件,就不可能出现深刻的政治危机,这是无可争论的。但是,即使一般性的条件已经具备,也不能据此得出结论,说萧条会把工人的群众性斗争推迟一个时期,或者说**同样的**萧条在事变的**一定阶段**上会推动更多的群众和新的力量去参加政治斗争。解决这个问题只有一个方法,就是要密切注视国内整个政治生活的脉搏,特别是广大无产阶级群众的动向和情绪。例如,近来党的工作人员从俄国各地、从各工业地区和农业地区传来的许多消息都证明,群众情绪无疑正在活跃起来,新的力量不断涌现,对宣传的兴趣不断增加等等。把这些现象同群众性学生风潮的开始和重新召开地方自治人士代表大会的尝试对照一下,我们就可以肯定已经出现了一定程度的转变,出现了某种打破最近一年半以来完全停滞局面的现象。至于这个转变有多大力量，它是不是公开斗争的新时期的前奏等等，就有待于事实来说明了。我们现在能够做到的，我们无论如何都应当做到的，就是集中力量巩固秘密的党组织，十倍地加强在无产阶级群众中的宣传工作。只有进行宣传，才能广泛地表明群众的真实情绪；只有进行宣传，才能在党和整个工人阶级之间建立紧密的联系；只有把每一次罢工、工人生活中的每一件大事或每一个大问题、统治阶级内部或者统治阶级中某个派别和专制制度的一切冲突、社会民主党在杜马中的每一次发言、政府的反革命政策的每一个新表现等等都利用来进行政治宣传，才能够把革命无产阶级的队伍重新团结起来，才能够掌握确凿的材料去判断新的更具有决定意义的战役的条件成熟的速度。

现在总结一下。对革命结局和当前情况的考察明显地表明革命的客观任务还没有解决。专制政府的土地政策以及它在杜马中和借助于杜马实行的总政策向波拿巴主义的转变，只能使黑帮专制政府和"野蛮地主"的统治同全国的经济发展和社会发展的需要之间的矛盾日益加剧，日益扩大。警察和富农对农村群众的进攻使农村群众内部的斗争日益加剧，使这个斗争具有政治自觉性，使反对专制制度的斗争愈来愈和每一个村庄的日常的切身问题联系起来。在这个时候，在土地问题上坚持革命民主主义的要求（没收一切地主土地）对社会民主党来说是特别需要的。黑帮十月党人杜马正在用实例清楚地表明专制制度可以同什么样的"宪制""调和"，它即使在满足国家经济发展的需要这个极狭小的范围内也一个问题都解决不了，这样就使"争取宪制"的斗争日益变为**反对专制制度**的革命斗争；资产阶级各派别之间以及它们和政府之间的局部性冲突,在目前情况下恰好会使这种斗争日益临近。农村贫困,工业萧条,全国普遍认识到当前政局没有出路,认识到声名狼藉的"和平宪制"的道路走不通,这一切都在不断地产生革命危机的新因素。我们现在的任务不是编造什么新口号(如以"打倒杜马!"的口号代替"打倒专制制度!"的口号),而是要巩固秘密的党组织(不管正在埋葬秘密的党组织的孟什维克怎样反动地号叫),广泛开展革命的社会民主主义的宣传,通过这种宣传把党和无产阶级群众团结在一起,把无产阶级群众动员起来。

载于 1908 年 11 月 1 日(14 日)
《无产者报》第 38 号

译自《列宁全集》俄文第 5 版
第 17 卷第 271—284 页

普列汉诺夫一伙人怎样维护修正主义

（1908 年 11 月 13 日〔26 日〕）

《社会民主党人呼声报》编辑部即普列汉诺夫一伙人对我们在《无产者报》第 37 号上分析过的马斯洛夫同志的信①所写的按语，已经印成单页，作为《社会民主党人呼声报》第 8—9 号合刊的《增刊》出版。

这个篇幅约等于《无产者报》半栏的《按语》应当引起俄国社会民主党人的注意，因为它表明普列汉诺夫一伙人怎样为了微小的派别利益竟用极不体面的诡辩方法**维护**理论上的修正主义。请看事实。

"对于在西欧资产阶级思想家的反动影响下发生的、力图推翻马克思和恩格斯的哲学、社会学和经济学基本原理的**修改**（修正）马克思主义的行为来说，我们是最坚决的和绝对不可调和的敌人。"按语中的第一句话就是这样。"最坚决的和绝对不可调和的敌人"，恐怕很难说得更干脆了吧？在普列汉诺夫一伙人的**诺言**中很难找到比这说得更好听的了。

但是……问题的关键在于我们那些修正主义的"不可调和的"**敌人在对待马斯洛夫的态度上**（可是普列汉诺夫一伙人的按语正是为马斯洛夫的论文、就马斯洛夫的修正主义问题而写的）出现了

---

① 见本卷第 225—234 页。——编者注

一个精彩的"但是"。

　　普列汉诺夫一伙人宣称，"但是，我们从来不是马克思主义的教派信徒，我们清楚地了解，在某个问题上同马克思和恩格斯有分歧，不仅可以不违背他们的观点，不否定他们的方法，而且可以完全忠实于他们的观点和方法"。接着就是例子：社会民主党人库诺在"母权制起源"的问题上"同恩格斯有局部的分歧"，但是"只有脑子有毛病的人才会想到要根据这一点宣布他是修正主义者"。

　　"对于马斯洛夫同志在马克思的地租理论上的观点，我们的态度也像上面所说的那样。我们不同意他的观点（《社会民主党人呼声报》按："马尔丁诺夫同志在《呼声报》第1号上曾特别作了保留，声明他不同意马斯洛夫同志对绝对地租理论所作的修改"），但是我们并不把他的观点看做修正主义……"

　　现在读者可以看到普列汉诺夫一伙人是怎样推论的了。我们是"修正主义的绝对不可调和的敌人"，**但是**，"我们并不把他的观点〈马斯洛夫在绝对地租理论上的观点〉看做修正主义"。修正主义是要推翻马克思学说的基本原理，而马斯洛夫只是在局部问题上同马克思有分歧。这就是普列汉诺夫一伙人的辩护词，最后还以亨·库诺为例加以说明。

　　请问读者，哪怕只是稍微有点头脑和稍微公正一些的读者，这难道不是诡辩吗？马克思的绝对地租理论竟被说成是"局部问题"！关于地租理论的分歧竟同库诺在母权制起源问题上与恩格斯"有局部的分歧"**相提并论**！！普列汉诺夫一伙人显然是把他们经常用这种说明加以教诲的孟什维克看做小孩子。只有极端不尊重自己和自己的读者的人才能在最重要的原则问题上使用这种马戏团小丑的手法。普列汉诺夫本人（和他的一伙人）的按语一开头就郑重其事地说，修正主义是要推翻马克思和恩格斯的学说的**基**

本原理。结果怎样呢？普列汉诺夫一伙人对马斯洛夫的态度是否违背了**这个论点**呢？是，还是不是？或者是普列汉诺夫一伙人为了**掩盖**自己的思想才来写这个按语的呢？

马斯洛夫在一系列的论文和他的《土地问题》的一系列版本中都声称：(1)马克思的绝对地租理论是不正确的；(2)这个理论的出现是因为第3卷是一部"草稿"；(3)"土地肥力递减"是**事实**；(4)假如绝对地租理论正确而"土地肥力递减规律"不正确，那么俄国的民粹派和全世界的修正主义者都可以说是正确的了。

《无产者报》上的那篇文章正是指出这四点以驳斥马斯洛夫的，关于这个问题的论战也就从这篇文章开始了。请看普列汉诺夫一伙人的所作所为。第一，他们小心翼翼地只谈地租问题，就是说，根本不谈其余的问题。这不是维护修正主义吗？普列汉诺夫一伙人是不是想否认，对马克思关于土地肥力递减的规律和"事实"全属无稽的学说加以修改，是"在西欧资产阶级思想家的反动影响下发生的"呢？第二，把绝对地租学说拿来同局部问题，同母权制起源问题上的（"局部的"）分歧同等看待！

这是要花招，先生们！你们是用这种花招来掩盖自己公开维护修正主义的行为，因为**你们不敢**直截了当地说，承认绝对地租和否认土地肥力递减的规律（或"事实"）不是马克思的经济学说在土地问题方面的"**基本原理**"。你们为了维护"自己人"，就使马克思去迁就马斯洛夫，**为了马斯洛夫而把马克思学说的基本原理**宣布为"局部的分歧"。你们这样做就证实了《无产者报》第33号①上针对法穆索夫式孟什维克理论家所说的话，这班理论家为了奖赏

① 见本卷第164—165页。——编者注

自己的家奴，就同意把马克思的经济**理论**划为"局部问题"，把它和母权制起源问题相提并论。

普列汉诺夫一伙人是"修正主义的不可调和的敌人"，但是，如果你是孟什维克，那就不用害怕这些吓人的字眼！请到"《呼声报》编辑部"去一趟就会知道，不可调和对孟什维克来说是非常可以调和的，已经调和到编辑部同意把"推翻理论"同"母权制起源问题上的分歧"相提并论了。赦罪符卖得不贵，廉价拍卖已经开始，请光顾吧，最可敬的公众！

再往下看。普列汉诺夫一伙人声称，他们不同意马斯洛夫在地租问题上的观点。他们写道，马尔丁诺夫对此已经声明保留。被《无产者报》编辑部称之为"马斯洛夫的护身天使"的"那个人"（即普列汉诺夫），"不止一次地〈请听！〉跟马斯洛夫同志**在报刊上争论过**〈黑体是《呼声报》用的〉与我们的土地纲领有密切关系的问题"。

一字不差，普列汉诺夫一伙人的《按语》中的原话就是这样！

孟什维克同志们，向你们的编辑部学写辩驳文章吧。你们已经有了一个典范了。这里谈的是修正主义，争论的起因是普列汉诺夫究竟是出于理论上的不可调和性还是**仅仅**出于微小的派别私怨而在党的机关报上称他的许多论敌为先生，可是在"辩驳文章"里却说，普列汉诺夫跟马斯洛夫"不止一次地在报刊上争论过"的，**不是地租问题，也不是**马斯洛夫背弃马克思理论的问题。

能找到比较客气的话来形容这种手法吗？普列汉诺夫这个喜欢在理论上争论并且往往很善于把争论变成运动的人，**竟一次也没有跟马斯洛夫争论过**构成马斯洛夫的修正主义的问题，即关于他否认绝对地租、认为这个"理论是草稿"、维护土地肥力递减的"事实"以及马斯洛夫要是驳不倒马克思,民粹派和修正主义者可不可以说是正确的问题。普列汉诺夫一次也没有争论过**这个问题**,他所争论的完全是另外的问题,即所谓局部问题,而信奉孟什维主义的达尔杜弗[145]之流又为这种局部问题蒙上一种极为暧昧的、意在迷惑读者的含混的外交辞令:"与我们的土地纲领有密切关系的问题"!!

真是妙不可言!对于用这种方式开始维护修正主义的普列汉诺夫一伙人,怎能不表示祝贺。同时又怎能不想起克列孟梭那样的政客来。克列孟梭是反动派的"不可调和的"敌人,他跟反动派"不止一次地争论过",但是现在反动派干起来了,而克列孟梭则声明保留并且……唯命是从。普列汉诺夫是修正主义的"不可调和的"敌人。普列汉诺夫跟马斯洛夫"不止一次地争论过"(什么都争论过,**就是没有**争论过马斯洛夫的修正主义)。现在,马斯洛夫写文章反对马克思,马斯洛夫在《呼声报》上重复他的反对马克思理论的论据,而普列汉诺夫一伙人仅仅**声明保留**!

著作家先生们,买一张赦罪符吧,请登记加入孟什维克吧。你们明天就可以在《呼声报》上驳斥马克思的价值论,只不过在按语中有一个保留:编辑部"不同意……"

普列汉诺夫一伙人在这个按语中质问我们:"《无产者报》是不是企图为自己的想法'寻找论据',证明马斯洛夫关于绝对地租的议论同否定国有化的纲领有联系呢?"好的,好的,最可爱的"不可调和的人"。下面就提出一个简短的**论据**给你们作引子:

"如果不懂得马克思的绝对地租理论,能够懂得资本主义社会中阻碍生产力发展的土地私有制的意义吗?"

  "不可调和的"普列汉诺夫一伙人，请跟马斯洛夫商量商量，然后就请回答**这一个**为你们提供了所需要的论据的问题！

载于 1908 年 11 月 13 日(26 日)   译自《列宁全集》俄文第 5 版
《无产者报》第 39 号   第 17 卷第 285—289 页

关于两封来信

（1908 年 11 月 13 日〔26 日〕）

我们在这一号《无产者报》上刊登了两封来信，一封是一个召回派工人写的，曾刊登在《工人旗帜报》第 5 号上，该报为这封信加了按语，表示编辑部不同意这些看法，发表这封信是供讨论的；另一封是彼得堡工人米哈伊尔·托姆斯基写的，本报刚刚才收到。这两封信，我们都全文发表。我们很清楚，可能有些恶意的批评家会从这两封来信中抓住个别地方或词句，任意加以歪曲，由此作出与这两位在极不利的秘密条件下匆忙写信的人的原意相去甚远的结论。不过这样的批评家是不值得理睬的。凡是认真注意目前俄国工人运动和社会民主党的现状的人，恐怕都会同意我们的看法，认为这两封信十分明显地说明了我国觉悟工人中的**两个派别**。这两个派别在彼得堡和莫斯科所有社会民主党的组织的生活中，随时随地都在显露出来。同时因为第三个派别，即公开露骨地或者暗中偷偷地埋葬党的孟什维主义派，在地方组织内几乎完全没有地位，所以说上述两种派别的斗争就成了我们党内**众所瞩目的事件**。因此，对"两封来信"必须加以详细的分析。

两位写信者都承认，我们党不仅在组织上，而且在思想政治上，都存在着危机。这是事实，隐瞒这种事实是愚蠢的。应当弄清楚产生危机的原因和克服危机的方法。

　　现在,先谈谈彼得堡人的来信。从他的整个来信中可以清楚地看出,他认为产生危机的原因有二。一方面,由于缺少工人出身的社会民主党领导人,在知识分子几乎全部脱党以后,许多地方的组织就陷于瓦解,也无法把由于严酷的迫害和群众的冷漠和疲倦而人数大减的队伍集合和团结起来。另一方面,写信者认为,我们的宣传鼓动工作过分着重"时局",就是说,集中力量宣传迫切的革命策略问题,而没有集中力量宣传社会主义,加强无产阶级的社会民主主义意识。"工人成了革命者,成了民主主义者,可就是没有成为社会主义者",所以在一般民主主义运动即资产阶级民主运动浪潮低落的时候,他们中间有很大一批人离开了社会民主党的队伍。这位彼得堡人在谈到这个看法的时候,尖锐地批评了"凭空""发明"口号的做法,要求更严肃地进行宣传工作。

　　我们认为,写信者在反对一个极端的时候,有时走上另一个极端,但是整个说来,他的观点无疑是十分正确的。决不能说,过去利用时局问题来"发动许多运动"是个"过失"。这是夸大的说法。意思是说只看到**目前的**条件而忘记了**过去的**条件,写信者实际上自己纠正了这一点,因为他也承认"在无产阶级直接发动的时候当然是例外"。现在,我们试以两次性质极其不同和时间相隔甚远的发动,即1905年秋抵制布里根杜马[146]和1907年初第二届杜马的选举为例来谈一谈。在这样的时刻,一个有点朝气和生命力的无产阶级政党是否可以**不把**注意力和鼓动工作主要集中在当前的口号上呢? 在这两个时期,领导无产阶级群众的社会民主党是否可以**不把**党内斗争集中在决定群众的刻不容缓的行动的口号上呢? 是参加布里根杜马还是搞垮这个杜马? 在选举第二届杜马的时候,是同立宪民主党人联合还是反对立宪民主党人? 只要把问题明确提出来,并且回想一下这一不久以前的情况,就不难作出回答。当时为这个或那个口号展开了激烈的斗争,这并不是由于党的"过失",而是由于客观上必须迅速而一致地作出决定,因为当时没有一个事先已协调一致的党,党内存在两种策略,两种思想派别,即小资产阶级机会主义派和无产阶级革命派。

同样也不应当把情况说成这样,好像宣传社会主义和在群众中传播马克思主义的工作当时做得很不够。这不是事实。就在1905 年到 1907 年这个时期,在俄国传播了大量社会民主主义的重要理论书刊(主要是翻译过来的),这些书刊还**一定会**开花结果。我们不要丧失信心,不要使得群众也像我们一样没有耐心。在这么短的时期内,向根本不知道和几乎没有接触过社会主义书刊的群众传播了**这样**多的理论书刊,一下子是消化不了的。社会民主主义的书刊不会不起作用。**它播下了种子。**它正在成长。它一定会开花结果,不过可能不是在明天,也不是在后天,而要更晚一些,因为我们不能改变新危机成熟的客观条件,不过它一定会开花结果。

尽管如此,写信者的基本思想却含有一个深刻的真理。这个真理就是:在资产阶级民主革命中,无产阶级社会主义的成分和倾向同小资产阶级民主主义的(无论是机会主义民主主义的或革命民主主义的)成分和倾向之间**不可避免地**要有某种交叉结合的情况。在资本主义正在发展的"农民"国家中,没有无产阶级某些阶层和小资产阶级某些阶层的客观融合,就**不可能**出现资产阶级革命的第一个战役。我们现在正处在这样的过程中,这时必然会发生分化,彼此划清界限,**再一次划分出**真正的无产阶级社会主义分子,**清除**他们中间那些仅仅由于口号"鲜明"或者由于要和立宪民

主党人共同争取"全权杜马"而**"混进运动的人"**（用德文说，就是
Mitläufer）。

社会民主党的两个派别在不同程度上都发生了这种分化的过程。无论孟什维克或布尔什维克的人数都减少了，这是事实！我们不要害怕承认这个事实。当然，有一点是毫无疑问的：党的左翼已经避免了党的右翼所发生的那种土崩瓦解和意志消沉的局面。这种情况并不是偶然的，在原则上不坚定，就不能不造成土崩瓦解的局面。事态最后必将**实际**证明，哪一派会保持而且是怎样保持更大的组织上的团结、无产阶级的忠诚和马克思主义的坚定性。这个问题只能由实际生活来解决，而不能由议论、诺言、誓言来解决。混乱和动摇的情况依然存在，这种情况需要澄清。要澄清这种情况，就必须**再来一次分化**。

现在举个小小的例子，也就是用"监狱居民"（按法院监察官的说法）的成分，换句话说，用那些因政治案件入狱、流放、罚做苦役和流亡国外的人的成分，来说明我们的看法。这个成分可以正确地反映昨天的实际情况。那些住在遥远的和不太远的地方的"政治家"，现在的特点就是政治观点和思想情绪五花八门，杂乱无章，对于这一点，难道还有什么可怀疑的吗？革命把非常广泛的各阶层人民卷入了政治生活，常常使许多不相干的人、许多"一时的骑士"和许多新手浮现出来，因此其中有许许多多的人根本没有什么完整的世界观，这完全是一种必然的现象。在几个月的狂热中是建立不起完整的世界观的，而在我国革命的第一个时期，大多数革命者的平均"寿命"恐怕不过是几个月。因此，在被革命激发起来的新阶层、新集团、新革命者中间再一次发生分化，是完全必然的。这种分化现在正在进行。例如，许多孟什维克所干的埋葬社会民

主党的勾当,实际上意味着这些可敬的先生在**埋葬自己**社会民主党人的称号。我们完全用不着害怕这种分化。我们应当欢迎、促进这种分化。有些脆弱的人一定会到处叫嚷:又是斗争! 又是内讧! 又是论战! 就让他们乱发怨言吧。我们的回答是:不经过一次又一次的斗争,真正无产阶级的、革命的社会民主党在任何时候和任何地方都是无法形成的。在我们俄国,这样的党甚至在当前艰苦的时刻也在逐渐形成,而且**一定会最后形成**。能达到这点的保证就是俄国整个资本主义的发展,国际社会主义运动对我们的影响,1905—1907年的第一个战役的革命趋势等。

为了促进这种新的分化,必须加强理论工作。俄国的"时局"就是:马克思主义的理论工作以及这个工作的深入和扩大,不决定于某些人的情绪,不决定于个别集团的热心,甚至不完全决定于那种使许多人不得不远离"实际"的外部警察条件,而决定于国内的整个客观情况。当群众消化直接革命斗争的无比丰富的新经验的时候,为捍卫革命世界观即革命马克思主义而进行理论斗争就会成为迫切的口号。因此,这位彼得堡人强调必须深入进行社会主义的宣传,必须研究新的问题,必须用一切办法鼓励和发展学习小组,这些小组可以从工人中间培养出真正的社会民主党人和社会民主党的群众领袖,——这是十分正确的。在这方面,党**支部**(一提起这个字眼,唐恩之流就要大发羊痫风)的作用特别大,机会主义的知识分子所深恶痛绝的"职业革命家"也应当起新的良好作用。

但是,米哈伊尔·托姆斯基在这里一方面坚持了完全正确的意见,另一方面在某些问题上却走了另一个极端。例如,他错误地从"重要问题"中勾销了研究三年来的革命经验、研究群众直接斗争的实际经验教训、总结革命的政治鼓动工作等等问题。也许这不过是写信者叙述时的疏漏，或是因为写得匆忙而产生的个别错误。在尽量广泛的工人面前研究这些问题，总结这些问题，要比官僚和自由派所津津乐道的斯托雷平俄国的"地方法庭"、"地方自治"和其他类似的"改革"问题重要得多。在黑帮杜马和黑帮专制制度条件下，这些"改革"必然是一场滑稽剧。

不过，米哈伊尔·托姆斯基坚决反对"发明口号"，特别是反对"打倒杜马"或"打倒党团"的口号，这是做得完全正确的。他极其正确地针对这种"惊慌失措的现象"提出，要坚定不移地进行社会民主党的组织、宣传和鼓动工作，以巩固社会民主党，巩固为机会主义者深恶痛绝的党的传统，保持工作的继承性，扩大并巩固**这个**党和**先前的**党（就让机会主义者《呼声报》的编辑们大发雷霆吧！）对无产阶级群众的影响。

现在，我们来看看莫斯科人的来信，并对这封信的中心思想即臭名昭著的"召回主义"进行批判。自从少数布尔什维克在莫斯科代表会议上提出他们关于召回主义的著名决议（见《无产者报》第31号）起，我们就在《无产者报》上不止一次地表示反对召回主义。现在我们看到的是系统地论证召回主义的初次尝试，这也是代表莫斯科的少数布尔什维克的。我们就来仔细看看这个论证吧。

这位召回派同志所根据的前提是正确的：俄国资产阶级民主革命的客观任务并没有完成，"革命并没有被消灭"。但是，他从这个正确的前提作出了不正确的结论。他问道："我们党应当去适应什么情况呢？去适应停滞年代还是去适应新的社会高潮？"错误就是从这里来的。从革命并没有被消灭这一点只能得出结论说，新的资产阶级民主革命高潮必然到来。从这一点中既不能得出结论说,这个高潮将使资产阶级民主派分子**完全**照老样组合起来(重新组合的时间可能需要很长,会超出我们和我们论敌的乐观估计);也不能得出结论说,譬如经过**一年**的停滞之后,不可能有"社会高潮"(应该说:革命高潮)。停滞时期已经一年多了,现在我们还是处在停滞时期。这位召回派同志自己也承认:"很难断定,甚至不可能断定,**将来把……群众发动起来**的外在原因是什么。"不仅这样,写信者自己要求党"使我们的策略和组织来适应它〈革命,即革命高潮〉,而不是来适应我们目前不景气的政治时期",并且建议根据不景气的时期、疯狂的警察迫害、各委员会不能同工人群众公开和直接往来的情况来改建组织。毫无疑问,在高潮到来的情况下,写信者是不会提出这样的组织方案,不会将它提到首位的。就是说,**实际上他自己推翻了自己的提法,用自己的实践纠正了自己的理论**。他所以会这样,是因为他对理论前提阐述得不正确。从新高潮必然到来中应当得出结论说,必须保存旧纲领和我们全部群众工作的旧革命口号,必须使党和群众系统地作好迎接新的革命战斗的准备。但是,不能由此得出结论说,高潮已经来到或尚未来到,应当"适应"高潮初起的时候或达到顶峰的时候。说新的革命高潮(在 60 年代初和 70 年代末的小高潮之后)必然到来,这个论点无论在 1897 年,1901 年或是 1905 年初,都是绝对正确的,但是在这三个时期,革命的社会民主党人做到了根据危机成熟的不同条件运用自己的策略。1897 年我们拒绝了总罢工"计划",认为这是空谈,我们做对了。1901 年我们没有把起义的口号提到日程上来。1905 年 1 月 9 日以后,这个口号和群众性罢工都被革命的社会民主党正确地提到日程上来了。我们完全不是想用这些话来说明,新的高潮一定(或者"大概")也会来得这样缓慢。恰好相反,全部材料和欧洲革命的整个经验都使我们相信,速度会比 1897—
1905 年快得无法比拟。但是,革命的社会民主党**一向**是在高潮的
不同**时机**把不同的口号提到首位,这始终是个事实。这位召回派同
志的错误就在于,他忘记了革命的社会民主党的这个经验。

其次,这位召回派同志在谈到杜马党团的时候,首先提出一个
前提:"杜马党团是党的自然顶峰,也可以说是党的外交代表。"这
是不对的,写信者夸大了党团的意义和作用。写信者像孟什维克
那样,过分地夸大党团的作用,难怪人们说,两极相通! 孟什维克
根据党团是党的"顶峰"这个观点得出的结论是,必须使党适应于
党团;召回派根据党团是党的"顶峰"这个观点得出的结论是,这种
糟糕的"顶峰"对党有致命的危险。孟什维克和召回派的前提都是
错误的。革命的社会民主党无论在什么时候,在什么条件下,甚至
在最"理想的"资产阶级民主共和国条件下,都不会同意把自己的
议会党团看做党的"自然顶峰",看做**党的**"外交代表"。这个观点
是根本错误的。我们派代表参加资产阶级的和资产阶级黑帮的代
表机关不是为了办外交,而是为了进行一种特殊形式的党的辅助
工作,为了从特殊的讲坛上进行鼓动和宣传。工人政党的议会党
团甚至在"理想的"民主选举制度下,也总是带有某些一般的资产
阶级选举的烙印,例如,它和党的整体比较起来,总是带有更多的
"知识分子味",因此我们永远也不把党团看做党的"顶峰"。党团
不是总参谋部(如果除了写信者用的"外交"方面的比喻之外,也容
许用"军事"方面的比喻的话),它在有的场合更像一队号兵,在有
的场合更像一队侦察兵,或者说是某一辅助"兵种"的一个组织。

这位召回派同志把党团从**辅助的党组织**变成了党的"顶峰",
是为了**夸大**党团的意义,使我们派到资产阶级黑帮杜马中去的这

支队伍的活动具有根本错误的性质。

但是，可能写信者已经不再坚持这种"顶峰"论了。他在自己文章的另一个地方说得很正确："促使党参加选举的主要动机之一，就是希望杜马讲坛能起宣传鼓动作用。"这是对的，而写信者对这个正确论点表示异议就显得特别不对头了，他写道："但是，实际情况表明，第三届杜马中的鼓动毫无用处，第一，因为党团本身的成分有问题，第二，因为群众对于塔夫利达宫里所发生的一切事情漠不关心。"

现在，我们先从后边来分析这个错误百出的论点。鼓动毫无用处，**因为**群众对于杜马内发生的一切事情漠不关心。这是什么意思？应当怎样理解？这样说，按照这种奇怪的逻辑，必须"召回"的不是党团，而是"漠不关心"的"群众"！我们大家知道，在杜马中实行的是专制制度的政策，是黑帮地主和大资本家十月党人支持沙皇政府的政策，是爱说漂亮话的自由派立宪民主党人对沙皇政府卑躬屈膝的政策。对"塔夫利达宫里所发生的一切事情"漠不关心，也就是对专制制度、对专制制度的全部内外政策漠不关心！写信者按照改头换面的孟什维主义的精神发表议论了。"如果群众漠不关心，社会民主党人也应当漠不关心。"但是，我们是**引导**群众走向**社会主义**的党，而决不是每逢群众情绪转变或情绪低落的时候就跟着瞎跑的党。各国的社会民主党常常遇到这样的情况，群众抱冷漠态度，或者陷于某种错误，热衷于某种时髦思想（沙文主义、反犹太主义、无政府主义、布朗热主义[147]等等），但是坚定的革命社会民主党人从来也不受任何群众情绪转变的影响。如果社会民主党人在第三届杜马中实行了不对头的政策，那可以而且应当批评他们不对头的政策，但是，说鼓动毫无用处，是**因为群众漠不**

关心，那就不是站在社会民主党的立场上发表议论了。

"群众漠不关心"也许并不等于对沙皇政府的政策一概漠不关心吧？就是说，对于杜马内发生的一切事情漠不关心的群众，譬如对于讨论像街头游行示威、新的罢工、起义、革命政党特别是社会民主党的党内生活等等问题**并不是漠不关心**吧？写信者的不幸就在于，看来他正是这样想的，可是**不好**直截了当地说出这种十分明显的毫无意义的话。如果写信者确实能说明和证明，群众目前对一般的政治丝毫没有抱漠不关心的态度，相反，对更积极的政治形式非常关心，那么问题当然就完全不同了。如果我们度过的一年不是沉寂、消沉和所有社会民主党组织及工人组织瓦解的一年，而是群众显然很关心直接革命斗争形式的一年，那么我们会首先承认是自己错了。这是因为只有那些假装看不见马克思、拉萨尔、李卜克内西在各个革命时期的工作经验的孟什维主义"议会迷"，才会不顾革命时期的条件，始终笼统地主张参加一切代表机关。像对待任何政治问题一样，马克思主义者必须**具体地**而不是抽象地对待是参加还是抵制第三届杜马的问题，要估计到**整个**革命形势，而不能只凭一个极为简单的想法："既然有代表机关，就应该当代表。"如果群众对政治非常关心，那就意味着危机日益增长的客观条件已经存在，意味着一定的高潮已经出现，在这个高潮的力量达到某种程度的时候，群众的情绪必然会表现为**群众的行动**。

关于这个问题，这位召回派同志自己也承认说："它的〈党团的〉活动中的每一个变化都同政治制度的变化有密切联系，而现在我们还无力影响政治制度……" 为什么这位召回派同志认为，我们现在不仅无力改变政治制度，**甚至**无力影响政治制度呢？显然是因为作为一个社会民主党人，他所注意的只是无产阶级群众的行动,他认为**现在**没有可能采取这种行动,认为谈论这种行动是无聊的。但是,请看一看他同时怎样"颠倒是非"把针对召回主义的论据用来反对我们吧。

他写道:"**要冲破**把代表与群众隔开的警察障碍,要使党团的发言更尖锐和更鲜明,总之,要把党团的工作同无产阶级的生活有机地结合起来,只有这样,也许工人才会承认党团有积极的方面;但是,由于它的活动中的每一个变化都同政治制度的变化有密切联系,而现在我们还无力影响政治制度,所以必须抛弃关于扩大和加强党团工作的任何幻想!……"

既然扩大和加强党团工作取决于"冲破警察障碍",那为什么结论又说,"抛弃关于改进党团工作的幻想",而不说,抛弃关于冲破警察障碍的幻想呢?? 写信者的话显然不合逻辑,他的论断应当改成这样:必须进行坚持不懈的工作,来改进党的整个活动和党与群众的各种联系,这样一来,必然会冲破一切警察障碍,特别是会加强党和党团的联系,加强党对党团的影响。而写信者却正是要求**我们**这些反召回派去"冲破警察障碍",这样,他也许可以同意抛弃召回主义。但是,他这样做,也就是把各种政治现象的实际联系和互相依赖关系弄颠倒了,这不是显而易见的吗? 如果群众"现在"不仅能够"影响政治制度"(每一次成功的政治性游行示威都能影响政治制度),而且能够冲破障碍,那么我们说,召回派同志,可能你是正确的。也就是说,如果群众**现在**就能冲破第三届杜马的"障碍",那么革命的社会民主党派一支队伍到这个杜马里去可能就没有意义了。可能是这样的。但是你自己说,这种情况是不存在的;你自己也同意,在目前的情况下,需要更严肃更顽强地进行准备工作,来把这种可能变成现实。

　　你说了"党团的成分"。如果提出召回是为了**改变**党团的成分，这个理由也可以考虑，看看在本届党团辞职以后，在重新选举的时候党团的成分能不能改善。但是，写信者的意思根本不是这样。他不仅要召回杜马党团，而且要取消社会民主党在第三届杜马中的任何代表，宣布参加杜马是错误的。从这个角度来看，用"党团的成分"来论证召回主义，就一个社会民主党人来说，是一种不可饶恕的意志薄弱和缺乏信心的表现。我们党赢得了一个成果，就是我们使黑帮分子不得不从工人复选人中选举了我们党的候选人即社会民主党人。难道我们应当承认不能指望这些党员工人在杜马讲坛上简单明了地论述社会主义吗？难道我们应当在同资产阶级"内行人"[148]（请看一看这一号报纸上发表的关于党团问题的来信吧，这封信出色地写出了这些人所带来的恶果）进行了几个月的斗争以后，承认无能为力吗？难道我们应当承认，我们党在暂时沉寂和停滞的时期，没有能力派出善于当众论述社会主义的工人社会民主党员吗？这不是政策，而是神经失常。当然，在这方面，我们的杜马党团本身首先要负责任，因为正是由于它和完全是由于它犯了这些严重的错误，才使得对杜马党团的不满情绪变成了召回主义。但是，我们决不能让正当的不满把我们推向采取错误政策的道路。决不能这样。我们应当而且一定会坚决而顽强地努力使党和党团接近，使党团得到改善。我们不会忘记，在国际社会民主党的经历中有些事例表明，那里的党团同党的斗争比我们第三届杜马时期长久得多，尖锐得多。我们来回顾一下德国的情况吧。在德国实行非常法时期，党团采取了一系列令人难以容忍的反党的机会主义步骤（如投票赞成航运补助金[149]等等）。德国党当时在国外有一个每周出版一次的中央机关刊物，定期送到德国境内。虽然警察的迫害非常厉害,虽然革命形势由于一些客观原因不如现时的俄国,但是当时的德国社会民主党组织却比目前我国的党组织要广泛得多,巩固得多。德国社会民主党同自己的党团进行了长期的斗争,最后取得了胜利。大家都知道,那些只知乱喊乱叫而不去努力改善党团的盲目拥护"青年派"[150]的人,下场是很糟糕的。而党的胜利表现为党制服了党团。

在我国,党为了纠正党团的错误而同它进行的斗争不过刚刚开始。我们还没有一次党代表会议坚定明确地告诉党团必须纠正其策略的某些特定的方面。我们还没有一个定期出版的中央机关刊物来代表全党监督党团的每一个步骤,指导党团的工作。我们的地方组织在这方面的工作(就社会民主党人在杜马中的每一次发言向群众进行鼓动,同时说明这次或那次发言中的各种错误),做得还很少很少。可是,竟有人劝我们撒手不管,承认斗争没有希望,在像1908年这样的时期不要利用杜马讲坛。再说一遍,这不是政策,而是神经失常。

你说,没有鲜明的言论。谈到这些"鲜明的言论",应当分清两个问题,第一,党的消息很不灵通;第二,关于鲜明的言论问题的提法本身包含着极为严重的原则性错误。

关于第一个问题应当说,在以往,凡是想实事求是地批评党团的人都指出了一系列确实严重的错误(如宣言;投票赞成拨几百万巨款给施瓦尔茨;同民族民主党人[151]进行协商;认为宗教对**党**来说是私人的事情;对1908年10月15日的质询没有发表言论;没有明确地批评立宪民主党人,等等)。孟什维克认为,除了契利金的一次发言以外,一切都非常好;像他们那样闭口不谈这些错误,是一种非常卑劣的行为。我们不应该闭口不谈这些错误,而应该在我们地方的和非地方的机关刊物上,在每一次集会上,在向群众散发的关于每一次发言的鼓动传单上,公开说明这些错误。在对党团进行实事求是的批评方面,在向无产阶级群众介绍这些批评方面,我们做的工作还太少。我们每个人都应当随时随地进行这方面的工作。只要我们动手做这项工作,我们就会看到,党团有许多的发言,特别是许多根据中央代表的指示并经中央代表同意而拟定的程序提案,对俄国社会民主工党党纲作了**正确的**论述,这些材料刊登在杜马记录和《俄国报》**152**附刊上,但我们在群众鼓动中连百分之一都没有用上。毫无疑问,应当批评党团,闭口不谈它的错误是不老实的行为。但是,我们大家也应当巩固各地的组织,利用党团的每一次发言开展鼓动工作。只有把这两方面的工作结合起来,才确实称得起是坚定的革命社会民主党人的活动;只有这种结合才能帮助我们胜利度过"不景气时期",加速新高潮的到来。

其次,写信者在强调"没有鲜明的言论"的时候说:"有人认为〈谁认为? 是几个丝毫不懂马克思主义的同路人吗?〉,社会民主党迁就了现状,想进行和平的文化工作;党团的存在好像就是证明:革命不是在口头上,就是……在实际上已被埋葬。虽然这个意见并不正确,但是我们要驳倒它,就不能用论据,而要用事实。"可是写信者为了"改造"向群众"强调指出"社会民主党对杜马的态度这方面的整个策略而提出的唯一"事实"就是召回党团! 结果,召回党团倒被看做驳斥"革命被埋葬"这种说法的"事实",被看做**强调指出**新策略的"鲜明言论"!

在这个问题上,我们应当说,写信者没有正确理解"鲜明言论"和"鲜明"口号的一般含义。我们布尔什维克1905年提出了抵制布里根杜马的口号,这个口号之所以正确,并不是因为它"鲜明",而是因为它**正确地**反映了**客观**情况:当时存在着日益增长的高潮,而沙皇制度企图用召开立法咨议杜马的诺言来消除这个高潮。我们在 1906 年夏提出了"成立支持起义的左派执行委员会,不支持成立立宪民主党内阁的要求"这个口号。这个口号之所以正确,并不是因为它"鲜明",而是因为它**正确地**反映了**客观**情况;当时的事态证明:立宪民主党人阻碍了斗争,他们在 1906 年 6 月同特列波夫进行的秘密谈判说明了政府在耍手腕,**真正的**搏斗在杜马被解散以后已经而且应当在另一个基础即武装斗争的基础上进行(斯维亚堡和喀琅施塔得起义是士兵和农民暴动的顶点)。我们在 1907 年提出了不与立宪民主党人联合,而要反对立宪民主党人的口号,这个口号之所以正确,并不是因为它"鲜明",而是因为它正确地反映了当时的**客观**条件。圣彼得堡的选举和第二届杜马的各次表决(和辩论)都证明,"黑帮危险"是无稽之谈,**实际上**是把立宪民主党人和反动派一起反对,而不是同立宪民主党人一起反对反动派。

　　毫无疑问,在革命时期有些人投靠我们,并不是因为他们懂得用**马克思主义的**标准来衡量社会民主党的口号和策略的正确性,而只不过是因为这些口号和策略"鲜明"。在目前低潮时期,我们队伍里留下和将会留下的只有真正的马克思主义者了,对于这种情况我们并不感到可怕,而是感到高兴。请这位召回派同志仔细考虑一下自己的论断吧:要驳倒革命被埋葬这种说法,不应当用言论,而应当用事实,**因此**我们就要召回党团! 这个论断是根本不对的。靠召回党团来**强调指出**革命没有被埋葬,也就等于**埋葬**那些能够实行这种政策的"革命者",因为这种"革命性"就是表明,在

"目前"客观条件所要求进行的、不能逃避或推诿的艰巨、困难而缓慢的工作中,他们已经惊慌失措,无能为力。

最后,我们要指出,这位召回派同志在自己的信的末尾提出的最近工作的**五点**计划,正确地说明了当前的任务,**推翻了**他的不正确的策略。再说一遍,这位召回派同志的**实践**胜于他的理论。他说必须有巩固的秘密组织,这是完全正确的。他大概不会坚持由中央委员会"任命"委员会委员这种极不实际的做法。我们不要忘记,社会民主党的工人职业革命家正在代替,或者确切些说,正在帮助知识分子出身的职业革命家(不管孟什维克对此表示多么愤恨,但这是事实),所以新的秘密组织与过去的组织不会完全相同,也不应当**完全**相同。另外,我们认为,计划第一点的最后一句话"使党支部彼此隔离"是偶然的失误,对此不能苛求。实际上,社会民主党的秘密组织不会使现在分散的支部隔离,而会使它们接近。这位召回派同志强调进行社会主义宣传和实行鼓动工作的"调查制度"特别重要,这是完全正确的。"群众同党的生动联系","吸引群众来讨论鼓动口号",这确实是**迫切的问题**。承认**这**是迫切的问题,也就批驳了各种"发明的"(按米·托姆斯基的精辟说法)口号,也就比任何空论都更好地表明,情况的发展向我们大家,无论是反召回派或是召回派,提出了**一个**迫切的实际任务,一个革命社会民主党的"口号":在思想方面,加强社会主义的宣传,在组织方面,巩固秘密的、拥有工人出身的领导人的工人政党,在群众中全面开展社会民主党的鼓动工作。**这项**工作只要我们能够愈来愈同心协力地做下去,就会使我们大家团结一致;这项工作比光是提几十个最后通牒更能促使我们的杜马党团来改进工作,加强纪律,纠正错误;它会使工作活跃起来,重新造成蓬蓬勃勃的革命形势,教会我们准确地测量高潮增长的程度和判断高潮到来的迹象，把一切僵死的、臆造的、"发明的"召回主义口号一扫而光！

载于 1908 年 11 月 13 日（26 日）   译自《列宁全集》俄文第 5 版
《无产者报》第 39 号   第 17 卷第 290—307 页

第三届杜马关于土地问题的讨论

(1908 年 12 月 1 日〔14 日〕)

第三届杜马在土地问题上将近一个月的讨论,为研究土地问题的现状、研究革命总结和无产阶级的任务,提供了异常丰富的材料。我们打算根据这些材料,作出一些基本的结论。发言的人自然而然地分成四派:右派,立宪民主党人,农民和社会民主党人。狭义的"右派"和十月党人之间的差别已经完全消失。农民在土地问题上无疑是以一个政治派别的姿态出现的,右派农民和劳动派之间的差别只不过是一个派别内部色彩上的差别。下面我们来分析一下每派采取的立场(括号里的数字是《俄国报》附刊上的速记记录的页码)。

果然不出所料,黑帮"议员"——右派和十月党人大谈其 1906 年 11 月 9 日的法令同农民总条例第 12 条(该条规定,农民交纳赎金后,有权要求分得一块土地作为私有财产)以及赎买条例第 165 条等等的相互关系,竭力用法律上的诡辩和档案库的废纸来掩盖自己土地政策的实质。施德洛夫斯基为了把自己装扮成"自由派"而证明说,德·托尔斯泰伯爵关于禁止转让份地等的立法与 1861 年的"精神"相抵触,而 1906 年 11 月 9 日的法令是符合这种精神的。这全都是装腔作势,目的是要转移农民的视线,掩盖问题的实质。下面我们就会看到,立宪民主党人在很大程度上落入了黑帮的圈套,而对我们社会党人来说,只要简单指出:要把施德洛夫斯基、雷科申先生之流以及沙皇黑帮其他一些奴仆的发言抖落多么厚的一层官腔的尘垢,才能看出他们土地政策的实际内容。那个好像自称是和平革新党人、其实是玩弄司徒卢威先生那套手法的彻头彻尾的黑帮分子李沃夫第一先生,比谁都清楚地表达了这个内容。这个地主的奴仆讲道:"在农民群众中间形成了两极:无权的个人和专横的群众(右边和中间鼓掌)…… 群众这种状况对法治的〈应读做:地主的〉国家是一种威胁(右边和中间鼓掌)……""土地应当属于全体劳动者所有,土地就像空气和水一样;我们就是为了获得土地和自由才到这里来的。"这是当时压倒一切的声音。这种声音直接出自农民群众中根深蒂固的迷信和偏见,这种声音表明对政权的一种迷信,觉得政权可以夺取一部分人的东西,而交给另一部分人…… 接着,李沃夫先生在追溯前两届杜马时说道:"我们来回忆一下,在这里讲了些什么,我一想起这些,心情就很沉重,但我还是要说,我不能不说,大家在土地委员会说了些什么。请设想一下,当时甚至提出像菜园和果园不能侵犯这样的问题,都遭到极其强烈的反驳和反对,只是以微弱的多数通过的;当提出一切土地交易都要禁止,不仅向贵族银行抵押土地和向农民银行出卖土地要禁止,而且连土地的买卖,甚至赠送和继承都要禁止的问题时,显然使人产生一种可怕的感觉,先生们,这并不是为地主的利益而感到可怕,而是为国家的状况和命运而感到可怕(中间和右边鼓掌。有人喊道:"说得好")在这样的基础上,要建立起资本主义的现代的国家,是不可能的。"(第293页)

地主国家已经为自己的生存感到"可怕",对农民群众的"呼声"(和运动)感到"可怕"了。除了建立在保存地主即农奴主土地占有制基础上的资本主义,这些先生们简直就想象不出还有其他的资本主义!至于彻底废除一切土地私有制以后,资本主义会得到最广泛、最自由和最迅速的发展,这是"有教养的"李沃夫先生们连听都没有听说过的!

为了向群众进行鼓动,介绍一下施德洛夫斯基、鲍勃凌斯基、李沃夫、哥利岑、卡普斯京之流的几段发言,是完全必要的。到目前为止,我们看到,专制政府几乎专门发号施令,有时发表些乌格留姆-布尔切耶夫[153]式的声明。现在,我们看到,统治阶级有组织的代表机关公开为地主君主制和黑帮"宪制"进行辩护,这种辩护为唤醒政治上没有觉悟的或对政治漠不关心的人民阶层,提供了非常宝贵的材料。现在我们来简单谈一谈两个特别重要的情况。第一个情况是,右派在叙述自己的政治纲领的时候,总是向听众提出他们所反对的活的敌人。这个敌人就是革命。愚蠢的李沃夫明显地流露出他感到革命"可怕"的心理。**所有**一想起不久前的情况总是咬牙切齿深恶痛绝的**人**也同样明显地流露出了这种心理。这样从**反革命**的立场出发直截了当地提出**一切**问题,使**一切**考虑服从于一个主要的根本的考虑,即同革命进行斗争,——这包含着一个深刻的真理,使右派的发言比动摇不定的畏首畏尾的自由派的发言珍贵得多(无论是对现状进行科学分析,还是对鼓动工作都是如此)。右派对革命、对1905年底的运动、对起义、对前两届杜马进行攻击时的那种不可抑制的狂怒,比任何长篇大论都更清楚地证明:专制制度的卫士们面临着一个**活的**敌人,他们并不认为同革命的斗争已经结束,革命的再起时时刻刻都是他们的最现实最直接的威胁。同已死的敌人是不会这样斗争的。对已死的东西是不会这样仇恨的。头脑简单的巴拉克列耶夫先生天真地反映了一切右派言论的这种共同的精神。他说,11 月 9 日法令当然不能推翻,因为它反映了皇上的旨意,同时又说:"诸位国家杜马代表先生! 我们生活在革命的时代,而革命,我深信还远远没有结束。"(第 364 页)巴拉克列耶夫先生害怕 11 月 9 日法令的"革命起源",担心它会燃起新的斗争。他说:"我们正经历着一个严重的危机,这个危机会怎样结束,我们不知道。但是我们可以想象到一幅幅极其阴暗的图画,我们的职责就是不支持人民中的骚动和纠纷。"

第二个特别重要的情况是右派的经济纲领,特别是土地纲领。他们维护**农民**的土地私有制,这种立场像一根红线一样贯穿着他们的所有发言,包括大主教米特罗范努什卡[154](米特罗范主教)的发言。这位主教在报告人讲完之后立即起来发言,看来是想吓唬一下农村那些民主的然而是受压制的"神父",他摆出一副可笑的姿态,竭力抑制喜欢装疯卖傻、爱用教会学校语言("村社,自古有之")的习惯,"喃喃地说出了"这样的话:"生活愈来愈朝着个人的个性方面发展";"应当承认,按照西欧农场主的样子为我国农民建立新的生活方式,是有益的"(第 69 页)。

试问,为什么地主阶级和资本家阶级在第二届和第三届杜马中这样坚决地捍卫**农民的**土地私有制呢? 难道只是由于这是"政府最近作出的决定"吗? 当然不是! 这个决定是在贵族联合会[155]的指使和授意下作出的。地主和资本家非常清楚他们要与之斗争的敌人,非常清楚地感觉到,革命把地主利益的胜利同整个土地私有制的胜利**联系在一起**,把农民利益的胜利同整个土地私有制(地主的土地私有制和农民的土地私有制)的消灭**联系在一起**。把份地私有制同被剥夺的地主土地公有制结合起来,是立宪民主党人和孟什维克的很不高明的臆想。**事实上**,目前斗争的焦点就是新俄国是由地主来建立（这就不能不保存各种土地私有制），还是由农民群众来建立（这在不破坏**对**地主土地和**对**份地的私有制的半农奴制国家，是不可能实现的）。

现在，我们来谈谈立宪民主党人。他们的发言既不同于右派，也不同于左派，而是竭力调和不能调和的东西，脚踏两只船。米留可夫先生的发言，只有他作为**历史学家**、而不是作为**立宪民主党人**讲的那一部分，才为我们提供了有关贵族联合会的历史的非常珍贵的材料，——把这些材料加以综合，是每个**民主主义者**的荣誉。然而整个说来，盛加略夫、别列佐夫斯基、米留可夫、博比扬斯基、罗季切夫等人都落入了黑帮分子施德洛夫斯基先生的圈套，拼命用法律上的诡辩把听众弄得晕头转向，空谈罗马法认定的"公正性"（"为了显示自己了不起"**156**，罗季切夫还用了一个拉丁词：aequitas！**"我们"**在大学里还是学到了一点东西！），堕落到对人阿谀奉承的地步（盛加略夫先生承认自己对斯托雷平的走狗雷科申是"**尊敬**"的，并证明，在"私有制被视为极其神圣"的国家里，也有强制转让的现象）。从"谨慎的"角度出发来反对11月9日的法令，这像一根红线一样贯穿了立宪民主党人的所有发言。有人却责备我们布尔什维克把立宪民主党人叫做自由派地主，玷污了他们。事实上，他们更坏。他们是自由派**官吏**。所谓"民主派"的政党在国家杜马作**削弱**斗争的发言，作"谨慎"官吏的说教，卑鄙地赞扬所谓1861年"大改革"的那种农奴主对农民的掠夺和盘剥，不能设想还有什么比这一切更能败坏群众的**民主**意识了！

攻击斯托雷平的土地政策"不够谨慎"，就等于卖身投靠，愿意充当这一政策的执行者，**这种人能够"谨慎地"完成同样的工作**，也就是说，打着"立宪民主主义"这一错误旗号来推行实质上还是地

主的政策,不光依靠暴力,而且还用欺骗农民的办法来推行。请看
立宪民主党人发表的许多论调中间的一个,这些论调正是暴露了
他们发言的上述用意。博得立宪民主党首领米留可夫先生的特别
称赞、并被他称为"精彩"发言的别列佐夫斯基先生的发言谈道:

    "我深信,这个法案〈立宪民主党的土地法案〉对土地占有者也
非常有利〈不仅对农民〉,先生们,我所以这样说,是因为我熟悉农
业,我自己一生就是从事农业,并且占有土地。从建立文明的农业
的角度来看,人民自由党的法案无疑要比现行制度更有益处。不
应当光是抽出强制转让这一事实,对这一事实感到气愤,说这是暴
力,而应当研究和考虑一下,我们的法案建议实行的办法是以什么
形式表现出来的,这种强制转让的办法是怎样实现的〈真是金玉良
言! 别列佐夫斯基先生,您没有成为布尔什维克吗?〉。就拿第一
届杜马的 42 位代表的法案来说吧。这个法案只是〈一点不错!〉认
为,必须首先转让占有者自己没有经营的土地。其次,人民自由党
主张在各地成立委员会,这种委员会应该在一定期间弄清楚哪些
土地应当转让,哪些不该转让,农民要有多少土地才能满足。这些
委员会的成员应当是一半农民,一半非农民。〈请你讲下去,别列
佐夫斯基先生! 不要害羞! 要知道,事实是掩盖不住的:由于委员
会的"中立"主席一定要由地主的政府任命,地主在委员会中永远
可以稳占多数。参看立宪民主党的《土地问题》文集第 2 卷库特列
尔的法案。〉这样,各地进行了这项一般的具体工作以后,当然会弄
清楚可以转让多少土地,农民需要多少土地,最后农民自己也会相
信,他们的正当要求可以在多大程度上得到满足。然后,这一切再
提交给国家杜马和国务会议〈一点不错!〉,经它们修改以后〈就是
说,"改革"经过地主和官吏的新的多数再次削减以后!〉,才由陛下

批准〈请回忆一下 1861 年份地额经过同样的最高机关几次三番缩小后的情形〉。进行了这种有计划的工作以后,居民的真正需要就一定会得到真正满足,同时,文明田庄就会安定下来,保存下来,而这种田庄,人民自由党除非迫不得已是决不愿意破坏的。"(第143页)

布尔什维克在 1906 年夏关于立宪民主党的土地法案所说的**一切**,别列佐夫斯基先生在 1908 年 10 月都承认了!立宪民主党人在第一届杜马中公开亮出了他们的改革的民主外貌,而在同特列波夫及其走狗的秘密会议上,却又去证明这种改革的地主性质。立宪民主党人在第三届杜马中公开亮出了他们的改革的地主性质,而在避开警察同几个还相信无稽之谈的怪人举行的秘密座谈中,却又去证明这种改革的民主性。有两副面孔的雅努斯[157]随风转换自己的"面孔",时而摆出这一面,时而又摆出另一面。"民主派"居然堕落到这步田地,竟向黑帮死硬派竭力证明自己在革命时期的行为和纲领是不会得罪他们的!

我们来把农民的发言和这些发言对照一下。就拿一个典型的右派农民斯托尔恰克来说。他一开始就把尼古拉二世的话照样重复了一遍,什么"神圣的私有权"不容"侵犯"等等。接着,他谈道:"上帝保佑陛下健康。他为全体人民说得很好……"(第 295 页)最后,他说:"既然陛下说要有真理和秩序,那么我有 3 俄亩土地,而我的邻居竟有 3 万俄亩,这当然就不能算是秩序和真理"(第296 页)!!请把这个君主派同另一个君主派别列佐夫斯基对比一下。前者是愚昧的庄稼汉,后者却是个受过教育的准欧洲人。前者极端幼稚,政治上极不开展。他不知道,君主制同"秩序",即同保护 3 万俄亩土地的占有者的非秩序、非真理之间的联系。后者懂得政治,熟悉维特、特列波夫、斯托雷平之流的全部内幕,研究过欧洲各国的宪法的细节。前者是毕生在3俄亩土地上受煎熬的千百万人中的一个,经济现实**促使**他们投入群众性的革命斗争,去反对3万俄亩土地的占有者。后者是几万个、最多不过是几十万个地主中间的一个,他给庄稼汉开空头支票,想"安安稳稳地"保住自己的"文明田庄"。前者**可以**在俄国完成资产阶级革命,**消灭**地主土地占有制,建立农民共和国(不管这个词现在他听起来感到多么可怕),这难道还不清楚吗? 后者则**不能不**阻碍群众的斗争(没有这种斗争,革命就不能获得胜利),这难道还不清楚吗?

希望那些到现在还无论如何都不能理解"无产阶级和农民的革命民主专政"是什么意思的人,能够好好考虑一下这一点!

斯托尔恰克的土地纲领就是我们在《无产者报》第22号上谈到过的第三届杜马42个农民代表的土地法案①。这个法案表面上很温和,事实上比立宪民主党人的法案要**左**,这是立宪民主党人自己也承认的。这个法案要求由普选出来的地方委员会来讨论给农民分土地的改革,因此,它**事实上**是革命的法案,因为由各地真正民主选举出来的机关来讨论土地改革,是同保存当前俄国的沙皇政权和地主土地占有制根本不相容的。在反动势力极端猖獗和白色恐怖笼罩一切的情况下,在贵族联合会授意为有利于地主而专门炮制的选举法选举出来的黑帮杜马中,**42个农民**签署了这样一个法案,——这个情况比任何言论都更有力地证明了当前俄国农民群众的革命性。让机会主义者去证明无产阶级在资产阶级革命中必须同立宪民主党人结成联盟、必须同资产阶级接近吧,觉悟

---

① 见本版全集第16卷第408—410页。——编者注

的工人了解了第三届杜马中的争论之后，只会更加确信，没有工农群众不顾资产阶级的动摇和背叛而实行的总攻击，俄国的资产阶级革命是不可能取得胜利的。

　　如果说，斯托尔恰克和基本上站在同样立场上的季托夫神父、安德列丘克、波波夫第四和尼基秋克等代表是不自觉地自发地反映了农民群众的革命性，他们自己不但不敢彻底地讲，而且不敢彻底地想，究竟从他们的发言和建议中应得出什么结论；那么，劳动派在第三届杜马中则是直接地公开地反映了农民的群众斗争精神。劳动派农民最宝贵的发言，就是直截了当地叙述了自己的观点，异常确切地有声有色地表达了群众的情绪和愿望，虽然在纲领方面有些混乱（有的赞同42个农民的法案，有的赞同立宪民主党人的主张），但这样更有力地反映了比任何纲领都更深刻的东西。

　　请看维亚特卡省的代表克罗波托夫的发言。"我的选民对我说，11月9日的法令是地主的法令……　我的选民提出了这样的问题：为什么要强迫这样做？……为什么我们的土地要交给地方官去管理？……选民嘱咐我说：你到国家杜马去说，再不能这样生活下去了……　像我们那里农民说的那样，它〈11月9日的法令〉刚在我们那里实行，新地主的住宅就着了火……"（第71页）"全部问题在于，要给地主报酬……　为什么国家利益要求剥夺穷人的最后一小块土地，而把这些土地交给像我所说的那种只是根据政府制定的法令才得以保留土地的人呢？国家利益不是要求强迫耕种闲置的土地——地主的、官方的、皇族的、寺院的土地吗？……现在，农民每俄亩土地要交11卢布50个戈比的税，先生们，假如公平合理，要所有的人都交同样多的这种税款，土地就真会落入农民手中，而不用强制转让了。为了公平合理，应当实行单

一的土地税,那时,土地就会落入劳动群众手中,那时情况就不妙了:谁不愿劳动谁就不纳税……"(第 73 页)

这个天真的发言包含着多少还没有经过斗争考验的力量,多少渴望斗争的愿望!克罗波托夫虽然希望避免"强制转让",但他提出的措施**事实上**等于**没收**地主土地和实行**全部**土地国有化!至于这位乔治学说的信徒所说的"单一税"就等于全部土地国有化,这一点克罗波托夫是不懂的,但他表达了**千百万人**的真正愿望,这是丝毫不容怀疑的。

下面是罗日柯夫代表的发言。首先,他说:"先生们,我一个庄稼汉站在这个讲坛上讲话有些费劲……"(第 77 页) "农民期待于国家杜马的不是 11 月 9 日的法令,不是要把我们没有的土地分给我们的法令,而是可以首先保证扩大地块、然后再进行分配的法令。这种法令的基本原则已由 47 个农民于 2 月 20 日联名提出了,但至今毫无进展…… 现在,土地的主人是地方官……而土地的真正的主人受到强化警卫的束缚…… 关于购买土地来经营的问题,我国还没有一项特定的法令……规定不准你购买土地来经营…… 于是,斯塔夫罗波尔省的土地规划委员会于 1907 年 9 月 16 日决定,只有有役畜和农具的人可以购买土地。可是先生们,在这里,在这座大厦里,几乎有一半是地主,他们雇用根据土地规划委员会的决定没有权利购买土地的人。先生们,我们知道,这些人劳累一年只能拿到 60—70 卢布…… 这些可怜的劳动者终身要为地主做工,终身要为别人弯腰曲背,而主人在他们背后,却自认为是文明人。"

托米洛夫的发言:"我们认为……唯一的出路是现在就必须在俄国所有的村社内,按照过去的丁口登记,重新分配土地;这种登记应当确定到 1905 年 11 月 3 日为止的男性居民人数。

我国农民梦寐以求的理想就是获得土地和自由,但是我们听说,只要现政府执政,土地所有制就是不可侵犯的。(中间有人喊道:"是私有制")是私有制,贵族私有制。(中间有人喊道:"还有你们的私有制")如果这是说我们,我们是同意把份地交出来的〈这就是聪明的普列汉诺夫之流在斯德哥尔摩讨论全部土地国有化时用来吓唬我们的农民**旺代暴动**!〉。比如有个村的农民就同意把自己的份地对等地交出去,然后平均分配。内阁代表的声明总括起来就是说,政权一天不转到农民和全体人民手里,农民就既见不到土地,也见不到政治自由。谢谢这样坦率,尽管这些我们都已经知道了……"(第 149 页)

"而在 1905 年,当农民在觉悟分子的领导下团结一致(右边喧声和笑声),说了一些威胁性的话的时候……贵族们就马上说:'你们本来已经有了土地,已经给了你们份地。你们就分分那块骨头吧……'"

彼得罗夫第三的发言:"先生们,请回忆一下阿列克谢·米哈伊洛维奇统治的时代和农民群众在拉辛领导的运动中所表现出来的激愤情绪(右边有人喊道:"什么!")……　人民的要求在 1905 年特别强烈地表现出来。要知道当时也是贫困迫使人民走上街头,庄严宣告自己需要什么"(第 187 页)……　"全部土地应当交给全体人民平均使用……　我当然反对土地私有制〈普列汉诺夫预言的旺代暴动真的开始扩大了!〉,因此,我说,只有全部土地交给劳动人民,他们才会好过(第 204 页)……　我完全相信,你们一定会重新看到汹涌澎湃的人民群众的海洋。那时就应验了福音书中的一句名言:凡动刀的,必死在刀下。(右边笑声)劳动团党团既没有改变自己的理想，也没有改变自己的愿望……　我们……说：全部土地归于在土地上劳动的人，全部政权归于劳动居民！"（第206页）

梅尔兹利亚科夫的发言："土地应归耕者所有……这不过是为了使我们俄国绝对没有土地投机买卖，使土地属于用自己的劳动耕种它的人。"（第207页）如此等等。

由于篇幅有限，我们就不再引下去了。我们只把同样思想表达得比较不那么明确和强烈的发言人的名字提一下，这些人就是：康德拉季耶夫、司祭波波夫第二、布拉特、沃尔柯夫第二、久宾斯基、利亚赫尼茨基（后面两人代表劳动团发表了正式声明）。

试问，从农民代表的这种立场出发，会对社会民主党的土地纲领得出什么结论来呢？谁都承认，农民总是带着小资产阶级社会主义的空想去反对农奴制大地产、反对农奴制的一切残余的。我们土地纲领中由布尔什维克拟定的、被孟什维克在斯德哥尔摩接受了的最后一部分158，就表达了这一点（《斯德哥尔摩代表大会记录》）。

但是，问题不仅限于这一点。不论是土地分配，还是地方公有化，还是国有化，都是资产阶级的民主改革，那么社会民主党人应当主张哪种改革呢？实行地方公有化，——以普列汉诺夫为首的孟什维克这样回答，他们在斯德哥尔摩通过了这个纲领。实行农民土地国有化会引起旺代暴动，——他们在斯德哥尔摩公开这样宣称。

从那时起，在三届杜马中，俄国各地的农民代表都发表了自己的意见。"地方公有化"没有迷惑住任何一派农民代表小组，尽管这个主张正是为了"不要触动"农民的土地而臆想出来的。三届杜马中的**所有**劳动派农民都主张全部土地国有化,他们表达这种要求的方式有时是直接重述劳动派的纲领,有时是改用"单一税"这种特殊的说法,或者是无数次地声明"土地归耕者所有"、"我们同意交出份地"等等。

现实生活嘲笑了"地方公有化",也嘲笑了"旺代暴动"这种叫喊。

一切觉悟的农民坚持土地国有化的经济基础是什么呢? 为了回答这个问题,让我们回忆一下别洛乌索夫同志在杜马中所作的统计数字的对比[159]:

"在欧俄,3 万个地主共有 7 600 万俄亩土地,1 000 万农户则一共只有 7 300 万俄亩,每户有份地 1—15 俄亩…… 结论只能是:有五分之四的农户可以把自己的土地增加一倍。"(第 209 页)尽管还会有人对这里的某些数字提出异议(我们认为,这些数字是毋庸置疑的),但不管这些数字怎样改变,问题的实质是不能改变的,这个实质就是,农民在竭力把自己的土地增加一倍的同时,不能不力求使份地和非份地完全合并、混合。一方面,保持份地的私有制,即目前的农户和村社所有制,另一方面,被剥夺的非份地实行公有制("地方公有化"),这在经济上是荒谬的。这是一种荒谬透顶的土地复本位制,只能用来拼凑知识分子所臆想的那些纲领的篇幅。经济的发展要求一切土地合并、混合。经济的发展已经在把一块块的份地同一块块的地主土地(租地)连起来,不消灭"地方公有化"在土地占有方面人为加深的差别和界限,就不可能摧毁农奴制。经济的发展要求建立新的土地占有制,自由的土地占有制;这种占有制是同资本主义相适应的,而同总管和官员分配和划定的旧"份地"是不相适应的。农民发言主张实行土地国有化,也就是反映了经济发展的这种要求,不过他们没有意识到这种发展的资本主义性质。份地占有制和非份地占有制之间的旧差别不符合资本主义的要求,因此不管孟什维克这些地方公有派怎样煞费苦心要加深这种差别,它还是必然要被消灭的。而消灭这种界限,把各种土地联合、混合、合并,用来发展农场主的新经济(农民错误地以为,土地将由每个公民耕种,不是的,它将由每个有耕种土地的手段的业主耕种),这就要求不仅消灭地主的土地私有制,而且要消灭所有的土地私有制。

斯托雷平想要消灭过去一切土地占有制的一切界限。这种愿望从经济上讲是正确的。资本主义必然会实现这种愿望。问题只是在于:是靠牺牲千百万农户的利益来实现(根据 11 月 9 日的法令进行掠夺),还是靠牺牲 3 万个最大的地主的利益来实现。后一个办法,没有资产阶级民主革命中的土地国有化,是做不到的。正因为如此,在三届杜马中,一切觉悟农民都主张国有化。

最后,我们来看看社会民主党人在第三届杜马中的发言。在限制发言时间以前,我们党团只有两个人发了言,这就是格格奇柯利和别洛乌索夫。其余的人拒绝发言,对限制发言时间这种"暴行"表示抗议。上面这两个同志很好地尽到了自己的责任。他们指出了政府政策的"贵族官僚精神",指出"1861 年的条例是彻头彻尾农奴制的条例",指出"对政府的仇恨"深深地蕴藏在农民的心中,他们要求"土地和自由",他们在 1905 年证明了自己的"团结一致"和进行"革命发动"的能力。我们党发言的人对我们社会民主党争取"没收大地产交给人民"的斗争作了正确的解释:这个斗争不是小市民的"平均制"和"社会化"的空想,而是把国家从奴役性的农奴制压迫下解放出来的手段。格格奇柯利和别洛乌索夫对问题的提法是革命社会民主党的提法。别洛乌索夫同志在发言的最后谈道："力量创造权利,要获得权利,就应当聚集力量,组织力量。"第三届杜马的社会民主党发言人的两个发言,应当成为每个进行宣传鼓动工作的党员的必读材料。社会民主党党团的提案只是漏掉了无偿转让土地的要求。这如果是故意的,那就是严重违背我们党纲的行为。但是,宣读这个提案的格格奇柯利同志曾两次在自己的发言中提到必须"无偿转让",因此恐怕不能认为是故意的。

载于 1908 年 12 月 1 日(14 日)　　　　译自《列宁全集》俄文第 5 版
《无产者报》第 40 号　　　　　　　　　　第 17 卷第 308—322 页

俄国社会民主工党
第五次全国代表会议文献[160]

(1908 年 12 月)

1

关于目前形势和党的任务的决议草案

(1908 年 12 月 23 日〔1909 年 1 月 5 日〕)

目前的政治形势有以下几个特点：

(一)旧的农奴制专制制度正在发展,转变为以假的立宪形式来掩饰专制制度的资产阶级君主制。六三政变和第三届杜马的成立,公开地确立和承认了沙皇政府同黑帮地主和上层工商业资产阶级的同盟。专制制度迫不得已终于走上了俄国资本主义发展的道路,但又力图使这条道路能够保住农奴主-土地占有者的政权和收入,所以它在这个阶级和资本的代表人物之间看风使舵。沙皇政府利用这两个阶级的细小争执来维持专制制度,而且同它们一起进行疯狂的反革命斗争,来对付在不久前的群众斗争中显示出自己力量的社会主义无产阶级和民主派农民。

(二)目前沙皇政府的土地政策也有这种资产阶级波拿巴主义的性质。沙皇政府已经完全不相信农民群众还会天真地效忠于君主制。它设法同富裕农民结成同盟，让他们去掠夺农村。专制政府拼命要尽快破坏整个村社份地土地占有制，巩固单一的土地私有制。这样的政策使农村中资本主义的种种矛盾百倍地尖锐起来，使农村更快地分化为极少数的反动派和广大的革命无产阶级和半无产阶级。

（三）群众在革命中一进行大规模的发动，以立宪民主党为首的自由派资产阶级就走上了反革命的道路，现在还在走这条路，他们更加接近十月党人，并且鼓吹沙皇民族主义（这说明资产阶级这个阶级的自我意识在提高），实际上是替专制制度和农奴主-地主效劳。

（四）农民群众虽然有种种的动摇，但是，就连他们在第三届杜马里的那些受压抑、被扭曲的代表也表明他们还是继续拥护（尽管农村的民主派受到种种迫害）革命民主主义的土地变革，这样的变革能完全消灭地主土地占有制，从而保证资本主义的俄国最迅速、最广泛、最自由地发展生产力。11月9日的法令只能使农民群众更快地分化为毫不妥协地敌对的和政治上自觉的两种力量。

（五）无产阶级过去和现在受到的打击最多，既有专制制度的打击，又有迅速联合起来展开进攻的资本的打击。尽管如此，同其他阶级相比，无产阶级最团结，对本阶级的政党最忠诚，因为革命已经把无产阶级同它的政党融合为一体了。无产阶级正在继续为自己的阶级利益而奋斗，正在提高自己的社会主义的阶级觉悟，它仍然是唯一能够始终如一地领导新的革命斗争的阶级。

（六）整个说来，俄国资产阶级民主革命的客观任务无疑还没有完成。持续不断的经济危机、失业和饥荒表明，专制政府最近的政策不能保证俄国资本主义发展的条件。这种政策必然会加深民主派群众同统治阶级的冲突,使愈来愈多的居民阶层不满,使各个阶级之间的政治斗争更加尖锐更加深化。在这样的经济和政治状况下,新的革命危机必然会成熟起来。

(七)世界市场普遍紧张的主要原因,一是西欧工业状况起了变化,发生了危机,这次危机在1908年已变为萧条,一是东方掀起了革命运动,标志着资本主义民族国家的建立。这种紧张状态加剧了竞争,使国际冲突日益频繁,因而使资产阶级和无产阶级之间的阶级矛盾尖锐起来,使总的国际局势日益革命化。

根据这种情况,俄国社会民主工党全国代表会议认为目前党的基本任务是:

(1)向广大人民群众解释专制政府最近的政策的目的和意义,解释社会主义无产阶级的作用,即无产阶级在执行独立的阶级政策的同时,应当在目前的政治生活和即将到来的革命斗争中领导民主派农民。

(2)全面地研究和广泛地宣传1905—1907年群众斗争的经验。这个经验对革命社会民主党的策略来说,是不可缺少的一课。

(3)巩固俄国社会民主工党,使它保持革命时代的面貌;维护它的既同专制制度和各个反动阶级,也同资产阶级自由派进行不调和斗争的传统;反对党内某些受到瓦解影响的分子所暴露出来的背离革命马克思主义的倾向、削弱俄国社会民主工党的口号的行为以及取消俄国社会民主工党秘密组织的企图。

同时必须注意,只有促进已经清楚出现的由工人社会民主党员自己掌握党的职能的过程,只有建立和巩固党的秘密组织,才能把党引上正确发展的道路。

(4)根据伦敦代表大会和斯图加特代表大会的决议,从各方面帮助工人阶级进行经济斗争。

（5）利用杜马和杜马讲坛进行革命社会民主主义的宣传和鼓动。

（6）首先，把对觉悟的无产阶级群众进行长期的教育、组织和团结的工作，提到日程上来。其次，配合这项任务，必须把组织工作扩展到农民和军队中去，特别是要利用文字的宣传鼓动方式，而且主要应当注意对农民和军队中的无产阶级分子和半无产阶级分子进行社会主义教育。

载于1929—1930年《列宁全集》
俄文第2、3版第14卷

译自《列宁全集》俄文第5版
第17卷第323—328页

2

给组织问题委员会的指示

(1908 年 12 月 24 日〔1909 年 1 月 6 日〕)

　　有关组织问题的决议草案和讨论,清楚地表明俄国社会民主工党在当前整个组织政策的根本方针问题上有两个主要的派别,有鉴于此——

　　代表会议责成委员会根据下列方针进行工作:为了进行现在仍然是社会民主党的基本任务的群众工作,应当把重心转移到建立和巩固党的秘密组织上面来,只有在这种组织的不断影响下,整个的群众工作、对杜马党团的各种影响、围绕杜马党团开展的党的各种活动、对合法的和半合法的组织的利用,才能正确地进行,而且丝毫不会降低社会民主党的阶级任务。

载于 1909 年在巴黎发表的《俄国社会民主工党中央委员会关于最近举行的全党代表会议(例会)的公报》

译自《列宁全集》俄文第 5 版第 17 卷第 329 页

3

对关于组织问题的发言的说明[161]

（1908 年 12 月 24 日〔1909 年 1 月 6 日〕）

有关事实的说明

我确认，在我就今天刚讨论的组织问题所作的发言中，无论是关于高加索人对《社会民主党人呼声报》的态度，还是关于**整个**《社会民主党人呼声报》，我**一个字**也没有谈，而且也没有想谈。因此，梯弗利斯的彼得同志在发言中提到我的名字是毫无根据的，他一开始就声明说，目前在**这个**问题上，高加索人和《社会民主党人呼声报》之间不存在任何意见分歧。至于以往的争论，我只是谈到过在 1908 年中央全会的八月会议上暴露出来的《社会民主党人呼声报》编辑部**某些**成员和高加索人的意见分歧。

尼·列宁

载于 1933 年《列宁文集》俄文版
第 25 卷

译自《列宁全集》俄文第 5 版
第 17 卷第 330 页

4

关于决议表决程序的建议

(1908 年 12 月 24 日〔1909 年 1 月 6 日〕)

如果没有人要求对某人向代表会议提出的某项决议进行表决,那么代表会议就把关于委员会[162]工作方针的决议付诸表决。

如果有人事先要求现在就把某人提出的决议作为基础进行表决,那么这一要求应立即予以实现。

列 宁

载于 1933 年《列宁文集》俄文版　　　　　译自《列宁全集》俄文第 5 版
第 25 卷　　　　　　　　　　　　　　　第 17 卷第 331 页

5

《关于社会民主党杜马党团》决议草案中
有关预算表决部分的两种方案

(1908 年 12 月 26 日〔1909 年 1 月 8 日〕)

第一种方案

投票赞成整个预算在原则上是不容许的。代表会议认为：在预算个别项目的表决问题上，党团必须遵循我们纲领中的这样一条原则，即社会民主党人坚决反对同警察、官吏监护劳动阶级有关的改革。因此，投票反对预算中的个别项目，应当是一般的原则，因为执行这些项目几乎总是不仅同监护有关，而且同黑帮分子的直接影响有关。在劳动者的状况有可能得到改善的异乎寻常的情况下，那也最好是弃权，同时必须说明社会主义的立场。最后，在党团认为必须投"赞成"票的特殊情况下，最好同中央的代表，尽可能也同首都党组织的代表商讨后再投票。

第二种方案

关于预算问题，代表会议认为：投票赞成整个预算在原则上是不容许的。

投票赞成阶级国家预算中的个别项目,使那些用于压迫群众的工具(军队等等)的支出合法化,也是不能容许的。

在投票赞成改革或赞成用于文化需要的支出项目时,应当遵循我们纲领中的这样一条原则,即社会民主党人应当反对同警察、官吏监护劳动阶级有关的改革。

因此,投票反对第三届杜马要通过的所谓改革和所谓用于文化需要的支出项目,应当成为一般的原则。

在劳动者的状况异乎寻常地有可能得到改善的特殊情况下,那也最好是弃权,并且要专门说明弃权的原因。

最后,在肯定对工人有直接好处的特殊情况下,可以投"赞成"票,但最好要同中央、党组织和工会组织的代表先行商讨。

载于 1909 年在巴黎出版的小册子　　　译自《列宁全集》俄文第 5 版
《高加索代表团关于全党代表会议　　　第 17 卷第 332—333 页
的报告》

6

对《关于社会民主党杜马党团》
决议草案的补充

(1908 年 12 月 26 日〔1909 年 1 月 8 日〕)

……同时指出,党团发生偏差,不应当仅仅由党团负责,因为它是在黑帮杜马这种特别艰难的条件下工作的,在某种程度上也应当由党的各个组织和党的中央委员会负责,因为它们还远没有做到一切必要的和可能的事情,来正确安排党在杜马中的工作……

载于 1909 年在巴黎发表的《俄国社会民主工党中央委员会关于最近举行的全党代表会议(例会)的公报》

译自《列宁全集》俄文第 5 版第 17 卷第 334 页

7

布尔什维克的声明

(1908 年 12 月 26 日〔1909 年 1 月 8 日〕)

有关事实的说明

鉴于唐恩发表关于布尔什维克内部达成小组协议的声明,我们确认,我们的协议是由那些护党的、在党内活动的、在党的机关刊物上发表言论的人们订立的,而孟什维克无论在自己的决议中或是在自己的一切行动中,都是要护党的人同暗中反对党、取消党、奉行欧洲哪一个社会民主党也没有过的机会主义的那些不像党员的人达成协议。

载于 1933 年《列宁文集》俄文版　　　　译自《列宁全集》俄文第 5 版
第 25 卷　　　　　　　　　　　　　　第 17 卷第 335 页

8

关于公布代表会议决定的决议草案

(1908 年 12 月 26 日〔1909 年 1 月 8 日〕)

　　代表会议提请中央委员会采取措施,出版代表会议的决议和提出的各项草案,如有可能,也出版代表会议的记录或简要报道。

载于 1933 年《列宁文集》俄文版　　　　译自《列宁全集》俄文第 5 版
第 25 卷　　　　　　　　　　　　　　　第 17 卷第 336 页

9

有关事实的说明[163]

(1908 年 12 月 26 日〔1909 年 1 月 8 日〕)

我确认,我是从中央委员会拥有**无可争辩的否决权**这一观点来反对利亚多夫同志的,这种观点在我的发言中曾多次强调过。

尼·列宁

载于 1933 年《列宁文集》俄文版
第 25 卷

译自《列宁全集》俄文第 5 版
第 17 卷第 337 页

10

对孟什维克关于取消
中央委员会的草案的声明[164]

(1908 年 12 月 26 日〔1909 年 1 月 8 日〕)

有关事实的说明

马尔丁诺夫和伊哥列夫两同志曾经答应把他们的那封信交给中央委员会,但拖了四个月尚未交出,该信所涉及的不是中央委员会的工作安排,而是中央委员会的"存在的权利"(Existenzrecht),也就是说,涉及的恰恰是取消派的计划。

尼·列宁

载于 1933 年《列宁文集》俄文版
第 25 卷

译自《列宁全集》俄文第 5 版
第 17 卷第 338 页

关于马克思主义的讲演提纲[165]

(1908 年或 1909 年)

马克思主义	土地问题
(α)剩余价值(Mehrwert)理论。	(α)农业中的商品生产。
(β)经济的发展。	(β)小生产与大生产。
(γ)阶级斗争。	(γ)雇佣劳动。
(δ)哲学唯物主义。	(δ)地租。

(α)1. 以前的社会主义者:"不公正"等等。感觉的征兆,而不是理解。

2. "劳动原则"(在俄国)。

3. 商品生产。

4. 资本主义。**剩余价值理论。**

(β)1. 经济的发展。工业(1907 年)。

2. 俄国的手工业者。

3. 农业。

4. 铁路和托拉斯。

5. 金融资本。

6. 生产社会化。社会化的**劳动**和个人**占有制**。

（γ）1. 无产阶级和无产阶级的团结

　　　（农奴——赤贫者——无产者）。

　　2. 分散的罢工。"捣毁"机器。

　　3. 工会和工会运动。

　　4. 政治斗争：

　　　{ 英国——自由派

　　　{ 法国——激进派（共和派）

　　　{ 德国——自由派（60 年代）和机会主义者。

　　5. 工人阶级的革命目标：剥夺资本家。

　　6. 革命斗争和争取改良的斗争

（δ）哲学唯物主义。

　　1. 马克思的理论＝完整的世界观。

　　2. 两种主要的世界观和哲学出发点：僧侣主义和唯物主义。

　　3. 恩格斯（路德维希·费尔巴哈）。

　　4. 1789 年法国——黑格尔和费尔巴哈德国（1848 年以前）。

　　5. 辩证唯物主义。

　　6. 俄国：车尔尼雪夫斯基

　　　　　民粹派

　　　　　现在的机会主义者（波格丹诺夫）。

载于 1933 年《列宁文集》俄文版　　　译自《列宁全集》俄文第 5 版
第 25 卷　　　　　　　　　　　　　　第 17 卷第 443—444 页

社会革命党人怎样总结革命，
革命又怎样给社会革命党人作了总结

(1909 年 1 月 7 日〔20 日〕)

　　去年(1908 年)我们曾不止一次地谈到俄国资产阶级民主派的现状和各种派别。我们指出了想在劳动派的参加下恢复"解放社"的企图(《无产者报》第 32 号)①，我们说明了农民和农民代表在土地问题和其他问题上的民主主义倾向(《无产者报》第 21 号和第 40 号)②，我们根据《革命思想报》描述了自以为特别革命的社会革命党人这个派别的惊人的轻率(《无产者报》第 32 号)。为了弄清全貌，现在必须研究一下社会革命党的正式文献。1908 年出了 4 号《劳动旗帜报》(第 9—13 号，第 10、11 号是合刊)③以及社会革命党中央委员会关于 8 月在国外举行的第一次党代表会议和第四次党务会议的特别《公报》。**166**现在我们就来谈谈这些材料。

　　社会革命党中央委员会在《公报》中说："党目前需要总结现在已经结束的伟大的俄国革命时期，这个时期主要的、往往几乎是唯一的角色，就是城市无产阶级。"这一点说得非常好。社会革命党人能说出这样的真话实在难得。但是再往下看 5 行，那里却写道：

---

　　① 见本卷第 121—130 页。——编者注
　　② 见本版全集第 16 卷第 398—404 页和本卷第 283—297 页。——编者注
　　③ 很遗憾，《无产者报》编辑部没有得到第 12 号。

"反革命的胜利只是清楚地证明了我们一开始就没有怀疑过的那个真理：俄国革命要成功，就必须成为城市无产阶级和劳动农民这两种力量的强大联盟的事业，否则就不能成功。这个联盟暂时还只是存在于思想之中，体现在俄国现实生活所提出的社会革命党的纲领里，它只是刚开始体现于实际生活。它在将来的新的体现……"

看吧，社会革命党的诚实能不能保持很久！哪怕只是偶然听说过社会革命党和社会民主党的纲领的人，都知道这两个纲领有根本的区别：（1）社会民主党人宣布俄国革命是**资产阶级**革命，社会革命党人却否认这一点；（2）社会民主党人肯定无产阶级和农民是资本主义（或者半农奴制、半资本主义）社会两个**不同的阶级**；肯定农民是小**业主**阶级，它能够在资产阶级革命中同无产者站"在街垒的一边"，"合击"地主和专制制度，能够在**这种**革命中，在这种或那种情况下同无产者结成"联盟"，但它仍然是资本主义社会中同无产者完全不同的阶级。社会革命党人却否认这一点。他们纲领的基本**思想**根本不是认为需要无产阶级和农民这两种"力量的联盟"，而是**否认**两者之间的**阶级差别**，认为不需要在他们之间划一条阶级界限，说社会民主党人关于农民同无产阶级不同、农民有小资产阶级性的思想是根本错误的。

社会民主党的纲领同社会革命党的纲领的这两种根本差别，现在竟被社会革命党人先生们的圆滑词句抹杀了！社会革命党人先生们是这样来总结革命的，就好像既没有发生过革命，也没有过社会革命党的纲领。最可敬的先生们，社会革命党的纲领是有过的，它同社会民主党的纲领在基本的即理论的部分上的全部差别，就是它否认农民的小资产阶级性、否认农民同无产阶级之间的阶级界限。最可敬的先生们,革命是发生过的,这场革命的根本教训就是:农民以自己公开的群众性发动,暴露了自己跟无产阶级不同的阶级本性,表明了自己的小资产阶级性。

你们不是做出一副样子,似乎没有觉察到这一点吗?你们是看到这一点的,但是竭力逃避革命暴露出来的不愉快的现实。你们不是仅仅同劳动派"联合"行动,而是同他们紧密地融合在一起,而且这是在1905年秋天和1906年夏天,在公开的革命达到最高潮这种最重要的关头这样做的。当时公开的报刊是社会革命党和劳动派的。甚至在劳动派和人民社会党人分离出去以后,在第二届杜马选举时和在第二届杜马中,你们同他们也不是联合,而是结成集团,就是说,几乎融合在一起。你们自己的纲领跟劳动派和人民社会党人的纲领不同,在农民代表的一切公开的和真正群众性的发动中**遭到了失败**。无论在第一届或第二届杜马中,绝大多数农民代表接受的是**劳动派**的土地纲领,**而不是**社会革命党人的土地纲领。从1906年底开始,社会革命党人自己在纯粹是社会革命党的出版物上,也不得不承认劳动派这个政治派别的**小资产阶级性**,承认这个派别骨子里表现出来的是小业主的"私有者的本能"(见维赫利亚耶夫先生和其他社会革命党人反驳人民社会党人的一些文章)。

请问,社会革命党人在"总结"革命的时候把基本的和主要的结论**隐藏起来**,到底是想骗谁呢?

为什么农民在革命时期会形成劳动派这样一个独立的政党(或集团)呢?为什么在革命时期成为农民群众的政党的是劳动派,而不是社会革命党人呢?如果社会革命党人先生们认为这是偶然的,那就根本谈不上什么总结、什么纲领了,因为不管什么总结,什么纲领都会被混乱所代替。如果这不是偶然的,而是当代社会基本经济关系的结果,那么俄国社会民主党纲领的主要点和根本点就**得到了历史的证实**。我们社会民主党人在理论上一向给农民和无产阶级划的阶级界限,现在由革命在实际中划出来了。革命完全表明,一个政党要想在俄国成为群众的党、阶级的党,那**或者**应当是社会民主党,**或者**应当是劳动派的政党,因为群众自己在最重要最紧张的关头,用自己公开的发动十分清楚地划出了这两个派别,而且也只有这两个派别。至于中间派别,正如1905——1907年的事件所表明的,它们从来没有在任何方面同群众结合起来。这一点也证明了我国革命的资产阶级性质。现在没有一个历史学家,没有一个头脑清醒的政治家,能够否认俄国的政治力量从根本上来说是分为社会主义无产阶级和小资产阶级民主派农民的。

"城市无产阶级和劳动农民这两种力量的联盟……暂时还只是存在于思想之中"。这是糊涂透顶的谎话。无产阶级和农民这两种力量的联盟不是"存在于思想之中",也不"只是刚开始体现于实际生活",而是俄国革命整个第一个时期的特点,是1905——1907年所有重大事件的特点。十月罢工和十二月起义同各地农民的起义和陆海军士兵的起义,就是无产阶级和农民这两种"力量的联盟"。这种联盟是自发的,没有定型的,往往是不自觉的。这些力量没有很好地组织起来,是分散的,缺少真正能起领导作用的集中领导,等等。但是,无产阶级和农民这两种打开旧专制制度缺口的主要力量的"联盟",则是不容争辩的事实。不懂得这个事实,就根本无法了解俄国革命的"总结"。社会革命党人的结论骗人的地方就在于:他们不说**劳动派**农民,而说**劳动**农民。这个小小的、细微的、几乎很难看出的差别,实际上,正好造成了社会革命党人在革命前的幻想同革命最终证实的现实之间的鸿沟。

社会革命党人**总是**讲**劳动**农民如何如何。革命确定了现代俄国农民的政治面貌就是**劳动派**。看来，社会革命党人岂不是正确的吗？但是历史就是在这种地方作弄人：历史保留了社会革命党的**字眼**，让它长期使用下去，却用社会民主党人预言的**内容**充实了实际上同这个**字眼**相符合的东西。革命的历史在劳动农民的小资产阶级性这个有争论的问题上，把我们同社会革命党人分开了：历史把**名词**给了社会革命党人，而把**事情的实质**给了我们。社会革命党人**在革命**前歌颂的劳动农民，**在革命中**原来是他们**不得不弃绝的劳动派**！而我们社会民主党人，现在可以而且**应该**不只是用马克思在《资本论》中所作的分析[①]，不只是引证《爱尔福特纲领》[167]，不只是用民粹派的经济调查资料和地方自治局的统计资料，而且用农民在俄国革命中的行动，特别是有关**劳动派**的成分和活动的事实，来证明农民的小资产阶级性。

不，历史把我们同社会革命党人分开了，我们没有什么可埋怨的。

————

《劳动旗帜报》第13号第3版上写道："如果召回派能使社会民主党回到它的极端富有战斗性的立场上来，我们就会失去一些很好的论战材料，但是会得到一个执行彻底的战斗的策略的伙伴。"稍前几行写道："只有当左派在立宪民主党人和社会民主党人中间占了上风，争取自由和社会主义的事业才能胜利。"

社会革命党人先生们，说得很好！你们想恭维我们的"召回

---

① 见《马克思恩格斯文集》第7卷第884—919页。——编者注

派"和"左派"。让我们也用恭维来回敬吧。让我们也来利用一下"很好的论战材料"吧。

"让各式各样的政党，包括立宪民主党、劳动派和社会民主党在内，去参加纸做的、演滑稽戏的杜马，去维持虚假的立宪制度吧！"(《劳动旗帜报》，同上)

这么说来，第三届杜马是纸做的杜马了。这一句话就足以暴露出社会革命党人先生们无知到了极点。社会革命党中央机关报的最可敬的领导者先生们，第三届杜马**远非**第一届、第二届杜马那样是纸做的！你们不了解这个简单的道理，那不过是再一次地证实了我们在《无产者报》的《改头换面的议会迷》[168]一文中对你们所下的评语。你们完全是在重复庸俗的资产阶级民主派通常的成见，要自己和别人都相信：坏的反动的杜马是纸做的，而好的进步的杜马就不是纸做的。

实际上，第一届和第二届杜马是想用革命来吓唬专制制度的自由派资产阶级知识分子手中的纸剑。第三届杜马却不是纸剑，而是专制制度和反革命手中的一把真正的剑。第一届和第二届杜马是纸做的杜马，因为它们的决议同社会阶级斗争中物质力量的实际配置情况不相符合，只是说些空话而已。这两届杜马的意义在于：在前排要宪制把戏的立宪民主党的后面，可以清楚地看到真正在革命的、在公开的群众斗争中打击了敌人但还没有把敌人打垮的民主派农民和社会主义无产阶级的真正的代表。第三届杜马不是纸做的杜马，因为它的决定是同反革命暂时胜利的形势下物质力量的实际配置情况相符合的，因此就不是在说空话，而是在付诸实行。这一届杜马的意义在于：它给人民中所有政治上不开展的分子上了生动的一课，使他们看到了代表机关同实际掌握国家政权之间的关系。一个代表机关，哪怕是最"进步的"，如果它所代表的阶级还没有掌握实际的国家政权，那就必然是纸做的。一个代表机关，哪怕是最反动的，如果它所代表的阶级掌握着实际的国家政权，那就不会是纸做的。

极端轻率和滥用空洞的革命词句，早已成为社会革命党人的特征和主要特性，而把第三届杜马叫做纸做的、演滑稽戏的杜马，不过是一个例子。

再往下谈。说第三届杜马是"虚假的立宪制度"对不对呢？不，这不对。只有那些不懂得拉萨尔差不多在半个世纪以前就讲授过的基本知识169的人，才能在起指导作用的机关报上说出这种话来。名叫社会革命党的低级宣传小组的最可爱的组员们，宪制的实质是什么呢？是不是实行宪制比不实行宪制要"自由一些"，"劳动人民"的生活要好一些呢？不是的，只有庸俗的民主派才会这样想。宪制的实质在于：国家的一切基本法律和关于选举代表机关的选举权以及代表机关的权限等等的法律，都体现了阶级斗争中各种力量的实际对比关系。当法律同现实脱节的时候，宪制是虚假的；当它们是一致的时候，宪制就不是虚假的。俄国第三届杜马时期的宪制，比起俄国第一届和第二届杜马时期的来，虚假要**少一些**。"社会革命党人"先生们，如果这个结论使你们恼怒，那是因为你们既不懂得宪制的实质，也不懂得宪制的虚假性同宪制的阶级性之间的区别。宪制可能是黑帮的、地主的和反动的宪制，但是比起某些"自由派的"宪制来，虚假却要少一些。

社会革命党人的不幸就在于他们既不懂得马克思的历史唯物主义，也不懂得马克思的辩证法，完全当了庸俗的资产阶级民主派思想的俘虏。在他们看来，宪制不是阶级斗争的新场所、新形式，而是一种像自由派教授们所说的"法制"、"法律秩序"、"公共福利"之类的抽象的福利。实际上，专制制度也好，立宪君主制也好，共和制也好，都不过是阶级斗争的不同形式，而且历史的辩证法就是这样：一方面，这些形式中的每一种都要经过它的阶级内容发展的不同阶段，而另一方面，从一种形式过渡到另一种形式（本身）丝毫也不消灭从前的剥削阶级的统治，只是换了一件外衣。例如，实行贵族杜马和贵族制度的17世纪的俄国专制制度就不同于实行官僚政治、官吏等级和有过个别"开明专制政体"时期的18世纪的专制制度，而19世纪的专制制度又与这两者大不相同，它不得不"自上而下地"来解放农民，使农民破产，给资本主义开辟道路，建立起资产阶级的地方代表机关。到了20世纪，半封建、半宗法制的专制制度这一最后的形式也过时了。在资本主义发展、资产阶级力量增长等等的影响下，就必然转而建立全国范围的代表机关了。1905年的革命斗争之所以尖锐，是因为斗争的焦点在于：究竟由谁来召集和怎样召集第一次全俄代表机关。十二月的失败解决了这个问题，旧君主制胜利了，在这种情况下，除了黑帮、十月党人的宪制以外，不可能有别的宪制。

　　在新的环境中，在波拿巴主义君主制度下，在政治发展的更高阶段，斗争的起点仍然是消灭原来的敌人，消灭黑帮专制制度。社会党能不能在这场斗争中拒绝利用新的代表机关呢？社会革命党人连这个问题都提不出来，而是用一些空话，仅仅用一些空话来敷衍搪塞。请看下面说些什么：

　　"现在我们没有议会斗争的手段，而只有议会外斗争的手段。应该使这种信念到处深入人心，必须同所有妨碍这种信念深入的东西展开不调和的斗争。我们要把精力集中在议会外斗争的手段上面！"

社会革命党人的议论是以社会学中著名的主观方法为依据的。只要这种信念深入人心，就万事大吉了。至于应该用客观材料来检验现在是否存在某种斗争手段的信念，主观主义者是不管的。但是我们看一看《公报》和社会革命党代表会议的决议，就会读到："……当前艰苦时期的，或者确切些说，黑暗时期令人压抑的沉寂"（第4页）……"反动社会势力的纠合"……"人民群众的精力不旺盛的事实"……"知识分子是居民当中最敏感的部分，现在显然疲劳过度了，思想涣散了，其力量像退潮一样地离开革命斗争了"（第6页）如此等等。"有鉴于此，社会革命党应当……　（二）出于策略上的考虑，对局部的群众发动的计划抱否定的态度，因为在目前的条件下，这种发动可能白白消耗人民的精力。"（第7页）

"我们""只有议会外斗争的手段"，这个"我们"是谁呢？显然是恐怖集团，因为上面摘录的那几段话都没有指出"我们的"**群众性**斗争。**"人民群众的精力不旺盛的事实"**和**"把精力集中在议会外斗争的手段上面"**，——这个简单的对照再一次向我们表明，把社会革命党人叫做革命冒险主义者是多么符合历史的真实啊！[①]为了把话说得尖锐有力，他们竟然扬言要把精力集中在他们自己也认为现在群众没有能力使用的那些斗争手段上面，这难道不是冒险主义吗？这难道不是早已存在的知识分子的绝望心理吗？

"把精力集中在议会外斗争的手段上面"，——这个口号在俄国革命最光辉的时期之一1905年的秋天是正确的。而社会革命党人现在不加分析地重复这个口号，就像民间故事里的那个人物那样热心地高喊……可是牛头不对马嘴。[170] 亲爱的，你们不懂得

---

① 见本版全集第6卷第365—386页。——编者注

为什么抵制的口号在1905年秋天是正确的，而现在你们不加分析地、毫无目的地背诵这个口号，那就不是什么革命主义，而是最平庸的糊涂主义了。

1905年秋天，没有一个人说过"人民群众的精力不旺盛的事实"。相反，当时所有的政党都认为群众的精力异常充沛。在这样的关头，旧政权提出召开一个立法咨议的议会，分明是想分散和暂时缓和排山倒海的力量。那时候，"把精力集中在议会外斗争的手段上面"这个口号不是少数几个爱叫喊的人的空谈，而是真正站在群众前列、站在千百万工农战士前列的人们的号召。千百万人拥护这个号召，就表明这个口号**在客观上是正确的**，它不仅表达了少数革命家的"信念"，而且表达了群众的真正的状况、情绪和主动精神。只有滑稽可笑的政治家，才会在承认"人民群众的精力不旺盛的事实"的同时，再来重复这个口号。

既然我们谈到了滑稽可笑的事情，就不能不引用一下《劳动旗帜报》的一段妙论："我们让它〈政府〉留在杜马里同'黑帮分子'和唯政府之命是从的政党在一起，请你相信，如果有一天这些蜘蛛会互相咬起来，那就是在这种情况下面……"　这一声"请你相信"，实在是再好听不过了，简直是解除了敌人的武装。读者，"请你相信"，《劳动旗帜报》的社论是一位确实可爱的社会革命党的女学生写的，她真诚地相信，反对派一退出第三届杜马，"蜘蛛们"就会"互相咬起来"。

————

伦敦代表大会通过的关于对非无产阶级政党态度的决议[171]，受到孟什维克攻击最厉害的是关于立宪民主党的那一部分。关于民粹派政党和劳动派政党这一部分，他们的攻击稍微轻一点。孟什维克竭力证明，我们在姑息社会革命党人，或者是对马克思主义者早已肯定的社会革命党人的某些过错保持沉默，等等。孟什维克所以这样使劲，有两方面的原因：一方面是在对俄国革命的估计上，有根本的原则性的分歧。孟什维克硬要无产阶级同立宪民主党人一起进行革命，而不要无产阶级同劳动派农民一起反对立宪民主党人。另一方面，孟什维克不懂得，群众和各阶级在革命中的公开发动改变了有些政党过去的情况，往往也改变了它们原来的性质。在革命以前，社会革命党人**只不过**是一个民粹派知识分子的团体。这种论断在革命后甚至在 1906 年以后是否正确呢？显然是不正确的。只有在革命中没有学到任何东西的人，才会维护原来这样表述的观点。

革命证明，这个民粹派知识分子的团体，是反映农民在俄国资产阶级革命中的利益和观点的那个非常广泛和无疑是群众性的民粹派或劳动派的极左**翼**。农民的起义、农民协会[172]、三届杜马中的劳动团以及社会革命党人和劳动派的自由报刊，都证明了这个事实。孟什维克就是弄不明白这个事实。他们以**学理主义的态度**看待社会革命党人，也就是说，他们是一些教条主义者，只看到别人的学说的错误，而看不到这种学说反映了或掩盖了推动资产阶级民主革命的真正的群众的哪些实际利益。社会革命党人的学说是有害的、错误的、反动的、冒险主义的、小资产阶级的，——孟什维克这样叫嚷着。如此而已，到此为止；除此之外，都是鬼话。

我们向孟什维克说，**你们的**错误就是从这里开始的。不错，社会革命党人的学说是有害的、错误的、反动的、冒险主义的、小资产阶级的。**但是**这样的性质并不妨碍这种冒牌社会主义学说成为俄国真正革命的而不是妥协的资产阶级和小资产阶级的思想外衣，因为社会革命党人的学说不过是汇入劳动派即农民民主派巨流的一条小溪。只要公开的群众斗争和阶级斗争一开始，事态马上就会迫使我们所有的人——不管是布尔什维克还是孟什维克——承认这一点，允许社会革命党人参加工人代表苏维埃，同农民、士兵、邮电和铁路工人等等代表苏维埃接近，在参加选举的时候，同他们结成联盟，反对自由派，在杜马中同他们一起投票反对自由派，等等。革命不是推翻了，而是证实了我们对社会革命党人的估计。但是革命在证实这一估计的时候，不是原封不动地提出问题，而是把它提到比原来高得多的基础上：从前只是拿一些学说和思想作比较，谈论各个集团的政策，现在要比较的是赞成某种思想或类似思想的阶级和群众的历史活动。从前只是问：社会革命党人说的话对不对，这个思想组织的策略是不是正确？现在的问题是：自认为同社会革命党人一致或者同社会革命党人的基本思想（"劳动原则"等等）相近的那些人民阶层的实际行动怎样？孟什维克的错误就是不懂得革命造成的这种变化。

　　这种变化之所以极其重要，不仅由于上述这种意义，还由于它清楚地表明了阶级和政党的相互关系。我国革命的教训就是：只有以一定的阶级为依靠的政党才是强有力的，才能在形势发生各种各样的转变的时期安然无恙。公开的政治斗争迫使政党更紧密地联系群众，因为没有这种联系，政党就没有什么用处。社会革命党人在形式上并不依赖劳动派。**实际上**在革命中，他们**不得不同**劳动派一起走，否则就会从政治舞台上完全消失。而且可以担保，下一次革命高潮来到时，社会革命党人又会不得不（不管他们现在怎样叫喊自己是完全独立的）同劳动派或跟劳动派相似的群众组织一起走。社会生活和阶级斗争的客观条件比善良的愿望和纸上

的纲领更有力量。从这个唯一正确的观点来看,目前劳动派同社
会革命党人的分歧只是说明小资产阶级运动的瓦解,只是说明小
资产者的不坚定,不善于在困难的环境下坚持团结而"分散行动"。
在我们面前的,一方面是劳动派,他们是无组织的、不坚定的、动摇
的,在第三届杜马中没有任何坚定的政治方针,但是他们无疑来自
群众,同群众有联系,表达了群众的要求。另一方面是一小撮社会
革命党人"召回派",他们同群众没有任何联系,由于绝望而惊慌失
措,对群众斗争失去信心(见《革命思想报》),把精力集中在恐怖手
段上面。劳动派的极端机会主义(从革命农民的立场来看)和社会
革命党人那种纯粹是口头上的、毫无意义的极端革命主义,是同一
种小资产阶级思潮的两种局限性,是表现同一"病症"的"两处酿脓
肿",这种病症就是小资产阶级的不坚定,不能不断地、顽强地、坚
持不懈地、同心协力地进行群众斗争。

　　这种情况使得目前革命政党对杜马的策略问题,尤其是召回
主义问题更加清楚了。好说大话的知识分子社会革命党人叫喊:
"我们没有议会斗争的手段。"先生们,"我们"是指谁呢?**没有群众**
的知识分子从来没有过而且永远不会有议会斗争的手段,也不会
有重要的议会外斗争的手段。昨天在革命时期同你们一起走的或
者在你们旁边走的是些什么群众呢?是劳动派农民。**他们**真的
"没有议会斗争的手段"吗?不是的。只要看一看第三届杜马对土
地问题的讨论,你们就会看到,劳动派在这个问题上无疑表达了群
众的要求。可见,社会革命党人那句尖锐有力的话不过是庸俗的
空谈而已。1908 年,农民群众在杜马讲坛上表明了**自己的**要求,
并没有进行"议会外的"斗争。这是事实,无论用"左的"尖叫声,无
论叫喊什么社会革命党人召回派的词句,都是回避不了的。

这个事实发生的原因是什么呢？是不是认为议会外的手段更佳的"信念"减弱了？完全不是。原因是客观条件在这个时期还没有引起群众的普遍的风潮和直接的发动。既然是这样，而且无疑是这样，那么，任何一个严肃的政党都应该也利用**间接的**方法。社会革命党人不会利用这些方法，结果如何呢？结果只是劳动派把自己的事情搞得非常之糟，犯的错误比在接受政党的影响时可能多上千倍，他们动摇不定，常常跌倒。而社会革命党人脱离了自己的阶级，脱离了自己的群众，只能"集中精力"讲空话，因为**实际上**他们1908年在采用"议会外斗争的手段"方面**什么事**也没有做。这样一脱离自己的社会根源，社会革命党人的原罪就加重了：用更加没有分寸、更加肆无忌惮地吹牛夸口来掩饰自己的软弱无力。《公报》第1页写道："我们的党可以庆贺自己"……"实际存在的〈瞧，我们怎么样！〉地方党组织"选举了代表会议代表……"已经在一切问题上达到了人心的一致"……"这也就是达到了完全一致"（同上）等等。

先生们，这是撒谎。你们是用这种喧嚷来掩饰在《革命思想报》（1908年春天）和《劳动旗帜报》第13号（1908年11月）上充分流露出来的分歧。[173]这种喧嚷就是虚弱的表示。劳动派的非党的机会主义和社会革命党人的"党的"吹嘘、轻浮和空谈，是一件事情的两个方面，是**同一个**小资产阶级阶层瓦解的两个极端。怪不得在革命时期，斗争揭露了各种色彩的派别的时候，社会革命党人始终在掩饰，但又掩饰不住自己在人民社会党人和最高纲领派之间的动摇。

车子陷在沟里。马已经卸下来了。赶车的骑在护栏上，把帽子歪戴在一边，"庆贺"自己的"完全一致"。这就是社会革命党的一幅图画。这就是对社会革命党人的召回主义的总结，它召回少数知识分子，使他们放弃艰苦的、顽强的、然而是唯一严肃和有成效的教育和组织群众的工作，而去空洞地叫喊。

载于 1909 年 1 月 7 日（20 日）　　　　译自《列宁全集》俄文第 5 版
《无产者报》第 41 号　　　　　　　　第 17 卷第 339—353 页

走 上 大 路

(1909 年 1 月 28 日〔2 月 10 日〕)

过去的一年,是瓦解的一年,是思想上政治上混乱的一年,是党路途艰难的一年。所有党组织的党员人数都减少了,有些组织,即无产者人数最少的组织,甚至瓦解了。在革命中建立的半公开的党的机关,相继垮台了。甚至党内有些受了瓦解影响的人竟然产生了这样的问题:要不要保留原来的社会民主党,要不要继续**它的**事业,要不要再转入地下和怎样转法。极右派对这个问题的回答是:无论如何要合法化,为此甚至不惜公然放弃党的纲领、策略和组织(这就是所谓的取消派)。当时的危机,无疑不仅是组织上的危机,而且是思想上政治上的危机。

不久以前举行的俄国社会民主工党全国代表会议,把我们的党引上了大路,这次代表会议显然是反革命胜利以后俄国工人运动发展中的一个转折点。我们党中央出版的特别《公报》刊载了这次代表会议的决定;这些决定已经中央批准,所以在召开下次代表大会以前,是全党必须遵循的决定。这些决定,对危机的根源和意义问题,以及摆脱危机的方法问题,都给了十分明确的回答。我们的党组织只要本着代表会议决议的精神进行工作,尽力使党的**一切**工作人员清楚地全面地了解党的当前任务,就能够巩固和团结自己的力量,来协调一致地和生动活泼地进行革命的社会民主党的工作。

组织问题决议的引言指出了党内危机的基本原因。这个基本原因就在于工人政党要清洗那些动摇的知识分子和小资产阶级分子，他们参加工人运动主要是希望资产阶级民主革命很快成功，而在反动时期则不能坚持下去。这种不坚定性无论在理论方面（"背离革命的马克思主义"，见关于目前形势的决议），在策略方面（"削弱口号"），在党的组织政策方面，都表现出来了，有觉悟的工人对这种不坚定性进行了抨击，坚决反对取消派，开始掌握党组织的工作和对党组织的领导。如果说党内这个基本核心未能立刻克服混乱和危机的因素，那么这不仅是因为在反革命胜利的条件下任务很艰巨，而且是因为那些具有革命精神但是社会主义觉悟不够高的工人对党有些冷淡。所以代表会议的决定，即社会民主党关于消除混乱和动摇的办法的确定意见，首先是向俄国觉悟工人说的。

以马克思主义观点分析当前各阶级的相互关系和沙皇政府的新政策；指出我党现在仍然给自己提出的最近斗争目标；在革命社会民主党策略的正确性这个问题上估计革命的教训；弄清党内危机的原因和指出党内无产阶级分子在消除这种危机中的作用；解决关于秘密组织和合法组织的相互关系问题；承认利用杜马讲坛的必要性，给我们的杜马党团制定正确的指示，同时直接批评它的错误；——这就是代表会议决定的主要内容。这些决定，对工人阶级政党在目前艰苦时期如何选择坚定的道路问题，作了完满的答复。现在，我们来更仔细地研究一下这个答复。

现在各阶级在政治组合上的相互关系，仍旧和过去群众进行

1909 年 1 月 28 日(2 月 10 日)载有列宁
《走上大路》一文的《社会民主党人报》第 2 号第 1 版
（按原版缩小）

直接革命斗争的时期一样。大多数农民不能不争取实行一场将会消灭半农奴制的土地占有制的土地变革,而要实现这种变革,就非推翻沙皇政权不可。反动势力的胜利,使得那些不能牢固地组织起来的农民民主派分子遭受了特别沉重的压迫,但是,尽管有这种压迫,尽管有黑帮杜马,尽管劳动派极不坚定,农民群众的革命性甚至从第三届杜马的辩论中也可以明显地看得出来。无产阶级对于俄国资产阶级民主革命的任务所采取的基本立场并没有改变,仍然是要领导民主派农民,使他们摆脱自由派资产者即立宪民主党人的影响,因为立宪民主党人一直在接近十月党人,虽然他们之间有小小的个别争吵,并且在最近还企图创立民族自由主义,通过沙文主义的宣传来支持沙皇制度和反动势力。决议说,现在进行的斗争仍旧是为了彻底消灭君主制度并由无产阶级和革命农民夺取政权。

专制制度仍旧是无产阶级和整个民主派的主要敌人。但是,如果认为专制制度还和以前一样,那是错误的。斯托雷平的"宪制"和斯托雷平的土地政策,是旧的半宗法制的、半农奴制的沙皇制度解体过程中的一个新阶段,是沙皇制度在向资产阶级君主制转变的道路上又迈了一步。高加索的代表[174]不是想完全取消这种对于时局的估计,就是想用"财阀的"一词来代替"资产阶级的"一词,他们的观点是不正确的。专制制度早已成为财阀的专制制度了,但是只是在革命的第一阶段受了革命的种种打击以后,它才开始成为资产阶级的专制制度(按其土地政策和在全国范围内与某些资产阶级阶层结成的公开的有组织的联盟来讲)。专制制度早就在扶植资产阶级,资产阶级早就用金钱为自己打通了进入"上层"的门径,对立法和管理施加了影响,取得了同显赫的贵族平起平坐的地位。但是，当前局势的特点在于：专制制度不得不为资产阶级的某些阶层建立代表机关，不得不在这些阶层与农奴主之间保持平衡，在杜马中组织这些阶层的联盟，不得不抛弃对农民宗法思想的一切希望，而在使村社破产的富人中找寻支柱来反对农村的群众。

专制制度虽然用所谓的立宪机关来装饰门面，但是沙皇同普利什凯维奇之流和古契柯夫之流实行联合，而且仅仅同他们实行联合，因此事实上专制制度的阶级实质空前明显地暴露出来了。专制制度企图由自己来完成资产阶级革命客观上必须完成的任务：建立真正管理资产阶级社会事务的人民代表机关，清扫农村的中世纪的、错综复杂的、陈陈相因的土地关系；但是，专制制度的新步骤的实际效果至今还等于零，这不过是更清楚地说明，必须用别的力量和别的办法来完成这一历史任务。政治上没有经验的千百万群众一向认为，专制制度是同任何人民代表机关相对立的；现在的斗争目标缩小了，斗争任务更具体了，就是为夺取能够决定代表机关本身的性质和作用的国家政权而奋斗。因此，第三届杜马在旧的沙皇制度解体的过程中，在它的冒险行为加强的过程中，在旧的革命任务加深的过程中，在为这些任务而斗争的范围（以及参加斗争的人数）扩大的过程中，是一个特殊的阶段。

这个阶段一定会消逝；目前新的条件要求有新的斗争形式；利用杜马的讲坛是绝对必要的；长期的教育和组织无产阶级群众的工作被提到了首要地位；秘密组织同合法组织的结合向党提出了一些特殊的任务；普及和解释被自由派和取消派知识分子弄得声誉扫地的革命的经验，无论是为了理论的目的或是实践的目的，都是必要的。但是，党所制定的必须估计到在斗争手段和斗争方法方面的新情况的策略路线,现在仍旧没有改变。代表会议的一个决议说道,革命的社会民主党策略的正确性,已由 1905—1907 年的群众斗争的经验所证明。革命在第一个战役中最后遭到失败并不表明,任务提得不正确,最近目标是"空想",手段和方法是错误的;而是表明,力量没有充分准备好,革命危机的深度和广度还不够——不过,斯托雷平及其同伙正在以非常值得称赞的热情来加深和扩大革命的危机呢! 就让自由派和惊慌失措的知识分子在争取自由的真正群众性的第一次战斗之后灰心丧气吧,让他们怯懦地反复说,挨过打的地方就不要再去,不要再走这条倒霉的道路吧。觉悟的无产阶级将回答他们说,历史上的伟大战争和革命的伟大任务都是这样进行的:先进阶级一而再、再而三地进行冲击,从失败中吸取教训后去争取胜利。战败的军队会很好地学习。俄国的革命阶级虽然在第一个战役中遭到失败,但是革命形势仍然存在。革命危机正在通过新的形式和其他道路再行到来,重新成熟,但有时比我们希望的要迟缓得多。我们应当进行长期的准备工作,使更广大的群众去迎接革命危机,并且要更加认真地进行这种准备工作,要估计到更高的和更具体的任务;这种工作做得愈好,就愈有把握在新的斗争中取得胜利。俄国无产阶级可以引以自豪的,就是 1905 年在它的领导之下,奴隶的民族第一次变成了进攻沙皇制度的千百万人的军队,变成了革命的队伍。俄国无产阶级现在同样能够坚定地、顽强地、耐心地进行教育和准备工作,以培养更强大的革命力量的新干部。

我们已经指出,利用杜马讲坛是这种教育和准备工作的一个必要的组成部分。代表会议关于杜马党团的决议给我们党指出了一条最接近于(如果在历史上找个例子的话)德国社会民主党人在非常法时期的经验的道路。秘密的党应当会利用,应当学会利用合法的杜马党团,应当把这个党团培养成为能够完成自己任务的党组织。如果提出召回党团的问题(代表会议上有两个"召回派"没有直接提出这个问题),或者不直接地公开地批评杜马党团的错误,不把这些错误列在决议上(在代表会议上,有些代表曾经力图这样做),那是最错误的策略,是逃避在当前条件下必须坚定进行的无产阶级工作的最可悲的行为。决议完全承认,杜马党团有一些错误不能完全由党团单独负责,这些错误完全像我们一切党组织的一些错误一样,是不可避免的。但是也有另一种错误,这就是离开了党的**政治路线**。既然产生了离开政治路线的现象,既然代表全党公开发表意见的组织犯了这样的错误,那么,党就应该明确地说,这是一种偏差。在西欧各国社会党的历史上,不止一次地有过议会党团同党的关系不正常的事例;在罗曼语国家,直到现在,党团对党的态度往往还是不正常的,党团的党性还很不够。我们应当立即用另外的办法来安排俄国社会民主党的议会活动,应当立即在这方面和谐一致地进行工作,一方面使每一个社会民主党的杜马代表都确实感觉到,党在支持他们,在为他们犯的错误而痛心,在设法使他们走上正路,另一方面使每个党的工作人员都来参加党的整个杜马工作,学习根据马克思主义观点来实事求是地批评杜马工作的步骤,感到自己有责任来帮助进行这个工作,尽力使带有特殊性的党团工作服从于党的整个宣传鼓动工作。

这次代表会议,是第一次有威信的、有党内各个最大的组织的代表参加的会议,会上讨论了社会民主党杜马党团在整个杜马会议期间的活动。代表会议的决定明确指出,我们党将如何进行杜马的工作,党在这方面向自己和党团提出了什么严格的要求,打算如何坚定不移地开展扎扎实实的社会民主党的议会活动。

关于对杜马党团的态度问题,有策略和组织两个方面。在组织方面,关于杜马党团的决议不过是再一次把代表会议关于组织问题指示的决议所规定的组织政策的一般原则运用于具体场合。代表会议确认,在这个问题上,俄国社会民主工党内有两个基本派别:一个派别是把重心移到秘密的党组织中,另一个派别(它多多少少同取消派相似)却把重心移到合法和半合法组织中。正如我们所指出的,问题在于目前有些党的工作人员,特别是知识分子出身的,也有一部分是工人出身的工作人员脱离了党。取消派提出一个问题:是最积极的分子离开党而选择合法组织作为活动场所好,还是"动摇的知识分子和小资产阶级分子"脱离党好?不消说,代表会议坚决地驳斥了取消派,并且答复他们说,是后一种情况好。党内最纯洁的无产阶级分子,最坚持原则和最有社会民主党党性的知识分子,仍然忠于俄国社会民主工党。脱党也就等于清党,等于摆脱最不坚定的人,不可靠的朋友,摆脱"同路人"(Mitläufer),这些人都是从小资产阶级或者从"没有固定阶级特性的"人们,即脱离某一阶级轨道的人们中间来的,他们始终是暂时投靠无产阶级的。

从这种对党的组织原则的看法中,自然就会得出代表会议通过的组织政策的路线。巩固秘密的党组织,在一切工作部门建立党支部,首先"在每个工业企业"建立"纯粹党的、哪怕是人数不多的工人委员会",把领导职能集中在工人出身的社会民主运动领导人的手里,——这就是当前的任务。显然,这些支部和委员会的任务应当是利用一切半合法组织,尽可能地利用合法组织,保持"同群众的密切联系",在进行工作时注意使社会民主党对于群众的一

切要求都有反应。每个支部和每个党的工人委员会，都应当成为
"在群众中进行鼓动工作、宣传工作和实际组织工作的据点"，就是
说，一定要到群众所去的地方，要处处努力促使群众的意识向社会
主义方面发展，把每个局部的问题与无产阶级的总任务联系起来，
把组织方面的每一个行动都变为加强**阶级**团结的行动，要靠自己
的毅力、自己的思想影响（当然不是靠自己的头衔和官位）来争取
在一切无产阶级的合法组织中起领导作用。虽然这些支部和委员
会有时可能人数很少，可是在它们之间将会有党的传统和党的组
织的联系，将会有明确的阶级纲领；这样，即使只有两三个社会民
主党党员，也不会在没有定型的合法组织中随波逐流，而会在一切
条件下，在任何局势下，在各种情况下，都能实行自己的**党的**路线，
以全党的精神去影响环境，而不让环境把自己吞没。

可以解散某种群众组织，可以摧残合法的工会，可以在反革命
统治之下通过警察的刁难来破坏工人的一切公开的活动，但是世
界上没有一种力量能够消除资本主义国家（俄国已成为这样的国
家）工人大批聚集的现象。工人阶级以这种或那种方式、合法地或
半合法地、公开地或隐蔽地，总会找到某些团结的据点，——无论
何时何地，觉悟的社会民主党人都将走在群众的前列，无论何时何
地，他们都将彼此团结起来，以党的精神去影响群众。社会民主党
过去在公开的革命中已经证明，它是阶级的政党，能够领导千百万
群众举行罢工，举行 1905 年的起义，参加 1906—1907 年的选举，
而现在，它仍然是阶级的政党，群众的政党，仍然是一支先锋队，能
够在最困难的时期也不脱离整个大军，能够帮助这支大军度过最
困难的时期，重新团结起全军的队伍，培养出一批又一批的新
战士。

让黑帮死硬派在杜马内和杜马外,在首都和边远的地方,欢呼号叫吧,让反动派肆意横行吧,可是,聪明绝顶的斯托雷平先生的每一步骤,都不能不使正在保持平衡的专制制度更接近垮台,使政治上的奇闻怪事层出不穷,使无产阶级队伍和农民群众革命分子队伍得到新生力量的补充。一个能够通过联系群众而得到巩固以进行坚持不懈的工作的党,一个能够组织本阶级先锋队的先进阶级的党,一个努力以社会民主党的精神去影响无产阶级每一个现实表现的先进阶级的党,是一定会取得胜利的。

载于1909年1月28日(2月10日)
《社会民主党人报》第2号

译自《列宁全集》俄文第5版
第17卷第354—365页

关于《论迫切问题》一文¹⁷⁵

（1909 年 2 月 12 日〔25 日〕）

这篇好文章转载自中部工业区的机关报《工人旗帜报》第 7
号，它是为了回答一个召回派分子在该报第 5 号上的一篇文章而
写的。召回派分子的文章是作为讨论文章发表的，《工人旗帜报》
编辑部作了说明，表示不同意作者的意见。该报第 7 号在发表这
篇文章时，编辑部没有作任何说明，可见，这篇文章也表达了编辑
部的意见。

我们早已在《无产者报》上表示坚决反对召回主义，并且明确
指出，既然召回主义正在由一种普通的情绪变为一个**派别**，一整套
政策，那么它就是在脱离革命马克思主义的道路，就是在原则上同
布尔什维主义决裂。但是，在莫斯科的布尔什维克机关报发表这
篇文章以后，我们应当承认，关于召回主义的问题我们过去提得还
不够尖锐，对于想把这种召回主义同布尔什维主义结合起来的人
们给我们布尔什维克派的原则坚定性带来的危险估计过低。我们
肯定地说，写上面转载的这篇文章的莫斯科的同志就像我们私下
同召回派争论时那样，把问题提得很尖锐、很明确、很有原则。我
们的莫斯科机关报天天接触召回主义的活生生的代表人物，实地
看到他们的召回主义的实际宣传有愈来愈脱离革命社会民主党的
道路的危险，所以不得不把问题提得这样尖锐、这样有原则、这样

不可调和，它这样做是有充分理由的。**或者是革命的马克思主义**，在俄国即布尔什维主义，**或者是**召回主义，即放弃布尔什维主义，莫斯科的同志就是这样提问题的。这就是说，他完全同意我们在全党代表会议之前预先同召回派同志们进行争论时对问题的提法。

我们知道，有一些工人布尔什维克现在是赞成召回主义的，但是他们的"召回主义"多半只是由于我们的杜马党团犯了严重错误而引起的一种暂时的**情绪**。文章的作者和我们在上面所谈的一切当然不是针对他们的。但是召回主义既然被推崇为一种理论，既然成为一套完整的政策（这是一个自称是"真正"革命性的代表的小集团制定的），那就必须进行一场不可调和的**思想战争**！我们所转载的文章的作者说得十分正确：召回派分子在《工人旗帜报》第5号上的那些议论（这篇文章我们曾转载于《无产者报》第39号）以及**作为一个派别**的整个召回主义，等于是鼓吹"工人代表大会"等等的**改头换面的孟什维主义**。下面这点他说得尤其正确：某些召回派用来为自己的派别辩护的那些**原则性的**论据（不管他们自己的政治认识怎样），客观上有使他们靠近无政府工团主义者或者纯粹无政府主义者的危险。

莫斯科的同志对问题的提法清楚地表明，有些布尔什维克不愿意承认召回主义有**根本性的**危险，认为这里**只有**"实践上的分歧"，认为召回主义是"健全核心"，而不是来自左面的取消主义思想的萌芽，这在政治上是多么近视，尽管他们的意图都是好的。莫斯科的同志的文章应当使他们看到，他们在思想上掩饰召回派或者即使是在思想上对他们保持友好的中立，都是在助长召回派的声势，**变成召回派的战俘**，危害布尔什维主义。

召回主义**不是**布尔什维主义，而是拙劣的政治上面目全非的布尔什维主义,这是只有布尔什维主义的最恶毒的政敌才想得出来的。这一点必须**完全弄清楚**。我们认为必须使所有的布尔什维克以至每个小组都认清召回主义的真实作用,都彻底弄明白并且给自己提出一个问题:这是不是打着"革命"和"左派"的旗帜公开放弃在革命以前的时期和革命烈火中形成的老布尔什维主义的光荣传统。

为了这个目的,我们在《无产者报》上就这些问题展开了讨论。我们登载了**所有的**来稿,转载了国内布尔什维克所写的一切与此有关的文章。直到现在,我们还没有拒绝过**任何一篇**讨论文章,今后也将这样做。遗憾的是,召回派和赞成他们的同志直到现在还很少给本报寄材料来,他们宁愿"在私下里"议论,也不愿意在报刊上公开和彻底地阐明自己的根本的信念。现在我们请所有的同志,不管是召回派或是正统的布尔什维克都到《无产者报》上来陈述自己的观点。如果需要的话,我们也可以把寄来的材料印成专门的小册子。我们必须思想明确、坚定,尤其是在目前这个艰难的时期更应如此。

让社会革命党人先生们去掩饰自己的意见分歧,庆贺自己的"完全一致"吧! 可是人们说得对:在社会革命党人那里,从人民社会党人的自由主义到带着炸弹的自由主义,样样俱全。

让孟什维克同切列万宁一伙在思想上和睦相处吧。让他们去耍那一套两面派的手法吧(他们在德国人面前表示同切列万宁决裂,而在俄国的报刊上却表现得难舍难分),让他们同那些在思想上取消革命马克思主义基本原则的取消派和睦相处吧,让他们干脆用贴住分歧的巧妙办法(见《社会民主党人呼声报》第10—11号合刊),即用纸一贴就"消除了"孟什维克同普列汉诺夫的分歧的办法¹⁷⁶来掩盖自己的意见分歧吧。

　　既然内部的思想斗争是必要的，我们这个派别就不应当害怕这种斗争。它会在斗争中更加巩固。我们这个派别实际上开始逐渐地成为我们的整个的党，所以我们更应当弄清自己的分歧。我们号召布尔什维克同志们**思想**要明确，要清除一切流言蜚语，不管它们是从哪里来的。在一些最重大、最基本的问题上，喜欢像孟什维克在第二次代表大会以后那样用无谓的争吵来代替思想斗争的，现在还大有人在。在布尔什维克当中不应当有这种人立脚的地方。工人布尔什维克应当坚决抨击这种企图，并且要求做到一点：有**明确的思想、明确的观点和原则性的路线**。只有思想十分明确，全体布尔什维克才能在组织方面像我们这个派别从来所做的那样团结一致地行动。

载于 1909 年 2 月 12 日（25 日）　　　　译自《列宁全集》俄文第 5 版
《无产者报》第 42 号　　　　　　　　　　第 17 卷第 366—369 页

无产阶级在我国革命中的斗争目标

（1909 年 3 月 9 日和 21 日〔3 月 22 日和 4 月 3 日〕）

马尔托夫同志在上面发表的文章[177]里，涉及一个非常重要的问题，确切些说，涉及许多有关无产阶级和社会民主党在我国革命中的斗争目标的问题。他涉及了我们党内讨论这些问题的历史。这些问题同马克思主义原理和民粹主义的关系以及就这个问题发表的各种各样的看法，总之他涉及了问题的各个方面，但是无论哪一方面都没有说清楚。为了从实质上回答问题，必须对问题的各个方面作个系统的概述。

———

我们先从俄国社会民主党讨论这个问题的历史谈起。这个问题是在 1905 年初由布尔什维克和孟什维克提出来的。布尔什维克解决这个问题的"公式"是：无产阶级和农民的革命民主专政（参看 1905 年 4 月 12 日《前进报》[178]第 14 号）①。孟什维克坚决反对这样来确定胜利的资产阶级革命的阶级内容。1905 年 5 月在伦敦举行的第三次代表大会（布尔什维克的代表大会）和同时在日内

———
① 见本版全集第 10 卷第 18—28 页。——编者注

瓦召开的孟什维克的代表会议，正式说明了党内两部分人的观点。但是根据当时的时代精神，党内两部分人的决议都没有提出关于斗争目标和胜利的革命的一般阶级内容这个理论性的、一般性的问题，而提出了一个比较狭隘的关于临时革命政府的问题。布尔什维克的决议说："……在俄国只有经过胜利的人民起义才有可能实现民主共和制，而胜利的人民起义的机关将是临时革命政府；……如果力量对比及其他不能预先准确判定的因素对我们有利，我们党可以派全权代表参加临时革命政府，以便无情地打击一切反革命的企图，捍卫工人阶级的独立利益。"孟什维克的决议说："……社会民主党不应当抱有夺取政权或在临时政府中分掌政权的目标，而应当始终做一个持极端革命反对派态度的政党。"

　　由此可见，在纯粹的布尔什维克代表大会上，布尔什维克自己并**没有**把任何像无产阶级和农民专政这类的"公式"**写进**正式的决议中去，而**只是**谈到可以参加临时政府和无产阶级"应当""起领导作用"（关于武装起义的决议）。"无产阶级和农民的革命民主专政"的"公式"是在第三次代表大会以前在布尔什维克的报刊上提出来的，在这次代表大会以后又在《两种策略》①这本小册子里得到了阐述；谁也没有想去责备布尔什维克的言论同自己的决议不符。谁也没有想去要求从事政治斗争的群众性政党的决议必须同马克思主义关于胜利的革命的阶级内容的定义一字不差。

　　从我党历史材料中还可以得出另一个重要结论：1905 年春天，党内两部分人都把争论问题的**重心**放在无产阶级以至一切革命阶级**夺取政权**这一点上，根本没有谈到要夺取政权的这些阶级

---

　　①　见本版全集第 11 卷第 1—124 页。——编者注

在这一时期彼此之间的关系可能和应当是怎样的问题。我们知道,孟什维克既反对夺取政权这一目标,也反对分掌政权这一目标。布尔什维克则主张"无产阶级在革命中起领导作用"(关于武装起义的决议),社会民主党"可以"参加临时政府,"始终保持社会民主党这个争取彻底的社会主义革命的政党的独立性"(关于临时革命政府的决议),"支持"农民的革命运动,"肃清农民运动掺杂的种种反动成分,纯洁这个运动的革命民主主义内容","提高农民的革命自觉性,彻底实现农民的民主主义要求"(关于对农民运动的态度的决议)。在 1905 年布尔什维克代表大会的决议里,没有提出任何其他的关于无产阶级和农民的关系的"公式"。

现在来看一看一年以后两个派别在斯德哥尔摩代表大会之前制定的决议草案,在一般报刊上,特别是在我们党内,这些草案常常被人忘记或者忽视,这是非常遗憾的,因为它们在社会民主党策略思想史上有非常重要的意义。正是这些决议草案表明,党内两部分人从 1905 年 10 月和 12 月的斗争的经验中究竟取得了什么教训。

布尔什维克在关于无产阶级的阶级任务的决议草案中写道:"……只有无产阶级才能够把民主革命进行到底,但必须有一个条件,即无产阶级这个现代社会中唯一彻底革命的阶级要引导农民群众前进,要使农民反对地主土地占有制和农奴制国家的自发斗争具有政治自觉性。"[①](在向伦敦代表大会提出的决议草案中又谈到了这一论点。见 1907 年 3 月 4 日《无产者报》第 14 号)

总之,布尔什维克在这里给自己选择的"公式"说的是:无产阶

---

① 　参看《苏联共产党代表大会、代表会议和中央全会决议汇编》1964 年人民出版社版第 1 分册第 127 页。——编者注

级**引导**农民前进。在布尔什维克的决议里，没有任何别的体现无产阶级和农民的革命民主专政这一思想的公式。这个事实是必须十分强调地指出的，因为马尔托夫同志企图在忘记或回避这个事实的情况下，完全歪曲1908年十二月代表会议决议的意义。

孟什维克在自己的决议草案（列宁的《报告》第68—70页，转引自《党内消息报》[179]）中规定无产阶级的任务是"做资产阶级革命的推动者"——请注意，不是布尔什维克的决议所说的"领袖"和"领导者"，而是推动者！——并且指出无产阶级的任务之一就是"借助群众压力来支持资产阶级民主派的某些反政府措施，只要这些措施不违背我们纲领中的要求，而能有助于这些要求的实现，成为继续推进革命的起点"。

可见，布尔什维克和孟什维克这两个派别自己把分歧归结为这样的对立：是做"引导"农民"前进"的革命"领袖"和"领导者"呢，**还是**做"支持"资产阶级民主派某些措施的"革命推动者"。我们再补充一点，在斯德哥尔摩代表大会上取得胜利的孟什维克，竟不顾布尔什维克的抗议和坚持，**自行撤销**了这个决议。为什么孟什维克要这样做呢？读者只要读一读孟什维克这个决议草案中的如下一段话，就可以得到答案，这一段话是这样说的："无产阶级要想很好地完成资产阶级革命推动者的任务，就只有经过这样的途径，即自己先组织起来，通过自己的斗争吸引愈来愈多的城市资产阶级阶层和农民阶层参加革命斗争，使他们的要求民主化，推动他们组织起来，从而为革命的胜利创造条件。"

这显然是向布尔什维克作的一个不彻底的让步，因为在这里不仅把无产阶级描绘成为推动者，而且至少在某种程度上还把它描绘成为领导者，因为它要"吸引"和"推动"农民和更多的城市资产阶级阶层。

其次,关于临时政府问题,孟什维克的决议草案说道:"在国内革命普遍高涨的条件下,社会民主党应当到处促进工人代表苏维埃的建立,唤起其他革命民主派分子也来建立这种机关,协助所有这些机关联合为共同的、非党的人民革命斗争组织,向它们提出在无产阶级看来可能而且应当在目前通过革命完成的全国革命任务。"(同上,第91页)

孟什维克的这个被人遗忘了的决议草案清楚地表明,在1905年10—12月的经验的影响下,孟什维克已经完全乱了套,向布尔什维克交出了阵地。这个草案里还有如下一点:"在当前的资产阶级革命中,社会民主党不应当提出夺取政权和实行专政的任务"(第92页),难道上一段中引用的那些话和这一点,实际上可以并行不悖吗? 后一个论点是非常原则性的论点,完全是重复("分掌政权"的说法例外)1905年的决议。但是这个论点同1905年10—12月的经验是根本冲突的,因为孟什维克**自己**就把这次经验**归结为联合**无产阶级和"**其他革命民主派分子**"的所有机关,组成"共同的、非党的人民革命斗争组织"! 既然工人代表苏维埃同革命民主派的**这种**机关"**联合**"为非党的人民革命斗争组织,那么很明显,无产阶级也就**提出了**"夺取政权和实行专政"的任务,**参加了**夺取政权的事业。决议本身就说明,革命的"最重要的任务"就是"把国家政权从反动政府的手中夺过来"。孟什维克一方面不敢明说,忌讳"夺取政权和实行专政"这句话,极力回避这种吓人的东西,但是另一方面在1905年以后又**不得不承认**,工人代表苏维埃同革命民主派的其他"这种"机关实行"联合"是势所必然的,这种**联合**会产生"**共同的**、非党的"(这样说不确切,应当说:非党的或跨党的)"人民革命斗争组织"。这种**共同的组织**就是临时革命政府！孟什维克不敢明确地直接发表主张，只是作了一番**描述**。事情并不因此而有所变化。从旧政府手中"夺取国家政权"的"人民革命斗争机关"，也就是临时革命政府。

如果说孟什维克思想混乱，语无伦次，迫不得已才考虑到1905年10—12月的经验，那么布尔什维克则是直接明确地作出了自己的结论。布尔什维克关于临时政府的决议草案说："……在这场公开的斗争中〈1905年底〉能够坚决反对旧政权的地方居民（几乎完全是无产阶级和小资产阶级的先进阶层），最后都认为必须建立这种实际上成了新式革命政权萌芽的组织，这种组织就是彼得堡、莫斯科以及其他城市的工人代表苏维埃，符拉迪沃斯托克、克拉斯诺亚尔斯克以及其他城市的士兵代表苏维埃，西伯利亚和南部地区的铁路委员会，萨拉托夫省的农民委员会，新罗西斯克和其他城市的市革命委员会，以及高加索和波罗的海沿岸边疆区的经选举产生的农村机关"（第92页）。草案接着指出，当时这些机关由于分散和处于萌芽状态而遭到失败，而现在临时革命政府则是"胜利起义的机关"。决议继续说道："为了把革命进行到底，目前无产阶级面临一个迫切的任务，即同革命民主派一道促进起义的联合，建立起义的联合中心——临时革命政府。"往下几乎是一字不差地重复了1905年第三次代表大会的决议。

上面引用的两派在斯德哥尔摩代表大会以前提出的决议草案中的一些话，使我们能够从具体的历史条件出发来研究无产阶级和农民的革命民主专政的问题。每一个希望直截了当地明确回答这个问题的人，都应当考虑1905年年底的经验，不想直接研究这个经验,这就不仅意味着忽视对于俄国马克思主义者说来最宝贵的材料,而且也意味着必然要"挑剔地"解释公式,"捂住"和"贴住"(按马尔托夫同志的中肯说法)原则性分歧的实质,必然要在"专政"的理论和实践问题上丧失原则("运动就是一切,目的算不了什么"这个公式就是这种行为的最好说明)。

1905年年底的经验无可争辩地证明,由于"国内革命的普遍高涨",正在产生一种特殊的"人民革命斗争组织"(这是孟什维克的说法;布尔什维克的说法是:"新式革命政权的处于萌芽状态的机关")。同样无可争辩的是,在俄国资产阶级革命的历史中,创立这些机关的首先是无产阶级,其次是"其他革命民主派分子",而且,只要考察一下整个俄国的,特别是大俄罗斯的居民成分,就会看到,在这些其他分子中绝大多数是农民。最后还有一点也是无可争辩的,就是这些地方机关或组织实行联合的历史倾向是存在的。从这些无可争辩的事实中必然得出一个结论:现代俄国的胜利的革命**不能是**别的,只能是无产阶级和农民的革命民主专政。要回避这个不可避免的结论,就只有"挑剔"和"贴住"分歧! 如果不是只抓住问题的枝节,不是故意地随心所欲地把城市和农村割裂开来,把一个地区同另一个地区割裂开来,不是拿关于这个或那个**政府**的成分问题来代替**阶级**专政问题,总之,如果能真正**全面地**分析问题,那么无论谁根据1905年经验的具体例子也不能说明,胜利的革命可能不是无产阶级和农民的专政。

现在我们先把党内提出上述"公式"的历史这个问题结束一下,然后再往下谈。我们已经看到,1905年和1906年两派观点是如何确切表述的。1907年,在伦敦代表大会前夕,孟什维克起初提出了一个关于对待资产阶级政党的态度的决议草案(1907年3月24日《人民杜马报》[180]第12号)，后来他们在代表大会上又提出了另一个草案。第一个草案指出，应当把无产阶级的行动同其他阶级的行动"配合起来"，第二个草案指出，应当"利用"其他阶级的运动来"达到"无产阶级的"目标"，无产阶级应当"支持"其他阶级的某些"反政府措施和革命措施"，社会民主党在"个别的特定条件下"可以同自由主义的和民主的阶级达成"协议"。

布尔什维克的草案也像伦敦代表大会通过的决议一样，指出社会民主党应当"迫使它们〈民粹派政党或劳动派政党，它们"比较准确地表达了广大城乡小资产阶级群众的利益和观点"〉站到社会民主党方面来，反对黑帮和立宪民主党"，"由此而产生的共同行动"应当"完全服从于共同攻击的目标"。代表大会的决议和布尔什维克的草案不同的地方在于：前者根据一位波兰代表的提议加进了"争取把革命进行到底"[181]这样一句话。在这里也非常明确地肯定了无产阶级和农民的革命民主专政的思想，因为这种专政也就是这些"**曾经**或者正在将革命进行到底的"阶级的"共同行动"！

二

只要总的回顾一下党提出有关无产阶级和农民专政问题的意见的历史，就可以看出，马尔托夫同志大谈其挑剔和无目的的运动，对他自己是多么不利。其实，从这段历史中得出的第一个结论就是：布尔什维克本身无论在自己的决议草案中或者在自己的决议中，**一次也没有**提出过无产阶级和农民专政这种说法或者"公式"。但是直到目前为止，还**没有一个人**想否认 1905—1907 年间的布尔什维克的**全部**草案和决议**完全**是以无产阶级和农民专政这一思想为基础的。否认这一点是很可笑的。否认这一点，也就是挑剔，就是用无谓地抠字眼的办法来掩盖问题的**实质**。列宁在《两种策略》(《十二年来》文集第 445 页)①中的说法是：无产阶级应当把农民群众"**联合**"到自己方面来；1906 年布尔什维克的决议草案的说法是：无产阶级应当"**引导**"农民群众；伦敦代表大会的决议的说法是：无产阶级和农民"共同行动"，"争取把民主革命进行到底"。所有这些说法的意思都是一样的，这难道还不明显吗？难道这种意思不正是体现了无产阶级和农民的专政吗？无产阶级**依靠**农民这个"公式"不是也**完全包括在**无产阶级和农民专政的**范围以内吗**？

　　马尔托夫同志拼命否定无产阶级和农民专政的提法。于是他在"**和**"字上大发议论。马尔托夫同志大声地说：不要"和"字，带"和"字的公式已经被抛弃了，现在不许在中央机关报上的没有署名的文章中加上这个"和"字！晚了，晚了，亲爱的马尔托夫同志，你本来应当向**整个**革命时期的**所有**布尔什维克机关刊物提出这种要求，因为所有这些机关刊物当时一直谈的是无产阶级和农民的专政，而谈这个专政时所根据的决议却没有**这个**"**和**"字。马尔托夫同志在他为了"和"字而掀起的原则性战役中失败了，他所以失败，不仅因为时效已过，而且因为至高无上的逻辑总是离不开这个倒霉的"和"字：和"联合"、和"引导"、和"共同行动"、和"依靠"、

和"在……帮助下"(最后这个说法是在波兰社会民主党第六次代表大会的决议182中提出的)。

马尔托夫同志继续自己的原则性争论时说:但是布尔什维克反对过"依靠"这个说法。不错,是反对过,但并不是为了否定无产阶级和农民的专政,而是因为这个"公式"在俄文表达上不很恰当。通常都是弱者依靠强者。在布尔什维克看来,原封不动地重复"无产阶级在农民帮助下"这一波兰代表大会提出的公式,是完全可以容许的,当然,如果说成"无产阶级引导",也许更好些。可以就所有这些公式进行争论,但是把这种争论当做"原则性的争论",这简直是笑话。像马尔托夫同志那样试图否认共同行动的概念包含"依靠"的意思,就是典型的挑剔。像马尔托夫同志那样引用唐恩、阿克雪里罗得和谢苗诺夫等同志的话说,"无产阶级依靠农民"夺取政权就是"无产阶级单独"夺取政权,只会使读者感到可笑。如果我们说,马尔托夫和波特列索夫依靠切列万宁、普罗柯波维奇之流取消了无产阶级在革命中的领导权这一思想,那么有谁会相信取消这种思想的只是马尔托夫和波特列索夫两个人,而同切列万宁、普罗柯波维奇之流没有关系呢?

同志们,不应当把中央机关报上的争论变成挑剔。不能用这种手法来避而不承认下面这个无可怀疑的主要事实:俄国社会民主工党的大多数成员,包括波兰同志和布尔什维克在内,都坚决主张:(1)承认无产阶级在革命中的领导作用,领袖作用;(2)承认斗争的目标是无产阶级在其他革命阶级的帮助下夺取政权;(3)在这些"帮助者"中间,农民占居首要的、甚至独一无二的地位。谁希望就问题的实质进行争论,他就应当对上述三个论点,即使是对其中的一个也好,提出自己的看法。马尔托夫同志对其中的任何一点也没有从实质上分析过。马尔托夫同志忘记了告诉读者,在上述三个论点的**每一点上**,孟什维克都是采取党所**摒弃的观点**,**党所摒弃的错误观点**正是而且仅仅是孟什维主义！孟什维克在革命中的政策就是无目的的运动,因此也就是以立宪民主党的动摇**为转移**的运动,其所以如此,是因为孟什维克不知道,无产阶级应不应当争取起领袖作用？应不应当尽力夺取政权？应不应当同时也考虑某一阶级的帮助？不知道这一点,社会民主党人的政策就不可避免地要陷于彷徨、产生错误、毫无原则,听任自由派摆布。

代表会议没有埋葬"无产阶级和农民的专政",也没有保证要把它从党的日常活动中取消,相反却**肯定了它**,**进一步**更彻底地承认了它。伦敦代表大会承认:(1)无产阶级的作用是"在资产阶级民主革命中充当领袖";(2)无产阶级和农民的"共同行动","完全服从于共同攻击的目标",同时也是为了"把革命进行到底"。只要再承认当前革命斗争的目标是由无产阶级和农民夺取政权就够了。这一点代表会议做到了,因为它提出了一个公式:"无产阶级依靠农民夺取政权。"

我们这样说,决不是否认和掩盖布尔什维克和波兰人之间的分歧。波兰社会民主党人无论在他们自己的俄文出版物中,还是在布尔什维克的报纸上,或是在中央机关报上,都有充分的可能来说明这种分歧。而且波兰社会民主党人也已经开始利用这种可能性。如果马尔托夫同志达到自己的目的,即把波兰社会民主党人卷入我们的争论中,那么,任何人都会看到,我们在一切基本问题上是同波兰社会民主党一致反对孟什维克的,我们同波兰社会民主党只是在局部性的问题上存在着分歧。

三

　　马尔托夫同志迫使托洛茨基参加了他所安排的第三者的争论，即一切非当事人的争论。关于托洛茨基，我们根本不可能在这里对他的观点进行全面的分析。这需要写一篇很长的专门文章。马尔托夫同志谈到了托洛茨基的错误观点，援引了这些观点的一些片断，因而使读者产生了一系列的误解，因为片言只语不能说明问题，反而使问题更加混乱。托洛茨基的根本错误，就在于他忽视革命的资产阶级性质，对于从这种革命转变为社会主义革命的问题，没有明确的看法。从这个根本错误中产生了一些局部性错误，马尔托夫同志以同情和赞许的态度摘引了几段话，又**重复了**这些局部性错误。为了使问题摆脱马尔托夫同志所造成的混乱状态，至少我们要指明，托洛茨基的那些得到马尔托夫同志赞许的论断是错误的。无产阶级和农民联合的"前提是：或者某个现存的资产阶级政党掌握农民，或者农民建立强大的独立政党"。显然，无论从一般理论观点看来，或者从俄国革命的经验看来，这都是错误的。阶级的"联合"**决不是**以这个或那个强大政党以至一切政党的存在为前提的。否则就是把阶级问题和政党问题混淆起来。上述两个阶级的"联合"**决不是**以某个现存资产阶级政党掌握农民为前提，**也决不是**以农民建立强大的独立政党为前提！这个道理在理论上是很清楚的，因为第一，要农民服从某个党组织是非常困难的事情，第二，建立农民政党是资产阶级革命中的一个特别困难和特别漫长的过程，所以"强大的独立"政党，打个比方说，只有到革命快结束的时候才能出现。从俄国革命的经验中也可以看得很清楚：无产阶级和农民曾经以各种各样的形式实行了**几十次和几百次**的"联合"，但是农民并没有"任何强大的独立政党"。譬如，当工人代表苏维埃和士兵代表苏维埃，或者和铁路罢工委员会以及和农民代表等等采取"共同行动"的时候，就实现过这种联合。所有这类组织大都是**非党的**，但是，这些组织的每一次共同行动，无疑都是**阶级的**"联合"。与此同时，农民政党形成、产生和出现了——如1905年的"农民协会"或1906年的"劳动团"——而且**随着这样的政党的成长、发展和立场的确定，阶级的联合也采取了各种不同的形式**，从不明确的和不定型的政治协议，直到十分明确的和完全定型的政治协议。例如，在第一届杜马被解散后，发出了如下**三个起义号召书**：（1）《告陆海军书》；（2）《告全国农民书》；（3）《告全体人民书》。在第一个号召书上署名的是社会民主党杜马党团和"劳动团"委员会。这一次的"共同行动"是否体现了**两个阶级的联合**呢？当然的是。否认这一点，恰恰就是挑剔，或者就是把"阶级的联合"这一广泛的科学概念变成狭隘的法律的、依我说几乎是公证人的概念。其次，能不能否认在工人阶级和农民的杜马代表签署共同的起义**号召书**后，这两个阶级的代表在局部的地方的起义中采取了共同**行动**呢？能不能否认关于联合起义的共同号召和共同参加地方的和局部的起义的行动必然要求作出共同组成临时革命政府的结论呢？如果否认这一点，那就是挑剔，把"政府"这一概念完全归结为完成的和定型的现象，而忘记完成的和定型的东西是来源于未完成的和未定型的东西。

　　其次，在第二个起义号召书上署名的，除了劳动团委员会和社会民主党党团以外，还有俄国社会民主工党**中央委员会**（孟什维克的!)、社会革命党中央委员会、全俄农民协会、全俄铁路工会[183]和全俄教师联合会[184]。在第三个起义号召书上署名的有波兰社会党、崩得[185]以及除了后面三个组织以外的所有上述党派。

这就是政党和非党组织的定型的政治联合！这就是以沙皇政府感到威胁的形式、以告全民书的形式**宣布的**尚未实现的"无产阶级和农民的专政"！在孟什维克的《**社会民主党人报**》[186]1906年第6号上，关于这些号召书有如下说法："在上述情况下，我们党同其他革命的政党和集团缔结的不是政治联盟，而是战斗协议，这种协议我们一向认为是适宜的和必要的"。现在，恐怕不会有很多的社会民主党人同意这种说法了（参看《**无产者报**》1906年8月21日第1号和1906年11月23日第8号①）。不能把战斗协议同政治联盟对立起来，因为后一个概念也包括了前者。在不同的历史时期，实现政治联盟的方式也不一样，有时缔结起义的"战斗协议"，有时达成议会协议，"采取共同行动反对黑帮分子和立宪民主党人"，等等。在革命的整个进程中，无产阶级和农民的专政这一思想通过上千种的形式在实践中表现出来，从签署抗税和提取存款的宣言（1905年12月）或起义号召书（1906年7月）起，一直到1907年和1908年的第二届和第三届杜马中的投票为止。

马尔托夫同志所援引的托洛茨基的第二个说法，同样是错误的。说"全部问题就在于：谁决定政府政策的内容，谁在政府政策上团结清一色的大多数"等等，这是错误的。马尔托夫同志引证这一点作为反对无产阶级和农民专政的论据，这就更加错误了。托洛茨基本人在这个论断中，认为"民主派居民的代表可以参加""工

---

① 见本版全集第13卷第344—360页，第14卷第107—120页。——编者注

人政府",就是说,认为政府可以由无产阶级和农民的代表组成。至于无产阶级在什么条件下可以参加革命政府,这是另外的问题,在这个问题上,布尔什维克很可能不但同托洛茨基有分歧,甚至同波兰社会民主党人也有分歧。但是革命阶级专政的问题,无论如何不能归结为在这个或那个革命政府中占"多数"的问题,不能归结为社会民主党可以参加这个或那个政府的条件问题。

最后,马尔托夫同志引用的托洛茨基的第三点意见是最错误的,而他却认为是"正确的",这个意见是:"哪怕它〈农民〉这样做〈"拥护工人民主制度"〉的时候,自觉性并不比往常拥护资产阶级制度时更高。"无产阶级既不能把希望寄托在农民的不觉悟和成见上面(而资产阶级制度下的统治者却正是指望和依靠这些东西的),也不能认为在革命时期农民的哪怕是寻常的不觉悟和消极状态会保存下来。俄国革命史的事实表明,1905年年底高潮的第一个浪头,就立即推动农民建立了一种无疑是独立农民政党的萌芽的政治组织(全俄农民协会)。在第一届和第二届杜马中,反革命势力虽然除去了第一批先进农民,但是农民(这次破天荒地在全国范围内,即在全俄选举中)马上为无疑是独立农民政党的雏形的"劳动团"打下了基础。在这些萌芽和雏形中,有许多不稳定的、不固定的和动摇的东西,这是毫无疑问的,但是,既然在革命开始时就产生了这种政治团体,那么在革命达到"结局",或确切些说,在它达到高度发展即实现了革命专政的时候,就一定会产生更定型的和更强大的革命农民政党。如果不是这样地看问题,那就等于认为一个人在成年时某些重要器官的大小、形态和发育程度仍然会像儿童时期的一样。

不管怎样,马尔托夫同志得出结论说,代表会议在关于无产阶级和农民在夺取政权的斗争中的相互关系问题上,同意了托洛茨基的见解,这是完全不符合实际情况的,实际上这是企图从**字里行间**"抠出"那些代表会议所根本没有讨论、引述和提到过的意思。

四

马尔托夫同志在谈到考茨基的时候,又在寥寥几句话中集中了一大堆错误。为了从实质上回答马尔托夫同志,几乎必须把一切都向读者从头讲起。

认为"许多人,也包括给考茨基的《前途》一书写序言①的列宁在内,都坚决否认我国革命的资产阶级性质",这是根本不对的,此外,说考茨基"宣称俄国革命不是资产阶级革命",这也是不对的。事实根本不是这样。

普列汉诺夫曾经向国际社会民主党的许多代表人物提出一些问题,第一个问题是俄国革命的"**一般性质**",第二个问题是"社会民主党对于按自己的方式争取政治自由的资产阶级民主派采取什么行动"。问题的这种提法本身,就包含了普列汉诺夫同志的两个违反马克思主义的错误。第一个错误是:把革命的"一般性质"即**它的社会经济内容**同革命动力问题混为一谈了。马克思主义者不能混淆这两个问题,甚至不能不经过特别的、具体的分析就**直接地**从第一个问题的答案中引申出第二个问题的答案。第二个错误是:把农民在我国革命中的作用问题同一般资产阶级民主派的作

---

① 见本版全集第 14 卷第 220—226 页。——编者注

用混为一谈了。的确,农民和自由派都可以归到"资产阶级民主派"这一科学概念里去,但是无产阶级对待这两种"资产阶级民主派"的态度,必然要有本质的差别。

考茨基立刻发现了普列汉诺夫同志的错误,并且用自己的回答**纠正了这些错误**。考茨基不仅没有想否认,革命按其社会经济内容来说,是资产阶级性质的,而且明确地承认这一点。下面就是考茨基在那本被马尔托夫同志大肆歪曲了的《前途》一书中所谈的与此有关的一段话:

"当前的革命〈俄国的〉在农村只能导致在土地私有制的基础上出现殷实农民,从而在无产阶级和农村居民中的有产者之间掘出一道像西欧已有的那种鸿沟。因此,即使当前的俄国革命暂时地使社会民主党人取得政权,也不能设想,这个革命会确立社会主义的生产方式。"(尼·列宁校订的俄译本第31页)

列宁在该书序言中说(同上,第6页):"不用说,**所有俄国社会民主党人**关于农民运动的**非社会主义**性质,关于农民的小生产不可能产生社会主义等基本论点,考茨基是**完全**同意的〈黑体是尼·列宁在序言中用的〉。"列宁在这里所指的正是上面那段考茨基的话。

马尔托夫同志断言,列宁坚决否认我国革命的资产阶级性质,这是根本不符合事实的。列宁谈的恰恰与此相反。考茨基明确地承认,我国革命按其一般性质即按其社会经济内容来说,是资产阶级革命。

考茨基在这篇文章中写道:"我认为",对普列汉诺夫的"第一个问题,不能简单地作这样或那样的回答。资产阶级革命时期即以资产阶级为动力的革命时期,已经过去了,在俄国也是如此……

资产阶级不是当前俄国革命运动的动力,因此这一运动已不能叫做资产阶级运动"(第29页)。读者可以看到,考茨基的这段话十分明确地说明的是什么,所指的是什么。他分明**不是**就革命的社会经济内容来谈资产阶级革命,**而是**在"革命的动力是资产阶级"这个意义上来谈资产阶级革命的。

其次,考茨基明确地划清了"自由主义"资产阶级民主派和农民资产阶级民主派的界限,从而纠正了普列汉诺夫的第二个错误。考茨基承认:"俄国社会民主党的革命力量就在于工业无产阶级和农民的利益的共同性","没有农民,现在我们就不可能在俄国赢得胜利"(第31页)。值得指出的是(当谈到马尔托夫同志在原则性争论中肆意纠缠"和"字这个毫无意思的问题时),考茨基在这篇文章里,也就是在1906年,**有一页上**不但使用了"**依靠**"这个说法("俄国无产阶级可以依靠什么阶级呢?"),而且使用了下述说法:"**无产阶级在革命斗争中同其他阶级结成的联盟**,首先应当以共同的经济利益为基础。"(第30页)

难道马尔托夫同志不会责备卡·考茨基,说他在1906年预见到要在1908年召开俄国社会民主工党十二月代表会议,是存心要"把读者弄糊涂","捂住和贴住"布尔什维克同波兰社会民主党人的分歧,是要"挑剔"……吗?

我们看到,考茨基在维护俄国资产阶级革命中的无产阶级和农民联盟的思想时,实质上并没有提出任何"新的"思想,完全是遵循马克思和恩格斯的学说。1848年,马克思在《新莱茵报》[187]上写道:"一开始就反对革命的大资产阶级〈指1848年3月18日以后的德国资产阶级〉,由于害怕人民,即害怕工人和民主派资产阶级,同反动派订立了攻守同盟。"(见梅林编的《马克思文集》

第 3 卷,俄文版目前只出了两卷)马克思在 1848 年 7 月 29 日写道:"1848 年的德国革命只不过是对 1789 年法国革命的讽刺…… 1789 年的法国资产阶级一分钟也没有抛开自己的同盟者——农民…… 1848 年的德国资产阶级毫无良心地出卖这些农民……"

马克思在这里谈到**资产阶级**革命的时候,显然是拿勾结反动势力的反革命资产阶级同工人阶级和以农民为主的民主派资产阶级加以对比。不能认为,马克思提出这种观点是由于他的社会主义世界观在当时还没有形成。1892 年,也就是过了 44 年以后,恩格斯在《论历史唯物主义》一文(《新时代》杂志第 11 年卷第 1 册;俄译文载于《历史唯物主义》论文集中)中写道:"……在资产阶级的这三次大起义〈16 世纪的德国宗教改革和农民战争,17 世纪的英国革命和 18 世纪的法国革命〉中,农民提供了战斗大军…… 如果没有农民〈在英国革命中是自耕农〉和城市平民,决不会把斗争进行到底,决不会把查理一世送上断头台。"①

可见,俄国资产阶级革命的特点,就是 20 世纪的无产阶级已经不像 16、17、18 世纪那样作为城市平民屈居第二位,而是升到第一位了。

五

现在来总结一下。马尔托夫同志涉及的问题非常重要,值得

---

① 见《马克思恩格斯文集》第 3 卷第 511 页。——编者注

在党中央机关报上极其认真地进行辩论。但是这个问题单是"涉及"一下是不行的,应当从实质上加以分析,分析时不仅要根据马克思和恩格斯的学说,还要根据俄国1905—1907年革命的经验。

认为社会民主党人提出无产阶级和农民的革命专政,就是做民粹派的俘虏,这只能付之一笑。这样发表议论的冒牌马克思主义者,首先应当责备考茨基、马克思和恩格斯做了民粹派的俘虏。在一切资产阶级大革命中,无产阶级(比较成熟的)只是同农民结成联盟才取得了决定性的胜利。俄国资产阶级革命胜利的条件也是如此。1905—1907年的经验和**每次**大的事变都**实际**证实了这个真理,因为一切决定性的发动,不论是"战斗"发动或者议会发动,实际上都是无产阶级和农民的"共同行动"。

我们党坚持这种看法,即无产阶级在资产阶级民主革命中的作用是**领袖的作用**,为了把这场革命进行到底,无产阶级必须和农民**共同行动**,革命阶级不**夺取政权**就不可能取得胜利。社会民主党人如果抛开这个真理,就不可避免地要发生动摇,从事"无目的的运动",有时甚至去鼓吹达成无原则的协议,这样实际上也就是做立宪民主党的俘虏,让工人阶级听任自由主义君主派反革命资产阶级的摆布。

载于1909年3月9日(22日)和3月21日(4月3日)《社会民主党人报》第3号和第4号

译自《列宁全集》俄文第5版第17卷第370—390页

致德国社会民主工党执行委员会

（不早于 1909 年 3 月 23 日〔4 月 5 日〕）

我们看了《前进报》第 79 号（1909 年 4 月 3 日附刊 1）登载的《俄国社会民主党内的组织问题》一文，不得不向德国社会民主工党执行委员会提出严重抗议。我们受中央的委托关照国外事务，因此我们代表俄国社会民主工党中央委员会请德国社会民主党执行委员会密切注意业已形成的极其不正常的局面。德国社会民主党中央机关报顽固地无视我们关于在国外成立专门的中央代表机关的正式声明，不发表早就寄去的关于这个机构及其通讯处的消息。与此同时，《前进报》却发表了"一个同志的报道"，谈党内**正式**的一件大事即俄国社会民主工党代表会议，然而在报道中**没有引用代表会议关于组织问题决议（两个决议）的正式文本**。《前进报》发表的这封信没有引用党的正式决议，完全歪曲了俄国社会民主党人中间所发生的争论和分歧，不但如此，这封信还包含着隐蔽的、反对代表会议决定的派别性论战。这种论战尤其会恶化俄国社会民主工党各派别之间本来就不正常的关系。这种论战会激起特别的恼怒和愤恨，同时要向德国同志说明我党的真实情况和意见分歧也更困难了。

因此，俄国社会民主工党中央委员会国外局请德国社会民主党执行委员会研究如下问题：如何在《前进报》上说明俄国的分歧，发表有关俄国问题的文章,刊载俄国社会民主工党中央委员会的公报和俄国社会民主工党的决议的正式文本。

俄国社会民主工党中央委员会国外局请执行委员会就以下问题作出决定:《前进报》报道俄国社会民主党的党内生活,是否可以不引用中央委员会的公报和党的决议的正式文本。

在实质问题上,中央委员会国外局认为这篇文章对真相大肆歪曲,至少必须指出其中的三点**主要的**错误,因为要把**所有**错误都列举出来,就得写一本书才行。

(1)代表会议就组织问题通过的第一个决议,肯定在俄国社会民主工党内,在组织政策的根本性问题上有**两个**派别。党在这个决议中谴责了被称为"取消主义的"、即实际上要取消目前的俄国社会民主工党的那一派别。投票赞成这个决议的不但有全体布尔什维克和波兰社会民主党的全体代表,而且崩得的三个代表中也有两个投票赞成。

(2)布尔什维克提出并经党通过的关于对目前形势的估计的决议,一开始就指出,旧的农奴专制制度正在瓦解,它在向资产阶级君主制转变的道路上又迈了一步。孟什维克没有提出自己的决议草案,但是投票反对这个决议,他们提出的唯一的修正就是把"资产阶级的"改为"财阀的"。

(3)乌克兰社会民主党的代表没有表示赞同而且也不可能表示赞同孟什维克的意见,因为乌克兰的代表没有出席代表会议。至于提到波兰社会党同意孟什维克的意见的问题,这个党并没有参加而且也不可能参加代表会议,因为它没有加入俄国社会民主工党。孟什维克提议俄国社会民主工党同这个党合并,这个建议遭到了代表会议的否决,代表会议未加讨论就转入了下一项议程。

载于 1947 年《列宁全集》俄文　　　　　译自《列宁全集》俄文第 5 版
第 4 版第 15 卷　　　　　　　　　　　　第 17 卷第 391—393 页

面目全非的布尔什维主义

（1909 年 4 月 4 日〔17 日〕）

我们在《无产者报》第 42 号上已经对"召回主义"和"最后通牒主义"作了一个总的评价①。上面所载的彼得堡召回派的决议，是他们在选举俄国社会民主工党十二月代表会议代表时的纲领（**遗憾的是**，直到代表会议开过**以后**《无产者报》编辑部才收到这个决议），谈到这个决议，我们不得不把在那里讲过的许多话重复一下。

这个决议满篇都是不正确的非马克思主义的论断，几乎每一条都表明，起草人的思想还不成熟，或者他们忘记了社会民主党的起码的常识。第 1 条写道："……革命的第一阶段已经结束……"这是什么意思呢？是不是指社会经济发展的阶段已经结束？大概不是。起草人指的是群众直接革命斗争的阶段已经结束。我们应当这样理解，免得把十分荒谬的思想加在召回派身上。既然是这样，那他们也就是承认目前不具备群众直接革命斗争的条件。然而，为情况所迫而不得不承认这一点的召回派却不能从这里**想出**结论，不能自圆其说…… "俄国 …… 正在走向新的革命高潮……" 不错！还只是**正在走向**高潮，也就是说，现在还没有高潮，——根据逻辑和语法应当得出这样的结论！但是，这个还没有

---

① 见本卷第 340—343 页。——编者注

到来的高潮的"特点"却是"尖锐冲突"等等。结果弄得很荒谬：召回派不会说明现在的特点，而去说明我们"正在走向"的未来的"特点"，以掩盖对这个现在的无知。例如，不知道从哪里突然冒出来一个"贫困化的城市小资产阶级"；不经过分析就使用这个提法；为什么未来高潮的"特点"是贫困化的小市民的尖锐冲突，无论从哪方面都看不出来。为什么恰好现在需要加上一个贫困化的城市小资产阶级，不得而知；其实，流氓无产阶级的特点，**有时候**是尖锐冲突，**有时候**是异常不坚定和毫无斗争能力。召回派的思想是极不明确的，因此我们并不感到奇怪，为什么在俄国社会民主工党代表会议上，同**两个**召回派一起投票赞成加上"贫困化的城市小资产阶级"这个说法的，**只有两个崩得分子**！我们认为，召回主义是改头换面的机会主义，这种看法得到了极好的证明。

同谁发生尖锐冲突呢？"同大资产阶级和地主-农奴主的统治集团"。而不是同专制制度？召回派不会把在上述两个阶级之间看风使舵的专制制度同这两个阶级的直接统治区别开来，结果弄得很荒谬：对专制制度的斗争不知道到哪里去了。

"……组织力量的秘密工作正在进行……" 吸取经验，消化新的教训，积聚力量，这些事可以并且经常是秘密进行的，但是组织力量的工作，甚至在不合法活动占绝对统治地位的时期，也不可能是秘密进行的。在1901—1903年间，组织力量的工作是非法进行的，而不是秘密进行的。召回派是在重复而且在歪曲那些死记硬背的片言只语。

第2条写道："在俄国阶级矛盾发展得很尖锐的时候，将会通过革命的形式解决这种冲突……" 俄国的阶级矛盾不像已经没有同专制制度作斗争的任务的欧洲那样尖锐。召回派没有注意到，他们在想深化自己的观点的时候，却逐渐走向了自己的反面——走向了机会主义者。

"……革命将导致武装起义……"

关于斗争的**目标**，一点也没有说清楚，关于目前专制制度发展的局势，也根本没有说清楚，但是，关于斗争的**手段**，召回派却急于发表意见，以便宣称自己是"革命者"。亲爱的同志们，这是幼稚的做法，因为你们再一次表明，你们**死记硬背**的片言只语虽然很好，但是你们**不理解**其中的意思。在 1897 年、1901 年和 1905 年，革命的社会民主党人对起义问题的态度是不一样的，虽然在 1897 年和 1901 年，俄国无疑是"在走向革命高潮"，走向"尖锐冲突"和"革命"，但是直到 1905 年 1 月 9 日以后，他们才把起义提到日程上来。只是死记硬背口号是不够的，应当善于考虑什么时候提出这些口号合适。在"高潮"还没有到来，在最狭窄和最直接的意义上的"革命"还没有成为现实以前（而召回派谈的是**将来的革命："将会通过革命的形式"**），只提出**一种**斗争手段的口号，那就使自己成了面目全非的革命社会民主党人。代表会议的决议谈到日益迫近的革命危机和斗争的目标（各革命阶级夺取政权），而**更多的东西目前**是不能谈，也不需要谈的。

那些莫名其妙的、甚至当做"彻底改革"的"地方自治机关的改革"是怎样来的，只有天晓得。这是什么意思，看来连召回派自己也不明白。

第 3 条写道："因此，社会民主党作为彻底革命的政党，应当把杜马外的斗争提到首要地位……"

有人（"最后通牒派"）目光竟这样短浅，甚至觉得我们同召回派的意见分歧只是实际做法上的分歧，只是对实行共同的策略所采用的手段和方法的估价不同而已！1907年夏天,关于抵制第三届杜马方面的意见分歧可能只是实际做法上的分歧,抵制派的错误可能只是在选择手段来实行全体布尔什维克共同的策略当中的错误。在1909年还这样谈,那是可笑的。召回派和最后通牒派的错误就是在原则上离开了马克思主义。请实际地想一下:"**因此**",也就是因为我们"正在走向"高潮,冲突"将会通过革命的形式","因此",应当把杜马外的斗争提到首要地位！同志们,这简直是用文字的堆砌来掩饰惊人的思想混乱！你们在自己的决议中根本还没有提到杜马,却造出一个结论:"因此"——"杜马外的斗争"！因为我们不懂得杜马的意义和党在高潮迫近时期的任务,所以我们宣布要进行杜马外的斗争,请看,召回派的论断是多么荒谬。他们片言只语地重复他们所不理解的布尔什维克的论断,这些话却是在不仅宣布要进行而且**有群众正进行**杜马外斗争的时期说的,而他们重复这些论断是在自己也认为"革命的第一阶段已经结束",即群众直接斗争的条件暂时还不存在的时期。

他们**死记硬背**关于杜马活动要服从杜马外的工人运动的利益和方向的正确原理,而且把死记硬背的**片言只语**重复得不是时候,歪曲得面目全非。

召回派不是强调除了杜马的工作以外,现在还必须尽最大的力量在杜马外面在群众中进行坚定的、长期的、耐心的组织工作和宣传工作,却同社会革命党人一道大唱其"杜马外的斗争"、冲击等等"革命的"高调。

召回派在决议(第1条)的末尾写道,"采取直接的积极行动在目前是不可能的",但在开头却**宣布**要进行杜马外的斗争。这难道不是面目全非的布尔什维主义吗?

"……为了把革命进行到完全胜利而做的工作……" 先是片言只语地谈了关于斗争手段的想法,然后再谈关于目标的想法!……"并为了这个目标而把无产阶级和广大的农民群众组织起来……" 同志们,在首先的和"首要"的问题是巩固和恢复半瓦解的党组织的时候,这些都是空话。

第4条("召回主义"的妙论之一)说:"党只能利用那些不会模糊和削弱革命斗争的组织活动和宣传活动的形式……"

在"讲求实际的"最后通牒派看来,这就是对问题的"切合实际的"提法!召回派**不得不**在1909年**寻找**一些为自己辩护的原则性理由,而这样做必然会使他们陷入泥潭。"只能……那些不会模糊……的活动的形式"这句话显然是指社会民主党人的杜马工作,指他们利用半合法和合法组织的活动。这样说来,有的"活动的形式"会模糊革命斗争,有的不会模糊革命斗争。为了使不会思考的人不必开动脑筋,我们应该列一个"活动的形式"表,把那些会"模糊"革命斗争的形式划掉,——这才是真正革命的策略吧!!

亲爱的同志们,拿合法书刊来说吧!这种"组织活动和宣传活动的形式"会不会模糊革命斗争?当然,在斯托雷平制度下是会"模糊"的!那就是说,应当把这种书刊取消,——召回派的结论就是如此,他们不能指出革命社会民主党利用**各种不同的形式的条件**,因而大发谬论。布尔什维克提出和通过的代表会议决议写道:"党应当特别注意利用和巩固现有的组织,并且建立新的、非法的、半合法的和尽可能合法的组织,这些组织可能会成为党的据点。"**这个决议同召回主义有天壤之别。**"只能……**那些**不会模糊……**的形式**",这是一句空话,只不过是个"高调",而不是革命性。建立党的非法的"工人委员会"来**利用**"半合法的和尽可能合法的组织",这是革命社会民主党人的策略;他们考虑到了在当前局势下必须采用的"组织活动和宣传活动的形式",善于指出各种不同"形式"的真正社会民主党工作的**方式**。

取消社会民主党的合法书刊,这是一句空话,是做不到的,**因而只是对那些明知做不到的机会主义者有利**。划清愿意对自己的合法著作向党负责的有党性的社会民主党人和没有党性的投机著作家的界限,这是一个困难的、然而是能够实现的任务,这会给愿意同党一起工作的人们指出实际的工作方向。取消合法的杜马党团,取消合法组织,这是一句**只是对那些**很想摆脱党的监督的**机会主义者有利的**空话。不断进行这种监督,"利用"合法组织,**纠正社**会民主党人的各种错误和错误的策略,——这是党的任务,我们和一切愿意执行代表会议决定的人将来完成这个任务。

……第4条最后写道:"坚决反对反革命资产阶级同专制制度的任何勾结。"

哎!召回派总是**不合时宜地**重复布尔什维克出版物的一些思想中的片言只语。同志们,应当把情况弄清楚。在第一届和第二届杜马时期,政府还在摸索勾结的道路,而立宪民主党人却把这种勾结当做"斗争"的口号来向人民宣传(这些口号甚至迷惑了社会民主党内的孟什维克)。**当时**坚决反对这种**勾结**才是真正及时的口号,迫切的任务,才能把骗局揭穿。现在,勾结的道路已经摸索到了,沙皇政府同被召回派称为"集团"的那些阶级已经勾结起来了,而且,谁也不会被第三届杜马中实现的勾结迷惑了。现在,把"坚决反对**任何勾结**"当做鼓动的中心,那就是面目全非的布尔什维主义。

第5条写道:"不能把我国的国家杜马看做是在政治自由的范

围内和在无产阶级的阶级斗争有一定的自由的情况下进行工作的议会，它不过是沙皇政府和大资产阶级之间的勾结……" 这里有两个错误。不能说，**不是议会，而是**勾结，因为世界上的许多议会都不过是资产阶级（发展到一定的程度）同各式各样中世纪制度残余的勾结。为了不让黑帮-十月党人的议会成为俄国的第一个议会，我们当时应当斗争，而且我们也进行了斗争，但是，不管我们怎样努力，这已成了事实，既然历史迫使我们非经过这个阶段不可，那么，只靠感叹，只靠唱高调来逃避这个不愉快的现实，就是一种幼稚可笑的行为。第二个错误是，在决议的起草人看来，如果有"一定的自由"，那就是"议会"，如果没有，那就是"假玩意儿"。这是庸俗的民主观点，持这种观点的应该是立宪民主党人，而不是马克思主义者。第三届杜马时期的自由比第二届杜马时期要少得多，然而第三届杜马却是**比较不那么**虚假的议会，因为它**比较真实地表现了**当前各统治阶级和国家政权的实际关系。只要政权还掌握在沙皇和农奴主-地主的手中，在资产阶级的俄国就不可能有任何别的议会。这个毫无虚饰的真理，只有立宪民主党人才会加以抹杀，社会民主党人是不应该这样做的。

第6条倒是例外，它是正确的。不过这个例外所证实的是相反的常规，因为……因为召回派在这一条中叙述的不是自己的思想，而是通过代表会议决议的反召回派的思想。

几点结论。（一）"……杜马是……勾结……和反革命的工具……" 说得正确！"……只是巩固专制制度……" 这个"只是"是不对的。专制制度终于组织起这个杜马，从而延缓了自己的灭亡，但它不仅没有因此而巩固，反而逐渐**瓦解了**。杜马是一种"掩饰"，但是也是一种"暴露"，因为它第一次公开地在成千的问题上表明沙皇政府是依赖反革命阶层的,第一次大规模地显示了罗曼诺夫同普利什凯维奇、沙皇政府同"俄罗斯人民同盟"[188]、专制制度同杜勃洛文—伊利奥多尔—波洛夫涅夫之流的内在联盟。

至于说杜马会使沙皇政府的罪行合法化,这是毫无疑义的,但这是一定的阶级为了一定的阶级的利益而使之合法化的,社会民主党的任务正是要在杜马讲坛上阐明这些很有教益的阶级斗争的真理。

"……第三届国家杜马8个月的活动表明,社会民主党不能利用杜马……"

这才是召回主义的中心思想,而我们的"最后通牒派"说,既然我们花了许多力量来建立党团,就不能轻而易举地把它召回来!这种可笑的狡辩只能掩饰召回主义的错误,把事情弄得混乱不堪。

问题是明摆着的,狡辩在这里无济于事:8个月的活动证明,究竟有没有可能利用杜马讲坛呢? 召回派的回答是不正确的。虽然党**对**党团进行的工作有很大的困难,但是这一工作毫无疑义地**证明**,利用杜马讲坛是**可能**的。遇到困难和犯了错误就垂头丧气,是意志薄弱的表现,是用知识分子的"高调"来代替无产阶级的耐心的、坚定的和顽强的工作的表现。其他欧洲国家的社会党在议会活动初期遇到的困难要多得多,犯的错误也多得多,但是它们没有抛开任务,而是克服了困难,改正了错误。

(二)"……我们的党团……坚持机会主义策略,过去和现在都不可能成为革命无产阶级的坚定不移的、一贯忠诚的代表……"

召回派同志们,最伟大的真理也可以被庸俗化,最伟大的任务也可以变为**空谈**,而你们正是在这样做。你们把同机会主义的斗争变成了空谈,这只对机会主义者有利。我们的党团过去有错误,现在还有错误,但是党团工作的经验证明:党团"过去能够、现在也能够"坚定地、一贯地代表无产阶级。说它**过去能够**、**现在也能够**,当然有一个条件,就是我们党要指导党团,帮助它,派最好的干部去领导,草拟指示和发言,向党团说明小市民知识分子的主张的危害性,因为这种知识分子不仅在俄国,而且**在全世界都总是**最容易进入各种接近议会的机关的。

同志们,要有勇气承认,在**切实**指导党团的工作、给党团以**实际**帮助这方面,我们还做得远远不够。要有勇气承认,如果我们能够巩固自己的组织,团结自己的党,密切党和群众的联系,创办一些经常影响广大的无产者阶层的党的机关报,我们就**可以**在这方面多做出十倍的事情。我们就是在向这方面努力,凡是愿意在实际上而不是在口头上同机会主义作斗争的人,都应该向这方面努力。

召回派把同党团的机会主义的斗争变成了空谈,因为他们只死记硬背了一些词句,却不懂得无政府主义者对机会主义的批判和社会民主党人对机会主义的批判有什么不同。拿无政府主义者来说:他们老是抓住每一个错误,抓住每一个社会民主党议员,老是叫嚣什么**甚至**倍倍尔也曾经作过几乎是爱国主义性质的发言,也曾经在土地纲领问题上采取过错误的立场,等等。的确,甚至连倍倍尔在自己的议会生涯中也曾经犯过机会主义的错误。但是,由此应当得出什么结论呢? 在无政府主义者看来,结论就是应当召回所有工人代表。无政府主义者责骂社会民主党的议员,要同他们决裂,并且一面责骂,一面反对锻炼无产阶级的政党、制定无产阶级的政策和培养无产阶级的议员。实际上,无政府主义者的空谈使他们成了机会主义的最可靠的帮凶,成了变相的机会主义。

　　社会民主党人从这些错误中得出了不同的结论。结论是：如果党没有进行长期的工作来建立一个真正社会民主党的代表团，那么**甚至**倍倍尔也不能成其为倍倍尔了。但愿人们不要对我们讲："我们党团里没有倍倍尔这样的人。"倍倍尔不是天生的，而是锻炼出来的。倍倍尔不是一出世就是现成的倍倍尔，好像密纳发从丘必特脑袋里钻出来一样[189]，而是党和工人阶级培养出来的。谁要说，我们这里没有倍倍尔这样的人，他就是不知道德国党的历史，不知道有一个时期，在实行非常法的情况下，奥古斯特·倍倍尔犯了机会主义的错误，可是党纠正了这些错误，党给倍倍尔指出了方向①。

　　（三）"社会民主党党团继续参加国家杜马……只会给无产阶级带来害处……降低社会民主党的尊严和威信……"　　只要指出1909年的预算辩论，指出别洛乌索夫的发言[190]，就可以说明，在这些极端夸张的说法中"量变怎样进到质变"，从这种极端夸张的说法中怎样**产生了**（不以召回派同志的意志和认识为转移）无政府主义的空谈。如果认为**这些**讲话"带来了害处"，不能证明利用杜马讲坛的可能性和必要性，那么意见分歧就超出了对讲话作估价的范围，而成为在社会民主党策略的基本问题上的原则性分歧。

　　……（1）"开始广泛的鼓动……宣传'打倒第三届国家杜马'的口号……"

　　我们在《无产者报》第39号上已经说过，这个一度迷惑了某些

————————

① 我们打算专门写一篇文章来谈谈这段有教益的历史，谈谈**这段历史**怎样驳斥了德国那些同我国的召回主义近似的流派。

反召回派工人的口号**是不正确的**①。这要么是立宪民主党人要求在专制制度下进行选举改革的口号，要么就是重复在自由派杜马掩饰反革命的沙皇制度、力图妨碍人民看清自己的真正敌人的那个时期里背熟了的词句。

（2）"召回……党团，就是强调……杜马的性质和社会民主党的革命策略。"

这是套用莫斯科召回派的论点：召回党团就是强调革命并没有被埋葬。这样的结论（我们把《无产者报》第39号的话再说一遍）不过是"强调"那些善于这样议论的社会民主党人**被埋葬**了。他们就这样**埋葬**了自己，使自己不再成其为社会民主党人，他们丧失了鉴别真正无产阶级革命工作的能力，所以才挖空心思想出这个"强调"革命空话的手法。

（3）"尽自己的一切力量去组织和准备……公开的……斗争〈因此就要放弃杜马讲坛上的公开宣传！〉……和宣传"等等。

社会民主党放弃杜马讲坛上的**宣传**是很不体面的，这一点召回派忘记了。

他们在这里向我们提出了某些最后通牒派不断重复的论点："把力量花在这种没有希望的杜马工作上是不合算的，让我们更有成效地使用**一切力量**吧。"这不是什么合算不合算的论点，而是诡辩，这种诡辩必然会产生（这也不以起草人的意志和认识为转移）无政府主义的结论，因为**各国**的无政府主义者在指出社会民主党议员的错误的时候，都号召他们不要再"和资产阶级议会打不合算的交道"，把"所有这些力量"都用到组织的"直接行动"上。但是，

---

① 见本卷第266—282页。——编者注

这样就会瓦解广泛的全面的工作,而空喊一些由于脱离群众而软弱无力的"口号"。只有召回派和最后通牒派才会以为这是新的只**是**由于第三届杜马才出现的论点。不是的,这是一个全欧洲的常见的非社会民主党的论点。

————

总之,召回主义和最后通牒主义是面目全非的布尔什维主义。这是怎样造成的呢? 孟什维克赶忙说,当然是由整个布尔什维主义的错误造成的。这样的结论对孟什维克无疑是非常"有利的"。不过很可惜,客观事实不是证实而是推翻了这个结论。这些客观事实告诉我们,不仅在布尔什维主义的发展中,而且在**整个俄国马克思主义的发展中**,都有一个把马克思主义弄得面目全非的时期;俄国的马克思主义就是在克服这种成长过程中的毛病、克服自己的影响范围扩大过程中的毛病的同时巩固和成长起来的。俄国的马克思主义是在上一世纪 80 年代初期的一个侨民团体("劳动解放社")的著作中产生的。

但是,只是从上一世纪 90 年代的后半期起,当俄国的马克思主义书刊和社会民主主义工人运动的"浪潮"出现的时候,俄国的马克思主义才成为俄国社会思想的一个流派和工人运动的一个组成部分。结果怎样呢? 这个浪潮带来了**面目全非的马克思主义**,一个是司徒卢威主义,一个是工人事业主义和"经济主义"。马克思主义之所以能够成长壮大,就是因为它不掩饰分歧,不玩弄外交手腕(不像孟什维克对马斯洛夫、切列万宁、库斯柯娃、普罗柯波维奇、瓦连廷诺夫、叶尔曼斯基之流那样玩弄外交手腕),而是对俄国生活的可悲条件和俄国社会主义历史发展的转折所产生的歪曲进行了并且完成了胜利的**进攻**。布尔什维主义不掩饰俄国生活的可悲条件和反革命时期的转折所造成的歪曲正在**开始**把布尔什维主义弄得面目全非这一事实,而是公开向群众解释,召回派和最后通牒派要把党团和党引向什么样的泥潭,因此,布尔什维主义一定会成长和巩固起来。

载于 1909 年 4 月 4 日(17 日)　　　　译自《列宁全集》俄文第 5 版
《无产者报》第 44 号附刊　　　　　　第 17 卷第 394—406 页

资产阶级的"向左转"和
无产阶级的任务

(1909 年 4 月 8 日〔21 日〕)

关于工商业资产阶级"向左转"的问题,在我国合法报刊上已经谈论很久了。人们指出并认为,十月党的报刊常常抱怨"农民"(应读做:农奴主-地主)杜马,抱怨沙皇政府的有关政策;同时指出并认为,工商界的许多地方性的同业团体和全国性的组织,从地方上的交易所委员会[191]到"工商界代表大会委员会"[192],近几年来,特别是在最近,都对地主的政策表示不满。据报道,莫斯科"百万富翁与学术界握手言欢",即莫斯科和彼得堡的大亨克列斯托夫尼科夫、古容、沃尔斯基等人同立宪民主党的教授和著作家曼努伊洛夫、司徒卢威、基泽韦捷尔之流举行秘密会议。不用说,自由派报刊,包括孟什维克的机关报,对每个这样的消息都谈得津津有味,而且用各种各样的调子来鼓吹自由主义的复活和更新。

资产阶级的臭名昭著的"向左转",表现在沙皇政府的"政治"措施和杜马的发言中。俄国商界的宠儿(同时也是官场老手)季米里亚捷夫先生被任命为工商业大臣。3 月 13 日,他在杜马中发表了长篇"纲领性的"演说,——这样的大臣演说在世界各国黑帮资产阶级的和纯粹资产阶级的议会中叫做纲领性的演说,完全是"为了显示自己了不起"。事实上,这位沙皇大臣根本没有谈到什么纲领,只是照例发表一些空洞的议论,向资本家献殷勤,对工人阶级进行威胁,这种威胁当然是同官方的虚伪的"同情"词句结合起来的。3月19日,这位大臣又同资本家的领袖在莫斯科接吻了:季米里亚捷夫和克列斯托夫尼科夫在莫斯科交易所协会的会议上相互亲切致词。克列斯托夫尼科夫在对最尊敬的季米里亚捷夫致欢迎词时说:"俄国正在害病,但是只要妥善照料,它的病并不可怕,很快就会好的。"季米里亚捷夫则对最尊敬的克列斯托夫尼科夫表示感谢,并代表政府表示完全同意用斯托雷平经过考验的"过渡时期"的办法来"照料"病人。

试问,促使资产阶级这样"向左转"的客观原因是什么,它的阶级意义是什么呢? 马尔托夫同志在《复兴》杂志[193]第1—2期合刊上发表了一篇题为《资产阶级的"向左转"》的文章,用这位作者不很常见的直率和明确的态度回答了这些问题。他写道:"实际生活表明,如果进行资产阶级改造的经济发展条件已经成熟,而资产阶级又不能成为这种改造的动力,那就是说,在这个阶级进一步发展成为社会变革的动力以前,这种变革无法完成。"他在文章的另一个地方又写道:"谁要认为,现行宪法在一定程度上是贵族和资产阶级这两个同样的'反革命因素'的有机结合,谁就可能以为,类似上述的现象〈即资产阶级的"向左转"〉,只是与社会发展的基本方向没有必然联系的局部情况……　只有那些事先深信社会发展的进程肯定会使俄国资产阶级这个阶级同……六三体制尖锐对立起来的人,才会认为这些孤立的现象具有征兆性的意义。"

请把这些话同《社会民主党人呼声报》第12号的声明对照一下:"……我们也赞同高加索人的建议〈即唐恩、阿克雪里罗得和谢苗诺夫在俄国社会民主工党最近一次代表会议上提出的〉:不要把俄国的君主制说成是'资产阶级的',而要说成是'财阀的',因为这个修正根本否定了布尔什维克决议的错误论断,即俄国沙皇政府开始代表资产阶级的阶级利益。"

在这里,我们看到了我国孟什维主义的整个政治理论及其全部结论:既然我国的革命是资产阶级革命,在资产阶级没有成为这个革命的动力时,这个革命就不能完成;资产阶级的"向左转"证明,资产阶级正在成为这种动力,根本不能说它是反革命的;俄国的沙皇政府正在成为财阀的、而不是资产阶级的沙皇政府。显然,由此就会得出一个结论:要维护工人政党在我国资产阶级革命中的机会主义策略,维护无产阶级支持自由派的策略,而反对要无产阶级在资产阶级革命中联合农民、不顾自由派的动摇和叛变而起领导作用的策略。

我们看到,孟什维克的策略是赝制的马克思主义,是用"马克思主义的"词句掩饰起来的反马克思主义的货色。这种策略所依据的不是马克思主义者的推论方法,而是披着马克思主义者外衣的自由派的推论方法。只要大致回顾一下德国资产阶级革命的历史和结果,就会确信这一点。马克思在《新莱茵报》上谈到1848年革命失败的原因时写道:"一向反对革命的上层资产阶级,由于害怕人民,即害怕工人和民主的市民团体,同反动派结成了攻守同盟。"①马克思和德国一切马克思主义者都是根据这个观点来评价1848年革命和德国资产阶级后来的策略的。上层资产阶级的反革命性并没有妨碍它在比如60年代的宪制冲突时期[194]"向左转",但由于无产阶级没有采取独立的坚决的行动,这种"向左转"并没

---

① 参看《马克思恩格斯全集》第1版第5卷第73页。——编者注

有产生革命,而只是产生了怯懦的反对派,促使君主制愈来愈变成资产阶级君主制,而不是破坏资产阶级同容克即反动地主的联盟。

马克思主义者就是这样看的。相反,自由派却认为,工人由于提出了过分的要求,表现了缺乏理智的革命性,不适时地攻击了自由派,因而把自己可能的同盟者推到了反动派的怀抱里,妨碍了德国自由事业的胜利。

十分明显,我们的孟什维克在用马克思主义的词句来掩饰赝制的马克思主义,掩饰他们从马克思主义**到**自由主义的转变。

不论是在1789年后的法国,还是在1848年后的德国,君主制都"在向资产阶级君主制转变的道路上又迈了一步",这是没有疑问的。资产阶级在这两次革命以后,都渐渐变成了反革命阶级,这也是没有疑问的。但是,这是不是说,在1789年后的法国和1848年后的德国,资产阶级的"向左转"和以后的资产阶级革命就没有基础了呢?当然不是。尽管法国资产阶级具有反革命性,但是它在1830年还是"向左转"了,德国资产阶级在1863—1864年也"向左转"了。由于无产阶级没有独立采取行动,没有在资产阶级革命阶层的帮助下夺取哪怕是一个短时期的政权,资产阶级的"向左转"并没有引起革命(德国),只是使君主制在向资产阶级君主制转变的道路上又迈了几步。只有无产阶级采取独立行动,而且同资产阶级革命阶层结成联盟去夺取政权,推翻旧政权(法国在19世纪就不止一次地发生过这样的情形),资产阶级的"向左转"才会成为新的资产阶级革命的序幕。

可是这些历史常识,我们的孟什维克居然都忘了,并且作了歪曲,采取了自由派的观点:在资产阶级没有成为动力以前,俄国不会发生资产阶级革命！这是完全不懂历史辩证法和19世纪的经验教训的表现。恰恰相反，如果同资产阶级中的革命分子（在我国是同农民）结成联盟的无产阶级不能撇开立场不稳的和反革命的资产阶级的动摇和叛变而成为独立的动力，俄国是不会发生资产阶级革命的。

　　可爱的孟什维克同志们，俄国沙皇制度不是在尼古拉二世时期，而是在亚历山大二世时期，开始转变为"财阀"君主制，"**开始**代表资产阶级的阶级利益"的。但是，没有资产阶级独立的阶级**组织**，沙皇制度是不可能代表资产阶级的阶级利益的。1905年的革命使我们走上了更高的阶段，旧的斗争在政治关系更加发展的情况下又重新开始了。第三届杜马是地主和大资产阶级的政治**组织**在政治上已经定型的全国性联盟。沙皇政府企图借助这两个阶级的**组织**来完成客观上必然提出的历史任务。它的这种企图能得逞吗？

　　不能得逞。看来，不但是没有成立"上层"阶级的全国性代表机关的财阀沙皇政府不能完成这个任务，就是借助黑帮资产阶级杜马的半资产阶级沙皇政府也不能完成这个任务。杜马在帮助沙皇政府完成这个任务，但是这种帮助**看来是**很小的。促使资产阶级"向左转"的**客观**事实是，尽管沙皇政府实行了斯托雷平的革新，资产阶级的发展**并没有得到**保证。1905年以前，在沙皇政府没有成立任何代表机关的时期，地主和贵族代表的"向左转"是危机迫近的标志，同样，在1909年，在沙皇政府为克列斯托夫尼科夫之流成立了全国性的代表机关的时期，这些大亨的"向左转"是"俄国资产阶级民主革命的客观任务还没有完成"、"引起1905年革命的**基本**因素还在继续发生作用"（代表会议关于目前形势的决议）的标志。

孟什维克仅仅局限于这样一个论断:我国的革命是资产阶级革命,我国的资产阶级在"向左转"。仅仅局限于这一点,就是把马克思主义从"行动的指南"变成僵死的教条,就是赝制马克思主义,实际上采取自由主义的观点。在有的资产阶级革命中,无产阶级可能不会取得任何彻底的胜利,结果旧的君主制慢慢地转变为资产阶级的和资产阶级帝国主义的君主制(如德国)。在有的资产阶级革命中,无产阶级可能采取一系列的独立行动,因而取得彻底胜利而又遭到严重失败,结果建立起资产阶级共和国(如法国)。

试问,俄国的历史解决了走哪一条道路的问题吗? 孟什维克不懂得这个问题,不敢提出这个问题,回避这个问题,他们没有意识到,回避这个问题实际上就等于在政治上跟着自由派资产阶级跑。我们认为,俄国的历史还没有解决这个问题,最近几年的阶级斗争一定会解决这个问题,我国资产阶级革命的第一个战役(1905—1907年)不容置辩地证明了我国资产阶级的极端动摇性和反革命性,证明我国无产阶级能够成为胜利的革命的**领袖**,证明民主派农民群众能够帮助无产阶级取得这个革命的胜利。

在这里,我们又看到了孟什维克对我国**劳动派**农民所持的纯粹自由派的观点。孟什维克说:劳动派充满小资产阶级的空想,他们争取土地的斗争是为了实现土地社会化或土地平均使用这些荒诞反动的口号。"因此",劳动派争取土地的斗争**削弱了**争取自由的斗争,劳动派的胜利是农村战胜城市的反动的胜利,——这就是马尔丁诺夫在《社会民主党人呼声报》第10—11号合刊上发表的议论和马尔托夫在《20世纪初俄国的社会运动》文集[195]中发表的议论的主要内容。

对劳动派农民的这种估计,同上面所援引的有关资产阶级革命的论断一样,是对马克思主义的肆意歪曲。如果马克思主义者不善于识别这种在民粹派**学说**(把这种学说当做社会主义学说来评价,它的确是一种荒诞的、空想的、反动的学说)的外衣下所进行的反对整个现代地主土地占有制的革命斗争的**现实**意义,那是最坏的学理主义。孟什维克对马克思主义辩证法表现了惊人的盲目无知,他们看不到,在俄国农民的生活条件下,俄国农民的资产阶级民主革命性在意识形态上只能表现为对平分土地的救星作用的"信仰"。"从经济学来看形式上是错误的东西,从世界历史来看却可能是正确的"①,——对恩格斯的这句话,我们的孟什维克是永远也理解不了的。他们这些学究在揭露民粹派**学说**的**错误**时,闭眼不看这些冒牌社会主义学说反映出来的现代资产阶级革命中的现代斗争的**真相**。

而我们说,必须坚决反对劳动派、社会革命党人和人民社会党人之流的冒牌社会主义学说,又要直截了当地、坚定不移地承认无产阶级在**资产阶级**革命中必须同革命农民结成**联盟**。这场革命的胜利一定会把平分土地的救星作用这个学说化为泡影,但是农民群众在目前的斗争中,通过这个学说所反映的正是他们那种将要肃清俄国各种各样农奴制残余的历史性活动的广泛、有力、勇敢、热情、真诚和不可战胜。

孟什维克说,资产阶级在向左转,打倒劳动派的空想,支持资产阶级万岁。而我们说,资产阶级在向左转,这就是说,俄国革命的火药桶里正在装添新的火药。如果今天,克列斯托夫尼科夫之

①　见《马克思恩格斯文集》第4卷第204页。——编者注

流说"俄国在害病",这就是说,明天社会主义无产阶级就会率领民主派农民行动起来,而且说"我们会把病治好!"

载于 1909 年 4 月 8 日(21 日)　　　　译自《列宁全集》俄文第 5 版
《无产者报》第 44 号　　　　　　　　第 17 卷第 407—414 页

论工人政党对宗教的态度

（1909 年 5 月 13 日〔26 日〕）

苏尔科夫代表在国家杜马讨论正教院[196]预算案时的发言，以及下面刊登的我们杜马党团讨论这篇发言稿的材料，提出了一个恰巧在目前是非常重要的和特别迫切的问题[197]。凡是同宗教有关的一切，目前无疑已经引起"社会"各界人士的注意，使接近工人运动的知识分子、甚至某些工人群众感到兴趣。社会民主党当然应该表明自己对于宗教的态度。

社会民主党的整个世界观是以科学社会主义即马克思主义为基础的。马克思和恩格斯曾多次声明，马克思主义的哲学基础是辩证唯物主义，它完全继承了法国 18 世纪和德国 19 世纪上半叶费尔巴哈的唯物主义历史传统，即绝对无神论的、坚决反对一切宗教的唯物主义的历史传统。我们要指出，恩格斯的《反杜林论》（马克思看过该书的手稿），通篇都是揭露唯物主义者和无神论者杜林没有坚持唯物主义，给宗教和宗教哲学留下了后路。必须指出，恩格斯在论路德维希·费尔巴哈的著作中责备费尔巴哈，说他反对宗教不是为了消灭宗教而是为了革新宗教，为了创造出一种新的、"高尚的"宗教等等。宗教是人民的鸦片①，——马克思的这一句名言是马克思主义在宗教问题上的全部世界观的基石。马克思主

---

① 见《马克思恩格斯文集》第 1 卷第 4 页。——编者注

义始终认为现代所有的宗教和教会、各式各样的宗教团体,都是资产阶级反动派用来捍卫剥削制度、麻醉工人阶级的机构。

　　但是,恩格斯同时也多次谴责那些想比社会民主党人"更左"或"更革命"的人,谴责他们企图在工人政党的纲领里规定直接承认无神论,即向宗教宣战。1874 年,恩格斯谈到当时侨居伦敦的公社布朗基派流亡者发表的著名宣言时,认为他们大声疾呼向宗教宣战是一种愚蠢的举动,指出这样宣战是提高人们对宗教的兴趣、妨碍宗教真正消亡的最好手段。恩格斯斥责布朗基派不了解只有工人群众的阶级斗争从各方面吸引了最广大的无产阶级群众参加自觉的革命的社会**实践**,才能真正把被压迫的群众从宗教的压迫下解放出来,因此宣布工人政党的政治任务是同宗教作战,不过是无政府主义的空谈而已。① 1877 年恩格斯在《反杜林论》一书中无情地斥责哲学家杜林对唯心主义和宗教所作的让步,即使是些微的让步,但也同样严厉地斥责杜林提出的在社会主义社会中禁止宗教存在这一似乎是革命的主张。恩格斯说,这样向宗教宣战,就是"比俾斯麦本人有过之无不及",即重蹈俾斯麦反教权派斗争这一蠢举的覆辙(臭名远扬的"文化斗争",Kulturkampf,就是俾斯麦在 19 世纪 70 年代用警察手段迫害天主教,反对德国天主教的党,即反对"中央"党的斗争)。俾斯麦的这场斗争,只是**巩固**了天主教徒的好战的教权主义,只是危害了真正的文化事业,因为他不是把政治上的分野提到首位,而是把宗教上的分野提到首位,使工人阶级和民主派的某些阶层忽视革命的阶级斗争的迫切任务而去重视最表面的、资产阶级虚伪的反教权主义运动。恩格斯痛

---

　　① 参看《马克思恩格斯文集》第 3 卷第 357—365 页。——编者注

斥了妄想做超革命家的杜林,说他想用另一种方式来重复俾斯麦的蠢举,同时恩格斯要求工人政党耐心地去组织和教育无产阶级,使宗教渐渐消亡,而不要冒险地在政治上对宗教作战。[①] 这个观点已经被德国社会民主党人完全接受,例如德国社会民主党主张给耶稣会士以自由,主张允许他们进入德国国境,主张取消对付这种或那种宗教的任何警察手段。"宣布宗教为私人的事情"——这是爱尔福特纲领(1891年)的一个著名论点,它确定了社会民主党的上述政治策略。

这个策略现在竟然成为陈规,竟然产生了一种对马克思主义的新的歪曲,使它走向反面,成了机会主义。有人把爱尔福特纲领的这一论点说成这样,似乎我们社会民主党人,我们的党,**认为**宗教是私人的事情,对于我们社会民主党人来说,对于我们党来说,宗教是私人的事情。在19世纪90年代,恩格斯没有同这种机会主义观点进行直接的论战,但是他认为必须坚决反对这种观点,不过不是用论战的方式而是采用正面叙述的方式。就是说,当时恩格斯有意地着重声明,社会民主党认为宗教**对于国家来说**是私人的事情,但是对于社会民主党本身、对于马克思主义、对于工人政党来说决不是私人的事情。[②]

从外表上看来,马克思和恩格斯对宗教问题表示意见的经过就是如此。那些轻率看待马克思主义的人,那些不善于或不愿意动脑筋的人,觉得这种经过只是表明马克思主义荒谬地自相矛盾和摇摆不定:一方面主张"彻底的"无神论,另一方面又"宽容"宗教,这是多么混乱的思想;一方面主张同上帝进行最最革命的战

---

① 参看《马克思恩格斯文集》第9卷第332—335页。——编者注
② 参看《马克思恩格斯文集》第3卷第106页。——编者注

争,另一方面怯懦地想"迁就"信教的工人,怕把他们吓跑等等,这是多么"没有原则"的动摇。在无政府主义空谈家的著作中,这种攻击马克思主义的说法是可以找到不少的。

可是,只要稍微能认真一些看待马克思主义,考虑马克思主义的哲学原理和国际社会民主党的经验,就能很容易地看出,马克思主义对待宗教的策略是十分严谨的,是经过马克思和恩格斯周密考虑的;在迂腐或无知的人看来是动摇的表现,其实都是从辩证唯物主义中得出来的直接的和必然的结论。如果认为马克思主义对宗教采取似乎是"温和"的态度是出于所谓"策略上的"考虑,是为了"不要把人吓跑"等等,那就大错特错了。相反,马克思主义在这个问题上的政治路线,也是同它的哲学原理有密切关系的。

马克思主义是唯物主义。正因为如此,它同 18 世纪百科全书派的唯物主义或费尔巴哈的唯物主义一样,也毫不留情地反对宗教。这是没有疑问的。但是,马克思和恩格斯的辩证唯物主义比百科全书派和费尔巴哈更进一步,它把唯物主义哲学应用到历史领域,应用到社会科学领域。我们应当同宗教作斗争。这是**整个**唯物主义的起码原则,因而也是马克思主义的起码原则。但是,马克思主义不是停留在起码原则上的唯物主义。马克思主义更前进了一步。它认为必须**善于**同宗教作斗争,为此应当**用唯物主义观点**来说明群众中的信仰和宗教的根源。同宗教作斗争不应该局限于抽象的思想宣传,不能把它归结为这样的宣传;而应该把这一斗争同目的在于消灭产生宗教的社会根源的阶级运动的具体实践联系起来。为什么宗教在城市无产阶级的落后阶层中,在广大的半无产阶级阶层中,以及在农民群众中能够保持它的影响呢? 资产阶级进步派、激进派或资产阶级唯物主义者回答说,这是由于人民的愚昧无知。由此得出结论说:打倒宗教,无神论万岁,传播无神论观点是我们的主要任务。马克思主义者说:这话不对。这是一种肤浅的、资产阶级狭隘的文化主义观点。这种观点不够深刻,不是用唯物主义的观点而是用唯心主义的观点来说明宗教的根源。在现代资本主义国家里,这种根源主要是**社会的**根源。劳动群众受到社会的压制,面对时时刻刻给普通劳动人民带来最可怕的灾难、最残酷的折磨的资本主义(比战争、地震等任何非常事件带来的灾难和折磨多一千倍)捉摸不定的力量,他们觉得似乎毫无办法,——这就是目前宗教最深刻的根源。"恐惧创造神"。[198] 现代宗教的根源就是对资本的捉摸不定的力量的恐惧,而这种力量确实是捉摸不定的,因为人民群众不能预见到它,它使无产者和小业主在生活中随时随地都可能遭到,而且正在遭到"突如其来的"、"出人意料的"、"偶然发生的"破产和毁灭,使他们变成乞丐,变成穷光蛋,变成娼妓,甚至活活饿死。凡是不愿一直留在预备班的唯物主义者,都应当首先而且特别注意这种**根源**。只要受资本主义苦役制度压迫、受资本主义的捉摸不定的破坏势力摆布的群众自己还没有学会团结一致地、有组织地、有计划地、自觉地反对宗教的这种**根源**,反对任何形式的**资本统治**,那么无论什么启蒙书籍都不能使这些群众不信仰宗教。

由此是否可以说,反宗教的启蒙书籍是有害的或多余的呢?不是的。决不能得出这样的结论。应当说,社会民主党宣传无神论,必须**服从**社会民主党的基本任务:发展被剥削**群众**反对剥削者的阶级斗争。

一个对辩证唯物主义的原理即马克思和恩格斯哲学的原理没有深入思考过的人,也许不能理解(至少是不能一下子理解)这条原则。怎么会这样呢？为什么进行思想宣传,宣扬某种思想,同维持了数千年之久的这一文化和进步的敌人(即宗教)作斗争,要服从阶级斗争,即服从在经济政治方面实现一定的实际目标的斗争呢?

这种反对意见也是一种流行的反对马克思主义的意见,这证明反驳者完全不懂得马克思的辩证法。使这种反驳者感到不安的矛盾,是实际生活中的实际矛盾,即辩证的矛盾,而不是字面上的、臆造出来的矛盾。谁认为在理论上宣传无神论,即破除某些无产阶级群众的宗教信仰,同这些群众阶级斗争的成效、进程和条件之间有一种绝对的、不可逾越的界限,那他就不是辩证地看问题,就是把可以移动的、相对的界限看做绝对的界限,就是硬把活的现实中的不可分割的东西加以分割。举个例子来说吧。假定某个地方和某个工业部门的无产阶级分为两部分,一部分是先进的,是相当觉悟的社会民主党人,他们当然是无神论者,另一部分则是相当落后的,他们同农村和农民还保持着联系,他们信仰上帝,常到教堂里去,甚至直接受本地某一个建立基督教工会的司祭的影响。再假定这个地方的经济斗争引起了罢工。马克思主义者应该首先考虑使罢工运动得到成功,应当坚决反对在这场斗争中把工人分成无神论者和基督教徒,应当坚决反对这样的划分。在这种情况下,宣传无神论就是多余的和有害的,这倒并不是出于不要把落后群众吓跑,不要在选举时落选等庸俗考虑,而是从实际推进阶级斗争这一点出发的,因为在现代资本主义社会环境中,阶级斗争能把信基督教的工人吸引到社会民主党和无神论这方面来,而且比枯燥地宣传无神论还要有效一百倍。在这样的时候和这样的环境中,宣传无神论,就只能**有利于**神父,因为他们恰恰最愿意用信不信上帝这一标准来划分工人，以代替是否参加罢工这一标准。无政府主义者鼓吹在任何情况下都要对上帝开战，实际上是帮助了神父和资产阶级（正如无政府主义者**实际上**始终在帮助资产阶级一样）。马克思主义者应当是唯物主义者，即宗教的敌人，但是他们应当是辩证唯物主义者，就是说，他们不应当抽象地对待反宗教斗争问题，他们进行这一斗争不应当立足于抽象的、纯粹理论的、始终不变的宣传，而应当具体地、立足于当前**实际上**所进行的、对广大群众教育最大最有效的阶级斗争。马克思主义者应该善于估计整个具体情况，随时看清无政府主义同机会主义的界限（这个界限是相对的，是可以移动、可以改变的，但它确实是存在的），既不陷入无政府主义者那种抽象的、口头上的、其实是空洞的"革命主义"，也不陷入小资产者或自由派知识分子那种庸俗观念和机会主义，不要像他们那样害怕同宗教作斗争，忘记自己的这种任务，容忍对上帝的信仰，不从阶级斗争的利益出发，而是打小算盘：不得罪人，不排斥人，不吓唬人，遵循聪明绝顶的处世之道："你活，也让别人活"，如此等等。

凡是同社会民主党对宗教的态度有关的具体问题，都应该根据上述观点来解决。例如，经常有人提出这样的问题：司祭能不能成为社会民主党党员。人们通常根据欧洲各社会民主党的经验对这一问题作无条件的、肯定的回答。但是这种经验并不仅仅是把马克思主义学说应用于工人运动的结果，而且也是由西欧特殊的历史条件决定的；这种条件在俄国并不存在（关于这种条件，我们到下面再谈），所以在这个问题上无条件的肯定的回答在我国是不正确的。不能一成不变地在任何情况下都宣布说司祭不能成为社会民主党党员，但是也不能一成不变地提出相反的规定。如果有一个司祭愿意到我们这里来共同进行政治工作,真心诚意地完成党的工作,不反对党纲,那我们就可以吸收他加入社会民主党,因为在这样的条件下,我们党纲的精神和基本原则同这个司祭的宗教信念的矛盾,也许只是关系到他一个人的矛盾,只是他个人的矛盾,而一个政治组织要用考试的方法来检验自己成员所持的观点是否同党纲矛盾,那是办不到的。当然,这种情况即使在欧洲也是极其少有的,在俄国则更是难以想象了。如果这位司祭加入社会民主党之后,竟在党内积极宣传宗教观点,以此作为他主要的甚至是唯一的工作,那么党当然应该把他开除出自己的队伍。我们不仅应当容许,而且应当特别注意吸收所有信仰上帝的工人加入社会民主党,我们当然反对任何侮辱他们宗教信念的行为,但是我们吸收他们是要用我们党纲的精神来教育他们,而不是要他们来积极反对党纲。我们容许党内自由发表意见,但是以自由结合原则所容许的一定范围为限,因为我们没有义务同积极宣传被党内多数人摒弃的观点的人携手并进。

再举一个例子:假定有的社会民主党党员声明"社会主义是我的宗教",并且宣传与此相应的观点,对这种党员能不能在任何情况下都一概加以申斥呢? 不能这样做。这种声明确实背离了马克思主义(因而也就背离了社会主义),但是这种背离的意义和所谓的比重在不同环境下可能是不相同的。如果一个鼓动员或一个在对工人群众讲话的人,为了说得明白一点,为了给自己的解释开一个头,为了用不开展的群众最熟悉的字眼更具体地说明自己的观点,而说了这样一句话,这是一回事。如果一个著作家开始宣扬"造神说"或造神社会主义(就像我们的卢那察尔斯基及其同伙那样),那是另一回事。在前一种情况下,提出申斥就是吹毛求疵,甚至是过分地限制鼓动员的自由，限制他运用"教育手段"来施加影响的自由，而在后一种情况下，党的申斥却是必需而且应该的。"社会主义是宗教"这一论点，对某些人来说，是从宗教转到社会主义的一种方式，而对另一些人来说，则是**离开**社会主义而转到宗教的一种方式。

现在来谈谈哪些条件使"宣布宗教为私人的事情"这一论点在西欧遭到了机会主义者的歪曲。当然，这里是有产生机会主义的一般原因的影响，如为了眼前的利益而牺牲工人运动根本的利益。无产阶级政党要求**国家**把宗教宣布为私人的事情，但决不认为同人民的鸦片作斗争，同宗教迷信等等作斗争的问题是"私人的事情"。机会主义者把情况歪曲成似乎**社会民主**党认为宗教是私人的事情！

但是除了常见的机会主义歪曲（对于这种歪曲，我们的杜马党团在讨论有关宗教问题的发言时完全没有加以说明）而外，还有一些特殊的历史条件使欧洲的社会民主党人对宗教问题采取了目前这种可以说是过分冷漠的态度。这些条件分两种：第一，反宗教的斗争是革命资产阶级的历史任务，在西欧，资产阶级民主派在他们**自己的**革命时代，或者说在他们自己冲击封建制度和中世纪制度的时代已经在相当大的程度上完成了（或着手完成）这个任务。无论在法国或德国都有资产阶级反宗教斗争的传统，这个斗争在社会主义运动以前很久就开始了（百科全书派、费尔巴哈）。在俄国，由于我国资产阶级民主革命的条件，这个任务几乎完全落到了工人阶级的肩上。同欧洲比较起来，我国小资产阶级的（民粹主义的）民主派在这方面做的事情并不是（像《路标》[199]中的那些新出现的黑帮立宪民主党人或立宪民主党人黑帮所想的那样）太多了，而是**太少了**。

另一方面，资产阶级反宗教斗争的传统在欧洲已造成了无政府主义对于这一斗争所作的纯粹资产阶级的**歪曲**，而无政府主义者，正如马克思主义者早已屡次说明的，虽然非常"猛烈地"攻击资产阶级，但是他们还是站在资产阶级世界观的立场上。罗曼语各国的无政府主义者和布朗基主义者，德国的莫斯特（附带说一句，他曾经是杜林的门生）之流，奥地利80年代的无政府主义者，在反宗教斗争中使革命的空谈达到登峰造极的地步。难怪现在欧洲社会民主党人要**矫枉过正**，把无政府主义者弄弯了的棍子弄直。这是可以理解的，在某种程度上说是理所当然的，但是我们俄国社会民主党人要是忘记西欧的特殊历史条件，那是不行的。

第二，在西欧，**自从**民族资产阶级革命结束**以后**，**自从**实现了比较完全的信教自由**以后**，反宗教的民主斗争问题在历史上已被资产阶级民主派反社会主义的斗争排挤到次要的地位，所以资产阶级政府往往**故意**对教权主义举行假自由主义的"讨伐"，转移群众对社会主义的注意力。德国的文化斗争以及法国资产阶级共和派的反教权主义斗争，都带有这种性质。资产阶级的反教权主义运动，是转移工人群众对社会主义的注意力的手段，——这就是目前西欧社会民主党人对反宗教斗争普遍采取"冷漠"态度的根源。这同样是可以理解的，也是理所当然的，因为社会民主党人的确应该使反宗教斗争**服从**争取社会主义的斗争，以对抗资产阶级和俾斯麦分子的反教权主义运动。

俄国的情况就完全不同了。无产阶级是我国资产阶级民主革命的领袖。无产阶级政党应当成为反对一切中世纪制度的斗争的思想领袖，这一斗争还包括反对陈腐的、官方的宗教，反对任何革新宗教、重新建立或用另一种方式建立宗教的尝试等等。因此，如果说当德国社会民主党人把工人政党要求**国家**宣布宗教为私人的事情的主张偷换成**宣布**宗教对社会民主党人和社会民主党本身来说也是私人的事情时，恩格斯纠正这种机会主义的方式还比较温和，那么俄国机会主义者仿效德国人的这种歪曲，就应该受到恩格斯严厉**一百倍**的斥责。

　　我们的党团在杜马讲坛上声明宗教是人民的鸦片，这样做是完全正确的，这就开创了一个先例，俄国社会民主党人每次对宗教问题发表意见时都应当以此为基点。是不是还应该更进一步，把无神论的结论发挥得更详细呢？我们认为不必。这样做会使无产阶级政党有夸大反宗教斗争意义的危险；这样做会抹杀资产阶级反宗教斗争同社会党人反宗教斗争之间的界限。社会民主党党团在黑帮杜马中应该完成的第一件事情，已经光荣地完成了。

　　第二件事情，也许是社会民主党人最重要的事情，就是说明教会和僧侣支持黑帮政府、支持资产阶级反对工人阶级的阶级作用，这一任务也光荣地完成了。当然，关于这个问题还可以说得很多，今后社会民主党人谈这个问题还会对苏尔科夫同志的发言作补充，但是这篇发言毕竟是很出色的，我们党的直接任务就是要各级党组织广泛宣传这篇发言。

　　第三件事情，就是要十分详尽地说明经常被德国机会主义者歪曲的"宣布宗教为私人的事情"这一原理的**正确**含义。遗憾的是苏尔科夫同志没有这样做。尤其令人遗憾的是，在党团过去的活动中，别洛乌索夫同志在这个问题上犯过错误（已被《**无产者报**》及时指出）[200]。党团内的讨论情况表明，党团争论无神论问题，却没有正确说明宣布宗教为私人的事情这一著名的要求。我们不会把

РОССІЙСКАЯ СОЦІАЛЬ-ДЕМОКРАТИЧЕСКАЯ РАБОЧАЯ ПАРТІЯ

„Пролетаріи всѣхъ странъ соединяйтесь"

Клубъ редакціи „Пролетарій"

Въ Пятницу, 21=го Мая 1909 года

въ залѣ на *rue de Bretagne*, 49

тов. Ленинъ

прочтетъ рефератъ на тему:

„РЕЛИГІЯ

и

РАБОЧАЯ ПАРТІЯ"

) окончаніи реферата свободная дискуссія.

Начало въ 8½ ч. веч.

lата за входъ 50 и 15 с. Входъ свободный для всѣхъ.

Рабочая Типографія

1909 年 5 月 8 日（21 日）列宁作
《宗教和工人阶级政党》报告的海报
（按原版缩小）

整个党团所犯的这个错误都推在苏尔科夫同志一个人身上。不仅如此。我们公开承认这是全党的过错,因为我们党对这个问题解释不够,没有让社会民主党人充分认识到恩格斯批评德国机会主义者的意思。党团内的讨论情况证明,这正是由于对问题了解得不清楚,而决不是不愿意考虑马克思的学说,所以我们深信,党团在以后发言时一定会纠正这一错误。

我们再说一遍,总的说来,苏尔科夫同志的发言是很出色的,各级党组织应当广泛加以宣传。党团对这篇发言的讨论,证明党团在兢兢业业地履行它的社会民主党的职责。不过我们希望报道党团内部讨论情况的通讯能更经常地在党的报刊上发表,使党团同党的关系更加密切,使党能了解党团所进行的艰巨的工作,使党和党团的活动在思想上趋于一致。

载于 1909 年 5 月 13 日(26 日)　　　译自《列宁全集》俄文第 5 版
《无产者报》第 45 号　　　　　　　　第 17 卷第 415—426 页

各阶级和各政党
对宗教和教会的态度

(1909 年 6 月 4 日〔17 日〕)

国家杜马讨论了正教院的预算问题,讨论了还俗人员恢复权利的问题以及旧教派[201]公会的问题,这次讨论提供了非常有益的材料,使我们可以从俄国各政党对待宗教和教会的态度来说明这些政党的性质。现在我们来浏览一下这些材料,主要是谈谈关于正教院预算的讨论(讨论其余两个问题的速记记录我们还没有收到)。

在研究杜马的讨论时特别引人注目的第一个结论,就是好战的教权主义运动在俄国不仅存在,而且显然是愈来愈强大,愈来愈有组织了。4 月 16 日,米特罗范主教宣称:"我们在杜马的第一步活动,就是要使我们这些众望所归的人,在杜马里超越党派的分隔,成立一个根据自己的伦理观点来阐明各方面问题的僧侣集团…… 可是我们没有达到这种理想的境地,原因是什么呢?……这要怪那些同你们〈即立宪民主党人和"左派"〉分享这些席位的、属于反对派的僧侣代表。他们最先提高嗓子说这无非是要建立一个教权主义的党,说这是极不应该的。当然,根本谈不上什么俄国正教僧侣的教权主义,我们从来没有这种倾向,我们所以愿意分出来成立一个独立的集团,是为了追求纯道德的和纯伦理的目标,可是现在,诸位先生,由于左派代表在我们弟兄中间制造不和,结果弄得四分五裂,而现在你们〈即立宪民主党人〉却拿这一点来责备我们。"

米特罗范主教在他的文理不通的演说中泄露了一个秘密:你们看,左派的过错就是使杜马中的一部分神父不同意成立特殊的、"道德的"(这个字眼当然比"教权主义的"更能欺骗人民)集团!

过了将近一个月,5 月 13 日,叶夫洛吉主教在杜马中宣读了"杜马中的僧侣的决定":"杜马中的正教僧侣绝大多数人认为"……为了保持"正教教会的主导和统治地位",不能让旧教派享有传教的自由,未经官方准许不得建立旧教派公会,旧教派僧侣不准称为神职人员。俄国司祭的"纯道德观点"完全暴露了他们纯粹教权主义的真面目。叶夫洛吉主教发言所代表的所谓"绝大多数"杜马中的僧侣,大概就是第三届杜马的 29 名右的和中右的司祭,也许还有 8 名十月党人司祭。属于反对派的看来是进步派和和平革新党人集团的 4 名司祭,以及波兰-立陶宛集团的 1 名司祭。

"杜马(必须补充说明是六三杜马)中的绝大多数僧侣的纯道德和纯伦理观点"究竟是怎么样的呢? 请看几段发言的摘录:"我只是说,这些〈即教会的〉改革应当从教会内部发起,而不应当从外面,从国家方面发起,当然也不应当从预算委员会方面发起。教会是神的和永恒的机关,它的法则是固定不变的,然而大家知道国家生活的理想是经常改变的。"(叶夫洛吉主教,4 月 14 日)发言者追溯了"令人不安的历史上的类似事件":叶卡捷琳娜二世在位时期曾把教会的财产世俗化。"预算委员会今年主张把它们〈教会财产〉置于国家的监督之下,谁能担保明年它不主张把这些财产移交给国库,以后又把这些财产的管理权从教会当局全部转交给民事当局或政府当局呢?……教规上写着,既然基督教徒的灵魂都托付给了主教,那么教会的财产就更应当托付给主教…… 现在站在你们〈杜马代表〉面前的是听取你们忏悔的神圣的正教教会,它不仅是站在人民代表的面前,而且是站在自己的忏悔者的面前。"(同上)

我们看到的是纯粹的教权主义。教会高于国家,正如永恒的和神圣的东西高于暂时的、世俗的东西一样。教会不能原谅国家把教会的财产世俗化。教会要求有主导的和统治的地位。在教会看来,杜马代表不仅是人民代表,而且是"教子",更确切些说,与其说是人民代表,不如说是"教子"。

社会民主党人苏尔科夫说得对,这不是穿着教袍的官吏,而是穿着教袍的**农奴主**。维护教会的封建特权,公开捍卫中世纪制度,——这就是第三届杜马中大多数僧侣的政策的实质。叶夫洛吉主教决不是一个例外。格佩茨基也大喊大叫反对"世俗化",认为这是不能容忍的"侮辱"(4月14日)。马什克维奇神父攻击**十月党人**的报告是企图"破坏我们教会生活所依据的和应当依据的历史基础和教规基础","把俄国正教教会的生活和活动从教规的道路移到另一条道路,在这条道路上……真正的教会王公——主教将不得不把自己从使徒那里承继来的权利,几乎全部都让给世俗王公……" "这无非是……侵犯他人的财产,侵犯教会的权利和财产。""报告人引导我们去破坏教会生活的教规制度,他想使正教教会及其一切经济职能服从国家杜马,服从这个由各种各样的分子(既有信仰我国容许的宗教的分子,也有信仰我国不容许的宗教的分子)组成的机构。"(4月14日)

俄国的民粹派和自由派长期拿一种"理论"来安慰自己,确切

些说，是欺骗自己，说什么俄国没有好战的教权主义的基础，没有
"教会王公"同世俗权力斗争的基础等等。我国革命把民粹派和自
由派的这种幻想连同他们的其他幻想一起粉碎了。在专制制度完
整地和不可侵犯地存在的时候，教权主义是以隐蔽的形式存在的。
警察和官僚的无限权力蒙住了"社会人士"和人民的眼睛，使他们
看不到阶级斗争，特别是看不到"穿着教袍的农奴主"同"贱民"的
斗争。革命的无产阶级和农民打开了农奴专制制度的第一个缺
口，秘密公开了。无产阶级和资产阶级民主派的先进分子刚刚开
始运用他们在1905年底争得的政治自由、组织群众的自由，反动
阶级就急忙去抓建立独立和公开的组织了。他们在完整的专制制
度之下没有组织起来，没有采取特别明显的活动，这并不是因为他
们软弱，而是因为他们强大；并不是因为他们没有能力组织起来和
进行政治斗争，而是因为他们当时还没有感到有很大必要建立独
立的阶级组织。他们不相信在俄国能发生反对专制制度和农奴主
的群众运动。他们满以为靠鞭子就足以控制老百姓。专制制度受
到的初次创伤迫使那些拥护专制制度和需要专制制度的社会分子
出头露面。要对付那些能够造成1月9日事件、举行1905年的罢
工运动和10—12月革命的群众，**单靠**一条旧鞭子已经不行了。
必须登上独立的政治组织的舞台；必须让贵族联合会把黑帮组织
起来，并展开最疯狂的蛊惑人心的宣传；必须让"教会王公——主
教"把反动僧侣组成独立的力量。

　　第三届杜马和俄国反革命的第三届杜马时期的特点，正好就
是这种组织反动势力的活动趋于表面化，开始在全国范围内展开，
要求有一个特殊的黑帮资产阶级的"议会"。好战的教权主义完全
暴露了自己的面目。现在俄国社会民主党已经不止一次地目睹并

参与了教权主义资产阶级同反教权主义资产阶级的冲突。既然我们的总任务是帮助无产阶级团结成一个独立于资产阶级民主派的单独的阶级，那么这个总任务的一个组成部分，就是要利用各种宣传鼓动手段，包括利用杜马讲坛，向群众解释社会党人的反教权主义同资产阶级的反教权主义的区别。

十月党人和立宪民主党人在第三届杜马中反对极右派、反对教权派和政府，清楚地表明了资产阶级对教会和宗教的态度，这就大大有助于我们实现这一任务。立宪民主党人和所谓进步派的合法刊物，现在特别注意旧教派的问题，注意十月党人同立宪民主党人一道反对政府的问题，注意他们"已经开始实行"——虽然是小规模地实行——10月17日所答应的"改革"。然而我们更感兴趣的是原则方面的问题，即包括想取得民主派称号的立宪民主党人在内的整个资产阶级对宗教和教会究竟采取什么态度。我们不应当让一些比较枝节性的问题——如旧教派同占统治地位的教会的冲突问题，同旧教派有联系的、甚至在经费方面部分地依赖旧教派的十月党人（据说，《莫斯科呼声报》[202]就是旧教派出钱办的）行为如何的问题——把资产阶级的阶级利益和阶级政策这一根本问题掩盖起来。

请看乌瓦罗夫伯爵的演说，此人虽然退出了十月党党团，但按其倾向来说是十月党人。他在社会民主党人苏尔科夫之后发言，一开始就反对把问题提到工人代表所提出的那个原则基础上去。乌瓦罗夫只是攻击正教院和正教院总监不愿向杜马报告教会的某些收入和教区开支总额。十月党人的正式代表卡缅斯基也是这样提问题（4月16日），他要求恢复教区"以利于正教的巩固"。所谓的"左派十月党人"卡普斯京更加发挥了这种思想，他喊道："如果我们看一看人民的生活,看一看农村居民的生活,那么我们立刻就会看到一种可悲的现象:宗教生活动摇了,居民道德体系的最伟大的和唯一的基础动摇了……　用什么来代替罪恶的概念,用什么来代替良心的启示呢? 要知道,这是不能用阶级斗争或者某一阶级的权利的概念来代替的。这种已经进入我们日常生活的概念是可悲的。为了使宗教这种道德基础能继续存在,能为全体居民所接受,必须让传教者享有一定的权威……"

反革命资产阶级的代表想巩固宗教,想加强宗教对群众的影响,他们感到"穿着教袍的官吏"**降低了**教会的威信,已经不中用了,过时了,甚至给统治阶级带来了危害。十月党人攻击教权主义的极端措施和警察监护,**是为了加强**宗教对群众的影响,是为了用比较精巧、比较完善的愚民办法来代替某些过于粗暴、过于陈旧、过于腐朽而不能达到目的的办法。警察式的宗教已经不足以愚弄群众了,那就给我们一种更文明、更新式、更灵活、更能在自治教区起作用的宗教吧,——这就是资本向专制制度要求的东西。

立宪民主党人卡拉乌洛夫也**完全**站在这样的立场上。这位"自由主义的"叛徒(从"民意党"演变成右派立宪民主党人)大声疾呼反对"教会非民间化,认为这是把人民群众即俗人排斥于教会建设之外"。他认为群众"失去宗教信仰"是"**可怕的**"(原话如此!)。他的叫嚣完全是缅施科夫式的[203]:"教会本身巨大的价值降低了……这不仅对教会的事业,而且对国家的事业也有巨大的危害。"狂热的信徒叶夫洛吉说"教会的任务是永恒的、固定不变的,也就是说,要把教会同政治结合起来是办不到的",而卡拉乌洛夫把这种令人反感的虚伪说法称为"金玉良言"。他抗议教会同黑帮联合,**为的是**使教会"能够比现在更有力和更光荣地完成自己伟大的、神圣的、符合基督精神的事业,即爱和自由的事业"。

　　别洛乌索夫同志在杜马讲坛上嘲笑了卡拉乌洛夫的这些"抒情词句",这是非常好的。但是这样嘲笑一番还是远远不够的。必须阐明,而且一有适当的机会就必须在杜马讲坛上阐明,立宪民主党人的观点同十月党人的观点是一模一样的,它无非是表明,"文明的"资本力求使用宗教麻醉剂来愚弄人民,不过采用的教会欺骗手段,比昔日的普通俄国"神父"所采用过的要精巧些。

　　野蛮地主和旧时的杰尔席莫尔达[204]通过普利什凯维奇的嘴说:为了使人民处于精神奴隶的地位,教会同黑帮必须建立最紧密的联盟。反革命的资产者通过卡拉乌洛夫的嘴反对他们说:先生们,你们错了,你们用这种手段只能使人民完全离开宗教。让我们干得更聪明、更狡猾、更巧妙一些吧,我们要排除过于愚蠢和粗暴的黑帮分子,宣布反对"教会非民间化",我们要在旗帜上写下叶夫洛吉主教的"金玉良言":教会高于政治,——只有采取这种方式,我们才能至少欺骗一部分落后工人,特别是欺骗小市民和农民,我们才能帮助革新后的教会完成其使人民群众继续处于精神奴隶地位的"伟大的、神圣的事业"。

　　我们自由派的报刊,包括《言语报》在内,最近猛烈地抨击《路标》文集的作者司徒卢威及其同伙。但是,立宪民主党在国家杜马的正式发言人卡拉乌洛夫却淋漓尽致地暴露出这些对司徒卢威及其同伙的斥责和否定是极其卑鄙虚伪的。司徒卢威嘴上所说的,正是卡拉乌洛夫和米留可夫脑子里所想的。自由派斥责司徒卢威,**只是**因为他粗心大意地说出了真相,把牌摊得太多了。自由派斥责《路标》派,而又继续支持立宪民主党,这就是一方面谴责粗心大意的露骨**言论**,一方面又继续**干着**符合这种言论的事情,这是最无耻地欺骗人民。

关于杜马中的劳动派在讨论上述问题时的表现，没有多少可谈的。同往常一样，在劳动派农民和劳动派知识分子之间暴露出明显的差别，这对于更愿意追随立宪民主党人的劳动派知识分子是不利的。不错，农民罗日柯夫的发言完全暴露了他的政治上的不自觉，他也重复了立宪民主党人的庸俗见解，说俄罗斯人民同盟不是有助于巩固信仰，而是有助于破坏信仰，他没有能提出任何纲领。但是当他开始直率地讲到一些赤裸裸的事实真相，如僧侣的勒索，神父的敲诈，他们向举行婚礼的人除了索取金钱还要求给"一瓶烧酒、一盘小吃、一斤茶叶，**有时还提出我在讲台上不敢讲的要求**"（4月16日，速记记录第2259页）时，黑帮杜马就按捺不住了，从右边的席位上发出了野兽般的咆哮。黑帮分子大喊大叫："这是多大的侮辱！这太不像话了！"他们感到一个普通庄稼汉讲述敲诈勒索和圣礼的"法定价格"，比任何理论上或策略上的反宗教反教会声明更能使群众革命化。于是在第三届杜马中维护专制制度的一帮死硬派便威胁他们的奴才梅延多夫主席，强迫他制止罗日柯夫的发言（社会民主党人，还有某些劳动派分子、立宪民主党人等联名抗议主席的这种行为）。

劳动派农民罗日柯夫的发言虽然非常简单，但是它清楚地表明了立宪民主党人虚伪地、居心反动地保卫宗教同庄稼汉那种原始的、不自觉的、保守的宗教信仰是有天壤之别的；庄稼汉的生活条件使他们违反自己的意志不自觉地产生一种反对勒索的真正革命的愤恨和坚决反对中世纪制度的决心。立宪民主党人是反革命资产阶级的代表，他们想用革新和巩固宗教来反对人民。罗日柯夫这类人是革命的资产阶级民主派的代表，这一派是不开展的、不觉悟的、闭塞的、不独立的、分散的,但是在反对地主、神父和专制制度的斗争中,他们却蕴藏着还远没有发挥出来的革命干劲。

劳动派知识分子罗扎诺夫是接近立宪民主党人的,而且比罗日柯夫要觉悟得多。罗扎诺夫能说出教会和国家分离这一"左派"的要求,但是他禁不住说了一些反动的、市侩式的空话,说什么"修改选举法的方针应该是不让僧侣参加政治斗争"。一个典型的普通庄稼汉在讲起自己生活的真实情况时,会自然而然地流露出革命性,这种革命性在劳动派知识分子身上正在消失,取而代之的是含混不清的、有时简直是卑鄙无耻的空话。俄国的农民群众只有跟着无产阶级走,才能推翻压抑他们、摧残他们的农奴主-土地占有者、穿着教袍的农奴主、拥护专制制度的农奴主的压迫,这个真理,正如我们所看到的,已经得到了第一百次、第一千次的证实。

在整个杜马中,只有工人政党和工人阶级的代表社会民主党人苏尔科夫,才把讨论提到了真正的原则高度,他直截了当地说明了无产阶级对教会和宗教采取什么态度,一切彻底的和有生命力的民主派应该对教会和宗教采取什么态度。"宗教是人民的鸦片"…… "人民的钱一文也不能给这些蒙蔽人民意识、沾满鲜血的人民敌人",——社会党人的这种直率的、大胆的、公开的战斗呼声是对黑帮杜马的挑战,这种呼声获得了千百万无产者的响应,他们将在群众中传播这种呼声,只要时候一到,他们就会把它变成革命的行动。

载于 1909 年 6 月 4 日(17 日)　　　译自《列宁全集》俄文第 5 版
《社会民主党人报》第 6 号　　　　　第 17 卷第 429—438 页

附　　录

对俄国社会民主工党
中央委员会全体会议提出的关于召开
全国党代表会议的决议草案的修改[205]

（1908 年 8 月 11 日〔24 日〕）

　　中央委员会决定[着手]立即开始进行有关召开代表会议的工作。规定最迟在 11 月 1 日召开。①

载于 1933 年《列宁文集》俄文版
第 25 卷

译自《列宁全集》俄文第 5 版
第 17 卷第 441 页

在俄国社会民主工党
第五次全国代表会议上
关于组织问题的发言提纲²⁰⁶

(1908 年 12 月 24 日〔1909 年 1 月 6 日〕)

I.

成员 12 名使徒

5 名[不可]侵犯者

（天使之职)²⁰⁷

II.(A)

1. 罢工运动和革命冲击；

2. 改良主义与革命；

3. 同民族主义作斗争的任务；

——向代表大会提出；

4. 如何在合法团体中工作。

III.(B)

(1)杜马党团。

(2)合法报纸。

(3)合法团体。

(4)秘密鼓动员及其秘密口号。

Ⅳ.(C)

　　决议和对决议的宣传……

Ⅴ.(D)

　　代理人和他们的推选。

载于1933年《列宁文集》俄文版
第25卷

译自《列宁全集》俄文第5版
第17卷第442页

《俄国的目前形势》报告的要点[208]

(1909 年 1 月 28 日〔2 月 10 日〕以前)

一、专制制度在怎样起变化。财阀君主制还是资产阶级君主制?

二、第三届国家杜马和"议会斗争方式"。关于"社会革命党人"的革命空谈。

三、立宪民主党人的沙文主义和劳动派的动摇。

四、关于想要"重蹈覆辙"的蠢人。

五、在俄国应当如何制定社会民主党利用议会的政策。

六、离开社会民主党行列的是最积极的人还是最软弱的人?切列万宁是一个著作家典型和社会典型。

七、德国社会民主党人在非常法时期的经验有什么教益。

八、无产阶级和小市民知识分子在历史的节日和通常时期。

载于 1909 年 2 月 10 日(公历)以前
俄国社会民主工党巴黎第二协助小
组公布的关于报告的公告

译自《列宁全集》俄文第 5 版
第 17 卷第 445 页

注　释

1　《走上直路》一文是 1908 年 3 月 19 日（4 月 1 日）《无产者报》第 26 号的社论。——1。

2　第二届国家杜马（第二届杜马）于 1907 年 2 月 20 日（3 月 5 日）召开，共有代表 518 人。主席是立宪民主党人费·亚·戈洛文。尽管当时俄国革命处于低潮时期，而且杜马选举是间接的、不平等的，但由于各政党间的界限比第一届杜马时期更为明显，群众的阶级觉悟较前提高，以及布尔什维克参加了选举，所以第二届杜马中左派力量有所加强。按政治集团来分，第二届杜马的组成是：右派即君主派和十月党 54 名，立宪民主党和靠近它的党派 99 名，各民族代表 76 名，无党派人士 50 名，哥萨克集团 17 名，人民社会党 16 名，社会革命党 37 名，劳动派 104 名，社会民主党 65 名。

　　同第一届杜马一样，第二届杜马的中心议题是土地问题。右派和十月党人捍卫 1906 年 11 月 9 日斯托雷平关于土地改革的法令。立宪民主党人大大删削了自己的土地法案，把强制转让土地的成分降到最低限度。劳动派在土地问题上仍然采取在第一届杜马中采取的立场。孟什维克占多数的社会民主党团提出了土地地方公有化法案，布尔什维克则捍卫全部土地国有化纲领。除土地问题外，第二届杜马还讨论了预算、对饥民和失业工人的救济、大赦等问题。在第二届杜马中，布尔什维克执行与劳动派建立“左派联盟”的策略，孟什维克则执行支持立宪民主党人的机会主义策略。

　　1907 年 6 月 3 日（16 日）沙皇政府发动政变，解散了第二届杜马；同时颁布了保证地主和大资产阶级能在国家杜马中占绝对多数的新选举法。这一政变标志着俄国历史上斯托雷平反动时期的开始。——1。

3 六三政变是指俄国沙皇政府在 1907 年 6 月 3 日（16 日）发动的反动政变，史称六三政变。政变前，沙皇政府保安部门捏造罪名，诬陷社会民主党国家杜马党团准备进行政变。沙皇政府随之要求审判社会民主党杜马代表，并且不待国家杜马调查委员会作出决定，就于 6 月 2 日（15日）晚逮捕了他们。6 月 3 日（16 日），沙皇政府违反沙皇 1905 年 10 月17 日宣言中作出的非经国家杜马同意不得颁布法律的诺言，颁布了解散第二届国家杜马和修改国家杜马选举条例的宣言。依照新的选举条例，农民和工人的复选人减少一半（农民复选人由占总数 44％减到22％，工人复选人由 4％减到 2％），而地主和资产阶级的复选人则大大增加（地主和大资产阶级复选人共占总数 65％，其中地主复选人占49.4％），这就保证了地主资产阶级的反革命同盟在第三届国家杜马中居统治地位。新的选举条例还剥夺了俄国亚洲部分土著居民以及阿斯特拉罕省和斯塔夫罗波尔省的突厥民族的选举权，并削减了民族地区的杜马席位（高加索由 29 席减为 10 席，波兰王国由 37 席减为 14 席）。六三政变标志着 1905—1907 年革命的失败和反革命的暂时胜利，斯托雷平反动时期由此开始。——1。

4 指《社会民主党人报》。

《社会民主党人报》（《Социал-Демократ》）是俄国社会民主工党秘密发行的中央机关报。1908 年 2 月在俄国创刊，第 2—32 号（1909 年2 月—1913 年 12 月）在巴黎出版，第 33—58 号（1914 年 11 月—1917年 1 月）在日内瓦出版，总共出了 58 号，其中 5 号有附刊。根据俄国社会民主工党第五次代表大会选出的中央委员会的决定，该报编辑部由布尔什维克、孟什维克和波兰社会民主党人的代表组成。实际上该报的领导者是列宁。1911 年 6 月孟什维克尔·马尔托夫和费·伊·唐恩退出编辑部，同年 12 月起《社会民主党人报》由列宁主编。该报先后刊登过列宁的 80 多篇文章和短评。在斯托雷平反动时期和新的革命高涨年代，该报同取消派、召回派和托洛茨基分子进行斗争，宣传布尔什维克的路线，加强了党的统一和党与群众的联系。第一次世界大战期间，该报同国际机会主义、民族主义和沙文主义进行斗争，反对帝国主义战争，团结各国坚持国际主义立场的社会民主党人，宣传布尔什维克在战争、和平和革命等问题上提出的口号,联合并加强了党的力量。该报在俄国国内和国外传播很广,影响很大。列宁在《〈反潮流〉文集序言》中写道,"任何一个觉悟的工人,如果想了解国际社会主义革命思想的发展及其在 1917 年 10 月 25 日的第一次胜利",《社会民主党人报》上的文章"是不可不看的"(见本版全集第 34 卷第 116 页)。——1。

5　无头派是列宁对无题派的蔑称。在俄语中"无头"和"无题"谐音;"无头"的本意是头脑迟钝。

　　　无题派是指 1906 年在彼得堡出版的《无题》周刊的组织者和参加者——谢·尼·普罗柯波维奇、叶·德·库斯柯娃、瓦·雅·鲍古查尔斯基、维·韦·波尔土加洛夫、瓦·瓦·希日尼亚科夫等人。无题派是一批原先信奉合法马克思主义和经济主义、后来参加了解放社的俄国资产阶级自由派知识分子,他们公开宣布自己是西欧"批判社会主义"的拥护者,支持孟什维克和立宪民主党人。列宁称无题派为孟什维克化的立宪民主党人或立宪民主党人化的孟什维克。无题派在《无题》周刊停刊后集结在左派立宪民主党的《同志报》周围。——3。

6　这里说的伯恩施坦派是指俄国无题派之类的分子。

　　　伯恩施坦派是国际工人运动中的修正主义派别,产生于 19 世纪末20 世纪初。爱·伯恩施坦的《社会主义的前提和社会民主党的任务》(1899 年)一书是对伯恩施坦派思想体系的全面阐述。伯恩施坦派在哲学上否定辩证唯物主义和历史唯物主义,用庸俗进化论和诡辩论代替革命的辩证法;在政治经济学上修改马克思主义的剩余价值学说,竭力掩盖帝国主义的矛盾,否认资本主义制度的经济危机和政治危机;在政治上鼓吹阶级合作和资本主义和平长入社会主义,传播改良主义和机会主义思想,反对马克思主义的阶级斗争学说,特别是无产阶级革命和无产阶级专政的学说。伯恩施坦派得到德国社会民主党右翼和第二国际其他一些政党的支持。在俄国,追随伯恩施坦派的有合法马克思主义者、经济派等。——3。

7　《工人旗帜报》(《Рабочее Знамя》)是布尔什维克的秘密报纸,1908 年3—12 月在莫斯科出版,共出了 7 号。第 1 号作为俄国社会民主工党中部工业区区域局机关报出版,第2—6号作为俄国社会民主工党莫斯科委员会和莫斯科郊区委员会的机关报出版,第7号作为俄国社会民主工党中部工业区区域局、莫斯科委员会和莫斯科郊区委员会的机关报出版。先后担任编辑的有索·雅·策伊特林、伊·伊·斯克沃尔佐夫-斯捷潘诺夫、德·伊·库尔斯基和弗·米·舒利亚季科夫(多纳特)。《工人旗帜报》从第5号起就党对杜马和对俄国社会民主党杜马党团的态度问题开展讨论,在第5号上发表了一个召回派分子的信(署名:一工人),在第7号上发表了批评召回派的《党的工作者的来信》(即本卷提到的《论迫切问题》一文)。列宁对这两封信都作了分析(见本卷第266—282、340—343页)。——4。

8　非常法(反社会党人非常法)即《反社会民主党企图危害治安法》,是德国俾斯麦政府从1878年10月21日起实行的镇压工人运动的反动法令。这个法令规定取缔德国社会民主党和一切进步工人组织,查封工人刊物,没收社会主义书物,并可不经法律手续把革命者逮捕和驱逐出境。在反社会党人非常法实施期间,有1000多种书刊被查禁,300多个工人组织被解散,2000多人被监禁和驱逐。在工人运动的压力下,反社会党人非常法于1890年10月1日被废除。——4。

9　你把本性赶出门外,它会从窗口飞进来! 是法国作家让·拉封丹所写的寓言《变成女人的牝猫》的结束语,意思是事物的本性不能改变。寓言说,一个男人养了一只牝猫,经过日夜祈祷,牝猫终于变成了女人,做了他的妻子。可是一天夜里,老鼠来咬席子,新娘又像猫一样捉起老鼠来。——6。

10　《言语报》(《Речь》)是俄国立宪民主党的中央机关报(日报),1906年2月23日(3月8日)起在彼得堡出版,实际编辑是帕·尼·米留可夫和约·弗·盖森。积极参加该报工作的有马·莫·维纳维尔、帕·德·多尔戈鲁科夫、彼·伯·司徒卢威等。1917年二月革命后,该报积极支持资产阶级临时政府的对内对外政策,反对布尔什维克。1917年10月26日(11月8日)被查封。后曾改用《我们的言语报》、《自由言语报》、《时代报》、《新言语报》和《我们时代报》等名称继续出版,1918年8

月最终被查封。——6。

11　第一届国家杜马(维特杜马)是根据沙皇政府大臣会议主席谢·尤·维特制定的条例于 1906 年 4 月 27 日(5 月 10 日)召开的。

在 1905 年十月全俄政治罢工的冲击下,沙皇尼古拉二世被迫发表了 10 月 17 日宣言,宣布召开具有立法职能的国家杜马以代替布里根咨议性杜马,借以把国家引上君主立宪的发展道路。1905 年 12 月 11 日,沙皇政府公布了《关于修改国家杜马选举条例的命令》,这一命令原封不动地保留了为选举布里根杜马而制定的以财产资格和阶级不平等为基础的选举制度,只是在原来的三个选民团——土地占有者(地主)选民团、城市(资产阶级)选民团、农民选民团之外,新增了工人选民团。就分得的复选人数额来说,各选民团的权利不是平等的。地主的 1 票相当于城市资产阶级的 3 票、农民的 15 票、工人的 45 票。工人选民团的复选人只占国家杜马全部复选人的 4%。选举不是普遍的。全体妇女、不满 25 岁的青年、游牧民族、军人、学生、小企业(50 人以下的企业)的工人、短工、小手工业者、没有土地的农民都被剥夺了选举权。选举也不是直接的。一般是二级选举制,而为工人规定了三级选举制,为农民规定了四级选举制。

十二月起义失败后,沙皇政府一再限制曾经宣布过的杜马的权力。1906 年 2 月 20 日的诏书给了国务会议以批准或否决国家杜马所通过的法案的权力。1906 年 4 月 23 日(5 月 6 日)又颁布了经尼古拉二世批准的《国家根本法》,将国家政策的最重要问题置于杜马管辖之外。

第一届国家杜马选举于 1906 年 2—3 月举行。布尔什维克宣布抵制,但是没能达到搞垮这次选举的目的。当杜马终究召集起来时,列宁要求利用杜马来进行革命的宣传鼓动并揭露杜马的本质。

第一届国家杜马的代表共 478 人,其中立宪民主党 179 人,自治派 63 人(包括波兰、乌克兰、爱沙尼亚、拉脱维亚、立陶宛等民族的资产阶级集团的成员),十月党 16 人,无党派人士 105 人,劳动派 97 人,社会民主党 18 人。主席是立宪民主党人谢·安·穆罗姆采夫。

第一届国家杜马讨论过人身不可侵犯、废除死刑、信仰和集会自由、公民权利平等等问题,但是中心问题是土地问题。在杜马会议上提

出的土地纲领主要有两个:一个是立宪民主党人于5月8日提出的由
42名代表签署的法案,它力图保持地主土地占有制,只允许通过"按公
平价格"赎买的办法来强制地主转让主要用农民的耕畜和农具耕种的
或已出租的土地;另一个是劳动派于5月23日提出的"104人法案",
它要求建立全民土地资产,把超过劳动土地份额的地主土地及其他私
有土地收归国有,按劳动份额平均使用土地。

　　第一届国家杜马尽管很软弱,它的决议尽管很不彻底,但仍不符合
政府的愿望。1906年7月9日(22日),沙皇政府解散了第一届国家
杜马。

　　下面引的彼·伯·司徒卢威的话,出自他的《政论家的短评。十月
十七日同盟代表大会和召集国家杜马》一文(载于1906年2月18日(3
月3日)《北极星》杂志第10期)。原话是:"所有将要进入国家杜马的
真正农民,不论他们是在什么旗帜下被选进国家杜马的,在杜马中都将
成为立宪民主党即人民自由党的真正党员,因为在俄国这个党是坚定
和一致地坚持有利于农民的根本的土地改革的唯一的议会大党。"
——6。

12　《俄罗斯国家报》(《Русское Государство»)是俄国政府机关报,1906年2
　　月1日(14日)—5月15日(28日)在彼得堡出版。——6。

13　斯德哥尔摩代表大会即俄国社会民主工党第四次(统一)代表大会。
　　俄国社会民主工党第四次(统一)代表大会于1906年4月10—25
日(4月23日—5月8日)在斯德哥尔摩举行。出席这次代表大会的有
112名有表决权的代表和22名有发言权的代表。他们代表了俄国社
会民主工党的62个组织。参加大会有发言权的还有波兰王国和立陶
宛社会民主党、拉脱维亚社会民主工党和崩得的代表各3名,乌克兰社
会民主工党、芬兰工人党的代表各1名。此外,还有保加利亚社会民主
工党的代表1名。加上特邀代表和来宾,共有157人参加大会。
　　为了召开这次代表大会,1905年底布尔什维克和孟什维克两派领
导机构组成了统一的中央委员会。在两个月的时间里,各地党组织讨
论两派分别制定的纲领,并按300名党员产生1名代表的比例进行代

表大会代表的选举。由于布尔什维克占优势的工业中心的许多党组织遭到摧残而严重削弱，因此代表大会的组成并未反映党内真正的力量对比。在112张表决票中，布尔什维克拥有46票，孟什维克则拥有62票，而且拥有少数几票的调和派在基本问题上也是附和孟什维克的。

代表大会的议程是：修改土地纲领；目前形势和无产阶级的阶级任务；关于对国家杜马选举结果和对杜马本身的策略问题；武装起义；游击行动；临时革命政府和革命自治；对工人代表苏维埃的态度；工会；对农民运动的态度；对各种非社会民主主义的党派和组织的态度；根据党纲中的民族问题对召开特别的波兰立宪会议的要求的态度；党的组织；与各民族的社会民主党组织（波兰王国和立陶宛社会民主党、拉脱维亚社会民主工党、崩得）的统一；工作报告；选举。大会只讨论了修改土地纲领、对目前形势的估计和无产阶级的阶级任务、对国家杜马的态度、武装起义、游击行动、与各民族的社会民主党的统一、党的章程等问题。列宁就土地问题、当前形势问题和对国家杜马的态度问题作了报告，就武装起义问题以及其他问题发了言，参加了党章起草委员会。

大会是在激烈斗争中进行的。在修改土地纲领问题上提出了三种纲领：列宁的土地国有化纲领，一部分布尔什维克的分配土地纲领和孟什维克的土地地方公有化纲领。代表大会以多数票批准了孟什维克的土地地方公有化纲领，但在布尔什维克的压力下对这一纲领作了一些修改。大会还批准了孟什维克的关于国家杜马的决议案和武装起义的决议案，大会未经讨论通过了关于工会的决议和关于对农民运动的态度的决议。代表大会通过了同波兰王国和立陶宛社会民主党以及同拉脱维亚社会民主工党统一的决定。这两个党作为地区性组织加入俄国社会民主工党，在该地区各民族无产阶级中进行工作。大会还确定了同崩得统一的条件。在代表大会批准的新党章中，关于党员资格的第1条采用了列宁的条文，但在党的中央委员会和中央机关报的相互关系问题上仍保留了两个中央机关并存的局面。

代表大会选出了由7名孟什维克（弗·尼·罗扎诺夫、列·伊·戈尔德曼、柳·尼·拉德琴柯、列·米·欣丘克、维·尼·克罗赫马尔、Б.А.巴赫梅季耶夫、帕·尼·科洛科尔尼科夫）和3名布尔什维克（瓦·

阿·杰斯尼茨基、列·波·克拉辛、阿·伊·李可夫)组成的中央委员会和由5名孟什维克(尔·马尔托夫、亚·马尔丁诺夫、彼·巴·马斯洛夫、费·伊·唐恩、亚·尼·波特列索夫)组成的中央机关报编辑部。中央委员中的李可夫后来换成了亚·亚·波格丹诺夫。加入俄国社会民主工党的各民族社会民主党后来分别派代表参加了中央委员会。

列宁在《关于俄国社会民主工党统一代表大会的报告(给彼得堡工人的信)》这本小册子中对这次代表大会的工作作了分析(见本版全集第13卷)。——6。

14 立宪民主党人是俄国自由主义君主派资产阶级的主要政党立宪民主党的成员。立宪民主党(正式名称为人民自由党)于1905年10月成立。中央委员中多数是资产阶级知识分子、地方自治人士和自由派地主。主要活动家有帕·尼·米留可夫、谢·安·穆罗姆采夫、瓦·阿·马克拉柯夫、安·伊·盛加略夫、彼·伯·司徒卢威、约·弗·盖森等。立宪民主党提出一条与革命道路相对抗的和平的宪政发展道路,主张俄国实行立宪君主制和资产阶级的自由。在土地问题上,主张将国家、皇室、皇族和寺院的土地分给无地和少地的农民;私有土地部分地转让,并且按"公平"价格给予补偿;解决土地问题的土地委员会由同等数量的地主和农民组成,并由官员充当他们之间的调解人。1906年春,曾同政府进行参加内阁的秘密谈判,后来在国家杜马中自命为"负责任的反对派"。第一次世界大战期间,支持沙皇政府的掠夺政策,曾同十月党等反动政党组成"进步同盟",要求成立责任内阁,即为资产阶级和地主所信任的政府,力图阻止革命并把战争进行到最后胜利。二月革命后,立宪民主党在资产阶级临时政府中居于领导地位,竭力阻挠土地问题、民族问题等基本问题的解决,并奉行继续帝国主义战争的政策。七月事变后,支持科尔尼洛夫叛乱,阴谋建立军事独裁。十月革命胜利后,苏维埃政府于1917年11月28日(12月11日)宣布立宪民主党为"人民公敌的党"。该党随之转入地下,继续进行反革命活动,并参与白卫将军的武装叛乱。国内战争结束后,该党上层分子大多数逃亡国外。1921年5月,该党在巴黎召开代表大会时分裂,作为统一的党不复存在。——6。

15　劳动派(劳动团)是俄国国家杜马中的农民代表和民粹派知识分子代表
组成的小资产阶级民主派集团,1906 年 4 月成立。领导人是阿·费·
阿拉季因、斯·瓦·阿尼金等。劳动派要求废除一切等级限制和民族
限制,实行自治机关的民主化,用普选制选举国家杜马。劳动派的土地
纲领要求建立由官地、皇族土地、皇室土地、寺院土地以及超过劳动土
地份额的私有土地组成的全民地产,由农民普选产生的地方土地委员
会负责进行土地改革,这反映了全体农民的土地要求,同时它又容许赎
买土地,则是符合富裕农民阶层利益的。在国家杜马中,劳动派动摇于
立宪民主党和布尔什维克之间。布尔什维克党支持劳动派的符合农民
利益的社会经济要求,同时批评它在政治上的不坚定,可是劳动派始终
没有成为彻底革命的农民组织。六三政变后,劳动派在地方上停止了
活动。第一次世界大战期间,劳动派多数采取沙文主义立场。二月革
命后,劳动派积极支持资产阶级临时政府,1917 年 6 月与人民社会党
合并为劳动人民社会党。十月革命后,劳动派站在资产阶级反革命势
力方面。——7。

16　指彼·伯·司徒卢威的文章《知识分子思想的保守性》和《策略还是观
念?》。两篇文章都以《关于俄国革命的思考》为副标题,分别载于 1907
年《俄国思想》杂志第 7 期和第 8 期。——7。

17　沙皇政府副内务大臣弗·约·古尔柯曾在第一届国家杜马作报告,为
土地私有制的完全不可侵犯作辩护。他还在一本名为《土地问题管见》
(1906 年彼得堡版)的小册子里反复论证这样一个观点:把大地主的全
部土地或者哪怕是它的一大部分转交给农民,不仅不能提高农民的福
利,而且会使他们陷入更大的贫困。他还断言,把地主的土地交给农民
使用是行不通的,在经济上对国家是极有害的。同时,古尔柯建议将村
社的每个成员所使用的一块份地分给他们,作为其私有财产。——8。

18　指 1906 年 5 月 25 日《言语报》第 82 号社论。这篇社论以《社会民主党
和立宪民主党各自如何理解地方土地委员会的任务》为标题,收入了
1907 年在彼得堡出版的帕·尼·米留可夫的《斗争的一年。1905—
1906 年政论集》一书。——9。

19 指亚·伊·丘普罗夫的《论土地改革问题》和尼·尼·库特列尔的《关于扩大和改进农民地产的措施的法案》。这两篇文章载于 1907 年在莫斯科出版的立宪民主党的《土地问题》文集第 2 卷。——9。

20 《马克思主义和修正主义》一文最初发表于《卡尔·马克思(1818—1883)》文集,署名弗拉·伊林。文集是为纪念马克思逝世 25 周年而编的,由克德罗夫出版社于 1908 年 10 月在彼得堡出版。除列宁的这篇文章外,文集还收有尤·涅夫佐罗夫的《卡·马克思的生平和活动》、尼·罗日柯夫的《卡尔·马克思和阶级斗争》、弗·巴扎罗夫的《论马克思主义的哲学基础问题》、罗·卢森堡的《纪念卡·马克思》、格·季诺维也夫的《马克思和恩格斯》、尤·加米涅夫的《从民主主义到社会主义》、普·奥尔洛夫斯基的《论俄国马克思主义的历史》、米·塔甘斯基的《马克思论俄国》等文。——11。

21 青年黑格尔派也称黑格尔左派,是德国的一个唯心主义哲学派别,产生于 19 世纪 30—40 年代,是当时德国资产阶级激进派的思想代表。主要代表人物有阿·卢格、布·鲍威尔、大·施特劳斯、麦·施蒂纳等。马克思和恩格斯在《神圣家族》、《德意志意识形态》等著作中批判了青年黑格尔派。——12。

22 蒲鲁东主义是以法国无政府主义者皮·约·蒲鲁东为代表的小资产阶级社会主义流派,产生于 19 世纪 40 年代。蒲鲁东主义从小资产阶级立场出发批判资本主义所有制,把小商品生产和交换理想化,幻想使小资产阶级私有制永世长存。主张建立"人民银行"和"交换银行",认为它们能帮助工人购置生产资料,使之成为手工业者,并能保证他们"公平地"销售自己的产品。蒲鲁东主义反对任何国家和政府,否定任何权威和法律,宣扬阶级调和,反对政治斗争和暴力革命。马克思在《哲学的贫困》(参看《马克思恩格斯全集》第 1 版第 4 卷)等著作中,对蒲鲁东主义作了彻底批判。列宁称蒲鲁东主义为不能领会工人阶级观点的"市侩和庸人的痴想"。蒲鲁东主义被资产阶级的理论家们广泛利用来鼓吹阶级调和。——12。

23 巴枯宁主义是以米·亚·巴枯宁为代表的无政府主义思潮,产生于19世纪60年代。巴枯宁主义者是小资产阶级革命性及其特有的极端个人主义的代表,鼓吹个人绝对自由,反对任何权威。他们认为国家是剥削和不平等的根源,要求废除一切国家,实行小生产者公社的完全自治,并把这些公社联合成自由的联邦(按巴枯宁主义者的说法就是实现"社会清算")。巴枯宁主义者反对马克思主义的社会革命学说,否定工人阶级的一切不直接导致"社会清算"的斗争形式,否认建立独立的工人政党的必要性,而主张由"优秀分子"组成的秘密革命团体去领导群众骚乱。19世纪60年代末和70年代初,巴枯宁主义在当时经济上落后的西班牙、意大利、法国南部和瑞士的小资产阶级和一部分工人中得到传播。在巴枯宁主义的影响下,也形成了俄国革命民粹主义的一个派别。

　　1868年,巴枯宁在日内瓦建立了无政府主义者的国际组织——社会主义民主同盟。在同盟申请加入第一国际遭到拒绝以后,巴枯宁主义者采取对国际总委员会的决定阳奉阴违的办法,表面上宣布解散这个组织,而实际却继续保留,并于1869年3月以国际日内瓦支部的名义把它弄进了国际。巴枯宁主义者利用社会主义民主同盟的组织在国际内部进行了大量分裂和破坏活动,力图夺取国际总委员会的领导权,受到马克思和恩格斯的揭露和批判。1872年9月2—7日举行的第一国际海牙代表大会把巴枯宁和另一位巴枯宁派首领詹·吉约姆开除出国际。19世纪最后25年间,巴枯宁主义者蜕化成了脱离群众的小宗派。——12。

24 指法国、西班牙、意大利等西南欧国家。——12。

25 新康德主义者是在复活康德哲学的口号下宣扬主观唯心主义的资产阶级哲学流派的代表。新康德主义19世纪中叶产生于德国,创始人是奥·李普曼和弗·阿·朗格等人。1865年李普曼出版了《康德及其追随者》一书。该书每一章都以"回到康德那里去!"的口号结束。他还提出要纠正康德承认"自在之物"这一"根本错误"。朗格则企图用生理学来论证不可知论。新康德主义后来形成两大学派:马堡学派(赫·柯亨、

保·格·纳托尔普等)和弗赖堡学派(威·文德尔班、亨·李凯尔特
等)。前者企图利用自然科学的成就,特别是利用数学方法向物理学的
渗透,来论证唯心主义;后者则把社会科学与自然科学对立起来,宣称
历史现象有严格的独特性,不受任何规律性的支配。两个学派都用科
学的逻辑根据问题来取代哲学的基本问题。新康德主义者从右边批判
康德,宣布"自在之物"是认识所趋向的"极限概念"。他们否认物质世
界的客观存在,认为认识的对象并不是自然界和社会的规律性,而仅仅
是意识的现象。新康德主义的不可知论不是"羞羞答答的唯物主义",
而是唯心主义的变种,断言科学没有力量认识和改变现实。新康德主
义者公开反对马克思主义,用"伦理社会主义"对抗马克思主义。他们
依据自己的认识论,宣布社会主义是人类竭力追求但不可能达到的"道
德理想"。新康德主义曾被爱·伯恩施坦、康·施米特等人利用来修正
马克思主义。俄国的合法马克思主义者企图把新康德主义同马克思主
义结合起来。格·瓦·普列汉诺夫、保·拉法格和弗·梅林都批判对
马克思主义所作的新康德主义的修正。列宁揭露了新康德主义的实质
并指出了它同其他资产阶级哲学流派(内在论者、马赫主义、实用主义
等等)的联系。——13。

26　米勒兰主义是社会党人参加资产阶级政府的一种机会主义策略,因法
国社会党人亚·埃·米勒兰于1899年参加瓦尔德克-卢梭的资产阶级
政府而得名。1900年9月23—27日在巴黎举行的第二国际第五次代
表大会讨论了米勒兰主义问题。大会通过了卡·考茨基提出的调和主
义决议。这个决议虽谴责社会党人参加资产阶级政府,但却认为在"非
常"情况下可以这样做。法国社会党人和其他国家的社会党人就利用
这项附带条件为他们在第一次世界大战期间参加帝国主义资产阶级政
府的行为辩护。列宁认为米勒兰主义是一种修正主义和叛卖行为,社
会改良主义者参加资产阶级政府必定会充当资本家的傀儡,成为这个
政府欺骗群众的工具。——17。

27　盖得派是19世纪80年代至20世纪初法国社会主义运动中以茹·盖
得为首的一个派别,基本成员是19世纪70年代末期团结在盖得创办

的《平等报》周围的进步青年知识分子和先进工人。1879 年组成了法国工人党。1880 年 11 月在勒阿弗尔代表大会上制定了马克思主义纲领。在米勒兰事件上持反对加入资产阶级内阁的立场。1901 年与其他反入阁派一起组成法兰西社会党。盖得派为在法国传播马克思主义作出过重要贡献,但它的一些领导人对马克思主义的认识犯有片面性和教条主义的错误。

饶勒斯派是 19 世纪末 20 世纪初法国社会主义运动中以让·饶勒斯为首的右翼改良派。饶勒斯派以要求"批评自由"为借口,修正马克思主义基本原理,宣传无产阶级同资产阶级的阶级合作。他们认为社会主义的胜利不会通过无产阶级同资产阶级的阶级斗争而取得,这一胜利将是民主主义思想繁荣的结果。他们还赞同蒲鲁东主义关于合作社的主张,认为在资本主义条件下合作社的发展有助于逐渐向社会主义过渡。在米勒兰事件上,饶勒斯派竭力为亚·埃·米勒兰参加资产阶级内阁的背叛行为辩护。

布鲁斯派是 19 世纪 80 年代至 20 世纪初法国社会主义运动中以保·布鲁斯等人为首的机会主义派别。该派起初是法国工人党中改良主义的一翼,1882 年法国工人党分裂后称为社会主义革命工人党,1883 年改称法国劳动社会联盟。该派否定无产阶级的革命纲领和革命策略,模糊工人运动的社会主义目的,主张把工人阶级的活动限制在资本主义制度下"可能"办到的范围内,因此也被称为可能派。1902 年,可能派同其他一些改良主义派别一起组成了以让·饶勒斯为首的法国社会党。

1905 年,法兰西社会党和法国社会党合并,统称法国社会党(工人国际法国支部)。——18。

28　社会民主联盟(S.D.F.)是英国的社会主义组织,于 1884 年 8 月在民主联盟的基础上成立。参加联盟的除改良主义者(亨·迈·海德门等)和无政府主义者外,还有一批革命的社会民主党人即马克思主义的拥护者(哈·奎尔奇、汤·曼、爱·艾威林、爱琳娜·马克思等),他们构成了英国社会主义运动的左翼。恩格斯曾尖锐地批评社会民主联盟有教条主义和宗派主义倾向,脱离英国群众性的工人运动并且忽视这一运动

的特点。1884年秋联盟发生分裂,联盟的左翼在1884年12月成立了
独立的组织——社会主义同盟。1907年,社会民主联盟改称英国社会
民主党。1911年,该党与独立工党中的左派一起组成了英国社会党。
1920年,社会党的大部分党员参加了创立英国共产党的工作。

　　独立工党(I.L.P.)是英国改良主义政党,1893年1月成立。领导
人有基·哈第、拉·麦克唐纳、菲·斯诺登等。党员主要是一些新、旧
工联的成员以及受费边派影响的知识分子和小资产阶级分子。独立工
党从建党时起就采取资产阶级改良主义立场,把主要注意力放在议会
斗争和同自由主义政党进行议会交易上。1900年,该党作为集体党员
加入英国工党。在第一次世界大战期间,独立工党领袖采取资产阶级
和平主义立场。1932年7月独立工党代表会议决定退出英国工党。
1935年该党左翼成员加入英国共产党,1947年许多成员加入英国工
党,独立工党不再是英国政治生活中一支引人注目的力量。——18。

29　整体派是20世纪初意大利社会党内的一个派别,整体社会主义的拥护
者,其领袖是恩·费里。整体派在一些问题上同持机会主义立场的改
良主义派进行了斗争。——18。

30　革命工团主义是19世纪末在一系列西欧国家工人运动中出现的一种
小资产阶级半无政府主义思潮。工团主义者否认工人阶级进行政治斗
争的必要性,否认党的领导作用和无产阶级专政。他们认为,工会(工
团)只要组织工人举行总罢工而不必进行革命,就能推翻资本主义,把
生产的管理掌握在自己手里。列宁曾指出:"在西欧,革命工团主义在
许多国家里是机会主义、改良主义和议会迷的直接的和必然的产物。"
(见本版全集第16卷第181页)——18。

31　《社会民主党人呼声报》(《Голос Социал-Демократа》)是俄国孟什维克
的国外机关报,1908年2月—1911年12月先后在日内瓦和巴黎出版,
共出了26号(另外还于1911年6月—1912年7月出了《〈社会民主党
人呼声报〉小报》6号)。该报编辑是:帕·波·阿克雪里罗得、费·
伊·唐恩、尔·马尔托夫、亚·马尔丁诺夫和格·瓦·普列汉诺夫。
《社会民主党人呼声报》从创刊号起就维护取消派的立场。普列汉诺夫

于1908年12月与该报实际决裂,1909年5月13日正式退出该报编辑部。此后该报就彻底成为取消派的思想中心。——20。

32 斯托雷平的土地政策指沙皇政府大臣会议主席彼·阿·斯托雷平实行的土地改革。1906年11月9日(22日),沙皇政府颁布了《关于农民土地占有和土地使用现行法令的几项补充决定》,这个法令由国家杜马和国务会议通过后称为1910年6月14日法令。1906年11月15日(28日),又颁布了《关于农民土地银行以份地作抵押发放贷款的法令》。根据这两个法令,农民可以退出村社,把自己的份地变成私产,也可以卖掉份地。村社必须为退社农民在一个地方划出建立独立田庄或独立农庄的土地。独立田庄主或独立农庄主可以从农民土地银行取得优惠贷款来购买土地。沙皇政府制定这些土地法令的目的是,在保留地主土地私有制和强制破坏村社的条件下,建立富农这一沙皇专制制度在农村的支柱。斯托雷平的土地政策通过最痛苦的普鲁士道路,在保留农奴主-地主的政权、财产和特权的条件下,加速了农业的资本主义演进,加剧了对农民基本群众的强行剥夺,加速了农村资产阶级的发展。

列宁称1906年斯托雷平土地法令是继1861年改革以后俄国从农奴主专制制度变为资产阶级君主制的第二步。尽管沙皇政府鼓励农民退出村社,但在欧俄部分,九年中(1907—1915年)总共只有250万农户退出村社。首先使用退出村社的权利的是农村资产阶级,因为这能使他们加强自己的经济。也有一部分贫苦农民退出了村社,其目的是为了出卖份地,彻底割断同农村的联系。穷苦的小农户仍旧像以前一样贫穷和落后。斯托雷平的土地政策并没有消除全体农民和地主之间的矛盾,只是导致了农民群众的进一步破产,加剧了富农和贫苦农民之间的阶级矛盾。——22。

33 容克(德文Junker的音译)即普鲁士的贵族地主阶级,这里是借用来指俄国的农奴主-地主阶级。

容克从16世纪起就利用农奴劳动经营大庄园经济,并长期垄断普鲁士军政职位,掌握国家领导权。为适应资本主义关系的发展,普鲁士在19世纪前半期进行了一系列改革,主要是:1807年废除了农奴制;

1850年3月颁布了新的《调整地主和农民关系法》,允许农民以高额赎金赎免劳役和其他封建义务。通过这些改革,容克不仅获得了大量赎金,而且掠夺了三分之一的农民土地;另一方面,广大农民群众则丧失了土地和牲畜,成为半无产者;这就为封建经济转变为资本主义经济创造了条件。在以大地产为基础的容克农场中越来越多地使用雇佣劳动和农业机器,但容克仍保留某些封建特权,包括对自己庄园范围内的农民的审判权。列宁称这种农业资本主义发展道路为普鲁士的道路。——22。

34 俄国的旧村社是农民共同使用土地的形式,其特点是在实行强制性的统一轮作的前提下,将耕地分给农户使用,森林、牧场则共同使用,不得分割。村社内实行连环保制度。村社的土地定期重分,农民无权放弃和买卖土地。村社管理机构由选举产生。俄国村社从远古即已存在,在历史发展过程中逐渐成为俄国封建制度的基础。沙皇政府和地主利用村社对农民进行监视和掠夺,向农民榨取赎金和赋税,逼迫他们服徭役。

村社问题在俄国曾引起热烈争论,发表了大量有关的经济学文献。民粹派认为村社是俄国向社会主义发展的特殊道路的保证。他们企图证明俄国的村社农民是稳固的,村社能够保护农民,防止资本主义关系侵入他们的生活。早在19世纪80年代,格·瓦·普列汉诺夫就已指出民粹派的村社社会主义的幻想是站不住脚的。到了90年代,列宁粉碎了民粹派的理论,用大量的事实和统计材料说明资本主义关系在俄国农村是怎样发展的,资本是怎样侵入宗法制的村社、把农民分解为富农与贫苦农民两个对抗阶级的。

在1905—1907年革命中,村社曾被农民用做革命斗争的工具。地主和沙皇政府对村社的政策在这时发生了变化。1906年11月9日,沙皇政府大臣会议主席彼·阿·斯托雷平颁布了摧毁村社、培植富农的土地法令,允许农民退出村社和出卖份地。这项法令颁布后的9年中,有200多万农户退出了村社。但是村社并未被彻底消灭,到1916年底,欧俄仍有三分之二的农户和五分之四的份地在村社里。村社在十月革命以后还存在很久,直到全盘集体化后才最终消失。——23。

35　人民社会党人是 1906 年从俄国社会革命党右翼分裂出来的小资产阶级政党人民社会党的成员。人民社会党的领导人有尼·费·安年斯基、韦·亚·米雅柯金、阿·瓦·彼舍霍诺夫、弗·格·博哥拉兹、谢·雅·叶尔帕李耶夫斯基、瓦·伊·谢美夫斯基等。人民社会党提出"全部国家政权应归人民",即归从无产者到资产阶级知识分子的全体劳动者,主张对地主土地进行赎买和实行土地国有化,但不触动份地和经营"劳动经济"的私有土地。在俄国 1905—1907 年革命趋于低潮时,该党赞同立宪民主党的路线,六三政变后,因没有群众基础,实际上处于瓦解状态。第一次世界大战期间,持社会沙文主义立场。二月革命后,该党开始恢复组织。1917 年 6 月,同劳动派合并为劳动人民社会党。这个党代表富农利益,积极支持资产阶级临时政府,十月革命后参加反革命阴谋活动和武装叛乱,1918 年后不复存在。——23。

36　社会革命党人是俄国最大的小资产阶级政党社会革命党的成员。该党是 1901 年底—1902 年初由南方社会革命党、社会革命党人联合会、老民意党人小组、社会主义土地同盟等民粹派团体联合而成的。成立时的领导人有马·安·纳坦松、叶·康·布列什柯-布列什柯夫斯卡娅、尼·谢·鲁萨诺夫、维·米·切尔诺夫、米·拉·郭茨、格·安·格尔舒尼等,正式机关报是《革命俄国报》(1901—1904 年)和《俄国革命通报》杂志(1901—1905 年)。社会革命党人的理论观点是民粹主义和修正主义思想的折中混合物。他们否认无产阶级和农民之间的阶级差别,抹杀农民内部的矛盾,否认无产阶级在资产阶级民主革命中的领导作用。在土地问题上,社会革命党人主张消灭土地私有制,按照平均使用原则将土地交村社支配,发展各种合作社。在策略方面,社会革命党人采用了社会民主党人进行群众性鼓动的方法,但主要斗争方法还是搞个人恐怖。为了进行恐怖活动,该党建立了事实上脱离该党中央的秘密战斗组织。

　　在 1905—1907 年俄国第一次革命中,社会革命党曾在农村开展焚烧地主庄园、夺取地主财产的所谓"土地恐怖"运动,并同其他政党一起参加武装起义和游击战,但也曾同资产阶级的解放社签订协议。在国家杜马中,该党动摇于社会民主党和立宪民主党之间。该党内部的不统一造成了1906年的分裂,其右翼和极左翼分别组成了人民社会党和最高纲领派社会革命党人联合会。在斯托雷平反动时期,社会革命党经历了思想上、组织上的严重危机。在第一次世界大战期间,社会革命党的大多数领导人采取了社会沙文主义的立场。1917年二月革命后,社会革命党中央实行妥协主义和阶级调和的政策,党的领导人亚·费·克伦斯基、尼·德·阿夫克森齐耶夫、切尔诺夫等参加了资产阶级临时政府。七月事变时期该党公开转向资产阶级方面。社会革命党中央的妥协政策造成党的分裂,左翼于1917年12月组成了一个独立政党——左派社会革命党。十月革命后,社会革命党人(右派和中派)公开进行反苏维埃的活动,在国内战争时期进行反对苏维埃政权的武装斗争,对共产党和苏维埃政权的领导人实行个人恐怖。内战结束后,他们在"没有共产党人参加的苏维埃"的口号下组织了一系列叛乱。1922年,社会革命党彻底瓦解。——23。

37 指费·伊·唐恩发表在1908年《新时代》杂志第26年卷第2册第27期和第28期上的《俄国革命新高涨的条件》一文。

《新时代》杂志(《Die Neue Zeit》)是德国社会民主党的理论刊物,1883—1923年在斯图加特出版。1890年10月前为月刊,后改为周刊。1917年10月以前编辑为卡·考茨基,以后为亨·库诺。1885—1895年间,杂志发表过马克思和恩格斯的一些文章。恩格斯经常关心编辑部的工作,帮助它端正办刊方向。为杂志撰过稿的还有威·李卜克内西、保·拉法格、格·瓦·普列汉诺夫、罗·卢森堡、弗·梅林等国际工人运动活动家。《新时代》杂志在介绍马克思主义基本理论、宣传俄国1905—1907年革命等方面做了有益的工作。随着考茨基转到机会主义立场,1910以后,《新时代》杂志成了中派分子的刊物。第一次世界大战期间,杂志持中派立场,实际上支持社会沙文主义者。——25。

38 里加博物馆是人们给沙皇俄国里加警察局侦缉处拷问室取的诨称。在报纸上揭露了该警察局对被捕者采用残酷的刑讯手段的事实后,沙皇政府竭力否认,竟声称侦缉处的那些刑具是为了"成立博物馆"而收集来的。——26。

39 1905 年 12 月 11 日(24 日)法令是指沙皇政府在莫斯科武装起义高潮中作为对工人的某种让步而颁布的国家杜马选举法。与 1905 年 8 月 6 日颁布的关于"咨议性"布里根杜马的条例不同,该法规定成立"立法"杜马。除原定的土地占有者(地主)选民团、城市(资产阶级)选民团和农民选民团外,增添了工人选民团,并在维持城市选民团复选人总数不变的情况下稍许扩大了城市选民的组成。按照这个选举法,选举不是普遍的,有大量男性工人(200 多万)、无地农民、游牧民族、军人、不满 25 岁的青年以及妇女没有选举权。选举也不是平等的,土地占有者选民团每 2 000 名选民摊到 1 名复选人,城市选民团每 7 000 名选民摊到 1 名复选人,农民选民团每 3 万名选民摊到 1 名复选人,工人选民团每 9 万名选民才摊到 1 名复选人。这就是说地主的 1 票等于城市资产阶级的 3 票,农民的 15 票,工人的 45 票。工人选民团产生的复选人只占国家杜马复选人总数的 4%。在工人选民团中,50 人以上的企业的工人才允许参加选举。选举也不是直接的,而是多级的,地主和资产阶级是二级选举,工人是三级选举,农民则是四级选举。选举事实上也不是无记名投票的。——26。

40 第三届杜马(第三届国家杜马)是根据 1907 年 6 月 3 日(16 日)沙皇解散第二届杜马时颁布的新的选举条例在当年秋天选举、当年 11 月 1 日(14 日)召开的,存在到 1912 年 6 月 9 日(22 日)。这届杜马共有代表442 人,先后任主席的有尼·阿·霍米亚科夫、亚·伊·古契柯夫(1910 年 3 月起)和米·弗·罗将柯(1911 年起),他们都是十月党人。这届杜马按其成分来说是黑帮——十月党人的杜马,是沙皇政府对俄国革命力量实行反革命的暴力和镇压政策的驯服工具。这届杜马的 442 名代表中,有右派 147 名,十月党人 154 名,立陶宛——白俄罗斯集团 7名,波兰代表联盟 11 名,进步派 28 名,穆斯林集团 8 名,立宪民主党人54 名,劳动派 14 名,社会民主党人 19 名。因此它有两个多数:黑帮——十月党人多数和十月党人——立宪民主党人多数。沙皇政府利用前一多数来保证推行斯托雷平的土地政策,在工人问题上采取强硬政策,对少数民族采取露骨的大国主义政策;而利用后一多数来通过微小的让步即用改良的办法诱使群众脱离革命。

第三届杜马全面支持沙皇政府在六三政变后的内外政策。它拨巨款给警察、宪兵、法院、监狱等部门,并通过了一个大大扩充了军队员额的兵役法案。第三届杜马的反动性在工人立法上表现得尤为明显,它把几个有关工人保险问题的法案搁置了3年,直到1911年在新的革命高潮到来的形势下才予以批准,但保险条件比1903年法案的规定还要苛刻。1912年3月5日(18日),杜马工人委员会否决了罢工自由法案,甚至不许把它提交杜马会议讨论。在土地问题上,第三届杜马完全支持斯托雷平的土地法,于1910年批准了以1906年11月9日(22日)法令为基础的土地法,而拒绝讨论农民代表提出的一切关于把土地分配给无地和少地农民的提案。在少数民族问题上,它积极支持沙皇政府的俄罗斯化政策,通过一连串的法律进一步限制少数民族的基本权利。在对外政策方面,它主张沙皇政府积极干涉巴尔干各国的内政,破坏东方各国的民族解放运动和革命。

第三届杜马的社会民主党党团,尽管工作条件极为恶劣,人数不多,在初期活动中犯过一些错误,但是在列宁的批评和帮助下,工作有所加强,在揭露第三届杜马的反人民政策和对无产阶级和农民进行政治教育等方面都做了大量的工作。——26。

41 恩格斯的这些论述,见他为马克思《1848年至1850年的法兰西阶级斗争》一书写的导言(《马克思恩格斯文集》第4卷第532—554页)。——27。

42 《法兰克福报》(«Frankfurter Zeitung»)是德国交易所经纪人的报纸(日报),1856—1943年在美因河畔法兰克福出版。——28。

43 十月党人是俄国十月党的成员。十月党(十月十七日同盟)代表和维护大工商业资本家和按资本主义方式经营的大地主的利益,属于自由派的右翼。该党于1905年11月成立,名称取自沙皇1905年10月17日宣言。十月党的主要领导人是大工业家和莫斯科房产主亚·伊·古契柯夫、大地主米·弗·罗将柯,活动家有彼·亚·葛伊甸、德·尼·希波夫、米·亚·斯塔霍维奇、尼·阿·霍米亚科夫等。十月党完全拥护沙皇政府的对内对外政策,支持政府镇压革命的一切行动,主张用调整租地、组织移民、协助农民退出村社等办法解决土地问题。第一次世界大战期间，号召支持政府，后来参加了军事工业委员会的活动，曾同立宪民主党等结成"进步同盟"，主张把帝国主义战争进行到最后胜利，并通过温和的改革来阻止人民革命和维护君主制。二月革命后，该党参加了资产阶级临时政府。十月革命后，十月党人反对苏维埃政权，在白卫分子政府中担任要职。——28。

44　和平革新党是俄国大资产阶级和地主的君主立宪主义组织，由左派十月党人彼·亚·葛伊甸、德·尼·希波夫、米·亚·斯塔霍维奇和右派立宪民主党人尼·尼·李沃夫、叶·尼·特鲁别茨科伊等在第一届国家杜马中的"和平革新派"基础上组成，1906 年 7 月成立。该党持介乎十月党和立宪民主党之间的立场，主要是在策略上与它们有所不同，而其纲领则十分接近于十月党。和平革新党维护工商业资产阶级和按资本主义方式经营的地主的利益。在第三届国家杜马中，和平革新党同民主改革党联合组成"进步派"，该派是 1912 年成立的进步党的核心。和平革新党的正式机关刊物是《言论报》和《莫斯科周刊》。——28。

45　指立宪民主党人同沙皇政府副内务大臣德·费·特列波夫进行的关于成立立宪民主党内阁的可能性的谈判。关于这个问题，可参看列宁的《对立宪民主党和大臣们谈判的揭露开始了》一文（本版全集第 21 卷）。——28。

46　《无产者报》(《Пролетарий》)是俄国布尔什维克的秘密报纸，于 1906 年8 月 21 日（9 月 3 日）—1909 年 11 月 28 日（12 月 11 日）出版，共出了50 号。该报由列宁主编，在不同时期参加编辑部的有亚·亚·波格丹诺夫、约·彼·戈尔登贝格、约·费·杜勃洛文斯基等。该报的头 20 号是在维堡排版送纸型到彼得堡印刷的，为保密起见，报上印的是在莫斯科出版。由于秘密报刊出版困难，从第 21 号起移至国外出版（第21—40 号在日内瓦、第 41—50 号在巴黎出版）。该报是作为俄国社会民主工党莫斯科委员会和彼得堡委员会的机关报出版的，在头 20 号中有些号还同时作为莫斯科郊区委员会、彼尔姆委员会、库尔斯克委员会和喀山委员会的机关报出版，但它实际上是布尔什维克的中央机关报。

该报共发表了 100 多篇列宁的文章和短评。该报第 46 号附刊上发表了 1909 年 6 月在巴黎举行的《无产者报》扩大编辑部会议的文件。斯托雷平反动时期,该报在保存和巩固布尔什维克组织方面起了卓越的作用。根据俄国社会民主工党中央委员会 1910 年一月全体会议的决议,该报停刊。——29。

47　指俄国社会民主工党第四次代表会议("第三次全国代表会议")。这次会议是在第三届国家杜马选举结束后不久,于 1907 年 11 月 5—12 日(18—25 日)在赫尔辛福斯举行的。出席会议的代表共 27 名,其中布尔什维克代表 10 名,孟什维克代表 4 名,波兰社会民主党代表 5 名,崩得代表 5 名,拉脱维亚社会民主党代表 3 名。

　　会议议程包括关于国家杜马中社会民主党党团的策略、关于派别中心和加强中央委员会同地方组织的联系以及关于社会民主党人参加资产阶级报刊等问题。列宁在会上作了关于第三届国家杜马中社会民主党党团的策略的报告。孟什维克和崩得分子发言不同意列宁对六三制度和党的任务的看法,主张支持杜马中的立宪民主党人和"左派"十月党人。代表会议以多数票通过了以俄国社会民主工党彼得堡市代表会议名义提出的布尔什维克的决议案,规定了社会民主党在杜马中的革命策略。代表会议还通过了布尔什维克提出的不容许社会民主党人参加资产阶级报刊的决议。这项决议是针对孟什维克的政论家们,特别是格·瓦·普列汉诺夫的,他曾在左派立宪民主党人的《同志报》上批评俄国社会民主工党第三次代表会议(第二次全国代表会议)的决议。鉴于孟什维克中心背着党中央委员会同地方委员会直接联系,大会通过了关于派别中心和加强中央委员会同地方组织关系的决议。代表会议还决定,社会民主党在国家杜马中的代表团称为社会民主党党团。

　　这次代表会议在一些基本问题上通过了列宁制定的决议,从而在反动时期争取群众的斗争中用马克思主义的策略武装了俄国社会民主工党。——29。

48　《谈谈对俄国革命的估计》一文是为波兰社会民主党杂志《社会民主党

评论》写的,发表于 1908 年 4 月该杂志第 2 期。1908 年 3 月 10 日(23
日)《无产者报》第 30 号先刊载了此文。——30。

49　这是叶·德·库斯柯娃《论俄国的马克思主义》一文中的论调。该文载
于 1908 年 3 月 1 日(14 日)《首都邮报》第 251 号。

　　《首都邮报》(《Столичная Почта》)是俄国一家日报,1906 年 10
月—1908 年 2 月在彼得堡出版。起初是左派立宪民主党人的报纸,
1907 年 2 月起成为劳动团的论坛。1908 年 2 月被沙皇政府查封。
——30。

50　俄国社会民主工党第三次代表大会于 1905 年 4 月 12—27 日(4 月 25
日—5 月 10 日)在伦敦举行。这次代表大会是布尔什维克筹备的,是
在列宁领导下进行的。孟什维克拒绝参加代表大会,而在日内瓦召开
了他们的代表会议。

　　出席代表大会的有 38 名代表,其中有表决权的代表 24 名,有发言
权的代表 14 名。出席大会的有表决权的代表分别代表 21 个俄国社会
民主工党的地方委员会、中央委员会和党总委员会(参加党总委员会的
中央委员会代表)。列宁作为敖德萨委员会的代表出席代表大会,当选
为代表大会主席。

　　代表大会审议了正在俄国展开的革命的根本问题,确定了无产阶
级及其政党的任务。代表大会讨论了下列问题:组织委员会的报告;武
装起义;在革命前夕对政府政策的态度;关于临时革命政府;对农民运
动的态度;党章;对俄国社会民主工党分裂出去的部分的态度;对各民
族社会民主党组织的态度;对自由派的态度;同社会革命党人的实际协
议;宣传和鼓动;中央委员会的和各地方委员会代表的工作报告等。列
宁就大会讨论的所有主要问题拟了决议草案,在大会上作了关于社会
民主党参加临时革命政府的报告和关于支持农民运动的决议的报告,
并就武装起义、在革命前夕对政府政策的态度、社会民主党组织内工人
和知识分子的关系、党章、关于中央委员会活动的报告等问题作了
发言。

　　代表大会制定了党在资产阶级民主革命中的战略计划,这就是:要

孤立资产阶级,使无产阶级同农民结成联盟,成为革命的领袖和领导者,为争取革命胜利——推翻专制制度、建立民主共和国、消灭农奴制的一切残余——而斗争。从这一战略计划出发,代表大会规定了党的策略路线。大会提出组织武装起义作为党的主要的和刻不容缓的任务。大会指出,在人民武装起义取得胜利后,必须建立临时革命政府来镇压反革命分子的反抗,实现俄国社会民主工党的最低纲领,为向社会主义革命过渡准备条件。

代表大会重新审查了党章,通过了列宁提出的关于党员资格的党章第1条条文,取消了党内两个中央机关(中央委员会和中央机关报)的制度,建立了党的统一的领导中心——中央委员会,明确规定了中央委员会的权力和它同地方委员会的关系。

代表大会谴责了孟什维克的行为和他们在组织问题和策略问题上的机会主义。鉴于《火星报》已落入孟什维克之手并执行机会主义路线,俄国社会民主工党第三次代表大会委托中央委员会创办新的中央机关报——《无产者报》。代表大会选出了以列宁为首的中央委员会,参加中央委员会的还有亚·亚·波格丹诺夫、列·波·克拉辛、德·西·波斯托洛夫斯基和阿·伊·李可夫。

俄国社会民主工党第三次代表大会是第一次布尔什维克代表大会,它用争取民主革命胜利的战斗纲领武装了党和工人阶级。列宁在《第三次代表大会》一文(见本版全集第10卷)中论述了这次代表大会的工作及其意义。——35。

51 孟什维克日内瓦代表会议与俄国社会民主工党第三次代表大会同时于1905年4月举行。由于参加的人数很少(只有9个委员会的代表出席),孟什维克宣布自己的这次会议为党的工作者代表会议。代表会议就武装起义、农民中的工作、夺取政权和参加临时政府、对其他革命党派和反对派的态度等问题通过了决议。列宁在《倒退的第三步》、《社会民主党在民主革命中的两种策略》、《〈工人论党内分裂〉一书序言》(见本版全集第10卷和第11卷)等著作中揭露了日内瓦代表会议决议的机会主义性质,并对这些决议作了非常有力的批判。——35。

52　俄国社会民主工党第五次(伦敦)代表大会于1907年4月30日—5月
19日(5月13日—6月1日)举行。代表大会原来打算在哥本哈根或
马尔默(瑞典)、布鲁塞尔召开。由于沙皇政府施加压力,丹麦、瑞典、比
利时都禁止在其国土上召开俄国社会民主工党代表大会。因此已汇集
在哥本哈根的大会代表只得转移到马尔默,又从那里动身前往伦敦。

　　出席代表大会的代表有342名,代表约15万名党员,其中有表决
权的代表303名,有发言权的代表39名。在有表决权的代表中,有布
尔什维克89名,孟什维克88名,崩得代表55名,波兰王国和立陶宛社
会民主党代表45名,拉脱维亚边疆区社会民主党代表26名。大工业
中心的代表多数是布尔什维克。列宁作为卡马河上游地区(乌拉尔)组
织的代表参加了代表大会并被选入了主席团。马·高尔基作为有发言
权的代表参加了代表大会。

　　代表大会议程的讨论几乎占用了四次会议。布尔什维克和孟什维
克、崩得分子就是否把主要的具有原则性的理论和政治问题列入代表
大会议程展开辩论。布尔什维克在波兰和拉脱维亚社会民主党人的支
持下,使一个最重要的具有总原则性质的问题即对资产阶级政党的态
度问题列入了议程。大会通过的全部议程是:中央委员会的工作报告;
杜马党团的工作报告和杜马党团组织;对资产阶级政党的态度;国家杜
马;"工人代表大会"和非党工人组织;工会和党;游击行动;失业、经济
危机和同盟歇业;组织问题;斯图加特国际代表大会(五一节,军国主
义);军队中的工作;其他。由于时间和经费的关系,关于国家杜马、关
于工会和党、关于游击行动的问题及组织问题只讨论了以各派名义在
代表大会上提出的提案和决议案。关于失业、关于经济危机和同盟歇
业、关于斯图加特国际代表大会等问题没有来得及讨论。

　　布尔什维克在代表大会上得到了波兰王国和立陶宛社会民主党及
拉脱维亚边疆区社会民主党的代表的支持。布尔什维克用革命的纲领
团结了他们,因而在代表大会上获得了多数。在一切基本问题上,代表
大会都通过了布尔什维克的决议案。布尔什维克的策略被确定为全党
的统一的策略。关于对资产阶级政党态度的问题通过了列宁起草的决
议。这一决议对所有非无产阶级政党都作了布尔什维主义的评价,并

规定了革命社会民主党对它们的策略。代表大会通过的关于国家杜马
的决议,规定了社会民主党在杜马中的各项任务,指出社会民主党在杜
马内的活动应该服从杜马外的活动,应该首先把杜马作为揭露专制制
度和资产阶级妥协政策以及宣传党的革命纲领的讲坛。代表大会就
"工人代表大会"问题通过的决议是以列宁为代表大会写的决议草案
《关于非党工人组织和无产阶级中的无政府工团主义思潮》为基础写成
的。在关于工会的决议中,代表大会批驳了工会"中立"的理论,认为必
须做到党对工会实行思想上和政治上的领导。代表大会通过了新的党
章。按照修改过的党章,在代表大会上只选举中央委员会,中央机关报
编辑部由中央委员会任命并在中央委员会监督下工作。党章规定定期
召开党的会议来讨论党内生活中最重要的问题。

　　代表大会选出了由布尔什维克5人(约·彼·戈尔登贝格、尼·
亚·罗日柯夫、约·费·杜勃洛文斯基、伊·阿·泰奥多罗维奇、维·
巴·诺根)、孟什维克4人(亚·马尔丁诺夫、诺·尼·饶尔丹尼亚、尼
基福尔、约·安·伊苏夫)、波兰社会民主党2人(阿·瓦尔斯基、费·
埃·捷尔任斯基)和拉脱维亚社会民主党1人(卡·尤·克·达尼舍夫
斯基)组成的中央委员会(另外3名中央委员由崩得和拉脱维亚边疆区
社会民主党在代表大会后选派)。代表大会还批准24名候补中央委
员,其中有列宁。鉴于新的中央委员会成分不一,中央的领导不可靠,
在代表大会结束时,布尔什维克在自己的会议上成立了以列宁为首的
布尔什维克中央,《无产者报》编辑部也加入布尔什维克中央。——35。

53　赫罗斯特拉特是公元前4世纪希腊人。据传说,他为了扬名于世,在公
　　元前356年纵火焚毁了被称为世界七大奇观之一的以弗所城阿尔蒂米
　　斯神殿。后来,赫罗斯特拉特的名字成了不择手段追求名声的人的通
　　称。——40。

54　"本来就用不着拿起武器"一语出自格·瓦·普列汉诺夫的《再论我们
　　的处境(给X同志的信)》一文(载于1905年12月《社会民主党人日志》
　　第4期)。普列汉诺夫在这篇文章里说:"不合时宜地发动起来的政治
　　罢工导致了莫斯科、索尔莫沃、巴赫穆特等地的武装起义。在这些起义

中我们的无产阶级表现得强大、勇敢和具有献身精神。但是他们的力量总还不足以取得胜利。这种情况本来是不难预见到的。因此本来就用不着拿起武器。"（见《普列汉诺夫全集》1926 年俄文版第 15 卷第 12 页）——40。

55　波兰社会党"右派"即波兰社会党"革命派"（弗腊克派）。波兰社会党是以波兰社会党人巴黎代表大会（1892 年 11 月）确定的纲领方针为基础于 1893 年成立的。这次代表大会提出了建立独立民主共和国、为争取人民群众的民主权利而斗争的口号,但是没有把这一斗争同俄国、德国和奥匈帝国的革命力量的斗争结合起来。该党右翼领导人约·皮尔苏茨基等认为恢复波兰国家的唯一道路是民族起义,而不是以无产阶级为领导的全俄反对沙皇的革命。从 1905 年 2 月起,以马·亨·瓦列茨基、费·雅·柯恩等为首的左派逐步在党内占了优势。1906 年 11 月在维也纳召开的波兰社会党第九次代表大会把皮尔苏茨基及其拥护者开除出党,该党遂分裂为两个党：波兰社会党"左派"和波兰社会党"革命派"（"右派",亦称弗腊克派）。

　　波兰社会党"右派"于 1909 年重新使用波兰社会党的名称,强调通过武装斗争争取波兰独立,但把这一斗争同无产阶级的阶级斗争割裂开来。从第一次世界大战开始起,该党的骨干分子参加了皮尔苏茨基站在奥德帝国主义一边搞的军事政治活动（成立波兰军团）。1917 年俄国二月革命后,该党转而对德奥占领者采取反对立场,开展争取建立独立的民主共和国和进行社会改革的斗争。1918 年该党参加创建独立的资产阶级波兰国家,1919 年同原普鲁士占领区的波兰社会党以及原奥地利占领区的加利西亚和西里西亚波兰社会民主党合并。该党不反对地主资产阶级波兰对苏维埃俄国的武装干涉,并于 1920 年 7 月参加了所谓国防联合政府。1926 年该党支持皮尔苏茨基发动的政变,同年 11 月由于拒绝同推行"健全化"的当局合作而成为反对党。1939 年该党解散。——40。

56　波兰社会党"左派"原来是波兰社会党内的左派,以马·亨·瓦列茨基、费·雅·柯恩等为首,1906 年波兰社会党分裂后成为独立的政党。波

兰社会党"左派"反对皮尔苏茨基分子的民族主义及其恐怖主义和密谋
策略,主张同全俄工人运动密切合作,认为只有在全俄革命运动胜利基
础上才能解决波兰劳动人民的民族解放和社会解放问题。在 1908—
1910 年期间,主要通过工会、文教团体等合法组织进行活动。该党不
同意孟什维克关于在反对专制制度斗争中的领导权属于资产阶级的论
点,可是支持孟什维克反对第四届国家杜马中的布尔什维克代表。第
一次世界大战爆发后,该党持国际主义立场,参加了 1915 年的齐美尔
瓦尔德会议和 1916 年的昆塔尔会议。该党欢迎俄国十月革命。1918
年 12 月,该党同波兰王国和立陶宛社会民主党一起建立了波兰共产主
义工人党(1925 年改称波兰共产党,1938 年解散)。——41。

57 姜汁鲟鱼是俄国上层社会享用的名贵菜肴。俄国作家米·叶·萨尔蒂
科夫-谢德林在《文明人》等作品中曾用它来嘲讽俄国自由派人士,说他
们不知要宪法好,还是要姜汁鲟鱼好。他们意在巧取豪夺。他们要宪
法是为了便于巧取豪夺,就像用姜汁鲟鱼来满足他们的口腹之欲那样。
——44。

58 这里看来是借用俄国作家伊·安·克雷洛夫的寓言《狐狸和驴子》来讽
刺俄国自由派。寓言说,平素对狮子诚惶诚恐的驴子,有一天对狐狸扬
扬得意地说,它随其他野兽把衰老得奄奄一息的狮子踢了个痛快,让它
也晓得驴蹄的厉害。——44。

59 《维堡宣言》即第一届国家杜马代表在杜马被解散后发表的号召书《人
民代表致人民书》。号召书是由一部分国家杜马代表于 1906 年 7 月
9—10 日(22—23 日)在维堡市召开的会议上通过的。参加这次会议
的杜马代表约有 200 人,其中多数是立宪民主党人。号召书是帕·
尼·米留可夫起草的,通过前曾经会议选出的一个六人委员会(立宪民
主党人费·费·科科什金和马·莫·维纳维尔,孟什维克诺·尼·饶
尔丹尼亚和 С.Д.贾帕里泽,劳动派伊·瓦·日尔金和 С.И.邦达列夫)
修订。号召书的主要内容是号召人民对沙皇政府进行"消极抵抗",在
召集新杜马以前不纳税,不出壮丁,不承认未经杜马批准而签订的债
款。立宪民主党想用这些办法把群众革命运动纳入和平的轨道。但是

到 1906 年 9 月,立宪民主党召开第四次代表大会时,立宪民主党人就已公开反对实行"消极抵抗",背弃了《维堡宣言》的号召。1906 年 7 月 16 日(29 日)沙皇政府对号召书签名者起诉。1907 年 12 月 12—18 日 (25—31 日)圣彼得堡高等法院特别法庭审理此案,分别判处 167 名签名者以 3 个月监禁。——44。

60　解放社是俄国资产阶级知识分子和地方自治自由派人士的秘密政治联合组织,由在国外出版的《解放》杂志筹备,于 1904 年 1 月在彼得堡成立,领导人是伊·伊·彼特龙凯维奇和尼·费·安年斯基。解放社的纲领包括实行立宪君主制和普选制,保护"劳动群众利益"和承认各民族的自决权。1905 年革命开始后,它又要求将一部分地主土地强制转让并分给少地农民,实行八小时工作制,并主张参加布里根杜马选举。 1905 年 10 月立宪民主党成立以后,解放社停止活动。解放社的左翼没有加入立宪民主党,另外组成了伯恩施坦主义的无题派。——45。

61　斯维亚堡起义是指 1906 年 7 月 17 日(30 日)深夜在赫尔辛福斯附近的斯维亚堡要塞开始的起义。这次起义在很大程度上是由于社会革命党人的挑动而过早地自发爆发的。俄国社会民主工党彼得堡委员会获悉斯维亚堡可能爆发武装起义的消息后,曾于 7 月 16 日(29 日)通过了列宁起草的决定,试图说服群众推迟行动(见本版全集第 13 卷第 324—327 页)。布尔什维克在确信自发行动已不能制止之后,便领导了起义。俄国社会民主工党军事组织的两名布尔什维克阿·彼·叶梅利亚诺夫少尉和叶·李·科汉斯基少尉担任起义的领导人。积极参加起义的有 7 个炮兵连(共有 10 个)。起义者提出了推翻专制政府、给人民自由、把土地交给农民等口号。芬兰工人曾举行罢工支持起义。起义坚持了三天,终于因为准备不足,在 7 月 20 日(8 月 2 日)被镇压下去。起义参加者被交付法庭审判。43 人被判处死刑,数百人被送去服苦役或被监禁。——45。

62　指 104 人土地法案。

　　　　104 人土地法案即劳动派 1906 年 5 月 23 日(6 月 5 日)在俄国第一届国家杜马第 13 次会议上提出的有 104 位杜马代表签名的土地法

案。法案提出的土地立法的目标是:建立一种全部土地及地下矿藏和水流属于全体人民、农业用地只给自食其力的耕种者使用的制度。法案要求建立全民地产。全部官地和皇室土地、皇族土地、寺院土地、教会土地都应归入全民地产,占有面积超过当地规定劳动土地份额的地主土地及其他私有土地也强制转归全民地产,对私有土地的转让给予某种补偿。法案规定,份地和小块私有土地暂时保留在其所有者手里,将来也逐步转为全民财产。土地改革由经过普遍、直接、平等和无记名投票选举产生的地方委员会实施。这个法案虽然不彻底,并带有空想性质,但却是争取把备受盘剥的农民中的一部分殷实户变成自由农场主的纲领。列宁指出,104 人法案"充满了小私有者的恐惧,害怕进行过分急剧的变革,害怕吸引太广泛太贫困的人民群众参加运动"(见本版全集第 14 卷第 285 页)。——45。

63　指 33 人法案。

　　33 人法案是指在第一届国家杜马中劳动团代表非正式会议制定的《土地根本法法案》,由 33 名代表(主要是劳动派)签名,于 1906 年 6 月 6 日(19 日)提交国家杜马审议。法案是在社会革命党人直接参与下制定的,代表了他们关于土地问题的观点。"33 人法案"提出的主要要求是:立即完全废除土地私有制,没收地主土地,宣布所有公民都有使用土地的平等权利,实行村社使用土地的原则,按照消费份额和劳动份额平均重分土地。"33 人法案"遭到立宪民主党人的激烈反对。他们甚至不同意把它作为材料转交给杜马土地委员会。在 1906 年 6 月8 日(21 日)杜马会议上,该法案以 78 票对 140 票被否决。——45。

64　恶魔的辩护人一词出自中世纪天主教的规章制度。按照当时的规定,某一亡故教徒要被尊为"圣者",须经分别担任上帝的辩护人和恶魔的辩护人的两位僧侣反复辩难:前者极力称颂这位已故教徒的德行,后者则力图证明此人做过许多违背教规的事,不配享有"圣者"称号。"恶魔的辩护人"后来被人们用来称呼喜欢吹毛求疵、专讲反面话或别人坏话的人。这里则是借用来表示反面教员的意思。——46。

65　《19 世纪末俄国的土地问题》是列宁 1908 年为格拉纳特兄弟出版公司

出版的百科词典写的一个词条,由于书报检查的缘故当时未能发表。1918 年,此文首次由生活和知识出版社作为社会学丛书第 51 种出版。列宁写这篇文章使用的有关土地问题的统计数字和表格,都引自《俄国资本主义的发展》和《社会民主党在 1905—1907 年俄国第一次革命中的土地纲领》这两部著作(见本版全集第 3 卷和第 16 卷)。本文的手稿没有保存下来,保存下来的仅有文章打字稿的最后 6 页(从本卷第 115 页上的"……不仅原来的经济中心"起),最末一页上所标的此文的完稿日期是:公历 1908 年 7 月 1 日。——48。

66　指沙皇政府内务部中央统计委员会于 1907 年在彼得堡出版的《1905 年度土地占有情况统计。欧俄 50 省资料汇编》一书。——48。

67　荣誉公民是沙皇俄国从 1832 年起开始采用的特权称号,以敕令授予"小市民"或"僧侣"这些等级中的有一定学历和地位的人。荣誉公民不服兵役,不纳人头税,不受体罚,有权参加城市自治机关。1858 年,俄罗斯帝国共有荣誉公民 21 400 人。十月革命后,这一称号被废除。——50。

68　世袭租地户是指向土地所有者交纳一种固定的代役租(多为货币)而对一块土地享有永久的占有或使用权利的农民或城市居民。世袭租佃这种封建依附形式在西欧最为盛行,在沙皇俄国则主要存在于波兰、立陶宛、乌克兰和白俄罗斯。作为封建土地关系残余的世袭租佃,在俄国一直存在到 20 世纪初。——53。

69　列泽希是摩尔达维亚和比萨拉比亚的小土地所有者。他们组成村社,共同使用土地,但对自己的一份土地有世袭的私有权。——53。

70　新巴什基尔人是从乌拉尔和伏尔加河流域迁往巴什基尔地区定居的移民。——53。

71　俄国农民作为封建社会的一个阶级分为三大类:(1)私有主农民即地主农民,(2)国家农民即官地农民,(3)皇族农民。每一大类又分为若干在出身、占有土地和使用土地形式、法律地位和土地状况等等方面互不相同的等级和特殊类别。1861年的农民改革保留了五花八门的农民类别,这种状况一直持续到1917年。现将这里提到的主要农民类别解释如下:

国家农民是按照彼得一世的法令由未农奴化的农村居民组成的一类农民。国家农民居住在官有土地上,拥有份地,受国家机关的管辖,并被认为在人身上是自由的。他们除交人头税外,还向国家或者官有土地承租人交纳代役租,并履行许多义务。国家农民的成分是各种各样的,他们使用和占有土地的形式也是各种各样的。

皇族农民是18世纪末—19世纪中沙皇俄国的一类农民。这类农民耕种皇族土地,除人头税外,还交纳代役租,并履行各种义务,承担供养沙皇家族成员的实物捐税。根据1797年的条例,皇族农民的地位介于国家农民和地主农民之间。在皇族农民中,废除农奴制的改革是按照1858年、1859年、1883年的法令实行的。皇族农民得到的土地多于地主农民,少于国家农民。

有赐地的农民指俄国1861年农民改革时获得赏赐份地的一部分前地主农民。沙皇亚历山大二世签署的2月19日法令规定,地主可以按照同农民达成的协议,以最高标准四分之一的份地赐给农民,不取赎金,而其余四分之三归地主所有。这种有赐地的农民主要是在土地昂贵的黑土地带。到20世纪初,由于人口的增加和由此而来的土地重分,有赐地的农民差不多完全失掉了自己的份地。

完全私有农民指提前赎回了自己的份地,因而取得土地的私有权的前地主农民。完全私有农民人数较少,是农村中最富裕的上层。

有村社地产的国家农民是按照村社土地占有制使用耕地及其他用地而没有土地私有权的国家农民。

有切特维尔梯地产的国家农民即切特维尔梯农民,他们是莫斯科国军人的后裔。这些军人(哥萨克骑兵、射击兵、普通士兵)因守卫边疆而分得若干切特维尔梯(一切特维尔梯等于半俄亩)的小块土地,供其暂时或永久使用,切特维尔梯农民即由此得名。从18世纪起,切特维尔梯农民开始称为独户农。独户农在一个时期内处于介乎贵族和农民之间的地位,享有各种特权,可以占有农奴。独户农可以把土地作为私有财产来支配,这是他们和土地由村社占有、自己无权买卖土地的其他国家农民不同的地方。1866年的法令承认独户农的土地(即切特维尔梯土地)为私有财产。

原属地主的国家农民是官家从私有主手里购买的或私有主捐献给官家的农民。他们虽然列入国家农民一类,但不完全享有国家农民的权利。在1861年改革之前,即1859年,这类农民取得了平等权利,但他们和其他国家农民之间仍存在着某些差别。

自由耕作农指根据沙皇俄国1803年2月20日的法令而解除了农奴制依附关系的农民。这一法令允许地主以收取赎金等为条件释放农奴,但必须分给被释放农奴一份土地。——54。

72 指俄国1861年废除农奴制的改革。这次改革是由于沙皇政府在军事上遭到失败、财政困难和反对农奴制的农民起义不断高涨而被迫实行的。沙皇亚历山大二世于1861年2月19日(3月3日)签署了废除农奴制的宣言,颁布了改革的法令。这次改革共"解放了"2 250万地主农民,但是地主土地占有制仍然保存下来。在改革中,农民的土地被宣布为地主的财产,农民只能得到法定数额的份地,并要支付赎金。赎金主要部分由政府以债券形式付给地主,再由农民在49年内偿还政府。根据粗略统计,在改革后,贵族拥有土地7 150万俄亩,农民则只有3 370万俄亩。改革中地主把农民土地割去了$\frac{1}{5}$,甚至$\frac{2}{5}$。

在改革中,旧的徭役制经济只是受到破坏,并没有消灭。农民份地中最好的土地以及森林、池塘、牧场等都留在地主手里,使农民难以独立经营。在签订赎买契约以前,农民还对地主负有暂时义务。农民为了赎买土地交纳的赎金,大大超过了地价。仅前地主农民交给政府的赎金就有19亿卢布,而转归农民的土地按市场价格仅值5亿多卢布。这就造成了农民经济的破产,使得大多数农民还像以前一样,受着地主的剥削和奴役。但是,这次改革仍为俄国资本主义经济的发展创造了有利的条件。——54。

73 引自1845年在圣彼得堡用德文出版的《俄国及与其毗邻的亚洲诸国研究概论》一书第11卷。该书由卡·马·贝尔和格·彼·格尔梅尔先主编,全书共26卷,由帝国科学院出资于1839—1868年出版。——58。

74　粮垛租是沙皇俄国南部地区的一种盘剥性的实物地租。租地者在收割时按俄亩交若干由禾捆堆成的粮垛给地主,所交部分达到收成的一半,有时更多。此外,租地者还用一部分劳动为地主服各种工役。——64。

75　野蛮地主出典于俄国作家米·叶·萨尔蒂科夫-谢德林的同名讽刺故事。故事说,有一个地主生性愚蠢,总嫌农民日益增多,害怕农民把他的东西吃光,于是就用种种处罚来折磨农民。后来他的领地上的农民突然全部失踪了,他这时方才感到心满意足。但他很快发现这样一来就没有人侍候他了。他终于变成了野人。——65。

76　登记丁口指农奴制俄国应交纳人头税的男性人口,主要是农民和小市民。为了计算这种纳税人口,采用了一种叫做"登记"的特别人口调查。俄国人头税开征于彼得一世时代,这种登记从1719年开始,共进行了10次,最后一次是在1857年。许多村社按登记丁口重分土地,所以农户的份地面积取决于它的登记丁口数。——69。

77　《北方通报》杂志(《Северный Вестник»)是俄国文学、科学和社会政治月刊,1885—1898年在彼得堡出版。1890年5月以前由安·米·叶夫列伊诺娃任编辑,主要撰稿人是民粹派和接近民粹派的作家、政论家尼·康·米海洛夫斯基、谢·尼·克里文柯、弗·加·柯罗连科、格·伊·乌斯宾斯基等。该刊从1891年起,实际上由阿·沃伦斯基担任编辑,开始宣传唯心主义哲学和美学,登载象征派的作品,但也刊载某些现实主义作家的文章。——69。

78　指《泽姆良斯克县、扎顿斯克县、科罗托亚克县和下杰维茨克县农民占有土地的估价资料汇编》,即沃罗涅日省地方自治机关1889年在沃罗涅日出版的《沃罗涅日省统计资料汇编》第3、4、5、6卷《附录》。——84。

79　指H.德雷克斯勒尔的著作《汉诺威省某些地区的农民状况》(见1883年《社会政治协会学报》第24期)。——88。

80　《欧洲通报》杂志（《Вестник Европы》）是俄国资产阶级自由派的历史、政治和文学刊物，1866 年 3 月—1918 年 3 月在彼得堡出版。1866—1867 年为季刊，后改为月刊。先后参加编辑出版工作的有米·马·斯塔秀列维奇、马·马·柯瓦列夫斯基等。——90。

81　这个材料载于萨马拉省地方自治机关 1892 年在萨马拉出版的《萨马拉省统计资料汇编》第 8 卷第 1 编。——94。

82　指米·谢·乌瓦罗夫在 1896 年 7 月出版的《公共卫生、法医学和实用医学通报》杂志上发表的《论外出做零工对俄国卫生状况的影响》一文。——96。

83　斯·费·鲁德涅夫的数字引自他在 1894 年《萨拉托夫地方自治机关汇编》第 6 期和第 11 期上发表的《欧俄农民的副业》一文。——97。

84　指俄国赫尔松省地方自治局 1896 年在赫尔松出版的尼·伊·捷贾科夫的《赫尔松省农业工人及其卫生监督组织》一书。——99。

85　1891 年的饥荒是俄国历史上规模空前的一次饥荒，以东部和东南部各省灾情最为严重。它使大批农民遭到破产，加速了农民的分化和国内市场的形成。——102。

86　列宁在这里使用的资料引自 1893 年在莫斯科出版的尼·安·布拉戈维申斯基的《地方自治局按户调查经济资料综合统计汇编》第 1 卷。——107。

87　犹太人居住区是指中世纪西欧和中欧的城市中划分给犹太人居住的地区。起初它是中世纪行会制度的一种典型表现，从 14—15 世纪起变成了强制性的居住区，到 19 世纪上半叶基本消失。——112。

88　奴仆规约是 18 世纪普鲁士各省的一种封建规章，它允许容克地主专横地对待农奴。德国废除农奴制后，奴仆规约作为农奴制的残余仍然保存下来。容克农场和大农农场中的雇佣工人的劳动条件以及农场主对雇佣工人的权利仍由这种规约来规定，因而使雇佣工人实际上处于被奴役的状态。在德国,奴仆规约于1918年始宣布废除。——113。

89　喀琅施塔得起义是指1906年7月19日(8月1日)爆发的喀琅施塔得水兵和士兵的起义。1906年春天和夏天,喀琅施塔得的布尔什维克在俄国社会民主工党彼得堡委员会的直接领导下,一直在进行武装起义的准备。1906年7月9日(22日),俄国社会民主工党军事和工人组织大部分成员被捕,使武装起义的准备受到影响,但准备工作并未停止。7月18日(31日),斯维亚堡起义的消息传来,在喀琅施塔得积极活动的社会革命党人主张立即起义,布尔什维克鉴于起义的准备尚未完成而表示反对。可是在劝阻群众推迟行动已不可能时,布尔什维克根据彼得堡委员会的指示把领导士兵和水兵起义的任务担当起来。1906年7月19日(8月1日)夜24时左右,按照规定的信号,地雷连、工兵连、电雷连的士兵(1 000余人)与海军第1和第2总队的水兵(约6 000人)几乎同时发动起义。部分武装的工人(约400人)也参加了起义。但是政府通过奸细已得知起义的日期并预先作好了镇压起义的准备,社会革命党的瓦解组织的活动也阻碍了起义的顺利进行。到7月20日(8月2日)晨,起义被镇压下去。起义参加者有3 000多人被捕(其中有80名非军人)。根据战地法庭判决,36人被枪决,130人服苦役,1 251人被判处不同期限的监禁。

　　俄国社会民主工党彼得堡委员会于7月20日(8月2日)通过了关于举行政治总罢工来支持喀琅施塔得、斯维亚堡起义的决定。在得知起义已被镇压下去的消息后,取消了这一决定。——121。

90　最高纲领派是1904年在社会革命党内部形成的一个小资产阶级半无政府主义的恐怖集团,1906年10月在芬兰奥布市召开成立大会,组成最高纲领派社会革命党人联合会。最高纲领派无视资产阶级民主革命这一阶段,坚持立即实行社会革命党的最高纲领,即在实行土地社会化的同时实行工厂社会化。最高纲领派认为劳动农民是革命的主要动力,同时声明,在革命运动中起决定作用的是"有主动精神的少数人",而斗争的主要手段是个人恐怖。1907年,在恐怖行动接连失败和大批人员遭到逮捕以后,最高纲领派的组织开始瓦解。1917年10月,最高纲领派在莫斯科召开第二次代表会议,恢复了自己的组织,十月革命胜利后,最高纲领派参加了苏维埃和全俄中央执行委员会,但不久即告分裂,一些人走上了反对苏维埃政权的道路,另一些人承认布尔什维克的纲领,并于1920年4月的代表会议上通过了加入俄国共产党(布)的决议。——122。

91　《革命思想报》(《Революционная Мысль》)是以尤·杰列夫斯基(А.沃林)和В.阿加福诺夫(西韦尔斯基)为首的一批俄国社会革命党人的报纸,1908年4月—1909年12月在国外出版,共出了6号。——122。

92　《劳动旗帜报》(《Знамя Труда》)是俄国社会革命党的中央机关报,1907年7月10日(23日)—1914年4月出版,不定期。起初在俄国秘密出版,从1908年8月起在巴黎出版,共出了53号。参加该报编辑工作的有尼·德·阿夫克森齐耶夫、格·安·格尔舒尼、维·米·切尔诺夫等。——122。

93　"中央的政治恐怖手段"即杀死沙皇。1907—1908年,社会革命党曾好几次试图对沙皇行刺,但都没有成功。——123。

94　这是对《革命思想报》的蔑称。——124。

95　普列韦制度是指1902年沙皇政府内务大臣维·康·普列韦为镇压革命运动而在俄国实行的残酷的警察制度。按照普列韦的直接指示,沙皇军警曾向罢工工人和游行示威者开枪扫射。在采取警察恐怖手段的同时,普列韦还用派遣奸细和政治上腐蚀工人队伍中的不坚定分子的办法,力图瓦解工人运动。在普列韦任职时期,祖巴托夫政策特别盛行。普列韦还实行挑动民族间相互敌对的政策,是南俄发生的多次暴行的罪魁祸首。——127。

96　《社会民主党在俄国革命中的土地纲领》一文是列宁应罗·卢森堡和莱·约吉希斯的请求,为了向波兰社会民主党人介绍俄国社会民主工党内在土地问题上的意见分歧而写的,载于1908年8月《社会民主党评论》杂志第6期。这篇文章是列宁的《俄国社会民主党在1905—

1907 年俄国第一次革命中的土地纲领》(见本版全集第 16 卷)一书的摘要。——131。

97 旺代暴动即 1793 年 3 月法国西部旺代省的农民在贵族和僧侣的唆使和指挥下举行反对法国大革命的暴动,暴动于 1795 年被平定,但是在 1799 年和以后的年代中,这一地区的农民又多次试图叛乱。旺代因此而成为反革命叛乱策源地的代名词。——135。

98 《教育》杂志(《Образование》)是俄国一种合法的文学、科普和社会政治性刊物(月刊),1892—1909 年在彼得堡出版。初期由瓦·德·西波夫斯基和瓦·瓦·西波夫斯基主编,从 1896 年起由亚·雅·奥斯特罗戈尔斯基负责编辑。在 1902—1908 年间,该杂志刊载过社会民主党人的文章。1906 年第 2 期发表了列宁的《土地问题和"马克思的批评家"》这一著作的第 5—9 章(见本版全集第 5 卷)。——136。

99 健忘的伊万意为忘记自己身世者或六亲不认、数典忘祖的人。在革命前的俄国,潜逃的苦役犯和逃亡的农奴一旦落入警察之手,为了不暴露真实姓名和身份,常常自称"伊万"(俄国最常见的名字),并声称忘记了自己的身世。因此在警厅档案中,他们便被登记为"忘记身世者"。这些人就被统称为"健忘的伊万"。——136。

100 《曙光》杂志(《Заря》)是俄国马克思主义的科学政治刊物,由《火星报》编辑部编辑,1901—1902 年在斯图加特出版,共出了四期(第 2、3 期为合刊)。第 5 期已准备印刷,但没有出版。杂志宣传马克思主义,批判民粹主义和合法马克思主义、经济主义、伯恩施坦主义等机会主义思潮。——142。

101 《生活》杂志(《Жизнь》)是俄国文学、科学和政治刊物(月刊),1897—1901 年在彼得堡出版。该杂志从 1899 年起成为合法马克思主义者的机关刊物,实际领导者是弗·亚·波谢,撰稿人有米·伊·杜冈-巴拉诺夫斯基、彼·伯·司徒卢威等。该杂志刊登过列宁的《农业中的资本主义》和《答普·涅日丹诺夫先生》两文(见本版全集第 4 卷)。在小说文学栏发表过马·高尔基、安·巴·契诃夫、亚·绥·绥拉菲莫维奇、伊·阿·布宁等的作品。该杂志于 1901 年 6 月被沙皇政府查封。1902 年 4—12 月,该杂志由弗·德·邦契-布鲁耶维奇、波谢、维·米·韦利奇金娜等组织的生活社在国外复刊,先后在伦敦和日内瓦出了六期,另外出了《〈生活〉杂志小报》12 号和《〈生活〉杂志丛书》若干种。——142。

102 指俄国作家米·叶·萨尔蒂科夫-谢德林的讽刺故事《绝顶聪明的鲈鱼》中的鲈鱼。

　　绝顶聪明的鲈鱼出典于俄国作家米·叶·萨尔蒂科夫-谢德林的同名讽刺故事。故事说,一条鲈鱼感到处处有丧生的危险,便常常东躲西藏,提心吊胆地度日,而却自以为绝顶聪明。——147。

103 费边社是 1884 年成立的英国改良主义组织,其成员多为资产阶级知识分子,代表人物有悉·韦伯、比·韦伯、拉·麦克唐纳、肖伯纳、赫·威尔斯等。费边·马克西姆是古罗马统帅,以在第二次布匿战争(公元前 218—前 201 年)中采取回避决战的缓进待机策略著称。费边社即以此人名字命名。费边派虽然认为社会主义是经济发展的必然结果,但只承认演进的发展道路。他们反对马克思主义的阶级斗争和无产阶级革命学说,鼓吹通过细微的改良来逐渐改造社会,宣扬所谓"地方公有社会主义"(又译"市政社会主义")。1900 年费边社加入工党(当时称劳工代表委员会),但仍保留自己的组织。在工党中,它一直起制定纲领原则和策略原则的思想中心的作用。第一次世界大战期间,费边派采取社会沙文主义立场。关于费边派,参看列宁《社会民主党在 1905—1907 年俄国第一次革命中的土地纲领》第 4 章第 7 节和《英国的和平主义和英国的不爱理论》(本版全集第 16 卷和第 26 卷)——150。

104 《社会民主党评论》杂志(«Przegląd Socjaldemokratyczny»)是波兰社会民主党人在罗·卢森堡积极参加下办的刊物,于 1902—1904 年、1908—1910 年在克拉科夫出版。——151。

105　青年土耳其党人是 19 世纪末 20 世纪初土耳其资产阶级革命运动参加者的泛称,也专指 1889 年在伊斯坦布尔成立的土耳其资产阶级革命者的政治组织"统一与进步"的成员。青年土耳其党人主张限制苏丹的专制权力,把土耳其从封建帝国变为资产阶级的君主立宪国家,加强土耳其资产阶级在国家的政治生活和经济生活中的地位,以挽救陷于瓦解的奥斯曼帝国和防止帝国主义列强瓜分它的领土。1908 年 7 月,青年土耳其党人在军队的支持下发动了一场上层资产阶级革命,迫使土耳其苏丹阿卜杜尔-哈米德二世签署了召开议会的诏书。1909 年 4 月忠于苏丹的军队发动的叛乱被粉碎后,青年土耳其党人组成了新政府。青年土耳其党人执政后很快就失去了革命性。青年土耳其党人的政府保存了君主政体,并执行反动政策。它与封建势力、买办阶级和帝国主义相勾结,成为他们的利益的代表者。土耳其在第一次世界大战中失败后,1918 年 11 月,"统一与进步"党(由"统一与进步"组织改组而成)在自己的代表大会上宣布自行解散。——156。

106　《正义报》(《Justice》)是英国一家周报,1884 年 1 月至 1925 年初在伦敦出版。最初是英国社会民主联盟的机关报,从 1911 年起成为英国社会党的机关报。第一次世界大战期间,该报采取社会爱国主义立场,由亨·迈·海德门编辑。1925 年 2 月改名为《社会民主党人报》继续出版,1933 年 12 月停刊。——159。

107　《人道报》(《L'Humanité》)是法国日报,由让·饶勒斯于 1904 年创办。该报起初是法国社会党的机关报,在第一次世界大战期间为法国社会党极右翼所掌握,采取了社会沙文主义立场。1918 年该报由马·加香领导后,反对法国政府武装干涉苏维埃俄国的帝国主义政策。在法国社会党分裂和法国共产党成立后,从 1920 年 12 月起,该报成为法国共产党中央机关报。——160。

108　这篇短评是《彼得·马斯洛夫是怎样修改卡尔·马克思的草稿的》一文的编后记。《彼得·马斯洛夫是怎样修改卡尔·马克思的草稿的》一文即列宁的《社会民主党在 1905—1907 年俄国第一次革命中的土地纲领》一书第 3 章第 2 节和第 3 节(见本版全集第 16 卷)。——164。

109　指格·瓦·普列汉诺夫在 1908 年《社会民主党人呼声报》第 6—7 号合刊上发表的《战斗的唯物主义。答波格丹诺夫先生。第一封信》。普列汉诺夫在这篇文章里说:"您责备我经常称呼您为波格丹诺夫**先生**……在您看来,称您为同志是属于我的社会民主主义**义务**的。但是,让上帝和我们的中央委员会来审判我吧! 我不承认有这样一项义务。我不承认的原因是简单而明了的,这就是**您对我来说不是同志**。而您对我来说不是同志是因为**我和您是两种直接对立的世界观的代表**。"(见《普列汉诺夫全集》1925 年俄文版第 17 卷第 1—2 页)——164。

110　**法穆索夫**是俄国作家亚·谢·格里鲍耶陀夫的喜剧《智慧的痛苦》中的人物,是一个位居要津的贵族官僚,极端仇视进步思想,为人专横暴虐而又卑鄙无耻。——165。

111　指斯图加特国际社会党代表大会。

　　斯图加特国际社会党代表大会(第二国际第七次代表大会)于 1907 年 8 月 18—24 日举行。出席代表大会的有来自 25 个国家的 886 名社会党和工会的代表,其中英国 123 名,奥地利 75 名,匈牙利 25 名,波希米亚 41 名,意大利 13 名,波兰 23 名,法国 78 名,美国 20 名,德国 289 名,俄国 65 名。德国代表团中工会代表占多数。俄国代表团包括社会民主党人 37 名、社会革命党人 21 名和工会代表 7 名。俄国代表团共有 20 张表决票,分配情形是:社会民主党人 10 票(布尔什维克 4 $\frac{1}{2}$ 票,孟什维克 2 $\frac{1}{2}$ 票,崩得、拉脱维亚社会民主党人和亚美尼亚社会民主党人各 1 票),社会革命党人 7 票,工会代表 3 票。参加这次代表大会的布尔什维克代表有列宁、亚·亚·波格丹诺夫、约·彼·戈尔登贝格(维什科夫斯基)、波·米·克努尼扬茨、马·马·李维诺夫、阿·瓦·卢那察尔斯基、尼·亚·谢马什柯、米·格·茨哈卡雅等人。列宁是第一次出席第二国际的代表大会。

　　代表大会审议了下列问题:军国主义和国际冲突;政党和工会的相互关系;殖民地问题;工人的侨居;妇女选举权。

　　在代表大会期间,列宁为团结国际社会民主党的左派力量做了大量工作,同机会主义者进行了坚决的斗争。代表大会的主要工作是在起草代表大会决议的各个委员会中进行的。列宁参加了军国主义和国际冲突问题委员会的工作。在这个委员会讨论奥·倍倍尔提出的决议草案时,列宁同罗·卢森堡和尔·马尔托夫一起对它提出了许多原则性的修改意见,其中最重要的是对决议草案的最后一段的修改意见:"只要存在战争的威胁,各有关国家的工人及其在议会中的代表就有责任各尽所能,以便利用相应的手段来阻止战争的爆发。这些手段自然是根据阶级斗争和一般政治形势的尖锐化程度的不同而改变和加强。如果战争仍然爆发了的话,他们的责任是迅速结束战争,并竭尽全力利用战争引起的经济危机和政治危机唤醒各阶层人民的政治觉悟,加速推翻资产阶级的统治。"在代表大会正式通过的决议中,这条修改意见除了个别文字改动外被完全采纳。这条修改意见末尾的著名论点还为1910年哥本哈根代表大会所重申并写进了1912年巴塞尔代表大会的决议。列宁在1916年12月写的一篇关于对倍倍尔这一决议案的修改的短文中谈到了这一修改意见提出的经过(见本版全集第28卷第301页)。

代表大会在殖民地问题上也展开了尖锐的斗争。以荷兰社会民主党人亨利克·范科尔为首的殖民地问题委员会中的多数派,不顾少数派的抗议,提出了一份决议草案,认为代表大会不应在原则上谴责一切殖民政策,因为殖民政策在社会主义制度下可以起传播文明的作用。范科尔把荷兰的殖民政策说成典范,宣称即使在将来,社会党人也不但要带着机器和其他文化成就,而且要手持武器到"野蛮民族"那里去。这一机会主义决议草案得到德国代表团多数的支持。只是由于俄国、波兰的代表,德国、法国、英国的部分代表以及没有殖民地的各小国的代表的共同努力,才推翻了委员会的决议,通过了在实质上改变了决议内容的修正案。代表大会通过的关于殖民地问题的决议谴责了一切殖民政策。

在草拟工人侨居问题决议案的委员会中,一部分机会主义者反映了美国和澳大利亚工人贵族的狭隘行会利益,要求禁止中国和日本的无产者移居这些国家,说他们没有组织能力。持这种观点的人在全体会议上没有公开发言。因此,代表大会就这一问题通过的决议符合革命的社会民主党的要求,也符合对各国工人进行国际主义教育的要求。

在关于工会和工人阶级政党相互关系问题委员会中,卢那察尔斯基捍卫了关于工会应具有党性的列宁主义路线。代表大会就此问题通过了确认工会的党性原则的决议。

列宁在两篇题为《斯图加特国际社会党代表大会》的文章中对这次代表大会及其意义作了扼要的介绍和评述(见本版全集第16卷)。——167。

112 在列宁提到的这几次国际代表大会上都讨论了军国主义问题。

巴黎代表大会通过了以全民武装代替常备军的决议。决议要求加强各国人民之间的和平,并责成社会党人投票反对军事拨款。决议把争取和平的斗争同争取社会主义的斗争结合了起来。

在布鲁塞尔代表大会上,威·李卜克内西和爱·瓦扬作了关于工人阶级对军国主义的态度问题的报告。大会根据李卜克内西的报告通过了一个决议,号召抗议一切准备战争的企图,并强调,只有建立起消灭了人剥削人的制度的社会主义社会,才能给各国人民带来和平,最终消灭军国主义。但是无论李卜克内西的报告还是他提出的决议案都没有包括同军国主义和战争作斗争的具体措施。

苏黎世代表大会讨论了格·瓦·普列汉诺夫关于战争问题的报告,并通过了决议。这一决议实际上重复了布鲁塞尔代表大会决议的一般原则。在通过的决议中最重要的一点是责成各国社会党投票反对军事拨款。

斯图加特代表大会对军国主义和反对军国主义的策略问题进行了最详细的讨论。——167。

113 《人民报》(«Le Peuple»)是比利时工人党的中央机关报(日报),1885年起在布鲁塞尔出版。在比利时工人党改称为比利时社会党后,是比利时社会党的机关报。——173。

114 克·阿·法利埃是当时的法国总统。——175。

115 这是有关俄国社会民主工党中央委员会1908年8月全体会议的一组文献。

俄国社会民主工党中央委员会全体会议(1908年8月11—13日(24—26日))在日内瓦召开。出席全会的共有12人,其中布尔什维克5人(列宁、约·费·杜勃洛文斯基、维·康·塔拉图塔等),孟什维克3人,拉脱维亚社会民主党1人,波兰社会民主党1人,崩得2人。会议议程是:关于召开全体会议的工作报告;全国代表会议;国外中央局和协助小组;组织中央委员会;财务;中央委员会向斯图加特代表大会的工作报告;当前的工作。

在这次全会召开以前,布尔什维克同孟什维克取消派进行了激烈的斗争。从1908年初起,布尔什维克就着手筹备例行的党的全国代表会议。1908年2月27日,中央委员会俄国委员会通过了《告各级党组织书》,通知定于1908年4月下半月召开全国代表会议。但由于孟什维克取消派的破坏,会议未能如期举行。取消派利用在俄国工作的中央委员几乎全体被捕的时机,企图废除作为党的领导机关的中央委员会,而代之以仅起咨询作用的"情报委员会"。

在全会上,布尔什维克给了孟什维克企图取消中央委员会和破坏召开党代表会议的行为以坚决回击。全会就议程上的主要问题通过了布尔什维克提出的决议案。根据列宁的建议,通过了立即着手召开代表会议的工作的决议。全会并拟订了即将召开的代表会议的议程。全会还通过了布尔什维克提出的关于组织中央委员会和关于组织国外中央局的决议草案。列宁代表布尔什维克被选入中央机关报编辑部。

关于召开全体会议的工作报告是同关于组织中央委员会的问题一起讨论的,这是因为在讨论中间获悉孟什维克和崩得之间曾进行通信,在"改组"中央委员会的幌子下,实际建议取消作为党的领导机关的中央委员会。孟什维克和崩得分子在全会上力图掩盖这一事实。列宁为此特意发表了《关于召开中央委员会全体会议的声明》,同时提出了《关于召开中央委员会全体会议的事件的决定草案》,草案被全会通过。

这次会议之后,以列宁为首的布尔什维克广泛开展了党的全国代表会议的准备工作。——177。

116 小兄弟是孟什维克的代称。崩得分子 M.M.罗森(埃兹拉)给格·叶·季诺维也夫(格里戈里)的信里用暗语说:"我已获悉,我的兄弟(指孟什维克)对总事务所(指中央委员会)整个存在的意义表示怀疑,并建议用某种类似情报委员会的东西来代替它。正是这种罕有的情况迫使我的股东们(指崩得中央委员会委员)召开紧急会议,以便给我一个决定性的指示。"——177。

117　中央委员会国外局是由1908年8月俄国社会民主工党中央委员会全体会议批准成立的,是从属于中央委员会俄国局的全党的国外代表机构,由3人组成。其任务是与在俄国国内活动的中央委员会和在国外工作的中央委员保持经常联系,监督俄国社会民主工党国外各协助小组以及代表它们的国外中央局的活动,收纳国外组织上缴中央会计处的钱款,并为中央委员会募捐。1910年中央委员会一月全会改组了中央委员会国外局,限定它的职能为领导党的一般事务,同时相应地加强了中央委员会俄国局的权力。中央委员会国外局改由5人组成,其中有各民族组织中央委员会的代表3人,布尔什维克代表1人和孟什维克代表1人。起初组成中央委员会国外局的是:阿·伊·柳比莫夫(布尔什维克)、波·伊·哥列夫(孟什维克)、扬·梯什卡(波兰社会民主党)、约诺夫(崩得)和扬·安·别尔津(拉脱维亚社会民主党)。但不久布尔什维克的代表改为尼·亚·谢马什柯,崩得代表改为米·伊·李伯尔,拉脱维亚社会民主党代表改为施瓦尔茨,后二人是取消派。这样,取消派就在中央委员会国外局的成员中取得了稳定的多数。他们极力破坏党中央机关的工作,阻挠召开中央委员会全会。布尔什维克代表谢马什柯被迫于1911年5月退出中央委员会国外局。1911年6月在巴黎召开的俄国社会民主工党中央委员会会议作出了谴责中央委员会国外局政治路线的决议,指出国外局走上了反党的、维护派别策略的道路,决定把国外局是否继续存在的问题提交最近召开的中央委员会全会解决。1911年11月,波兰社会民主党从中央委员会国外局召回了自己的代表,随后拉脱维亚社会民主党也召回了自己的代表。1912年1月,中央委员会国外局自行撤销。——178。

118　民意党是俄国土地和自由社分裂后产生的革命民粹派组织,于1879年8月建立。主要领导人是安·伊·热里雅鲍夫、亚·德·米哈伊洛夫、米·费·弗罗连柯、尼·亚·莫罗佐夫、维·尼·菲格涅尔、亚·亚·克维亚特科夫斯基、索·李·佩罗夫斯卡娅等。该党主张推翻专制制度,在其纲领中提出了广泛的民主改革的要求,如召开立宪会议,实现普选权,设置常设人民代表机关,实行言论、信仰、出版、集会等自由和广泛的村社自治,给人民以土地,给被压迫民族以自决权,用人民武装代替常备军等。但是民意党人把民主革命的任务和社会主义革命的任务混为一谈,认为在俄国可以超越资本主义,经过农民革命走向社会主义,并且认为俄国主要革命力量不是工人阶级而是农民。民意党人从积极的"英雄"和消极的"群氓"的错误理论出发,采取个人恐怖方式,把暗杀沙皇政府的个别代表人物作为推翻沙皇专制制度的主要手段。他们在1881年3月1日(13日)刺杀了沙皇亚历山大二世。由于理论上、策略上和斗争方法上的错误,在沙皇政府的严重摧残下,民意党在1881年以后就瓦解了。——187。

119 指穿灰色军服的沙俄士兵。——187。

120 《英国和德国工人的和平示威》一文是就1908年9月7日(20日)在柏林举行的反对日益增长的战争危险的工人集会而写的,原准备在《无产者报》第36号上刊载,后来没有发表。——189。

121 《不列颠工人致德国工人的信》刊载于1908年11月22日德国社会民主党中央机关报《前进报》第222号。——190。

122 这句话引自1908年10月22日《前进报》第222号上的《保卫柏林!》一文。

　　《前进报》(《Vorwärts》)是德国社会民主党的中央机关报(日报),1876年10月在莱比锡创刊,编辑是威·李卜克内西和威·哈森克莱维尔。1878年10月反社会党人非常法颁布后被查禁。1890年10月反社会党人非常法废除后,德国社会民主党哈雷代表大会决定把1884年在柏林创办的《柏林人民报》改名为《前进报》(全称是《前进.柏林人民报》),从1891年1月起作为中央机关报在柏林出版,由李卜克内西任主编。恩格斯曾为《前进报》撰稿,同机会主义的各种表现进行斗争。

1895 年恩格斯逝世以后,《前进报》逐渐转入党的右翼手中。它支持过俄国的经济派和孟什维克。第一次世界大战期间持社会沙文主义立场。俄国十月革命以后,进行反对苏维埃的宣传。1933 年停刊。——191。

123 这里说的是 1908 年秋在彼得堡爆发的俄国群众性的学生运动。这场学生运动是由当时的国民教育大臣亚·尼·施瓦尔茨的反动政策激起的。施瓦尔茨对残存的大学自治权大张挞伐,并力图取消 1905 年以后大学生享有的一切自由。——192。

124 指 1908 年 10 月 3 日(16 日)《无产者报》第 36 号"党的生活"栏发表的俄国社会民主工党彼得堡委员会的决议。这个决议号召社会民主党大学生小组同大学生联合委员会的宣言划清界限,使大学生运动服从于社会民主党在反对沙皇制度的全民斗争中的任务。——196。

125 蝎子鞭是一种末梢系有状如蝎子毒钩的金属物的鞭子,出自圣经《旧约全书·列王记(上)》第 12 章。——196。

126 《莱比锡人民报》(«Leipziger Volkszeitung»)是德国社会民主党的报纸(日报),1894—1933 年出版。该报最初属于该党左翼,弗·梅林和罗·卢森堡曾多年担任它的编辑。1917—1922 年是德国独立社会民主党的机关报,1922 年以后成为右翼社会民主党人的机关报。——201。

127 柏林条约是在 1878 年 6 月 13 日—7 月 13 日于柏林召开的国际会议上签订的。这次国际会议是根据奥匈帝国和英国的要求召开的,出席的有英国、德国、奥匈帝国、法国、意大利、俄国和土耳其等国政府的代表。在会议上,俄国被迫把它同土耳其在 1877—1878 年俄土战争后签订的圣斯蒂凡诺和约提出复审。会议对这个和约作了重大修改。根据柏林条约,处于俄国势力范围内的保加利亚的国境被大大缩小,奥匈帝国得到了占领波斯尼亚-黑塞哥维那的权利,划归俄国的土地限于比萨拉比亚的一部分,以及巴统、卡尔斯和阿尔达汉及其周围地区。柏林条约加剧了巴尔干地区的矛盾,造成了未来外交冲突和战争的土壤。
——202。

128 《社会主义月刊》(«Sozialistische Monatshefte»)是德国机会主义者的主要刊物,也是国际修正主义者的刊物之一,1897—1933年在柏林出版。编辑和出版者为右翼社会民主党人约·布洛赫。撰稿人有爱·伯恩施坦、康·施米特、弗·赫茨、爱·大卫、沃·海涅、麦·席佩耳等。第一次世界大战期间,该刊持社会沙文主义立场。——204。

129 《新时报》(«Новое Время»)是俄国报纸,1868—1917年在彼得堡出版。出版人多次更换,政治方向也随之改变。1872—1873年采取进步自由主义的方针。1876—1912年由反动出版家阿·谢·苏沃林掌握,成为俄国最没有原则的报纸。1905年起是黑帮报纸。1917年二月革命后,完全支持资产阶级临时政府的反革命政策,攻击布尔什维克。1917年10月26日(11月8日)被查封。——204。

130 尼古拉一世派遣军队镇压匈牙利的革命一事发生在1848—1849年匈牙利资产阶级革命时期。匈牙利当时处在奥地利帝国(哈布斯堡王朝)统治之下,奥地利皇帝就身兼匈牙利国王。争取民族独立和反对封建制度的匈牙利革命以1848年3月15日佩斯起义为开端,得到全国广泛响应。1849年4月14日,在匈牙利革命军队战胜奥地利帝国的入侵军队之后,匈牙利议会通过了《独立宣言》,正式宣布成立匈牙利共和国。奥地利皇帝弗兰茨-约瑟夫一世于4月21日向俄国求援。5月,俄国干涉军14万人侵入了匈牙利。匈牙利革命受到两面夹击而遭到失败。8月13日,匈牙利军队向俄国干涉军司令伊·费·帕斯凯维奇投降。——205。

131 社会党国际局是第二国际的常设执行和通讯机关,根据1900年9月巴黎代表大会的决议成立,设在布鲁塞尔。社会党国际局由各国社会党代表组成。执行主席是埃·王德威尔得,书记是卡·胡斯曼。俄国社会民主党人参加社会党国际局的代表是格·瓦·普列汉诺夫和波·尼·克里切夫斯基。从1905年10月起,列宁代表俄国社会民主工党参加社会党国际局。1914年6月,根据列宁的建议,马·马·李维诺夫被任命为社会党国际局俄国代表。社会党国际局在第一次世界大战开始后实际上不再存在。——210。

132　《俄国论坛报》(«La Tribune Russe»)是俄国社会革命党在国外的刊物,1904年1月—1909年12月和1912年10月—1913年7月在巴黎用法文出版。1904年每月出版两次,以后每月出版一次。

　　　《俄国简报》(«Russisches Bulletin»)是一批孟什维克于1907—1916年在柏林出版的德文刊物。——210。

133　英国工党成立于1900年,起初称劳工代表委员会,由工联、独立工党和费边社等组织联合组成,目的是把工人代表选入议会。1906年改称工党。工党的领导机关执行委员会同工联总理事会、合作党执行委员会共同组成所谓全国劳动委员会。工党成立初期就成分来说是工人的政党(后来有大批小资产阶级分子加入),但就思想和政策来说是一个机会主义的组织。该党领导人从党成立时起就采取同资产阶级实行阶级合作的路线。第一次世界大战期间,工党领导机构多数人持沙文主义立场,工党领袖阿·韩德逊等参加了王国联合政府。从1924年起,工党领导人多次组织政府。——212。

134　指1907年8月20日斯图加特国际社会党代表大会通过的《国际代表大会和国际局章程》中的下述条文:

　　　"一、下列组织均可出席国际社会党代表大会:

　　　　1.一切赞成下列社会主义基本原则的团体:生产和交换手段的社会化;劳动者的国际团结和国际行动;由组织成为阶级政党的无产阶级为社会主义夺取政权;

　　　　2.虽未直接参加政治运动,但站在阶级斗争立场上并宣布承认政治活动即立法活动和议会活动的必要性的一切工会组织。"——212。

135　《工人领袖》(«The Labour Leader»)是英国的一家月刊,1887年起出版,最初刊名是《矿工》(«Miner»),1889年起改用《工人领袖》这一名称,是苏格兰工党的机关刊物;1893年起是独立工党的机关刊物;1894

年起改为周刊；在1904年以前，该刊的编辑是詹·基尔·哈第。
——216。

136　　指紧密派。

紧密派即保加利亚社会民主工党（紧密社会党人），因主张建立紧密团结的党而得名，1903年保加利亚社会民主工党分裂后成立。紧密派的创始人和领袖是季·布拉戈耶夫，后来的领导人为格·约·基尔科夫、格·米·季米特洛夫、瓦·彼·柯拉罗夫等。第一次世界大战期间，紧密派反对帝国主义战争。1919年，紧密派加入共产国际并创建了保加利亚共产党。——218。

137　　宽广派即保加利亚社会民主工党（宽广社会党人），1903年保加利亚社会民主工党分裂后成立，领导人是扬·伊·萨克佐夫。宽广派力求把党变成包括资产阶级在内的所有"生产阶层"的宽广组织。第一次世界大战期间，宽广派持社会沙文主义立场。1918—1923年宽广派领袖曾参加资产阶级政府和灿科夫法西斯政府。——218。

138　　锡安社会党（锡安社会主义工人党）是俄国小资产阶级的犹太民族主义组织，于1904年成立。在一般政治问题上，锡安社会党人要求在普遍、平等、直接和无记名投票的选举基础上召开立宪会议，在第一届国家杜马选举时坚持抵制策略。但锡安社会党人认为，犹太无产阶级的主要任务是为取得自己的领土并建立自己的民族国家而斗争。锡安社会党人的民族主义活动模糊了犹太工人的阶级意识，给工人运动带来很大危害。1908年10月，社会党国际局决定不再同锡安社会党往来。1917年二月资产阶级民主革命后，锡安社会党同犹太社会主义工人党合并为犹太社会主义统一工人党。——220。

139　　犹太社会主义工人党是俄国的小资产阶级民族主义组织，成立于1906年。该党的纲领基础是要求犹太人民族自治，即建立有全权决定俄国犹太人政治制度问题的超地域的犹太议会（因此该党亦称议会派）。犹太社会主义工人党在思想上同社会革命党人接近，并同他们一起反对俄国社会民主工党。——221。

140 《对彼·马斯洛夫的〈答复〉的几点意见》一文是为了答复彼·巴·马斯洛夫发表在 1908 年 9 月波兰社会民主党《社会民主党评论》杂志第 7 期上的《关于土地纲领问题(答列宁)》一文而写的。马斯洛夫反对列宁在《社会民主党在俄国革命中的土地纲领》一文(见本卷第 131—154 页)中所阐述的布尔什维克的纲领,维护孟什维克的土地纲领。——235。

141 莫斯卡里是俄国十月革命前乌克兰人、白俄罗斯人和波兰人对俄罗斯人的蔑称。——245。

142 无双议院是指法国波旁王朝复辟初期于 1815 年 8 月选出的议会众议院,当选的议员几乎清一色是贵族和教士。——252。

143 1876 年 5 月土耳其新奥斯曼党人发动政变。同年 8 月登上苏丹宝座的阿卜杜尔-哈米德二世,假意发表立宪誓约,于 1876 年 12 月颁布了土耳其的第一部宪法。但是不久之后他就宣布"延期"召开议会,并于 1878 年 2 月解散了议会。30 年后,即 1908 年,在青年土耳其党人发动革命后,阿卜杜尔-哈米德二世才被迫恢复了 1876 年宪法,签署了召开议会的诏书。——253。

144 召回派是 1908 年在布尔什维克中间出现的一种机会主义集团,主要代表人物有亚·亚·波格丹诺夫、格·阿·阿列克辛斯基、安·弗·索柯洛夫(斯·沃尔斯基)、阿·瓦·卢那察尔斯基、马·尼·利亚多夫等。召回派以革命词句作幌子,要求从第三届国家杜马中召回俄国社会民主党的代表,并停止党在合法和半合法组织中的工作,宣称在反动条件下党只应进行不合法的工作,实际上执行的是取消派的路线。列宁把召回派叫做"改头换面的孟什维克"。召回派的变种是最后通牒派,亦产生于 1908 年,代表人物有维·拉·尚采尔(马拉)、阿列克辛斯基、列·波·克拉辛等。在孟什维克的压力下,当时社会民主党国家杜马党团通过了党团对俄国社会民主工党中央委员会独立的决议。最后通牒派不是认真地教育杜马党团,纠正党团的错误,而是要求立即向杜马党团发出最后通牒,要它无条件地服从党中央,否则就把社会民主党杜马代表召回。最后通牒主义实际上是隐蔽的、伪装的召回主义。列宁把最后通牒派叫做"羞羞答答的召回派"。

　　同召回派的斗争是从1908年春天开始的。1908年3—4月在讨论第三届国家杜马社会民主党党团头5个月工作总结时,莫斯科的一些区通过了召回派的决议。5月,在莫斯科市党代表会议上,召回派提出的决议案仅以18票对14票被否决。布尔什维克机关报《无产者报》在1908年6月4日(17日)的第31号上发表了莫斯科党代表会议的材料,并根据列宁的建议从这一号起开始讨论对杜马和社会民主党杜马党团的态度问题。与此同时,在各个党组织的内部都同召回派展开了斗争。1908年秋,在彼得堡党组织选举出席第五次全国代表会议的代表时,召回派和最后通牒派制定了一个特别纲领,作为彼得堡委员会扩大会议的决议案。由于这个决议案在各个党组织得不到广泛支持,召回派才未敢在代表会议上公开提出自己的特别纲领。在代表会议以后,根据列宁的意见,《无产者报》登载了召回派的这个纲领。列宁并写了一系列文章,对召回主义进行批判。

　　召回派的领袖人物波格丹诺夫和卢那察尔斯基还同孟什维克取消派尼·瓦连廷诺夫、帕·索·尤什凯维奇一起在报刊上攻击马克思主义理论基础——辩证唯物主义和历史唯物主义。卢那察尔斯基并宣扬必须建立新的宗教,把社会主义同宗教结合起来。

　　1909年,召回派、最后通牒派和造神派组成发起小组,在意大利卡普里岛创办了一所实际上是派别中心的党校。1909年6月,布尔什维克机关报《无产者报》扩大编辑部会议斥责了召回派和最后通牒派,号召同这些背离革命马克思主义的倾向作最坚决的斗争,并把波格丹诺夫从布尔什维克队伍中开除出去。——253。

145　达尔杜弗是法国剧作家让·巴·莫里哀的喜剧《达尔杜弗或者骗子》里的主角,是一个集贪婪、伪善、奸诈、狠毒于一身的伪君子的典型。——264。

146　布里根杜马即沙皇政府宣布要在1906年1月中旬前召开的咨议性国家杜马。1905年8月6日(19日)沙皇颁布了有关建立国家杜马的诏书,与此同时,还颁布了《关于建立国家杜马的法令》和《国家杜马选举条例》。这些文件是受沙皇之托由内务大臣亚·格·布里根任主席的特别委员会起草的,所以这个拟建立的国家杜马被人们称做布里根杜马。根据这些文件的规定,在杜马选举中,只有地主、资本家和农民户主有选举权。居民的大多数——工人、贫苦农民、雇农、民主主义知识分子被剥夺了选举权。妇女、军人、学生、未满25岁的人和许多被压迫民族都被排除在选举之外。杜马只能作为沙皇属下的咨议性机构讨论某些问题,无权通过任何法律。布尔什维克号召工人和农民抵制布里根杜马。孟什维克则认为可以参加杜马选举并主张同自由派资产阶级合作。1905年十月全俄政治罢工迫使沙皇颁布10月17日宣言,保证召开立法杜马。这样布里根杜马没有召开就被革命风暴扫除了。——267。

147 布朗热主义是19世纪80年代末出现在法国的反动的沙文主义运动,因其领导人乔·厄·布朗热(法国将军,曾任陆军部长)而得名。布朗热分子利用人民群众对资产阶级共和派的政策的不满,在法国开展沙文主义和复仇主义的宣传鼓动,其目的是准备政变和在法国恢复君主制。恩格斯认为布朗热主义是波拿巴主义的变种,要求法国社会主义者坚决揭穿布朗热及其追随者的蛊惑性的沙文主义口号。布朗热运动不久即告失败。布朗热本人于1889年逃往比利时,在那里自杀身死。——274。

148 "内行人"是指在第三届国家杜马社会民主党党团内充当谋士角色的知识分子集团。这些人大多是取消派分子和修正主义分子,如亚·尼·波特列索夫、谢·尼·普罗柯波维奇等。他们利用布尔什维克党的领导人处于地下状态、不能公开参加杜马党团工作的机会,企图把杜马党团的活动引上反党的道路。拒绝这些人效劳的问题,就是由此产生的。——277。

149 1884年底,德国首相奥·俾斯麦为推行殖民掠夺政策,要求帝国国会批准发给轮船公司补助金,以便开辟通往亚洲东部、澳洲和非洲的定期航线。以奥·倍倍尔和威·李卜克内西为首的社会民主党党团左翼反对发放航运补助金,而以伊·奥尔、约·亨·威·狄茨等为首的党团的右翼多数,在帝国国会就这个问题正式辩论以前,就主张向轮船公司发放补助金。1885年3月,在帝国国会讨论这个问题时,社会民主党党团右翼投票赞成开辟通往亚洲东部和澳洲的航线,同时以政府接受它的一些要求,包括新的船只在德国造船厂建造,作为它同意俾斯麦提案的条件。只是在帝国国会否决了这一要求后,整个党团才投票反对政府的提案。党团多数的行为引起了《社会民主党人报》和一些社会民主党组织的强烈反对。争论极为激烈,几乎造成党的分裂。恩格斯尖锐地批评了社会民主党党团右翼的机会主义立场(参看《马克思恩格斯全集》第1版第36卷第258—259、259—260、265、289、291、314—315、321页)。——277。

150　青年派是德国社会民主党内一个小资产阶级的半无政府主义反对派,产生于1890年。核心成员是一些大学生和年轻的著作家,主要领导人有麦克斯·席佩耳、布鲁诺·维勒、保尔·康普夫迈耶尔、保尔·恩斯特等。青年派奉行"左"倾机会主义,否定议会斗争和改良性的立法活动,反对党的集中制领导,反对党同其他阶级和政党在一定条件下结成联盟。恩格斯同青年派进行了斗争。当青年派机关报《萨克森工人报》企图宣布恩格斯和反对派意见一致的时候,恩格斯给了他们有力回击,指出他们的理论观点是"被歪曲得面目全非的'马克思主义'"(见《马克思恩格斯文集》第4卷第396页)。1891年10月,德国社会民主党爱尔福特代表大会把青年派的一部分领导人开除出党,从此结束了青年派在党内的活动。——278。

151　民族民主党人是波兰地主和资产阶级的民族主义政党民族民主党的成员。该党成立于1897年,领导人是罗·德莫夫斯基、济·巴利茨基、弗·格拉布斯基等。该党提出"阶级和谐"、"民族利益"的口号,力图使人民群众屈服于它的影响,并把人民群众拖进其反动政策的轨道。在1905—1907年俄国第一次革命期间,该党争取波兰王国自治,支持沙皇政府,反对革命。该党在波兰不择手段地打击革命无产阶级,直到告密、实行同盟歇业和进行暗杀。俄国社会民主工党第五次代表大会曾通过一个专门决议,强调必须揭露民族民主党人的反革命黑帮面目。在第一次世界大战时期,该党无条件支持协约国,期望波兰王国同德、奥两国占领的波兰领土合并,在俄罗斯帝国的范围内实现自治。1919年该党参加了波兰联合政府,主张波兰同西方列强结盟,反对苏维埃俄国。——278。

152　《俄国报》(《Россия》)是俄国黑帮报纸(日报),1905年11月—1914年4月在彼得堡出版。从1906年起成为内务部的机关报。该报接受由内务大臣掌握的政府秘密基金的资助。——279。

153　乌格留姆-布尔切耶夫是俄国作家米·叶·萨尔蒂科夫-谢德林的讽刺作品《一个城市的历史》中的愚人城市长。他是一个野蛮无知、专横凶残的恶棍,一个阴森可怕、毫无理性的白痴。萨尔蒂科夫-谢德林用这个形象影射沙皇及其宠臣。——285。

154　米特罗范努什卡是俄国剧作家杰·伊·冯维辛的喜剧《纨绔少年》中的人物,一个粗野蛮横、愚蠢自负、不学无术的贵族子弟。列宁在这里用米特罗范努什卡称米特罗范主教,含有讽刺意味。——286。

155　贵族联合会是农奴主-地主的组织,于1906年5月在各省贵族协会第一次代表大会上成立,存在到1917年10月。成立该组织的主要目的是维护君主专制制度,维护大地主土地占有制和贵族特权。贵族联合会的领导人是阿·亚·鲍勃凌斯基伯爵、Н.Ф.卡萨特金-罗斯托夫斯基公爵、Д.А.奥尔苏菲耶夫伯爵、弗·米·普利什凯维奇等人。列宁称贵族联合会为"农奴主联合会"。贵族联合会的许多成员参加了国务会议和黑帮组织的领导中心。——286。

156　为了显示自己了不起一语出自俄国作家伊·谢·屠格涅夫的长篇小说《父与子》。小说主人公——俄国19世纪60年代的民主主义知识分子巴扎罗夫痛恨贵族的风尚和习俗。他戳穿了贵族富媚阿金佐娃夫人的虚伪做作,指出她对她根本瞧不起的贵族姨妈——一个地位很高的贵族老处女——礼数周到,殷勤备至,只是要抬高自己的身价,"为了显示自己了不起"。——287。

157 雅努斯是古代罗马的两面神,有前后两副面孔,前面是面向未来的年青
人的面孔,后面是面向过去的老年人的面孔。人们通常用它比喻双重
的或自相矛盾的立场和观点,也用来称呼口是心非、表里不一的两面派
人物。——289。

158 布尔什维克拟定的土地纲领的最后一部分是:"同时,在实行民主土地
改革的一切场合下和任何情况下,俄国社会民主工党的任务都是:始终
不渝地争取成立农村无产阶级的独立阶级组织,向农村无产阶级说明
他们的利益和农民资产阶级利益的根本对立,警告他们不要受在商品
生产下永远不能消灭群众的贫困的小经济制度的引诱,最后,指出必须
实行彻底的社会主义革命,作为消灭一切贫困和剥削的唯一手段。"(参
看《苏联共产党代表大会、代表会议和中央全会决议汇编》1964 年人民
出版社版第 1 分册第 141 页)在俄国社会民主工党第四次代表大会通
过的《土地问题的策略决议》里写进了这一段话。——294。

159 指 1908 年 10 月 31 日(11 月 13 日)捷·奥·别洛乌索夫在第三届国家
杜马就土地问题所作的发言。别洛乌索夫的发言稿是列宁写的。发言
中使用的统计资料引自列宁当时尚未发表的著作《社会民主党在
1905—1907 年俄国第一次革命中的土地纲领》和《19 世纪末俄国的土
地问题》(见本版全集第 16 卷和本卷)。——295。

160 这是有关俄国社会民主工党第五次全国代表会议的一组文献。

俄国社会民主工党第五次全国代表会议于 1908 年 12 月 21—27
日(1909 年 1 月 3—9 日)在巴黎举行。出席代表会议的有 24 名代表,
其中有表决权的代表 16 名:布尔什维克 5 名(中部工业地区代表 2 名,
彼得堡组织代表 2 名,乌拉尔组织代表 1 名),孟什维克 3 名(均持高加
索区域委员会的委托书),波兰社会民主党 5 名,崩得 3 名。布尔什维
克另有 3 名代表因被捕未能出席。列宁作为俄国社会民主工党中央委
员会的代表出席代表会议,有发言权。代表会议的议程包括:俄国社会
民主工党中央委员会、波兰社会民主党中央委员会、崩得中央委员会以

及一些大的党组织的工作报告;目前政治形势和党的任务;关于社会民主党杜马党团;因政治情况变化而发生的组织问题;地方上各民族组织的统一;国外事务。

在代表会议上,布尔什维克就所有问题同孟什维克取消派进行了不调和的斗争,也同布尔什维克队伍中的召回派进行了斗争,并取得了重大胜利。代表会议在关于各个工作报告的决议里,根据列宁的提议建议中央委员会维护党的统一,并号召同一切取消俄国社会民主工党而代之以不定型的合法联合体的企图进行坚决的斗争。由于代表会议须规定党在反动年代条件下的策略路线,讨论目前形势和党的任务就具有特别重要的意义。孟什维克企图撤销这一议程未能得逞。会议听取了列宁作的《关于目前形势和党的任务的报告》(报告稿没有保存下来,但其主要思想已由列宁写入《走上大路》一文,见本卷第329—339页),并稍作修改通过了列宁提出的决议案。在讨论列宁的决议草案时,孟什维克建议要在决议里指出,专制制度不是在变成资产阶级君主制,而是在变成财阀君主制,这一修改意见被绝大多数票否决;召回派则声明他们不同意决议草案的第5条即利用杜马和杜马讲坛进行宣传鼓动那一条,但同意其他各条,因此投了赞成票。关于杜马党团问题的讨论集中在是否在决议中指出杜马党团的错误和中央委员会对党团决定有无否决权这两点上。孟什维克对这两点均持否定态度,并且援引西欧社会党的做法作为依据。召回派则声称俄国本来不具备社会民主党杜马党团活动的条件,杜马党团的错误是客观条件造成的,因此不应在决议中指出。列宁在发言中对召回派作了严厉批评,指出他们是改头换面的取消派,他们和取消派有着共同的机会主义基础。代表会议通过了布尔什维克的决议案,对党团活动进行了批评,同时也指出了纠正党团工作的具体措施。在组织问题上代表会议也通过了布尔什维克的决议案,其中指出党应当特别注意建立和巩固秘密的党组织,而同时利用各种各样的合法团体在群众中进行工作。在关于地方上各民族组织统一的问题上,代表会议否定了崩得所维护的联邦制原则。此外,代表会议也否决了孟什维克关于把中央委员会移到国内、取消中央委员会国外局以及把中央机关报移到国内等建议。

俄国社会民主工党第五次全国代表会议的意义在于它把党引上了大路,是在反革命胜利后俄国工人运动发展中的一个转折点。——298。

161 这个声明是列宁 1908 年 12 月 24 日(1909 年 1 月 6 日)在孟什维克诺·维·拉米什维里(彼得)作了诽谤性发言之后提交代表会议的。早在 1908 年俄国社会民主工党中央委员会八月全会召开前,孟什维克取消派就力图取消作为党的领导机关的中央委员会,把中央委员会的活动限制在情报性职能的范围内。这种取消中央委员会的计划,写在中央委员波·伊·哥列夫和《社会民主党人呼声报》编辑部成员亚·马尔丁诺夫 1908 年 6 月《致各孟什维克组织》的信中。因为这封信的反党性质过于露骨,连彼得堡孟什维克代表会议都没有支持它。在组织问题上经常追随孟什维克的崩得分子也没有表示赞同这个计划。中央委员拉米什维里当时也没有公开支持这个计划。列宁声明中说的八月全会上暴露出来的分歧,就是指此(参看注 115)。在第五次全国代表会议上,持高加索组织委托书出席会议的《社会民主党人呼声报》编辑费·伊·唐恩、帕·彼·阿克雪里罗得和拉米什维里采取了共同的极端取消主义的立场。——303。

162 指组织问题委员会。参看本卷第 302 页。——304。

163 这个声明是列宁在 1908 年 12 月 26 日(1909 年 1 月 8 日)代表会议最后一次会议即第九次会议上提出的。这次会议继续讨论关于社会民主党杜马党团的决议案。在讨论决议案中关于预算表决这一项时,列宁对决议案的这一部分提出了自己的方案(见本卷第 305 — 306 页)。马·尼·利亚多夫对列宁的方案提出了修正案,他建议把方案最后的半句"但最好要同中央、党组织和工会组织的代表先行商讨"改为"但最好在通知工会代表后同中央和党组织的代表先行商讨",理由是列宁的方案似乎缩小了中央委员会的权力。列宁就是针对利亚多夫的修正案发表这个声明的。利亚多夫的修正案在表决时被否决。就在这次会议上,代表会议通过了关于中央委员会对杜马党团拥有否决权的决定。这个决定指出,由于中央委员会要对党团的工作负责,因此"在党团的决定会给党带来危害的一切情况下",中央委员会应当坚决地行使对党团决定的否决权。——310。

164 这个声明是列宁在代表会议1908年12月26日(1909年1月8日)会议讨论关于中央委员会工作的决议案时提出的。声明中提到的亚·马尔丁诺夫和波·伊·哥列夫(伊哥列夫)的信,见注161。——311。

165 关于马克思主义的讲演提纲写于1908年或1909年,这是根据以下一些情况间接推断出来的。从一些回忆录中得知,1909年初列宁曾在巴黎布尔什维克小组作过哲学讲演。提纲中提到1907年的工业这一点,可以证明提纲写于1907年之后,因为有关1907年工业发展的统计材料只有到第二年年初才可能得知。根据提纲中《哲学唯物主义》部分第6点里"现在的机会主义者(波格丹诺夫)"一语,可以推测提纲的写作时间不早于1908年3月下半月。当时列宁的《马克思主义和修正主义》一文刚完稿和付印(不迟于4月3日(16日)),在这篇文章中列宁第一次在报刊上对亚·亚·波格丹诺夫的哲学上的机会主义观点提出批判。提纲中的《哲学唯物主义》部分在《唯物主义和经验批判主义》一书中几乎全部有所反映,《土地问题》部分中的几点在1908年写的一些有关土地问题的著作中得到阐明。——312。

166 社会革命党第一次全党代表会议是1908年12月26日(1909年1月8日)在伦敦举行的。在代表会议之后,接着举行了该党第四次党务会议,批准了代表会议制定的决议。这些决议中的大部分发表在名为《社会革命党中央委员会关于党务会议在全党代表会议的公报》的单页中。列宁在自己的文章中分析并引用了这个公报。——314。

167 爱尔福特纲领是指1891年10月举行的德国社会民主党爱尔福特代表大会通过的党纲。它取代了1875年的哥达纲领。爱尔福特纲领以马克思主义关于资本主义生产方式必然灭亡和被社会主义生产方式所代替的学说为基础,强调工人阶级必须进行政治斗争,指出了党作为这一斗争的领导者的作用。它从根本上说是一个马克思主义的纲领。但是,爱尔福特纲领也有严重缺点,其中最主要的是没有提到无产阶级专

政是对社会实行社会主义改造的手段这一原理。纲领也没有提出推翻
君主制、建立民主共和国、改造德国国家制度等要求。对此,恩格斯在
《1891年社会民主党纲领草案批判》(见《马克思恩格斯文集》第4卷)
中提出了批评意见。代表大会通过的纲领是以《新时代》杂志编辑部的
草案为基础的。——318。

168 列宁提到的题为《改头换面的议会迷》的文章没有署名,刊登在1907年
10月29日(11月11日)《无产者报》第18号上。——319。

169 指斐·拉萨尔的小册子《论宪法的实质》。小册子收载了拉萨尔的两篇
演说,它们是作者1862年在柏林区市民协会的会议上发表的,并根据
会议的决定出版。第一篇演说于1862年以《论宪法的实质》为标题出
版。第二篇演说于1863年以《怎么办?》为标题出版。最早的俄译本全
文于1905年由公益出版社出版。小册子的基本思想是:"实际的宪法
仅存在于一国的现实的事实上的力量对比之中。"——320。

170 指俄罗斯民间故事《十足的傻瓜》中的主人公傻瓜伊万努什卡。这个傻
瓜经常说些不合时宜的话,因此而挨揍。一次,他看到农民在脱粒,叫
喊道:"你们脱三天,只能脱三粒!"为此他挨了一顿打。傻瓜回家向母
亲哭诉,母亲告诉他:"你应该说,但愿你们打也打不完,运也运不完,拉
也拉不完!"第二天,傻瓜看到人家送葬,就叫喊道:"但愿你们运也运不
完,拉也拉不完!"结果又挨了一顿打。——322。

171 指俄国社会民主工党第五次(伦敦)代表大会通过的关于对非无产阶
级政党的态度的决议(参看《苏联共产党代表大会、代表会议和中央
全会决议汇编》1964年人民出版社版第1分册第206—207页)。
——323。

172 农民协会(全俄农民协会)是俄国1905年革命中产生的群众性的革命
民主主义政治组织,于1905年7月31日—8月1日(8月13—14日)
在莫斯科举行了成立大会。据1905年10—12月的统计,协会在欧俄
有470个乡级和村级组织,会员约20万人。根据该协会成立大会和

1905 年 11 月 6—10 日(19—23 日)举行的第二次代表大会通过的决议,协会的纲领性要求是:实现政治自由和在普选基础上立即召开立宪会议,支持抵制第一届国家杜马;废除土地私有制,由农民选出的委员会将土地分配给自力耕作的农民使用,同意对一部分私有土地给以补偿。农民协会曾与彼得堡工人代表苏维埃合作,它的地方组织在农民起义地区起了革命委员会的作用。农民协会从一开始就遭到警察镇压,1907 年初被解散。——324。

173　指《劳动旗帜报》第 13 号(1908 年 11 月)上一篇没有署名的文章《再论目前形势和党的策略》以及《革命思想报》第 1 号(1908 年 4 月)上 A.沃林的文章《革命问题》。——327。

174　高加索的代表是指孟什维克帕·波·阿克雪里罗得、费·伊·唐恩和诺·维·拉米什维里。他们都是持高加索区域委员会的委托书出席俄国社会民主工党第五次全国代表会议的。——333。

175　《关于〈论迫切问题〉一文》是《论迫切问题》这篇文章的编后记,发表于1909 年 2 月 12 日(25 日)《无产者报》第 42 号。《论迫切问题》一文是这一号《无产者报》从《工人旗帜报》第 7 号上转载来的,原来标题是《党的工作者的来信》。这里说的《工人旗帜报》第 5 号上刊登的召回派分子的文章,就是列宁在《关于两封来信》(见本卷第 266 页)一文中批评的一名召回派工人的信。——340。

176　这里说的是格·瓦·普列汉诺夫退出取消派机关报《社会民主党人呼声报》编辑部的声明。这个声明本来已确定在该报第 10—11 号合刊上刊出。在编辑部同普列汉诺夫再次会谈之后,普列汉诺夫的声明临时从这号报纸的版样上抽掉,而报纸要目中提到这个声明的地方则被用纸贴了起来。但是冲突并未彻底消除。1909 年 5 月《社会民主党人呼声报》第 14 号上登载了普列汉诺夫的信,信中告诉读者,他已正式退出了编辑部。——343。

177　指载于 1909 年 3 月 9 日(22 日)《社会民主党人报》第 3 号的尔·马尔

托夫的《争取什么？》一文。——344。

178 《前进报》(《Вперед»)是第一个布尔什维克报纸，俄国社会民主工党多数派委员会常务局的机关报(周报)，1904 年 12 月 22 日(1905 年 1 月 4 日)—1905 年 5 月 5 日(18 日)在日内瓦出版，共出了 18 号。列宁是该报的领导者，《前进报》这一名称也是他提出的。该报编辑部的成员是列宁、瓦·瓦·沃罗夫斯基、米·斯·奥里明斯基和阿·瓦·卢那察尔斯基。娜·康·克鲁普斯卡娅任编辑部秘书，负责全部通信工作。列宁在《俄国社会民主工党分裂简况》一文中写道："《前进报》的方针就是旧《**火星报**》的方针。《前进报》为了捍卫旧《**火星报**》正在同新《火星报》进行坚决的斗争。"(见本版全集第 9 卷第 217 页)《前进报》发表过列宁的 40 多篇文章，而评论 1905 年 1 月 9 日事件和俄国革命开始的第 4、5 两号报纸几乎完全是列宁编写的。《前进报》创刊后，很快就博得了各地方党委会的同情，被承认为它们的机关报。《前进报》在反对孟什维克、创建新型政党、筹备召开俄国社会民主工党第三次代表大会方面起了卓越作用。第三次代表大会决定委托中央委员会创办名为《无产者报》的新的中央机关报，《前进报》因此停办。——344。

179 《党内消息报》(《Партийные Известия»)是俄国社会民主工党统一的中央委员会的秘密机关报，党的第四次(统一)代表大会召开前夕在彼得堡出版。该报编辑部是由布尔什维克机关报(《无产者报》)和孟什维克机关报(新《火星报》)的同等数量的编辑人员组成的。代表布尔什维克参加编辑部的是弗·亚·巴扎罗夫、瓦·瓦·沃罗夫斯基和阿·瓦·卢那察尔斯基，代表孟什维克参加的是费·伊·唐恩、尔·马尔托夫和亚·马尔丁诺夫。该报共出了两号。第 1 号于 1906 年 2 月 7 日出版，刊登了列宁的《俄国的目前形势和工人政党的策略》；第 2 号于 1906 年 3 月 20 日出版，刊登了列宁的《俄国革命和无产阶级的任务》。在这一号上还刊登了布尔什维克和孟什维克各自提交统一代表大会的策略纲领。俄国社会民主工党第四次(统一)代表大会后，布尔什维克和孟什维克都出版了自己的报纸，《党内消息报》遂停刊。——347。

180 《人民杜马报》(《Народная Дума»)是俄国孟什维克的报纸(日报)，1907

年3月7日(20日)—4月4日(17日)代替被查封的《俄国生活报》在彼得堡出版,共出了21号。——351。

181 指在俄国社会民主工党第五次(伦敦)代表大会第二十九次会议上,波兰代表团成员 A.埃克(穆欣)对《关于对资产阶级政党的态度》这一决议案第4点提出的补充(见《俄国社会民主工党第五次(伦敦)代表大会。记录》1963年俄文版第490页)。——351。

182 指1908年12月在华沙市郊普拉加举行的波兰王国和立陶宛社会民主党第六次代表大会通过的关于国内政治形势和党的任务的决议。这个决议对取消主义倾向进行了反击,确定社会民主党的基本任务是:为无产阶级在革命农民帮助下夺取政权而斗争。——353。

183 全俄铁路工会是俄国第一个铁路员工的工会组织,在1905年4月20—21日(5月3—4日)于莫斯科召开的全俄铁路员工第一次代表大会上成立。在代表大会选出的中央常务局中,社会革命党人占主要地位。全俄铁路工会的纲领包括经济要求和一般民主要求(召开立宪会议等)。参加全俄铁路工会的主要是铁路职员和高收入工人。布尔什维克虽然批评社会革命党人的思想实质和斗争策略,但在革命发展的一定时期内也参加了全俄铁路工会的地方和中央领导机构,同时在某些城市建立了同全俄铁路工会平行的社会民主党的铁路工会组织。

　　全俄铁路工会在实行全俄铁路政治罢工中起了重要作用。1905年7月22—24日(8月4—6日)在莫斯科召开的全俄铁路员工第二次代表大会决定,立即着手进行全俄铁路政治罢工的鼓动工作。在革命群众的压力下,1905年9—10月在彼得堡召开的全俄铁路员工代表大会制定并向政府提出了如下要求:实行八小时工作制,自上而下选举铁路各级行政机构,立即释放被捕的罢工参加者,撤销强化警卫和戒严,实行政治自由、大赦和民族自决,立即召开按照普遍、平等、直接和无记名投票原则选举产生的立宪会议。10月7日(20日)由莫斯科—喀山铁路开始的罢工迅速发展成为全俄政治罢工,有力地打击了专制制度。1905年12月,有29条铁路代表参加的全俄代表会议支持莫斯科布尔什维克代表会议关于宣布举行政治总罢工的决定,并于12月6日(19

日)作出关于参加罢工和立即宣布全俄铁路罢工的决定。全俄铁路工会的许多一般成员积极参加了十二月武装起义。起义失败以后,许多铁路员工遭枪杀,全俄铁路工会事实上转入地下。1906年8月曾召开一次铁路员工代表会议,讨论因第一届国家杜马被解散而举行总罢工的问题。这次会议通过的决议主张举行总罢工和武装起义,列宁在《政治危机和机会主义策略的破产》一文中曾提到这件事(见本版全集第13卷)。到1906年底,铁路工会受社会革命党人的影响,丧失了自己的革命作用。1907年2月俄国社会民主工党中央委员会召开的铁路系统社会民主党组织代表会议决定社会民主党人退出全俄铁路工会,中央委员会批准了这一决定。全俄铁路工会于1907年瓦解。——357。

184 全俄教师联合会即全俄教师和国民教育活动家联合会,于1905年4月成立,领导层是资产阶级和小资产阶级政党的拥护者。联合会有单纯为职业利益斗争的倾向,但是在革命事件的影响下,也赞同革命民主派的口号,表示愿意参加人民争取土地、自由和政权的斗争。联合会对第一届国家杜马的选举进行了抵制,支持通过普遍、平等、直接和无记名投票的选举召集立宪会议的要求。联合会把根本改革俄国国民教育作为自己的基本任务之一,提出了实行普遍免费的和义务的初等教育以及免费的中等和高等教育、用本民族语言授课、协调各种类型的学校等要求。1906年6月6日(19日),列宁化名卡尔波夫向全俄国民教师代表大会部分代表作了关于土地问题的报告。社会革命党的报纸《呼声报》(1906年6月8日(21日)第15号)对此作了报道。教师联合会于1909年解散。1917年二月革命后曾恢复。十月革命时期,该会领导机构采取反苏维埃立场,参加了拯救祖国和革命委员会这一反革命组织,并企图组织教师罢工。共产党人和同情苏维埃政权的教师纷纷脱离该会,另组国际主义者教师联合会。1918年12月23日,全俄中央执行委员会颁布法令,解散了全俄教师联合会。——357。

185 崩得是立陶宛、波兰和俄罗斯犹太工人总联盟的简称,1897年9月在维尔诺成立。参加这个组织的主要是俄国西部各省的犹太手工业者。

崩得在成立初期曾进行社会主义宣传,后来在争取废除反犹太特别法
律的斗争过程中滑到了民族主义立场上。在 1898 年俄国社会民主工
党第一次代表大会上,崩得作为只在专门涉及犹太无产阶级问题上独
立的"自治组织",加入了俄国社会民主工党。在 1903 年俄国社会民主
工党第二次代表大会上,崩得分子要求承认崩得是犹太无产阶级的唯
一代表。在代表大会否决了这个要求之后,崩得退出了党。根据 1906
年俄国社会民主工党第四次(统一)代表大会决议,崩得重新加入了党。
从 1901 年起,崩得是俄国工人运动中民族主义和分离主义的代表。它
在党内一贯支持机会主义派别(经济派、孟什维克和取消派),反对布尔
什维克。第一次世界大战期间,崩得分子采取社会沙文主义立场。
1917 年二月革命后,崩得支持资产阶级临时政府。1918—1920 年外
国武装干涉和国内战争时期,崩得的领导人同反革命势力勾结在一起,
而一般的崩得分子则开始转变,主张同苏维埃政权合作。1921 年 3 月
崩得自行解散,部分成员加入俄国共产党(布)。——357。

186　《社会民主党人报》(《Социал-Демократ»)是俄国社会民主工党中央委
员会的秘密机关报,1906 年 9 月 17 日(30 日)—11 月 18 日(12 月 1
日)在彼得堡出版,共出了 7 号。该报由俄国社会民主工党第四次(统
一)代表大会选出的清一色的孟什维克编辑部(费·伊·唐恩、尔·马
尔托夫、亚·马尔丁诺夫、彼·巴·马斯洛夫、亚·尼·波特列索夫)编
辑,实际上是孟什维克的派别机关报。——357。

187　《新莱茵报》(«Neue Rheinische Zeitung»)是德国和欧洲革命民主派中
无产阶级一翼的日报,1848 年 6 月 1 日—1849 年 5 月 19 日在科隆出
版。马克思任该报的主编,编辑部成员恩格斯、恩·德朗克、斐·沃尔
弗、威·沃尔弗、格·维尔特、斐·弗莱里格拉特、亨·毕尔格尔斯等都
是共产主义者同盟的盟员。报纸编辑部作为无产阶级革命运动的领导
核心,实际履行了共产主义者同盟中央委员会的职责。该报揭露反动
的封建君主派和资产阶级反革命势力,主张彻底解决资产阶级民主革
命的任务和用民主共和国的形式统一德国。该报创刊不久,就遭到反
动报纸的围攻和政府的迫害,1848 年 9—10 月间曾一度停刊。1849 年

5月,普鲁士政府借口马克思没有普鲁士国籍而把他驱逐出境,并对其他编辑进行迫害,该报于5月19日被迫停刊。

　　下面两段引文摘自载于1848年6月14—17日《新莱茵报》第14—17号的恩格斯的《柏林关于革命的辩论》和载于1848年7月30日《新莱茵报》第60号的马克思的《废除封建义务的法案》(参看《马克思恩格斯全集》第1版第5卷第73、331页)。——361。

188 俄罗斯人民同盟是俄国黑帮组织,于1905年10月在彼得堡成立。该组织联合城市小资产阶级的代表、地主、部分知识界和宗教界人士、城市无业游民、一部分富农以及某些工人和农民,创始人为亚·伊·杜勃洛文、弗·安·格林格穆特、弗·米·普利什凯维奇等。1905年12月23日(1906年1月5日),沙皇尼古拉二世接见同盟代表团,接受了同盟成员的称号和徽章。同盟纲领以维护俄国的统一和不可分、保持专制制度、沙皇和人民通过咨议性的国民代表会议取得一致、大国沙文主义、反犹太主义等为基本内容,同时也包含一些蛊惑性的条文,如批评官僚制、保持村社土地所有制、各等级权利平等、国家为工人提供保险等。同盟的中央机构是由12人组成的总委员会,设在彼得堡。全国各城市、村镇所设的同盟分部在1905—1907年间达900个。同盟的主要机关报是《俄国旗帜报》。同盟通过宣传鼓动几次掀起俄国反犹太人大暴行的浪潮,同时也进行个人恐怖活动。它刺杀了第一届国家杜马代表米·雅·赫尔岑施坦、格·波·约洛斯,并两次对谢·尤·维特行刺。第二届国家杜马解散后,同盟于1908—1910年分裂为米迦勒天使长同盟、俄罗斯人民同盟、彼得堡全俄杜勃洛文俄罗斯人民同盟等几个互相敌对的组织。1917年二月革命后同其他黑帮组织一起被取缔。——374。

189 密纳发从丘必特的脑袋里钻出来一语源于古罗马的神话传说。密纳发是罗马神话中的智慧女神,相当于希腊神话中的雅典娜;丘必特是罗马神话中的最高天神,相当于希腊神话中的宙斯。据古罗马神话故事,密纳发从丘必特脑袋里一生下来,就身着盔甲,手执长矛,全副武装。后来,人们常用"像密纳发从丘必特脑袋里钻出来一样"来比喻某人或某事从一开始就完美无缺。——376。

190　指1909年2月21日(3月6日)捷·奥·别洛乌索夫在第三届国家杜
马讨论内务部预算案时的发言。——376。

191　交易所委员会是附属于交易所的常设机构,由大商人、工厂主、银行家
选举产生,因而是俄国资产阶级的"代表组织"的形式之一。俄国第一
个交易所委员会于1816年成立于彼得堡,以后各城市陆续成立,到
1917年全国共有101个交易所委员会。交易所委员会的活动主要限
于讨论经济问题。1905年交易所委员会被许可派工商界代表参加国
务会议。1917年十月革命后交易所委员会停止活动。——380。

192　工商界代表大会委员会是俄国大工厂主和大商人的政治组织,成立于
1907—1910年的反动时期,主要任务是对付工人罢工。委员会乐于凭
借政府的武装力量镇压工人运动,同时也向沙皇政府提出一些诚惶诚
恐的要求,责备它"老爷式地忽视"祖国工商业的利益等等。第一次世
界大战时期,该委员会对俄军作战情况表示不满,要求成立能够得到资
产阶级信任的政府。1917年10—11月它和其他资产阶级反革命组织
一起被取缔。——380。

193　《复兴》杂志(《Возрождение》)是俄国孟什维克取消派的合法刊物(双周
刊),1908年12月—1910年7月在莫斯科出版。为该杂志撰稿的有
费·伊·唐恩、亚·尼·波特列索夫、亚·马尔丁诺夫等。接替《复兴》
杂志出版的是《生活》杂志。——381。

194　指19世纪60年代自由派资产阶级的代表组成的普鲁士邦议会同普鲁
士王国政府之间发生的冲突。从1860年到1862年,普鲁士邦议会多
次拒绝批准政府提出的扩大军费开支以加强和改组军队的预算方案,
这是由于资产阶级担心这一改革会加强王室和容克贵族的力量。1862
年9月,普鲁士国王把奥·俾斯麦召来任首相。俾斯麦干脆不要议会
同意国家预算,径自拨款实行军队的改组。自由派资产阶级认为这是
违反宪法的。这样军队问题的争执便演变成为宪法的争执。1866年

普鲁士战胜了奥地利以后,普鲁士邦议会以压倒多数批准了自宪法冲突以来俾斯麦政府的一切支出,普鲁士资产阶级终于同反动的贵族官僚政府完全和解,所谓的宪法冲突随之烟消云散。——382。

195　《20世纪初俄国的社会运动》是孟什维克的文集,由尔·马尔托夫、彼·巴·马斯洛夫和亚·尼·波特列索夫编辑,彼得堡公益出版社于1909—1914年出版。原计划出5卷,实际上出了4卷。格·瓦·普列汉诺夫起初曾参加编辑部,后因不同意把波特列索夫的取消主义文章《革命前时期社会政治思想的演变》编入第1卷而于1908年秋退出。

　　　　列宁这里说的是该文集第1卷《运动的预兆和基本原因》的结论性文章——马尔托夫的《政治发展的总结》。——385。

196　正教院是俄国管理正教事务的最高国家机关,建立于1721年,当时称圣执政正教院,与参议院的地位相等。正教院管理的事项有:纯粹宗教性质的事务(解释教义、安排宗教仪式和祈祷等),教会行政和经济事项(任免教会负责人员、管理教会财产等),宗教法庭事项(镇压异教徒和分裂派教徒、管理宗教监狱、检查宗教书刊、审理神职人员案件等)。正教院成员由沙皇从高级宗教人士中任命,另外从世俗人士中任命正教院总监对正教院的活动进行监督。十月革命后,苏维埃政权撤销了正教院。正教院后来作为纯教会机构重新建立,是莫斯科和全俄总主教下的咨询机关。——388。

197　指俄国第三届国家杜马代表社会民主党人彼·伊·苏尔科夫在1909年4月14日(27日)的杜马会议上讨论正教院预算案时的发言。1909年5月13日(26日)《无产者报》第42号"党内通讯"栏刊登的《社会民主党杜马党团内就社会民主党对宗教的态度问题的讨论》一文,引用了杜马党团讨论苏尔科夫发言稿的材料。——388。

198　这句话出自古罗马诗人普·帕·斯塔齐乌斯的史诗《忒拜战纪》。——392。

199　《路标》是俄国立宪民主党政论家的文集,1909年在莫斯科出版,收有

尼·亚·别尔嘉耶夫、谢·尼·布尔加柯夫、米·奥·格尔申宗、亚·
索·伊兹哥耶夫、波·亚·基斯嘉科夫斯基、彼·伯·司徒卢威和谢·
路·弗兰克等人论述俄国知识分子的文章。在这些文章里,路标派企
图诋毁俄国解放运动的革命民主主义传统,贬低维·格·别林斯基、
尼·亚·杜勃罗留波夫、尼·加·车尔尼雪夫斯基、德·伊·皮萨列夫
等人的观点和活动。他们诬蔑 1905 年的革命运动,感谢沙皇政府"用
自己的刺刀和牢狱"把资产阶级"从人民的狂暴中"拯救了出来。列宁
在《论〈路标〉》一文中对立宪民主党的这一文集作了批判分析和政治评
价(见本版全集第 19 卷)。——396。

200 指捷·奥·别洛乌索夫 1908 年 3 月 22 日(4 月 4 日)在第三届国家杜
马讨论正教院预算案时提出的转入下一议程的动议。他在动议中承认
宗教是"每个人的私事"。1908 年 4 月 2 日(15 日)《无产者报》第 28 号
的社论中曾指出别洛乌索夫的措辞是错误的。——398。

201 旧教派也称旧礼仪派,是 17 世纪从俄国正教中分裂出来的一个教派。
旧教派组织的许多领导人是大商人和工业家。1906 年以前,旧教派受
沙皇政府迫害。——402。

202 《莫斯科呼声报》(《Голос Москвы》)是俄国十月党人的机关报(日报),
1906 年 12 月 23 日—1915 年 6 月 30 日(1907 年 1 月 5 日—1915 年 7
月 13 日)在莫斯科出版。十月党人领袖亚·伊·古契柯夫是该报的出
版者和第一任编辑,也是后来的实际领导者。参加该报工作的有尼·
斯·阿夫达科夫、亚·弗·博勃里舍夫-普希金、尼·谢·沃尔康斯基、
弗·伊·格里耶、费·尼·普列瓦科、亚·阿·斯托雷平等。该报得到
俄国大资本家的资助。——406。

203 这里说的缅施科夫是指反动政论家、《新时报》撰稿人米·奥·缅施科
夫。——407。

204 杰尔席莫尔达是俄国作家尼·瓦·果戈理的喜剧《钦差大臣》中的一个
愚蠢粗野、动辄用拳头打人的警察,这里用做警察专制制度的代名词。

——408。

205 关于召开全国党代表会议的决议草案是约·费·杜勃洛文斯基起草的,列宁在这个草案的原稿上进行了修改。修改后的决议草案,由杜勃洛文斯基代表布尔什维克提出,为全会所通过。孟什维克提出的决议草案实际上是要把代表会议的召开无限期地拖延下去,这个草案以 7 票对 5 票被否决。——411。

206 根据保存下来的 1908 年 12 月 24 日(1909 年 1 月 6 日)列宁关于组织问题的发言的简要记录,无法确定这个提纲中列举的所有问题是否都在发言中有所反映。但是,根据提纲中提到的问题的范围,可以推测这个提纲是在讨论组织问题时写的。——412。

207 指俄国社会民主工党第五次(伦敦)代表大会选出的党的中央委员会的 12 名成员。"5 名"是指在俄国国内工作的 5 名中央委员。"天使之职"这一讽刺语大概是针对孟什维克取消派的决议草案讲的,该草案提出要撤销中央委员会国外局,把党的工作的全部领导权集中于俄国国内的五人小组之手。——412。

208 这个报告要点刊印在俄国社会民主工党巴黎第二协助小组的海报上。海报样式如下:

> "1909 年 2 月 10 日
>
> 晚 8 时 30 分
>
> 在丹东街 8 号
>
> 科学家协会大厅
>
> **尼·列宁**
>
> 作报告
>
> 　题目是:
>
> 《俄国的目前形势》。"

提纲中列举的问题在列宁 1909 年的一系列著作中,特别是在《走上大路》(见本卷第 329—339 页)一文中有所反映。——414。

人 名 索 引

A

阿卜杜尔-哈米德二世（Abdul Hamid II 1842 — 1919)——土耳其苏丹
（1876—1909)。在自由派资产阶级支持下即位,但于1878年解散议会,建
立专制制度。因对奥斯曼帝国各族人民实行高压政策,尤其是对亚美尼亚
人实行残杀,而得到"血腥苏丹"的绰号,列宁称他为"土耳其的尼古拉二
世"。在他统治时期,土耳其沦为欧洲帝国主义列强的半殖民地。1908年
革命后被迫召开议会和恢复宪政。1909年搞反革命政变未遂,被废黜入
狱。——156、218。

阿德勒,维克多（Adler, Victor 1852—1918)——奥地利社会民主党创建人和
领袖之一。早年是资产阶级激进派,19世纪80年代中期参加工人运动。
1883年和1889年曾与恩格斯会晤,1889—1895年同恩格斯有通信联系。
是1888年12月31日—1889年1月1日奥地利社会民主党成立大会上通
过的党纲的主要起草人之一。在克服奥地利社会民主主义运动的分裂和
建立统一的党方面做了许多工作。在党的一系列重要政策问题上（包括民
族问题）倾向改良主义立场。1886年创办《平等》周刊,1889年起任奥地利
社会民主党中央机关报《工人报》编辑。1905年起为议员。第一次世界大
战期间持中派立场,鼓吹阶级和平,反对工人阶级的革命发动。1918年11
月短期担任奥地利资产阶级共和国外交部长。——214、221。

阿夫拉莫夫,斯特凡（Аврамов, Стефан)——保加利亚社会民主党人。1908
年是保加利亚社会民主党（紧密派）出席社会党国际局会议的代表;会后不
久脱党。——213、215。

阿克雪里罗得,帕维尔·波里索维奇（帕·波·)（Аксельрод, Павел
Борисович(П.Б.)1850 — 1928)——俄国孟什维克领袖之一。19世纪70

年代是民粹派分子。1883年参与创建劳动解放社。1900年起是《火星报》和《曙光》杂志编辑部成员。这一时期在宣传马克思主义的同时,也在一系列著作中把资产阶级民主制和西欧社会民主党议会活动理想化。1903年在俄国社会民主工党第二次代表大会上是《火星报》编辑部有发言权的代表,属火星派少数派,会后是孟什维主义的思想家。1905年提出召开广泛的工人代表大会的取消主义观点。1906年在党的第四次(统一)代表大会上代表孟什维克作了关于国家杜马问题的报告,宣扬无产阶级同资产阶级实行政治合作的机会主义思想。斯托雷平反动时期和新的革命高涨年代是取消派的思想领袖,参加孟什维克取消派《社会民主党人呼声报》编辑部。1912年加入"八月联盟"。第一次世界大战期间表面上是中派,实际持社会沙文主义立场;曾参加齐美尔瓦尔德代表会议和昆塔尔代表会议,属于右翼。1917年二月革命后任彼得格勒苏维埃执行委员会委员,支持资产阶级临时政府。十月革命后侨居国外,反对苏维埃政权,鼓吹武装干涉苏维埃俄国。——353、381。

埃伦塔尔,阿洛伊斯(Aehrenthal,Alois 1854—1912)——奥地利国务活动家和外交家,伯爵。1877年起从事外交工作。1895—1898年任驻布加勒斯特公使,1899—1906年任驻彼得堡大使,1906—1912年任奥匈帝国外交大臣。在巴尔干推行扩张政策。策划并实现了对波斯尼亚和黑塞哥维那的兼并(1908),致使奥匈帝国和俄国的关系尖锐化,并引起了国际关系的危机。——201、202。

埃兹拉——见罗森,M.M.。

爱德华七世(Edward Ⅶ 1841—1910)——英国国王(1901—1910)。——201、218。

爱尔威,古斯塔夫(Hervé,Gustave 1871—1944)——法国社会党人,政论家和律师。1905—1918年是工人国际法国支部成员。1906年创办《社会战争报》,宣传半无政府主义的反军国主义纲领。1907年在第二国际斯图加特代表大会上坚持这一纲领,提出用罢工和起义来反对一切战争。第一次世界大战期间是社会沙文主义者。俄国十月革命后反对苏维埃国家和布尔什维克党。30年代拥护民族社会主义,主张法国同法西斯德国接近。——169、170、171、172。

B

主义,宣传造神说和经验批判主义,是用马赫主义修正马克思主义的主要
代表人物之一。1917 年是孟什维克国际主义者,半孟什维克的《新生活
报》的编辑之一;反对十月革命。1921 年起在国家计划委员会工作。和
伊·伊·斯克沃尔佐夫-斯捷潘诺夫合译了《资本论》(第 1—3 卷,1907—
1909 年)及马克思的其他一些著作。晚年从事文艺和哲学著作的翻译工
作。其经济学著作涉及经济平衡表问题。哲学著作追随马赫主义,主要著
作有《无政府主义的共产主义和马克思主义》(1906)、《两条战线》(1910)
等。——14。

白恩士,约翰·埃利奥特(Burns,John Eliot 1858—1943)——英国工人运动
活动家,改良主义者;职业是机械师。19 世纪 80 年代是工联领导人之一,
参加过多次罢工,领导了 1889 年伦敦码头工人大罢工。曾是英国社会民
主联盟盟员,但不久退出该组织。1889 年进入伦敦郡议会。1892 年被
选入议会,在议会中不顾工人阶级的利益,主张同资本家合作。1905—
1914 年任地方自治事务大臣,1914 年任商业大臣。1914 年 8 月因不同意
政府关于参加第一次世界大战的决定而辞职。后脱离政治活动。——
215、217。

白里安,阿里斯蒂德(Briand,Aristide 1862—1932)——法国国务活动家,外
交家;职业是律师。19 世纪 80 年代参加法国社会主义运动,1898 年加入
法国独立社会党人联盟,一度属社会党左翼;1902 年参加改良主义的法国
社会党,同年被选入议会。1906 年参加资产阶级政府,任教育部长,因此
被开除出社会党;后同亚·米勒兰、勒·维维安尼等人一起组成独立社会
党人集团(1911 年取名"共和社会党")。1909—1911 年任"三叛徒(白里
安、米勒兰、维维安尼)内阁"的总理。1910 年宣布对铁路实行军管,残酷
镇压铁路工人的罢工。1913 年任总理,1915—1917 年、1921—1922 年任
总理兼外交部长,1924 年任法国驻国际联盟代表。1925 年参与签订洛迦
诺公约。1925—1931 年任外交部长。1931 年竞选总统失败后退出政界。
——167。

鲍勃凌斯基,弗拉基米尔·阿列克谢耶维奇(Бобринский,Владимир
Алексеевич 1868—1927)——俄国大地主和大糖厂主,伯爵,反动的政治
活动家。1895—1898 年任图拉省博戈罗季茨克县地方自治局主席。第二

届、第三届和第四届国家杜马图拉省代表,在杜马中属于右翼。作为极端
的民族主义者,主张在俄国少数民族边疆地区强制推行俄罗斯化。十月革
命后参加君主派的俄国国家统一委员会,1919 年起为白俄流亡分子。
——285。

贝尔,卡尔·马克西莫维奇(Бэр, Карл Максимович 1792—1876)——19 世
　　纪俄国最大的自然科学家之一,胚胎学的创始人,科学院院士。1814 年在
　　多尔帕特大学毕业后,侨居国外。1817 年起任柯尼斯堡大学副校长,1819
　　年起任动物学教授,1826 年起任解剖学教授。1826 年被选为彼得堡科学
　　院通讯院士,1828 年被选为正式院士。1834 年回到彼得堡。以动物胚胎
　　发育方面的著作享有盛名。承认进化过程,但用唯心主义观点予以解释;
　　反对达尔文的进化论,特别是反对自然选择学说。对人类学问题也进行过
　　研究,是俄国地理学会创建人之一,多次参加地理考察团,曾编辑出版俄国
　　地理丛书。写有许多人类学、解剖学等方面的著作。——58。

倍倍尔,奥古斯特(Bebel, August 1840—1913)——德国工人运动和国际工
　　人运动活动家,德国社会民主党和第二国际的创建人和领袖之一,马克思
　　和恩格斯的朋友和战友;旋工出身。19 世纪 60 年代前半期开始参加政治
　　活动,1867 年当选为德国工人协会联合会主席,1868 年该联合会加入第一
　　国际。1869 年与威·李卜克内西共同创建了德国社会民主工党(爱森纳
　　赫派),该党于 1875 年与拉萨尔派合并为德国社会主义工人党,后又改名
　　为德国社会民主党。多次当选国会议员,利用国会讲坛揭露帝国政府反动
　　的内外政策。1870—1871 年普法战争期间持国际主义立场,在国会中投
　　票反对军事拨款,支持巴黎公社,为此曾被捕和被控叛国,断断续续在狱中
　　度过近六年时间。在反社会党人非常法施行时期,领导了党的地下活动和
　　议会活动。90 年代和 20 世纪初同党内的改良主义和修正主义进行斗争,
　　反对伯恩施坦及其拥护者对马克思主义理论的歪曲和庸俗化。是出色的
　　政论家和演说家,对德国和欧洲工人运动的发展有很大影响。马克思和恩
　　格斯高度评价了他的活动。——169、375。

彼得——见拉米什维里,诺伊·维萨里昂诺维奇。

彼得罗夫,康斯坦丁·马特维耶维奇(彼得罗夫第三)(Петров, Константин
　　Матвеевич(Петр 3-й) 生于 1877 年)——俄国劳动派分子,劳动派党团秘

书；职业是排字工人。第三届国家杜马彼尔姆省代表，在杜马中被选入城市事务、工人问题、预算等委员会。——293—294。

彼得罗夫第三——见彼得罗夫，康斯坦丁·马特维耶维奇。

彼舍霍诺夫，阿列克谢·瓦西里耶维奇（Пешехонов，Алексей Васильевич 1867—1933）——俄国社会活动家和政论家。19世纪90年代为自由主义民粹派分子。《俄国财富》杂志撰稿人，1904年起为该杂志编委；曾为自由派资产阶级的《解放》杂志和社会革命党的《革命俄国报》撰稿。1903—1905年为解放社成员。小资产阶级政党"人民社会党"的组织者（1906）和领袖之一，该党同劳动派合并后（1917年6月），参加劳动人民社会党中央委员会。1917年二月革命后任彼得格勒工兵代表苏维埃执行委员会委员，同年5—8月任临时政府粮食部长，后任预备议会副主席。十月革命后反对苏维埃政权，参加了反革命组织"俄罗斯复兴会"。1922年被驱逐出境，成为白俄流亡分子。——141。

俾斯麦，奥托·爱德华·莱奥波德（Bismarck，Otto Eduard Leopold 1815—1898）——普鲁士和德国国务活动家和外交家。普鲁士容克的代表。曾任驻彼得堡大使（1859—1862）和驻巴黎大使（1862），普鲁士首相（1862—1872、1873—1890），北德意志联邦首相（1867—1871）和德意志帝国首相（1871—1890）。1870年发动普法战争，1871年支持法国资产阶级镇压巴黎公社。主张在普鲁士领导下"自上而下"统一德国。曾采取一系列内政措施，捍卫容克和大资产阶级的联盟。1878年颁布反社会党人非常法。由于内外政策遭受挫折，于1890年3月去职。——26、173、389、390。

毕洛，伯恩哈德（Bülow，Bernhard 1849—1929）——德意志帝国外交家和国务活动家。1897—1900年任外交大臣，1900—1909年任首相。提出了反映德帝国主义争夺世界霸权野心的庞大的殖民掠夺纲领。推行反动的对内政策，镇压罢工运动，压制反军国主义力量。1914—1915年任驻意大利特命大使。后脱离政治活动。——167。

别列佐夫斯基，亚历山大·叶利扎罗维奇（Березовский，Александр Елизарович（生于1868年））——俄国地主，立宪民主党人，地方自治运动活动家；职业是农艺师。第三届国家杜马辛比尔斯克省代表，在杜马中是粮食、土地等委员会委员。1918年起从事农艺专业工作。——287—289。

别洛乌索夫,捷连季·奥西波维奇(Белоусов, Терентий Осипович 1875 —
　　1920)——俄国孟什维克取消派分子,第三届国家杜马伊尔库茨克省代表,
　　在杜马中被选入预算和土地委员会。1912 年 2 月退出社会民主党杜马党
　　团,但未辞去代表职务。后脱离政治活动,在莫斯科合作社组织中工作。
　　——295、296、376、398、408。

波波夫,阿列克谢·阿列克谢耶维奇(波波夫第二)(Попов, Алексей
　　Алексеевич(Попов 2-й)生于 1868 年)——俄国农村司祭,第三届国家杜
　　马维亚特卡省代表。在杜马中属进步派党团;宗教委员会和正教教会事务
　　委员会委员。——294。

波波夫,伊万·尼古拉耶维奇(波波夫第四)(Попов, Иван Николаевич
　　(Попов 4-й)生于 1878 年)——俄国农民,第三届国家杜马沃洛格达省代
　　表。在杜马中初为温和的右派分子,后为无党派人士;移民委员会和工商
　　业委员会委员。——291。

波波夫第二——见波波夫,阿列克谢·阿列克谢耶维奇。

波波夫第四——见波波夫,伊万·尼古拉耶维奇。

波格丹诺夫(**马林诺夫斯基**),亚历山大·亚历山德罗维奇(Богданов
　　(Малиновский), Александр Александрович 1873 — 1928)——俄国社会民
　　主党人,哲学家,社会学家,经济学家;职业是医生。19 世纪 90 年代参加
　　社会民主主义小组。1903 年成为布尔什维克。在党的第三、第四和第五
　　次代表大会上被选入中央委员会。曾参加布尔什维克机关报《前进报》和
　　《无产者报》编辑部,是布尔什维克《新生活报》的编辑。在对待布尔什维克
　　参加第三届国家杜马的问题上持抵制派立场。1908 年是反对布尔什维克
　　在合法组织里工作的最高纲领派的领袖。斯托雷平反动时期和新的革命
　　高涨年代背离布尔什维主义,领导召回派,是"前进"集团的领袖。在哲学
　　上宣扬经验一元论。1909 年 6 月因进行派别活动被开除出党。第一次世
　　界大战期间持国际主义立场。十月革命后是共产主义科学院院士,在莫斯
　　科大学讲授经济学。1918 年是无产阶级文化派的思想家。1921 年起从事
　　老年医学和血液学的研究。1926 年起任由他创建的输血研究所所长。主
　　要著作有《经济学简明教程》(1897)、《经验一元论》(第 1 — 3 卷,1904 —
　　1906)、《生动经验的哲学》(1913)、《关于社会意识的科学》(1914)、《普遍的

组织起来的科学(组织形态学)》(1913—1922)。——14、313。

波洛夫涅夫，亚历山大·B.(Половнев, Александр B.)——俄国保安处密探，黑帮组织"俄罗斯人民同盟"的组织者之一，该同盟纳尔瓦区的战斗队队长。1906年7月曾参与刺杀国家杜马代表、立宪民主党人米·雅·赫尔岑施坦，因此被判刑，不久得到沙皇赦免。——374。

波特列索夫，亚历山大·尼古拉耶维奇(Потресов, Александр Николаевич 1869—1934)——俄国孟什维克领袖之一。19世纪90年代初参加马克思主义小组。1896年加入彼得堡工人阶级解放斗争协会，后被捕，1898年流放维亚特卡省。1900年出国，参与创办《火星报》和《曙光》杂志。在俄国社会民主工党第二次代表大会上是《火星报》编辑部有发言权的代表，属火星派少数派，会后是孟什维克刊物的主要撰稿人和领导人。斯托雷平反动时期和新的革命高涨年代是取消派思想家，在《复兴》杂志和《我们的曙光》杂志中起领导作用。第一次世界大战期间是社会沙文主义者。1917年在反布尔什维克的资产阶级《日报》中起领导作用。十月革命后侨居国外，为克伦斯基的《白日》周刊撰稿，攻击苏维埃政权。——353。

伯恩施坦，爱德华(Bernstein, Eduard 1850—1932)——德国社会民主党和第二国际右翼领袖之一，修正主义的代表人物。1872年加入社会民主党，曾是欧·杜林的信徒。1879年和卡·赫希柏格、卡·施拉姆在苏黎世发表《德国社会主义运动的回顾》一文，指责党的革命策略，主张放弃革命斗争，适应俾斯麦制度，受到马克思和恩格斯的严厉批评。1881—1890年任党的中央机关报《社会民主党人报》编辑。从90年代中期起完全同马克思主义决裂。1896—1898年以《社会主义问题》为题在《新时代》杂志上发表一组文章，1899年发表《社会主义的前提和社会民主党的任务》一书，从经济、政治和哲学方面对马克思主义的理论和策略作了全面的修正。1902年起为国会议员。第一次世界大战期间持中派立场。1917年参加德国独立社会民主党，1919年公开转到右派方面。1918年十一月革命失败后出任艾伯特—谢德曼政府的财政部长助理。——12、17、27、252。

柏姆-巴维克，欧根·冯(Böhm-Bawerk, Eugen von 1851—1914)——奥地利经济学家，奥地利学派的代表人物。1881年起在因斯布鲁克大学和维也纳大学任教授。曾三次出任奥地利财政大臣，还担任过奥地利科学院院长。在《经济财物价值理论纲要》(1886)、《资本与利润》(1884—1889)、《卡尔·马克思的理论及对它的批判》(1896)等著作中,与弗·维泽尔共同发展了边际效用价值论,试图推翻马克思的劳动价值论和剩余价值论。——14、16。

博比扬斯基,亚历山大·福米奇(Бобянский, Александр Фомич 生于 1853年)——俄国立宪民主党人,大地主,军事法官,退役后为律师。第三届国家杜马彼尔姆省代表,在杜马中就法律问题发了言。——287。

布拉戈维申斯基,尼古拉·安德列耶维奇(Благовещенский, Николай Андреевич 生于 1859 年)——俄国库尔斯克地方自治局统计人员,著有《地方自治局按户调查经济资料综合统计汇编。第 1 卷:农民经济》(1893)一书及其他统计方面的著作。十月革命后在库尔斯克省统计局工作。——107。

布拉特(**布洛塔**),安德列·安德列耶维奇(Булат(Булота), Андрей Андреевич 1872—1941)——立陶宛社会活动家,第二届和第三届国家杜马苏瓦乌基省代表;职业是律师。1905 年 10 月是邮电职员罢工的组织者之一;屡遭监禁。在杜马中参加劳动派党团,在第三届国家杜马中为劳动派党团领袖。1912—1915 年在维尔纽斯当律师,1915—1917 年住在美国。返回彼得格勒后,代表社会革命党被增补进工兵代表苏维埃中央执行委员会。1940 年为立陶宛苏维埃社会主义共和国人民议会选举委员会委员。1940—1941 年任共和国最高苏维埃主席团司法部部长。1941 年被德国占领者枪杀。——294。

布兰亭,卡尔·亚尔马(Branting, Karl Hjalmar 1860—1925)——瑞典社会民主党和第二国际创建人和领袖之一,持机会主义立场。1887—1917 年(有间断)任瑞典社会民主党中央机关报《社会民主党人报》编辑。1896 年起为议员。1907 年当选为党的执行委员会主席。第一次世界大战期间是社会沙文主义者。1917 年参加埃登的自由党—社会党联合政府,支持武装干涉苏维埃俄国。1920 年、1921—1923 年、1924—1925 年领导社会民主党政府,1921—1923 年兼任外交大臣。曾参与创建和领导伯尔尼国际。——222。

布鲁凯尔,路易·德(Brouckère, Louis de 1870—1951)——比利时工人党领

袖和理论家之一,第一次世界大战前领导该党左翼。在第二国际斯图加特代表大会上就社会党同工会的关系问题发了言。第一次世界大战期间是社会沙文主义者,战后是工人党总委员会常务局成员和第二国际执行委员会委员。后参加政府,任参议员和比利时驻国际联盟代表。1919年起任布鲁塞尔大学教授,1926年起是比利时科学院院士。——18、222。

C

查理一世(Charles Ⅰ 1600—1649)——英国国王(1625—1649),17世纪英国资产阶级革命时期被处死。——38、362。

车尔尼雪夫斯基,尼古拉·加甫里洛维奇(Чернышевский, Николай Гаврилович 1828—1889)——俄国革命民主主义者和空想社会主义者,作家,文学评论家,经济学家,哲学家;俄国社会民主主义先驱之一,俄国19世纪60年代革命运动的领袖。1853年开始为《祖国纪事》和《同时代人》等杂志撰稿,1856—1862年是《同时代人》杂志的领导人之一,发扬别林斯基的民主主义批判传统,宣传农民革命思想,是土地和自由社的思想鼓舞者。因揭露1861年农民改革的骗局,号召人民起义,于1862年被沙皇政府逮捕,入狱两年,后被送到西伯利亚服苦役。1883年解除流放,1889年被允许回家乡居住。著述很多,涉及哲学、经济学、教育学、美学、伦理学等领域。在哲学上批判了贝克莱、康德、黑格尔等人的唯心主义观点,力图以唯物主义精神改造黑格尔的辩证法。对资本主义作了深刻的批判,认为社会主义是由整个人类发展进程所决定的,但作为空想社会主义者,又认为俄国有可能通过农民村社过渡到社会主义。所著长篇小说《怎么办?》(1863)和《序幕》(约1867—1869)表达了社会主义理想,产生了巨大的革命影响。——313。

成吉思汗(约1155—1227)——即元太祖。名铁木真。古代蒙古首领,军事家和政治家。出生于蒙古乞颜部孛儿只斤氏族。12世纪末13世纪初,代表蒙古贵族利益,统一蒙古诸部,1206年被推为大汗,号成吉思汗,建立了蒙古汗国。制定军事、政治、法律等制度,开始使用文字,从而改变诸部之间长期争战的局面,加强了经济联系,对蒙古社会的发展起了进步作用。即位之后即大举向外扩张。1205—1209年三次入侵西夏。1211—1215

年两次向金进攻,直到黄河北岸,占领中都(今北京)。1219年发动蒙古军的第一次西征,版图扩展到中亚地区和南俄。1226年率兵再次攻西夏,次年在西夏病死。——159。

D

丹尼尔逊,尼古拉·弗兰策维奇(尼古·——逊;尼古拉·——逊)(Даниельсон, Николай Францевич(Ник.-он,Николай-он) 1844—1918)——俄国经济学家,政论家,自由主义民粹派理论家。他的政治活动反映了民粹派从对沙皇制度进行革命斗争转向与之妥协的演变。19世纪60—70年代与革命的青年平民知识分子小组有联系。接替格·亚·洛帕廷译完了马克思的《资本论》第1卷(1872年初版),以后又译出第2卷(1885)和第3卷(1896)。在翻译该书期间同马克思和恩格斯有过书信往来。但不了解马克思主义的实质,认为马克思主义理论不适用于俄国,资本主义在俄国没有发展前途;主张保存村社土地所有制,维护小农经济和手工业经济。1893年出版了《我国改革后的社会经济概况》一书,论证了自由主义民粹派的经济观点。列宁尖锐地批判了他的经济思想。——74、96。

德雷克斯勒尔,古斯塔夫(Drechsler,Gustav 1833—1890)——德国教授,格丁根农学院院长。曾与弗·亨涅贝格一起出版《农业杂志》,写有《农业状况》(1869)、《征收地段的赎买计算法》(1873)等农业方面的著作。1887年被选入帝国国会。——88。

狄茨,约翰·亨利希·威廉(Dietz,Johann Heinrich Wilhelm 1843—1922)——德国社会民主党人,出版家。19世纪60年代在俄国彼得堡《同时代人》杂志当排字工人。返回德国后,参加汉堡、莱比锡、斯图加特的社会民主主义运动。1881年起在斯图加特定居,创办狄茨出版社,即后来的社会民主党出版社。1881—1918年为帝国国会议员。曾出版马克思和恩格斯的著作以及《曙光》杂志和列宁的著作《怎么办?》。——232。

蒂托尼,托马佐(Tittoni,Tommaso 1855—1931)——意大利国务活动家和外交家。1903—1909年任意大利外交大臣。1906年起为参议员,1910—1916年任驻巴黎大使。1919年再次出任外交大臣,代表意大利出席巴黎和会。1919—1928年任参议院议长,1929—1930年任意大利科学院院长。——201、202。

杜巴索夫,费多尔·瓦西里耶维奇（Дубасов, Федор Васильевич 1845—1912）——沙俄海军上将（1906），副官长,沙皇反动势力的魁首之一。1897—1899年任太平洋分舰队司令。1905年领导镇压切尔尼戈夫省、波尔塔瓦省和库尔斯克省的农民运动。1905年11月—1906年7月任莫斯科总督,是镇压莫斯科十二月武装起义的策划者。1906年起为国务会议成员。1907年起为国防会议成员。——44。

杜勃洛文,亚历山大·伊万诺维奇（Дубровин, Александр Иванович 1855—1918）——俄国黑帮组织"俄罗斯人民同盟"的组织者和领导人;职业是医生。1905—1907年是反犹大暴行和恐怖活动的煽动者和策划者。曾编辑黑帮反犹报纸《俄国旗帜报》。1910年俄罗斯人民同盟分裂后,继续领导该同盟中受他控制的那一部分——彼得堡全俄杜勃洛文俄罗斯人民同盟。——374。

杜林,欧根·卡尔（Dühring, Eugen Karl 1833—1921）——德国哲学家和经济学家。毕业于柏林大学,当过见习法官,1863—1877年为柏林大学非公聘讲师。70年代起以"社会主义改革家"自居,反对马克思主义,企图创立新的理论体系。在哲学上把唯心主义、庸俗唯物主义和实证论混合在一起;在政治经济学方面反对马克思的劳动价值学说和剩余价值学说;在社会主义理论方面以资产阶级改良主义精神阐述自己的社会主义体系,反对科学社会主义。他的思想得到部分德国社会民主党人的支持。恩格斯在《反杜林论》一书中系统地批判了他的观点。主要著作有《国民经济学和社会主义批判史》(1871)、《国民经济学和社会经济学教程》(1873)、《哲学教程》(1875)等。——12、14、388、389、390、397。

杜姆巴泽,伊万·安东诺维奇（Думбадзе, Иван Антонович 1851—1916）——沙俄将军,黑帮分子,高加索俄罗斯化政策的维护者。1906年被任命为雅尔塔市总办。作为黑帮组织"俄罗斯人民同盟"的成员,依仗尼古拉二世的宠信,目无法纪,排斥异己,变雅尔塔为他个人的世袭领地,对居民实行恐怖政策,干预诉讼案件。他的所作所为甚至引起十月党人的抗议,1908年他们就他的非法行为向第三届国家杜马提出质问;杜姆巴泽于1910年被解职,但事过一个月之后,再次被任命为雅尔塔市总办。——26、28。

E

恩格斯,弗里德里希(Engels, Friedrich 1820—1895)——科学共产主义创始人之一,世界无产阶级的领袖和导师,马克思的亲密战友。——12、14、21、27、31、38、174、215、225、249、252、260、261、262、313、361—363、386、388—389、390、391、392、398、401。

F

范科尔,亨利克(Van Kol, Henrik 1851—1925)——荷兰社会民主工党创建人(1894)和领袖之一。建党几年后即滑向改良主义和机会主义。在第二国际阿姆斯特丹代表大会(1904)和斯图加特代表大会(1907)上维护关于殖民地问题的机会主义决议,该决议在执行所谓"传播文明的使命"的幌子下为帝国主义奴役殖民地各国人民进行辩护。敌视俄国十月革命和苏维埃国家。——218、222、223、224。

斐迪南一世·科堡(1861—1948)——保加利亚大公(1887—1908)和国王(1908—1918),出身于德国公爵世家。由于奥德的外交阴谋和部分保加利亚资产阶级的支持,1887年被选为保加利亚大公。所推行的政策促成了第二次巴尔干战争的爆发(1913),并使保加利亚站在德国及其盟国一方卷入第一次世界大战。由于保加利亚士兵发动弗拉达亚起义,于1918年10月退位,逃回德国。——201。

费尔巴哈,路德维希·安德列亚斯(Feuerbach, Ludwig Andreas 1804—1872)——德国唯物主义哲学家和无神论者,德国古典哲学代表人物之一,德国资产阶级最激进的民主主义阶层的思想家。1828年起在埃朗根大学任教。在自己的第一部著作《关于死和不死的思想》(1830)中反对基督教关于灵魂不死的教义;该书被没收,本人遭迫害,并被学校解聘。1836年移居布鲁克贝格村(图林根),在农村生活了近25年。在从事哲学活动的初期是唯心主义者,属于青年黑格尔派。到30年代末摆脱了唯心主义;在《黑格尔哲学批判》(1839)和《基督教的本质》(1841)这两部著作中,割断了与黑格尔主义的联系,转向唯物主义立场。主要功绩是在唯心主义长期统治德国哲学之后,恢复了唯物主义的权威。肯定自然界是客观存在的,不

以人的意识为转移；人是自然的产物，人能认识物质世界和客观规律。费
尔巴哈的唯物主义是马克思主义哲学的理论来源之一。但他的唯物主义
是形而上学的和直观的，是以人本主义的形式出现的，历史观仍然是唯心
主义的；把人仅仅看做是一种脱离历史和社会关系而存在的生物，不了解
实践在认识和社会发展过程中的作用。晚年关心社会主义文献，读过马克
思的《资本论》，并于1870年加入德国社会民主党。在马克思《关于费尔巴
哈的提纲》和恩格斯《路德维希·费尔巴哈和德国古典哲学的终结》中对费
尔巴哈的哲学作了全面的分析。——313、388、391、396。

费舍，理查（Fischer，Richard 1855—1926）——德国社会民主党人。1880—
1890年在苏黎世和伦敦的社会民主党印刷所工作。1890—1893年任社
会民主党执行委员会书记。1893—1903年领导社会民主党的出版社，是
该党中央机关报《前进报》的出版人和管理人。1893—1926年为国会议
员。第一次世界大战期间是社会沙文主义者。——190。

弗兰茨-约瑟夫一世（Franz-Joseph I 1830—1916）——奥地利皇帝（1848—
1916）。——201、218。

福尔马尔，格奥尔格·亨利希（Vollmar，Georg Heinrich 1850—1922）——德
国社会民主党机会主义派领袖之一，新闻工作者。早年是激进的民主主义
者。1876年加入社会民主党，1879—1880年任党的中央机关报《社会民
主党人报》编辑。1881年起多次当选帝国国会议员和巴伐利亚邦议会议
员。反社会党人非常法废除后，很快转为右倾，提出一系列改良主义主张，
建议把党的活动局限在争取改良的斗争上，主张同资产阶级合作，同政府
妥协，反对阶级斗争尖锐化，鼓吹"国家社会主义"的优越性，号召社会民主
党同自由派联合；在制定党的土地纲领时，维护小土地占有者的利益。第
一次世界大战期间是社会沙文主义者。晚年不再从事政治活动。——
169、170、172、173。

G

盖得，茹尔（**巴西尔，马蒂厄**）（Guesde，Jules（Basile，Mathieu）1845—
1922）——法国工人运动和国际工人运动活动家，法国工人党创建人之一，
第二国际的组织者和领袖之一。19世纪60年代是资产阶级共和主义者。

拥护1871年的巴黎公社。公社失败后流亡瑞士和意大利,一度追随无政府主义者。1876年回国。在马克思和恩格斯影响下逐步转向马克思主义。1877年11月创办《平等报》,宣传社会主义思想,为1879年法国工人党的建立作了思想准备。1880年和拉法格一起在马克思和恩格斯指导下起草了法国工人党纲领。1880—1901年领导法国工人党,同无政府主义者和可能派进行坚决斗争。1889年积极参加创建第二国际的活动。1893年当选为众议员。1899年反对米勒兰参加资产阶级内阁。1901年与其拥护者建立了法兰西社会党,该党于1905年同改良主义的法国社会党合并,盖得为统一的法国社会党领袖之一。20世纪初逐渐转向中派立场。第一次世界大战一开始即采取社会沙文主义立场,参加了法国资产阶级政府。1920年法国社会党分裂后,支持少数派立场,反对加入共产国际。——222。

哥利岑,А.Д.(Голицын,А.Д. 生于1874年)——俄国公爵,大地主,地方自治运动活动家,十月党组织者之一。酿酒主协会理事长,酿酒厂老板。1890年在哈尔科夫任县地方自治局主席,1905年起任省地方自治局主席。第二届国家杜马选举期间在哈尔科夫成立了中间党——所有主张立宪的政党的联合会。1907年参加地方自治人士代表大会。第三届国家杜马哈尔科夫省代表,曾任预算委员会、移民委员会和反酗酒委员会委员。——285。

哥列夫(戈尔德曼),波里斯·伊萨科维奇(伊哥列夫)(Горев(Гольдман),Борис Исаакович(Игорев) 1874—1937)——俄国社会民主党人。19世纪90年代中期参加革命运动,彼得堡工人阶级解放斗争协会会员。1897年被捕并被流放到奥廖克明斯克。1905年是俄国社会民主工党彼得堡委员会委员,布尔什维克。1907年转向孟什维克。在俄国社会民主工党第五次(伦敦)代表大会上代表孟什维克当选为候补中央委员。曾为孟什维克取消派的《社会民主党人呼声报》和《我们的曙光》杂志撰稿。1910—1911年为党中央委员会国外局成员和书记。1912年参加了托洛茨基在维也纳召开的反布尔什维克的八月代表会议,在会上被选入组委会。1917年二月革命后为孟什维克《工人报》编辑之一、孟什维克中央委员会委员和第一届中央执行委员会委员。1920年8月声明退出孟什维克组织。后在高等院校从事教学工作。——311。

格尔梅尔先,格里戈里·彼得罗维奇(Гельмерсен,Григорий Петрович 1803—
1885)——俄国地质学家,彼得堡科学院院士。1865—1872年任彼得堡矿
业学院院长。1882年起任地质委员会主席。写有乌拉尔、阿尔泰和中亚
细亚地质方面的著作。1841年编制了欧俄地质图。——58。

格尔舒尼,格里戈里·安德列耶维奇(Гершуни,Григорий Андреевич 1870—
1908)——俄国社会革命党的创建人和领袖之一,该党战斗组织的组织者
和领导人,该党中央委员。1902—1903年组织了一系列恐怖活动,曾被捕
并被判处死刑,后改为无期徒刑。1905年流放西伯利亚,1906年逃往国
外。1907年参加了社会革命党塔墨尔福斯代表大会,在会上主张同立宪
民主党人结盟。——129。

格格奇柯利,叶夫根尼·彼得罗维奇(Гегечкори,Евгений Петрович 1881—
1954)——格鲁吉亚孟什维克。第三届国家杜马库塔伊西省代表,社会民
主党杜马党团领袖之一。1917年二月革命后任临时政府外高加索特别委
员会委员。1917年11月起任外高加索反革命政府——外高加索委员会
主席,后为格鲁吉亚孟什维克政府的外交部长和副主席。1921年格鲁吉
亚建立苏维埃政权后为白俄流亡分子。——296。

格莱西尔,约翰·布鲁斯(Glasier,John Bruce 1859—1920)——英国社会党
人,工党创建人之一;职业是五金工人。19世纪80年代初期参加社会主
义运动。1893年加入独立工党,为该党全国委员会委员,1899—1900年
任委员会主席。1900年参与创建劳工代表委员会,1906年该委员会改组
为工党。1906—1910年编辑独立工党机关周刊《工人领袖》,1913—1917
年编辑《社会主义评论》月刊。是独立工党驻社会党国际局代表。——
212、216、217、218。

格里戈里——见季诺维也夫,格里戈里·叶夫谢耶维奇。

格佩茨基,尼古拉·Е.(Гепецкий,Николай Е. 生于1869年)——俄国地主,
司祭,县教区学校的学监。第三届和第四届国家杜马比萨拉比亚省代表,
在杜马中是预算委员会和国民教育委员会委员。——404。

古尔柯,弗拉基米尔·约瑟福维奇(Гурко,Владимир Иосифович 1863—
1927)——俄国国务活动家。1902年起任内务部地方局局长,1906年起任

副内务大臣。在第一届国家杜马中反对土地法案,维护农奴主-地主的利益。在哥列梅金政府中起过重要作用。后因同盗用公款一事有牵连,根据参议院判决被解职。1912年当选为国务会议成员。敌视十月革命,反对苏维埃政权,后流亡国外。——8。

古契柯夫,亚历山大·伊万诺维奇(Гучков, Александр Иванович 1862—1936)——俄国大资本家,十月党的组织者和领袖。1905—1907年革命期间支持政府镇压工农。1907年5月作为工商界代表被选入国务会议,同年11月被选入第三届国家杜马;1910年3月—1911年3月任杜马主席。第一次世界大战期间是中央军事工业委员会主席和国防特别会议成员。1917年3—5月任临时政府陆海军部长。同年8月参与策划科尔尼洛夫叛乱。十月革命后反对苏维埃政权,1918年起为白俄流亡分子。——26、334。

古容,尤利·彼得罗维奇(Гужон, Юлий Петрович 1854或1858—1918)——俄国大企业家,法国人。20世纪初起任莫斯科五金工厂股份公司董事长(到1917年年中)、工商业委员会莫斯科分会会员、法国互助协会会员、莫斯科工业区厂主协会主席(1907—1917)、工商界代表大会委员会委员。——380。

H

哈第,詹姆斯·基尔(Hardie, James Keir 1856—1915)——英国工人运动活动家,改良主义者,独立工党领袖和创建人之一;职业是矿工。从19世纪70年代起参加工会运动。1887年出版《矿工》杂志(后改名为《工人领袖》)。1888年创建苏格兰工党,1893年创建独立工党。1892年作为"独立的"工人候选人被选入议会,执行同资产阶级政党代表妥协的政策。第一次世界大战初期持中派立场,后公开倒向社会沙文主义者。——159。

海德门,亨利·迈尔斯(Hyndman, Henry Mayers 1842—1921)——英国社会党人。1881年创建民主联盟(1884年改组为社会民主联盟),担任领导职务,直至1892年。曾同法国可能派一起夺取1889年巴黎国际工人代表大会的领导权,但未能得逞。1900—1910年是社会党国际局成员。1911年参与创建英国社会党,领导该党机会主义派。第一次世界大战期间是社会沙文主义者。1916年英国社会党代表大会谴责他的社会沙文主义立场后,退出社会党。敌视俄国十月革命,赞成武装干涉苏维埃俄国。——213、215、217—218。

黑格尔,乔治·威廉·弗里德里希(Hegel,Georg Wilhelm Friedrich 1770—1831)——德国哲学家,客观唯心主义者,德国古典哲学的主要代表。1801—1807年任耶拿大学哲学讲师和教授。1808—1816年任纽伦堡中学校长。1816—1817年任海德堡大学哲学教授。1818年起任柏林大学哲学教授。黑格尔哲学是18世纪末至19世纪初德国唯心主义哲学的最高发展。他根据唯心主义的思维与存在同一的基本原则,建立了客观唯心主义的哲学体系,并创立了唯心主义辩证法的理论。认为在自然界和人类出现以前存在着绝对精神,客观世界是绝对精神、绝对观念的产物;绝对精神在其发展中经历了逻辑阶段、自然阶段和精神阶段,最终回复到了它自身;整个自然的、历史的和精神的世界都处于不断的运动、变化和发展中,矛盾是运动、变化的核心。黑格尔哲学的特点是辩证方法同形而上学体系之间的深刻矛盾。他的唯心主义辩证法是马克思主义哲学的理论来源之一。在社会政治观点上是保守的,是立宪君主制的维护者。主要著作有《精神现象学》(1807)、《逻辑学》(1812—1816)、《哲学全书》(1817)、《法哲学原理》(1821)、《哲学史讲演录》(1833—1836)、《历史哲学讲演录》(1837)、《美学讲演录》(1836—1838)等。——13、313。

亨利七世(都铎)(Henry VII(Tudor) 1457—1509)——英国国王,1485年即位,都铎王朝的始祖。曾采取一系列措施来限制封建贵族的势力,鼓励发展工商业。亨利七世在位期间,大大加剧了大土地占有者圈占农民土地和把大批农民从土地上赶走的过程。——138。

胡斯曼,卡米耶(Huysmans,Camille 1871—1968)——比利时工人运动最早的活动家之一,比利时社会党领导人之一,语文学教授,新闻工作者。1905—1922年任第二国际社会党国际局书记。第一次世界大战期间持中派立场,实际上领导社会党国际局。1910—1965年为议员,1936—1939年和1954—1958年任众议院议长。1940年当选为社会主义工人国际常务局主席。多次参加比利时政府,1946—1947年任首相,1947—1949年任教育大臣。——211。

J

基泽韦捷尔,亚历山大·亚历山德罗维奇(Кизеветтер, Александр Александрович 1866— 1933)——俄国历史学家和政论家,立宪民主党活动家。1904 年参加解放社,1906 年当选为立宪民主党中央委员。1909—1911 年任莫斯科大学教授。曾参加立宪民主党人为进入第一届和第二届国家杜马而进行的竞选斗争,是第二届国家杜马代表。曾为《俄罗斯新闻》撰稿,参加《俄国思想》杂志编委会,为该杂志编辑之一。在历史和政论著作中否定 1905—1907 年革命。十月革命后反对苏维埃政权,1922 年被驱逐出境,后任布拉格大学俄国史教授。在国外参加白俄流亡分子的报刊工作。——380。

季米里亚捷夫,瓦西里·伊万诺维奇(Тимирязев, Василий Иванович 1849—1919)——俄国工业家和金融家。1894 年起为财政大臣办公会议成员,财政部驻柏林和维也纳的代表。1902 年起任副财政大臣,1905 年起任工商大臣,1906 年退职,从事私人工商业活动。1906—1917 年为国务会议成员。1909 年再次被任命为工商大臣。1912 年任勒拿采金工业公司董事长时,为镇压金矿工人的勒拿惨案进行辩解。——380、381。

季诺维也夫(**拉多梅斯尔斯基**),格里戈里·叶夫谢耶维奇(格里戈里)(Зиновьев (Радомысльский), Григорий Евсеевич (Григорий) 1883—1936)——1901 年加入俄国社会民主工党,党的第二次代表大会后是布尔什维克。在党的第五至第十四次代表大会上当选为中央委员。1908—1917 年侨居国外,参加布尔什维克《无产者报》编辑部和党的中央机关报《社会民主党人报》编辑部。斯托雷平反动时期对取消派、召回派和托洛茨基分子采取调和主义态度。1912 年后和列宁一起领导中央委员会俄国局。第一次世界大战期间持国际主义立场。1917 年 4 月回国,进入《真理报》编辑部。十月革命前夕反对举行武装起义的决定。1917 年 11 月主张成立有孟什维克和社会革命党人参加的联合政府,遭到否决后声明退出党中央。1917 年 12 月起任彼得格勒苏维埃主席。1919 年共产国际成立后任共产国际执行委员会主席。1919 年当选为党中央政治局候补委员,1921 年当选为中央政治局委员。1925 年参与组织"新反对派",1926 年与

托洛茨基结成"托季联盟"。1926年被撤销中央政治局委员和共产国际的
领导职务。1927年11月被开除出党,后来两次恢复党籍,两次被开除出
党。1936年8月25日被苏联最高法院军事审判庭以"参与暗杀基洛夫、
阴谋刺杀斯大林及其他苏联领导人"的罪名判处枪决。1988年6月苏联
最高法院为其平反。——177。

季托夫,约翰·B.(Титов,Иоанн B.生于1879年)——俄国神父,第三届和第
四届国家杜马彼尔姆省代表;在杜马中属进步派党团,参加国民教育、正教
教会事务等委员会。1912年夏辞去教职。——291。

捷贾科夫,尼古拉·伊万诺维奇(Тезяков,Николай Иванович 1859—
1925)——俄国卫生事业活动家。1884年在喀山大学医学系毕业,曾领导
彼尔姆、赫尔松、沃罗涅日、萨拉托夫等省的保健组织。十月革命后积极从
事苏维埃的保健事业,1920年起在卫生人民委员部管理疗养地的部门担
任领导职务。写有关于儿童死亡率、人口学及社会病等问题的著作,其中
《赫尔松省农业工人及其卫生监督组织》(1896)一书得到列宁的好评。
——98。

久宾斯基,弗拉基米尔·伊万诺维奇(Дзюбинский,Владимир Иванович
1860—1927)——俄国劳动派分子。曾参加民意党人运动,1882年被捕并
流放西西伯利亚,为期三年,以后定居该地。第三届和第四届国家杜马托
博尔斯克省代表,在杜马中是劳动团领袖之一。——294。

K

卡拉乌洛夫,米哈伊尔·亚历山德罗维奇(Караулов,Михаил Александрович
1878—1917)——沙俄哥萨克军队上尉,第二届和第四届国家杜马捷列克
州代表,君主派分子。曾编辑《哥萨克一周》杂志。在杜马中为土地地方公
有化进行辩护。1917年为国家杜马临时委员会委员。十月革命后是捷列
克的反革命头目之一。捷列克哥萨克部队的第一任阿塔曼(统领),竭力反
对苏维埃政权。——147。

卡拉乌洛夫,瓦西里·安德列耶维奇(Караулов,Василий Андреевич 1854—
1910)——俄国立宪民主党人,法学家。曾是民意党人,1884年因十二个
民意党人案在基辅被捕并被判处四年苦役,后流放西伯利亚。1905年加

入立宪民主党,公开反对 1905—1907 年革命。第三届国家杜马叶尼塞斯克省代表,立宪民主党在杜马中的正式发言人。——407、408。

卡雷舍夫,尼古拉·亚历山德罗维奇(Карышев, Николай Александрович 1855—1905)——俄国经济学家和统计学家,地方自治运动活动家。1891年起先后在尤里耶夫(塔尔图)大学和莫斯科农学院任教授。写有许多经济学和统计学方面的著作,其中收集了大量统计资料。1892 年发表的博士论文《农民的非份地租地》编为《根据地方自治局的统计资料所作的俄国经济调查总结》第 2 卷。曾为《俄罗斯新闻》、《俄国财富》杂志等撰稿。主要研究俄国农民经济问题,赞同自由主义民粹派的观点,维护村社土地占有制、手工业劳动组合以及其他合作社。——72—73、74。

卡缅斯基,彼得·瓦列里安诺维奇(Каменский, Петр Валерианович 生于 1860年)——俄国大地主,十月十七日同盟中央局主席,地方自治运动活动家。1890—1908 年是叶卡捷琳诺斯拉夫省马里乌波尔县的贵族代表。第三届国家杜马叶卡捷琳诺斯拉夫省代表。——406。

卡普斯京,米哈伊尔·雅柯夫列维奇(Капустин, Михаил Яковлевич 1847—1920)——俄国十月党人;职业是医生。19 世纪 70 年代在科斯特罗马省地方自治局当医生,后在陆军医院、军医学院、华沙大学工作。1887 年起任喀山大学教授。第二届国家杜马喀山市代表,在杜马中就预算案、地方司法制度、土地问题及其他问题作了发言。后为第三届国家杜马喀山省代表并被选为杜马副主席。——285、406。

凯斯勒尔,伊万·奥古斯托维奇(Кейслер, Иван Августович 1843—1897)——俄国经济学家,在财政部任职。写过一些关于俄国农民经济和农民村社问题的著作(多数是用德文写的)。以《关于俄国农民村社占有制的历史和对它的批判》(四卷本)取得政治经济学硕士和博士学位。——68。

康德,伊曼努尔(Kant, Immanuel 1724—1804)——德国哲学家,德国古典唯心主义哲学奠基人。1755—1770 年任柯尼斯堡大学讲师,1770—1796 年任该校教授。1770 年以前致力于研究自然科学,发表了《自然通史和天体论》(1755)一书,提出了关于太阳系起源的星云说。1770 年以后致力于"批判地"研究人的认识以及这种认识的方式和界限,发表了《纯粹理性批判》(1781)、《实践理性批判》(1788)、《判断力批判》(1790)，分别阐述他的认识论、伦理学、美学等观点。康德哲学的基本特点是调和唯物主义和唯心主义。它承认在意识之外独立存在的物，即"自在之物"，认为"自在之物"是感觉的源泉，但又认为"自在之物"是不可知的，是超乎经验之外的，是人的认识能力所不可能达到的"彼岸的"东西，人只能认识自己头脑里固有的先验的东西。——13。

康德拉季耶夫，费多尔·费多罗维奇（Кондратьев, Федор Федорович 生于1871年）——俄国农民，劳动派分子。第三届国家杜马彼尔姆省代表，在杜马中被选入司法改革委员会和国民教育委员会。——294。

考茨基，卡尔（Kautsky, Karl 1854—1938）——德国社会民主党和第二国际的领袖和主要理论家之一。1875年加入奥地利社会民主党，1877年加入德国社会民主党。1881年与马克思和恩格斯相识后，在他们的影响下逐渐转向马克思主义。从19世纪80年代到20世纪初写过一些宣传和解释马克思主义的著作：《卡尔·马克思的经济学说》(1887)、《土地问题》(1899)等。但在这个时期已表现出向机会主义方面摇摆，在批判伯恩施坦时作了很多让步。1883—1917年任德国社会民主党理论刊物《新时代》杂志主编。曾参与起草1891年德国社会民主党纲领（爱尔福特纲领）。1910年以后逐渐转到机会主义立场，成为中派领袖。第一次世界大战前夕提出超帝国主义论，大战期间打着中派旗号支持帝国主义战争。1917年参与建立德国独立社会民主党，1922年拥护该党右翼与德国社会民主党合并。1918年后发表《无产阶级专政》等书，攻击俄国十月革命，反对无产阶级专政。——33—39、153、171、174、212、213、214—215、216、217、218、223、224、359—361、363。

考夫曼，亚历山大·阿尔卡季耶维奇（Кауфман, Александр Аркадьевич 1864—1919）——俄国经济学家和统计学家，立宪民主党的组织者和领袖之一。1887—1906年在农业和国家产业部供职。曾参与制定立宪民主党的土地改革法案，积极为《俄罗斯新闻》撰稿。列宁在使用考夫曼的某些统计著作的同时，对他宣扬农民和地主之间的阶级和平给予了尖锐批评。十月革命后在中央统计机关工作。著有《西伯利亚的农民村社》(1897)、《移民与垦殖》(1905)等书。——62—64、66—67、91。

决的斗争。1640年再度当选国会议员,反对封建专制,抨击国王暴政。1642年8月,国王查理一世向国会宣战。在1642—1648年的两次内战中,先后统率"铁骑军"和"新模范军",战胜了王党的军队,显示了卓越的军事才能。1648年清洗了国会中长老派势力,1649年处死查理一世,宣布成立共和国。同时,残酷镇压平等派和掘土派的民主运动以及爱尔兰和苏格兰的民族解放运动。1653年自任护国公,建立军事独裁统治。对外推行扩张政策,极力争夺英国在贸易和殖民地方面的优势。——38。

克罗波托夫,A.E.(Кропотов,А.Е. 生于1874年)——俄国农民,劳动派分子,乡文书。第三届国家杜马维亚特卡省代表,在杜马中是土地委员会委员。——291。

克罗美尔,伊夫林·巴林(Cromer,Evelyn Baring 1841—1917)——英国国务活动家和外交家,勋爵。1872—1876年任印度总督办公厅主任,英国占领埃及(1882)后任英国驻埃及驻扎官(总督)。独揽埃及的统治大权,强使埃及的经济和政治生活服从英国资本的利益。在保存地方政权的幌子下建立起来的残酷的殖民制度,被称为"克罗美尔制度"。由于英帝国主义者迫害登沙万村一带的埃及和平居民而激起的反英运动,于1907年被迫辞职,后从事写作。写有《古代帝国主义和现代帝国主义》(1910)一书。——166。

库诺,亨利希(Cunow,Heinrich 1862—1936)——德国社会民主党的理论家,历史学家、社会学家和民族志学家。早期倾向马克思主义,后成为修正主义者。1902年任《前进报》编委。第一次世界大战期间是社会沙文主义者,战后在社会民主党内持极右立场。1917—1923年任德国社会民主党理论刊物《新时代》杂志编辑。1919—1930年任柏林大学教授,1919—1924年任民族志博物馆馆长。——261。

库斯柯娃,叶卡捷琳娜·德米特里耶夫娜(Кускова,Екатерина Дмитриевна 1869—1958)——俄国社会活动家和政论家,经济派代表人物。19世纪90年代中期在国外接触马克思主义,与劳动解放社关系密切,但在伯恩施坦主义影响下,很快走上修正马克思主义的道路。1899年所写的经济派的纲领性文件《信条》,受到以列宁为首的一批俄国马克思主义者的严厉批判。1905—1907年革命前夕加入自由派的解放社。1906年参与出版半立宪民主党、半孟什维克的《无题》周刊，为左派立宪民主党人的《同志报》撰稿。呼吁工人放弃革命斗争，力图使工人运动服从自由派资产阶级的政治领导。十月革命后反对苏维埃政权。1921年进入全俄赈济饥民委员会，同委员会中其他反苏维埃成员利用该组织进行反革命活动。1922年被驱逐出境。——378。

库特列尔，尼古拉·尼古拉耶维奇（Кутлер, Николай Николаевич 1859 — 1924）——俄国立宪民主党领袖之一。曾任财政部定额税务司司长，1905—1906年任土地规划和农业管理总署署长。第二届和第三届国家杜马代表，立宪民主党土地纲领草案的起草人之一。1917年二月革命后与银行界和工业界保持密切联系，代表俄国南部企业主的利益参加了工商业部下属的各个委员会。十月革命后在财政人民委员部和国家银行管理委员会工作。——9、288。

L

拉布里奥拉，阿尔图罗（Labriola, Arturo 1873 — 1959）——意大利政治活动家，法学家和经济学家，意大利工团主义运动领袖之一。写有一些工团主义理论方面的著作，试图使自己的所谓"革命工团主义"纲领趋附马克思主义，同时又对马克思主义加以"纠正"。1911—1912年意土战争期间和第一次世界大战期间采取沙文主义立场。1920—1921年任卓利蒂政府的劳工大臣。1926—1939年侨居国外，反对法西斯主义。1948—1953年为参议员。1949年意大利政府签订北大西洋公约后，参加了保卫和平运动，1950年被选入世界和平理事会。——18。

拉封丹，昂利（Lafontaine, Henri 1854 — 1943）——比利时社会党人，布鲁塞尔大学国际法教授，参议员。1892年起任国际和平委员会主席，1895年参与创建布鲁塞尔国际图书学研究所、和平联盟（伯尔尼）和国际仲裁问题协会。1913年荣获诺贝尔和平奖。1921年为出席国际联盟会议的比利时代表。——222。

拉葛德尔，于贝尔（Lagardelle, Hubert 生于 1874 年）——法国小资产阶级政治活动家，无政府工团主义者。写有一些关于法国无政府工团主义史方面的著作，曾担任社会政治杂志《社会主义运动》的编辑。第一次世界大战期

间是社会沙文主义者,后来是法国劳动总联合会的活动家。1942—1943
年任维希政府的劳工部长,1946年因参加维希政府被判处终身监禁。
——18。

拉林,尤·(卢里叶,米哈伊尔·亚历山德罗维奇)(Ларин, Ю.(Лурье,
Михаил Александрович)1882—1932)——1900年参加俄国社会民主主
义运动,在敖德萨和辛菲罗波尔工作。1904年起为孟什维克。1905年是
俄国社会民主工党彼得堡孟什维克委员会委员。1906年进入党的统一的
彼得堡委员会;是党的第四次(统一)代表大会有表决权的代表。维护孟什
维克的土地地方公有化纲领,支持召开"工人代表大会"的取消主义思想。
党的第五次(伦敦)代表大会波尔塔瓦组织的代表。斯托雷平反动时期和
新的革命高涨年代是取消派领袖之一,参加了"八月联盟"。第一次世界大
战期间是中派分子。1917年二月革命后领导出版《国际》杂志的孟什维克
国际主义派。1917年8月加入布尔什维克党。在彼得格勒参加十月武装
起义。十月革命后主张成立有孟什维克和社会革命党人参加的联合政府。
在苏维埃和经济部门工作,曾任最高国民经济委员会主席团委员、国家计
划委员会主席团委员等职。1920—1921年工会问题争论期间先后支持布
哈林和托洛茨基的纲领。——150。

拉米什维里,诺伊·维萨里昂诺维奇(彼得;谢苗诺夫,诺·)(Рамишвили,
Ной Виссарионович(Петр, Семенов, Н.)1881—1930)——格鲁吉亚孟什维
克领袖之一。1902年加入社会民主党,在格鲁吉亚农民中开展工作。俄
国社会民主工党第二次代表大会后加入孟什维克,从那时起一直反对布尔
什维克。1907年是俄国社会民主工党第五次(伦敦)代表大会的代表,在
会上代表孟什维克被选入中央委员会。斯托雷平反动时期是取消派分子。
1910年在梯弗利斯工作,任俄国社会民主工党区域委员会委员。第一次
世界大战期间是护国派分子。1917年二月革命后为格鲁吉亚孟什维克党
的中央委员,《统一报》编辑。1918—1920年任格鲁吉亚孟什维克政府内
务部长,主张格鲁吉亚从俄国分离出去,反对苏维埃政权。1923年在国外
时领导了企图在格鲁吉亚策动反苏维埃政权叛乱的孟什维克集团。——
178、303、353、381。

拉萨尔,斐迪南(Lassalle, Ferdinand 1825—1864)——德国工人运动活动家,

小资产阶级社会主义者,德国工人运动中的机会主义——拉萨尔主义的代表人物。积极参加德国 1848 年革命。曾与马克思和恩格斯有过通信联系。1863 年 5 月参与创建全德工人联合会,并当选为联合会主席。在联合会中推行拉萨尔主义,把德国工人运动引上了机会主义道路。宣传超阶级的国家观点,主张通过争取普选权和建立由国家资助的工人生产合作社来解放工人。曾同俾斯麦勾结并支持在普鲁士领导下"自上而下"统一德国的政策。在哲学上是唯心主义者和折中主义者。——275、320。

勒克律,让·雅克·埃利泽(Reclus,Jean-Jacques-Elisée 1830—1905)——法国地理学家和社会学家,无政府主义理论家。法国 1848 年革命的参加者。1851 年拿破仑第三政变后流亡英国。1852—1857 年旅居爱尔兰、美国和南美。1857 年回到法国,发表了许多游记。1865 年加入第一国际,追随巴枯宁分子。曾参加 1871 年巴黎公社起义;在同凡尔赛分子的战斗中被俘,并被判处终身流放,由于许多著名学者和政治活动家的抗议,改判为永远驱逐出境。先后在意大利、瑞士和比利时居住。主要著作有《新世界地理。大地和人类》(共 19 卷,1876—1894)、《人和大地》(共 6 卷,1905—1908)、《进化、革命和无政府主义理想》(1897)等。——205。

雷科申,А.И.(Лыкошин,А.И.1861—1918)——俄国地主,黑帮组织"俄罗斯人民同盟"的组织者之一。1907—1914 年任副内务大臣。——284、287。

累德堡,格奥尔格(Ledebour,Georg 1850—1947)——德国工人运动活动家,德国独立社会民主党创建人和领袖之一。1900—1918 年和 1920—1924 年是国会议员。斯图加特国际社会党代表大会的参加者,在会上反对殖民主义。第一次世界大战期间是中派分子,主张恢复国际的联系;曾出席齐美尔瓦尔德代表会议,参加齐美尔瓦尔德右派。德国社会民主党分裂后,1916 年加入帝国国会的社会民主党工作小组,该小组于 1917 年构成德国独立社会民主党的基本核心。曾参加 1918 年十一月革命。1920—1924 年在国会中领导了一个人数不多的独立集团。1931 年加入社会主义工人党。希特勒上台后流亡瑞士。——223—224。

李卜克内西,卡尔(Liebknecht,Karl 1871—1919)——德国工人运动和国际工人运动活动家,德国社会民主党左翼领袖之一,德国共产党创建人之一;威·李卜克内西的儿子;职业是律师。1900 年加入社会民主党,积极反对机会主义和军国主义。1912年当选为帝国国会议员。第一次世界大战期间持国际主义立场,反对支持本国政府进行掠夺战争。1914年12月2日是国会中唯一投票反对军事拨款的议员。是国际派(后改称斯巴达克派和斯巴达克联盟)的组织者和领导人之一。1916年因领导五一节反战游行示威被捕入狱。1918年10月出狱,领导了1918年十一月革命,与卢森堡一起创办《红旗报》,同年底领导建立德国共产党。1919年1月柏林工人斗争被镇压后,于15日被捕,当天惨遭杀害。——170。

李卜克内西,威廉(Liebknecht,Wilhelm 1826—1900)——德国工人运动和国际工人运动活动家,德国社会民主党的创建人和领袖之一,马克思和恩格斯的朋友和战友。积极参加德国1848年革命,革命失败后流亡国外,在国外结识马克思和恩格斯,接受了科学共产主义思想。1850年加入共产主义者同盟。1862年回国。第一国际成立后,成为国际的革命思想的热心宣传者和国际的德国支部的组织者之一。1868年起任《民主周报》编辑。1869年与倍倍尔共同创建了德国社会民主工党(爱森纳赫派),任党的中央机关报《人民国家报》编辑。1875年积极促成爱森纳赫派和拉萨尔派的合并。在反社会党人非常法施行期间与倍倍尔一起领导党的地下工作和斗争。1890年起任党的中央机关报《前进报》主编,直至逝世。1867—1870年为北德意志联邦国会议员,1874年起多次被选为德意志帝国国会议员,利用议会讲坛揭露普鲁士容克反动的内外政策。因革命活动屡遭监禁。是第二国际的组织者之一。——275。

李嘉图,大卫(Ricardo,David 1772—1823)——英国经济学家,资产阶级古典政治经济学最著名的代表人物。早年从事证券交易所活动,后致力于学术研究。1819年被选为下院议员。在资产阶级反对封建残余的斗争中维护资产阶级的利益,坚持自由竞争原则,要求消除妨碍资本主义生产发展的一切限制。在经济理论上发展了亚当·斯密的价值论,对商品价值决定于生产商品所耗费的劳动时间的原理作了比较透彻的阐述与发展,奠定了劳动价值学说的基础,并在这一基础上着重论证了资本主义的分配问题,发现了工人、资本家、土地所有者之间经济利益上的对立,从而初步揭示了阶级矛盾和阶级斗争的经济根源。但是由于资产阶级立场、观点、方法的限制,把资本主义生产方式看做是永恒的唯一合理的生产方式,在理论上留下了不少破绽和错误,为后来的庸俗政治经济学所利用。主要著作有《政治经济学和赋税原理》(1817)、《论对农业的保护》(1822)等。——114—115、116。

李沃夫,尼古拉·尼古拉耶维奇(Львов, Николай Николаевич 1867—1944)——俄国大地主,地方自治运动活动家。1893—1900 年是萨拉托夫省的贵族代表,1899 年起任该省地方自治局主席。1904—1905 年地方自治人士代表大会的参加者,解放社的创建人之一。1906 年为立宪民主党中央委员,但因在土地问题上与立宪民主党人有意见分歧而退党,后为和平革新党的组织者之一。第一届、第三届和第四届国家杜马代表。在第三届和第四届杜马中是进步派领袖之一,1913 年任杜马副主席。1917 年为地主同盟的领导成员。国内战争时期在白卫军中当新闻记者,后为白俄流亡分子。——284—285。

利亚多夫(**曼德尔施塔姆**),马尔丁·尼古拉耶维奇(Лядов(Мандельштам), Мартын Николаевич 1872—1947)——1891 年参加俄国民粹派小组。1893 年参与创建莫斯科工人协会。1895 年被捕,1897 年流放上扬斯克,为期五年。从流放地返回后在萨拉托夫工作。在俄国社会民主工党第二次代表大会上是萨拉托夫委员会的代表,属火星派多数派;会后是党中央代办员。1904 年 8 月参加了在日内瓦举行的 22 个布尔什维克的会议,被选入多数派委员会常务局。是布尔什维克出席第二国际阿姆斯特丹代表大会的代表和俄国社会民主工党第三次代表大会有发言权的代表。积极参加 1905—1907 年革命,为党的莫斯科委员会委员。斯托雷平反动时期是召回派分子,卡普里党校(意大利)的讲课人,加入"前进"集团(1911 年退出)。1917 年二月革命后任巴库工兵代表苏维埃副主席,持孟什维克立场。1920 年重新加入俄共(布),在最高国民经济委员会工作。1923 年起先后任斯维尔德洛夫共产主义大学校长,科学机构、博物馆及艺术科学部门总管理局局长,十月革命档案馆馆长,列宁研究院和党史委员会学术委员会委员等职。写有党史方面的著作。——310。

利亚赫尼茨基,尼古拉·雅柯夫列维奇(Ляхницкий, Николай Яковлевич 生于 1871 年)——俄国劳动派分子;职业是律师。第三届国家杜马斯塔夫罗波尔省代表,在杜马中被选入质询、司法改革和预算等委员会。——294。

利亚霍夫,弗拉基米尔·普拉东诺维奇(Ляхов, Владимир Платонович 1869—1919)——沙俄陆军上校,镇压高加索和伊朗的民族革命运动的刽子手。第一次世界大战期间任黑海土耳其沿岸地区的总督。1919年2月被任命为捷列克—达吉斯坦边疆区的总办和邓尼金部队司令。在白卫志愿军同山民作战中被击毙。——156、205、206。

列金,卡尔(Legien, Karl 1861—1920)——德国右派社会民主党人,德国工会领袖之一。1890年起任德国工会总委员会主席。1903年起任国际工会书记处书记,1913年起任主席。1893—1920年(有间断)为德国社会民主党国会议员。1919—1920年为魏玛共和国国民议会议员。第一次世界大战期间是社会沙文主义者。1918年十一月革命期间同其他右派社会民主党人一起推行镇压革命运动的政策。——190。

列宁,弗拉基米尔·伊里奇(**乌里扬诺夫,弗拉基米尔·伊里奇;列宁,尼·;尼·列·;伊林,弗拉·**)(Ленин, Владимир Ильич(Ульянов, Владимир Ильич, Ленин, Н., Н. Л., Ильин, Вл.) 1870—1924)—— 13—14、29、49、51—52、61、70、88—89、95—96、100—101、111—112、114、118、122、127—128、131、139、142、143、151、153—154、164、177、213—214、220—221、225、226、227、228、229—230、231、232、233—234、235、237、238、239、240、244—245、253—254、260、289、303、310、314、322、344—345、347、352、359、360、367、376—377。

卢那察尔斯基,阿纳托利·瓦西里耶维奇(Луначарский, Анатолий Васильевич 1875—1933)——19世纪90年代初参加俄国社会民主主义运动。俄国社会民主工党第二次代表大会后是布尔什维克。曾先后参加布尔什维克的《前进报》、《无产者报》和《新生活报》编辑部。代表《前进报》编辑部出席了党的第三次代表大会,受列宁委托,在会上作了关于武装起义问题的报告。党的第四次(统一)代表大会和第五次(伦敦)代表大会的参加者,布尔什维克出席第二国际斯图加特代表大会(1907)和哥本哈根代表大会(1910)的代表。斯托雷平反动时期脱离布尔什维克,参加"前进"集团;在哲学上宣扬造神说和马赫主义。第一次世界大战期间持国际主义立场。1917年二月革命后参加区联派,在俄国社会民主工党(布)第六次代表大会上随区联派集体加入布尔什维克党。十月革命后到1929年任教育人民委员，以后任苏联中央执行委员会学术委员会主席。1930 年起为苏联科学院院士。在艺术和文学方面著述很多。——395。

卢森堡，罗莎（Luxemburg，Rosa，1871—1919）——德国、波兰和国际工人运动活动家，德国社会民主党和第二国际左翼领袖和理论家之一，德国共产党创建人之一。生于波兰。19 世纪 80 年代后半期开始革命活动，1893 年参与创建和领导波兰王国社会民主党，为党的领袖之一。1898 年移居德国，积极参加德国社会民主党的活动，反对伯恩施坦主义和米勒兰主义。曾参加俄国第一次革命（在华沙）。1907 年参加俄国社会民主工党第五次（伦敦）代表大会，在会上支持布尔什维克。斯托雷平反动时期和新的革命高涨年代对取消派采取调和主义态度。1912 年波兰王国和立陶宛社会民主党分裂后，曾谴责最接近布尔什维克的所谓分裂派。第一次世界大战期间持国际主义立场，是建立国际派（后改称斯巴达克派和斯巴达克联盟）的发起人之一。参加领导了德国 1918 年十一月革命，同年底参与领导德国共产党成立大会，作了党纲报告。1919 年 1 月柏林工人斗争被镇压后，于 15 日被捕，当天惨遭杀害。主要著作有《社会改良还是革命》（1899）、《俄国社会民主党的组织问题》（1904）、《资本积累》（1913）等。—— 174—175。

鲁巴金，尼古拉·亚历山德罗维奇（Рубакин，Николай Александрович 1862—1946）——俄国图书学家和作家。参加过秘密的学生组织，曾被捕。1907 年起侨居瑞士，直到去世。写有许多图书简介和俄国图书事业史方面的著作以及地理和自然科学等方面的科普论文集。介绍图书的主要著作是《书林概述》（1906）。列宁在国外见过鲁巴金，并使用过他的藏书。鲁巴金后来把自己珍贵的藏书（约 8 万册）遗赠给苏联。——52。

鲁巴诺维奇，伊里亚·阿道福维奇（Рубанович，Илья Адольфович 1860—1920）——俄国社会革命党领袖之一。早年积极参加民意党运动，19 世纪 80 年代侨居巴黎，1893 年在巴黎加入老民意党人小组。社会革命党成立后即为该党积极成员。曾参加《俄国革命通报》杂志的工作，该杂志从 1902 年起成为社会革命党正式机关刊物。是出席国际社会党阿姆斯特丹代表大会（1904）和斯图加特代表大会（1907）的社会革命党代表，社会党国际局成员。第一次世界大战期间是社会沙文主义者。十月革命后反对苏维埃政权。——213、215、221。

鲁德涅夫，斯捷潘·费多罗维奇（Руднев，Степан Федорович 死于1909年）——俄国统计学家，莫斯科省地方自治局统计处副处长，《欧俄农民的副业》一文的作者。——97。

鲁塞尔，昂热尔（Roussel，Angéle）——法国女社会党人。1907—1912年是法国社会党常务委员会委员。后脱离政治活动。——213、215。

罗季切夫，费多尔·伊兹迈洛维奇（Родичев，Федор Измаилович 1853—1932）——俄国地主，地方自治运动活动家，立宪民主党领袖之一，该党中央委员。1904—1905年地方自治人士代表大会的参加者。第一届至第四届国家杜马代表。1917年二月革命后任临时政府芬兰事务委员。十月革命后为白俄流亡分子。——287。

罗曼诺夫王朝（Романовы）——俄国皇朝（1613—1917）。——152。

罗日柯夫，格里戈里·叶菲莫维奇（Рожков，Григорий Ефимович 生于1864年）——俄国农民，劳动派分子。第三届国家杜马斯塔夫罗波尔省代表，正教教会事务委员会委员。1912年6月参加了200名代表觐见沙皇的活动，为此被开除出劳动派党团。——292、409—410。

罗森，М.М.（埃兹拉）（Розен，М.М.（Эзра）生于1876年）——1898年加入崩得。曾在明斯克、华沙、敖德萨、基辅和罗兹工作。1907—1908年进入崩得中央委员会，为崩得中央机关报编辑部成员。是出席1908年8月24—26日俄国社会民主工党中央全会的崩得代表。十月革命后在国家银行工作。——177、178。

罗扎诺夫，尼古拉·谢尔盖耶维奇（Розанов，Николай Сергеевич 生于1870年）——俄国劳动派分子；职业是医生。第三届国家杜马萨拉托夫省代表，在杜马中是预算、国民教育等委员会的委员。——410。

洛贝尔图斯-亚格措夫，约翰·卡尔（Rodbertus-Jagetzow，Johann Karl 1805—1875）——德国经济学家，国家社会主义理论家，资产阶级化的普鲁士贵族利益的表达者，大地主。认为劳动和资本的矛盾可以通过普鲁士容克王朝实行的一系列改革得到解决。由于不了解剩余价值产生的根源和资本主义基本矛盾的实质，认为经济危机的原因在于人民群众的消费不足；地租是由于农业中不存在原料的耗费而形成的超额收入。主要著作有

《关于我国国家经济状况的认识》(1842)、《给冯·基尔希曼的社会问题书简》(1850—1851、1884)等。——115、229。

M

马尔丁诺夫,亚历山大(**皮凯尔,亚历山大·萨莫伊洛维奇**)(Мартынов,Александр(Пиккер,Александр Самойлович) 1865—1935)——俄国经济派领袖之一,孟什维克著名活动家,后为共产党员。19 世纪 80 年代初参加民意党人小组,1886 年被捕,流放东西伯利亚十年;流放期间成为社会民主党人。1900 年侨居国外,参加经济派的《工人事业》杂志编辑部,反对列宁的《火星报》。在俄国社会民主工党第二次代表大会上是国外俄国社会民主党人联合会的代表,反火星派分子,会后成为孟什维克。1907 年作为叶卡捷琳诺斯拉夫组织的代表参加了党的第五次(伦敦)代表大会的工作,在代表大会上当选为中央委员。斯托雷平反动时期和新的革命高涨年代是取消派分子,参加取消派的机关报《社会民主党人呼声报》编辑部。第一次世界大战期间持中派立场。1917 年二月革命后为孟什维克国际主义者。十月革命后脱离孟什维克。1918 — 1922 年在乌克兰当教员。1923 年加入俄共(布),在马克思恩格斯研究院工作。1924 年起任《共产国际》杂志编委。——126、263、311、385。

马尔托夫,尔·(**策杰尔包姆,尤利·奥西波维奇**)(Мартов,Л.(Цедербаум,Юлий Осипович) 1873—1923)——俄国孟什维克领袖之一。1895 年参与组织彼得堡工人阶级解放斗争协会。1896 年被捕并流放图鲁汉斯克三年。1900 年参与创办《火星报》,为该报编辑部成员。在俄国社会民主工党第二次代表大会上是《火星报》组织的代表,领导机会主义少数派,反对列宁的建党原则;从那时起成为孟什维克中央机关的领导成员和孟什维克报刊的编辑。曾参加党的第五次(伦敦)代表大会的工作。斯托雷平反动时期和新的革命高涨年代是取消派分子,编辑《社会民主党人呼声报》,参与组织"八月联盟"。第一次世界大战期间是中派分子,参加齐美尔瓦尔德代表会议和昆塔尔代表会议。曾参加孟什维克组织委员会国外书记处,为书记处编辑机关刊物。1917 年二月革命后领导孟什维克国际主义派。十月革命后反对镇压反革命和解散立宪会议。1919 年当选为全俄中央执行委员会委员,1919—1920年为莫斯科苏维埃代表。1920年9月侨居德国。参与组织第二半国际,在柏林创办和编辑孟什维克杂志《社会主义通报》。——36、226、344、347、350、351—352、353、354、355、357、358—359、360—361、362、381、385。

马克思,卡尔(Marx,Karl 1818—1883)——科学共产主义的创始人,世界无产阶级的领袖和导师。——11、12—13、14、15、19、21、27、31、40、112、114、115、137—138、141、142、144、151、164—165、174、226—228、229—230、231、232、233、236、240、241、244、249、260、261、262、263、264、275、313、318、320、361、362—363、382、388、390、391、392—393、401。

马雷斯,Л.Н.(Mapecc,Л.Н.)——俄国统计学家和经济学家,《农民经济中粮食的生产和消费》一文的作者,该文载于自由主义民粹派文集《收成和粮价对俄国国民经济某些方面的影响》(1897年圣彼得堡版)。——74—75。

马什克维奇,德米特里·Ф.(Машкевич,Дмитрий Ф. 生于1871年)——俄国黑帮分子,神父。第三届国家杜马赫尔松省代表,在杜马中是预算、国民教育等委员会委员。曾在黑帮组织"俄罗斯人民同盟"伊丽莎白格勒分部工作。——404。

马斯洛夫,彼得·巴甫洛维奇(约翰)(Маслов, Петр Павлович(Джон)1867—1946)——俄国经济学家,社会民主党人。写有一些土地问题著作,修正马克思主义政治经济学原理。曾为《生活》、《开端》和《科学评论》等杂志撰稿。俄国社会民主工党第二次代表大会后是孟什维克;曾提出孟什维克的土地地方公有化纲领。在俄国社会民主工党第四次(统一)代表大会上代表孟什维克作了关于土地问题的报告,被选入中央机关报编辑部。斯托雷平反动时期和新的革命高涨年代是取消派分子。第一次世界大战期间是社会沙文主义者。十月革命后脱离政治活动,从事教学和科研工作,研究社会主义政治经济学问题。1929年起为苏联科学院院士。——133、135—136、137、139、142—143、147、149、164—165、225—234、235—246、260—261、262、263、264、265、378。

麦迪逊,弗雷德(Maddison,Fred 1856—1937)——英国社会党人;职业是排字工人。1886年任工联代表大会主席,其后六年是托特纳姆市学校委员会委员。1893年被推选为驻商业部的工人通讯员。1897年以前是铁路职工联合会机关刊物《铁路评论》的编辑,后为国际仲裁法庭联合会秘书。1897—1900 年和 1906—1910 年为议会议员。——190。

麦克唐纳,詹姆斯·拉姆赛(MacDonald, James Ramsay 1866—1937)——英国政治活动家,英国工党创建人和领袖之一。1885 年加入社会民主联盟。1886 年加入费边社。1894 年加入独立工党,1906—1909 年任该党主席。1900 年当选为劳工代表委员会书记,该委员会于 1906 年改建为工党。1906 年起为议员,1911—1914 年和 1922—1931 年任工党议会党团主席。推行机会主义政策,鼓吹阶级合作和资本主义逐渐长入社会主义的理论。第一次世界大战初期采取和平主义立场,后来公开支持劳合-乔治政府进行帝国主义战争。1918—1920 年竭力破坏英国工人反对武装干涉苏维埃俄国的斗争。1924 年和 1929—1931 年先后任第一和第二届工党政府首相。1931—1935 年领导由保守党决策的国民联合政府。——216。

曼努伊洛夫,亚历山大·阿波罗诺维奇(Мануилов, Александр Аполлонович 1861—1929)——俄国经济学家,教授。19 世纪 90 年代是自由主义民粹派分子,后来成为立宪民主党人,任该党中央委员。所拟定的土地改革方案是立宪民主党土地纲领的基础。1907—1911 年为国务会议成员。1905—1908 年任莫斯科大学副校长,1908—1911 年任莫斯科大学校长。1917 年二月革命后任临时政府国民教育部长。十月革命后一度侨居国外,但很快回国,并同苏维埃政权合作,在高等院校任教。写有许多经济问题方面的著作。主要著作有《爱尔兰的地租》(1895)、《古典学派经济学家学说的价值的概念》(1901)、《政治经济学讲义教程》第 1 编(1914)等。——380。

梅尔特瓦戈,亚历山大·彼得罗维奇(Мертваго, Александр Петрович 生于 1856 年)——俄国农学家,曾在法国研究蔬菜栽培,在索邦听过自然科学课程。1887—1893 年为《农业报》和《农业和林业》杂志撰稿。1894—1905 年是农业和经济刊物《业主》杂志的编辑,1905 年起为该杂志出版人。写有《俄国非黑土地带的农业问题》、《俄国有多少土地和我们怎样使用这些土地》等著作。——57—58。

梅尔兹利亚科夫,伊万·卢波维奇(Мерзляков, Иван Лупович 生于 1874 年)——俄国劳动派分子,农民。第三届国家杜马维亚特卡省代表,在杜马中是农业委员会和旧教派委员会委员。——294。

梅林，弗兰茨（Mehring，Franz 1846—1919）——德国工人运动活动家，德国社会民主党左翼领袖和理论家之一，历史学家和政论家，德国共产党创建人之一。19世纪60年代末起是资产阶级民主主义政论家，1877—1882年持资产阶级自由主义立场，后向左转化，逐渐接受马克思主义。曾任民主主义报纸《人民报》主编。1891年加入德国社会民主党，担任党的理论刊物《新时代》杂志撰稿人和编辑，1902—1907年任《莱比锡人民报》主编，反对第二国际的机会主义和修正主义，批判考茨基主义。第一次世界大战爆发后坚决谴责帝国主义战争和社会沙文主义者的背叛政策；是国际派（后改称斯巴达克派和斯巴达克联盟）的组织者和领导人之一。1918年参加建立德国共产党的准备工作。欢迎俄国十月革命，撰文驳斥对十月革命的攻击，维护苏维埃政权。在研究德国中世纪史、德国社会民主党史和马克思主义史方面作出重大贡献，在整理出版马克思、恩格斯和拉萨尔的遗著方面也做了大量工作。主要著作有《莱辛传奇》（1893）、《德国社会民主党史》（1897—1898）、《马克思传》（1918）等。——361。

梅延多夫，亚历山大·费利克索维奇（Мейендорф，Александр Феликсович 生于1869年）——俄国十月党人，地主，里夫兰的男爵。1892年毕业于彼得堡大学，获法学副博士学位。1892—1907年在参议院、里加专区法院、国务会议办公厅和内务部供职。1902—1905年在彼得堡大学任俄国土地法讲师。第三届和第四届国家杜马里夫兰省代表，第三届国家杜马第一次和第二次会议副主席。1919年移居国外。以《普鲁士宪法》（1904）、《俄国立法体系中的农户》（1907）等著作闻名。——409。

米尔柏格，阿尔图尔（Mülberger，Arthur 1847—1907）——德国小资产阶级政论家，蒲鲁东主义者；职业是医生。1872年在德国社会民主工党中央机关报《人民国家报》上发表了几篇论述住宅问题的文章，受到恩格斯的严厉批评。曾为赫希柏格出版的《未来》杂志撰稿，写过一些关于法国和德国社会思想史方面的著作。——12。

米留可夫，帕维尔·尼古拉耶维奇（斯·斯·）（Милюков，Павел Николаевич（С.С.）1859—1943）——俄国立宪民主党领袖，俄国自由派资产阶级思想家，历史学家和政论家。1886年起任莫斯科大学讲师。90年代前半期开

始政治活动,1902 年起为资产阶级自由派的《解放》杂志撰稿。1905 年 10
月参与创建立宪民主党,后任该党中央委员会主席和中央机关报《言语报》
编辑。第三届和第四届国家杜马代表。第一次世界大战期间为沙皇政府
的掠夺政策辩护。1917 年二月革命后任第一届临时政府外交部长,推行
把战争进行到"最后胜利"的帝国主义政策;同年 8 月积极参与策划科尔尼
洛夫叛乱。十月革命后同白卫分子和武装干涉者合作。1920 年起为白俄
流亡分子,在巴黎出版《最新消息报》。著有《俄国文化史概要》、《第二次俄
国革命史》及《回忆录》等。——8、10、26—27、203、287、288、408。

米特罗范(**克拉斯诺波尔斯基,德米特里**)(Митрофан(Краснопольский,
Дмитрий)生于 1869 年)——俄国黑帮分子,主教。第三届国家杜马莫吉
廖夫省代表,在杜马中是国民教育、正教教会事务等委员会委员。——
286、402—403。

莫尔肯布尔,赫尔曼(Molkenbuhr,Hermann 1851—1927)——德国社会民主
党人;职业是烟草工人。19 世纪 60 年代加入拉萨尔创建的全德工人联合
会。由于反社会党人非常法,1881 年被驱逐出境,1884 年以前住在美国。
1890 年起任社会民主党《汉堡回声报》编辑。1904 年起任德国社会民主党
总书记;是社会党国际局成员。1890—1906 年、1907—1918 年和 1920—
1924 年为国会议员,1911—1924 年任社会民主党国会党团主席。第一次
世界大战期间是社会沙文主义者。1918 年十一月革命后被选入柏林工兵
代表执行委员会,在委员会内推行同资产阶级政府结盟的政策。
——223。

莫利,约翰(Morley,John 1838—1923)——英国政论家,历史学家和国务活
动家,自由党人。1867—1882 年为《双周评论》主编。1883 年起为议员。
1886 年和 1892 年在格莱斯顿内阁任爱尔兰事务大臣,1905—1910 年任印
度事务大臣,实行镇压民族解放运动的政策;后任枢密院院长,1914 年退
职。写有论述伏尔泰、卢梭、狄德罗、科布顿、克伦威尔和格莱斯顿等人的
著作;1917 年出版了两卷回忆录。——159。

莫斯特,约翰·约瑟夫(Most,Johann Joseph 1846—1906)——德国社会民主
党人,新闻工作者,后为无政府主义者;职业是装订工人。19 世纪 60 年代
参加工人运动,1871 年起为德国社会民主工党和社会民主党党员。

1874—1878 年为帝国国会议员。在理论上拥护杜林,在政治上信奉"用行动做宣传"的无政府主义思想,认为可以立刻进行无产阶级革命。1878 年反社会党人非常法颁布后流亡伦敦,1879 年出版无政府主义的《自由》周报,号召工人进行个人恐怖活动,认为这是最有效的革命斗争手段。1880 年被开除出社会民主党,1882 年起侨居美国,继续出版《自由》周报和进行无政府主义宣传。晚年脱离工人运动。——397。

穆申科,伊万·瑙莫维奇(Мушенко, Иван Наумович 生于 1871 年)——俄国第二届国家杜马库尔斯克省代表,社会革命党杜马党团领袖之一;职业是工程师。在杜马中参加土地委员会,是社会革命党关于土地问题的正式报告人。——141。

N

纳杰日丁,尔·(捷连斯基,叶夫根尼·奥西波维奇)(Надеждин, Л.(Зеленский, Евгений Осипович) 1877—1905)——早年是俄国民粹派分子,1898 年加入萨拉托夫社会民主主义组织。1899 年被捕并被逐往沃洛格达省,1900 年流亡瑞士,在日内瓦组织了"革命社会主义的"自由社(1901—1903)。在《自由》杂志上以及在他写的《革命前夜》(1901)、《俄国革命主义的复活》(1901)等小册子中支持经济派,同时宣扬恐怖活动是"唤起群众"的有效手段;反对列宁的《火星报》。俄国社会民主工党第二次代表大会后为孟什维克报刊撰稿。——126。

尼·列·——见列宁,弗拉基米尔·伊里奇。

尼·—逊;尼古拉·—逊——见丹尼尔逊,尼古拉·弗兰策维奇。

尼古拉一世(罗曼诺夫)(Николай I(Романов) 1796—1855)——俄国皇帝(1825—1855)。——205。

尼古拉二世(罗曼诺夫)(Николай II(Романов) 1868—1918)——俄国最后一个皇帝,亚历山大三世的儿子。1894 年即位,1917 年二月革命时被推翻。1918 年 7 月 17 日根据乌拉尔州工兵代表苏维埃的决定在叶卡捷琳堡被枪决。——23、155、202、205、289、334、374、384。

尼基秋克,雅柯夫·斯特凡诺维奇(Никитюк, Яков Стефанович 生于 1873 年)——俄国农民,第三届国家杜马沃伦省代表,在杜马中被选入农业委员会和移民委员会。——291。

诺斯克,古斯塔夫(Noske,Gustav 1868—1946)——德国社会民主党右翼领袖之一。第一次世界大战爆发前就维护军国主义,大战期间是社会沙文主义者,在国会中投票赞成军事拨款。1918 年 12 月任人民代表委员会负责国防的委员,血腥镇压了 1919 年柏林、不来梅及其他城市的工人斗争。1919 年 2 月—1920 年 3 月任国防部长,卡普叛乱平息后被迫辞职。1920—1933 年任普鲁士汉诺威省省长。法西斯专政时期从希特勒政府领取国家养老金。——169—170、172。

诺沃谢茨基(**比纳西克,M. C.**)(Новоседский(Бинасик, М. С.) 1883 —1938)——俄国社会民主党人,孟什维克;职业是律师。1906 年是斯莫尔贡组织出席俄国社会民主工党第四次(统一)代表大会的有表决权的代表。斯托雷平反动时期脱离社会民主主义运动。1917 年二月革命后任彼得格勒苏维埃军事部主任和彼得格勒执行委员会委员,参加第一届中央执行委员会。十月革命后任符拉迪沃斯托克联合内阁主席,后在莫斯科从事经济工作。——146、149、235—236、244。

P

佩尔讷斯托弗,恩格尔伯特(Pernerstorfer,Engelbert 1850—1918)——奥地利社会民主党人;职业是教师。1885 年当选为议员。1896 年加入社会民主党右翼,1897 年起任该党中央委员。几乎参加了第二国际的历次代表大会。1907 年作为社会民主党议会党团主席,被选为副议长。第一次世界大战期间采取极端的沙文主义立场。——222。

普利什凯维奇,弗拉基米尔·米特罗范诺维奇(Пуришкевич, Владимир Митрофанович 1870—1920)——俄国大地主,黑帮反动分子,君主派。1900 年起在内务部任职,1904 年为维·康·普列韦的内务部特别行动处官员。1905 年参与创建黑帮组织"俄罗斯人民同盟",1907 年退出同盟并成立了新的黑帮组织"米迦勒天使长同盟"。第二届、第三届和第四届国家杜马代表,因在杜马中发表歧视异族和反犹太人的演说而臭名远扬。第一次世界大战期间鼓吹把战争进行到"最后胜利"。1917 年二月革命后主张恢复君主制。十月革命后竭力反对苏维埃政权,是 1917 年 11 月初被揭露的军官反革命阴谋的策划者。——334、374、408。

普列汉诺夫，格奥尔吉·瓦连廷诺维奇（Плеханов, Георгий Валентинович 1856—1918）——俄国早期的马克思主义理论家，后来成为孟什维克和第二国际机会主义领袖之一。19 世纪 70 年代参加民粹主义运动，是土地和自由社成员及土地平分社领导人之一。1880 年侨居瑞士，逐步同民粹主义决裂。1883 年在日内瓦创建俄国第一个马克思主义团体——劳动解放社。翻译和介绍了马克思和恩格斯的许多著作，对马克思主义在俄国的传播起了重要作用；写过不少优秀的马克思主义著作，批判民粹主义、合法马克思主义、经济主义、伯恩施坦主义、马赫主义。20 世纪初是《火星报》和《曙光》杂志编辑部成员。曾参与制定俄国社会民主工党纲领草案和参加党的第二次代表大会的筹备工作。在代表大会上是劳动解放社的代表，属火星派多数派，参加了大会常务委员会，会后逐渐转向孟什维克。1905—1907 年革命时期反对列宁的民主革命的策略，后来在孟什维克和布尔什维克之间摇摆。在俄国社会民主工党第四次（统一）代表大会上作了关于土地问题的报告，维护马斯洛夫的孟什维克方案；在国家杜马问题上坚持极右立场，呼吁支持立宪民主人的杜马。斯托雷平反动时期和新的革命高涨年代反对取消主义，领导孟什维克护党派。第一次世界大战期间持社会沙文主义立场。1917 年二月革命后支持资产阶级临时政府。对十月革命持否定态度，但拒绝支持反革命。最重要的理论著作有《社会主义与政治斗争》（1883）、《我们的意见分歧》（1885）、《论一元论历史观之发展》（1895）、《唯物主义史论丛》（1896）、《论个人在历史上的作用》（1898）、《没有地址的信》（1899—1900），等等。——14、20、21、27、35、36、39、40、135、139、145—147、153、164、226、228、233、260—265、293、294、342—343、359、360、361。

普列韦，维亚切斯拉夫·康斯坦丁诺维奇（Плеве, Вячеслав Константинович 1846—1904）——俄国国务活动家。1881 年起任警察司司长，1884—1894 年任枢密官和副内务大臣。1902 年 4 月任内务大臣兼宪兵团名誉团长。掌权期间，残酷地镇压了波尔塔瓦省和哈尔科夫省的农民运动，破坏了许多地方自治机关；鼓动在俄国边疆地区推行反动的俄罗斯化政策。为了诱使群众脱离反对专制制度的斗争，促进了日俄战争的爆发；出于同一目的，多次策划蹂躏犹太人的暴行,鼓励祖巴托夫政策。1904 年 7 月 15 日(28 日)被社会革命党人刺死。——127。

普罗柯波维奇,谢尔盖·尼古拉耶维奇(N. N.)(Прокопович, Сергей Николаевич(N.N.) 1871—1955)——俄国经济学家和政论家。曾参加国外俄国社会民主党人联合会,是经济派的著名代表人物,伯恩施坦主义在俄国最早的传播者之一。1904 年加入资产阶级自由派的解放社,为该社骨干分子。1905 年为立宪民主党中央委员。1906 年参与出版半立宪民主党、半孟什维克的《无题》周刊,为左派立宪民主党人的《同志报》积极撰稿。1917 年 8 月任临时政府工商业部长,9—10 月任粮食部长。1921 年在全俄赈济饥民委员会工作,同反革命地下活动有联系。1922 年被驱逐出境。——58、133—134、353、378。

Q

契利金,费奥菲拉克特·尼古拉耶维奇(Чиликин, Феофилакт Николаевич 生于 1876 年)——俄国第三届国家杜马阿穆尔州代表,在杜马中先加入社会民主党党团(1909 年以前),后为无党派人士。在社会民主党党团中,既不服从党团的决议,也不承认党的领导。——278。

契热夫斯基,帕维尔·伊万诺维奇(Чижевский, Павел Иванович 生于 1861 年)——俄国立宪民主党人,乌克兰资产阶级民族主义者,第一届国家杜马波尔塔瓦省代表。十月革命后移居国外,为反革命乌克兰拉达的机关刊物《意志》周刊撰稿。——118—119、239。

乔治,亨利(George, Henry 1839—1897)——美国经济学家和社会活动家。19 世纪 70 年代起致力于土地改革运动。认为人民贫困的根本原因是人民被剥夺了土地;否认劳动和资本之间的对抗,认为资本产生利润是自然规律;主张由资产阶级国家实行全部土地国有化,然后把土地租给个人。主要著作有《进步和贫困》(1879)、《土地问题》(1881)等。——292。

切列万宁,涅·(利普金,费多尔·安德列耶维奇)(Череванин, Н.(Липкин, Федор Андреевич) 1868—1938)——俄国政论家,"马克思的批评家",后为孟什维克领袖之一,取消派分子。俄国社会民主工党第四次(统一)代表大会和第五次(伦敦)代表大会的参加者,取消派报刊撰稿人,16 个孟什维克关于取消党的"公开信"的起草人之一。1912年反布尔什维克的八月代表会议后是孟什维克领导中心——组委会成员。第一次世界大战期间是社会沙文主义者。1917年是孟什维克中央机关报《工人报》编辑之一和孟什维克中央委员会委员。敌视十月革命。——250、255、342、353、378、414。

丘普罗夫，亚历山大·伊万诺维奇（Чупров, Александр Иванович 1842—1908）——俄国经济学家、统计学家和政论家，俄国统计学奠基人之一。1878—1899年任政治经济学和统计学教授。曾创办技术知识普及协会（1869）、莫斯科法学会统计学部（1882）。是自由主义民粹派经济思想的代表，主编两卷本文集《收成和粮价对俄国国民经济某些方面的影响》（1897）并为其撰稿。曾参加地方自治运动，积极为《俄罗斯新闻》撰稿。写有许多政治经济学、土地问题和铁道经济方面的著作。——9。

R

饶尔丹尼亚，诺伊·尼古拉耶维奇（科斯特罗夫）（Жордания, Ной Николаевич (Костров) 1869—1953）——俄国社会民主党人。19世纪90年代开始政治活动，加入格鲁吉亚第一个社会民主主义团体"麦撒墨达西社"，领导该社的机会主义派。1903年在俄国社会民主工党第二次代表大会上是有发言权的代表，属火星派少数派，会后为高加索孟什维克的领袖。1905年编辑孟什维克的《社会民主党人报》（格鲁吉亚文），反对布尔什维克在资产阶级民主革命中的策略。第一届国家杜马代表，社会民主党党团领袖。1907—1912年为俄国社会民主工党中央委员（代表孟什维克）。斯托雷平反动时期和新的革命高涨年代形式上参加孟什维克护党派，实际上支持取消派。1914年为托洛茨基的《斗争》杂志撰稿。第一次世界大战期间是社会沙文主义者。1917年二月革命后任梯弗利斯工人代表苏维埃主席。1918—1921年是格鲁吉亚孟什维克政府主席。1921年格鲁吉亚建立苏维埃政权后成为白俄流亡分子。——135、150。

饶勒斯，让（Jaurès, Jean 1859—1914）——法国社会主义运动和国际社会主义运动活动家，法国社会党领袖，历史学家和哲学家。1885年起多次当选议员。原属资产阶级共和派，90年代初开始转向社会主义。1898年同亚·米勒兰等人组成法国独立社会党人联盟。1899年竭力为米勒兰参加资产阶级政府的行为辩护。1901 年起为社会党国际局成员。1902 年与可能派、阿列曼派等组成改良主义的法国社会党。1903 年当选为议会副议长。1904 年创办《人道报》,主编该报直到逝世。1905 年法国社会党同盖得领导的法兰西社会党合并后,成为统一的法国社会党的主要领导人。在理论和实践问题上往往持改良主义立场,但始终不渝地捍卫民主主义,反对殖民主义和军国主义。由于呼吁反对临近的帝国主义战争,1914 年 7 月 31 日被法国沙文主义者刺杀。写有法国大革命史等方面的著作。——173、174、190、222。

日班科夫,德米特里·尼古拉耶维奇(Жбанков, Дмитрий Николаевич 1853—1932)——俄国医生,地方自治局卫生事业活动家。曾在梁赞省和斯摩棱斯克省工作,1904 年起任皮罗哥夫俄国医生协会常任秘书。他的著作涉及地方自治机关卫生事业的各个方面以及流行病学、统计学、外出零工及其对居民在文化卫生方面的影响问题等。谴责沙皇俄国的警察专制,争取妇女平等权利,维护民粹派的小资产阶级理想。1921 年起脱离社会活动。著有《地方自治机关卫生汇编》、《农妇国》、《1892—1895 年斯摩棱斯克省的外出零工》等。——85。

日特洛夫斯基,哈伊姆·约瑟福维奇(Житловский, Хаим Иосифович 1865—1943)——俄国政论家,早年是民意党人。19 世纪 80 年代末侨居瑞士,1894 年在伯尔尼参与组织俄国社会革命党人联合会。后来继续与社会革命党保持密切联系,并成为犹太小资产阶级民族主义运动的思想家,曾参加组织犹太社会主义工人党,是该党的领袖和理论家之一。沙皇 1905 年 10 月 17 日宣言颁布后回到俄国,后又侨居国外。1908 年起在美国出版《新生活》杂志。以后住在美国,为一些进步的犹太人杂志撰稿。——221。

S

萨塔尔汗(1867/1868—1914)——伊朗阿塞拜疆民主主义运动领袖,伊朗民族英雄。曾参加外高加索工人运动,是社会民主党人组织"古墨特"的成员。伊朗 1905—1911 年革命期间,同伊朗反动当局进行了斗争;1908—1909 年领导大不里士人民起义,反对沙赫政权和阿塞拜疆封建主的部队,要求恢复宪法,在斗争中表现了人民领袖和军事组织者的卓越才能。在伊朗阿塞拜疆和全伊朗的广大人民群众中享有崇高的威望。——205。

沙宁，M.（沙皮罗，列夫·格里戈里耶维奇）（Шанин，М.（Шапиро，Лев Григорьевич）1887—1957）——1902年参加俄国革命运动，1903年加入里加的崩得组织。俄国社会民主工党第五次（伦敦）代表大会德文斯克崩得组织的代表。1917年二月革命后加入俄国社会民主工党，是孟什维克。1918年起是俄共（布）党员，在教育人民委员部工作，后在红军中做政治工作。1920—1921年任政治教育总委员会主席团委员。1925—1929年在俄罗斯联邦财政人民委员部工作。写有一些学术著作。——108—110、141。

盛加略夫，安德列·伊万诺维奇（Шингарев，Андрей Иванович 1869—1918）——俄国立宪民主党人，地方自治运动活动家；职业是医生。立宪民主党沃罗涅日省委员会主席，1907年起为立宪民主党中央委员。第二届、第三届和第四届国家杜马代表，立宪民主党杜马党团副主席。1917年二月革命后在第一届和第二届临时政府中分别任农业部长和财政部长。——287。

施德洛夫斯基，谢尔盖·伊利奥多罗维奇（Шидловский，Сергей Иллиодорович 1861—1922）——俄国十月党人，地主，地方自治运动活动家。1900年起为农民银行董事，1905年任农业司司长。第三届和第四届国家杜马沃罗涅日省代表，第三届国家杜马副主席，第四届国家杜马中十月党左翼领导人；在杜马中是土地、农业等委员会委员。1915—1917年任进步同盟常务委员会主席。1917年二月革命期间是国家杜马临时执行委员会委员。在临时政府中任最高土地委员会委员。1917年莫斯科国务会议和预备议会的参加者。1918年起不再积极参加政治活动。1920年侨居国外。——283、285、287。

施瓦尔茨，亚历山大·尼古拉耶维奇（Шварц，Александр Николаевич 1848—1915）——俄国反动活动家，语文学家。当过几年教师。1908—1910年任国民教育大臣，在中等学校和高等学校推行一系列反动措施，如废除大学自治权，禁止高等院校招收女旁听生，严格控制犹太人的入学率等。——192、196、278。

司徒卢威，彼得·伯恩哈多维奇（Струве，Петр Бернгардович 1870—

1944)——俄国经济学家,哲学家,政论家,合法马克思主义主要代表人物,立宪民主党领袖之一。19 世纪 90 年代编辑合法马克思主义者的《新言论》杂志和《开端》杂志。1896 年参加第二国际第四次代表大会。1898 年参加起草《俄国社会民主工党宣言》。在 1894 年发表的第一部著作《俄国经济发展问题的评述》中,在批判民粹主义的同时,对马克思的经济学说和哲学学说提出"补充"和"批评"。20 世纪初同马克思主义和社会民主主义彻底决裂,转到自由派营垒。1902 年起编辑自由派资产阶级刊物《解放》杂志,1903 年起是解放社的领袖之一。1905 年起是立宪民主党中央委员,领导该党右翼。1907 年当选为第二届国家杜马代表。第一次世界大战爆发后鼓吹俄国的帝国主义侵略扩张政策。十月革命后敌视苏维埃政权,是邓尼金和弗兰格尔反革命政府成员,后逃往国外。——6、7、10、23、25——26、28、44、197、284、380、408。

斯特列尔佐夫,罗曼·叶菲莫维奇(Стрельцов, Роман Ефимович 生于 1875 年)——俄国著作家和政论家。1900—1914 年侨居国外,大部分时间住在德国,曾为《社会主义月刊》、《莱比锡人民报》、《前进报》等外国社会民主党报刊撰稿,并为在俄国出版的左派立宪民主党人的《同志报》撰稿。回国后在彼得格勒市自治机关的一些委员会中工作。十月革命后在莫斯科和雅罗斯拉夫尔的经济部门工作。——27。

斯托尔恰克,伊万·伊万诺维奇(Сторчак, Иван Иванович 生于 1862 年)——俄国农民,无党派人士。第三届国家杜马赫尔松省代表,反酗酒委员会委员。——290、291。

斯托雷平,彼得·阿尔卡季耶维奇(Столыпин, Петр Аркадьевич 1862—1911)——俄国国务活动家,大地主。1884 年起在内务部任职。1902 年任格罗德诺省省长。1903—1906 年任萨拉托夫省省长,因镇压该省农民运动受到尼古拉二世的嘉奖。1906—1911 年任大臣会议主席兼内务大臣。1907 年发动"六三政变",解散第二届国家杜马,颁布新选举法以保证地主、资产阶级在杜马中占统治地位,残酷镇压革命运动,大规模实施死刑,开始了"斯托雷平反动时期"。实行旨在摧毁村社和培植富农的土地改革。1911 年被社会革命党人 Д.Г.博格罗夫刺死。——9、10、22、23、24、25、26、126、140、188、192、242、250、251、287、290、296、335、339。

苏尔科夫，彼得·伊里奇（Сурков，Петр Ильич 1876—1946）——俄国社会民主党人，布尔什维克；职业是织布工人。第三届国家杜马科斯特罗马省工人代表，第一届和第二届国家杜马复选代表。曾为在彼得堡出版的布尔什维克合法报纸《明星报》撰稿。十月革命后是无党派人士，在苏维埃机关工作。——388、398、401、404、406、410。

T

唐恩（古尔维奇），费多尔·伊里奇（Дан（Гурвич），Федор Ильич 1871—1947）——俄国孟什维克领袖之一；职业是医生。1894年参加社会民主主义运动，加入彼得堡工人阶级解放斗争协会。1896年8月被捕，监禁两年左右，1898年流放维亚特卡省，为期三年。1901年夏逃往国外，加入《火星报》柏林协助小组。1902年作为《火星报》代办员参加了俄国社会民主工党第二次代表大会的筹备会议，会后再次被捕，流放东西伯利亚。1903年9月逃往国外，成为孟什维克。俄国社会民主工党第四次（统一）代表大会和第五次（伦敦）代表大会及一系列代表会议的参加者。斯托雷平反动时期和新的革命高涨年代在国外领导取消派，编辑取消派的《社会民主党人呼声报》。第一次世界大战期间是社会沙文主义者。1917年二月革命后任彼得格勒苏维埃执行委员会委员和第一届中央执行委员会主席团委员，支持资产阶级临时政府。十月革命后反对苏维埃政权，1922年被驱逐出境，在柏林领导孟什维克进行反革命活动。1923年参与组织社会主义工人国际。同年被取消苏联国籍。——20—22、23、24、26—27、137、270、308、353、381—382。

特里罗果夫，弗拉基米尔·格里戈里耶维奇（Трирогов，Владимир Григорьевич）——俄国统计学家，萨拉托夫省统计委员会副主席。著有《村社和赋税》（1882）一书。——68。

特列波夫，德米特里·费多罗维奇（Трепов，Дмитрий Федорович 1855—1906）——沙俄少将（1900）。毕业于贵族子弟军官学校，曾在禁卫军供职。1896—1905年任莫斯科警察总监，支持祖巴托夫的"警察社会主义"思想。1905年1月11日起任彼得堡总督，4月起任副内务大臣兼独立宪兵团司令，10月起先后任彼得戈夫宫和冬宫警卫长。1905年10月全国政治大罢

工期间发布了臭名昭著的"不放空枪,不惜子弹"的命令,是武装镇压
1905—1907年革命的策划者。——28—29、44、280、289、290。

提拉克,巴尔·甘格达尔(Tilak,Bal Gangadhar 1856—1920)——印度民族
解放运动活动家。1881年开始出版《雄狮报》,在报上撰文反对英国殖民
制度。领导印度国大党左翼,反对用和平和合法方式同英国殖民制度作斗
争;号召人民群众采取一切手段,包括使用暴力同殖民主义者斗争。但未
提出符合农民和手工业者利益的经济纲领;美化封建旧习俗,主张保留种
姓制度。在印度民族解放运动高涨时期(1905—1908),号召人民群众运
用俄国人民争取自由的斗争经验。1908年因号召同殖民制度作斗争,被
英国当局判处六年苦役。孟买无产阶级举行政治总罢工,抗议对提拉克的
判决。1914年获释。欢迎俄国十月革命,在十月革命的影响下,提出了将
铁路和其他属于英国殖民主义者的企业收归国有的要求。——159。

托尔斯泰,德米特里·安德列耶维奇(Толстой,Дмитрий Андреевич 1823—
1889)——俄国国务活动家,伯爵。1865—1880年任正教院总监,1866—
1880年兼任国民教育大臣;对中小学教育实行了一系列反动改革。1882
年起任内务大臣兼宪兵司令,实施残酷的"临时条例",极度限制地方自治
机关的独立性,扼杀自由思想的任何表现。1882年起任彼得堡科学院院
长。——283。

托尔斯泰,列夫·尼古拉耶维奇(Толстой,Лев Николаевич 1828—
1910)——俄国作家。出身贵族。他的作品深刻地反映了俄国社会整整一
个时代(1861—1905)的矛盾,列宁称托尔斯泰为"俄国革命的镜子"。作
为天才的艺术家,托尔斯泰创作了无与伦比的俄国生活的图画,创作了世
界文学中第一流的作品,对俄国文学和世界文学产生了巨大影响;同时他
的作品又突出地表现了以宗法制社会为基础的农民世界观的矛盾:一方面
无情地揭露沙皇专制制度和新兴资本主义的种种罪恶,另一方面又鼓吹
"不用暴力抵抗邪恶",鼓吹不问政治和道德上的自我修养。列宁在一系列
著作中评述了托尔斯泰的世界观,并对他的全部活动作了评价。——
181—188。

托洛茨基(**勃朗施坦**),列夫·达维多维奇(Троцкий(Бронштейн),Лев
Давидович 1879—1940)——1897年参加俄国社会民主主义运动。在俄

国社会民主工党第二次代表大会上是西伯利亚联合会的代表,属火星派少数派。1905年同亚·帕尔乌斯一起提出和鼓吹"不断革命论"。斯托雷平反动时期和新的革命高涨年代,打着"非派别性"的幌子,实际上采取取消派立场。1912年组织"八月联盟"。第一次世界大战期间持中派立场。1917年二月革命后参加区联派,在党的第六次代表大会上随区联派集体加入布尔什维克党,当选为中央委员。参加十月武装起义的领导工作。十月革命后任外交人民委员,1918年初反对签订布列斯特和约,同年3月改任共和国革命军事委员会主席、陆海军人民委员等职。参与组建红军。1919年起为党中央政治局委员。1920年起历任共产国际执行委员会候补委员、委员。1920—1921年挑起关于工会问题的争论。1923年起进行派别活动。1925年初被解除革命军事委员会主席和陆海军人民委员职务。1926年与季诺维也夫结成"托季联盟"。1927年被开除出党,1929年被驱逐出境,1932年被取消苏联国籍。在国外组织第四国际。死于墨西哥。——355—359。

托米洛夫,伊万·谢苗诺维奇(Томилов,Иван Семенович 生于1873年)——俄国农民出身的小官吏,初为立宪民主党人,后转向劳动派。第三届国家杜马阿尔汉格尔斯克省代表,在杜马中被选入渔业委员会和立法提案委员会。——292—293。

托姆斯基(叶弗列莫夫),米哈伊尔·巴甫洛维奇(米·托·)(Томский(Ефремов),Михаил Павлович(М.Т.)1880—1936)——1904年加入俄国社会民主工党。1905—1906年在党的雷瓦尔组织中工作,开始从事工会运动。1907年当选为党的彼得堡委员会委员,任布尔什维克的《无产者报》编委。曾参加党的第五次(伦敦)代表大会的工作。多次被捕和流放。1917年二月革命后任党的彼得堡委员会执行委员会委员。十月革命后任莫斯科工会理事会主席。1919年起任全俄工会中央理事会主席团主席。1920年参与创建红色工会国际,1921年工会国际成立后担任总书记。在党的第八至第十六次代表大会上当选为中央委员,1923—1930年为中央政治局委员。1920年起任全俄中央执行委员会主席团委员,1922年12月起任苏联中央执行委员会主席团委员。支持民主集中派,坚持工会脱离党的领导的"独立性"。1929年被作为"右倾派别集团"领袖之一受到批判。

1934 年当选为候补中央委员。1936 年因受政治迫害自杀。1988 年恢复党籍。——266、270、281。

W

瓦·沃·——见沃龙佐夫,瓦西里·巴甫洛维奇。

瓦连廷诺夫,尼·(**沃尔斯基,尼古拉·弗拉基斯拉沃维奇**)(Валентинов, Н. (Вольский, Николай Владиславович) 1879 — 1964)——俄国孟什维克,新闻工作者,马赫主义哲学家。1898 年参加革命运动。俄国社会民主工党第二次代表大会后站在布尔什维克一边,1904 年底转向孟什维克,编辑孟什维克的《莫斯科日报》,参加孟什维克的《真理》、《我们的事业》和《生活事业》等杂志的工作,为资产阶级的《俄罗斯言论报》撰稿。斯托雷平反动时期是取消派分子。在土地问题上,维护土地地方公有化。在哲学上,用马赫和阿芬那留斯的主观唯心主义观点来修正马克思主义。列宁在《唯物主义和经验批判主义》(1909)一书中批评了他的哲学观点。十月革命后在最高国民经济委员会的《工商报》任副编辑,后在苏联驻巴黎商务代表处工作。1930 年侨居国外。主要著作有《马克思主义的哲学体系》(1908)、《马赫和马克思主义》(1908)等。——378。

瓦扬,爱德华·玛丽(Vaillant, Édouard-Marie 1840 — 1915)——法国工人运动活动家,布朗基主义者。1866 — 1867 年加入第一国际。1871 年为巴黎公社执行委员会委员,领导教育委员会。公社失败后流亡伦敦,被选为第一国际总委员会委员。曾被缺席判处死刑,1880 年大赦后返回法国,1881 年领导布朗基派革命中央委员会。参与创建第二国际,是第二国际 1889 年巴黎和 1891 年布鲁塞尔代表大会代表。1893 年和 1897 年两度当选为议员。在反对米勒兰主义斗争中与盖得派接近,是 1901 年盖得派与布朗基派合并为法兰西社会党的发起人之一。1905 — 1915 年是法国社会党(1905 年建立)的领导人之一。第一次世界大战期间持社会沙文主义立场。——213、218、221、222。

王德威尔得,埃米尔(Vandervelde, Émile 1866 — 1938)——比利时政治活动家,比利时工人党领袖,第二国际的机会主义代表人物。1885 年加入比利时工人党,90 年代中期成为党的领导人。1894 年起多次当选为议员。

1900 年起任第二国际常设机构——社会党国际局主席。第一次世界大战爆发后成为社会沙文主义者,是大战期间欧洲国家中第一个参加资产阶级政府的社会党人。1918 年起历任司法大臣、外交大臣、公共卫生大臣、副首相等职。俄国 1917 年二月革命后到俄国鼓吹继续进行战争。敌视俄国十月革命,支持武装干涉苏维埃俄国。曾积极参加重建第二国际的活动,1923 年起是社会主义工人国际书记处书记和常务局成员。——18。

威廉二世(**霍亨索伦**)(Wilhelm II(Hohenzollern) 1859—1941)——普鲁士国王和德国皇帝(1888—1918)。——189、191。

维尔威尔(Virvaire)——法国将军,1908 年 7 月 30 日曾指挥军队镇压维尔纳夫-圣乔治的罢工者。——161。

维赫利亚耶夫,潘捷莱蒙・阿列克谢耶维奇(Вихляев, Пантелеймон Алексеевич 1869—1928)——俄国统计学家和农学家,自由主义民粹派分子,后为社会革命党人。1896—1898 年主持特维尔地方自治局经济处的工作,1907—1917 年主持莫斯科地方自治局统计处的工作。写过一些有关沙俄时期农民经济方面的统计著作,否认农民的阶级分化,赞扬村社制度。1917 年二月革命后在临时政府中任农业部副部长。十月革命后在中央统计局工作,同时在莫斯科大学和莫斯科其他高等院校任教——74、316。

维特,谢尔盖・尤利耶维奇(Витте,Сергей Юльевич 1849—1915)——俄国国务活动家。1892 年 2—8 月任交通大臣,1892—1903 年任财政大臣,1903 年 8 月起任大臣委员会主席,1905 年 10 月—1906 年 4 月任大臣会议主席。在财政、关税政策、铁路建设、工厂立法和鼓励外国投资等方面采取了一系列措施,促进了俄国资本主义的发展。同时力图通过对自由派资产阶级稍作让步和对人民群众进行镇压的手段来维护沙皇专制制度。1905—1907 年革命期间派军队对西伯利亚、波罗的海沿岸地区、波兰以及莫斯科的武装起义进行了镇压。——6、28、44、290。

沃尔柯夫,尼古拉・康斯坦丁诺维奇(沃尔柯夫第二)(Волков Николай Константинович(Волков 2-й)生于 1875 年)——俄国立宪民主党人;职业是农艺师。因参加 1905 年赤塔武装起义,曾被沙皇政府判罪。第三届和第四届国家杜马外贝加尔州的代表,在杜马中参加移民、渔业和土地等委员会。——294。

沃尔柯夫第二——见沃尔柯夫,尼古拉·康斯坦丁诺维奇。

沃尔斯基,阿道夫·阿道福维奇(Вольский, Адольф Адольфович)——俄国大
工业家和交易所经纪人,矿业工程师,七等文官。1908—1911 年任工商界
代表大会委员会总务主任,《工商业》杂志编辑。——380。

沃龙佐夫,瓦西里·巴甫洛维奇(瓦·沃·)(Воронцов, Василий Павлович
(В.В.)1847—1918)——俄国经济学家,社会学家,政论家,自由主义民粹
派思想家。曾为《俄国财富》、《欧洲通报》等杂志撰稿。认为俄国没有发展
资本主义的条件,俄国工业的形成是政府保护政策的结果;把农民村社理
想化,力图找到一种维护小资产者不受资本主义发展之害的手段。19 世
纪 90 年代发表文章反对俄国马克思主义者,鼓吹同沙皇政府和解。主要
著作有《俄国资本主义的命运》(1882)、《俄国手工工业概述》(1886)、《农民
经济中的进步潮流》(1892)、《我们的方针》(1893)、《理论经济学概论》
(1895)。——68、69、74、90。

乌瓦罗夫,阿列克谢·阿列克谢耶维奇(Уваров, Алексей Алексеевич 生于
1859 年)——俄国伯爵,大地主,地方自治运动活动家,普列韦主持的内务
部的官吏。第三届国家杜马萨拉托夫省代表,在杜马中先参加十月党党
团,后转向无党派人士,最后加入进步派;是地方自治和城市事务等委员会
委员。——406。

乌瓦罗夫,米哈伊尔·谢苗诺维奇(Уваров, Михаил Семенович)——1896 年
《公共卫生、法医学和实用医学通报》杂志 7 月号所载《论外出做零工对俄
国卫生状况的影响》一文的作者。——96。

X

席佩耳,麦克斯(Schippel, Max 1859—1928)——德国经济学家和政论家,
1886 年起为社会民主党人。1887—1890 年编辑《柏林人民论坛报》,1897
年起参与领导德国机会主义者的刊物《社会主义月刊》。1890—1905 年担
任国会议员期间,为德国帝国主义的扩张政策辩护。第一次世界大战期间
是社会沙文主义者。1923—1928 年任德累斯顿工学院教授。——
204、205。

谢苗诺夫,诺·——见拉米什维里,诺伊·维萨里昂诺维奇。

雪恩,威廉·爱德华(Schoen,Wilhelm Eduard 1851—1933)——德国外交家,男爵。1900年任驻哥本哈根公使,1906年任驻彼得堡大使,1907—1910年任外交大臣,1910—1914年任驻巴黎大使。——202。

Y

亚历山大二世(**罗曼诺夫**)(Александр II(Романов) 1818—1881)——俄国皇帝(1855—1881)。——384。

叶尔曼斯基(**科甘**),奥西普·阿尔卡季耶维奇(Ерманский(Коган),Осип Аркадьевич 1866—1941)——俄国社会民主党人,孟什维克。19世纪80年代末参加革命运动。1899—1902年在俄国南方工作。俄国社会民主工党第二次代表大会后是孟什维克。1905年在俄国社会民主工党敖德萨委员会工作;是俄国社会民主工党第四次(统一)代表大会敖德萨组织的代表。斯托雷平反动时期和新的革命高涨年代是取消派分子,积极为孟什维克报刊撰稿。曾参加第三届国家杜马社会民主党团的工作。第一次世界大战期间是中派分子。1917年是孟什维克国际主义者。1918年是孟什维克中央委员,孟什维克中央机关刊物《工人国际》杂志编辑之一。1921年退出孟什维克,在莫斯科从事学术工作。——378。

叶夫洛吉(**格奥尔吉耶夫斯基,瓦西里**)(Евлогий(Георгиевский,Василий)生于1868年)——俄国君主派分子,黑帮组织"俄罗斯人民同盟"的领导人之一。1902年起为卢布林省主教。第二届和第三届国家杜马卢布林省和谢德尔采省正教居民的代表。1914年起为沃伦省大主教。十月革命后是流亡国外的君主派首领之一。——403、404、407、408。

叶卡捷琳娜二世(**罗曼诺娃**)(Екатерина II(Романова) 1729—1796)——俄国女皇(1762—1796)——403。

伊哥列夫——见哥列夫,波里斯·伊萨科维奇。

伊利奥多尔(**特鲁法诺夫,谢尔盖·M.**)(Илиодор(Труфанов,Сергей M.)生于1880年)——俄国修士司祭,黑帮头目之一。神学院毕业后在波恰耶夫修道院供职。因激烈反对1905—1907年革命而出名。1908年调到察里津,继续进行反动活动,建立了黑帮组织"俄罗斯人民同盟"。1912年辞去教职。十月革命后移居国外。——225、374。

伊林,弗拉·——见列宁,弗拉基米尔·伊里奇。

伊兹沃尔斯基,亚历山大·彼得罗维奇(Извольский, Александр Петрович
1856—1919)——俄国外交家。1906年以前在梵蒂冈、贝尔格莱德、慕尼
黑、东京和哥本哈根担任外交方面的领导职务。1906—1910年任俄国外
交大臣,1910—1917年任驻巴黎大使。多次参加国际会谈和国际会议。
十月革命后留居法国,支持外国武装干涉苏维埃俄国。——201、206。

约翰——见马斯洛夫,彼得·巴甫洛维奇。

Z

左尔格,弗里德里希·阿道夫(Sorge, Friedrich Adolph 1828—1906)——美
国工人运动和国际工人运动活动家,马克思和恩格斯的学生和战友。生于
德国,参加过德国1848—1849年革命。革命失败后先后流亡瑞士、比利时
和英国,1852年移居美国。在美国积极宣传马克思主义,是纽约共产主义
俱乐部(1857年创立)和美国其他一些工人组织和社会主义组织的领导人
之一。第一国际成立后,积极参加国际的活动,是第一国际美国各支部的
组织者。1872年第一国际总委员会从伦敦迁至纽约后,担任总委员会总
书记,直到1874年。1876年参加北美社会主义工人党的创建工作,领导
了党内马克思主义者对拉萨尔派的斗争。与马克思和恩格斯长期保持通
信联系。90年代从事美国工人运动史的研究和写作,著有《美国工人运
动》一书以及一系列有关美国工人运动史的文章,主要发表在德国社会民
主党理论刊物《新时代》杂志上。晚年整理出版了他与马克思和恩格斯等
人的书信集。1907年书信集俄译本出版,并附有列宁的序言。列宁称左
尔格为第一国际的老战士。——215。

文 献 索 引

［阿列克辛斯基，格·阿·］阿列克谢耶夫［《关于俄国社会民主工党土地纲领草案的修正案（在俄国社会民主工党第四次（统一）代表大会第 12 次会议上提出）》］（［Алексинский, Г. А.］ Алексеев. ［Поправка к проекту аграрной программы РСДРП, внесенная на 12-ом заседании IV (Объединительного) съезда РСДРП].—В Кн.: Протоколы Объединительного съезда РСДРП, состоявшегося в Стокгольме в 1906 г. М., тип. Иванова, 1907, стр. 152）——136。

爱尔威，古·《军国主义和国际冲突》［在 1907 年 8 月 20 日国际社会党代表大会委员会会议上提出的决议案］（Hervé, G. Der Militarismus und die internationalen Konflikte. [Der Resolutionsentwurf, vorgeschlagen auf der Sitzung der Kommission des Internationalen Sozialistenkongresses am 20. August 1907].—In: Internationaler Sozialistenkongreß zu Stuttgart. 18. bis 24. August 1907. Berlin, Buchh. «Vorwärts», 1907, S. 87）——169。

——《他们的祖国》（Leur patrie. Paris, édité par l'auteur, [1905]. 286 p.）—— 170—171。

安年斯基，尼·费·《地主农场中的粮食生产价值》（Анненский, Н. Ф. Стоимость производства хлеба в частновладельческих хозяйствах.—В кн.: Влияние урожаев И Хлебных цен на некоторые стороны русского народного хозяйства. Под ред. проф. А. И. Чупрова и А. С. Посникова. Т. I. Спб., тип. Киршбаума, 1897, стр. 157—245）——63。

奥尔洛夫，瓦·《农民经济》（Орлов, В. Крестьянское хозяйство. Вып. I. Формы крестьянского землевладения В Московской губернии. Изд. Моск. губ. земства. М., 1879. III, 320, 39 стр. (В изд.: Сборник статистических сведений по Московской губернии. Отдел хозяйственной статистики. Т. IV.

Вып. I))——68。

奥金采夫《论革命组织问题》(给编辑部的信)(Одинцев. К вопросу о революционных организациях.(Письмо В редакцию).—«Революционная Мысль»,1908,№ 2,июнь,стр.10—13)——124—125、314。

奥陀耶夫斯基,亚·伊·《先知的琴弦弹出火热的声音……》(Одоевский,А. И.«Струн вещих пламенные звуки...»)——166。

奥泽罗斯基,С.《论〈路标〉文集》(Озеросский,С. О «Вехах».—«Речь»,Спб., 1909,№ 139 (1024),24 мая (6 июня),стр.5)——408。

贝尔,卡·和格尔梅尔先,格·《俄国及与其毗邻的亚洲诸国研究概论》 (Baer,K. u. Helmersen,G. Beiträge zur Kenntnis des Russischen Reiches und der angränzenden Länder Asiens. Auf Kosten der Akademie der Wissenschaften. Bd. 11. Gemischten Inhalts. S.-Pb., Akademie der Wissenschaften,1845.183 S.)——58。

别尔托夫——见普列汉诺夫,格·瓦·。

波斯特尼柯夫,弗·叶·《南俄农民经济》(Постников, В. Е. Южнорусское крестьянское хозяйство. М., тип. Кушнерева, 1891. XXXII, 392 стр.)—— 75、76、78、79—80、81、83、86—87、92。

伯恩施坦,爱·《社会主义的前提和社会民主党的任务》(Bernstein, E. Die Voraussetzungen des Sozialismus und die Aufgaben der Sozialdemokratie. Stuttgart, Dietz, 1899. X, 188 S.)——12—13、17、350。

——《社会主义问题》(Probleme des Sozialismus.—«Die Neue Zeit», Stuttgart, 1896—1897, Jg. XV, Bd. I, Nr. 6, S. 164—171; Nr. 7, S. 204—213; Nr. 10, S. 303—311; Nr. 25, S. 772—783; Bd. II, Nr. 30, S. 100—107; Nr. 31, S. 138—143)——12—13。

——《社会主义中的现实因素和思想因素》(Das realistische und das ideologische Moment im Sozialismus. Probleme des Sozialismus, 2. Serie II.— «Die Neue Zeit», Stuttgart, 1897—1898, Jg. XVI, Bd. II, Nr. 34, S. 225—232; Nr. 39, S. 388—395)——12—13。

布尔加柯夫,谢·尼·《英雄主义和献身精神》(Булгаков, С. Н. Героизм и подвижничество.（Из размышлений о религиозной природе русской интеллигенции).—В кн.:Вехи.Сборник статей о русской интеллигенции Н. А. Бердяева, С. Н. Булгакова, М. О. Гершензона, А. С. Изгоева, Б. А. Кистяковского, П. Б. Струве, С. Л. Франка. М., [тип. Саблина], 1909, стр. 23—69)——396。

布拉戈维申斯基,尼·安《地方自治局按户调查经济资料综合统计汇编》（Благовещенский, Н. А. Сводный статистический сборник хозяйственных сведений по земским подворным переписям. Т. I. Крестьянское хозяйство. М., типолит. Кушнерева, 1893. XVI, 267 стр. На русск. и франц. яз.)——107—108。

布鲁凯尔,路·德《向土耳其革命致敬》——见《向土耳其革命致敬》。

[丹尼尔逊,尼·弗·]尼古拉·—逊《我国改革后的社会经济概况》（[Даниельсон, Н. Ф.] Николай—он. Очерки нашего пореформенного общественного хозяйства. Спб., тип. Бенке, 1893. XVI, 353 стр.; XVI л. табл.)——74、96。

德雷克斯勒尔,H.《汉诺威省某些地区的农民状况》（Drechsler, H. Die bäuerlichen Zustände in einigen Teilen der Provinz Hannover.—In: Bäuerliche Zustände in Deutschland. Berichte, veröffentlicht vom Verein für Sozialpolitik. Bd. 3. Leipzig, Duncker u. Humblot, 1883, S. 59—112. (Schriften des Vereins für Sozialpolitik. XXIV))——88。

恩格斯,弗·《柏林关于革命的辩论》——见恩格斯,弗·科隆,6月13日。

—《反杜林论》（Энгельс, Ф. Анти-Дюринг. Переворот в науке, произведенный господином Евгением Дюрингом. 1876—1878 гг.)——14、388、389—390。

—《给爱德华·伯恩施坦的信》（1883年8月27日）（Энгельс, Ф. Письмо Э. Бернштейну. 27 августа 1883 г.)——251—252。

—[《给弗·阿·左尔格的信》（1886年11月29日）]（[Письмо Ф. А. Зорге. 29 ноября 1886 г.].—В кн.: Письма И. Ф. Беккера, И. Дицгена, Ф. Энгельса, К. Маркса и др. к Ф. А. Зорге и др. Пер. с нем. Политикуса. С письмами и биографией Ф. А. Зорге Евг. Дицгена. С предисл. Н. Ленина. С портр. Ф. А. Зорге. Спб., Дауге, 1907, стр. 266—270)——215、385。

—[《给弗·阿·左尔格的信》(1889 年 12 月 7 日)]([Письмо Ф. А. Зорге. 7 декабря 1889 г.].—Там же, стр. 356—359)——215。

—[《给弗·阿·左尔格的信》(1891 年 6 月 10 日)]([Письмо Ф. А. Зорге. 10 июня 1891 г.].—Там же, стр. 406—407)——215。

—[《给弗·凯利-威士涅威茨基夫人的信》(1886 年 12 月 28 日)]([Письмо Ф. Келли-Вишневецкой. 28 декабря 1886 г.].—Там же, стр. 271—274)——215。

—《[卡·马克思〈法兰西内战〉一书]导言》(Введение [к работе К. Маркса «Гражданская война во Франции»]. 18 марта 1891 г.)——390、398、401。

—《[卡·马克思〈1848 年至 1850 年的法兰西阶级斗争〉一书]导言》(Введение [к работе К. Маркса «Классовая борьба во Франции с 1848 по 1850 г.»]. 6 марта 1895 г.)——27。

—《[卡·马克思〈哲学的贫困〉一书]序言》(Engels, F. Vorwort [zum Buch von K. Marx «Das Elend der Philosophie»].—In: Marx, K. Das Elend der Philosophie. Antwort auf Proudhons «Philosophie des Elends». Deutsch von E. Bernstein und K. Kautsky. Mit Vorw. und Noten von F. Engels. Stuttgart, Dietz, 1885, S. V—XXV)——386。

—科隆,6 月 13 日。(Köln, 13. Juni.—In: Marx, K. u. Engels, F. Gesammelte Schriften von Karl Marx und Friedrich Engels. 1841 bis 1850. Bd. 3. Von Mai 1848 bis Oktober 1850. Stuttgart, Dietz, 1902, S. 97—100. Unter dem Gesamttitel: Das Ministerium Camphausen. (In: Aus dem literarischen Nachlaß von Karl Marx, Friedrich Engels und Ferdinand Lassalle. Hrsg. Von F. Mehring. Bd. 3))——382—383。

—《流亡者文献》(Эмигрантская литература. II. Программа бланкистских эмигрантов Коммуны. Июнь 1874 г.)——389。

—《路德维希·费尔巴哈和德国古典哲学的终结》(Людвиг Фейербах и конец классической немецкой философии. Начало 1886 г.)—— 388—389。

—《论历史唯物主义》(德文版)(Über historischen Materialismus.—«Die Neue Zeit», Stuttgart, 1892—1893, Jg. XI, Bd. I, Nr. 1, S. 15—20; Nr. 2, S.

42—51）——37—38、362。

—《论历史唯物主义》（俄文版）（Об историческом материализме.—В кн.：Исторический материализм. Сборник статей Энгельса，Каутского，Лафарга，Жореса，Сореля，Адлера，штерна，Цеттербаума，Келлес-Крауза，Бельфорт-Бакса，Штиллиха. Сост. и пер. С. Бронштейн（С. Семковский）. С предисл. и указателем литературы об историческом материализме на русском и иностранных языках. Спб.，тип.«Общественная Польза»，1908，стр. 162—183）——362。

—《社会主义从空想到科学的发展》（Socialism utopian and scientific. Translated by E. Aveling. With a special introduction by the author. London—New-York, Sonnenschein—Scribner, 1892. XXXIX, 117p.）——37—38。

—《［〈社会主义从空想到科学的发展〉］英文版导言》（Introduction［to：«Socialism utopian and scientific».—In：Engels，F. Socialism utopian and scientific. Translated by E. Aveling. With a special introduction by the author. London—New-York，Sonnenschein—Scribner，1892，P. V—XXXIX）——37—38。

法利，R. P.《社会党国际》（Farley, R. P. The socialist international. An impression.—«The Labour Leader»，London，1908，No. 42，Oct. 16，p. 665）——216—217。

范科尔，亨·［《关于殖民地问题的决议》］（Van Kol, G.［Die Resolution zur Kolonialfrage].—In：Internationaler Sozialistenkongreß zu Stuttgart. 18. bis 24. August 1907. Berlin, Buchh. «Vorwärts»，1907，S. 112. Unter der Rubrik：III. Kolonialfrage）——223。

格莱西尔，约·布·《工党被承认了》（Glasier, J. B. Labour Party fully recognised. I. L. P. policy fully recognised. Kautsky moves the resolution.—«The Labour Leader»，London，1908，No. 42，Oct. 16，p. 665. Under the general title：International Bureau）——216—217。

格里鲍耶陀夫，亚·谢·《智慧的痛苦》（Грибоедов，А. С. Горе от ума）——46、165、263。

果戈理,尼·瓦·《钦差大臣》(Гоголь, Н. В. Ревизор)——408。

——《塔拉斯·布尔巴》(Тарас Бульба)——197、386。

海德门,亨·迈·《对会议议程的评论》(Hyndman, H. M. A criticism of the proceedings.—«Justice», London, 1908, No. 1, 292, October 17, p. 7. Under the general title: The meeting of the International socialist Bureau)——216、217、218。

杰尔查文,加·罗·《神》(Державин, Г. Р. Бог)——169。

捷贾科夫,尼·伊·《赫尔松省农业工人及其卫生监督组织》(Тезяков, Н. И. Сельскохозяйственные рабочие и организация за ними санитарного надзора в Херсонской губернии. (По материалам лечебнопродовольственных пунктов в 1893 — 1895 гг.). (Доклад XIII губернскому съезду врачей и представителей земских управ Херсонской губ.). Изд. Херсонской губ. земской управы. Херсон, 1896. II, 301 стр.)——95 — 100。

卡拉姆津,尼·米·《多情善感和冷酷无情》(Карамзин, Н. М. Чувствительный и холодный. Два характера)——6、9。

卡雷舍夫,尼·亚·《农民的非份地租地》(Кары шев, Н. А. Крестьянские вненадельные аренды. Дерпт, тип. Лакмана, 1892. XIX, 402, LXV стр., 3 л. табл. (В изд.: Итоги экономического исследования России по данным земской статистики. Т. II))——72 — 73、74。

凯斯勒尔,伊·《关于俄国农民村社占有制的历史和对它的批判》(Keussler, J. Zur Geschichte und Kritik des bäuerlichen Gemeindebesitzes in Rußland. T. 2, II. Hälfte. S.-Pb., Ricker, 1883. VIII, 248 S.)——68。

考茨基,卡·《俄国革命的动力和前途》(Каутский, К. Движущие силы и перспективы русской революции. Пер. с нем. («Neue Zeit», No No 9 и 10, 25. Jg., Bd. I). Под ред. и с предисл. Н. Ленина. М., «Новая Эпоха», 1907. 32 стр.)——36、153、358 — 361。

——《[〈社会革命〉一书]第二版序言》(Kautsky, K. Vorwort zur zweiten Auflage [des Buches «Die soziale Revolution»].—In: Kautsky, K. Die soziale Revolution. I. Sozialreform und soziale Revolution. 2. durchges. und verm. Aufl. Berlin, Buchh. «Vorwärts», 1907, S. 5 — 6)——33、39。

—《社会革命》（第 1 编：社会改良和社会革命）（Die soziale Revolution. I. Sozialreform und soziale Revolution. 2. durchges. und verm. Aufl. Berlin, Buchh.《Vorwärts》, 1907. 64 S.）——33—34、35—36、37、39、153。

—《社会革命》（第 2 编：社会革命后的第二天）（Die soziale Revolution. II. Am Lage nach der sozialen Revolution. 2. durchges. und verm. Aufl. Berlin, Buchh.《Vorwärts》, 1907. 48 S.）——33、153。

—《我们对爱国主义和战争的看法》（共 48 页）（Наш взгляд на патриотизм и войну. Пер. с нем. Л. Неманова. Св. Франциск Ассизский. Пер. с нем. С. Марковича. [Спб., типолит.《Герольд》, 1905]. 48 стр.）——171、174。

—《我们对爱国主义和战争的看法》（载于《卡·考茨基〈我们对爱国主义和战争的看法〉》一书第 3—32 页）（Наш взгляд на патриотизм и войну.—В кн.: Каутский, К. Наш взгляд на патриотизм и войну. Пер. с нем. Л. Неманова. Св. Франциск Ассизский. Пер. с нем. С. Марковича. [Спб., типолит.《Герольд》, 1905], стр. 3—32）——171、174。

—《准许英国"工党"参加国际代表大会》——见《准许英国"工党"参加国际代表大会》。

考夫曼, 亚·阿·《谈谈私有地产的种植经济意义的问题》（Кауфман, А. А. К вопросу о культурно-хозяйственном значении частного землевладения.—В кн.: Аграрный вопрос. Т. II. Сборник статей Брейера, Бруна, Воробьева, Герценштейна, Дена, Кауфмана, Кутлера, Левитского, Мануилова, Петрункевича, Хауке, Чупрова, Якушкина. М.,《Беседа》, 1907, стр. 442—628. (Изд. Долгорукова и Петрункевича))——62—64、66—67、91、109、132。

柯罗连科, 谢·亚·《从欧俄工农业统计经济概述看地主农场中的自由雇佣劳动和工人的流动》（Короленко, С. А. Вольнонаемный труд в хозяйствах владельческих и передвижение рабочих в связи с статистико-экономическим обзором Европейской России в сельскохозяйственном и промышленном отношениях. Спб., тип. Киршбаума, 1892. XX, 864 стр.; 17 л. карт. (Деп. земледелия и сельской пром-ти. С.-х. и стат. сведения по материалам, полученным от хозяев. Вып. V))——61、96、98。

克里切夫斯基，波·尼·《原则、策略和斗争》(Кричевский, Б. Н. Принципы, тактика и борьба. —«Рабочее Дело», Женева, 1901, №10, сентябрь, стр. 1—36)——126。

［库斯柯娃，叶·德·］《论俄国的马克思主义》(纪念卡尔·马克思逝世二十五周年)(［Кускова, Е. Д.］О русском марксизме. (К двадцатипятилетию смерти Карла Маркса). —«Столичная Почта», Спб., 1908, №251, 1 (14) марта, стр. 3—4. Подпись: Е. К.)——30—31。

库特列尔，尼·尼·《关于扩大和改进农民地产的措施的法案》(Кутлер, Н. Н. Проект закона о мерах к расширению и улучшению крестьянского землевладения. —В кн.: Аграрный вопрос. Т. П. Сборник статей Брейера, Бруна, Воробьева, Герценштейна, Дена, Кауфмана, Кутлера, Левитского, Мануйлова, Петрункевича, Хауке, Чупрова, Якушкина. М., «Беседа», 1907, стр. 629—648. (Изд. Долгорукова и Петрункевича))——9、288。

拉林，尤·《农民问题和社会民主党》(Ларин, Ю. Крестьянский вопрос и социал-демократия. ［Спб.］, «Новый Мир», 1906. 111 стр.)——150。

拉萨尔，斐·《论宪法的实质》(Lassalle, F. Über Verfassungswesen. Ein Vortrag, gehalten ［am 16. April 1862］ in einem Berliner-Bürger-Bezirks-Verein von Ferdinand Lassalle. Berlin, Jansen, 1862. 32 S.)——320。

——《怎么办?》(关于宪法问题的演说)(Was nun? Zweiter Vortrag über Verfassungswesen. Zürich, Meyer u. Zeller, 1863. 41 S.)——320。

李卜克内西，卡·《从国际青年运动的特殊角度来考虑的军国主义和反军国主义问题》(Liebknecht, K. Militarismus und Antimilitarismus unter besonderer Berücksichtigung der internationalen Jugendbewegung. Leipzig, 1907. VII, 126 S.)——170。

［列宁，弗·伊·］《彼·马斯洛夫的歇斯底里发作》(［Ленин, В. И.］П. Маслов в истерике. —«Пролетарий», Женева, 1908, №37, (29) 16 октября, стр. 3—5. Подпись: Н. Ленин)——260、262。

——《彼得·马斯洛夫如何修改卡尔·马克思的草稿》(Как Петр Маслов исправляет черновые наброски Карла Маркса. —«Пролетарий», Женева, 1908, №33, (5 авг.) 23 июля, стр. 3—6)——164、225—232。

——《编辑部的话》（От редакции.—«Пролетарий», Женева, 1908, №33, (5 авг.) 23 июля, стр. 6)——262、263。

——《答对我们纲领草案的批判》（Ответ на критику нашего проекта программы.—В кн.: [Маслов, П. П.] Икс. Об аграрной программе. [Ленин, В. И.] Ленин, Н. Ответ на критику нашего проекта программы. Изд. Лиги русск. рев. с.-д. Женева, тип. Лиги, 1903, стр. 26 — 42. (РСДРП). Подпись: Н. Ленин)——239。

——《第三届杜马》（Третья Дума.—«Пролетарий», [Выборг], 1907, №18, 29 октября, стр. 1 — 3. На газ. место изд.: М.)——29。

——《第三届杜马关于土地问题的讨论》（Аграрные прения в III Думе.—«Пролетарий», Женева, 1908, №40, 1 (14) декабря, стр. 3 — 5. Подпись: Н. Л.)——314。

——《俄国资本主义的发展》（Развитие капитализма в России. Процесс образования внутреннего рынка для крупной промышленности. Изд. 2-е, доп. Спб., «Паллада», 1908. VIII, VIII, 489 стр. Перед загл. авт.: Владимир Ильин)——51、52 — 53、61、62、63、65 — 66、70 — 72、73 — 74、75 — 77、78、79、80、81 — 83、85、86、87 — 89、91、92、93 — 95、96、99 — 103、104 — 105、107、119、139。

——《革命冒险主义》（Революционный авантюризм.—«Искра», [Лондон], 1902, №23, 1 августа, стр. 2 — 4; №24, 1 сентября, стр. 2 — 4)——322。

——《给组织问题委员会的指示》（Директивы для ком [иссии] по организационному вопросу.—В кн.: Извещение Центрального Комитета Российской с.-д. рабочей партии о состоявшейся очередной общепартийной конференции. [Изд. ЦК РСДРП. Paris, 1909], стр. 6. (РСДРП). Под общ. загл.: Организационный вопрос)——304、336 — 337、364。

——《关于[第三届]国家杜马中社会民主党党团的策略的决议》（Резолюция о тактике с.-д. фракции в [III] Г [осударственной] думе.—«Пролетарий», [Выборг], 1907, №20, 19 ноября, стр. 4, в отд.: Из партии. Под общ. загл.: Резолюции 3-й Общероссийской конференции. На газ. место изд.: М.)——29。

1907，№19，5 ноября，стр.6 — 7.На газ.место изд.：М.)——130。

—《论目前瓦解的几个特征》(О некоторых чертах современного распада.—«Пролетарий»，Женева，1908，№32，(15) 2 июля，стр.1—2)——314。

—《论同立宪民主党的联盟》(О блоках с кадетами.—«Пролетарий»，〔Выборг〕，1906，№8，23 ноября，стр. 2 — 5. На газ. место изд.：М.)——357。

—《马克思主义和修正主义》(Марксизм и ревизионизм.—В кн.：Карл Маркс (1818—1883).К двадцатипятилетию со дня его смерти (1883—1908).Спб.，〔Кедровы〕，1908，стр.210—217.На обл.загл.：Памяти Карла Маркса.Подпись：Вл.Ильин)——233。

—《社会革命党的孟什维克》(Эсеровские меньшевики.—«Пролетарий»，〔Выборг〕，1906，№4，19 сентября，стр. 3 — 6. На газ. место изд.：М.)——122。

—《社会民主党在俄国革命中的土地纲领》(〔Lenin, W. I.〕 Lenin, N. Program rolny Socjaldemokracji w rewolucji rosyiskiej. (Autoreferat).—«Przeglạd Socjaldemokratyczny»，Kraków，1908，Nr. 6，sierpien，S. 516—532)——235—236、237，238、240—241、244—245。

—《社会民主党在民主革命中的两种策略》(俄国社会民主工党中央委员会日内瓦版)(Две тактики социал-демократии в демократической революции. Изд. ЦК РСДРП. Женева, тип. партии, 1905. VIII, 108 стр. (РСДРП).Перед загл.авт.：Н.Ленин)——345。

—《社会民主党在民主革命中的两种策略》(载于〔列宁，弗·伊·〕《十二年来》文集)(Две тактики социал-демократии в демократической революции.—В кн.：〔Ленин, В. И.〕 За 12 лет. Собрание статей. Т. 1. Два направления в русском марксизме и русской социал-демократии. Спб.，тип.Безобразова,〔1907〕，стр.387 — 469. Перед загл.авт.：Вл. Ильин. На тит.л.год изд.：1908)——352。

—《社会民主党在 1905 — 1907 年俄国第一次革命中的土地纲领》(Аграрная программа социал-демократии в первой русской революции 1905—1907 годов.Ноябрь—декабрь 1907 г.)——48—49、50—51、52、

55—56、57、58、101—102、114、131—154、164、225—233。

—《十二年来》文集（За 12 лет. Собрание статей. Т. 1. Два направления в русском марксизме и русской социал-демократии. Спб., Тип. Безобразова, ［1907］. XII, 471 стр. Перед загл. авт.: Вл. Ильин. На тит. л. год изд.: 1908）——352。

—［《提交俄国社会民主工党统一代表大会的策略纲领》］（［Тактическая платформа к Объединительному съезду РСДРП. Проект резолюций к Объединительному съезду РСДРП］.—«Партийные Известия», ［Спб.］, 1906, №2, 20 марта, стр. 5—9）——346。

—《提交俄国社会民主工党第四次（统一）代表大会的土地纲领草案》——见列宁，弗·伊·《修改工人政党的土地纲领》（第五章）。

—《土地问题》（Аграрный вопрос. Ч. I. Спб., ［«Зерно», январь］ 1908. 263 стр. Перед загл. авт.: Вл. Ильин）——88。

—《土地问题和"马克思的批评家"》（Аграрный вопрос и «критики Маркса».—В кн.: ［Ленин, В. И.］ Аграрный вопрос. Ч. I. Спб., ［«Зерно», январь］ 1908, стр. 164—263. Перед загл. авт.: Вл. Ильин）——88。

—《土地问题上的"批评家"先生们》（Гг. «критики» в аграрном вопросе.—«Заря», Stuttgart, 1901, №2—3, декабрь, стр. 259—302. Подпись: Н. Ленин）——142、232。

—《唯物主义和经验批判主义（对一种反动哲学的批判）》（Материализм и эмпириокритицизм. Критические заметки об одной реакционной философии. февраль—октябрь 1908 г.）——14。

—《无产阶级和农民的革命民主专政》（Революционная демократическая диктатура пролетариата и крестьянства.—«Вперед», Женева, 1905, №14, 12 апреля（30 марта）, стр. 1）——344、345。

—《〈无产者报〉编辑部的话》（От редакции «Пролетария». ［По поводу статьи «К очередным вопросам»］.—«Пролетарий», Париж, 1909, №42, 12（25）февраля, стр. 3—4）——367、368。

—《新土地政策》（Новая аграрная политика.—«Пролетарий», Genève, 1908, №22,（3 мар.）19 февраля, стр. 1. На газ. дата:（4 мар.）19 февраля）

——8、290。

—《修改工人政党的土地纲领》(1906 年圣彼得堡版) (Пересмотр аграрной
программы рабочей партии. Спб., 1906. 31 стр. Перед загл. авт.: Н. Ленин)
——153—154。

—《修改工人政党的土地纲领》(1906 年圣彼得堡我们的思想出版社版)
(Пересмотр аграрной программы рабочей партии. Спб., «Наша Мысль»,
1906. 31 стр. перед Загл. авт.: Н. Ленин) —— 139、153 — 154、236、
239—240。

—[《修改工人政党的土地纲领》(第五章)] (载于[列宁,弗·伊·]《关于俄
国社会民主工党统一代表大会的报告》一书) ([Пересмотр аграрной
программы рабочей партии. Глава V]. — В кн.: [Ленин, В. И.] Доклад об
Объединительном съезде РСДРП. Письмо к петербургским рабочим.
М. — Спб., тип. «Дело», 1906, стр. 66 — 67. Под загл.: Проект аграрной
программы большинства аграрной комиссии, в отд.: Приложения. Перед
загл. авт.: Н. Ленин) —— 153—154。

—[《修改工人政党的土地纲领》(第五章)] (载于 1906 年 3 月 20 日《党内
消息报》第 2 号) ([Пересмотр аграрной программы рабочей партии. Глава
V]. — «Партийные Известия», [Спб.], 1906, №2, 20 марта, стр. 12. Под
общ. загл.: Проекты аграрной программы к предстоящему съезду) ——
153—154。

—《政治短评》(Политические заметки. — «Пролетарий», [Женева], 1908,
№21, 26 (13) февраля, стр. 2) —— 314。

—《政治危机和机会主义策略的破产》(Политический кризис и провал
оппортунистической тактики. — «Пролетарий», [Выборг], 1906, №1, 21
августа, стр. 2 — 6. На газ. место изд.: М.) —— 357。

[列宁,谢·尼·]《农具和农业机器》([Ленин, С. Н.] Сельскохозяйственные
орудия и машины. — В кн.: Производительные силы России. Краткая
характеристика различных отраслей труда соответственно классификации
выставки. Сост. под общ. ред. В. И. Ковалевского. Спб., [1896], стр. 47 — 58,
в отд.: I. Сельское хозяйство. (М-во финансов. Комиссия по заведованию

устройством Всерос. пром. и худож. выставки 1896 г. в Н.-Новгороде))
——65—66。

—《农业机器和农具》(Сельскохозяйственные машины и орудия.—«Вестник
Финансов, Промышленности и Торговли», Спб., 1896, №51, стр. 972 —
976. Под общ. загл.: Всерос. пром. и худож. выставка в Н.-Новгороде)——
65—66。

列文, Д.《扼要论述》(Левин, Д. Наброски.—«Речь», Спб., 1909, №133
(1018), 17 (30) мая, стр. 2—3)——408。

卢森堡, 罗·《给让·饶勒斯的公开信》(Luxemburg, R. Offener Brief an Jean
Jaurès.—«Die Neue Zeit», Stuttgart, 1908, Jg. 26, Bd. 2; Nr. 43, S. 588—
592)——174—175。

鲁巴金, 尼·亚·《从统计数字看我国执政的官僚》(Рубакин, Н. А. Наша
правящая бюрократия в цифрах. (Из «Этюдов о чистой публике»).—
«Сын Отечества», Спб., 1905, №54, 20 апреля (3 мая), стр. 2 — 3)
——52。

鲁德涅夫, 斯·费·《欧俄农民的副业》(Руднев, Н. Ф. Промыслы крестьян в
Европейской России.—«Сборник Саратовского Земства», 1894, №6, стр.
189—222; №11, стр. 421—463)——97。

马尔丁诺夫, 亚·《反革命杜马中的土地问题》(Мартынов, А. Аграрный
вопрос в контрреволюционной думе.—«Голос Социал-Демократа», [Же-
нева], 1908, №10—11, Ноябрь—декабрь, стр. 5—14)——385。

—《揭露性的刊物和无产阶级的斗争》(Обличительная литература и
пролетарская борьба. («Искра», №№1—5).—«Рабочее Дело», Женева,
1901, №10, сентябрь, стр. 37—64)——125—126。

马尔滕斯, 费·《俄国与外国列强签订的条约和协定汇编》(Мартенс, Ф.
Собрание трактатов и конвенций, заключенных Россией с иностранными
державами. Т. VIII. Трактаты с Германией. 1825 — 1888. Спб., тип. м-ва
путей сообщения (Бенке), 1888. XXII, 747 стр. На русск. и франц. яз.)——
201—202、218。

马尔托夫, 尔·《卡·考茨基和俄国革命》(Мартов, Л. К. Каутский и русская

революция.—В кн.：Издательство «Отклики». Сборник II. Спб.，〔электропеч.Левенштейн〕,1907,стр.3—24)——36。

—《争取什么?》（Мартов, Л. За что бороться? —«Социал-Демократ»，Париж,1909,№3,9（22）марта,стр.3—4)——344、347、350、351、352—354、355、357、358—360、361—362、363。

—《政治发展的总结》（Итоги политического развития.—В кн.：Общественное движение в России в начале XX-го века. Под ред. Л. Мартова, П. Маслова и А. Потресова. Т. I. Предвестники и основные причины движения.Спб.，тип. «Общественная Польза»，1909，стр.663—676.Подпись：Л. М.)——385。

—《资产阶级的"向左转"》（«Левение» буржуазии.—«Возрождение»，М.，1909,№1—2, стр. 26—31, в отд.：Общественно-политический отдел. Заметки журналиста)——381、384—385、386。

马克思,卡·《废除封建义务的法案》——见马克思,卡·科隆,7月29日。

—[《给路·库格曼的信》（1871 年 4 月 12 日）]（〔Маркс, К. Письмо Л. Кугельману. 12 апреля 1871 г.〕.—В кн.：Маркс, К. Письма к Л. Кугельману.С предисл. редакции «Neue Zeit».Пер. с нем. М. Ильиной под ред. и с предисл. Н. Ленина. Спб.，〔«Новая Дума»〕, 1907, стр. 88—89)——151。

—《国际工人协会总委员会关于普法战争的第二篇宣言》（Второе воззвание Генерального Совета Международного Товарищества Рабочих о франко-прусской войне. Членам Международного Товарищества Рабочих в Европе и Соединенных Штатах. 9 сентября 1870 г.)——40。

—《〈黑格尔法哲学批判〉导言》（К критике гегелевской философии права. Введенпе.Конец 1843 г.—январь 1844 г.)——388、410。

—科隆,7 月 29 日。（Marx, K. Köln, 29. Juli.—In：Marx, K. u. Engels, F. Gesammelte Schriften von Karl Marx und Friedrich Engels. 1841 bis 1850. Bd. 3. Von Mai 1848 bis Oktober 1850. Stuttgart, Dietz, 1902, S. 128—133. Unter dem Gesamttitel：Das Ministerium Hansemann. (In：Aus dem literarischen Nachlaß von Karl Marx, Friedrich Engels und Ferdinand

Meißner,1894. IV, 422 S.) —— 137、142、225、226、227 — 228、243 — 244、262。

—《[〈资本论〉第 1 卷] 第二版跋》（Послесловие ко второму изданию [первого тома «Капитала».24 января 1873 г.）——13。

—《资本论》》（俄文版第 1 卷）（Капитал. Критика политической экономии. Т. I.1867 г.）——13。

—《资本论》》（俄文版第 1—3 卷）（Капитал. Критика политической экономии, т. I—III.1867—1894 гг.）——243—244、318。

马克思，卡·和恩格斯，弗·《反克利盖的通告》（Маркс, К. и Энгельс, Ф. Циркуляр против Криге.11 мая 1846 г.）——241。

—《共产党宣言》（Манифест Коммунистической партии. Декабрь 1847 г.— январь 1848 г.）——16、169。

—《国际时评（三）》（Третий международный обзор. С мая по октябрь. 1 ноября 1850 г.）——31—32。

—《马克思恩格斯文集》（1841—1850 年）（德文版第 3 卷）（Marx, K. u. Engels, F. Gesammelte Schriften von Karl Marx und Friedrich Engels. 1841 bis 1850. Bd. 3. Von Mai 1848 bis October 1850. Stuttgart, Dietz, 1902. VI, 491 S.（In: Aus dem literarischen Nachlaß von Karl Marx, Friedrich Engels und Ferdinand Lassalle. Hrsg. von F. Mehring. Bd. 3））—— 241、361、382。

—《马克思恩格斯文集》（1841 — 1850 年）（俄文版第 1 卷）（Собрание сочинений Карла Маркса и Фридриха Энгельса. 1841 — 1850. Т. 1. Март 1841— март 1844. Полный пер. с нем. И. Г. Гройсмана. Под ред. Л. И. Аксельрод（Ортодокс）, Д. Кольцова и Б. Рязанова. С предисл. к русск. изд. Ф. Меринга. [Одесса, «Освобождение Труда»], 1908. II, 650 стр.（В изд.: Из литературного наследия Карла Маркса, Фридриха Энгельса и Ферд. Лассаля. Изд. Ф. Мерингом））——361。

—《马克思恩格斯文集》（1841 — 1850 年）（俄文版第 2 卷）（Собрание сочинений Карла Маркса и Фридриха Энгельса. 1841 — 1850. Т. 2. Июль 1844 — ноябрь 1847. Под ред. Л. И. Аксельрод, В. И. Засулич и Д.

Кольцова.[Одесса,«Освобождение Труда»],1908.VIII,541 стр.(В изд.：Из литературного наследия Карла Маркса,Фридриха Энгельса и Ферд. Лассаля.Изд.Ф.Мерингом))——361。

马雷斯,Л.Н.《农民经济中粮食的生产和消费》(Маресс,Л.Н.Производство и потребление хлеба в крестьянском хозяйстве.—В кн.：Влияние урожаев и хлебных цен на некоторые стороны русского народного хозяйства. Под ред.проф.А.И.Чупрова и А.С.Посникова.Т.I.Спб.,тип.Киршбаума,1897, стр.1—96)——74—75。

马斯洛夫,彼·巴·《对土地纲领的批评和纲领草案》(Маслов,П.П.Критика аграрных программ и проект программы. М.,«Колокол»,1905.43 стр. (Первая б-ка.№31))——136、137、237、238—239。

——《俄国土地问题》(第1—2卷)(Аграрный вопрос в России.Т.I—II.Спб., тип.«Общественная Польза»,1908.2т.)

第1卷(Т.I.(Условия развития крестьянского хозяйства в России). 4-е доп.изд. С приложением статей：1)О принципиальных основах аграрной программы.2) Моим критикам.XIII,520 стр.)——230。

第2卷(Т.II.Кризис крестьянского хозяйства и крестьянское движение. VIII,457,135 стр.；4 л.карт.)——230。

——《俄国土地问题》(德文版)(Maslow,P. Die Agrarfrage in Rußland. Die bäuerliche Wirtschaftsform und die ländlichen Arbeiter. Autorisierte Übersetzung von M. Nachimson. Stuttgart, Dietz, 1907. XIII, 265 S.)—— 143、232。

——《俄国土地问题》(俄文版)(Аграрный вопрос в России.(Условия развития крестьянского хозяйства в России). 3-е изд. Спб.,тип. «Общественная Польза»,1906.XIII,462 стр.)——142、143、227、228、229—230、231—232、262、263。

——《[〈俄国土地问题〉一书]第三版序言》(Предисловие к третьему изданию [книги «Аграрный вопрос в России»].—В кн.：Маслов,П.П.Аграрный вопрос в России.(Условия развития крестьянского хозяйства в России).3-е изд.Спб.,тип.«Общественная Польза»,1906,стр.XIII)——142。

——《给编辑部的信》（Письмо в редакцию.——«Голос Социал-Демократа»，[Женева]，1908，№8—9，июль—сентябрь，стр.23—24）——225、226—227、228—229、230、231、232、233、260、264。

——《关于土地纲领问题》（对列宁的答复）（W sprawie programu rolnego.(Odpowiedź Leninowi).——«Przegląd Socjaldemokratyczny»，Kraków，1908，Nr.7，wrzesień，s.588—596）——235—239、240—242、243—246。

——《论土地纲领的原则基础和理论基础》（О принципиальных и теоретических основах аграрной программы.——«Образование»，Спб.，1907，№2а，стр.117—126；№3，стр.89—104）——135—136、142—143、146—147、148—149、231—232。

——《论土地问题》（К аграрному вопросу.(Критика критиков).——«Жизнь»，Спб.，1901，№3，стр.162—186；№4，стр.63—100）——142。

——[《土地纲领草案》]（[Проект аграрной программы].——«Партийные Известия»，[Спб.]，1906，№2，20 Марта，стр.12.Под общ.загл.：Проекты аграрной программы к предстоящему съезду)——237。

——《伊克斯〈论土地纲领〉。[列宁，弗·伊·]列宁，尼·〈答对我们纲领草案的批评〉》（Икс.Об аграрной программе.[Ленин，В.И.] Ленин，Н.Ответ на критику нашего проекта программы.Изд.Лиги русск.рев.с.-д.Женева，тип.Лиги，1903.42 стр.(РСДРП))——232—233、237、238、239。

——伊克斯《论土地纲领》（载于《[马斯洛夫，彼·巴·]伊克斯〈论土地纲领〉。[列宁，弗·伊·]列宁，尼·〈答对我们纲领草案的批评〉》一书）（Икс.Об аграрной программе.——В кн.：[Маслов，П.П.] Икс.Об аграрной программе.[Ленин，В.И.] Ленин，Н.Ответ на критику нашего проекта программы.Изд.Лиги русск.рев.с.-д.Женева，тип.Лиги，1903，стр.1—25.(РСДРП))——232—233、237、238、239。

米留可夫，帕·尼·《斗争的一年》（Милюков，П.Н.Год борьбы.Публицистическая хроника.1905—1906.Спб.，[тип.«Общественная Польза»]，1907.XVII，550 стр.(Б-ка «Общественной Пользы»))——8—9。

——《社会民主党和立宪民主党所理解的地方土地委员会的任务》（Задачи местных аграрных комитетов в понимании с.-д. и к.-д.——В кн.：

Милюков, П. Н. Год борьбы. Публицистическая хроника. 1905 — 1906. Спб., [тип. « Общественная Польза »], 1907, стр. 457 — 460. (Б-ка «Общественной Пользы»))——9。

—圣彼得堡, 3 月 16 日。(С.-Петербург, 16 марта.—«Речь», Спб., 1908, №65, 16 (29) марта, стр. 1)——6、7—8、10。

—圣彼得堡, 5 月 25 日。(С.-Петербург, 25 мая.—«Речь», Спб., 1906, №82, 25 мая (7 июня), стр. 1)——9。

莫里哀, 让 · 巴 ·《达尔杜弗或者骗子》(Мольер, Ж. Б. Тартюф, или Обманщик)——264。

纳杰日丁, 尔 ·《革命前夜》——见《革命前夜》。

尼古 · 逊——见丹尼尔逊, 尼 · 弗 · 。

涅克拉索夫, 尼 · 阿 ·《谁在俄罗斯能过好日子》(Некрасов, Н. А. Кому на Руси жить хорошо)——182。

—《一时的骑士》(Рыцарь на час)——269。

普列汉诺夫, 格 · 瓦 ·《俄国社会民主党人纲领草案》(1885 — 1887 年)(Плеханов, Г. В. Проект программы русских социал-демократов. 1885 — 1887 гг.)——135。

—[《向非俄国的社会民主党人请教关于俄国革命的性质和俄国社会民主党人应采取的策略的几个问题》]([Вопросы к нерусским социал-демократам о характере русской революции и о тактике, которой должны придерживаться русские социал-демократы].—В кн.: Каутский, К. Движущие силы и перспективы русской революции. Пер. с нем. («Neue Zeit», №№9 и 10, 25. Jg., Bd. I). Под ред. и с предисл. Н. Ленина. М., «Новая Эпоха», 1907, стр. 29)——359—361。

—《再论我们的处境》(给 X 同志的信)(Еще о нашем положении. (Письмо к товарищу X.).—«Дневник Социал- Демократа», [Женева], 1905, №4, декабрь, стр. 1—12)——27、40。

—《战斗的唯物主义》(Materialismus militans. Ответ г. Богданову. I. (Письмо первое).—«Голос Социал-Демократа», [Женева], 1908, №6—7, май—июнь, стр. 3—14)——164、233、263。

—《政论家札记》(载于 1907 年 2—3 月《现代生活》杂志第 2 期)(Заметки публициста.—«Современная Жизнь», М., 1907, №2, февраль—март, стр. 158—186. Подпись: Бельтов)——36。

—《政论家札记》(载于 1908 年 3 月《社会民主党人呼声报》第 3 号) (Заметки публициста.—«Голос Социал-Демократа», [Женева], 1908, №3, март, стр. 3—12)——20、21、27。

普罗柯波维奇,谢·尼·和梅尔特瓦戈,亚·彼《俄国有多少土地和我们怎样使用这些土地》(Прокопович, С. Н. и Мертваго, А. П. Сколько в России земли и как мы ею пользуемся. М., тип. Сытина, 1907. 28 стр. (Б-ка хозяина (под. ред. А. П. Мертваго)))——56、57、58、134—135。

切尔尼亚耶夫,瓦·瓦·《农具和农业机器,它们的推广和制造》(Черняев, В. В. Земледельческие орудия и машины, их распространение и изготовление.—В кн.: Сельское и лесное хозяйство России. С прил. 47 карт и диагр. Изд. деп. земледелия и сельской промти м-ва гос. имущест. Спб., 1893, стр. 351—362. (Всемирная Колумбова выставка 1893 г. в Чикаго)) ——66。

—《农业机器制造业》(Сельскохозяйственное машиностроение.—В кн.: Историко-статистический обзор промышленности России. Под ред. Д. А. Тимирязева. Т. I. Сельскохозяйственные произведения, огородничество, садоводство и домашние животные. Горная и соляная промышленность. Спб., 1883, стр. 142 — 157. (Всерос. пром.-худож. выставка 1882 г. в Москве))——66。

丘普罗夫,亚·伊·《论土地改革问题》(Чупров, А. И. К вопросу об аграрной реформе.—В кн.: Аграрный вопрос. Т. II. Сборник статей Брейера, Бруна, Воробьева, Герценштейна, Дена, Кауфмана, Кутлера, Левитского, Мануйлова, Петрункевича, Хауке, Чупрова, Якушкина. М., «Беседа», 1907, стр. 1—43. (Изд. Долгорукова и Петрункевича))——9。

日班科夫,德·尼·《农妇国》(Жбанков, Д. Н. Бабья сторона. Статистико-этнографический очерк.—В кн.: Материалы для статистики Костромской губернии. Изд. Костромского губ. стат. ком. Под ред. В. Пирогова. Вып. 8.

Кострома, 1891, стр. 1—136)——85。

萨尔蒂科夫-谢德林,米·叶·《绝顶聪明的鲄鱼》(Салтыков-Щедрин, М. Е. Премудрый пискарь)——146。

——《生活琐事》(Мелочи жизни)——136、186。

——《时代特征》(Признаки времени)——200—201。

——《温和谨慎的人们》(В среде умеренности и аккуратности)——182。

——《现代牧歌》(Современная идиллия)——182。

——《野蛮地主》(Дикий помещик)——65、258、408。

——《一个城市的历史》(История одного города)——285。

——《在国外》(За рубежом)——8、260。

沙宁, М.《土地地方公有还是分归私有?》(Шанин, М. Муниципализация или раздел в собственность? Характер нашего аграрного кризиса. Вильно, «Трибуна», 1907. 112 стр.)——108、110、141。

桑巴,马·《翌日》(Sembat, M. Lendemain. —«L'Humanité», Paris, 1908, No. 1567, 1 août, p. 1)——160。

司徒卢威,彼·伯·《策略还是观念?》(Струве, П. Б. Тактика или идеи? Из размышлений о русской революции. —«Русская Мысль», М., 1907, №8, стр. 228—235)——7。

——《政论家札记》(Заметки публициста. Съезд союза 17-го октября и созыв Государственной думы. —«Полярная Звезда», Спб., 1906, №10, 18 февраля, стр. 733—737)——6。

——《知识分子思想的保守性》(Консерватизм интеллигентской мысли. Из размышлений о русской революции. —«Русская Мысль», М., 1907, №7, стр. 172—178)——7。

斯塔齐乌斯,普·帕·《底比斯》(Стаций, П. П. Фиваида)——392。

唐恩,费·伊·《无产阶级和俄国革命》(Дан, Ф. И. Пролетариат и русская революция. —«Голос Социал-Демократа», [Женева], 1908, №3, март, стр. 4—7)——20—24、25、26。

唐恩, Т.《俄国革命新高涨的条件》(Dahn, T. Die Bedingungen des erneuten Aufschwungs der russischen Revolution. —«Die Neue Zeit», Stuttgart,

1908，Jg.26，Bd.2，Nr.27，S.4—10；Nr.28，S.49—58）——25、26—27。

特里罗果夫，弗·格·《村社和赋税》（Трирогов，В. Г. Община и подать.
（Собрание исследований）.Спб.，тип.Суворина，1882.509 стр.）——68。

屠格涅夫，伊·谢·《父与子》（Тургенев，И.С.Отцы и дети）——287、380 。

—《散文诗·处世之道》（Житейское правило. Стихотворение в прозе）
——238。

托尔斯泰，列·尼·《教育的果实》（Толстой，Л. Н. Плоды просвещения）
——55。

［托洛茨基，列·达·］《我国的革命》（［Троцкий Л. Д.］ Наша революция.
Спб.，Глаголев, б. г. XX, 286 стр. Перед загл. авт.：Н. Троцкий）——
356—359。

托姆斯基，米·巴·《一个工人给〈无产者报〉编辑部的信》（Томский，М. П.
Письмо рабочего в редакцию «Пролетария».—«Пролетарий»，Женева，
1908，№39，(26) 13 ноября，стр.2—3)——266—269、270—271、281。

瓦扬，爱·玛·《政治形势》［1908 年 10 月 12 日在社会党国际局会议上提出
的决议案］（Vaillant，E.M.Die politische Lage.［Der Resolutionsentwurf，
vorgeschlagen auf der Sitzung des Internationalen sozialistischen Büros
am 12.Oktober 1908].—«Vorwärts»，Berlin，1908，Nr.242，15.Oktober.1.
Beilage des «Vorwärts»，S.2.Unter dem Gesamttitel：Internationale sozia-
listische Konferenz zu Brüssel)——218—219。

韦辛，列·巴·《外出做零工在俄国农民生活中的意义》（Весин，Л.П.Значе-
ние отхожих промыслов в жизни русского крестьянства.—«Дело»，Спб.，
1886，№7，стр.127—155；1887，№2，стр.102—124)——96、97。

维赫利亚耶夫，潘·阿·《农民经济》（Вихляев，П. А.Крестьянское хозяйство.
Изд. Тверского губ. земства. Тверь, 1897. X, 313 стр.（В изд.：Сборник
статистических сведений по Тверской губернии.Т.XIII.Вып.2))——74。

—《人民社会党和土地问题》（Народно-социалистическая партия и аграр-
ный вопрос.—В кн.：Сборник статей.№1.Спб.，«Наша Мысль»，1907，стр.
75—93)——316。

沃林，阿·《革命问题》（Волин，А. Вопросы революции.—« Революционная

Мысль», 1908, №1, апрель, стр. 4—8)——124、125、126—127、314、327。

—《政治变革和少数发起人》(Политический переворот и инициативное меньшинство.—«Революционная Мысль», 1908, №2, июнь, стр. 4—7)——124、125、314。

[沃龙佐夫, 瓦·巴·] 瓦·沃·《俄国农业和工业的分工》([Воронцов, В. П.] В. В. Разделение труда земледельческого и промышленного в России.—«Вестник Европы», Спб., 1884, №7, стр. 319—356. Подпись: В. В.)——89—90。

—《农民村社》(Крестьянская община.—В кн.: Итоги экономического исследования России по данным земской статистики. Т. I. Общий обзор земской статистики крестьянского хозяйства. А. Фортунатова. Крестьянская община. В. В. М., тип. Мамонтова, 1892, стр. 1—600)——68。

—《新型的地方统计出版物》(Новый тип местно-статистического издания. Сборник статистических сведений по Таврической губернии. Статистические таблицы о хозяйственном положении селений Мелитопольского уезда. Приложение к I тому сборника.—«Северный Вестник», Спб., 1885, №3, ноябрь, стр. 186—193. Подпись: В. В.)——69。

乌斯宾斯基, 格·伊·《土地权力》(Успенский, Г. И. Власть земли)——50。

乌瓦罗夫, 米·谢·《论外出做零工对俄国卫生状况的影响》(Уваров, М. С. О влиянии отхожего промысла на санитарное положение России.—«Вестник Общественной Гигиены, Судебной и Практической Медицины», Спб., 1896, т. XXXI, кн. I, июль, стр. 1—49)——95—96。

西韦尔斯基《哲学和恐怖》(Сиверский. Философия и террор.—«Революционная Мысль», 1908, №2, июнь, стр. 1—4)——124、125、126、127、314。

席佩耳, 麦·《过去和现在巴尔干半岛的混乱与民主》(Schippel, M. Balkanwirren und Demokratie einst und heute.—«Sozialistische Monatshefte», Berlin, 1908, Bd. 3, Hft. 21, 22. Oktober, S. 1315—1319)——204、205、206。

*　　　　*　　　　*

《奥廖尔省统计资料汇编》(第 2、3、8 卷)(Сборник статистических сведений по Орловской губернии. Т. II—III, VIII. Изд. Орловского губ. земства. Орел, 1887—1895. 3 т.)

　　—第 2 卷(Т. II. [Вып. I]. Елецкий уезд. 1887. 958 стр.)——76、91、92。

　　—第 3 卷(Т. III. Трубчевский уезд. 1887. IV, 265, 224 стр.)——76、91、92。

　　—第 8 卷(Т. VIII. Орловский уезд. Статистико-экономические и оценочные материалы по крестьянскому и частновладельческому хозяйству. С 2 картогр. 1895. 1005 стр. (Стат. отд-ние Орловской губ. земской управы))——89。

《保卫柏林!》(Die Verteidigung von Berlin! —«Vorwärts», Berlin, 1908, Nr. 222, 22. September, S. 3. Unter dem Gesamttitel: Die Arbeiter für den Frieden)——191。

《北方通报》杂志(圣彼得堡)(«Северный Вестник», Спб., 1885, №3, ноябрь, стр. 186—193)——69。

《北极星》杂志(圣彼得堡)(«Полярная Звезда», Спб., 1906, №10, 18 февраля, стр. 733—737)——6。

《彼得堡来信》(Письмо из Петербурга. (В думской с.-д. фракции).—«Пролетарий», Женева, 1908, №39, (26) 13 ноября, стр. 6—8, в отд.: Хроника. Подпись: Н.)——277。

《彼尔姆省克拉斯诺乌菲姆斯克县统计材料》(Материалы для статистики Красноуфимского уезда Пермской губернии. Вып. III. Таблицы. Изд. Красноуфимского земства. Казань, тип. Вечеслава, 1893. [На обл.: 1894]. VII, 430 стр.)——70—71、76、78、82、88—89、91、92、93、95。

《编辑部的话》(载于 1908 年 4 月《革命思想报》第 1 号)(От редакции.—«Революционная Мысль», 1908, №1. апрель, стр. 1)——122—123、125、314。

《编辑部的话》(载于 1908 年 7—9 月《社会民主党人呼声报》第 8—9 号合刊)(От редакции.—«Голос Социал-Демократа», [Женева], 1908, №8—9, июль—сентябрь. Прибавление к №№8—9 «Голоса Соц [иал] - Демократа», стр. 1)——233、260—262、263—264。

《波兰社会党第十次代表大会。纲领。策略》（Десятый съезд ППС. Программа.Тактика.［Изд.«Myśli Socjalistycznej».Львов］,1908.17 стр.) ——41。

《波兰王国和立陶宛社会民主党第六次代表大会报告》(Sprawozdanie z VI zjazdu Socjaldemokracji Królestwa Polskiego i Litwy. Kraków, Wojtaszek,1910.2,XXII,180 s.(Socjal-demokracja Króestwa Polskiego i Litwy))——353。

［《柏林工人集会的决议》(1908 年 9 月 20 日)］(［Die Resolution der Versammlung der Berliner Arbeiter. 20. September 1908］.—«Vorwärts», Berlin,1908,Nr.222,22.September,S.2.Unter dem Gesamttitel：Die Arbeiter für den Frieden)——191。

［《柏林条约及附录》(1878 年 7 月 1 日 (13 日))］(［Берлинский трактат с приложениями. 1 (13) июля 1878 г.].—В кн.：Мартенс, Ф. Собрание трактатов и конвенций, заключенных Россией с иностранными державами. Т. VIII. Трактаты с Германией. 1825 — 1888. Спб., тип. м-ва путей сообщения (Бенке),1888,стр. 639 — 676. На русск. и франц. яз.) ——202、219。

《不该结束吗?》(Не пора ли покончить? —«Голос Социал-Демократа», ［Женева］,1908,№1—2,февраль,стр.24—26)——123。

《不列颠工人致德国工人的信》(德文版)(Die Arbeiter Britanniens an die Arbeiter Deutschlands.—«Vorwärts»,Berlin,1908,Nr. 222,22.September, S.2.Unter dem Gesamttitel：Die Arbeiter für den Frieden)——190。

《不列颠工人致德国工人的信》(俄文版)——见《不列颠工人致德国工人的信》(德文版)。

《布鲁塞尔国际工人代表大会的记录和决议(1891 年 8 月 16—22 日)》(Verhandlungen und Beschlüsse des Internationalen Arbeiterkongresses zu Brüssel.(16.—22.August 1891).Berlin,die Expedition des «Vorwärts», 1893.35 S.)——167。

《布鲁塞尔国际社会党代表大会》(Internationale sozialistische Konferenz zu Brüssel.—«Vorwärts»,Berlin, 1908, Nr. 242, 15. Oktober. 1. Beilage des

《Vorwärts》,S.1—2)——213—215、216—217、218—219、222。

《财政与工商业通报》杂志(圣彼得堡)(«Вестник Финансов, Промышленности и Торговли», Спб., 1896, №51, стр. 972—976)——66。

《党的工作者的来信》(Письмо партийного работника.—«Рабочее Знамя», [М.], 1908, №7, декабрь, стр. 4—6)——340—342。

《党内消息报》[圣彼得堡](«Партийные Известия», [Спб.], 1906, №2, 20 марта, стр. 5—9, 9—11, 12)——153—154、237、346—348、350、352。

《德国农民状况》(Bäuerliche Zustände in Deutschland. Berichte, veröffentlicht vom Verein für Sozialpolitik. Bd. 3. Leipzig, Duncker u. Humblot, 1883. VIII, 381 S. (Schriften des Vereins für Sozialpolitik. XXIV))——88。

《德国社会民主党埃森代表大会会议记录》(1907 年 9 月 15—21 日) (Protokoll über die Verhandlungen des Parteitages der Sozialdemokratischen Partei Deutschlands. Abgehalten zu Essen vom 15. bis 21. September 1907. Berlin, Buchh. «Vorwärts», 1907. 413 S.)——169、172。

《德国社会民主党爱尔福特代表大会会议记录》(1891 年 10 月 14—20 日) (Protokoll über die Verhandlungen des Parteitages der Sozialdemokratischen Partei Deutschlands. Abgehalten zu Erfurt vom 14. bis 20. Oktober 1891. Berlin, «Vorwärts», 1891. 368 S.)——318、390、396、401。

《德国社会民主党纲领(1891 年爱尔福特代表大会通过)》(Programm der Sozialdemokratischen Partei Deutschlands, beschlossen auf dem Parteitag zu Erfurt 1891.—In: Protokoll über die Verhandlungen des Parteitages der Sozialdemokratischen Partei Deutschlands. Abgehalten zu Erfurt vom 14. bis 20. Oktober 1891. Berlin, «Vorwärts», 1891, S. 3—6)——318、390、396、401。

《帝国法令公报》(柏林)(«Reichs-Gesetzblatt», Berlin, 1878, Nr. 34, S. 351—358)——5、174、277、335—336、376、414。

《第二届国家杜马立宪民主党人土地法案》——见《农业人口土地保障法(主要原则)草案(立宪民主党人向第二届国家杜马提出)》。

《第三届杜马中的左派》(Левые в третьей Думе. (Действительность и мечты).—«Знамя Труда», [Париж], 1908, №10—11, февраль—март, стр.

9—12.Подпись：Игн.Н.）——128、129。

《第一届国家杜马立宪民主党人土地法案》——见《土地问题基本条例草案（由 42 个第一届国家杜马代表提出）》。

《第一届国家杜马 33 人土地法案》——见《土地基本法草案（由 33 个国家杜马代表提出）》。

《第一届国家杜马 104 人土地法案》——见《土地法基本条例草案（由 104 个国家杜马代表提出）》。

《地方土地委员会组织草案（由 35 个劳动派代表向第一届国家杜马提出）》——见《关于成立土地问题地方委员会法案的基本原则（由 35 个劳动派代表向国家杜马提出）》。

[《地方土地委员会组织草案（由 37 个劳动派代表向第二届国家杜马提出）》]（[Проект организации местных земельных комитетов, внесенный во II Государственную думу 37 членами Трудовой группы].—В кн.：[Материалы, поступившие в Общее собрание Государственной думы 2-го созыва]. Б.м.，[1907]，л.314）——8。

《对执行主席亚·费·梅延多夫行为的抗议》（Протест против действия председательствующего А. Ф. Мейендорфа.—В кн.：Стенографические отчеты [Государственной думы].1909 г.Сессия вторая. Ч. III. Заседания 71—100 (с 6 марта по 24 апреля 1909 г.).Спб.，гос. тип.，1909，стлб.2309—2310. (Государственная дума. Третий созыв). Под общ. загл.：Приложение к стенографическому отчету девяносто пятого заседания）——409。

《俄国的农业和林业》（Сельское и лесное хозяйство России. С прил. 47 карт и диагр. Изд. деп. земледелия и сельской пром-ти м-ва гос. имуществ. Спб.，1893. II, XXVI, 649 стр. (Всемирная Колумбова выставка 1893 г. в Чикаго))——66。

《俄国的生产力》（Производительные силы России. Краткая характеристика различных отраслей труда соответственно классификации выставки. Сост. под общ. ред. В. И. Ковалевского. Спб.，[1896]. XI, 1249 стр. (М-во финансов. Комиссия по заведованию устройством Всерос. пром. и худож. выставки 1896 г. в Н.-Новгороде))——66。

《俄国工业历史统计概述》（第 1 — 2 卷）（Историко-статистический обзор промышленности России. Под ред. Д. А. Тимирязева. Т. I—II. Спб., 1883 — 1886. 2 т. (Всерос. пром.-худож. выставка 1882 г. в Москве))

　　—第 1 卷（Т. I. Сельскохозяйственные произведения, огородничество, садоводство и домашние животные. Горная и соляная промышленность. 1883. 545 стр.)——66。

　　—第 2 卷（Т. II. Произведения фабричной, заводской, ремесленной и кустарной промышленности. 1886. 956 стр.)——66。

《俄国简报》（柏林）(«Russisches Bulletin», Berlin)——210。

《俄国论坛报》（巴黎）(«La Tribune Russe», Paris)——210。

《俄国社会民主党内的组织问题》(Die Organisationsfrage in der russischen Sozialdemokratie.—«Vorwärts», Berlin, 1909, Nr. 79, 3. April. 1. Beilage des «Vorwärts», S. 1 — 2. Unter der Rubrik: Aus der Partei)—— 364—365。

[《俄国社会民主工党彼得堡委员会关于圣彼得堡大学生联合委员会宣言的决议》]([Постановление ПК РСДРП по поводу Обращения СПБ коалиционного студенческого совета].—«Пролетарий», Женева, 1908, № 36, (16) 3 октября, стр. 10. Под общ. загл.: С.-Петербург, в отд.: Из партии. На газ. дата: 16 (30) октября)——196。

《俄国社会民主党第二次（例行）代表大会》（记录全文）(Второй очередной съезд Росс. соц.-дем. рабочей партии. Полный текст протоколов. Изд. ЦК. Женева, тип. партии, [1904]. 397, II стр. (РСДРП))——135、146 — 148、203、237、240、279、315—316、317。

《[俄国社会民主工党第三次代表大会通过的]主要决议》(Главнейшие резолюции, [принятые на Третьем съезде Российской соц.-дем. рабочей партии].—В кн.: Третий очередной съезд Росс. соц.-дем. рабочей партии. Полный текст протоколов. Изд. ЦК. Женева, тип. партии, 1905, стр. XVI— XXVII. (РСДРП))——35、344 — 346、349、352。

《俄国社会民主党第三次（例行）代表大会》（记录全文）(Третий очередной съезд Росс. соц.-дем. рабочей партии. Полный текст протоколов. Изд. ЦК.

Женева, тип. партии, 1905. XXIX, 401 стр. (РСДРП)) —— 35、344 — 346、349、352。

[《俄国社会民主工党第五次代表会议(1908 年全国代表会议)通过的决议》]([Резолюции, принятые на Пятой конференции РСДРП (Общероссийской 1908 г.)].—В кн.: Извещение Центрального Комитета Российской с.-д. рабочей партии о состоявшейся очередной общепартийной конференции. [Изд. ЦК РСДРП. Paris, 1909], стр. 4 — 7. (РСДРП)) —— 329 — 333。

《俄国社会民主工党[第五次]代表会议(1908 年全国代表会议)通过的由委员会起草的[关于组织问题的]决议》(Принятая [Пятой] конференцией [РСДРП (Общероссийской 1908 г.)] после комис [сионной] работы резолюция [по организационному вопросу].—В кн.: Извещение Центрального Комитета Российской с.-д. рабочей партии о состоявшейся очередной общепартийной конференции. [Изд. ЦК РСДРП. Paris, 1909], стр. 6. (РСДРП). Под общ. загл.: Организационный вопрос) —— 330、337 — 338、364、371 — 372。

《俄国社会民主工党纲领(党的第二次代表大会通过)》(Программа Российской соц.-дем. рабочей партии, принятая на Втором съезде партии.—В кн.: Второй очередной съезд Росс. соц.-дем. рабочей партии. Полный текст протоколов. Изд. ЦК. Женева, тип. партии, [1904], стр. 1 — 6. (РСДРП)) —— 135、147、148、207、237、240、279、315 — 316、317。

《俄国社会民主工党伦敦代表大会(1907 年召开)》(记录全文)(Лондонский съезд Российской соц.-демокр. раб. партии (состоявшийся в 1907 г.). Полный текст протоколов. Изд. ЦК. Paris, 1909. 486 стр. (РСДРП)) —— 35、323、351 — 352、354。

《俄国社会民主工党莫斯科市代表会议关于对杜马党团的态度的决议》(Резолюция московской общегородской конференции РСДРП об отношении к думской фракции.—«Пролетарий», Женева, 1908, №31, (17) 4 июня, стр. 5 — 6, в отд.: Хроника) —— 271。

《俄国社会民主工党全国代表会议(1908 年 12 月)》(Всероссийская конференция Росс. соц.-дем. рабочей партии. (В декабре 1908 года). Изд. газ. «Пролетарий».Paris,1909.47 стр.(РСДРП))——302、308、335、414。

《俄国社会民主工党统一代表大会的决定和决议》(Постановления и резолюции Объединительн. съезда Российской социал-демократической рабочей партии.［Листовка. Спб.］, тип. Центрального Комитета,［1906］, стр. 1. (РСДРП))——23、135、137、138、148、151、154、164、250——251、295、296——297。

［《俄国社会民主工党中央委员会关于工会工作的决议》]([Резолюция ЦК РСДРП о работе в профессиональных союзах].—«Социал-Демократ», ［Вильно—Спб.］, 1908, №1, февраль, стр. 38 — 39, в отд.: Из партии)——3。

《［俄国社会民主工党]中央委员会关于合作社的决议》([Резолюция ЦК［РС-ДРП] о кооперативах.—«Социал-Демократ»,［Вильно—Спб.］, 1908, №1, февраль, стр.37—38, в отд.: Из партии)——3。

《俄国社会民主工党中央委员会关于社会民主党第三届国家杜马党团就杜马国防委员会不公开活动问题……的发言的决议》([Резолюция ЦК РСДРП по поводу выступления социал-демократической фракции в III Государственной думе по вопросу о закрытии дверей думской комиссии по государственной обороне...].—«Социал-Демократ»,［Вильно—Спб.］, 1908, №1, февраль, стр. 35. Под общ. загл.: Деятельность Центрального Комитета, в отд.: Из партии)——4。

《俄国社会民主工党中央委员会关于最近举行的全党代表会议的公报》(Извещение Центрального Комитета Российской с.-д. рабочей партии о состоявшейся очередной общепартийной конференции.［Изд.ЦК РСДРП. Paris,1909].8 стр.(РСДРП))——304、307、309、329——334、335、336——338、347、353——355、364——365、369、371——372、373——374、385。

《俄国思想》杂志(莫斯科)(«Русская Мысль», М., 1907, №7, стр.172——178)——7。

——1907, №8, стр.228—235.——7。

《俄罗斯帝国法律汇编》(第 1 卷第 1 册)(Свод законов Российской империи.

Т. 1. Ч. I. Свод основных государственных законов. Изд. 1906 года. Спб.,
гос. тип., б. г. 78 стр.) —— 138。

《俄罗斯帝国统计资料》(第 4、20、31、44、55 卷) (Статистика Российской имп-
ерии. IV, XX, XXXI, XLIV, LV. 1883 — 1901 гг. Изд. Центр. ком. м-ва
внутр. дел. Спб., 1888 — 1902. 5 т. На русск. и франц. яз.)

— 第 4 卷 (IV. Средний урожай в Европейской России за пятилетие 1883 —
1887 гг. Под ред. В. В. Зверинского. 1888. V, 17, 155 стр.) —— 63。

— 第 20 卷 (XX. Военно-конская перепись 1888 года. Под ред. А. Сырнева.
1891. VI, XXIII, 207 стр. табл.) —— 52、89、100 — 102。

— 第 31 卷 (XXXI. Военно-конская перепись 1891 года. Под ред. А. Сырнева.
1894. IV, XXIX, 149 стр.) —— 52、89、100 — 102。

— 第 44 卷 (XLIV. Военно-конская перепись 1896 г. Под ред. А. Сырнева.
1898. XIII стр.; 79 стр. табл.; 11 л. карт.) —— 52 — 53、87、89、100 — 102、
112、119、139。

— 第 55 卷 (LV. Военно-конская перепись 1899 — 1901 гг. Под ред. А.
Сырнева. 1902. XIV стр.; 223 стр. табл.; 2 л. карт.) —— 52 — 53、87、89、
100 — 102、112、119、139。

《俄罗斯国家报》(圣彼得堡) («Русское Государство», Спб.) —— 6。

— 1906, №39, 18 (31) марта, стр. 4. —— 6。

《20 世纪初俄国的社会运动》(Общественное движение в России в начале XX-
го века. Под ред. Л. Мартова, П. Маслова и А. Потресова. Т. I.
Предвестники и основные причины движения. Спб., тип. «Общественная
Польза», 1909. [5], 676 стр.) —— 385。

《法兰克福报》(美因河畔法兰克福) («Frankfurter Zeitung», Frankfurt am
Main, 1908, 14. April) —— 28。

— 1908, 20. Oktober. —— 205。

— 1908, 24. Oktober. —— 205、208。

— 1908, 24. Oktober. 2. Morgenblatt. —— 208、209。

《反社会民主党企图危害治安法》(Cesetz gegen gemeingefährlichen Be-
strebungen der Sozialdemokratie. Vom 21. October 1878. — «Reichs-Ge-

setzblatt», Berlin, 1878, Nr. 34, S. 351 — 358)──4、173、277、336、376、414。

《废除常备军和全民武装》[巴黎国际社会党代表大会决议]（Abschaffung der stehenden Heere und allgemeine Volksbewaffnung. [Die Resolution des Internationalen sozialistischen Kongresses zu Paris].—In.: Protokoll des Internationalen Arbeiterkongresses zu Paris. Abgehalten vom 14. bis 20. Juli 1889. Deutsche Übersetzung. Mit einem Vorwort von W. Liebknecht. Nürnberg, Wörlein, 1890, S. 119 — 120)──167。

《复兴》杂志（莫斯科）(«Возрождение», М., 1909, №1 — 2, стр. 26 — 31)──381—382、385、386。

《改头换面的议会迷》(Парламентский кретинизм наизнанку.—«Пролетарий», [Выборг], 1907, №18, 29 октября, стр. 2 — 5. На газ. место изд.: М.)──128、319。

《高加索代表团关于全党代表会议的报告》(Отчет кавказской делегации об общепартийной конференции. Изд. Центрального бюро заграничных групп РСДРП. Paris, Rédaction du Socialisme, 1909. 53 стр. (РСДРП))──308、353。

《高加索社会民主主义工人组织代表会议》(Конференция кавказских социал-демократических рабочих организаций. [Genève, тип. партии, 1905]. 8 стр. (РСДРП))──38—39。

《告陆海军书》(К армии и флоту. От социал-демократической фракции и Трудовой группы Государственной думы. 12 июля 1906 г. [Листовка]. Спб., тип. ЦК РСДРП, 1906. 2 стр.)──356—357、358。

《告全体人民书》(Ко всему народу. [Воззвание от комитета социал-демократической фракции Государственной думы, комитета Трудовой группы Государственной думы, Центрального Комитета РСДРП, центрального комитета партии социалистов-революционеров, центрального комитета Польской социалистической партии (ППС), центрального комитета Всеобщего еврейского союза в Литве, Польше и России (Бунда)]. Июль 1906 г. [Листовка]. Б. м., тип. ЦК РСДРП, июль 1906. 1 стр.)──356、

(26）декабря，стр.1，в отд.：Действия правительства)——26。

《给组织问题委员会的指示》——见列宁，弗·伊·《给组织问题委员会的指示》。

《根据地方自治局的统计资料所作的俄国经济调查总结》（第1—2卷）（Итоги экономического исследования России по данным земской статистики.Т.Ⅰ—Ⅱ.М.—Дерпт，1892.2 т.）

——第1卷（Т.Ⅰ.Общий обзор земской статистики крестьянского хозяйства.А.Фортунатова.Крестьянская община.В.В.М.，тип.Мамонтова，1892.648 стр.)——69。

——第2卷（Т.Ⅱ.Карышев，Н.А.Крестьянские вненадельные аренды.Дерпт，тип.Лакмана，1892.ⅩⅨ，402，ⅬⅩⅤ стр.，3 л.табл.)——72—73、74。

《根据业主方面的材料所编的农业统计资料》（第5编）——见柯罗连科，谢·亚·《从欧俄工农业统计经济概述看地主农场中的自由雇佣劳动和工人的流动》。

《工人阶级的经济政策》〔伦敦国际社会党代表大会决议〕（Die Wirtschafts-politik der Arbeiterklasse.〔Die Resolution des Internationalen sozialisti-schen Kongresses zu London〕.—In：Verhandlungen und Beschlüsse des Internationalen sozialistischen Arbeiter-und Gewer kschaftskongresses zu London vom 27.Juli bis 1.August 1896.Berlin，die Expedition der Buchh.《Vorwärts》，1896，S.27—29）——301。

《工人领袖》（曼彻斯特—伦敦—格拉斯哥）（《The Labour Leader》，Manches-ter—London—Glasgow）——216。

——London，1908，No.42，Oct.16，p.665.——216—217。

《工人旗帜报》（莫斯科）（《Рабочее Знамя》，М.）——4、340、341。

——1908，№5，октябрь，стр.4—5.——253、266、340、341、377。

——1908，№7，декабрь，стр.4—6.——340—342。

《工人事业》杂志（日内瓦）（《Рабочее Дело》，Женева，1901，№10，сентябрь.136，46 стр.)——126。

《〈工人事业〉杂志附刊》（日内瓦）（《Листок 《Рабочего Дела》》，〔Женева〕，1901，№6，апрель，стр.1—6)——126。

《工人拥护和平》(Die Arbeiter für den Frieden.—«Vorwärts», Berlin, 1908, Nr.222, 22. September, S.1—3)——189—191。

《公共卫生、法医学和实用医学通报》杂志（圣彼得堡）(«Вестник Общественной Гигиены, Судебной и Практической Медицины», Спб., 1896, т. XXXI, кн.1, июль, стр.1—49)——96。

[《关于成立土地问题地方委员会法案的基本原则（由 35 个劳动派代表向国家杜马提出）》]([Основные положения законопроекта об организации местных комитетов по аграрному вопросу, внесенные в I Государственную думу 35 членами Трудовой группы].—В кн.: Стенографические отчеты [Государственной думы]. 1906 год. Сессия первая. Т. I. Заседания 1—18 (с 27 апреля по 30 мая). Спб., гос. тип., 1906, стр. 672 — 673. (Государственная дума))——8。

《关于对非无产阶级政党的态度的决议[俄国社会民主工党第五次（伦敦）代表大会通过]》(Резолюция об отношении к непролетарским партиям, [принятая на V (Лондонском) съезде РСДРП].—В кн.: Лондонский съезд Российской соц.-демокр. раб. партии (состоявшийся в 1907 г.). Полный текст протоколов. Изд. ЦК. Paris, 1909, стр. 454 — 455. (РСДРП)) ——324、351—352、354。

《关于对农民运动的态度的决议》[俄国社会民主工党第三次代表大会通过的主要决议](Резолюция об отношении к крестьянскому движению. [Главнейшие резолюции, принятые на Третьем съезде РСДРП].—В кн.: Третий очередной съезд Росс. соц.-дем. рабочей партии. Полный текст протоколов. Изд. ЦК. Женева, тип. партии, 1905, стр. XX—XXI) —— 346、352。

[《关于对资产阶级政党的态度》（布尔什维克在俄国社会民主工党第五次（伦敦）代表大会上提出的决议草案）]([Об отношении к буржуазным партиям. Проект резолюции большевиков, внесенный на V (Лондонском) съезде РСДРП].—В кн.: Лондонский съезд Российской соц.-демокр. раб. партии (состоявшийся в 1907 г.). Полный текст протоколов. Изд. ЦК. Paris, 1909, стр. 466—467. (РСДРП))——351、352。

[《关于对资产阶级政党的态度》(孟什维克在俄国社会民主工党第五次(伦敦)代表大会上提出的决议草案)]([Об отношении к буржуазным партиям. Проект резолюции меньшевиков, внесенный на V (Лондонском) съезде РСДРП].—В кн.:Лондонский съезд Российской соц.-демокр.раб. партии (состоявшийся в 1907 г.). Полный текст протоколов. Изд. ЦК. Paris,1909,стр.465.(РСДРП))——351。

[《关于对资产阶级政党的态度》(一些孟什维克著作家和实际工作者提交俄国社会民主工党第五次(伦敦)代表大会的决议草案)]([Об отношении к буржуазным партиям. Проект резолюции к V (Лондонскому) съезду РСДРП, выработанный группой меньшевиков-литераторов и практиков].—«Народная Дума»,[Спб.],1907,№12,24 марта (6 апреля),стр. 4,в отд.:Из партий)——351。

《关于夺取政权和参加临时政府》[全俄党的工作者第一次代表会议决议](О завоевании власти и участии во временном правительстве. [Резолюция первой общерусской конференции партийных работников].—В кн.: Первая общерусская конференция партийных работников. Отдельное приложение к №100 «Искры». Женева, тип. партии, 1905, стр. 23 — 24. (РСДРП))——344—346、348。

《关于俄国社会民主工党代表会议》(По поводу конференции РСДРП.— «Голос Социал-Демократа»,[Женева],1909,№12,март,стр.15 — 16) ——382、384、386。

《关于革命的时局和无产阶级的任务》[孟什维克向俄国社会民主工党第四次(统一)代表大会提出的决议草案](О современном моменте революции и задачах пролетариата.[Проект резолюции меньшевиков к IV (Объединительному) съезду РСДРП].—«Партийные Известия»,[Спб.],1906, №2,20 марта, стр. 9. Под общ. загл.: Проект резолюций к предстоящему съезду, выработанный группой «меньшевиков» с участием редакторов «Искры»)——347—348、350。

《关于临时革命政府的决议》[俄国社会民主工党第三次代表大会通过的主要决议](Резолюция о временном революционном правительстве. [Главне-

йшие резолюции, принятые на Третьем съезде РСДРП].—В кн.: Третий
очередной съезд Росс. соц.-дем. рабочей партии. Полный текст протоколов.
Изд. ЦК. Женева, тип. партии, 1905, стр. XVIII—XIX. (РСДРП))——
344—346、350、352。

《关于临时政府》[高加索社会民主党工人组织代表会议决议] (О временном
правительстве. [Резолюция конференции кавказских социал-демократ-
ических рабочих организаций].—В кн.: Конференция кавказских социал-
демократических рабочих организаций. [Genève, тип. партии, 1905], стр.
3. (РСДРП))——38—39。

《关于马克思主义哲学的论丛》(Очерки по философии марксизма. Философский
сборник. Спб., [тип. Безобразова], 1908. 329 стр.)——14。

《关于目前形势》(К переживаемому моменту.—«Знамя Труда», [Париж],
1907, №8, декабрь, стр. 1—6)——123。

《关于目前形势和党的共同策略》(О текущем моменте и общей тактике
партии.—В кн.: Извещение центрального комитета п[артии] с [оциал-
истов] -р [еволюционеров]. О съезде совета партии и общепартийной
конференции. Б. М., [сентябрь 1908], стр. 6 — 7. Под общ. загл.:
Резолюции, принятые 1 — ой общепартийной конференцией и утвержде-
нные 4-м советом партии социалистов-революционеров)——322、323。

《关于目前形势和党的任务》[俄国社会民主工党第五次代表会议 (1908 年全
国代表会议) 通过的决议] (О современном моменте и задачах партии.
[Резолюция, принятая на Пятой конференции РСДРП (Общероссийской
1908 г.)].—В кн.: Извещение Центрального Комитета Российской с.-д.
рабочей партии о состоявшейся очередной общепартийной конференции.
[Изд. ЦК РСДРП. Paris, 1909], стр. 4 — 5. (РСДРП))—— 330、333—
334、335、347、354—355、365—366、369、385。

《关于社会民主党杜马党团》[俄国社会民主工党第五次代表会议 (1908 年全
国代表会议) 通过的决议] (О думской с.-д. фракции. [Резолюция,
принятая на Пятой конференции РСДРП (Общероссийской 1908 г.)].—
В кн.: Извещение Центрального Комитета Российской с. -д. рабочей

партии о состоявшейся очередной общепартийной конференции.［Изд. ЦК
РСДРП. Paris, 1909］, стр. 5 — 6. (РСДРП)) —— 307、335 — 336、
373—374。

［《关于土地问题的策略决议(俄国社会民主工党第四次(统一)代表大会通
　　过)》］(［Тактическая резолюция по аграрному вопросу, принятая на IV
　　（Объединительном） съезде РСДРП].—В листовке: Постановления и
　　резолюции Объединительн. съезда Российской социал-демократической
　　рабочей партии. ［Спб.], тип. Центрального Комитета, ［1906］, стр. 1.
　　（РСДРП). Под загл.: Аграрная программа) —— 154。

《关于脱离农奴依附关系的农民赎买他们的庄园居住区和政府帮助这些农民
　　在他们所有的耕地上获得收成的条例》(Положение о выкупе
　　крестьянами, вышедшими из крепостной зависимости, их усадебной
　　оседлости и о содействии правительства к приобретению сими крестья-
　　нами в собственность полевых угодий. 19 февраля 1861 г.—В кн.:
　　Положения о крестьянах, вышедших из крепостной зависимости. Спб.,
　　1861, стр. 1 — 32) —— 283。

《关于脱离农奴依附关系的农民条例》(Положения о крестьянах, вышедших
　　из крепостной зависимости. 19 февраля 1861 г. Спб., 1861. 357 стр. Разд.
　　паг.) —— 283。

《关于脱离农奴依附关系的农民总条例》(Общее положение о крестьянах,
　　вышедших из крепостной зависимости. 19 февраля 1861 г.—В кн.:
　　Положения о крестьянах, вышедших из крепостной зависимости. 19
　　февраля 1861 г. Спб., 1861, стр. 1 — 33) —— 283。

《关于武装起义的决议[俄国社会民主工党第三次代表大会通过的主要决
　　议]》—— 见列宁,弗·伊·《关于武装起义的决议[俄国社会民主工党第
　　三次代表大会通过]》。

［《关于无产阶级在民主革命现阶段的阶级任务》](［О классовых задачах
　　пролетариата в современный момент демократической революции. Проект
　　резолюции к V съезду РСДРП]. —«Пролетарий», ［Выборг], 1907, №14,
　　4 марта, стр. 3. Под общ. загл.: Проекты резолюций к Пятому съезду

РСДРП. На газ. место изд. : М.)——346—347、352。

《国际歌》(Интернационал)——212。

《[国家杜马的]速记记录》(1906 年第一次会议)(第 1—2 卷)(Стенографические отчеты [Государственной думы].1906 год. Сессия первая. Т. I—II. Спб., гос. тип., 1906.2 т.(Государственная дума))

　　—第 1 卷(Т. I. Заседания 1—18 (с 27 апреля по 30 мая). XXII, 866 стр.) ——8、45—46、118—119、137—138、239、289、316。

　　—第 2 卷(Т. II. Заседания 19—38 (с 1 июня по 4 июля), стр. 867—2013) ——8、45—46、289、316。

《[国家杜马的]速记记录》(1907 年第二次会议)(第 1—2 卷)(Стенографические отчеты [Государственной думы].1907 год. Сессия вторая. Т. I—II. Спб., гос. тип., 1907.2 т.(Государственная дума. Второй созыв))

　　—第 1 卷(Т. I. Заседания 1—30 (с 20 февраля по 30 апреля). VIII стр., 2344 стлб.)——147。

　　—第 2 卷(Т. II. Заседания 31—53 (с 1 мая по 2 июня). VIII стр., 1610 стлб.)——141。

《[国家杜马的]速记记录》(1908 年第一次会议)(第 2 册)(Стенографические отчеты [Государственной думы].1908 г. Сессия первая. Ч. II. Заседания 31—60 (с 21 февраля по 6 мая 1908 г.). Спб., гос. тип., 1908. XV стр., 2962 стлб. (Государственная дума. Третий созыв))——401。

《[国家杜马的]速记记录》(1908 年第二次会议)(第 1 册)(Стенографические отчеты [Государственной думы].1908 г. Сессия вторая. Ч. I. Заседания 1—35 (с 15 октября по 20 декабря 1908. г.). Спб., гос. тип., 1908. XIV стр., 3152 стлб. (Государственная дума. Третий созыв))——278。

《[国家杜马的]速记记录》(1909 年第二次会议)(第 2—4 册)(Стенографические отчеты [Государственной думы]. 1909 г. Сессия вторая. Ч. II—IV. Спб., гос. тип., 1909.3 т. (Государственная дума. Третий созыв))

　　—第 2 册(Ч. II. Заседания 36—70 (с 20 января по 5 марта 1909 г.). XIV стр., 3244 стлб.)——376。

—第 3 册（Ч. III. Заседания 71 — 100（с 6 марта по 24 апреля 1909 г.）. XII стр., 2956 стлб.）——278、381、388、398、401、402 — 405、406、407 — 410。

—第 4 册（Ч. IV. Заседания 101 — 126（с 27 апреля по 2 июня 1909 г.）. XXXVII стр., 3476 стлб.）——403。

《国家杜马速记记录附录》（Приложения к стенографическим отчетам Государственной думы. Третий созыв. Сессия I. 1907 — 1908 гг. Т. I.（№№ 1 — 350）. Спб., гос. тип., 1908. 35 стр., 2024 стлб.）——9。

[《国家杜马劳动团对 1906 年 11 月 9 日法案的声明》]（[Заявление Трудовой группы Государственной думы по поводу законопроекта по указу 9 ноября 1906 г.]. — В кн.: Стенографический отчет с.-петербургского телеграфного агентства [о заседаниях Государственной думы. 1908 г. Третий созыв. Сессия вторая. Ч. I. Заседания 1 — 35（с 15 октября по 20 декабря 1908 г.）. Приложение к газете «Россия»]. Спб., [тип. газ. «России»], 1908, стр. 444 — 445）——293 — 294。

[《国家杜马劳动团就 1906 年 11 月 9 日法案提出的程序提案》]（[Формула перехода к очередным делам, предложенная Трудовой группой Государственной думы по поводу законопроекта по указу 9 ноября 1906 г.] — Там же, стр. 482）——293 — 294。

《国家杜马社会民主党党团就 1906 年 11 月 9 日法案提出的程序提案》（[Формула перехода к очередным делам, предложенная социал-демократической фракцией Государственной думы по поводу законопроекта по указу 9 ноября 1906 г.]. — В кн.: Стенографический отчет с.-петербургского телеграфного агентства [о заседаниях Государственной думы. 1908 г. Третий созыв. Сессия вторая. Ч. I. Заседания 1 — 35（с 15 октября по 20 декабря 1908 г.）. Приложение к газете «Россия». Спб., [тип. газ. «Россия»], 1908, стр. 118.）——296 — 297。

《国家杜马选举条例》（Положение о выборах в Государственную думу. С разъяснениями правительствующего Сената и министерства внутренних дел. Спб., сенатская тип., 1907. 188 стр.; 2 схемы.（Изд. м-ва внутр. дел））——3、8、10、252、290。

《国家根本法第 87 条》——见《俄罗斯帝国法律汇编》。

《和党在一起还是不要党?》(С партией или без партии? —«Пролетарий»,
　　Genève, 1908, №28, (15) 2 апреля, стр. 1)——401。

《火星报》[伦敦](«Искра», [Лондон], 1902, №23, 1 августа, стр. 2—4; №24,
　　1 сентября, стр. 2—4)——322。

《极左派的联盟》(«Блок крайней левой». —«Социал-Демократ», Спб., 1906,
　　№6, 3 ноября, стр. 2—4. На газ. дата: 3 октября)——357。

《教育》杂志(圣彼得堡)(«Образование», Спб., 1907, №2a, стр. 117—126; №3,
　　стр. 89—104)——136—137、142—143、147—148、149、231—232。

《旧的偏见和生活的教训》(Старые тенденции и уроки жизни. —«Социал-
　　Демократ», [Вильно—Спб.], 1908, №1, февраль, стр. 15—19)——4。

《就目前形势而作的一般的策略性指示》[波兰社会党第十次代表大会通过的
　　决议](Общие тактические указания для текущего момента. [Резолюция,
　　принятая на X съезде ППС]. —В кн.: Десятый съезд ППС. Программа.
　　Тактика. [Изд. «Myśli Socjalistycznej». Львов], 1908, стр. 8—10. Под
　　общ. загл.: Резолюции)——41。

[《就圣彼得堡市行政长官禁止辩论波戈金教授报告〈奥匈帝国占领下的波斯
　　尼亚和黑塞哥维那〉一事向内务部长的质问(1908 年 10 月 15 日在国家
　　杜马会议上提出)》][(Запрос министру внутренних дел по поводу
　　недопущения с.-петербургским градоначальником прений по докладу
　　проф. Погодина «Босния и Герцеговина под оккупацией Австро-Венгрии»,
　　внесенный на заседании Государственной думы 15 октября 1908 г.]. —В
　　кн.: Стенографические отчеты [Государственной думы]. 1908 г. Сессия
　　вторая. Ч. I. Заседания 1—35 (с 15 октября по 20 декабря 1908 г.). Спб.,
　　гос. тип., 1908, стр. 22. (Государственная дума. Третий созыв))——278。

《军国主义和国际冲突》[斯图加特国际社会党代表大会决议](德文版)(Der
　　Militarismus und die internationalen Konflikte. [Die Resolution des Inter-
　　nationalen sozialistischen Kongresses zu Stuttgart]. —In: Internationaler
　　Sozialistenkongreß zu Stuttgart. 18. bis 24. August 1907. Berlin, Buchh.
　　«Vorwärts», 1907, S. 64—66)——167—168、172、190—191。

《军国主义和国际冲突》[斯图加特国际社会党代表大会通过的决议]（俄文版）（Милитаризм и международные конфликты. [Резолюция, принятая на Международном социалистическом конгрессе в Штутгарте].—《Пролетарий》, [Выборг], 1907, №17, 20 октября, стр. 5—6. Под общ. загл.: Резолюции Штутгартского съезда. На газ. место изд.: М.)——167—168、172、190—191。

《军营报》（埃恩圣保罗）(《La Caserne》, Haine st. Paul)——172。

《卡尔·马克思(1818—1883)(纪念马克思逝世二十五周年(1883—1908))》(Карл Маркс (1818—1883). К двадцатипятилетию со дня его смерти (1883—1908). Спб., [Кедровы], 1908. 410 стр. На обл. загл.: Памяти Карла Маркса)——233。

《开端》(Сначала.—《Знамя Труда》, [Париж, 1908, №13, ноябрь], стр. 1—3)——318—320、321—322、326—327。

《科斯特罗马省统计材料》(Материалы для статистики Костромской губернии. Изд. Костромского губ. стат. ком. Под ред. В. Пирогова. Вып. 8. Кострома, 1891. II, 333, 25 стр.; 4 л. табл.)——85。

"科学新闻"(Научная хроника. (Новые опыты оживления трупов).—《Пролетарий》, Женева, 1908, №30, (23) 10 мая, стр. 2—3. Подпись: Т—ренов.)——43、46—47。

《恐怖分子的新财产和我国的合法报刊》(Новые казни террористов и наша легальная пресса.—《Знамя Труда》, [Париж], 1908, №10—11, февраль—март, стр. 5—9)——123—124。

《库列巴基》(Кулебаки.—《Социал-Демократ》, [Вильно—Спб.], 1908, №1, февраль, стр. 44. Под общ. загл.: Корреспонденции)——2。

《莱比锡人民报》(《Leipziger. Volkszeitung》)——201。

　　—1908, Nr. 232, 6. Oktober, S. 1—2.——201。

《劳动旗帜报》[巴黎](《Знамя Труда》, [Париж])——122、128、319、320。

　　—1907, №4, 30 августа, стр. 1—3.——128。

　　—1907, №8, декабрь, стр. 1—6.——123。

　　—1908, №№9—13, январь—ноябрь.——314。

—1908, № 10 — 11, февраль—март, стр. 5 — 12. —— 123、128、129、314。

—1908, № 12. —— 314。

—[1908, № 13, ноябрь], стр. 1 — 3, 11 — 13. —— 318 — 319、321 — 323、326 — 327。

《历史唯物主义》文集(Исторический материализм. Сборник статей Энгельса, Каутского, Лафарга, Жореса, Сореля, Адлера, Штерна, Цеттербаума, Келлес-Крауза, Бельфорт-Бакса, Штиллиха. Сост. и пер. С. Бронштейн (С. Семковский). С предисл. и указателем литературы об историческом материализме на русском и иностранных языках. Спб., тип. «Общественная Польза», 1908. II, 403 стр.) —— 362。

《历史性的转变》(Исторический поворот. — «Листок «Рабочего Дела»», [Женева], 1901, № 6, апрель, стр. 1 — 6. Подпись: Редакция «Рабочего Дела») —— 125 — 126。

《路标》文集(Вехи. Сборник статей о русской интеллигенции Н. А. Бердяева, С. Н. Булгакова, М. О. Гершензона, А. С. Изгоева, Б. А. Кистяковского, П. Б. Струве, С. Л. Франка. М., [тип. Саблина], 1909. II, 209 стр.) —— 396、408。

《伦敦国际社会主义工人和工会代表大会记录和决议(1896 年 7 月 27 日 — 8 月 1 日)》(Verhandlungen und Beschlüsse des Internationalen sozialistischen Arbeiter-und Gewerkschaftskongresses zu London vom 27. Juli bis 1. August 1896. Berlin, die Expedition der Buchh. «Vorwärts», 1896. 32 S.) —— 300 — 301。

《论改进和增加农民的土地占有和土地使用》(Об улучшении и увеличении крестьянского землевладения и землепользования. Основные положения. — В кн.: Приложения к стенографическим отчетам Государственной думы. Третий созыв. Сессия I. 1907 — 1908 гг. Т. I. (№ № 1 — 350). Спб., гос. тип., 1908, стлб. 1983 — 1984) —— 9。

《论迫切问题》(К очередным вопросам. — «Пролетарий», Париж, 1909, № 42, 12 (25) февраля, стр. 1 — 3) —— 340 — 343。

《论文集》(Сборник статей. № 1. Спб., «Наша Мысль», 1907. 128 стр.) —— 316。

《论组织问题》(К организационным вопросам. — «Социал-Демократ», [Вильно—

Спб.〕,1908,№1,февраль,стр.27—30)——2、3、4。

《马塞曲》(Марсельеза)——191。

《美国第十二次调查概况》(Abstract of the Twelfth Census of the United States.1900. 3-d edition. Washington, Government Printing Office, 1904. XV, 454 p. (Bureau of the Census. S. N. D. North, Director))——66。

《孟什维克关于临时政府和革命自治的决议草案》(Проект меньшевистской резолюции о временном правительстве и революционном самоуправлении. Временное правительство и революционное самоуправление.—В кн.: 〔Ленин, В. И.〕 Доклад об Объединительном съезде РСДРП. Письмо к петербургским рабочим. М.—Спб., тип. «Дело», 1906, стр. 91—92, в отд.: Приложения)——348—349、350。

《孟什维克关于评价目前形势的决议草案》(Проект меньшевистской резолюции об оценке современного момента. О современном моменте революции и задачах пролетариата.—В кн.: 〔Ленин, В. И.〕 Доклад об Объединительном съезде РСДРП. Письмо к петербургским рабочим. М.—Спб., тип. «Дело», 1906, стр. 68—70, в отд.: Приложения)——347—348、350。

《孟什维克派及〈火星报〉编辑向本次代表大会提出的决议草案》(Проект резолюций к предстоящему съезду, выработанный группой «меньшевиков» с участием редакторов «Искры».—«Партийные Известия», 〔Спб.〕, 1906, №2, 20 марта, стр. 9—11)——346。

明斯克(Минск.—«Социал-Демократ», 〔Вильно —Спб.〕, 1908, №1, февраль, стр. 43—44. Под общ. загл.: Корреспонденции)——2。

《莫斯科呼声报》(«Голос Москвы»)——406。

—1909, №65, 20 марта, стр. 5.——381、386。

《目前党的任务》(Zadania partji w chwili obechej. 〔Resolucja z VI zjazdu SDKP i L〕.—In: Sprawozdanie z VI zjazdu Socjaldemokracji Królestwa Polskiego i Litwy. Kraków, Wojtaszek, 1910, s. I—V)——353。

《农民问题材料》(Материалы к крестьянскому вопросу. Отчет о заседаниях делегатского съезда Всероссийского крестьянского союза 6 — 10 ноября 1905 г. С вступит. статьей В. Громана. Б. м., «Новый Мир», 1905. 114 стр.)

——140。

《农业人口土地保障法(主要原则)草案[立宪民主党向第二届国家杜马提出]》(Проект главных оснований закона о земельном обеспечении земледельческого населения, [внесенный во II Государственную думу кадетами].—В кн.: [Материалы, поступившие в Общее собрание Государственной думы 2-го созыва].Б. м., [1907], л. 293—295)——8。

《奴仆规约》(Gesindeordnung. 1767)——113。

《欧洲通报》杂志(圣彼得堡)(«Вестник Европы», Спб., 1884, №7, стр. 319—356)——90。

《〈评论〉出版社刊》文集(第 2 辑)(Издательство «Отклики». Сборник II. Спб., [электропеч. Левенштейн], 1907.76 стр.)——36。

《前进报》(柏林)(«Vorwärts», Berlin)——204、364、365。

——1908, Nr. 222, 22. September, S. 1—3.——190—191。

——1908, Nr. 242, 15. Oktober. 1. Beilage des «Vorwärts», S. 1—2.——212—215、216—217、218—219、222。

——1908, Nr. 243, 16. Oktober. 1. Beilage des «Vorwärts», S. 1.——222—224。

——1909, Nr. 79, 3. April. 1. Beilage des «Vorwärts», S. 1—2.——364—366。

《前进报》(日内瓦)(«Вперед», Женева, 1905, №14, 12 апреля (30 марта), стр. 1)——344、345。

《青年就是未来》(«La Jeunesse—c'est l'Avenir», Haine st. Paul)——172。

《全俄党的工作者第一次代表会议》(Первая общерусская конференция партийных работников. Отдельное приложение к №100 «Искры», Женева, тип. партии, 1905.31 стр. (РСДРП))——35、344—346、348。

《[全俄]党的工作者[第一次]代表会议通过的决议》(Резолюции, принятые [первой общерусской] конференцией [партийных работников].—В кн.: Первая общерусская конференция партийных работников. Отдельное приложение к №100 «Искры». Женева, тип. партии, 1905, стр. 15—30. (РСДРП))——35。

《人道报》(巴黎)(«L'Humanité», Paris, 1908, No. 1567, 1 août, p. 1)——160。

《人民报》(布鲁塞尔)(«Le Peuple», Bruxelles)——173、214。

《人民代表致人民书》(Народу от народных представителей.［Июль 1906 г.
　　Листовка].Б.м.,1906.1 стр.)——44。

《人民杜马报》(圣彼得堡)(«Народная Дума»,［Спб.],1907,№12,24 марта(6
　　апреля),стр.4)——351。

《萨拉托夫地方自治机关汇编》(«Сборник Саратовского Земства»,1894,№6,
　　стр.189—222;№11,стр.421—463)——96—97。

《萨拉托夫省统计资料汇编》(第1、11卷)(Сборник статистических сведений
　　по Саратовской губернии. Т. I, XI. Изд. Саратовского губ. земства. Саратов,
　　1883—1891. 2 т.)
　　—第1卷(Т. I. Саратовский уезд. 1883. V, 154 стр.;126 стр. табл., 1 карта)
　　　——54、62。
　　—第11卷(Т. XI. Камышинский уезд. 1891.979 стр.)—— 73—74、78、92、
　　　139—140。

《萨马拉省统计资料汇编》(第7卷)(Сборник статистических сведений по
　　Самарской губернии. Отдел хозяйственной статистики. Т. VII. Новоузен-
　　ский уезд. Изд. Самарского губ. земства. Самара,1890.524 стр.)——75—
　　76、78、91、92。

《萨马拉省统计资料综合汇编》(第8卷)(Сводный сборник статистических
　　сведений по Самарской губернии. Т. VIII. (Вып. I). Изд. Самарского губ.
　　земства. Самара,1892. X,228 стр.)——75—76、94—95。

《社会党和工会的关系》[斯图加特国际社会党代表大会通过的决议]
　　(Отношение между социалистической партией и профессиональными
　　союзами.［Резолюция, принятая на Международном социалистическом
　　конгрессе в Штутгарте].—« Пролетарий »,［Выборг],1907, №17, 20
　　октября, стр. 5. Под общ. загл.: Резолюции Штутгартского съезда. На газ.
　　место изд.: М.)——300—301。

[《社会革命党出版物概述》][［Обзор печати партии с.-р.].—«Революционная
　　Мысль»,1908,№1,апрель,стр.16,в отд.: Библиография)——122、123、
　　125、314。

《社会革命党纲领和组织章程(党的第一次代表大会批准)》(Программа и

организационный устав партии социалистов-революционеров, утвержде-
нные на первом съезде. Изд. центрального комитета п. с.-р. Б. м., тип.
партии соц.-рев.,1906.32 стр.)——315—316。

《社会革命党中央委员会公报》(Извешение центрального комитета п[артии] с
[оциалистов] -р [еволюционеров]. О съезде совета партии и
общепартийной конференции. Б. м.,[сентябрь 1908].16 стр.)—— 314 —
316、317—318、322、323、327。

《社会民主党杜马党团的活动》(Деятельность с [оциал] -д [емократической]
думской фракции.—«Социал-Демократ», [Вильно —Спб.], 1908, №1,
февраль, стр.36—37, в отд.: Из партии)——3。

[《社会民主党国家杜马党团就 1906 年 11 月 9 日法案提出的程序提案》]
([Формула перехода к очередным делам, предложенная социал -демокра-
тической фракцией Государственной думы по поводу законопроекта по
указу 9 ноября 1906 г.].—В кн.: Стенографический отчет с.-петербу-
ргского телеграфного агентства [о заседаниях Государственной думы.
1908 г. Третий созыв. Сессия вторая. Ч. I. Заседания 1 — 35 (с 15 октября
по 20 декабря 1908 г.). Приложение к газете «Россия»]. Спб.,[тип. газ.
«Россия»] ,1908, стр.118)——296。

《[社会民主党国家杜马党团委员会、国家杜马劳动团委员会、全俄农民协会、
俄国社会民主工党中央委员会、社会革命党中央委员会、全俄铁路工会、
全俄教师联合会]告全国农民书》[传单](Манифест ко всему
российскому крестьянству [от комитета социал-демократической фракции
Государственной думы, комитета Трудовой группы Государственной
думы, Всероссийского крестьянского союза, Центрального Комитета
РСДРП, центрального комитета партии социалистов-революционеров,
Всероссийского железнодорожного союза, Всероссийского учительского
союза].[Листовка]. Б. м., тип. ЦК РСДРП,[июль 1906].2 стр.)——
356、357、358。

《社会民主党评论》杂志(克拉科夫)(«Przeglad Socjaldemokratyczny», Kra̜ków)
——151。

—1908，Nr.6，sierpień，s.516—532.——235—236、237、238、241、244。

—1908，Nr.7，wrzesień，s.588—596.——235—239、240—241、242—246。

《社会民主党人报》（圣彼得堡）（《Социал-Демократ》，Спб.）——357。

—1906，№6，3 ноября，стр.2—4.На газ.дата：3 октября.——357。

《社会民主党人报》（苏黎世—伦敦）（《Der Sozialdemokrat》，Zürich—London）
——277。

《社会民主党人报》（〔维尔诺—圣彼得堡〕—巴黎—日内瓦）（《Социал-Демократ》，
〔Вильно—Спб.〕—Париж—Женева）——2、3—4、353、354、362。

—〔Вильно—Спб.〕，1908，№1，февраль，стр.10—19，21—30，35，36—39，
43—45.——2、3、4。

—Париж，1909，№3，9（22）марта，стр.3—4.——344、347、350、351、352—
353、354、357、358—359、360—361、362。

《社会民主党人呼声报》〔日内瓦—巴黎〕（《Голос Социал-Демократа》，
〔Женева—Париж〕）——3、226、228、255、260、263、264、271、303。

—〔Женева〕，1908，№1—2，февраль，стр.24—26.——123。

—1908，№3，март，стр.3—12.——20—24、25、26、27。

—1908，№6—7，май—июнь，стр.3—14.——164、233、263。

—1908，№8—9，июль—сентябрь，стр.23—24.——225、226—227、228、
229、230、231、232、260、264。

—1908，№8—9，июль—сентябрь.Прибавление к №№8—9 《Голоса Соц
〔иал〕-Демократа》，стр.1.——233、260—262、263—264。

—1908，№10—11，ноябрь—декабрь.32 стр.——343、385。

—1909，№12，март，стр.15—16.——381、383—384、385。

《〈社会民主党人呼声报〉编辑部对马斯洛夫同志来信的按语》——见《编辑部
的话》。

《社会民主党人日志》〔日内瓦〕（《Дневник Социал-Демократа》，〔Женева〕，
1905，№4，декабрь，стр.4—12）——27、39。

《社会民主党在杜马党团中关于社会民主党人对宗教的态度问题的辩论》
（Прения в думской с.-д. фракции по вопросу об отношении с.-д. к
религии.—《Пролетарий》，〔Париж〕，1909，№45，13（26）мая，стр.6—7，

И. Чупрова и А. С. Посникова. Т. I. Спб., тип. Киршбаума, 1897. VIII, LXIV, 533 стр.）——63、74—75。

《首都邮报》(圣彼得堡)（«Столичная Почта», Спб.)——30。

　　—1908, №251, 1 (14) марта, стр. 3—4.——30—31。

《曙光》杂志(斯图加特)（«Заря», Stuttgart, 1901, №2—3, декабрь, стр. 259—302)——142、233。

《斯图加特国际社会党代表大会》(1907 年 8 月 18—24 日）（Internationaler Sozialistenkongreß zu Stuttgart. 18. bis 24. August 1907. Berlin, Buchh. «Vorwärts», 1907. 132 S.)——167—168、169—170、172、173—174、190—191、216、223、301。

〔《提交第二届国家杜马全体会议的资料》〕〔Материалы, поступившие в Общее собрание Государственной думы 2-го созыва]. Б. м., [1907]. 7, 23 стр.; 1040 л.)——8、136—137、316。

《〔土地改革〕基本条例草案〔以劳动团和农民协会的名义向第二届国家杜马提出〕》（Проект основных положений [земельной реформы, внесенный во II Государственную думу от имени Трудовой группы и Крестьянского союза].—В кн.: [Материалы, поступившие в Общее собрание Государственной думы 2-го созыва]. Б. м., [1907], л. 17—19, 37)——8、136—137、316。

《土地法基本条例草案〔以社会革命党人的名义向第二届国家杜马提出〕》（Проект основных положений земельного закона, [внесенный во II Государственную думу от имени группы социалистов-революционеров].—В кн.: Материалы, поступившие в Общее собрание Государственной думы 2-го созыва]. Б. м., [1907], л. 486—491)——316。

《〔土地法〕基本条例草案〔由 104 个国家杜马代表提出〕》（Проект основных положений, [земельного закона, внесенный 104 членами Государственной думы].—В кн.: Стенографические отчеты [Государственной думы]. 1906 год. Сессия первая. Т. I. Заседания 1—18(с 27 апреля по 30 мая). Спб., гос. тип., 1906, стр. 560—562. (Государственная дума))——8、45—46、136、137、239、316。

《土地纲领[俄国社会民主工党第四次（统一）代表大会通过]》(Аграрная программа,[принятая на IV (Объединительном) съезде РСДРП]. — В листовке: Постановления и резолюции Объединительн. съезда Российской социал-демократической рабочей партии. [Спб.], тип. Центрального Комитета,[1906], стр. 1. (РСДРП)) —— 23、134 — 135、136、138、148、151、164、250 — 251、294、296 — 297。

《土地基本法草案[由 33 个国家杜马代表提出]》(Проект основного земельного закона,[внесенный 33 членами Государственной думы]. — В кн.: Стенографические отчеты [Государственной думы]. 1906 год. Сессия первая. Т. II. Заседания 19 — 38(с 1 июня по 4 июля). Спб., гос. тип., 1906, стр. 1153 — 1156. (Государственная дума)) —— 45 — 46、316。

[《土地问题基本条例草案（由 42 个第一届国家杜马代表提出）》]([Проект основных положений по аграрному вопросу, внесенный 42 членами I Государственной думы]. — В кн.: Стенографические отчеты [Государственной думы]. 1906 год. Сессия первая. Т. I. Заседания 1 — 18 (с 27 апреля по 30 мая). Спб., гос. тип., 1906, стр. 248 — 251. (Государственная дума)) —— 8、289。

《土地问题》文集(Аграрный вопрос. Т. II. Сборник статей Брейера, Бруна, Воробьева, Герценштейна, Дена, Кауфмана, Кутлера, Левитского, Мануилова, Петрункевича, Хауке, Чупрова, Якушкина. М., «Беседа», 1907. XIII, 648 стр. (Изд. Долгорукова и Петрункевича)) —— 9、62 — 65、66 — 68、91、110、133、289。

《瓦·伊·季米里亚捷夫在莫斯科》(В. И. Тимирязев в Москве. — «Голос Москвы», 1909, №65, 20 марта, стр. 5) —— 381、386。

《温和的右派农民代表的土地法案》(Земельный проект умеренно-правых крестьянских депутатов. — «С.-Петербургские Ведомости», 1908, №24, 29 января (11 февраля), стр. 2) —— 289 — 291。

《沃罗涅日省统计资料汇编》(Сборник статистических сведений по Воронежской губернии. Т. 4. Вып. I. Задонский уезд. Изд. Воронежского губ. земства. Воронеж, тип. Исаева, 1887. XIV, 157 стр.) —— 76、78、91、92。

乌拉尔通讯(С Урала.—«Социал- Демократ»,〔Вильно — Спб.〕,1908,№1,
февраль,стр.44 — 45.Под общ.загл.:Корреспонденции)——2。

《无产阶级对军国主义的态度》〔布鲁塞尔国际社会党代表大会决议〕(Stel-
lung des Proletariats zum Militarismus.〔Die Resolution des Internation-
alen sozialistischen Kongresses zu Brüssel〕.—In: Verhandlungen und
Beschlüsse des Internationalen Arbeiterkongresses zu Brüssel.(16.— 22.
August 1891). Berlin, die Expedition des «Vorwärts», 1893, S. 26)
——167。

《无产阶级在民主革命目前时期的阶级任务》〔布尔什维克提交俄国社会民主
工党第四次(统一)代表大会的决议草案〕(Классовые задачи пролетар-
иата в современный момент демократической революции.〔Проект резолю-
ции большевиков к IV (Объединительному) съезду РСДРП〕.—«Пар-
тийные Известия», 〔Спб.〕, 1906, №2, 20 марта, стр. 6. Под общ. загл.:
Проект резолюций. К Объединительному съезду Российской социал-
демократической рабочей партии)——346 — 347、350、352。

《无产者报》〔维堡—日内瓦—巴黎〕(«Пролетарий», 〔Выборг—Женева—
Париж〕)——3— 4、121、128、214、260、271、314、340、342、367。
—〔Выборг〕, 1906, №1, 21 августа, стр. 2 — 6. На газ. место изд.: М.
——357。
—1906,№4,19 сентября,стр.3 — 6.На газ.место изд.:М.——122。
—1906,№8,23 ноября,стр.2 — 5.На газ.место изд.:М.——357。
—1907,№14,4 марта,стр.3.На газ.место изд.:М.—— 346 — 347、352。
—1907,№17,20 октября,стр. 5 — 6.На газ.место изд.:М.—— 167 — 168、
172、191、301。
—1907,№18,29 октября,стр. 1 — 5.На газ. место изд.:М.—— 29、127 —
128、319。
—1907,№19,5 ноября,стр.6 — 7.На газ.место изд.:М.—— 129。
—1907,№20,19 ноября,стр.4.На газ.место изд.:М.——29。
—Женева,1908,№21,26 (13) февраля,стр.2.——314。
—1908,№22,(3 мар.) 19 февраля,стр.1.На газ.дата:(4 мар.) 19 февраля.

——8、290。

—1908，№28，(15) 2 апреля，стр.1.——398。

—1908，№30，(23) 10 мая，стр.2—3.——43、46—47。

—1908，№31，(17) 4 июня，стр.5—6.——271。

—1908，№32，(15) 2 июля，стр.1—2.——314。

—1908，№33，(5 авг.) 23 июля，стр.3—6.——164、225—232、262、263。

—1908，№36，(16) 3 октября，стр.6—7,10.На газ.дата:(16) 30 октября.
　　——196。

—1908，№37，(29) 16 октября，стр.3—5.——260、262。

—1908，№39，(26) 13 ноября，стр.2—8.——253—254、266—269、270—
　　282、341、376。

—1908，№40,1 (14) декабря，стр.3—5.——314。

—Париж，1909，№42,12 (25) февраля，стр.1—4.——340—343、367、368。

—1909，№44.Приложение к №44 газ.«Пролетарий»，4(17) апреля，стр.1.
　　——367—382。

—1909，№45,13 (26) мая，стр.6—7.——388、396、398。

《下诺夫哥罗德省土地估价材料》(第 4、9、12 编)(Материалы к оценке земель
　　Нижегородской губернии. Экономическая часть. Вып. IV, IX, XII. Изд.
　　Нижегородского губ. земства. Н.-Новгород， 1888 — 1890. 3 т.
　　(Статистическое отделение Нижегородской губ.зем.управы))

　　—第 4 编(Вып. IV. Княгининский уезд. 1888.442 стр.)—— 76、78、81 —
　　83、92。

　　—第 9 编(Вып.IX.Васильский уезд.1890.428 стр.)——76、78、81—83、92。

　　—第 12 编(Вып.XII.Макарьевский уезд.1889.549 стр.)—— 76、78、81 —
　　83、92。

《现代生活》杂志(莫斯科)(«Современная Жизнь»，М.，1907，№2，февраль—
　　март，стр.158—186)——36。

[《向土耳其革命致敬》(社会党国际局决议)]([Das Begrüßungsschreiben der
　　türkischen Revolution. Die Resolution des Internationalen sozialistischen
　　Büros].—«Vorwärts»，Berlin，1908，Nr. 242, 15. Oktober. 1. Beilage des

«Vorwärts», S. 2. Unter dem Gesamttitel: Internationale sozialistische Konferenz zu Brüssel)——221—222。

《新莱茵报》(科隆)(«Neue Rheinische Zeitung», Köln)——361、382。

《新时报》(圣彼得堡)(«Новое Время», Спб., 1908, №11698, 5 (18) октября, стр. 2)——204—205。

《新时代》杂志(斯图加特)(«Die Neue Zeit», Stuttgart, 1892—1893, Jg. XI, Bd. I, Nr. 1, S. 15—20; Nr. 2, S. 42—51)——38、362。

——1896—1897, Jg. XV, Bd. I, Nr. 6, S. 164—171; Nr. 7, S. 204—213; Nr. 10, S. 303—311; Nr. 25, S. 772—783; Bd. II, Nr. 30, S. 100—107; Nr. 31, S. 138—143.——12—13。

——1897—1898, Jg. XVI, Bd. II, Nr. 34, S. 225—232; Nr. 39, S. 388—395)——12—13。

——1908, Jg. 26, Bd. 2, Nr. 27, S. 4—10; Nr. 28, S. 49—58.——25。

——1908, Jg. 26, Bd. 2, Nr. 43, S. 588—592.——174。

《宣言》(1905 年 10 月 17 日 (30 日))(Манифест. 17 (30) октября 1905 г.——«Правительственный Вестник», Спб., 1905, №222, 18 (31) октября, стр. 1)——406。

《选举宣言》——见《人民代表致人民书》。

《雅罗斯拉夫尔省概述》(Обзор Ярославской губернии. Вып. II. Отхожие промыслы крестьян Ярославской губернии. Под ред. А. Р. Свирщевского. Изд. Ярославского губ. стат. ком. Ярославль, 1896. IX, 193 стр.; 29 стр. табл.)——85—86。

《言语报》(圣彼得堡)(«Речь», Спб.)——6、8、408。

——1906, №82, 25 мая (7 июня), стр. 1.——8。

——1908, №65, 16 (29) марта, стр. 1.——6、7、8、10。

——1908, №205, 28 августа (10 сентября), стр. 1—3.——181。

——1909, №133 (1018), 17 (30) мая, стр. 2—3.——408。

——1909, №139 (1024), 24 мая (6 июня), стр. 5.——408。

《一个工人的信(根据对时局的估计谈谈党的工作计划)》(Письмо рабочего. (О плане партийной работы в связи с оценкой текущего момента).——

《Рабочее Знамя》，［М.］，1908，№5，октябрь，стр. 4—5）——254、266、340、341、377。

《一个工人给〈工人旗帜报〉编辑部的信》（Письмо рабочего в редакцию «Рабочего Знамени». Перепечатываем из №5 «Рабочего Знамени».— «Пролетарий»，Женева，1908，№39，（26）13 ноября，стр. 3—4）—— 266—267、271—282、341、377。

《1883年8月6—12日在苏黎世音乐厅举行的国际社会主义工人代表大会会议记录》（Protokoll des Internationalen sozialistischen Arbeiterkongresses in der Tonhalle Zürich vom 6. bis 12. August 1893. Hrsg. vom Organisationskomitee. Zürich，Buchh. des Schweiz. Grütlivereins，1894. VIII，65 S.）——167。

《1889年7月14—20日巴黎国际工人代表大会会议记录》（Protokoll des Internationalen Arbeiterkongresses zu Paris. Abgehalten vom 14. bis 20. Juli 1889. Deutsche Übersetzung. Miteinem Vorwort von W. Liebknecht. Nürnberg，Wörlein，1890. V，133 S.）——167。

《1897年俄罗斯帝国第一次人口普查》（Первая всеобщая перепись населения Российской империи 1897 г. Вып. I. Население империи по переписи 28-го января 1897 г. по уездам. Сост. Центр. стат. ком. на основании местных подсчетных ведомостей. Изд. Центр. стат. ком. м-ва внутр. дел. Спб.，1897. 29 стр. На русск. и франц. яз.）——56、57。

《1897—1898年缴纳消费税的各种行业和印花税票统计》（Статистика производств，облагаемых акцизом，и гербовых знаков за 1897 и 1898 гг. Сост. в стат. отд-нии главного упр. Спб.，1900. 1037 стр.（Главное упр. неокладных сборов и казенной продажи питей））——96、97。

《1905年俄罗斯年鉴》（Ежегодник России 1905 г.（Год второй）. Спб.，типолит. Ныркина，1906. CXVI，749 стр.（Центр. стат. ком. М. В. Д.）. На русск. и франц. яз.）——66。

《1905年12月11日选举法》——见《给执政参议院的命令［关于修改与补充国家杜马的选举条例］》。

《1905年土地占有情况统计》（Статистика землевладения 1905 г. Свод данных

по 50-ти губерниям Европейской России. Спб., тип. Минкова, 1907. 199
стр.; L стр. табл. (Центр. стат. ком. м-ва внутр. дел))——48—51、52、53、
56—57、80—81、116、117—118、131—132。

《1906 年 11 月 9 日法令》——见《给执政参议院的命令［关于农民退出村社
和把份地确定为私人财产］》。

《1906 年在斯德哥尔摩举行的俄国社会民主工党统一代表大会记录》
（ Протоколы Объединительного съезда РСДРП, состоявшегося в
Стокгольме в 1906 г. М., тип. Иванова, 1907. VI, 420 стр.)——6、38、
135—136、137、140、145—147、148、149—150、152—153、236、239、244、
293、294、295。

《1907 年 6 月 3 日选举法》——见《国家杜马选举条例》。

《"愚人"在杜马中》（«Серенький»—в Думе.—«Русское Государство», Спб.,
1906, №39, 18 (31) марта, стр.4. Подпись: Segno)——6。

《约·菲·贝克尔、约·狄慈根、弗·恩格斯和卡·马克思等致弗·阿·左尔
格等书信集》（Письма И. Ф. Беккера, И. Дицгена, Ф. Энгельса, К. Маркса
и др. к Ф. А. Зорге и др. Пер. с нем. Политикуса. С письмами и биографией
Ф. А. Зорге Евг. Дицгена. С предисл. Н. Ленина. С портр. Ф. А. Зорге. Спб.,
Дауге, 1907. XXVI, 44, 485, II стр.)——215、385。

《远东事件》(Die Ereignisse im Orient.—«Leipziger Volkszeitung», 1908, Nr.
232, 6. Oktober, S. 1—2)——201。

《再论目前形势和党的策略》(Еще о современном моменте и о тактике партии.—
«Знамя Труда», [Париж, 1908, №13, ноябрь] , стр. 11—13)——327。

《泽姆良斯克县、扎顿斯克县、科罗托亚克县和下杰维茨克县农民占有土地的
估价资料汇编》(Сборник оценочных сведений по крестьянскому земле-
владению в Землянском, Задонском, Коротоякском и Нижнедевицком
уездах. [Сост. Ф. Щербина]. С 3 схем. картами. Прил. к томам III, IV, V и
VI. Изд. Воронежского губ. земства. Воронеж, тип. Исаева, 1889. 459 стр.)
——84、87—89、92、99—100、104—105。

《正义报》(伦敦)(«Justice», London)——159、216、217。
　——1908, No. 1, 292, October 17, p. 4, 7; No. 1, 294, Oktober 31, p. 3; No. 1,

296，November 14，p.3.——216、217——218。

《政党和工会的关系》[斯图加特国际社会党代表大会决议]（Die Beziehun-
gen zwischen der politischen Partei und den Gewerkschaften.[Die Reso-
lution des Internationalen sozialistischen Kongresses zu Stuttgart].—In：
Internationaler Sozialistenkongreß zu Stuttgart. 18. bis 24. August 1907.
Berlin,Buchh.«Vorwärts»,1907,S.50——51)——301。

《政府通报》（圣彼得堡）（«Правительственный Вестник»，Спб.，1905，№222，
18（31）октября,стр.1)——405——406。

　—1905，№268,13（26）декабря,стр.1.——26。

　—1906，№252,12（25）ноября,стр.1.——138——139、283、286、287、291—
292、296、299。

　—1906，№256,18 ноября（1 декабря),стр.1.——138——139。

《致社交界和学生界》（К обществу и студенчеству.［Обращение СПБ
коалиционного студенческого совета].—«Пролетарий»，Женева，1908，
№36,（16）3 октября,стр.6——7,в отд.：Студенческое движение. На газ.
дата：16（30）октября)——195——196。

《准许英国"工党"参加国际代表大会》[1908 年 10 月 12 日社会党国际局决
议]（Die Zulassung der «Arbeiterpartei» Englands zu den Internationalen
Kongressen.［Die Resolution des Internationalen sozialistischen Büros,
angenommen am 12.Oktober 1908].

　—«Vorwärts»，Berlin，1908，Nr. 242, 15. Oktober. 1. Beilage des «Vor-
wärts»，S. 1. Unter dem Gesamttitel：Internationale sozialistische
Konferenz zu Brüssel)——212——213、214——215、216——217、218。

《自由劳动联盟》（The liberal-labour alliance.—«Justice»，London，1908，No.
1,292,October 17,p.4;No.1,294,October 31,p.3;No.1,296,November
14,p.3)——216、217——218。

《祖国之子报》（圣彼得堡）（«Сын Отечества»，Спб.，1905，№54,20 апреля（3
мая),стр.2——3)——52。

《祝贺列·尼·托尔斯泰寿辰》（Юбилей Л.Н.Толстого.—«Речь»，Спб.，1908，
№205,28 августа（10 сентября),стр.1——3)——181。

年　表

(1908 年 3 月—1909 年 6 月)

1908 年

1908 年 3 月—1909 年 6 月

列宁先后侨居在日内瓦和巴黎,编辑布尔什维克报纸《无产者报》,组织出版党的中央机关报《社会民主党人报》并领导该报编辑工作;筹备俄国社会民主工党第五次全国代表会议。

3 月 16 日和 26 日(3 月 29 日和 4 月 8 日)之间

写《论俄国革命的"本性"》一文。

3 月 19 日(4 月 1 日)

列宁的《走上直路》一文作为社论发表在《无产者报》第 26 号上。

3 月 21 日和 4 月 16 日(4 月 3 日和 29 日)之间

写《沿着老路走去!》一文。

3 月 26 日(4 月 8 日)

列宁的《论俄国革命的"本性"》一文和《〈关于扩大杜马预算权的辩论〉一文的补遗》发表在《无产者报》第 27 号上。

3 月下半月—4 月 3 日(16 日)以前

同到达日内瓦的波兰社会民主党人扬·梯什卡谈话。

在给亚·亚·波格丹诺夫的便条中指出,不把哲学上的分歧尖锐化的事情告诉扬·梯什卡,对于中央委员会的工作获得成功具有重要意义。

致函在意大利卡普里岛的阿·马·高尔基,请他给《无产者报》寄材料来;说正在大量阅读哲学著作;答应去卡普里岛。

3 月下半月—4 月 3 日（16 日）

为《卡尔·马克思(1818—1883 年)》文集写《马克思主义和修正主义》一文，并将该文送去付印。

4 月 1 日和 16 日（14 日和 29 日）之间

写《立宪民主党人同十月党人是否结成了联盟?》一文。

不晚于 4 月 3 日（16 日）

收到阿·瓦·卢那察尔斯基从意大利的来信，信中告知他正在为《无产者报》写稿。

4 月 3 日（16 日）

致函在卡普里岛的阿·瓦·卢那察尔斯基，对他同意为《无产者报》写文章和写意大利通讯表示满意。列宁在附言中写道：他本人跟那些鼓吹把科学社会主义和宗教结合起来的人以及一切马赫主义者走的不是一条路。

致函在卡普里岛的阿·马·高尔基，告知已把自己的《马克思主义和修正主义》一文送去付印了。列宁在信中拒绝高尔基想要安排他同那些鼓吹"把科学社会主义同宗教结合起来"的人的会见。

4 月 6 日（19）以前

致函阿·瓦·卢那察尔斯基，谈到绝不容许把著作家们关于哲学的争论和党的事情混淆起来（这封信没有找到）。

4 月 6 日（19）

致函在卡普里岛的阿·马·高尔基，谈到布尔什维克派别内部关于哲学问题的分歧，认为不能因为争论而妨碍工作；告知不能在这个时候去意大利；请他给《无产者报》寄文章来。

4 月 6 日和 10 日（19 日和 23 日）之间

写信给在彼得堡患伤寒病的妹妹玛·伊·乌里扬诺娃，祝愿她痊愈，劝她不要过于劳累，并说他本人将去意大利。

4 月 10 日和 17 日（23 日和 30 日）之间

应阿·马·高尔基的邀请，来到意大利卡普里岛，并在那里度过了几天。列宁向亚·亚·波格丹诺夫、弗·亚·巴扎罗夫、阿·瓦·卢那察尔斯基声明，他同他们在哲学问题上有分歧。

同高尔基一起参观那波利博物馆及那波利近郊。同高尔基交谈,听高尔基讲述关于下诺夫哥罗德、伏尔加河、童年和青年时代以及漫游俄国的故事。后来高尔基根据列宁的期望,写出了《童年》、《人间》和《我的大学》等三部著作。

关心卡普里岛渔民的生活,详细询问有关他子女及收入的情况。

4月16日(29日)

列宁的《沿着老路走去!》和《立宪民主党人同十月党人是否结成了联盟?》等两篇文章发表在《无产者报》第29号上。

4月17日或18日(4月30日或5月1日)

致函在卡普里岛的阿·马·高尔基的妻子玛·费·安德列耶娃,请高尔基给俄国各报纸写一封公开信,请它们寄来1905—1907年革命时期的报纸和有关这一时期的历史材料,以帮助日内瓦的库克林图书馆。信中附去维·阿·卡尔宾斯基给高尔基的信。

4月18日(5月1日)

出席日内瓦五一庆祝大会,并发表讲话。

4月24日(5月7日)

在日内瓦作《对俄国革命的评价和革命可能的前途》的专题报告。

4月25日或26日(5月8日或9日)

在洛桑民众文化馆作关于俄国革命的性质的专题报告。

不晚于4月27日(5月10日)

在巴黎作专题报告。

4月

阅读恩格斯的《论历史唯物主义》一文并作批注,在写作《唯物主义和经验批判主义》一书和《谈谈对俄国革命的估计》一文时利用了恩格斯的这篇文章。

列宁的《谈谈对俄国革命的估计》一文发表在波兰《社会民主党评论》杂志第2期上。

4月—7月2日(15日)以前

阅读载于《革命思想》杂志第1期(1908年4月)的西韦尔斯基的《迦太基应该被摧毁!》一文并作批注,在写作《论目前瓦解的几个特征》一文时利用了这期杂志的材料。

5 月初

出席社会民主党巴黎小组委员会会议。会议作出决议，支援因梯弗利斯剥夺事件在瑞士被捕的社会民主党人。

5 月 1 日（14 日）

在社会民主党巴黎第二小组委员会组织的会议上作关于俄国革命的性质及其前途的专题报告。

不晚于 5 月 3 日（16 日）

在去伦敦途中，在布鲁塞尔稍事停留。

5 月 3 日（16 日）

同原第二届国家杜马代表伊·罗·罗曼诺夫一起去民众文化馆会见社会党国际局书记卡·胡斯曼，胡斯曼不在，给他留下一封信，信中请他付给罗曼诺夫 50 法郎，因他已经几个月没有工作。

5 月 3 日和 28 日（5 月 16 日和 6 月 10 日）之间

在伦敦英国博物馆图书馆写作《唯物主义和经验批判主义》一书。

在伦敦会见费·阿·罗特施坦，就俄国革命的前途、取消派的错误立场、布尔什维克必须把秘密组织和地下活动同合法的工作结合起来等问题同他进行交谈。

5 月 10 日（23 日）

列宁的《第二代立宪民主党人》（社论）和《谈谈对俄国革命的估计》等两篇文章发表在《无产者报》第 30 号上。

5 月 10 日（23 日）以后

收到崩得国外委员会 1908 年 5 月 23 日（公历）的来信，信中询问列宁能否给基辅社会民主党人著作家小组着手编辑的当代俄罗斯文学问题论文集写一篇文章。

5 月 15 日（28 日）以前

写《向报告人提十个问题》提纲。这个提纲是供布尔什维克中央和《无产者报》编辑部成员约·费·杜勃洛文斯基出席亚·亚·波格丹诺夫于 1908 年 5 月 15 日（28 日）在日内瓦举行的哲学报告会发言时使用的。

5 月上半月

起草正式声明，交德国社会党人伯恩海姆律师，证明在慕尼黑被捕的索·瑙·拉维奇、米·克·霍贾米良和季·博格达萨良均为俄国社会民主工党党员。

5月16日(29日)以前

用法文致函在布鲁塞尔的社会党国际局书记卡·胡斯曼,告知在慕尼黑有三个俄国社会民主工党党员被捕,请他以社会党国际局的名义证明他们是俄国社会民主工党党员。

5月16日(29日)以后

收到社会党国际局书记卡·胡斯曼1908年5月29日(公历)从布鲁塞尔的来信,信中告知为被捕的社会民主党人寄来了证明,并对由于选举运动未能同列宁会见表示遗憾。

5月19日和6月15日(6月1日和28日)之间

同中央委员约·费·杜勃洛文斯基、扬·梯什卡等人一起签署致俄国社会民主工党全体中央委员和候补中央委员书,建议在国外召开中央全会。

5月28日(6月10日)以前

给格·阿·阿列克辛斯基写回信,尖锐批评他的哲学观点和关于策略问题的看法。

5月28日(6月10日)

写便条给米·格·茨哈卡雅,表示愿意同他谈谈。

5月底

在伯尔尼给侨民和侨民大学生作题为俄国政治发展和经济发展的两条道路的报告。

不早于5月

研读格·瓦·普列汉诺夫的《马克思主义的基本问题》一书并作批注。

5月底—6月初

在《无产者报》编辑部会议上,同约·费·杜勃洛文斯基一起拒绝亚·亚·波格丹诺夫提出的决议草案,这个草案断言经验批判主义哲学同布尔什维克派的利益没有矛盾。

春天

会见专程前来日内瓦的伊·伊·斯克沃尔佐夫-斯捷潘诺夫。

6 月 7 日（20 日）

写信给母亲玛·亚·乌里扬诺娃,告知自己已从伦敦返回日内瓦;对出版人帕·格·达乌盖拒绝出版《唯物主义和经验批判主义》一书表示遗憾,请她另找一个出版人,并请寄来两三本尚未正式出版的《社会民主党在 1905—1907 年俄国第一次革命中的土地纲领》一书,即使是没有装订好的也可以。

6 月 10 日和 14 日（23 日和 27 日）之间

同约·费·杜勃洛文斯基和娜·康·克鲁普斯卡娅一起签署《无产者报》编辑部给布尔什维克中央成员维·康·塔拉图塔的声明:必须在亚·亚·波格丹诺夫履行相应要求的条件下,消除《无产者报》编辑部同波格丹诺夫之间的冲突。

6 月 16 日（29 日）以前

致函彼得堡种子出版社,谈《社会民主党在 1905—1907 年俄国第一次革命中的土地纲领》一书和《纪念马克思》文集的出版事宜。

6 月 17 日（30 日）

用法文致函在布鲁塞尔的卡·胡斯曼,说在俄国有俄国社会民主工党的中央委员被捕;告知因第二国际斯图加特代表大会（1907 年）的各种报告准备出版,已寄去俄国社会民主工党中央委员会的报告的第一部分。

6 月 18 日（7 月 1 日）以前

会见格拉纳特兄弟出版公司百科词典编辑部委员 A.B.特鲁普钦斯基并与他进行谈话,他是为了请列宁尽快写完《19 世纪末俄国的土地问题》一文而从巴黎来日内瓦的。

6 月 18 日（7 月 1 日）

为格拉纳特兄弟出版公司出版的百科词典撰写《19 世纪末俄国的土地问题》一文。

复函在敖德萨的瓦·瓦·沃罗夫斯基,说同亚·亚·波格丹诺夫和格·阿·阿列克辛斯基的分歧正在加剧,同他们分裂将不可避免;鉴于即将举行党的代表会议,邀请沃罗夫斯基 8 月来巴黎;要求把出席代表会议的委托书只发给地方工作人员,只发给真正的工作人员;请他为《无产者报》写稿;询问是否有可能出版《唯物主义和经验批判主义》一书。

6 月 18 日和 27 日（7 月 1 日和 10 日）之间

给格拉纳特兄弟出版公司百科词典编辑部寄去《19 世纪末俄国的土地问题》一文。由于书报检查的原因，这一著作在当时没有能发表，直到 1918 年才出版单行本。

6 月 20 日（7 月 3 日）以后

收到卡·胡斯曼从布鲁塞尔寄来的信，信中说收到了俄国社会民主工党中央委员会报告的第一部分，并请求尽快把俄国社会民主工党中央委员会报告的第二部分寄去。

6 月 25 日（7 月 8 日）

致函在伦敦的费·阿·罗特施坦，说等到中央全会开会时再就借款一事给英国工厂主约瑟夫·费尔兹写信。这笔款是 1907 年为支付俄国社会民主工党第五次代表大会的费用而从费尔兹那里借的。

6 月 30 日（7 月 13 日）

写信给妹妹玛·伊·乌里扬诺娃，告知他正在写作《唯物主义和经验批判主义》一书，请她给买两本格·伊·切尔帕诺夫的书：《阿芬那留斯和他的学派》和《内在论哲学》；请求寄一本种子出版社排完的《十二年来》文集第 2 卷第 2 分册，这一册里收入了《社会民主党在 1905—1907 年俄国第一次革命中的土地纲领》一书。

6 月底—7 月初

收到格拉纳特兄弟出版公司百科词典编辑部 1908 年 6 月 27 日（7 月 10 日）从莫斯科寄来的信，信中告知收到了列宁的《19 世纪末俄国的土地问题》一文，感谢他对出版工作的支持，并通知寄去 350 卢布作为这篇文章的稿酬。

6 月—不晚于 7 月 2 日（15 日）

写《论目前瓦解的几个特征》一文。

7 月 2 日（15 日）

列宁的《论目前瓦解的几个特征》一文，作为社论发表在《无产者报》第 32 号上。

7 月 5 日（18 日）

写完《社会民主党在俄国革命中的土地纲领。自拟简介》。

7 月 11 日和 23 日(7 月 24 日和 8 月 5 日)之间

写《好战的军国主义和社会民主党反军国主义的策略》一文。

7 月 19 日和 23 日(8 月 1 日和 5 日)之间

写《世界政治中的易燃物》一文。

7 月 20 日(8 月 2 日)

同表姐玛·伊·韦列田尼科娃会见,她是在从法国去意大利的途中经过日内瓦的。

7 月 23 日(8 月 5 日)

列宁的文章《世界政治中的易燃物》(社论)、《好战的军国主义和社会民主党反军国主义的策略》和《彼得·马斯洛夫修改卡尔·马克思的草稿》(摘自《社会民主党在 1905—1907 年俄国第一次革命中的土地纲领》一书)及列宁写的《编辑部的话》发表在《无产者报》第 33 号上。

不晚于 7 月 27 日(8 月 9 日)

在瑞士迪亚布勒雷地区的群山中,在费尔-勒格利斯旅游数日。

7 月 27 日(8 月 9 日)

写信给妹妹玛·伊·乌里扬诺娃,说他打算在一个半月内写完自己的哲学著作;告知曾会见途经日内瓦的表姐玛·伊·韦列田尼科娃;邀请妹妹和母亲秋天到日内瓦来休息。

不早于 7 月

会见 M.Г.托罗舍利则并同他谈话。托罗舍利则向列宁谈了格·康·奥尔忠尼启则、约·维·斯大林、斯·格·邵武勉等人在对待亚·亚·波格丹诺夫问题上的立场。

7 月—1913 年 10 月

把罗·卢森堡的《民族问题和自治》一文中的一小段文字译成俄文,该文载于 1908 年 9 月《社会民主党评论》杂志第 7 期。

8 月 5 日(18 日)

致函在俄国的米·尼·波克罗夫斯基,告知《俄国历史》编委会秘书曾建议列宁写一篇关于工厂工业史的文章,征求波克罗夫斯基对这一建议的意见并请他寄来秘密通信地址。

8 月 11 日—13 日(24 日—26 日)以前

出席《无产者报》编辑部讨论同亚·亚·波格丹诺夫派分歧问题的会议。

会议正式向波格丹诺夫提出建议,让他出版一本小册子,阐述他的观点。

8月11日——13日(24日——26日)

出席布尔什维克中央会议,会上分析了在《无产者报》编辑部内部列宁同亚·亚·波格丹诺夫在哲学问题和策略问题上的冲突。

在日内瓦参加俄国社会民主工党中央全会工作,主持全会会议,发言揭露孟什维克企图以"情报局"代替中央委员会。

8月11日(24日)

对召开党的全国代表会议的决议草案提出修正案。

8月12日(25日)

就召开俄国社会民主工党中央全会问题提出声明。

上午,出席中央全会会议,在讨论因召开全会而发生的事件时发言。

《言语报》发表消息,说即将出版列宁的《唯物主义和经验批判主义》一书。

8月13日(26日)

对关于中央委员会机构的决定的补充案提出修改。

起草并向中央全会会议提出关于国外中央局机构的决定草案。这一草案以多数票通过。

对关于国外中央局机构的决定的修正案作补充。

对公布俄国社会民主工党中央全会决议的决定的修正案作补充。

起草关于召开俄国社会民主工党中央全会的事件的决定草案并将这一草案提交会议(这一草案获得通过)。

在俄国社会民主工党中央全会下午会议上,作为布尔什维克代表被选进中央机关报编辑部。

8月13日和12月21日(8月26日和1909年1月3日)之间

领导俄国社会民主工党第五次全国代表会议的筹备工作。

8月28日和9月11日(9月10日和24日)之间

为庆祝列夫·托尔斯泰80寿辰而写《列夫·托尔斯泰是俄国革命的镜子》一文。

8月

列宁的《社会民主党在俄国革命中的土地纲领。自拟简介》发表在1908

年《社会民主党评论》杂志第 6 期上。

夏天

写信给住在莫斯科省谢尔普霍夫县米赫涅沃站的母亲玛·亚·乌里扬诺娃。列宁在信的附言中称赞美国天文学家珀·洛韦尔的《火星和火星上的运河》一书是部科学著作。这一著作证明火星上有人居住。

不早于夏天

研读弗·米·舒利亚季科夫的《西欧哲学（从笛卡儿到马赫）对资本主义的辩护》一书并作批注。

写哲学著作期间,学习法语语法、语言史和研究法语特点等方面的书。

9 月 8 日和 10 月 3 日（9 月 21 日和 10 月 16 日）之间

为《无产者报》第 36 号写《英国和德国工人的和平示威》一文。该文在当时没有发表。

9 月 10 日（23 日）以前

写信给妹妹玛·伊·乌里扬诺娃,告知将在 10 月 1 日（公历）前完成《唯物主义和经验批判主义》一书,请她同出版人签订合同。

9 月 11 日（24 日）

列宁的《列夫·托尔斯泰是俄国革命的镜子》一文作为社论发表在《无产者报》第 35 号上。

9 月 11 日（24 日）以后

收到姐姐安·伊·乌里扬诺娃-叶利扎罗娃的来信,信中说她已在彼得堡逗留数日,同尼·谢·克列斯托夫（安加尔斯基）和康·彼·皮亚特尼茨基商谈出版《唯物主义和经验批判主义》一书的有关事宜。信中还谈到列宁的《土地问题》一书的出版人米·谢·克德罗夫,说有希望得到这部书的两册样书并寄给列宁,告知《卡尔·马克思》文集即将出版,劝列宁到山区某个地方去休息一下。

9 月 12 日（25 日）

用法文致函在布鲁塞尔的卡·胡斯曼,告知已寄去俄国社会民主工党向社会党国际局交纳的 1908 年度应交的 600 法郎,并说不久即将把余款付清。

9 月 13 日和 10 月 3 日（9 月 26 日和 10 月 16 日）之间

写《学生运动和目前政治形势》一文。

9 月 17 日（30 日）

写信给住在莫斯科省谢尔普霍夫县米赫涅沃站的母亲玛·亚·乌里扬
诺娃，告知他即将去布鲁塞尔出席社会党国际局会议；说打算在写完《唯
物主义和经验批判主义》一书后去意大利一星期；询问妹妹玛丽亚·伊
里尼奇娜推迟来日内瓦的原因，并建议弟弟德米特里·伊里奇和她一
起来。

9 月 18 日（10 月 1 日）以后

收到卡·胡斯曼 1908 年 10 月 1 日（公历）从布鲁塞尔寄来的回信，信中
告知俄国社会民主工党交来的 600 法郎已收到。信中还询问列宁是否
收到出席社会党国际局会议的请柬，会议将在 10 月 10 日—12 日（公
历）举行。

9 月 25 日和 10 月 2 日（10 月 8 日和 15 日）之间

载有列宁的《马克思主义和修正主义》一文的《卡尔·马克思（1818—
1883 年》》文集在彼得堡出版。

9 月 27 日—29 日（10 月 10 日—12 日）

在布鲁塞尔出席社会党国际局会议。

9 月 27 日（10 月 10 日）

下午 3 时，参加布鲁塞尔社会党新闻工作者代表会议的工作，会议讨论
改进和加强各社会党期刊的联系问题。

晚上，出席在布鲁塞尔民众文化馆举行的各国无产阶级为保卫和平
而斗争的国际群众大会。大会最后一致通过决议，号召捍卫各国之间的
和平，全力反对毁灭和压迫各国人民的资本主义军国主义。

9 月 27 日（10 月 10 日）以后

收到母亲的来信，信中对列宁的健康状况表示担心。信中还说玛丽亚·
伊里尼奇娜已经来莫斯科准备参加考试，安·伊·乌里扬诺娃-叶利扎
罗娃已经从彼得堡回来。

9 月 28 日（10 月 11 日）

出席社会党国际局会议。在讨论接受英国工党参加社会党国际代表大

会问题时发言,表示赞成接受它参加,但同时指出,英国工党实际上并不真正不依赖于自由派,也没有执行完全独立的阶级政策;对卡·考茨基的决议案提出相应的修改,两次发言反对接受俄国锡安社会党人参加国际;同保加利亚代表进行谈话。

9 月 28 日(10 月 11 日)以后

收到弟弟德·伊·乌里扬诺夫的来信,信中感谢哥哥邀请他到意大利北部旅行,但因公务繁忙不能成行。

9 月 29 日(10 月 12 日)

在布鲁塞尔出席社会党国际议员代表会议。

9 月底

继续写作《唯物主义和经验批判主义》一书,对个别地方进行补充。

9 月底—10 月初

写《对彼·马斯洛夫〈答复〉的几点意见》一文。

9 月

写《唯物主义和经验批判主义》一书第一版序言。

把《唯物主义和经验批判主义》一书手稿交给弗·菲·哥林(加尔金)阅读。

10 月 3 日(16 日)

列宁的《学生运动和目前政治形势》一文作为社论发表在《无产者报》第36 号上。

10 月 3 日和 16 日(10 月 16 日和 29 日)之间

阅读并仔细分析关于社会党国际局 1908 年 10 月 12 日(公历)会议的报道,该报道刊登在英国《工人领袖》和《正义报》上。列宁在写《社会党国际局会议》一文时利用了这一报道。

10 月 4 日和 16 日(17 日和 29 日)之间

写《社会党国际局会议》一文。

10 月 11 日和 16 日(10 月 24 日和 29 日)之间

写《巴尔干和波斯的事变》一文。

10 月 11 日(24 日)以后

收到尤·米·斯切克洛夫 1908 年 10 月 11 日(24 日)从彼得堡的来信,

信中建议列宁参加纪念尼·加·车尔尼雪夫斯基生平和活动论文集的撰稿工作。

10 月 13 日（26 日）

致函在布鲁塞尔的卡·胡斯曼,指出所有刊登关于 1908 年 10 月 11 日（公历）社会党国际局会议的报道的社会党报纸,都没有发表他针对卡·考茨基关于准许英国工党参加社会党国际代表大会的决议案所提出的修正案原文,而在转述中显然对原文理解不确切,甚至歪曲了原意;担心在正式的报告中可能重复这些错误,故此寄去自己的修正案的抄件及其法文译文,并请求将修正案原文刊印在社会党国际局的正式报告中。

10 月 14 日（27 日）以前

在《路德维希·费尔巴哈全集》（1846 年莱比锡版第 2 卷）中作记号和作批注,在写《唯物主义和经验批判主义》一书时利用了这本书。

10 月 14 日（27 日）

写信给住在莫斯科的姐姐安·伊·乌里扬诺娃-叶利扎罗娃,告知《唯物主义和经验批判主义》一书已全部写完;说出版这本书可以作些让步,只要稍有可能,就签订出版合同。

10 月 14 日或 15 日（27 日或 28 日）

复函尤·米·斯切克洛夫,就其 10 月 11 日（24 日）来信中建议列宁参加尼·加·车尔尼雪夫斯基纪念文集的撰稿工作一事作了答复。

将斯切克洛夫 10 月 11 日（24 日）的来信以及自己所附的便条寄给亚·亚·波格丹诺夫。列宁在便条中说,他已给斯切克洛夫回信,信中告知只要把哲学题目分给他,他便同意参加纪念尼·加·车尔尼雪夫斯基生平和活动的文集的撰稿工作。

10 月 16 日（29 日）以前

致函在彼得堡的弗·德·邦契-布鲁耶维奇,请求他协助发表阿·马·高尔基要求赠寄 1905—1907 年革命时期的报刊材料以帮助日内瓦的库克林图书馆的公开信。

10 月 16 日（29 日）

列宁的《社会党国际局会议》、《巴尔干和波斯的事变》和《彼·马斯洛夫歇斯底里大发作》三篇文章发表在《无产者报》第 37 号上。

10 月 16 日和 11 月 13 日(10 月 29 日和 11 月 26 日)之间

写短评《普列汉诺夫一伙人怎样维护修正主义》。

不晚于 10 月 22 日(11 月 4 日)

收到《卡尔·马克思》文集,文集中载有列宁的《马克思主义和修正主义》一文。

10 月 23 日和 28 日(11 月 5 日和 10 日)之间

收到孟什维克马赫主义者帕·索·尤什凯维奇 10 月 23 日(11 月 5 日)从彼得堡的来信,信中建议列宁参加哲学文集的撰稿工作。

10 月 23 日(11 月 5 日)以后

收到尤·米·斯切克洛夫 10 月 23 日(11 月 5 日)从彼得堡的来信,信中告知签订了出版纪念尼·加·车尔尼雪夫斯基文集的合同,同意把论车尔尼雪夫斯基哲学观点的题目分给列宁。

10 月 25 日(11 月 7 日)

俄国社会民主工党中央委员会国外局向布鲁塞尔发出通告信,宣告成立俄国社会民主工党中央委员会国外局,并阐述该局的职能,其中包括同外国社会党保持联系的任务。列宁在随通告信寄给卡·胡斯曼的信中,请他将这一通告信转发所有参加社会党国际局的各国的党。

10 月 26 日(11 月 8 日)

写信给住在莫斯科的安·伊·乌里扬诺娃-叶利扎罗娃,请她寄来出版社的地址,以便寄出《唯物主义和经验批判主义》一书的手稿;同意在书报检查特别严格时把书中的"僧侣主义"一词改为"信仰主义",并在注释中说明它的含义。

10 月下半月,不晚于 26 日(11 月 8 日)

写完《唯物主义和经验批判主义(对一种反动哲学的批判)》一书。

10 月 26 日(11 月 8 日)以后

收到弗·德·邦契-布鲁耶维奇 1908 年 10 月 26 日(11 月 8 日)从彼得堡的来信,信中说各报发表了阿·马·高尔基关于帮助库克林图书馆的公开信,告知给列宁寄去 1905—1908 年的图书目录。

10 月 28 日(11 月 10 日)

致函在彼得堡的孟什维克马赫主义者帕·索·尤什凯维奇,拒绝他提出的关于为准备出版的哲学文集撰稿的建议。

10 月 29 日(11 月 11 日)以后

收到约·费·杜勃洛文斯基 10 月 29 日(11 月 11 日)的来信,信中认为最近将不可避免地要同抵制派和召回派分裂。

10 月 31 日(11 月 13 日)以前

为第三届国家杜马代表捷·奥·别洛乌索夫起草关于土地问题的发言稿,别洛乌索夫在 1908 年 10 月 31 日(11 月 13 日)第三届杜马中就斯托雷平法问题作了发言。

不早于 10 月 31 日(11 月 13 日)

收到 1908 年 11 月 13 日(公历)社会党国际局要求对俄国社会民主工党地下组织、中央委员会国外局等问题作出答复的通知。

10 月底

写《对目前时局的估计》一文。

10 月—11 月

列宁的《对彼·马斯洛夫的〈答复〉的几点意见》一文发表在波兰《社会民主党评论》杂志第 8—9 期合刊上。

11 月 1 日(14 日)

列宁的《对目前时局的估计》一文发表在《无产者报》第 38 号上。

11 月 3 日(16 日)

康·彼·皮亚特尼茨基致电阿·马·高尔基,询问能否由知识出版社出版列宁的《唯物主义和经验批判主义》一书。

11 月 4 日(17 日)

写信给住在莫斯科的母亲玛·亚·乌里扬诺娃,告知迁居巴黎的问题已最后决定;请她转告姐姐安娜·伊里尼奇娜,《唯物主义和经验批判主义》一书的手稿已寄给维·亚·列维茨基。

11 月 13 日(26 日)

列宁的《普列汉诺夫一伙人怎样维护修正主义》和《关于两封来信》发表在《无产者报》第 39 号上。

写信给姐姐安·伊·乌里扬诺娃-叶利扎罗娃,对她没有收到《唯物主义和经验批判主义》一书的手稿表示不安(这封信没有找到)。

收到姐姐11月9日（22日）从莫斯科的来信，信中说收到了《唯物主义和经验批判主义》一书手稿。列宁回信建议，如果找不到出版人就把手稿寄给生活和知识出版社弗·德·邦契-布鲁耶维奇。

11月18日（12月1日）

致函社会党国际局书记卡·胡斯曼，答复他提出的关于俄国社会民主工党地下组织、关于俄国社会民主工党中央委员会国外局、关于建立卡·马克思纪念碑等问题；同时请他寄来社会民主党杜马党团书记所需要的关于限定工作时间、关于工会、关于被迫失业者的补助、关于工厂监督、关于女工和童工的劳动、关于矿工保险、关于重体力劳动工人的工资等方面的资料。

致函维·康·塔拉图塔，答复他和扬·梯什卡提出的关于俄国社会民主工党中央委员会出席波兰王国和立陶宛社会民主党第六次代表大会的代表问题；反对梯什卡关于委派伊哥尔（波·伊·哥列夫）为中央委员会代表的建议。

11月27日（12月10日）

收到姐姐安·伊·乌里扬诺娃-叶利扎罗娃的来信，信中说可以同莫斯科环节出版社签订出版《唯物主义和经验批判主义》一书的合同，并谈到合同的条件。当天列宁给姐姐回电说接受出版社的条件。

写信给住在莫斯科的母亲玛·亚·乌里扬诺娃，对不经过知识出版社就把事情办妥一事表示满意；请求姐姐安·伊·乌里扬诺娃-叶利扎罗娃尽快同环节出版社办好签订合同的手续，并在合同中要求立即出版《唯物主义和经验批判主义》一书；建议签订合同时用列宁的名字，而不用安娜·伊里尼奇娜的名字，以免她受到出版法的追究；告知即将从日内瓦迁往巴黎。

11月28日（12月11日）以后

收到卡·胡斯曼从布鲁塞尔的来信，信中请求寄去俄国社会民主工党提交第二国际斯图加特代表大会的报告的结尾部分，并请求设法偿还俄国社会民主工党本年度欠款和社会民主党杜马党团代表欠下的应向社会党国际局各国议会委员会交纳的会费。

11月30日（12月13日）

致函在布鲁塞尔的卡·胡斯曼，告知已尽了一切可能使社会民主党杜马党团代表向社会党国际局交纳所欠的会费；答应过几天答复关于俄国社会民主工党向社会党国际局提交斯图加特代表大会报告的日期问题和关于支付俄国社会民主工党本年度应交的 300 法郎问题；说他将于1908 年 12 月 14 日（公历）前往巴黎。

12 月 1 日（14 日）

列宁的《第三届杜马关于土地问题的讨论》一文发表在《无产者报》第 40号上。

在日内瓦用法文写《致日内瓦读书协会主席》，告知由于迁居巴黎，所以退出协会，对在借阅图书方面给予的帮助表示感谢。

列宁和娜·康·克鲁普斯卡娅以及她的母亲伊·瓦·克鲁普斯卡娅一起从日内瓦启程去巴黎。

12 月 2 日（15 日）

抵达巴黎。列宁的妹妹玛·伊·乌里扬诺娃在里昂车站迎接列宁以及同车到达的娜·康·克鲁普斯卡娅和伊·瓦·克鲁普斯卡娅。

12 月 2 日（15 日）—1912 年 6 月初

侨居在巴黎。

12 月 6 日（19 日）

写信给住在莫斯科的安·伊·乌里扬诺娃-叶利扎罗娃，同意把《唯物主义和经验批判主义》一书中批判弗·亚·巴扎罗夫和亚·亚·波格丹诺夫的语气放缓和一些，但是批判帕·索·尤什凯维奇和尼·瓦连廷诺夫的语气不变。列宁还强调指出，只有在出版人提出最后通牒式的要求时才同意用"信仰主义"一词代替"僧侣主义"一词。

12 月 11 日（24 日）

致函安·伊·乌里扬诺娃-叶利扎罗娃，谈看《唯物主义和经验批判主义》一书的校样的问题，并对该书章节标题的字号作了具体指示。

12 月 21 日（1909 年 1 月 3 日）以前

出席布尔什维克中央成员和前来参加代表会议的布尔什维克代表的联席会议，发言反对召回派关于解散《无产者报》编辑部的建议以及他们企图不召开全党的代表会议而召开单独的"布尔什维克代表会议"的建议。经过斗争，列宁终于成功地否决了召回派提出的建议。

12 月 21 日(1909 年 1 月 3 日)

参加在代表会议开幕前举行的俄国社会民主工党中央全会的工作。全会通过决议对代表会议的准备工作表示满意。全会批准这次代表会议的议事日程和代表们的委托书。

12 月 21 日—27 日(1909 年 1 月 3 日—9 日)

出席在巴黎举行的俄国社会民主工党第五次全国代表会议,领导参加代表会议的布尔什维克代表的活动,尖锐批判孟什维克取消派和召回派,坚持就代表会议议事日程的主要问题通过布尔什维克的决议。

12 月 21 日(1909 年 1 月 3 日)

出席俄国社会民主工党第五次全国代表会议第一次会议。

12 月 23 日(1909 年 1 月 5 日)

上午,在代表会议第四次会议讨论各项工作报告时发言,批判召回派,并号召对孟什维克取消派作坚决的斗争。

下午,在代表会议第五次会议上就代表会议议事日程中的中心问题作《关于目前形势和党的任务》的报告,并提出由八位布尔什维克代表签名的决议草案。

12 月 23 日(1909 年 1 月 5 日)以后

在目前形势问题委员会开会时列出讨论中所涉及的问题和对《关于目前形势和党的任务》草案的意见。

12 月 24 日(1909 年 1 月 6 日)

起草在俄国社会民主工党第五次全国代表会议上的关于组织问题的发言提纲。

下午,在代表会议第六次会议上,在讨论组织问题时两次发言,尖锐批判孟什维克提出的为脱党分子辩解的决议草案。这次会议通过了列宁提出的《给组织问题委员会的指示》。

提出书面的《关于决议表决程序的建议》(这个建议由代表会议通过);在《关于组织问题》的布尔什维克决议草案上签字。

提出《有关事实的说明》,解释他关于组织问题的发言。

12 月 25 日(1909 年 1 月 7 日)

上午,出席第五次全国代表会议第七次会议,代表《关于目前形势和党的任务》决议起草委员会作报告;在讨论决议时7次发言,反对孟什维克和崩得分子提出的修正案。

下午,出席代表会议第八次会议,在讨论杜马党团问题时发言,指出孟什维克和召回派在对待杜马党团的态度上立场是共同的;批判孟什维克否认党对杜马党团的领导作用,反对召回派竭力贬低党在杜马中工作的意义的观点。

12月26日(1909年1月8日)

在第五次全国代表会议第九次会议上提出《关于社会民主党杜马党团》决议草案中有关预算表决部分的两种方案。

提出对《〈关于社会民主党杜马党团〉决议草案的补充》,这一补充被列入决议正文。

写《关于公布代表会议决定的决议草案》(草案稍经修改后,由代表会议通过)。

提出《对孟什维克关于取消中央委员会的草案的声明》。

12月27日—28日(1909年1月9日—10日)

参加俄国社会民主工党中央全会的工作。全会讨论了关于批准第五次全国代表会议的决议、关于公布代表会议的决议和工作报告、关于中央机关报、关于党中央委员会核心成员等问题。

12月29日(1909年1月11日)

在巴黎作关于俄国社会民主工党第五次全国代表会议的报告。

12月下半月

同出席第五次全国代表会议的俄国社会民主工党彼得堡组织的代表 A. M. 布伊科谈话,询问有关彼得堡召回派和孟什维克取消派的情况,以及工人对待他们的态度。

同从俄国来的俄国社会民主工党中央委员会俄国局书记亚·巴·哥卢勃科夫谈话,询问有关党在彼得堡的工作、召回派的言论、出席第五次全国代表会议代表的情况等。

1908年或1909年

起草《关于马克思主义的讲演提纲》。

1909 年

年初

同伊·费·波波夫就安排经比利时港口到俄国去的运输路线问题进行谈话。

1 月初—1911 年 12 月 8 日（21 日）

编辑党中央机关报《社会民主党人报》第 2—25 号。

1 月 6 日（19 日）

用法文致函在布鲁塞尔的卡·胡斯曼，告知给社会党国际局寄去俄国社会民主工党 1908 年度所欠的 300 法郎；答应采取措施尽快准备好俄国社会民主工党中央委员会提交第二国际斯图加特代表大会的报告的第二部分。

1 月 7 日（20 日）

列宁的《社会革命党人怎样总结革命，革命又怎样给社会革命党人作了总结》一文发表在《无产者报》第 41 号上。

1 月上半月

在巴黎纪念 1905 年 1 月 9 日遇难者大会上发表演说。

1 月 22 日（2 月 4 日）

在巴黎作报告，题为《论俄国目前的政治形势和土地关系的资本主义发展的两条道路》。

1 月 23 日（2 月 5 日）

就《唯物主义和经验批判主义》一书的校样问题写信给住在莫斯科的安·伊·乌里扬诺娃-叶利扎罗娃（这封信没有找到）。

1 月 24 日（2 月 6 日）

写信给住在莫斯科的安·伊·乌里扬诺娃-叶利扎罗娃，告知收到了《唯物主义和经验批判主义》一书的第一批校样，并随信寄去勘误表。

同妹妹玛·伊·乌里扬诺娃一起观看根据列·尼·安德列耶夫的剧本所排的话剧《我们的日子》。

1 月 24 日（2 月 6 日）—4 月

审阅从俄国寄来的《唯物主义和经验批判主义》一书的校样，进行补充和修改,并将发现的排印错误通知安·伊·乌里扬诺娃-叶利扎罗娃。

1月28日(2月10日)以前

写《俄国的目前形势》报告的要点。

1月28日(2月10日)

在巴黎作题为《俄国的目前形势》的报告。

列宁的《走上大路》一文作为社论发表在《社会民主党人报》第2号上。

1月

同从俄国来的伊·格·爱伦堡谈话,询问青年的情绪、大家爱读哪些作家的书以及其他问题。

1月—2月

在巴黎布尔什维克小组讲哲学课。

2月1日(14日)

在《无产者报》编辑部会议上要求公开反对阿·瓦·卢那察尔斯基鼓吹的造神说。反对造神说的题为《不同路》的编辑部文章发表在2月12日(25日)《无产者报》第42号上。

2月2日(15日)

致电住在莫斯科的姐姐安·伊·乌里扬诺娃-叶利扎罗娃,询问母亲玛丽亚·亚历山德罗夫娜的健康情况。

2月3日或4日(16日或17日)

写信给住在莫斯科的姐姐安·伊·乌里扬诺娃-叶利扎罗娃,请她花钱请一位同意校对《唯物主义和经验批判主义》一书的大学生。

2月4日或5日(17日或18日)

写信给姐姐安·伊·乌里扬诺娃-叶利扎罗娃,说给寄去对《唯物主义和经验批判主义》一书的校样的更正。

2月8日(21日)

由于党内的分歧,同亚·亚·波格丹诺夫断绝私人关系。

2月12日(25日)以前

同立陶宛社会民主党人马尔采利(普·温·埃杜凯维奇乌斯)谈话,马尔采利被委托在国外为罢工的维尔纳皮革工人进行募捐。由于国际工会书记处主席卡·列金对马尔采利不信任,马尔采利请求列宁证实他是经过社会党国际局授权的。

2月12日(25日)

列宁的文章《关于〈论迫切问题〉一文》作为编后记发表在《无产者报》第42号上。

　　用德文致函社会党国际局书记卡·胡斯曼,证明马尔采利(普·温·埃杜凯维奇乌斯)被委托在国外为罢工的维尔纳皮革工人进行募捐,并请求以社会党国际局名义通知国际工会书记处主席卡·列金,按马尔采利指定的地址寄出为罢工者募集的钱款。

2月13日(26日)

从巴黎去尼斯休养。列宁的姐夫马·季·叶利扎罗夫去车站送行。

2月13日和23日(2月26日和3月8日)之间

在尼斯休养期间会见当地的社会党支部书记让·努韦尔。

2月17日(3月2日)

写信给住在莫斯科的姐姐安·伊·乌里扬诺娃-叶利扎罗娃,谈到自己在尼斯休养的情况;感谢弟弟德·伊·乌里扬诺夫报告母亲健康好转的消息;高度评价《唯物主义和经验批判主义》一书校样的质量。

2月18日(3月3日)以后

收到卡·胡斯曼的来信,信中请求寄去俄国社会民主工党中央委员会提交斯图加特代表大会的报告的结尾部分。信中还告知,给卡·列金转去了列宁的信和列宁写的给维尔纳罢工的皮革工人寄款的地址。

2月23日(3月8日)晚

从尼斯返回巴黎。

2月24日(3月9日)

致函在布鲁塞尔的卡·胡斯曼,感谢他把关于为维尔纳罢工的皮革工人募捐问题的信转寄给卡·列金;说俄国社会民主工党中央委员会提交第二国际斯图加特代表大会的报告已经完成,正在译成法文。

　　写信给住在莫斯科的姐姐安·伊·乌里扬诺娃-叶利扎罗娃,说随信寄去《唯物主义和经验批判主义》一书第10和11印张的更正;对迟迟没有寄来校样表示不安;请求尽快出书,哪怕在3月15日(28日)以前出版也好;告知已同亚·亚·波格丹诺夫和阿·瓦·卢那察尔斯基决裂;认为书中斥责他们的地方不能缓和;感谢伊·伊·斯克沃尔佐夫-斯捷潘诺夫的帮助,请代为赠送给斯克沃尔佐夫-斯捷潘诺夫一本《唯物主义和经验批判主义》。

2 月 27 日(3 月 12 日)

写信给住在莫斯科的姐姐安·伊·乌里扬诺娃-叶利扎罗娃,希望《唯物主义和经验批判主义》一书尽快出版;再一次请求不要缓和书中斥责亚·亚·波格丹诺夫和阿·瓦·卢那察尔斯基的地方。

3 月 3 日(15 日)以前

出席党的中央机关报——《社会民主党人报》编辑部会议,发言反对发表尔·马尔托夫从孟什维克取消派立场出发所写的《争取什么?》一文。编辑部通过决议,让列宁撰文答复马尔托夫的文章。列宁的《无产阶级在我国革命中的斗争目标》一文就是对马尔托夫的文章的答复。

3 月 3 日(15 日)

在《社会民主党人报》编辑部会议上讨论列宁的《无产阶级在我国革命中的斗争目标》一文。

3 月 5 日(18 日)

在巴黎侨民集会上发表关于巴黎公社的演说。

3 月 7 日(20 日)以后

收到姐姐安·伊·乌里扬诺娃-叶利扎罗娃从莫斯科的来信,信中说《唯物主义和经验批判主义》一书的印刷工作被苏沃林印刷厂耽搁了,还谈到她为尽快出书所采取的措施。

3 月 8 日(21 日)

给住在莫斯科的姐姐安·伊·乌里扬诺娃-叶利扎罗娃寄去对《唯物主义和经验批判主义》一书手稿第 630 页的更正(这一更正没有保存下来)。

3 月 9 日和 21 日(3 月 22 日和 4 月 3 日)

列宁的《无产阶级在我国革命中的斗争目标》一文发表在《社会民主党人报》第 3 号和第 4 号上。

3 月 10 日(23 日)以前

在巴黎举行的关于目前时局和俄国社会民主工党的策略讨论会上发言。

3 月 10 日或 11 日（3 月 23 日或 24 日）

写信给住在莫斯科的姐姐安·伊·乌里扬诺娃-叶利扎罗娃，告知寄去《唯物主义和经验批判主义》一书的第四章第 1 节的补充《尼·加·车尔尼雪夫斯基是从哪一边批判康德主义的?》，认为把车尔尼雪夫斯基和马赫主义者对照一下是极为重要的；还告知已看完《唯物主义和经验批判主义》一书部分印张的校样，以及巴黎邮政工人罢工已结束等情况。

3 月 13 日（26 日）

写信给住在莫斯科的姐姐安·伊·乌里扬诺娃-叶利扎罗娃，告知已收到《唯物主义和经验批判主义》一书的第 15—18 印张的版样和第 1—9 印张及第 13 印张的清样，寄去第 15—18 印张的勘误表；询问什么时候出书。

3 月 19 日和 4 月 8 日（4 月 1 日和 21 日）之间

对罗·卢森堡反对召回派和最后通牒派的文章进行文字修改，并指示将修改处同作者商量。

不早于 3 月 23 日（4 月 5 日）

代表俄国社会民主工党中央委员会写信给德国社会民主工党执行委员会，抗议 1909 年 4 月 3 日（公历）《前进报》第 79 号刊载的《俄国社会民主党内的组织问题》一文，该文歪曲在俄国社会民主党人中间的分歧的实质。

3 月 26 日（4 月 8 日）

写信给姐姐安·伊·乌里扬诺娃-叶利扎罗娃，请求采取一切措施赶快出版《唯物主义和经验批判主义》一书。

3 月底

在巴黎举行的关于党对社会民主党杜马党团态度的讨论会上发言，批判召回派的立场，全面阐明利用国家杜马讲台作革命宣传和鼓动的策略。

4 月 4 日（17 日）

列宁的《面目全非的布尔什维主义》一文发表在《无产者报》第 44 号《附刊》上。

4 月 8 日（21 日）

列宁的《资产阶级的"向左转"和无产阶级的任务》一文发表在《无产者

报》第 44 号上。

4 月 10 日（23 日）以前

　　致函在俄国的加·达·莱特伊仁（林多夫）和瓦·瓦·沃罗夫斯基（奥尔洛夫斯基），建议他们来巴黎参加《无产者报》扩大编辑部会议。

4 月 10 日（23 日）

　　致函在瑞士的约·费·杜勃洛文斯基，说米·尼·波克罗夫斯基已到巴黎；尖锐批评杜勃洛文斯基同情召回派；对没有从俄国收到加·达·莱特伊仁和瓦·瓦·沃罗夫斯基关于他们前来参加《无产者报》扩大编辑部会议的回信表示遗憾。

4 月 10 日和 21 日（4 月 23 日和 5 月 4 日）之间

　　收到加·达·莱特伊仁从俄国的来信，信中说他同意来巴黎参加《无产者报》扩大编辑部会议。

4 月 14 日（27 日）

　　写信给住在克里木的母亲玛·亚·乌里扬诺娃，说妹妹玛·伊·乌里扬诺娃正在准备考试，还谈到他同她在巴黎郊游的情况。

4 月 14 日和 5 月 13 日（4 月 27 日和 5 月 26 日）之间

　　写《论工人政党对宗教的态度》一文。

4 月 16 日（29 日）

　　致函在瑞士达沃斯的约·费·杜勃洛文斯基，告知乌拉尔领导组织被破坏；还谈到在《无产者报》扩大编辑部会议前夕，亚·亚·波格丹诺夫为首的召回派集团的行为给党的工作造成了困难。

不晚于 4 月 18 日（5 月 1 日）

　　莫斯科环节出版社在苏沃林印刷厂印完列宁的《唯物主义和经验批判主义》一书。

4 月 21 日（5 月 4 日）

　　在布尔什维克俱乐部讨论亚历山德罗夫（尼·亚·谢马什柯）关于土地问题的报告时发言。

　　复函在瑞士达沃斯的约·费·杜勃洛文斯基，谈有关筹备《无产者报》扩大编辑部会议以及同米·尼·波克罗夫斯基的相互关系等问题。

　　收到列·谢·佩列斯 1909 年 4 月 18 日（5 月 1 日）从莫斯科的来

信,信中告知《唯物主义和经验批判主义》一书已印刷完毕,即将发行。

4 月 22 日(5 月 5 日)

致函在瑞士达沃斯的约·费·杜勃洛文斯基,说布尔什维克中央的两名成员维·列·尚采尔和阿·伊·李可夫已于 1909 年 4 月 21 日(5 月 4 日)来到巴黎参加《无产者报》扩大编辑部会议;告知 4 月 22 日(5 月 5 日)举行了俄国社会民主工党巴黎协助小组会议,日内瓦小组脱离了布尔什维克中央;尽力劝说杜勃洛文斯基继续在疗养院治疗。

不早于 4 月 25 日(5 月 8 日)

送给妹妹玛·伊·乌里扬诺娃一本《唯物主义和经验批判主义》,书上题词:"作者送给亲爱的玛尼亚莎"。

4 月 29 日和 5 月 9 日(5 月 12 日和 22 日)之间

在莫斯科环节出版社出版的列宁的《唯物主义和经验批判主义》一书被列入《图书年鉴》。

4 月—6 月 8 日(21 日)以前

主持筹备召开《无产者报》扩大编辑部会议的工作。

5 月 4 日(17 日)

将《唯物主义和经验批判主义》一书寄往柏林,赠给罗·卢森堡。

5 月 5 日(18 日)

致函在柏林的罗·卢森堡,告知给她挂号寄去一本《唯物主义和经验批判主义》,作为"关于马赫"的谈话的纪念;请求把这本书列入《新时代》杂志的新书介绍栏;对罗·卢森堡的《革命醉后昏》一文给予好评。

5 月 8 日(21 日)

在巴黎作题为《宗教和工人政党》的报告。

写信给住在阿卢普卡的母亲玛·亚·乌里扬诺娃,把妹妹玛·伊·乌里扬诺娃准备考试以及她的健康情况告诉母亲;邀请母亲秋天去巴黎;告知收到了《唯物主义和经验批判主义》一书,并对该书的印刷质量给予好评。

5 月 12 日(25 日)

赠给弗·菲·哥林(加尔金)一本《唯物主义和经验批判主义》。

5 月 13 日(26 日)

列宁的《论工人政党对宗教的态度》一文作为社论发表在《无产者报》第

45号上。

用法文致函在布鲁塞尔的社会党国际局执行委员会,告知沙皇尼古拉二世要去瑞典、意大利、英国和法国访问,建议号召各社会党和各议会党团,像瑞典社会党人那样,对沙皇来访提出抗议。列宁在他的信中附去第三届国家杜马社会民主党杜马党团就沙皇出访欧洲所发表的质问书的译文。

写信给住在阿卢普卡的姐姐安·伊·乌里扬诺娃-叶利扎罗娃,对《唯物主义和经验批判主义》一书的印刷质量给予好评,但对书价过高表示不满;请求她催出版人尽快支付稿费,把钱寄到巴黎来;说在即将举行的《无产者报》扩大编辑部会议上不可避免要同召回派和最后通牒派分裂。

5月15日(28日)

参加在巴黎举行的题为《反革命和俄国的资产阶级》的自由讨论会。

5月19日(6月1日)

《巴库信息报》发表普·阿·贾帕里泽评论《唯物主义和经验批判主义》一书的文章,文章作者同意列宁的关于俄国经验批判主义者的观点是哲学修正主义者的观点的看法。

5月24日和6月4日(6月6日和17日)之间

写《各阶级和各政党对宗教和教会的态度》一文。

5月

同娜·康·克鲁普斯卡娅出席布尔什维克在巴士底区组织的会议。会议讨论工会在革命运动中的作用问题。会后列宁同会上发言的布尔什维克安·谢·格列奇涅夫-切尔诺夫谈话,向他解释说,工会只有在马克思主义政党的领导下才能发挥自己的革命作用。

在自己的寓所同从俄国来到巴黎的布尔什维克格列奇涅夫-切尔诺夫谈话。

不晚于5月

读立宪民主党的《路标》文集,并在书上作记号和写尖锐的批判性的评语。

不早于5月

列宁的《唯物主义和经验批判主义》一书在乌克兰传播很广,基辅的书店公开出售,敖德萨的公共图书馆的读者踊跃借阅,宣传员进行学习并向工人宣讲,基辅工学院还举行了关于这本书的讨论会。

5月—9月

《复兴》杂志5月号、《现代世界》杂志7月号、《批判评论》杂志9月第5期以及9月29日《俄罗斯新闻》等报刊,发表资产阶级和孟什维克评论列宁的《唯物主义和经验批判主义》一书的文章。

夏初

将《唯物主义和经验批判主义》一书寄给在俄国的伊·伊·斯克沃尔佐夫-斯捷潘诺夫,对他在此书出版过程中提供的帮助表示感谢。

6月4日(17日)

列宁的《各阶级和各政党对宗教和教会的态度》一文发表在《社会民主党人报》第6号上。

6月5日(18日)

《敖德萨评论报》发表瓦·瓦·沃罗夫斯基评论列宁的《唯物主义和经验批判主义》一书的文章。

《列宁全集》第二版第 17 卷编译人员

译文校订：孙　珉　赵国顺
资料编写：丁世俊　张瑞亭　王其侠　刘方清　林海京　王锦文
　　　　　刘彦章
编　　辑：杨祝华　许易森　江显藩　孙凌齐　李桂兰　蒋素琴
　　　　　李京洲　刘京京
译文审订：宋书声　何宏江

《列宁全集》第二版增订版编辑人员

李京洲　高晓惠　翟民刚　张海滨　赵国顺　任建华　刘燕明
孙凌齐　门三姗　韩　英　侯静娜　彭晓宇　李宏梅　付　哲
戚炳惠　李晓萌

审　　定：韦建桦　顾锦屏　柴方国

本卷增订工作负责人：赵国顺　任建华

项目统筹：崔继新

责任编辑：曹　歌

装帧设计：石笑梦

版式设计：周方亚

责任校对：阎　宓

图书在版编目(CIP)数据

列宁全集.第 17 卷／(苏)列宁著；中共中央马克思恩格斯列宁斯大林著作编译局编译.
　—2 版(增订版)-北京：人民出版社,2017.3
ISBN 978 - 7 - 01 - 017101 - 2

Ⅰ.①列…　Ⅱ.①列…②中…　Ⅲ.①列宁著作-全集　Ⅳ.①A2

中国版本图书馆 CIP 数据核字(2016)第 320342 号

书　　名　**列宁全集**
　　　　　LIENING QUANJI
　　　　　第十七卷

编 译 者　中共中央马克思恩格斯列宁斯大林著作编译局

出版发行　**人民出版社**

　　　　　(北京市东城区隆福寺街 99 号　邮编 100706)

邮购电话　(010)65250042　65289539

经　　销　新华书店

印　　刷　北京新华印刷有限公司

版　　次　2017 年 3 月第 2 版增订版　2017 年 3 月北京第 1 次印刷

开　　本　880 毫米×1230 毫米 1/32

印　　张　20.375

插　　页　2

字　　数　543 千字

印　　数　0,001—3,000 册

书　　号　ISBN 978 - 7 - 01 - 017101 - 2

定　　价　50.00 元